THE
BAUDHAYANA SRAUTA SUTRA

THE
BAUDHAYANA SRAUTA SUTRA

Belonging to the

Taittiriya Samhita

EDITED BY

DR. W. CALAND.

VOLUME III.

GYAN

Published by

GYAN

Gyan Publishing House
5, Ansari Road
Daryaganj, New Delhi-110002
Phone: 011-47034999, 9811692060
E-mail: books@gyanbooks.com

Distribution Network
gyanbooks.com
India, USA, Canada, UK, Australia, France

ISBN : 978-81-212-6081-7 (PB)
ISBN : 978-81-212-6084-8 (3 Vols. Set)
First Published, 1913

2nd Impression 2021

Printed at: Gyan Press, Delhi.

The
Baudhayana Srauta Sutra, Vol. III
Edited By: Dr. W. Caland.

THE

BAUDHAYANA ŚRAUTA SŪTRA

BELONGING TO THE

TAITTIRĪYA SAṂHITĀ

EDITED BY

DR. W. CALAND,

Professor of Sanskrit at the University of Utrecht.

VOLUME III.

INDEX.

PREFACE.

The MSS. which have been consulted for this third volume of the Baudhāyana S'rauta sūtra are the following:

a. Dvaidhasūtra.

1. H, from the Haug collection at Munich, containing only the first two praśnas and the first kaṇḍikā of praśna 3.

2. Bu, a MS. from the collection Burnell belonging to the India Office, containing the complete text, without the sarvatomukhadvaidhas.

3. Be (see Preface to vol. i, p. viii).

4. B, the Bombay MS. (see Preface to vol. i, p. vii), giving only the last two praśnas.

5. Ben, copy from a Benares MS., containing the first praśna only.

6. D, a MS. from Dhar, containing on 37 foll. the first two praśnas and the first kaṇḍikā of praśna 3. Nearly related with H.

7. U, from Ujjain, in Nāgarī, on 59 foll., complete; the sarvatomukhadvaidhas on a separate leaf. This MS. belongs to the same collection and is written by the same hand, and on the same kind of paper, as all the other Baudhāyana MSS. from Ujjain (see Preface to vol. ii, p. v).

8. G; this MS. has been found at Gwalior; for the use of this MS., like No. 6 and 7, I have to thank Prof. Bhandarkar. These three MSS. were found in private libraries. The Gwalior MS. is written very neatly in Nāgarī and although far from faultless originally, it has been corrected with good judgment after a better text. The sarvatomukha is given apart.

9. C, No. 2188 of the Gov. Skt. MSS. Collection, Asiatic Society of Bengal, containing on foll. 1–70 the first two praśnas and the beginning of praśna 3; much related to H. and D.

10. C[1], No. 1571 of the same collection, Nāgarī, paper; the text begins with xxi, 14 and runs to the end, without the sarvatomukha; nearly related to Be.

11. W, the MS. of the collection Whish, cp. Winternitz, a Catalogue of South Indian MSS. No. 94. Only partly collated.

The vivaraṇa of the Dvaidha is extant and known to me from several MSS., which, however, are far from exact. Of use were also the Prayogasāra by Keśavasvāmin, the bhāṣya composed by Sāyaṇa, who in his treatment of the darśapūrṇamāsa mentions and comments upon all the Dvaidha and Karmānta passages, which bear upon the text proper of Baudhāyana. By Ms. I indicate in the critical notes the Mahāgnisarvasva (see Preface to vol. ii, p. v), which treats equally of those Dvaidha and Karmānta sūtras that concern the agnicayana of the text proper.

b. Karmāntasūtra.

1. H, the Haug MS., complete.
2. Be, see Preface to vol. i, p. viii.
3. D, the Dhar MS., containing on 35 foll. the first two praśnas.
4. U, the Ujjain MS., 56 foll., śake 1761.
5. G, the Gwalior MS., on 46 foll.; corrected. The last three MSS. belong to the same collections as those of the Dvaidha text.
6. M, the Mackenzie MS.; cp. Preface to vol. ii, p. iv.
7. Ben, a copy of the Gov. Skt. Coll. at Benares; rather good and independent MS.
8. C, No. 2188 of the Gov. Skt. MSS. Collection at the Asiatic Society of Bengal, Nāgarī, on paper, well written, 133 foll., containing on foll. 71-133 the first two Karmānta praśnas.

Besides the vivaraṇa of Bhavasvāmin and the remarks of Sāyaṇa and Keśavasvāmin, we possess a valuable bhāṣya on Karmānta I. 1-21 (No. 776*a* of the collection in the India Office; see Eggeling, Catalogue of the Sanskrit MSS. in the Library of the I. O., vol. i, p. 57) by Veṅkateśvara; the var. lect. of the text according to this work is indicated by me in the critical notes as Vt., that of the commentary given by Veṅkateśvara as Vc.

c. Prāyaścittasūtra.

1. H, the MS. Haug.
2. U, from Ujjain, on 25 foll., part of the same collection as mentioned above.
3. B, the Bombay MS.; see Preface to vol. i, p. vii, copy from an original, dated śake 1743.
4. Tr, the MS. from Trichinopoly, mentioned in the Preface to vol. ii, p. v.
5. C[1], a part of the text is found in the MS., mentioned under the MSS. for the Dvaidhasūtra (No. 10).

More or less help was got from Gopāla's Vivaraṇa (Viv.) known to me from the MS. belonging to the India Office (No. 259*b*; see Eggeling, Catalogue, vol. i, p. 91). The text proper is here indicated only by the beginning words of each sentence. I consulted also, without, however, getting much help from them, the Prāyaścitta-pradīpa (I.O. 1467A) and the Prāyaścitta-candrikā (I.O. 1572).

d. Śulbasūtra.

1. H, the MS. Haug.
2. U, from Ujjain, on 12 foll., part of the same collection as mentioned above.
3. B, the Benares MS.; see Preface to vol. i, p. viii.
4. M, the Mackenzie MS.; see Preface to vol. ii, p. v.

I need not say, that the excellent edition with Skt. commentary and English translation by Thibaut (in the Journal "Pandit" (vols. ix, x and vol i of the new series) has been consulted with good results. The readings accepted by Thibaut are indicated by me by T.

e. Pravarasūtra.

1. T, a copy from the Tanjore MS. No. 359; see Preface to vol. i, p. x.
2. M, being a complete copy of the Smārtasūtra in Grantha, copied for me somewhere in Madras through the kind mediation of Prof. Hultzsch. It is, on the whole, a good MS.; at the end of it the pravara is found.
3. G, the Grantha edition of the Baudhāyana śrauta-sūtra, Madras, 1905, by Muddudīkṣita. This edition narrowly agrees with the MS. M.
4. Bu, the Burnell MS. xciii (No. cxviii of the Catalogue of a collection of Sanskrit MSS., p. 35) in Grantha. It contains also the pravarakhaṇḍa of the Vaikhānasa school. Independent, although rather bad MS.
5. Be, copied by me from the Benares MS. 115; see Preface to vol. i, p. vii.
6. U, from Ujjain (see above), very narrowly related to the last-mentioned MS. from Benares; on 10 foll.

Other texts which have been used in constituting the pravarapraśna are:

The Gotrapravaramañjarī by Puruṣottama, a Colebrooke MS. belonging to the India Office (No. 2316A, Egg. No. 1777). In the critical notes indicated by me as Pm. It contains shattered all over the work the whole pravara text of the Baudhāyanīyas, on which it comments broadly. It treats at length also of the pravara sections of Āpastamba and Āśvalāyana and of the pravarādhyāyas of Kātyāyana-Laugākṣi. The comparison of this text is of use for the verification of several *nomina propria*. It is curious to perceive, that, although according to Puruṣottama the pravarakhaṇḍas of Kātyāyana and Laugākṣi are the same, the Kātyāyana text known to us from the Pariśiṣṭas of the White Yajurveda (see Weber in the 'Verzeichniss der Skt. HSS. der Kgl. Bibl. zu Berlin,' vol. i, p. 54-60) is different from that given by Puruṣottama. The one contributed to Laugākṣi is probably the pravarādhyāya of the Kaṭhas; the text attributed by tradition to Kātyāyana (as given by Weber) agrees, with many various readings, however, on the whole with the pravarādhyāya of the Mānavas. I was kindly allowed by Prof. Knauer to use this text, which also is handed down to us in a very corrupted state.

A lengthy treatment of the pravara is given also by Gopīnāthadīkṣita in his Satyāṣāḍhahiraṇyakeśismārtasaṃskāraratnamālā (published in the Ānandāśrama, series 1893) on pp. 415–453; by Anantadeva in his Saṃskārakaustubha, pp. 179–196 of the lithographic edition, and by Raghunātha in his Gotrapravaranirṇaya (MS. I.O. No. 1781). These three texts are indicated by me in the critical notes successively as Rm., Sk., Pn. The three texts give a great many more names than are contained in the pravarapraśna of Baudhāyana, as they join, without any discrimination, to the names of the Baudhāyana text also those of other pravarakhaṇḍas. Moreover, they constantly put in the plural all the names found in the singular in our text.

Of some importance is a certain gotra list as handed down among the Deśasth brāhmaṇas in: Census of India, 1901, vol. i, India, Ethnographic Appendices, by H. H. Risley, Calcutta, 1903, on pp. 120-122.

The text of this praśna is one of the most difficult to reconstruct. Rarely we find the proper names without variants. The MSS. can be divided into two groups: M (with G) T and Bu on one side, Be (with U) and Pm on the other. The other nibandhas seem to draw on Pm.

The pravarapraśna in the kalpasūtra of the Baudhāyanīyas was probably placed originally immediately behind the pitṛmedhasūtra and before the dharmaśāstra. It is inserted there in M and in the Grantha edition; cp. the words of Puruṣottama in his gotrapravaramañjarī: *uktāny aiṣṭikasaumikapāśukadārvihomikākhyāni caturvidhāni śrautāni darśapūrnamāsādīni sūtrāṇi*. The number given on the fly-leaf of the Ujjain MS. is xli. But nowhere in the MSS. themselves any indication of praśna number is found. Even the number xxx of the Śulbasūtra is conjectural; on the cover of the MS. Ben. 115 is written त्रिंशो ऽध्यायः. Although, then, the number of the praśnas cannot be given with certainty, their sequence, in the main, is firmly established.

It was originally my intention to include in this edition of the Baudhāyana texts also the whole smārtasūtra. But I now prefer to give only the śrautasūtra; perhaps I may undertake later on a critical edition of this text, which indeed is now accessible, be it not in critical editions. One is the Grantha edition mentioned under the MSS. used for the pravarapraśna, the other has appeared at Mysore (1904) under the title: बौधायनगृह्यसूत्रम् । The Bodhāyana-gṛhya-sūtra edited by L. Śrīnivāsāchārya. On the other hand, I thought fit to edit the Śulbasūtra anew, even after the excellent work of Prof. Thibaut, because it had to be given to make the śrautasūtra complete, and also because my MSS. enabled me to give in some places a better reading than Thibaut's text presents. I have taken much pains to obtain a copy of a part of the Baudhāyana kalpasūtra, which must have existed, but seems to be lost now, viz. the hautrasūtra. Bhavasvāmin and Sāyaṇa quote often from this text, as also does the commentary on the third book of the Taittirīya brāhmaṇa.

My design of publishing the vivaraṇa of Bhavasvāmin I also regret very much that I am compelled to abandon. The manuscript material is utterly insufficient. Perhaps I may in later times fulfill also this promise. For the time being I will try to fill up at least partially this gap, by adding to this third volume an index of words, giving, wherever it is possible, the explication of the commentators.

At the end of my task I have to express my sincerest thanks to all who kindly helped to procure me the material for my work: especially to Dr. Thomas, Chief Librarian to the India Office, and to Prof. Bhandarkar. If this volume can now appear, it is chiefly due to their kind assistance.

W. CALAND.

UTRECHT, *January*, 1912.

the Sanskrit texts also the whole apparatus of [illegible]. But I now [illegible] order to give only the drafts [illegible] passages I may [illegible] interest a critical edition of this text, which indeed is now accessible [illegible] in printed editions. One of the Grantha edition [illegible] MSS. used for this translation, the other [illegible] appeared at Mysore (1890) [illegible] private-press edited by T. Srinivasacharya [illegible] thought fit to edit the [illegible] even after the excellent work of Prof. Thibaut, because it had to be given to make the [illegible] complete, and also because my MSS. enabled me to offer in some places a better reading than Thibaut's [illegible]. I have also made [illegible] to Thibaut's copy of a part of the [illegible], which [illegible] have [illegible], not seems to be lost now [illegible] publication from that text, as also [illegible] in the third book of the [illegible] paths.

My desire of publishing the [illegible] compelled to [illegible] entirely [illegible] may in later times [illegible] promised. [illegible] try to fill up at least partially this gap by adding to this third volume an index of words [illegible] publication of the commentaries.

At the end of [illegible] I have to express my sincere thanks to all who kindly helped to procure me the material for my work, especially to Dr. [illegible] Thomas, Chief Librarian to the India Office, and to [illegible] assistance [illegible].

द्वैधसूत्रम् ॥

. I. 4. उपवसथ इति[१] ॥ कथमु खलूपवसथं जानीयात्संध्य: स्विदेवोपपाद्यो ऽथ ऽपूरि[२] नादर्शीति[२] । साधु खलु संध्य:[३] साधु[४] संधेरुपपादनं[५] । ननु[६] खलु संध्य: सूपपादय[७] इव[७] सर्वेषां त्वेव[८] संध्य इवेति[९] ॥ स[९] ह[९] स्माह बौधायन

---

१ The constitution of the text of this first dvaidha being very difficult, I am not sure to have given everywhere the right reading and interpunction.

२ Thus corrected according to the Vivaraṇa; पूरियादर्शीति U Bu G D C; पूरियदर्शीति Ben; करियादर्शीति H; पूरियददर्शीति Be.

३ Thus (संध्य:) C U Bu G D; संध्य Be W; संध्या H Ben.

४ खलु ins. G (sec. m.) and C.

५ After °पादनं U Bu D G (pr. m.) C H Ben ins.: यत्पौर्णमासीं यजते तस्य चेदुपवसतो (थो) स्तमित स्यादित्ये; this passage is not found in W and has been effaced in G. The vivaraṇa has nothing corresponding to it.

६ ननु W C; नतु Bu G D; न Be; missing in Ben H U; नच the vivaraṇa (one copy), स (another copy).

७ सूपपादय इव W; सूपपादय इव: Bu; सूपपाद्य इव Be; सूपपाद्य (omitting इव) H U Ben D C G (pr. m.); सूपपादय: G (sec. m.). The vivaraṇa runs: न च (var. स) खलु संध्य: सूपपादय: सूपपाद: खलु भवेद्यद् संधगुपपादनं (another copy: भवितव्यं समधिस्थित्यं चान्तर्भावे सम्यगुप-पादनं) सूपपाद: सूपपादं यातीति मूलविभुजादित्वात् (cp. the Vārtt. on Pāṇ. III. 2. 5. ?).

८ त्वेव HU Be Ben W G (pr. m.) D C; वै Bu; वैव G (sec. m.); त्वेव the vivaraṇa (one copy), वैव (another copy).

९ Thus (इवेति सह) U and C only; इवेति वह D; स is not found in H Ben G (pr. m.), इवेति is not found in Bu G (sec. m.); इवह Be; सन्ध्यासु च W. The vivaraṇa runs: एवं स्थिते ऽन्यो ऽप्यस्ति पक्ष इति । स च स्माह बौधायन: ।

यत्रैतदुपवसतो ऽस्तमित आदित्ये पुरस्ताच्चन्द्रमा लोहितीभवन्निवोदियात्तमप्युपवसथं जानीयादित्य॥न्यो ह स्माह शालीकिरतिपन्नः[1] खल्वेष भवति। स[2] संध्यं[2] वैवोपपादयिषेत्पूर्णं[3,4] वाभियजेत। तस्य चेदुपवसतो ऽस्तमित आदित्ये पुरस्ताच्चन्द्रमा लोहितीभवन्निवोदियादारमताग्निहोत्रेणेत्युक्त्वा पार्वणेन प्रक्रामेत्। संस्थिते पार्वणे ऽग्निहोत्रं जुहुयादिति।[5] नु[5] खलु पौर्णमास्याम॥थामावास्यायामिति[6]। स ह स्माह बौधायनो ऽदृश्यमान एवोपवसेन्न दृश्यमान इत्येवं चैव खलु कुर्यादिति शालीकिरस्ति[7] त्वपि[7] दृश्य-

---

१ Thus (रतिपन्नः) D C G (sec. m.) and the vivaraṇa; शालीकि-रितिपन्नः or ॰रितिधंनः the other MSS.

२ ससंध्यं Be; संसध्दं D (pr. m.); ससंध्ये C; ससंधि Bu U; संसंधि H. (reading संसंध्येवोप॰); ससंधि Ben (reading ससंध्येवोप॰). Are we to read ससंध्य'? The vivaraṇa has: सह संध्येन।

३ Thus G and B (the last MS. reading ॰षि॰ instead of ॰यि॰); वैवोपपादयिषेत D C; वैवोपपादयिष्यन्पू॰ Be; चैवोपपादयिषेत्पू॰ U; ॰पाद-यिष्यन्पू॰ H Ben.

४ पूर्णं Be Ben D C; पूर्णां Bu U G; पूर्णं H; पूर्वं the viv. (one copy), पूर्णां (another).

५ Thus Bu G (sec. m.) D C U; ॰यात्कथमु H Be G (pr. m.) ॰यात्कोन Ben.

६ Thus Ben G; ॰योमावा॰ D C; H U Be om. अथ।

७ Thus C U Be; ॰स्त्विलापि GD; ॰सौत्वपि H; ॰स्त्यपि Ben; शालौ-किल्वपि Bu.

मान उपवसथो । यद्येतद्रात्रीभिरुपपन्नो[१] ऽणुश्चन्द्रमाः[२] परिनक्षत्रमुपव्युषं भवति न स श्वो भूते दृश्यते तमप्युपवसथं जानीयादिति । ॥

I. 1. 5. अग्नीनामन्वाधान[३] इति ॥ सूत्रमौपमन्यवीपुत्रस्यात्रो ह स्माह बौधायनो विहव्याभिरग्नीनन्वादध्यात्तिसृभिस्तिसृभिरेकैकं ये नव समामनेयुरथ ये ऽष्टौ प्रथमां वोत्तमां वा द्विरभ्यावर्तयेयुरथ ये दश तिसृभिस्तिसृभिरेकैकमन्वाधायोत्तरेणाहवनीयं तिष्ठन्दशमीं निगदेदित्यत्रो ह स्माह शालीकिर्यो नु खलु गार्हपत्यः सकृदन्वाहित एष भवति । धामयोनिरन्वाहार्यपचन । आहवनीयमेवैकं विहव्ययान्वादध्यादथातिशिष्टा उत्तरेणाहवनीयं तिष्ठन्निगदेदित्यत्रो ह स्माहौपमन्यवो विहव्याभिरेवाग्नीनन्वादध्यादेकैकमेकैकयाथातिशिष्टा उत्तरेणाहवनीयं तिष्ठन्निगदेदित्यत्रो ह स्माह मौद्गल्य आहवनीयमेवैकमन्वादध्यादग्निं गृह्णामि सुरथं यो मयोभूर्य उद्यन्तमारोहति सूर्यमह्ने । आदित्यं ज्योतिषां ज्योतिरुत्तमꣳ श्वो यज्ञाय रमतां देवताभ्यः ॥ वसून्रुद्रानादित्यानिन्द्रेण सह देवताः । ताः पूर्वः परिगृह्णामि स्व आयतने मनीषया ॥ इमामूर्जं पञ्चदशीं ये प्रविष्टास्तान्देवान्परिगृह्णामि पूर्वः ।

---

१ ०द्राचीभिर० C U Ben Bu G; ०द्राचिभिर० H D; ०द्राचाभिर० Be.

२ Thus G D C and the vivaraṇa; नुर्चंद्रमाः U; नचंद्रमाः H Ben Be; चंद्रमाः Bu.

३ अग्न्यन्वाधान C H.

अग्निर्हव्यवाडिह तानावहतु[१] पौर्णमासꣳ हविरिदमेषां
मयीति पौर्णमास्यामामावास्यꣳ हविरिदमेषां मयीत्यमा-
वास्यायामित्य ॥ चो ह स्माह मैत्रेय आहवनीयमेवैकं विहृत्य-
यान्वादध्यात्तूष्णीमितरावथातिप्रिष्टा[२] उत्तरेणाहवनीयं तिष्ठ-
न्निगदेदिति ॥ व्याहृतीभिरेवाग्नीनन्वादध्यादिति राथीतरः । ॥

I. 1. 3. आतञ्चनेष्विति ॥ स ह स्माह बौधायनो हविरातञ्चनान्ये-
तानि भवन्तीत्य ॥ चो ह स्माह शालीकिर्दधि खल्वातञ्चनार्थं[३]
दृष्टं भवति । तस्मिन्नविद्यमान एतेषामेकेनातञ्च्यादिति । ॥

I. 1. 7. व्रतोपायन इति ॥ स ह स्माह बौधायनः संगवकाले वा
व्रतमुपेयाद्धेनुषु वा दोह्यमानासु प्रणीतासु वा प्रणेष्यत्सु[४]
हविःषु वासन्नेष्वित्य ॥ चो ह स्माह शालीकिः पूर्वेद्युःकालं खलु
व्रतोपायनं भवतीति ब्राह्मणं बर्हिषा पूर्णमासे व्रतमुपैति
वत्सैरमावास्यायामिति स[५] संगवकाल एव व्रतमुपेयादित्य ॥-
न्वाधानप्रभृतीत्यौपमन्यवः । ॥

---

१ After °वहतु Bu G ins. आयन्तु देवाः सुमनस्यमानाः (TS. I. 5. 10. 3).

२ After उभरौ U H D C Be Ben and G (pr. m.) ins. आदधाति ;—Be om. अथ, Bu has आदधाति प्रिष्टा ; in his citation of this passage Sāyaṇa has, rightly, no आदधाति ।

३ Thus U G Be Bu; °र्थं Ben; °र्थे C; H om. °र्थं ।

४ प्रणीयमानास्वित्यर्थः । छान्दसो व्यत्ययः Sāyaṇa.

५ Om. Bu D C and Sāyaṇa.

अभ्युदितेष्ट्यामिति ॥ स ह स्माह बौधायनः सिद्धैरेवामावास्यैर्हविर्भिरिष्ट्वा[1] पुनरुपोष्य श्वो भूते काल्यामनभ्युदितामव्यापन्नां यजेतेत्य॥चो ह स्माह शालीकिर्यैषा ब्राह्मणजेष्टिस्तया व्यक्तयेष्ट्वा पुनरुपोष्य श्वो भूते काल्यामनभ्युदितामव्यापन्नां यजेतेति नु खलु संनयतो॥ ऽयासंनयतः। समानः कल्पो बौधायनस्या।चो ह स्माह शालीकिरप्स्वेवैतानि[2] हवींषि अपयित्वा पुनरुपोष्य श्वो भूते काल्यामनभ्युदितामव्यापन्नां यजेतापि वोपवसथ एवातिप्रवर्धेतेति[3]। ॥

I. 1. 7. आच्छायन इति ॥ स ह स्माह बौधायनो वाचंयम एव शाखामाच्छेयाद्वाचंयम एवाहरेदेवं एवाहरित्य॥वं चैव खलु कुर्यादिति शालीकिर्ब्राह्मणेन च यथार्थमन्तर्हसन्नेव सं[illegible]येत नाब्राह्मणेनेति। ॥

. 1. 10. शाखाया आच्छेदन इति ॥ स ह स्माह बौधायन इषे त्वेति शाखामाच्छिन्द्यादूर्जे त्वेत्यनुमृज्याद्वान्वीचेत वेत्य॥न्वीचेतैवेति शालीकिः। ॥

---

१ एव is found only in Bu G (sec. m.) and U (sec. m.); cp. Rudradatta on Āp. ix. 4. 3.

२ Thus G (sec. m.); अप्सुतानि Ben; अप्सुवैतानि Bu; अवेतानि H G (pr. m.); अप्स्वेतानि C D; इह्वैवापैतानि Be; but cp. the vivaraṇa: अप्स्वेवेत्यादि।

३ Thus corrected according to Rudradatta on Āp. l. c.; °तिप्रवर्धेति B U G (pr. m.); °तिप्रवर्धेत इति G (sec. m.); °भिप्रवर्धवेति H Ben; तिवर्धयवेति Be; °भिप्रवर्धवे C.

I. 1. 10. वत्सापाकरण इति ॥ स ह स्माह बौधायनो वायव स्थेति पुꣳस एवापाकुर्यादुपायव स्थेति स्त्रियो' ऽथ यद्यन्यतरे स्युर्नैव मन्त्रं परिजह्यात्स''ꣳसृष्टेनैवेति शालीकिः' ॥ १ ॥

I. 2. 1. शाखायै संचर इति । अग्रेणाहवनीयꣳ संचारयेदिति बौधायनो'' जघनेन गार्हपत्यमिति शालीकिरेष सर्वकल्पे शाखायै संचरः पयसां चान्यत्र प्रावर्गिकादित्यु''भयोरेवापरेण प्रावर्गिकं संचारयेदित्यौपमन्यवः' ॥

प्रवसतो याजमान इति ॥ स ह स्माह बौधायनः महयाजमानः खल्वयं यजमानः प्रवसति' स यत्र स्यात्तदेनं[1] मनसा[2] ध्यायेत्स' यदि विसꣳस्थित आगच्छेत्कृतमनुमन्त्र्य कर्मान्तेन प्रक्रामेदित्य''थो ह स्माह शालीकिर्यद्यस्य पुत्रो वान्तेवासी वालंकर्मीणः[3] स्यात्तं तत्र प्रेष्येत्स[4] यदि विसꣳस्थित आगच्छेत्कृतान्तादा प्रक्रामेन्ना[5] वा[5] द्रियेतोभौ[5] त्वेव यजमानभागं प्राश्नीयातामिति' ॥

---

१ Thus Bu Be G (sec. m.); तदेनं Ben U C G (pr. m.); तदेवं Sāyaṇa.

२ Om. Be G (sec. m.), Sāyaṇa.

३ ०कर्मीण U Bu G (pr. m.); ०कर्मिणे Ben C D; ०कर्मिणो H; ०कर्मणो Be; ०कर्मणिः G (sec. m.); ०कर्मणि Sāyaṇa, (cp. *infra* xx. 20 and Pitṛmedhasūtra I. 1 (where the text is to be restored accordingly), II. 5 (ed. Raabe, Leiden 1911, pag. 9. 1).

४ Thus U only (sec. m.); प्रेषयेत्स all the other MSS.; cp. the vivaraṇa: तत्रानुज्ञापयेद्यजमानं कुर्विति ।

५ Thus hesitatingly emended (tmesis!); नवाद्रि० Be C G (pr. m.); नैवाद्रि० MS. Tüb. (MS. A. 1. 317) and D; नेवाद्रि० Ben; नाद्रि० Bu H; Vivaraṇa न चाद्रियेत ।

1. 2. 5. इध्माबर्हिषोरुपकल्पन इति ॥ सूत्रमाचार्ययोर॥ पराह्णे पितृभ्यो दत्त्वेध्माबर्हिः संनह्येदित्याश्मीगविः॥ श्वो भूते हविष्कृदन्त इत्यौपमन्यवः। ॥

1. 2. 7. असिदस्य प्रतितपन इति ॥ स ह स्माह बौधायनः प्रतितपेदेवासिदमेवमश्वपर्शुं रक्षोऽपहननायेत्य॥थो ह स्माह शालीकिर्न तेजसि तेजः प्रतितपेदश्वपर्श्वा खल्वेते मन्त्रा दृष्टा भवन्ति। सो ऽश्वपर्शुमेव प्रतितपेन्नासिदं क्रूरापहननायेति। ॥

1. 2. 11. प्रक्रमेष्विति ॥ स ह स्माह बौधायन आहवनीयादेवाग्रे त्रीन्वा चतुरो वा प्राचः प्रक्रमान्प्रक्रम्याथ तां दिशमभिप्रव्रजेद्यत्र बर्हिर्वेत्स्यन्मन्येतेत्या॥हवनीयादेव यथार्थं गच्छेन्न तु दक्षिणया द्वारेति शालीकिः। ॥

1. 2. 13. परिषवण इति ॥ स ह स्माह बौधायनस्त्रिरेव मन्त्रं ब्रूयात्त्रिः कर्मावर्तयेदेवं यूपावटस्य परिलेखन एवं सोमक्रयण्यै पद एवमौदुम्बर्या अवट एवमुपरवेष्विति॥ सकृदेव मन्त्रं ब्रूयात्त्रिः कर्मावर्तयेदिति[1] शालीकिः। ॥

1. 2. 15. आच्छेदनेष्विति ॥ सूत्रं बौधायनस्य॥ प्रत्यगाशीः खल्वेष मन्त्रो दृष्टो भवति। मन्त्रप्रत्यभिमर्शनमेवैतस्यादिति शालीकिः। ॥

1. 2. 18. प्रस्तरस्य संनहन इति ॥ स ह स्माह बौधायनो ऽध्यर्धाश्चैनं संनह्येदन्यच्च चै।तस्मादयुग्मायुग्मं निधनानि कुर्यादित्य॥थो

१ आवर्तयेद् om. G U D C.

ह स्माह शालीकिः प्रस्तरस्य खलु मन्त्रप्रतिलाभात्सर्वं बर्हिर्मन्त्रं लभते न चैनमभ्यधात्संनह्येदेतच्चैवायुग्मतमꣳ स्यादिति' ॥

I. 3. 2. शुल्बस्य करण इति ॥ अधिकरणं चतुर्थꣳ स्यादिति बौधायनो'' ऽधिकरणमेव तृतीयमिति शालीकिः' ॥

I. 3. 4. बर्हिषः संभरण इति ॥ स ह स्माह बौधायनो यान्यन्यानि याजुषान्निधनानि तानि पूर्वाणि मन्त्रेण संभृत्याथोपरिष्टाद्याजुषं मन्त्रेणैव संभरेदित्य''थो ह स्माह शालीकिर्यान्यन्यानि याजुषान्निधनानि तानि पूर्वाणि तूष्णीꣳ संभृत्याथोपरिष्टाद्याजुषं मन्त्रेणैव[1] संभरेदित्य''थो ह स्माहौपमन्यवो य एवादिर्लवने ससंभरणे[2] सयाजुषमेवाग्रे मन्त्रेण संभृत्य तूष्णीमितराणि संभृत्य विपरिकृष्य ग्रन्थिं कुर्यादिति' ॥ २ ॥

I. 3. 5. ग्रन्थिकरण इति ॥ सूत्रं बौधायनस्य'' समायच्छन्नेवैतं[3] मन्त्रं जपेदिति शालीकिः' ॥

I. 3. 6. पश्चात्प्राञ्चमुपगूहतीति ॥ सूत्रं बौधायनस्य'' पुरस्तात्प्रत्यञ्चमिति शालीकिः' ॥

I. 3. 8. बर्हिषो निधान इति ॥ स ह स्माह बौधायनः स्फ्यं वा शकलं वान्तर्वेदि निधाय तस्मिन्मन्त्रेण प्रतिष्ठाप्य ततो यथा-

---

१ मंत्रेणैव Be Bu G (sec. m.) U (sec. m.), मंत्रेण the other MSS.

२ Thus Ben G C U (pr. m.) Sāyaṇa; संभरणे H Be; ससंभरणेन Bu U (sec. m.). After this word U Bu ins. संभरेत्।

३ Thus Be; °न्नेवैवं H D C Ben G (pr. m.) U (pr. m.); °न्नेव Bu G (sec. m.) U (sec. m.) Sāyaṇa.

सुष्ठु निदध्यादिति" यत्रैव निधास्यन्स्यात्तन्मन्त्रेणैव[1] निदध्यादिति शालीकि:' ॥

. 3. 12. परिधीनां करण इति ॥ स ह स्माह बौधायन उर:-संमितो मध्यम: स्यादथेतरौ बाहुमात्रौ स्यातामिति" सर्व एव बाहुमात्रा: स्युरिति शालीकि:' ॥

. 3. 12. इध्मस्य करण इति ॥ अनुसामिधेनीध्मं कुर्यादिति बौधायनो" ऽपरिमितमिति शालीकि:' ॥

. 3. 14. वेदस्य करण इति ॥ वत्सज्ञुं कुर्यादिति बौधायनो" मूतकार्यमिति शालीकिस्त्रिवृतमित्यौपमन्यव" ऊर्ध्वायमित्यौपमन्यवीपुत्र:' ॥

. 3. 10. पितृयज्ञबर्हिषीति ॥ समूलमेतद्बर्हिर्भवतीति बौधायन: पितृयज्ञसामान्यादिति" महापितृयज्ञ एवैतद्दृष्टं भवत्यमूलमेवैतद्बर्हि: स्यादिति शालीकि:' ॥

इष्टिसंनिपात इति ॥ स ह स्माह बौधायनो या:[2] कास्विष्टय:[2] समाने ऽहनि संनिपतेयुस्तन्त्राय तन्त्राय[3] चासां[3] बर्हिर्लावो गच्छेत्सूनं वासादयेत्तन्त्रेतन्त्रे[4] चासां[5] व्रतमुपेत्य

---

[1] Thus Be Bu G (sec. m.) Sāyaṇa; मन्त्र instead of तत् H Ben D C G (pr. m.) U.

[2] Thus Bu U G (sec. m.); यायाश्चेष्टय: Ben D G (pr. m.); याश्चेष्टय: Be; मात्रायाश्चेष्टय: C.

[3] Thus G; तंचायतंचायत्वासां Bu; तंचायतंचायनासां U C D; तंचायतं-चापनासां Be; तंचायतासां Ben H.

[4] वासाधयेत् Bu G (pr. m.) U (sec. m.).

[5] Thus Bu Ben G U; त्वासां H; तंचेवासां C D; तंत्रेवासां Be

तन्त्रापवर्गे व्रतं विसृजेतेत्य॥चो[1] ह स्माह शालीकिर्याः[2] काम्येष्ट्यः[2] समाने ऽहनि संनिपतेयुः सकृदेवासां सर्वासां बर्हिर्लावो गच्छेल्लूनं वासादयेदादितश्चासां[3] व्रतमुपेत्य सर्वासां पारे[4] व्रतं विसृजेतेति[1]। ॥

I. 3. 17. पर्णत्सरूणां[5] निवपन इति ॥ सूत्रं शालीकेर्॥चो ह स्माह बौधायनस्तृतीयमभ्यगार उद्वपेत्तृतीयमन्तर्वेदि निवपेत्तृतीयेन वत्सानां धूननं[6] कुर्यादेवमिव हि पशूनां नेदीयान्भवतीति। ॥

I. 3. 18. पौर्णमास्यामुपवेषकरण इति ॥ कुर्यादिति बौधायनो॥ न कुर्यादिति शालीकिः। ॥

I. 3. 19. दोहनपवित्रस्य करण इति ॥ स ह स्माह बौधायनो मूले मूलानि बद्ध्वा द्विगुणां रज्जुं संप्रसार्याग्रे[7] निग्रथ्नीयादेवमस्याग्रमग्रैरभिसंपन्नं भवतीत्य॥चो ह स्माह शालीकिर्मूले

---

१ Thus C D H Ben G (pr. m.) U (pr. m.); विसृजेदिति the other MSS.

२ Thus Bu U G (sec. m.). यायाश्चेष्टयः Ben D G (pr. m.) यायेष्टयः Be; मायाश्चेष्टयः C.

३ See p. 9, n. 4.

४ परि H D C Ben.

५ Thus Bu D; °त्सरुकाणां or °त्सरुकाणां the other MSS. and Sāyaṇa.

६ Thus G (sec. m.) U (sec. m.) and the prayoga of Veṅkateśvara; धूमं all the other MSS.

७ ग्राणि ins. G (sec. m.); instead of °ग्रे U reads the first time °ग्रं।

मूलानि बद्धा[१] द्विगुणाꣳ रज्जुꣳ संप्रसार्य मूले परिहृत्य[२] त्रिगुणाꣳ रज्जुꣳ संप्रसार्याग्रे[३] निग्रथ्नीयादेवमस्याग्रमग्रैरभिसंपन्नं भवतीति ' ॥ ३ ॥

अग्निहोत्रोच्छेषणस्य करण इति ॥ स ह स्माह बौधायनो यद्यस्याज्येन[४] वौषधेन वा प्रक्रान्तꣳ स्यात्पयसैव ताꣳ रात्रिं जुहुयात्पयस एवाग्निहोत्रोच्छेषणं कुर्यादित्य" थो ह स्माह शालीकिर्नासमाप्ते काम आवर्तयेद्यद्यस्याज्येन[५] वौषधेन वा प्रक्रान्तꣳ स्यात्तस्य हुत्वा तस्यैवाग्निहोत्रोच्छेषणं कुर्यादिति ' ॥

I. 4. 5. सांनाय्यपात्राणां प्रोक्षण इति ॥ तूष्णीꣳ सꣳस्कृताभिरद्भिः प्रोक्षेदिति बौधायनः " कमण्डलुगताभिरिति शालीकिः ' ॥

I. 4. 6. अथ जघनेन गार्हपत्यमुपविश्योपवेषेणोदीचोऽङ्गारा- न्निरूहतीति ॥ सूत्रꣳ शालीकेर" थो ह स्माह बौधायन- स्तूष्णीमङ्गारान्निरूहेत्सर्व एवैषोऽधिश्रयणमन्त्रः स्यादिति ' ॥

I. 4. 10. दोहनपवित्रस्याधान इति ॥ मन्त्रेण हुत्वा मन्त्रेण स्थाल्यामादध्यादिति बौधायनस्तू" ष्णीं हुत्वा मन्त्रेण स्थाल्या- मादध्यादिति शालीकिर" र्धेन हुत्वार्धेन स्थाल्यामादध्या- दित्यौपमन्यवः ' ॥

---

१ हुत्वा U C.

२ Thus Bu G; परिहृत्य Be. In the other MSS. this passage is omitted, also by Sāyaṇa.

३ प्राचि ins. G (sec. m.).

४ Thus Bu G U Sāyaṇa; यद्या (instead of यदि) H Be C Ben.

५ नस्याज्येन H Be, instead of यद्यस्या० ।

I. 4. 11. धेनूनामनुमन्त्रण इति ॥ स ह स्माह बौधायन एकैका-
मेवासामनुमन्त्रयेताथासामेकैकां दोहयेदित्य॥थो ह स्माह
शालीकिः सकृदेवैनाः सर्वा अनुमन्त्रयेताथासामेकैकां दोहये-
दित्य॥थो ह स्माहौपमन्यवः सकृदेवैनाः सर्वा अनुमन्त्रयेत
सकृदेना[1] दोहयेदत्र चैव स्तोकान्परिनिस्तिष्ठेदित्य॥ेकैकामेवासाꣳ
सर्वेणसर्वेण[2] कर्मणा परिनिस्तिष्ठेदित्यौपमन्यवीपुत्रः। ॥

I. 4. 15. स्तोकानामनुमन्त्रण इति ॥ सूत्रꣳ शालीकेर॥ाख्यातमौप-
मन्यवस्य॥ाथो ह स्माह बौधायन आतच्यैव स्तोकाननुमन्त्रये-
तात्रैव हि स्तोकानामन्तो[3] भवतीति। ॥

I. 5. 5. उत्तरासां दोहन इति ॥ विसृष्टवागनन्वारभ्योत्तरा
दोहयेदिति बौधायन॥ आनीयमान[4] एवानु चारभेत वाचं
च यच्छेदिति कात्यः। ॥

ib. दुग्धं लभमानस्येति ॥ वत्सापाकरणप्रभृतीन्मन्त्रान्साधये-
दिति बौधायन॥ आसेचनप्रभृतीनिति शालीकिः। ॥

I. 5. 8. आतञ्चन इति ॥ चतुर्थं स्रुव आनयेद्यावता मूर्च्छयिष्यन्म-
न्येतेति बौधायन॥स्तृतीये स्रुव आनयेद्यावता मूर्च्छयिष्यन्मन्ये-
तेति शालीकिः। ॥

---

१ Thus Be G Sāyaṇa; सकृल्लेवैना H Ben D C; सकृद्देवैना U.

२ Thus Be; सर्वेणसर्वे Bu; सर्वेण (once) D C H Ben G U and Sāyaṇa.

३ Thus C H D G (sec. m.) Ben Be; स्तोकानाममंत्रो Bu G (pr. m.); स्तोकानांतो U; स्तोकानामनुमंत्रो Sāyaṇa.

४ Thus H Ben Be D C Sāyaṇa (viz. आसिच्यमाने Sāy.); °माना Bu D (sec. m.) U (sec. m.).

. 5. 10. अग्निहोत्रोच्छेषणमभ्यातनक्तीति ॥ सूत्रꣳ शालीकेर''त्रो ह स्माह बौधायनो ऽग्निहोत्रोच्छेषणमानीय हविरातञ्चनमानयेदेवमस्योभयमभ्यातक्तं[1] भवतीति' ॥

. 5. 11. उदन्वतापिदधातीति ॥ उदन्वतापिधाय सर्वाꣳ रात्रिं परिंश्राययेदिति[2] बौधायन'' उदन्वतापिधाय सिक्त्वैता अपो ऽपिदध्यादिति शालीकिः' ॥

. 5. 18. अग्नीनां परिस्तरण इति ॥ सूत्रमाचार्ययोर''त्रो ह स्माहौपमन्यव उपवसथ एवाग्नीन्यथोत्पन्नं परिस्तृणीयादेवꣳ हि ब्राह्मणं भवत्युपास्मिञ्छ्वो[3] यक्ष्यमाणे देवता वसन्ति य एवं विद्वानग्निमुपस्तृणातीति' ॥

अग्ननानग्न इति ॥ आरण्यं चापस्वाश्नीयादिति बौधायनो'' ऽप एवेति शालीकिर्न''रण्यं नापस्वनेत्यौपमन्यवः[4]'

॥ ४ ॥ प्रथमः ॥

i. 5. 17. पाणिसंमर्शन इति ॥ उत्तरेणाहवनीयं तिष्ठन्पाणी संमृशेदिति बौधायन'' उत्तरेण गार्हपत्यमिति शालीकिः' ॥

---

१ Corrected; ०भ्यातनक्तं all the MSS. (also Sāyaṇa) exc. Be which has ०भ्यातक्तं ।

२ ०श्रापयेदिति Ben H.

३ MSS. (exc. B and Sāyaṇa) insert श्वो, which is effaced in D; cp. TS. I. 6. 7. 3.

४ Thus Ben G D C; नापश्नेत्य० HU; नाप्यापश्नेत्य० Bc; नाप्यापश्नेत्य० Bu.

I. 5. 19. अग्नीनां परिस्तरण इति ॥ सूत्रं शालीकेराख्यातमौपमन्यवस्त्वो ह स्माह बौधायनो गार्हपत्यमेवाग्रे पुरस्तात्परिस्तृणीयादथ दक्षिणतो ऽथ पश्चादथोत्तरत । एवमेवान्वाहार्यपचनं परिस्तृणीयादेवमाहवनीयमिति । ॥

I. 6. 1. पात्राणाꣳ सादन इति ॥ सूत्रꣳ शालीकेरत्वो ह स्माह बौधायन उत्तरेण गार्हपत्यं तृणानि सꣳस्तीर्य तेषु पात्राणि सादयेदित्युत्तरतो ऽन्यगारस्य पात्राणि सादयेत्तेषां यथार्थमाददीतेति राथीतरः । ॥

I. 6. 9. ब्रह्मण उपवेशन इति ॥ व्यवेत्य दक्षिणेनाहवनीयमुपविशेदिति बौधायनो ऽव्यवेत्यैव दक्षिणेनाहवनीयमिति शालीकिः । ॥

यजमानस्योपवेशन इति ॥ व्यवेत्य दक्षिणत उपविशेदिति बौधायनो ऽव्यवेत्यैव दक्षिणत उपविशेदिति शालीकिः । ॥

I. 6. 9 पृष्ठ्यायै स्तरण इति ॥ सूत्रं बौधायनस्य सोम एव पृष्ठ्याꣳ स्तृणीयादिति शालीकिः । ॥

I. 6. 11. पवित्रयोः करण इति ॥ सूत्रं बौधायनस्य पृष्ठ्यायास्तृणानामित्यौपमन्यवो[१] ये[२] ऽन्ये[२] ऽनुपयुक्ताः कुशाः स्युस्तेषामिति शालीकिः । ॥

---

१ Thus Be; पृष्ठ्यास्तृणानामि° G (pr. m.) Bu H; पृष्ठ्याक्षणानामि° U G (sec. m.); Ben is defective; C corrupt; पृष्ठ्याक्षणामि° Sāyaṇa.

२ Thus G (sec. m.) and Sāyaṇa; येषान्ये the other MSS.

I. 96. 3. स वाचंयमो भवति प्रणीतासु प्रणीयमानास्वा हविष्कृत इति ॥ अन्तर्हंसन्नेतेषु संपातेषु संभाषेतेति बौधायनो" विसृष्टवागिति शालीकिः' ॥

I. 7. 11. होतॄणां व्याख्यान इति ॥ सग्रहानृतेस्वाहाकारानित्येक-मृतेग्रहानन्तःस्वाहाकारानित्येकं' सर्वानित्येकं' पूर्वः कल्पो बौधायनस्योत्तरावुभौ शालीकेरिति' ॥

I. 7. 11. दशहोतुर्व्याख्यान इति ॥ प्रणीताः प्रणीय प्रत्यङ् द्रवन्द-शहोतारं व्याचक्षीतेत्याचार्यधीमुंष्टिमेव गृह्णीय्यमित्यौपमन्यवः' ॥

I. 7. 12. निर्वपण इति ॥ सूत्रं शालीकेर"चो ह स्माह बौधायनः शकटादेव निर्वपेद्धुरौ व्यभिमृश्याक्षपालिं क्रामेद्विष्णुस्त्वा क्रमतामिति' पुरोडाशीयान्प्रेक्ष्याभिमृश्येद्यच्छन्तां पञ्चेति' त्रिर्यजुषा सक्तूष्णीं चतुरवत्तिनां' त्रिर्यजुषा द्विस्तूष्णीं पञ्चावत्तिनां" सर्वानेव यजुषेति कात्यः' ॥ ५ ॥

पञ्चावत्तस्य प्रक्रमण इति ॥ निर्वपणात्पञ्चावत्तं प्रक्रामेदिति बौधायनो" ऽवदानत इति शालीकिः" प्रदानत इत्यौप-मन्यवश्चोतुष्प्राश्यादित्यौपमन्यवीपुत्रः' ॥

I. 8. 7. अतिशिष्टानामावपन इति ॥ तान्कोष्ठे[१] वा पल्वे वावपे-दिति बौधायनो" ऽचैवैनानावपेयुरिति शालीकिः' ॥

I. 13. 3. आज्यस्य निर्वपण इति ॥ सूत्रं शालीकेर"चो ह स्माह

---

१ कोष्ठे or कोष्टे all (also the Vivaraṇa and Sāyaṇa); only Bu गोष्टे (the Gṛhyasūtra II, 15 has गोष्ठे वा पल्वे वा)।

बौधायन औषधस्यान्तं गत्वाज्यं निर्वपेद्देवमस्य सह हविर्भिः प्रोक्षणं लभत इति' ॥

I. 8. 12. परिदान इति ॥ यथानिरुप्तं परिददीतेति बौधायनो'' ऽत्रो ह स्माह शालीकिरग्ने हव्यꣳ रक्षस्वेत्येव ब्रूयाद्विष्णो हव्यꣳ रक्षस्वेति पयो' विष्णुर्हि पयसां गोप्ता भवत्यग्निरौषधस्येति' ॥

I. 8. 13. प्रोक्षणीनामुत्पवन इति ॥ सूत्रं बौधायनस्य'' निगदन्नेवैतामृचं त्रिरुत्पुनुयादिति[1] शालीकिः' ॥

I. 8. 19. पुरोडाशीयानां प्रोक्षण इति ॥ अवग्राहशः प्रोक्षेदिति बौधायनो'' देवताः समनुद्रुत्य त्रिरेवेति शालीकिः' ॥

I. 9. 2. पात्राणां प्रोक्षण इति ॥ सूत्रꣳ शालीकेर''त्रो ह स्माह बौधायनः शुन्धध्वं दैव्याय कर्मणे पात्राणि[2] देवयज्याया इति' ॥

I. 9. 4. अतिशिष्टानां परिशायन इति ॥ एता एव परिशयोरन्निति[3] बौधायनः'' सिक्ता अप उपरिष्टादन्याः सꣳस्कुर्वीतेति शालीकिः' ॥

ib. कृष्णाजिनस्यावधवन[4] इति ॥ उपनिष्क्रम्याग्न्यगारादुत्तरे

---

१ Thus, as often in the Dvaidha, H Be and Sāyaṇa; पुनीया॰ the other MSS.

२ Om. Be.

३ Thus Bu Sāyaṇa; ॰शायौरन्निति U; ॰शाययौरन्निति C H Be Ben G; ॰शापयौरन्निति D.

४ Thus (and cp. *infra* XXIII. 4 and 6) G (sec. m.) Be, and the vivaraṇa; ॰धूनन Ben H G (pr. m.) U D C and Sāyaṇa.

ऽपरे ऽवान्तरदेशे कृष्णाजिनमवधुनुयादिति[१] बौधायनो " ऽन्तरेवैतां दिशमिति शालीकिः ' ॥

9. 5. कृष्णाजिनस्यास्तरण इति ॥ स ह स्माह बौधायनो ऽविसृजन्नेतत्कर्म कुर्यात्कृष्णाजिनावधवनादास्तरणादेवमुलूखलाभ्यूहनादा[२] पुरोडाशीयानामावपनादेवं मुसलस्यावधानादा शूर्पस्योपोहनादेवमधिवपनादा प्रस्कन्दनादेवं कपालोपधानादा योगाभ्यूहाभ्यामेवं[३] प्रस्तर आ स्रुचाꣳ सादनादेवमभ्र्यादानादा खननादेवमौदुम्बर्याभिहोमादेवं यूप आ परिव्ययणादिति[४] " यथोपपादमेवैतानि कर्माणि कुर्यादिति शालीकिः ' ॥ ६ ॥

9. 8. पुरोडाशीयानामावपन इति ॥ सूत्रं बौधायनस्य " पञ्च मुष्टीन्पञ्चावत्तिनामावपेदिति शालीकिः ' ॥

9. 12. दृषदुपले दृषारवेणोच्चैः समाहन्तीति ॥ सूत्रं बौधायनस्य " शम्ययैवेति शालीकिः ' ॥

9. 14. शूर्पस्योपोहन इति ॥ सूत्रꣳ शालीकेर्" नो ह स्माह बौधायनस्तूष्णीꣳ शूर्पमुपोह्येत्थमस्तेनैवास्मिन्मन्त्रेण पुरोडाशीयानुद्वपेद्वर्षवृद्धमसि प्रति त्वा वर्षवृद्धं वेत्त्विति । ॥

---

१ °धूनुया° Bu and Sāyaṇa.

२ Thus (°धवनाद°) Be G (sec. m.); °ध्मननाद° Ben; °धवनाद° Bu; °धूननाद° the other MSS. and Sāyaṇa.

३ Thus C G (sec. m.); योगादुभ्याभ्या° Bu; योगान्यूहाभ्या° Sāyaṇa; योगाभ्यूहाभ्या° all the other MSS., but cp. *infra*, p. 19, l. 16.

४ Thus G D C Be; परिव्ययनादि° Bu; परिध्ययणादि° Sāyaṇa; परियाणादि° U H Ben.

I. 9. 15. अथोदङ् पर्यावृत्य परापुनातीति ॥ सूत्रं बौधायनस्य ॥
यां कां चिद्दिशमभि पर्यावृत्य परापुनातीति शालीकिः । ॥

I. 9. 17. तुषाणां निरसन इति ॥ सूत्रꣳ शालीकेः ॥ चो ह स्माह
बौधायनोऽत एव यावन्मात्रानुपहत्य कृष्णाजिनस्य ग्रीवात
उपवपेद्रक्षसां भागोऽसीत्यथोदकमुपस्पृशेदिति । ॥

I. 10. 8. कृष्णाजिनस्य पुनरास्तरण इति ॥ सूत्रमाचार्ययोः ॥
प्राचीनग्रीवमुत्तरर्चमित्यौपमन्यवः[1] । ॥

I. 10. 17. पेषण इति ॥ सूत्रꣳ शालीकेः ॥ चो ह स्माह बौधायनः
'प्राणाय त्वेति प्राचीं प्रोहेदपानाय त्वेति प्रतीचीं व्यानाय त्वेति
तिरश्चीं कर्षेदथ प्राचीं प्रोहेद्दीर्घामनु प्रसितिमायुषे धामिति ।
कृष्णाजिने पिष्टानि प्रस्कन्दयेद्देवो वः सविता हिरण्यपाणिः
प्रतिगृह्णात्विति । ॥ ७ ॥ द्वितीयः ॥

I. 11. 7. नैकचरौ धृष्टेरादानं विद्यते न बह्वीष्विति शालीकिः ॥-
चो ह स्माह बौधायनः आदित एव धृष्टिमाददीत धृष्टिरसि
ब्रह्म यच्छेति । गार्हपत्यमभिमन्त्रयेतापाग्ने ऽग्निमामादं
जहीति । निष्क्रव्यादꣳ सेधेति दक्षिणाङ्गारं निरस्येदथान्या-
न्कल्पयेदा[2] देवयजं वहेति । तेषु चरुस्थालीमधिश्रयेद्ध्रुवासि
पृथिवीं दृꣳहायुर्दृꣳह प्रजां दृꣳह सजातानस्मै यजमानाय

---

[1] Thus Bu C G (sec. m.) U (sec. m.) and Sāyaṇa; all the other MSS. औपमन्यव।

[2] ॰थान्यं कल्पयेदा G (sec. m.) D C; all the other MSS. have the plural.

पर्यूह्येत्यथैनां प्रदक्षिणमङ्गारैः परिचिनुयान्निर्दग्धꣳ रक्षो निर्दग्धा अरातय इति। स एवमेव सर्वास्वुख्यास्वीरधि-श्रयेदिति॥

चरुमुखेष्विति॥ स ह स्माह बौधायन आदित एव धृष्टिमाददीत। मुख्यादेव भक्षान्साधयेदित्य॥न्यो ह स्माह शालीकिः कपालसंयोजने खलु धृष्टेरादानं भवति। स कपालान्येवोपधास्यन्धृष्टिमाददीत। पुरोडाशादेव भक्षान्साधयेदिति॥

1. 10. कपालानामुपधान इति॥ सूत्रमाचार्ययोर॥न्यो ह स्माहौपमन्यवो यथाम्नायं खल्वस्यैवं कपालान्युपहितानि भवन्ति। स एवैषो ऽङ्गाराधिवर्तनो[1] मन्त्रस्तं प्रथमं कपालोपधानमन्त्रं[2] कुर्यादथ तूष्णीमङ्गारमधिवर्तयेदिति॥

एककपाले[3] द्विकपाल इति॥ स ह स्माह बौधायनो यदि चैककपालो यदि च द्विकपालः सर्वैरेनं कपालमन्त्रैरुपदध्यादित्य॥न्यो ह स्माह शालीकिर्यथाधिकरणमेव कपालान्युपदध्यान्न तु योगाभ्यूहौ गमयेत्तपनमन्त्रं चात्र ब्रूयाद्भृगूणामङ्गिरसां तपसा तप्यस्व तप्येथां तप्यध्वमिति॥

---

१ Thus C D Ben G (sec. m.) and Sāyaṇa; ॰वर्तने U; वर्तन Be H G (pr. m.).

२ Thus C D H Ben Be G (pr. m.); ॰धानं Bu U G (sec. m.) and Sāyaṇa.

३ Thus the vivaraṇa only; ॰कपालो the MSS.

I. 12. 3. कपालानां योग इति ॥ सूत्रमाचार्ययोर''न्यो ह स्माहौप-
मन्यव एतैरेवास्यैतानि मन्त्रैर्युक्तानि यैरुपहितानि भवन्त्यथै-
तरो विमोचनमन्त्र एव स्यादिति ' ॥

I. 12. 6. मदन्तीनामधिश्रयण इति ॥ तिरः पवित्रमप आनीया-
धिश्रयेदिति बौधायनो '' यथोपपादमिति शालीकिः ' ॥

I. 12. 11. संयवन[1] इति ॥ सूत्रं शालीकेर''न्यो ह स्माह बौधायनः
प्रणीताभ्यः स्रुवेणोपहत्याप आनयेदेवं[2] मदन्तीभ्यस्ता उभ-
यीरानीयमानाः प्रतिमन्त्रयेत समापो अद्भिरग्मतेति ' ॥

I. 12. 17. व्यभिमर्श इति ॥ स ह स्माह बौधायनो व्यभिमृशेदेवै-
कहविरेवं[3] नानाबीजानीत्य''न्यो ह स्माह शालीकिः संसृ-
र्गात्खलु व्यभिमर्शो जायते ' नासंसृज्यमानानि हवींषि
व्यभिमृशेन्नैकहविः[4] ' को[4] हि नानाबीजानां व्यभिमर्श इति ' ॥

I. 13. 3. आज्यस्य निर्वपण इति ॥ सूत्रं शालीकेर''राख्यातं[5]

---

१ Thus only G (sec. m.); all the other MSS. (and the vivaraṇa and Sāyaṇa) संवपन, but cp. Sāyaṇa's remark: संवपनमुदकपिष्टयोः संयोजनं । तथा च सूत्रं (cp. I. 12. 16) प्रणीताभिः संयौति ।

२ Thus Bu Be C D G (sec. m.); आनयत एवं Ben; आनयन एवं H G (pr. m.) U and Sāyaṇa.

३ Thus H Be Ben and Sāyaṇa; °देवैकं हवि° Bu C D U G (एकहविः एकद्रव्यकं हविः Sāyaṇa).

४ Thus Bu; नैकंहविः को H Ben G U; नैकहविष्को Be; नैकंहविष्को C; नैकंहविष्को D; नैकहविष्के Sāyaṇa.

५ cp. xx. 6 : 15. 19.

बौधायनस्य॥त्त्वो ह स्माहौपमन्यवः सर्वाण्येव हवीꣳषि परि-
निष्ठाप्याज्यं निर्वपेदिति । ॥

. 13. 15. आप्यनिनयन[१] इति ॥ जघनेन गार्हपत्यमाप्येभ्यो निनये-
दिति बौधायनो ॥ ऽग्रेणातिहायेति[२] शालीकिरग्रेण वा
जघनेन वेत्यौपमन्यवः । ॥ ८ ॥

I. 14. 6. स्फ्यस्य सꣳस्थान[३] इति ॥ सूत्रꣳ शालीकेर॥त्त्वो ह स्माह
बौधायनो य एष[४] स्फ्यस्योदसनो[५] मन्त्रस्तं प्रथमꣳ सꣳस्थ-
नानां[६] कुर्यादथ तूष्णीꣳ स्फ्यमुदस्येदिति । ॥

I. 15. 4. वेद्यै परिग्रहण इति ॥ सूत्रꣳ शालीकेर॥त्त्वो ह स्माह
बौधायनः श्रोणिं[७] प्रथमां परिगृह्णीयादथ दक्षिणमꣳसमथो-
त्तरमिति ॥ पुरस्तादेवैनां प्रदक्षिणं परिगृह्णीयादित्यौपमन्यवः । ॥

---

१ Thus (and cp. xxi. 4) Be and the vivaraṇa; आप्येभ्यो नि॰ Ben U H G; आप्यस्थनि॰ D C and Sāyaṇa.

२ Thus Be (and cp. xx. 20, xxi. 4); ग्रेणातिहायनेति H Ben C D G (pr. m.) and Sāyaṇa; ग्रेणातिहाय निनयेदिति G (sec. m.) U (sec. m.); ग्रेणाहवनीयं निनयेदिति Bu.

३ Thus (*nomen actionis* to संस्थति) Bu only; संस्थम C D G (sec. m.) Ben Be and Sāyaṇa; संस्थान U (sec. m.) and the vivaraṇa; संस्थर्शन G (pr. m.); स्पर्शे H.

४ एष Ben Be C D G (sec. m.) U (pr. m.); एव H Bu G (pr. m.) U (sec. m.) and Sāyaṇa.

५ Thus Be Ben C D; ॰दसने G Bu and Sāyaṇa; ॰दसन H.

६ Thus Sāyaṇa; संस्थनाना Bu; संस्थानं G (sec. m.), U (sec. m.); संस्थानानां Ben; संस्थानां C D; संस्पर्शिनां H U (pr. m.) G (pr. m.) The reading of Be is uncertain. Read सꣳस्थानानां ?

७ श्रोणीं some of the MSS.

I. 15. 15. योयुपन इति ॥ सूत्रं बौधायनस्य ॥ चतुर्थेन योयुपित्वा पञ्चमेनोद्गृह्णीयादिति शालीकिः । ॥

I. 16. 1. प्रोक्षणीनामासादन इति ॥ स्फ्यस्य वर्त्मन्नुपनिनीयासादये-दिति[1] बौधायनो ॥ ऽनुपनिनीयैवेति शालीकिः । ॥

I. 16. 5. इध्माबर्हिषोरुपसादन इति ॥ सूत्रं बौधायनस्योत्तरमिध्म-मिति शालीकिः । ॥ ९ ॥ तृतीयः ॥

I. 16. 7. वेदपरिवासनेष्विति ॥ पञ्चधा विभज्य स्रुचः संमृजेदिति[2] बौधायनः ॥ समस्तैरेवाग्निरभ्याकारमिति शालीकिः । ॥

I. 16. 19. प्राशित्रहरणस्य संमार्जन इति ॥ सूत्रं बौधायनस्य ॥ तूष्णीꣳ संमृजेदिति[2] शालीकिर्॥न संमृजेदित्यौपमन्यवः[2] । ॥

I. 17. 1. स्रुक्संमार्जनानामनुप्रहरण इति ॥ सूत्रꣳ शालीकेर॥थो ह स्माह बौधायनो ऽग्निरभ्युच्छ्यासंचर उदस्येदुत्करे वै।वमिध्म-संनहनानीति । ॥

I. 17. 5. पत्नीनाꣳ संनहन इति ॥ स ह स्माह बौधायन एकैका-मासाꣳ[3] संनह्येदेकैकां गार्हपत्यमीक्षयेदेकैकामाज्यमवेक्षये-दित्य॥थो ह स्माह शालीकिः सकृदेवैनाः सर्वाः संनह्येदेकैकां गार्हपत्यमीक्षयेदेकैकामाज्यमवेक्षयेदित्य॥थो ह स्माहौपमन्यवः

---

१ Thus Bu G (sec. m.) and Sāyaṇa; वर्त्मन्युप॰ H C Ben U D G (pr. m.).

२ संमृक्षेदिति H Ben (thrice) U, D C (the first time), G (pr. m.); the other MSS. संमृजेदिति।

३ एकैकामेवासां Bu G (sec. m.) U (sec. m.).

सकृदेवैनाः सर्वाः संनह्योत्सकृद्गार्हपत्यमीक्षयेदेकैकामाज्यमवेक्षयेदित्यैकैकामेवासाꣳ सर्वेणसर्वेण कर्मणा परिनिस्तिष्ठेदित्यौपमन्यवीपुत्रः ॥

ib. ग्रन्थिकरण इति ॥ अवाचीनपाशमूर्ध्वनिर्मोचनमित्याचार्ययोरूर्ध्वपाशमवाचीननिर्मोचनमिति दीर्घवात्स्य एवमिव हि प्रजाः प्रजायन्त इति ॥

पत्न्यामविद्यमानायामिति ॥ स ह स्माह बौधायनो यजमानायतन आसीनो यजमान एवैतान्मन्त्रान्निगदेदित्यथो ह स्माह शालीकिः पत्नीसंयोजकाः खल्वेते मन्त्रा दृष्टा भवन्ति तस्यामविद्यमानायां नैवैनानाद्रियेतेति ॥

I. 18. 4 अथैनामाज्यमवेक्षयतीति ॥ सूत्रꣳ शालीकेरथो ह स्माह बौधायनः पत्न्या तदवेक्षितमुपयच्छीत[1] तेजोऽसीत्यथैनच्छकलेनोपयत्य हरेत्तेजोऽनु प्रेहीत्यथैनदाहवनीयेऽधिश्रयेदग्निस्ते तेजो मा विनैदित्यथैनदुद्धृत्योत्तरेण प्रोक्षणीः सादयित्वावेक्षित्वोत्पुनुयादाज्यवतीभ्यां[2] प्रोक्षणीरिति ॥

18. 10. आज्यस्यावेक्षण इति ॥ सूत्रं बौधायनस्य सर्वैरेवावेक्षितमाज्यमुत्पुनुयादिति[3] शालीकिः ॥

---

१ Thus all the MSS. exc. Be 115 and U sec. m., which read ॰यच्छेत (॰यच्छेत् Sāyaṇa), but infra xxiv. 32 ॰यच्छेत।

२ ॰वेक्षित्वो॰ only Sāyaṇa. MSS.: ॰वेक्षितो॰, ॰वेक्षेतो॰ or ॰वेक्षतो। All the MSS. and Sāyaṇa and the viv. here and l. 17 पुनुया॰, U only both times (sec. m.) and C once ॰पुनीया॰।

३ Thus Bu Be G (pr. m.) U C D; ॰ाज्यमवेक्षितमु॰ Ben H G (sec. m.) and Sāyaṇa.

I. 19. 1. आज्यग्रहाणां[1] ग्रहण इति ॥ स ह स्माह बौधायनो ऽध्वर्युरेवोभयैर्मन्त्रैर्गृह्णीयात्पौरोडाशिकैश्च याजमानैश्च । याजमानैर्यजमानो ऽनुमन्त्रयेतेत्य॥चो[2] ह स्माह शालीकिरध्वर्युरेवोभयैर्मन्त्रैर्गृह्णीयात्पौरोडाशिकैश्च याजमानैश्च । न याजमानैर्यजमानो ऽनुमन्त्रयेतेत्य॥चो ह स्माहौपमन्यवो यथापि[3] पौरोडाशिका मन्त्रा नाभिनिवर्तन्त[4] एवमेवापि याजमाना मन्त्रा नाभिनिवर्तेरन्निति[5] । ॥

I. 19. 13. दर्भाबर्हिषः प्रोक्षण इति ॥ त्रिस्त्रिरेकैकं प्रोक्षेदिति बौधायनः ॥ सकृत्सकृदिति शालीकिः । ॥ १० ॥

I. 19. 16. बर्हिषः प्रोक्षण इति ॥ सूचङ् शालीकेर॥चो ह स्माह बौधायनस्त्रिष्टन्दिवे त्वेत्यग्राणि प्रोक्षेत्प्रक्षो ऽन्तरिक्षाय त्वेति मध्यान्युपविश्य पृथिव्यै त्वेति मूलानि । सह स्रुचा पुरस्तात्प्रत्यञ्चं ग्रन्थिं प्रत्युच्छ्यातिशिष्टाः प्रोक्षणीर्निनयेद्दक्षिणायै श्रोणेरोत्तरायै श्रोणेः स्वधा पितृभ्य ऊर्गभव बर्हिषद्भ्य ऊर्जा पृथिवीं गच्छतेति । ॥

---

१ Thus Be only; आज्यग्रहाणो Bu; आज्यानां the other MSS., but cp. xx. 23.

२ Most of the MSS. •मंचयीवे• ।

३ यथापि Be G (sec. m.); यथाविधि Sāyaṇa; यथा the other MSS.

४ •भिनिवर्तंते U Bu G (sec. m.) Sāyaṇa; the other MSS. without नि ।

५ Thus C D G (pr. m.) U (pr. m.) Be Ben H; •वर्तंतै इति Bu G (sec. m.) U (sec. m.) and Sāyaṇa.

19.20. स्रुच उदूहन इति ॥ अग्रेणात्मानमुदीचीमुदूहेदिति बौधायनो ॥ जघनेनात्मानमुदीचीमुदूहेदिति शालीकिः । ॥

I.20.1. प्रस्तरे पवित्रे अपिसृजति यजमाने प्राणापानौ दधामीति वा तूष्णीं वेति ॥ पूर्वः कल्पो बौधायनस्योत्तरः शालीकेः । ॥

I.20.2. तं यजमानाय वा ब्रह्मणे वा प्रयच्छतीति ॥ पूर्वः कल्पः शालीकेरुत्तरो बौधायनस्य । ॥

I.20.3. शुल्बस्यायतन[1] इति ॥ सूत्रं बौधायनस्य । शुल्बं विस्रस्य दक्षिणे वेद्यन्ते स्तृणीयादिति शालीकिः[2] । ॥

I.20.7. वेद्यै स्तरण इति ॥ सूत्रं बौधायनस्यात एवैनां प्राचीं धातुश स्तृणीयादिति शालीकिः । ॥

I.20.8. परिधीनां परिधान इति ॥ स ह स्माह बौधायनो ऽध्यस्येद्दक्षिणमुपोहेदुत्तरमित्य॥ नीकसंस्पृष्टानेवैनान्परिदध्यादिति शालीकिः । ॥

I.20.12. अथ सूर्येण पुरस्तात्परिदधातीति ॥ सूत्रं बौधायनस्याहवनीयमेवैतेन यजुषोपतिष्ठेतेति शालीकिः । ॥

I.20.14. ऊर्ध्वे समिधावादधातीति । सूत्रं बौधायनस्योर्ध्वे एवैने अभ्याधायानतिपातयेदिति[3] शालीकिः । ॥

---

१ ०यतन Bu Be C.

२ शालीकेः Be Ben H G (sec. m.).

३ Thus H Ben C D G (pr. m.) and Sāyaṇa; ०यानुनिपातये० Bu U G (sec. m.); ०यानुपातये० Be; the verb seems to be a denominative to अनतिपात, cf. Sāyaṇa: अतिपात आहवनीयादतिक्रम्य पातः । स न कार्यः । अनतिपातयेत् अनतिक्राम्य पातयेत् ।

I. 20. 16. विष्टत्योः करण इति ॥ सूत्रमाचार्ययोर॥न्यो ह स्माह दक्षि-
णाकारो राथीतर[1] उभे एवैते वेदिं[2] व्यतिषज्येयातामिति॥
मध्यमाद्धातोरनन्तर्गर्भे[3] स्यातामित्यौपमन्यवः। ॥ ११ ॥

दोहनपवित्रस्यासादन इति ॥ विस्रस्य प्रस्तर आसादये-
दिति बौधायनो॥ ऽविस्रस्यैवेति शालीकिः। ॥

I. 20. 18. स्रुचाꣳ सादन इति ॥ स ह स्माह बौधायन ईषत्प्रत्यव-
हृतामिवोपभृतꣳ[4] सादयेद्विष्टतीभ्यां चैनामवगृह्णीयादित्य॥न्यो
ह स्माह शालीकिरनुपूर्वा एवैनाः[5] सादयेन्न[5] चोपभृतं
विष्टतीभ्यामवगृह्णीयादिति। ॥

I. 21. 14. हविषामुद्वासन इति ॥ अग्रेणानुद्वासितानि जघनेनोद्वा-
सितानीति बौधायनो॥ जघनेनानुद्वासितान्यग्रेणोद्वासिता-
नीति शालीकिर॥पच्छेदमित्यौपमन्यवः[6]। ॥

I. 21. 20. प्रत्यञ्जन इति ॥ स ह स्माह बौधायन उभयानि प्रत्य-

---

१ रथीतर Sāyaṇa.

२ Effaced in G.

३ Thus Ben H C D G and Sāyaṇa; ०रंतर्गर्भे Bu.

४ प्रत्यवहृता० H Ben C D G (pr. m.) U and Sāyaṇa; प्रत्यमवहृता० G (sec. m.), प्रत्यमवषिता० Bu, cp. xxii. 7.

५ Thus Bu G (sec. m.) U and Sāyaṇa; एवैना सादा० Ben H C D G (pr. m.); एवैनाꣳ सा० Be.

६ Thus Bu G (sec. m.) U (sec. m.); ०पपबेदित्य० Be; ०रवभेद० H Ben G (pr. m.) U (pr. m.) and Sāyaṇa; D and C defective; cp. xx. 30 s. f., xxii. 15 s. f.

ङ्याश्चरूणां चाग्रयान्कापालानि चेति ॥ कपालान्येवेति शालीकिः । ॥

कपालानामाध्वर्यवे[1] विमोक इति ॥ उद्वास्य हवीꣳषी-त्यन्वाचार्यौ[2] विमुञ्चतो[2] ॥ भक्षयन्नेव[2] भक्षाणां पारे कपालानि विमुञ्चेदित्यौपमन्यवः । ॥

2. 17. आघाराविति ॥ स्रुचं बौधायनस्याभीषू[3] इव[3] व्यतिषक्तौ[3] स्यातामिति शालीकिः । ॥

23. 2. संप्रैष इति ॥ अग्नीदग्नीनिति बौधायनो ॥ ऽग्निमग्नीदिति शालीकिर् ॥ अग्नीत्परिधीꣳश्चाग्निं चेत्यौपमन्यवः । ॥

3. 10. अत्याक्रमण इति ॥ सव्येन प्रदास्यन्नत्याक्रामेज्जुह्वामुतो दक्षिणेनेति बौधायनो ॥ दक्षिणेन प्रदास्यन्नत्याक्रामेज्जुह्वा-मुतः सव्येनेति शालीकिः । ।

---

१ Thus only G (sec. m.) Be and the vivaraṇa; ०ध्वर्यवो all the other MSS.

२ Thus Bu G (sec. m.) and, as it seems, the vivaraṇa; ०चार्यौ-विमुंचतो Be G (pr. m.); ०चार्यौविमुंचेद्भक्षय० the other MSS. and Sāyaṇa. About the interpunction and the meaning of this dvaidham I am uncertain.

३ Thus Bu (which, however, omits इव) and the vivaraṇa only, which runs: आभिमुख्येन स्रुवावे प्रवर्तयेते अभीषू रश्मी; ०भिषूक्ति G (sec. m.), U (sec. m.); ०भिषूध्यतिषक्तौ C; ०भिक्तिषक्तौ Ben H; ०भिष्यनिव्यक्तौ D; Be corrupt. Sāyaṇa reads अभिव्यक्तौ and comments: अभितः व्यक्तौ सर्वादिक्संबद्धिन्ये (*sic*). Read ०भीषू ?

I. 24. 1. आश्रावण इति ॥ ओ श्रावयेति बौधायन" आ श्राव-
येति शालीकिः" श्रावयेत्यौपमन्यवः' ॥

I. 23. 19. प्रवर इति ॥ सूत्रꣳ शालीकेर्"वो ह स्माह बौधायन
उत्कर ऊर्ध्वाग्रꣳ स्फ्यं निहत्य प्रवरं प्रवृणीयादचैव[1] च[1]
स्फ्यमुदस्येदुपरिष्टाच्चोपस्पृशेदिति[2] ' ॥

I. 24. 4. होतुर्वरण इति ॥ स ह स्माह बौधायनो यद्यस्य पिता
वाचार्यो वा ज्यायान्वा होता स्यादुपाꣳश्वेतेषां गुरूणां
नामानि गृह्णीयादित्युच्चैरेव होतुर्नाम गृह्णीयादिति
शालीकिः' ॥ १२ ॥ चतुर्थः ॥

I. 24. 13. अभिक्रामं जुहोतीति ॥ स ह स्माह बौधायनः[3] सर्वे-
णाभिक्रामेत्पञ्चामाहुतीभिः[4] स्वरेणोत्तरामुत्तरामाहुतिं ज्याय-
सीं ज्यायसीं जुहुयादिति ' पञ्चामेवाभिक्रामꣳ समानत्राहुती-
र्जुहुयादिति शालीकिः" समानत्र तिष्ठन्नाहुतीभिरेवाभि-
क्रामेदित्यौपमन्यवः[5] " समानत्रैव तिष्ठन्प्रदक्षिणमनुदिशꣳ
हुत्वा मध्ये स्वाहाकारं जुहुयादित्याञ्जीगविः ' ॥

१ Thus H Ben C D G (pr. m.) U (pr. m.) Keś.; °इव चैव Be U (sec. m.) Sāyaṇa; °इव च Bu G (sec. m.).

२ °रिष्टाचाप उपस्पृ° Bu G (sec. m.).

३ The text is given acc. to U (sec. m.) and Sāyaṇa. In H Be Ben D C the words of Baudhāyana are attributed to S'āliki and vice versâ, but cp. the vivaraṇa of I. 16 init., where सर्वेणाभिक्रामेत् is cited as first vikalpa.

४ The MSS. present sometimes चाहुतिभिः sometimes चाहुतीभिः, cp. xxiv. 3. s.f.

५ इव before अभिक्रामेत् om. Bu Be D G (sec. m.).

24.14. आज्यभागयोर्होम इति॥ पूर्वार्धे प्रतिमुखं प्रबाङ्ग्जुहुयादिति बौधायनः॥ पूर्वार्ध एव प्रबाङ्गिति शालीकिः॥

24.17. हविषामवदान इति॥ स ह स्माह बौधायनः पूर्वार्धादेवाग्रे प्रथमं मुख्यस्य हविषोऽवद्येदथापरार्धादेवमस्य प्रदक्षिणꣳ हविषामवत्तं भवतीत्यथो ह स्माह शालीकिरपरार्धादेवाग्रे प्रथमं मुख्यस्य हविषोऽवद्येदथ पूर्वार्धादेवमस्य प्राक्संꣳस्थानि हवीꣳषि भवन्तीति॥ मध्यात्पूर्वार्धात्पश्चार्धात्पश्चावत्तिनामित्यौपमन्यवः[1]॥

आहुतीनामायतन इति॥ स ह स्माह बौधायनस्त्रीण्येवैतान्यादिष्टस्थानानि भवन्त्याज्यभागौ स्विष्टकृदथेतरा यथावकाशं जुहुयादिति॥ प्रष्टीरेवाहुतीर्जुहुतपूर्वार्धे स्विष्टकृतं जुहुयादिति शालीकिः॥ स्रुच्यमाघारपथमभिजुहुयादित्यौपमन्यवो॥ मध्ये प्रदक्षिणं मण्डलाकारमिति राथीतरः[2]॥

1.25.5. उपांशुयाजस्य करण इति॥ सूत्रं मौद्गल्यस्याथो ह स्माह बौधायन औषधस्योपांशुयाजं कुर्यादग्नीषोमीयं पौर्णमास्यां वैष्णवममावास्यायामित्यथो ह स्माह शालीकिराज्यस्योपांशुयाजं कुर्यात्सौम्यं पौर्णमास्यां वैष्णवममावास्यायामित्यथो ह स्माहौपमन्यव औषधस्यैवोपांशुयाजं कुर्यात्सरस्वतः पौर्णमास्याꣳ सरस्वत्या अमावास्यायामित्युभयत्रैवाज्यस्य

---

१ Instead of पश्चार्धात् G (sec. m.) and Sāyaṇa अपरार्धात्।

२ Thus G (sec. m.) D C and Sāyaṇa; रथीतरः the other MSS.

वैष्णव[1] इति राथीतरो" ऽन्यो ह स्माह कौणपतन्त्विश्वस्य[2]
स्याद्वैष्णवस्य स्यात्स्वयं चैव[3] यजमानः प्राश्नीयादिति'॥

पञ्चमस्यावदानस्याभिवृद्ध्या[4] इति॥ श्रोषधस्याभिवर्धये-
दिति बौधायन" श्राज्यस्यैवेति[5] शालीकिः'॥

I. 26. 7. मेचणस्यानुप्रहरण इति॥ सूत्रꣳ शालीकेर्"न्यो ह स्माह
बौधायनो न मेचणन्यायेन वपाश्रपणी अनुप्रहरेदिति'॥

I. 26. 15. प्राशित्रस्यावदान इति॥ सूत्रं बौधायनस्य" परिहरिष्य-
न्नेव[6] प्राशित्रमवद्येदिति शालीकिः'॥

आज्यहविष्यन्वाहार्यस्य[7] करण इति॥ कुर्यादिति बौधा-
यनो" न कुर्यादिति शालीकिः'॥

I. 27. 16. अन्वाहार्यस्यासादन[8] इति॥ अग्रेण यजमानं च ब्रह्माणं च
पर्याहृत्य दक्षिणस्याꣳ श्रोण्यामासादयेदिति बौधायनो" ऽत
एव दक्षिणस्याꣳ श्रोण्यामिति शालीकिः'॥ १३॥

---

१ Thus all; r. विष्णव ?

२ Thus (कौणपतंत्वि॰) H D C G Be U (pr. m.) and Sāyaṇa; कौण-
पतत्वि॰ Ben; कौणपतन्धि॰ Bu; कौणपत॰ U (sec. m.).

३ चैनं Bu U (sec. m.) G (sec. m.); चैव all the other MSS. and
Sāyaṇa.

४ ॰वृध्या all.

५ Thus Bu Be G (sec. m.); चाज्यस्यैवाभिवर्धयेदिति all the other
MSS. and Sāyaṇa.

६ ॰ष्यन्निव G (sec. m.)

७ चाज्यस्य instead of चाज्य॰ H G U C.

८ Thus the vivaraṇa; ॰स्य पादन the MSS.

ib. अन्वाहार्यस्योद्वासन इति ॥ अग्रेण स्रुच उदञ्चमुद्वासये-
दिति बौधायनो '' जघनेन स्रुच उदञ्चमिति शालीकिः ' ॥

27. 16. हविरुच्छिष्टानामुद्वासन इति ॥ अग्रेण स्रुच उदञ्चु-
द्वासयेदिति[१] बौधायनो '' जघनेन स्रुच उदञ्चीति[१]
शालीकिः ' ॥

I. 28. 9. अनूयाजानाꣳ होम इति ॥ सूत्रं बौधायनस्य '' प्रतीची-
रेवैता आहुतीः सꣳस्थापयेदिति शालीकिः ' ॥

28. 10. वाजवत्योर्व्यूहन इति ॥ स ह स्माह बौधायनो ऽक्ष्णया
प्रतीचीमुपभृतं[२] प्रत्यूहेदद्भिश्चैनाꣳ सꣳस्पृशेदित्य''न्यो ह स्माह
शालीकिः प्राचीनपुष्करे एवैने विकर्षन्न[३] चोपभृतमद्भिः
सꣳस्पृशेदिति ' ॥

28. 17. प्रस्तरस्य समञ्जन इति ॥ त्रिस्त्रिरेकैकस्याꣳ समञ्ज्या-
दिति बौधायनः '' सकृत्सकृदिति शालीकिः ' ॥

I. 29. 3. प्रस्तरस्यानुप्रहरण इति ॥ स ह स्माह बौधायनो ऽध्वर्यु-
रेवोभयैर्मन्त्रैरनुप्रहरेत्पौरोडाशिकैश्च याजमानैश्च ' याज-
मानैर्यजमानो ऽनुमन्त्रयेतेत्य''न्यो ह स्माह शालीकि-
रध्वर्युरेवोभयैर्मन्त्रैरनुप्रहरेत्पौरोडाशिकैश्च याजमानैश्च ' न
याजमानैर्यजमानो ऽनुमन्त्रयेतेत्य''न्यो ह स्माहौपमन्यवो

---

१ उदञ्चि Sāyaṇa only; उदंचम U Bu Bc G (Ben H D C om. this dvaidham altogether).

२ प्राचीमु° Sāyaṇa.

३ °तिकर्षन्न Bu, कर्षन्न H. S.

यथापि[1] पौरोडाशिका मन्त्रा नाभिवर्तन्त[2] एवमेवापि याजमाना मन्त्रा नाभिवर्तेरन्निति[2] ' ॥

I. 29. 12. परिधीनामभ्याधान इति ॥ सूत्रं बौधायनस्य " प्रस्थान[3] एवैनानभ्यादध्यादिति[3] शालीकिः ' ॥

I. 29. 15. अथैनाꣳस्स्रुवेणाभिजुहोतीति ॥ सूत्रं बौधायनस्य " प्रस्तरं चैव परिधीꣳश्चाभिजुहुयादिति शालीकिः ' ॥

I. 29. 18. स्रुचोर्विमोक इति ॥ पूर्वः कल्पो बौधायनस्योत्तरः शालीकेः ' ॥

I. 30. 2. पत्नीसंयाजेष्वृत्विजां परिक्रमण इति ॥ सूत्रं बौधायनस्य " सर्व एवोत्तरेण गार्हपत्यं परिक्रामेयुरिति शालीकिः ' ॥ १४ ॥

I. 30. 9. पत्नीनाꣳ संयाजन इति ॥ सूत्रं बौधायनस्य " प्रौवाच्येन ध्वानेनैव[4] पत्नीः संयाजयेदिति शालीकिः ' ॥

अन्तर्धाय देवानां पत्नीः संयाजयेदिति बौधायनो " ऽनन्तर्धायैवेति शालीकिः ' ॥

पत्नीसंयाजेषु शम्युवाकस्य करण इति ॥ कुर्यादिति बौधायनो " न कुर्यादिति शालीकिः ' ॥

I. 32. 5. ध्रुवाया आप्यायन इति ॥ स ह स्माह बौधायन उभावेव

---

१ यथा Bu G (sec. m.): यथापि the other MSS.

२ Without न्नि (cp. xx. 10: 24. 6) all.

३ प्रस्थाने वैना॰ Bu U (sec. m.) G (sec. m.); ॰ने चैवा॰ Be; समाप्तावेवैना॰ C D (Sāyaṇa: प्रस्थाने कर्मावसाने समिष्टयजुर्होमानन्तरमित्यर्थः)

४ एव om. Bu G (sec. m.) and Sāyaṇa.

ध्रुवामाप्याययेतामध्वर्युश्च[1] यजमानश्चेत्य″ध्वर्युरेव ध्रुवामाप्याय्य समिष्टयजुर्जुहुयादिति शालीकिः। ॥

I. 33. 9. समिष्टयजुषो होम इति ॥ सूचमाचार्ययोर″चो ह स्माह गौतमः स्वाहा वाचीति हुत्वा बर्हिषो धातूनाꣳ संप्रलुप्य ध्रुवायाꣳ समज्यानुप्रहृत्याभिजुहुयात्स्वाहा वाते धाः स्वाहेति। ॥ १५ ॥ पञ्चमः ॥

अथातो ऽग्न्याधेयं व्याख्यास्यामः ॥

I. 53. 6. संभारेष्विति ॥ सूत्रꣳ राथीतराणाम″चो[2] ह स्माह बौधायनो नाग्निहृतं कुर्वीत घोररूपमिति ″ कुर्वीतैवाग्निहृतं। न तु सुस्रकुलायं। न ह्येतस्यानुख्या विज्ञायत[3] इति शालीकिः। ॥

53. 10. पात्राणां करण इति ॥ स ह स्माह बौधायनस्त्वक्-आसेचनानि कारयेदग्रतःपुष्कराण्येवमस्य प्राचीनपुष्कराः स्रुचः सन्ना भवन्तीत्य″चो ह स्माह शालीकिस्त्वक्आसेचनानि कारयेन्मूलतःपुष्कराण्येवमस्य प्राचीनपुष्कराः[4] स्रुचः सन्ना भवन्तीति। विज्ञायते तस्मादवाचीनाग्रा वनस्पतयः पृथिवीं चियन्तीति[5]। ॥

---

१ Thus G (sec. m.) and Sāyaṇa; ॰प्यायेताम॰ C G (pr. m.) Ben; ॰व्यायेताम॰ H; ॰प्यायताम॰ D; ॰प्यायत्य॰ U Be.

२ रथीत॰ Bu.

३ विद्यत U (sec. m.)

४ Thus G U D C Be; प्रतीचीन॰ Ben Bu H.

५ Thus (चियंतीति) Bu U C D G Ben; चिपंतीति Be H.

स्रुचां प्रमाण इति ॥ बाहुमात्राः स्रुच इति बौधायनो '' अरत्निमात्रा इति शालीकिः '' प्रादेशमात्रा इत्यौपमन्यवः ' ॥

स्रुचामाकृतिविकार इति ॥ हस्त्योष्ठ्यः[1] स्रुच इति बौधायनो '' वायसपुच्छा इति शालीकिर्हंसमुखप्रसेचना[2] इत्यौपमन्यवः ' ॥

I. 54. 16. अम्बरीषस्य करण इति ॥ उत्तरतो ऽग्न्यगारस्याम्बरीषं कुर्यादिति बौधायनो '' यत्रैवाम्बरीषः स्यात्तद्गच्छेदिति शालीकिः ' ॥

I. 55. 12. अग्न्यगारस्य परिक्रम[3] इति ॥ दक्षिणेनेति बौधायन '' उत्तरेणेति शालीकिः ' ॥

I. 55. 14. रोहिते चर्मणीति ॥ सूत्रं बौधायनस्याप्यरोहितं स्यादिति[4] शालीकिः ' ॥

I. 55. 15. ब्रह्मौदनस्य[5] मन्त्रामन्त्र इति ॥ मन्त्रवान्स्यादिति बौधायनस्तूष्णीक[6] इति[6] शालीकिः ' ॥

ib. ब्रह्मौदनस्य निर्वपण इति ॥ पवित्रवता पात्रेण मन्त्रवन्तमिति बौधायनो '' ऽपवित्रेण तूष्णीकमिति शालीकिः ' ॥

---

१ हस्त्योष्ठ्य Ben H C D Bu G; हस्त्योष्ठ्य Be U.

२ Thus Be Bu G (sec. m.) U (sec. m.); ०प्रसेचा H Ben C D G (pr. m.) U (pr. m.).

३ ०क्रमण G and U (sec. m.).

४ कुर्यादिति C D H Ben U.

५ Here and *infra* the MSS. sometimes ब्रह्मौ० sometimes ब्रह्मौ०।

६ Thus Be only; ०ष्णीकमिति G (sec. m.) Bu; तूष्णीमिति H Ben U C D G (pr. m.).

I. 56. 4. ब्रह्मौदनस्य श्रपण इति ॥ पयसि श्रपयेदिति बौधायनो " ऽप्स्विति शालीकिः ' ॥

नैवास्मिन्नासिञ्चेन्न निःषिञ्चेदिति बौधायनः " काममस्मिन्नासिञ्चेन्न निःषिञ्चेदिति शालीकिर्विस्राव्य[1] तत्[1] सूपवन्तमित्यौपमन्यवः ' ॥

I. 56. 6. ब्रह्मौदनस्योपस्तरण इति ॥ सूत्रं बौधायनस्य " नोपस्तृणीतेति शालीकिः ' ॥

56. 10 ब्रह्मौदनस्योद्वासन इति ॥ सूत्रं बौधायनस्य ' चैव पर्युपविशेयुरिति[2] शालीकिः ' ॥

56. 12. ब्रह्मौदनस्योपोहन इति ॥ यज्ञो मोपनमत्विति वा तूष्णीं वेति ' पूर्वः कल्पो बौधायनस्योत्तरः शालीकेः ' ॥

ib. ब्रह्मौदनस्य प्राशन इति ॥ आर्षेया एव ब्रह्मौदनं प्राश्नीयुरिति बौधायनो " य एव केच नियतपाना[3] इति कात्यो " ऽन्यो ह स्माहौपमन्यवो महर्त्विज एव ब्रह्मौदनं प्राश्नीयुरंच[4] श्चैवैते[5] सतानुनप्त्रिणो भवन्तीति ' ॥

---

१ Uncertain; विस्राव्यतं U H Ben C D G (pr. m.); विस्राव्य G (sec. m.); विस्राव्यंतं Bu; विस्राव्य सु सुतं Be.

२ Thus Bu G and U (sec. m.); ॰पविशेरन्निति the other MSS.

३ Uncertain; निपाना H Ben G (sec. m.) C D; निपक Be; निपावना Bu; नियतपाना G (pr. m.) U; this seems to be the reading also of the vivaraṇa, according to which the meaning is: सहभोजनाः।

४ ॰श्चो Ben H G C and U (pr. m.).

५ After ॰वैते Be ins. प्रथमं, thus also Keś. in a citation of this passage.

I. 57. 1. समिधामभ्याधान इति ॥ सूत्रं शालीकेर"न्यो ह स्माह बौधायनः सकृत्प्राशिते ऽप्रत्यवसृष्टे समिधो ऽभ्यज्यादध्यादि-त्य"न्यो ह स्माहौपमन्यवो ऽन्वैवैनाः पार्श्वतः समज्य सादयेत्तं यदा सर्वं प्राश्नीयुरथैतां पात्रीं निर्णिज्योपस्तीर्य यत्स्थाल्या-माज्यमवशिष्टं स्यात्तत्सकृदभ्युन्नीय तेन समिधो ऽभ्यज्या-दध्यादिति' ॥

I. 57. 13. गोः करण इति ॥ कुर्यादिति बौधायनो" न कुर्या-दिति शालीकिर"पि बह्वीरपि कुर्वीतानु चैतस्य भवेत्पुण्या प्रशंसेति कात्यः' ॥

I. 57. 15. अरण्योः प्रदान इति ॥ सूत्रमाचार्ययोर"न्यो ह स्माहौप-मन्यवो ऽपरराच एवास्मा अरणी प्रयच्छेदिदं ददामीत्येव वाचं विसृजेदिति' ॥

I. 59. 1. अग्न्यायतनानां परिलेपन इति ॥ सूत्रमाचार्ययोर"न्यो ह स्माहौपमन्यवो गार्हपत्यायतनमेवैकं परिलिम्पेत्तद्धि विदग्धं भवतीति' ॥

I. 59. 2. संभाराणां निवपन इति ॥ सूत्रमाचार्ययोर"न्यो ह स्माहौ-पमन्यवो गार्हपत्यायतन एवैनान्सर्वैर्मन्त्रैः परिनिष्ठाप्य त्रेधा निवपेदिति' ॥ १६ ॥

I. 62. 9. इध्मस्य हरण इति ॥ स ह स्माह बौधायनो जानुदघ्ने प्रथमं हरेदथ नाभिदघ्ने ऽथ ग्रीवदघ्ने' प्राणांस्तु नातिहरे-दित्याददान एवैता मात्रा अभिसंपादयेत्प्राणांस्त्वेव नाति-हरेदिति शालीकिः' ॥

. 62. 18. संभाराणामाक्रमण इति ॥ सूत्रꣳ शालीकेर्"थो ह स्माह बौधायन एवमेवैतेन पुरस्तात्प्रत्यगावृत्तेन[१] दक्षिणेन पूर्वपदेनोत्तरतः पार्श्वतः[२] संभाराणामाक्रमयेद्यथाहितस्याग्नेरङ्गारा अभ्यववर्तेरन्निति ' ॥

. 62. 20. अश्वस्य दान इति ॥ अध्वर्यव एतमग्निपदमश्वं[३] दद्यादन्यं ब्रह्मण इति बौधायन " एतं[४] ब्रह्मणे[४] ऽन्यमध्वर्यव[४] इति शालीकिः ' ॥

1. 63. 1. इध्मस्य निधान इति ॥ सूत्रं बौधायनस्य " तूष्णीमेवेध्मं निदध्यादिति शालीकिः ' ॥

. 63. 13. सभ्यावसथ्ययोः करण इति ॥ कुर्यादिति बौधायनो " न कुर्यादिति शालीकिः ' ॥

ib. सभ्यावसथ्ययोर्विहरण इति ॥ आहवनीयादेवैनौ विहरेदिति बौधायनो " ग्रामाग्नेरिति शालीकि"र्निर्मन्थ्यौ स्यातामित्यौपमन्यवो " ऽथो ह स्माहौपमन्यवीपुत्रः सभायामेव सभ्यं व्यपदिशेदावसथ आवसथीयं पर्वणि[५] चैनयो स्थालीपाकौ श्रपयित्वा ब्रह्मणे जुहुयादित्यौ"तदपि न कुर्यादित्याश्मीगविः ' ॥

---

१ Thus G (sec. m.) D G; °वृतेन the other MSS.

२ Found only in Be and U (sec. m.).

३ अश्वं given only by Bu and G (sec. m.).

४ एवं instead of एतं Bu; the other MSS. are defective, leaving out एतं ब्रह्मणे ।

५ पर्वणिपर्वणि U (sec. m.).

I. 63. 14. रथचक्रस्य करण इति ॥ कुर्यादिति बौधायनो" न कुर्यादिति शालीकिर्"चो ह स्माहौपमन्यवो रथमेवैतꣳ संयुक्तं[1] प्राञ्चं प्रवर्तयेत्तं"मृत्विग्भ्यो दद्यादित्यौ"तदपि न कुर्यादित्याञ्जीगविः' ॥

I. 64. 9. तनूनामनुदेश[2] इति ॥ प्रत्यधीत्यानुदिशेदिति[3] बौधायनो" यास्ते अग्ने घोरास्तनुवस्ताभिरमुं[4] गच्छेत्येव ब्रूयादिति शालीकिः' ॥

I. 64. 11. विराजक्रमेष्विति ॥ सूत्रं बौधायनस्य" नर्यं प्रजां मे गोपायेत्येव ब्रूयादिति शालीकिः' ॥

I. 65. 2. पूर्णाहुत्यै हवन इति ॥ सूत्रं बौधायनस्य" परिश्रित एव पूर्णाहुतिं जुहुयादिति शालीकिः' ॥ १७ ॥

I. 65. 3. पूर्णाहुतौ तूष्णीमग्निहोत्र इति ॥ सूत्रꣳ राथीतराणाम्"चो ह स्माह बौधायनः पूर्णाहुतिमेव जुहुयान्न तूष्णीमग्निहोत्रमिति" तूष्णीमग्निहोत्रमेव जुहुयान्न पूर्णाहुतिमिति शालीकिः' ॥

I. 66. 3. दशहोतुर्व्याख्यान इति ॥ स ह स्माह बौधायनो यत्र क्व च हविर्निर्वप्स्यन्स्यात्सामिधेनीर्वानुवक्ष्यन्व्याघचौतैव तत्र दश-

---

१ Thus Bu Be G (sec. m.) and Keś.; संप्रयुक्तं U H Ben C D G (pr. m.).

२ Thus Bu Ben H G C D; •देशने the vivaraṇa; •देशेन Be.

३ Thus Bu U (pr. m.); प्रत्याधी• H Ben Be C D U (sec. m.).

४ Thus Be Bu U (sec. m.); पाप्मानं instead of चक्षुं Ben G C D U (pr. m.) H.

होतारमित्येष्वेवैतदाग्न्याधेयिकेषु[1] तन्त्रेषु दृष्टं भवतीति शालीकिरस्मिन्नेवैतदाग्नेये ऽष्टाकपाले दृष्टं भवतीत्यौपमन्यवः । ॥

I. 66. 4. तन्त्रकरण इति ॥ स ह स्माह बौधायनः पञ्चदशसामिधेनीकाः स्युर्वार्त्रघ्नावाज्यभागावुष्णेर्देवता इत्यथो ह स्माह शालीकिः सप्तदशसामिधेनीकाः स्युर्वृधन्वन्तावाज्यभागावुपांशुदेवता इत्यथो ह स्माहौपमन्यव आग्नेये ऽष्टाकपाले वार्त्रघ्नावाज्यभागौ स्यातां वृधन्वन्तावैन्द्राग्नादित्ययो[2] रयिमन्तौ[3] पुष्टिमन्तौ पवमानहविःषु वीतवन्तावन्वारम्भेय्यामिति[3] । ॥

याजमानस्य करण इति ॥ अभीनाम[4] याजमानं कुर्यादिति बौधायनः ॥ कुर्याद्यथावकाशं याजमानमिति शालीकिः । ॥

---

१ Thus Bu G U (sec. m.); एष्वेवैतद॰ H; एष्वेतद॰ Ben U (pr. m.); एवेष्वेतद॰ Be; तेष्वेवैतद॰ D C.— चाग्न्याधे॰ H Ben Be U D G (sec. m.); चग्न्याधे॰ Bu G (pr. m.).

२ ॰योरयिमंतौ C D U (pr. m.) Ben; ॰योरविमंतौ H; ॰योरपिमंतौ Be; योरतिथिमंतौ Bu U (sec. m.). I am uncertain whether रयिमन्तौ or चतिथिमन्तौ is the right reading.

३ Thus Be Ben H C D G and U (pr. m.); पीवर्वंताव॰ Bu; इध॰ न्वंताव॰ G and U (sec. m.).

४ चभीनमं Be. The word seems to be absol. to चभिनमति ('to change accordingly'). Vivaraṇa: चभिनाममोह्यित्वा, correct perhaps ॰मनूह्यित्वा ।

I. 66. 6. दक्षिणानां दान इति ॥ सूत्रं शालीकेर्"न्यो ह स्माह बौधायनः सर्वा एवैता इष्टीर्दक्षिणावतीः कुर्यात्तिस्रस्तिस्र एकैकस्यां दद्यान्मिथुनावुत्तमायामिति' ॥

I. 66. 9. तन्त्रसमास इति ॥ नास्ति तन्त्रसमास आचार्ययोर्"न्यो ह स्माहौपमन्यव आग्नेयो ऽष्टाकपालो ऽग्नये पवमानाय तत्प्रथमं तन्त्रं स्यादथाग्नये पावकायाग्नये शुचये तद्द्वितीयमथैन्द्राग्नस्यादित्यस्य[1] चरुरन्त्यं[1] परीयातामिति' ॥

I. 67. 15. दक्षिणानां दान इति ॥ सूत्रं शालीकेर्'ख्यातं बौधायनस्य"न्यो ह स्माहौपमन्यवः सर्वा एवैता इष्टीर्दक्षिणावतीः कुर्याच्चतस्रश्चतस्र एकैकस्यां दद्यान्मिथुनावुत्तमायामिति' ॥

अनन्वारब्धदर्शपूर्णमासस्य प्रायश्चित्तकरण इति ॥ कुर्यादिति बौधायनो" न कुर्यादिति शालीकिः' ॥

I. 67. 18. अन्वारभ्येष्टिमिति ॥ चतुर्होतारं सारस्वतौ होमावन्वारम्भेष्टिमित्येतदुपवसथे कुर्यादथेतरदिष्ट्यहनि कुर्यादिति बौधायनश्"चतुर्होतारं सारस्वतौ होमावित्येतदुपवसथे कुर्यादथेतरदिष्ट्यहनि कुर्यादिति शालीकिश्"चतुर्होतारमेवोपवसथे कुर्यादथेतरदिष्ट्यहनि कुर्यादित्यौपमन्यवः" सर्वमेवैतदिष्ट्यहनि कुर्यादित्यौपमन्यवीपुत्रः' ॥ १८ ॥ षष्ठः ॥

---

१ Emended; °स्यादित्यस्यचरंतं परीयातामिति U (sec. m.); °स्यादित्यस्यचरतश्चपरियादिति G (sec. m.); °स्यादित्यस्यचतुरंतं परीयादिति Bu; °स्यादित्यस्य (or °स्य) चरं (or च) परीयातामिति (or परियादिति) the other MSS.

I. 69. 1. अथातः पुनराधेयं[1] व्याख्यास्यामः ॥

. 69. 16. सर्पराज्ञीष्विति ॥ सूत्रꣳ शालीकेरत्रो ह स्माह बौधायनः सर्पराज्ञिया अग्निर्गार्हपत्यमादधातीति तꣳ षड्भिराधाय सप्तम्योपतिष्ठेतेति ॥

I. 70. 1. पूर्णाहुत्यै करण इति ॥ कुर्यादिति बौधायनो न कुर्यादिति शालीकिः ॥

I. 70. 3. तन्त्रकरण इति ॥ सूत्रꣳ शालीकेरत्रो ह स्माह बौधायन उभयानि तन्त्राणि कारयेत्पौनराधेयिकानि चाग्न्याधेयिकानि चाग्नेयमष्टाकपालं निर्वपेत्तस्यासमुदिते ऽग्न्याधेयदक्षिणा[2] दद्यादथाग्नेयं पञ्चकपालं तस्यासमुदिते पुनराधेयदक्षिणा[3] दद्यादथैन्द्राग्नं चादित्यं[4] च[4] चरुमथाग्निर्वैश्वर्णं पारे[5] द्वादशाहस्य तन्व[6] इति[6] ॥

I. 70. 17. विभक्तीनां धाम इति ॥ सूत्रꣳ शालीकेरत्रो ह स्माह बौधायनः सर्वाꣳस्सर्वास्त्वसुक्त्वा[7] यजेतेत्याग्नेयीर्द्व्युत्तरा[8] विभक्तीर्दध्यादित्यौपमन्यवः ॥

---

१ पुनराधानं Bu.

२ ०क्षिणां Bu D C.

३ ०क्षिणां Bu U Ben D C.

४ Emended; च is missing both times in B G (sec. m.), the second च is missing in Be D C Ben H U G (pr. m.).

५ परे H Bu Ben D C U G (pr. m.); पारे Be G (sec. m.).

६ इति is missing in all the MSS., which read तन्वो; the vivaraṇa runs: द्वादशाहे गते तनुवतोऽपीति।

७ Thus Bu G (sec. m.); सर्वास्त्वसु० the other MSS.

८ Thus Be only; ०ग्नेयीद्याच० the other MSS.

I. 70. 12. पुरोडाशस्य परिहोम इति ॥ दैवतं परिजुहुयादिति बौधायनः " सस्विष्टकृत्कमिति शालीकिः ' ॥

I. 70. 14. स्विष्टकृतो निर्वचन इति ॥ स्वे स्थाने निर्ब्रूयादिति बौधायनः " स्वे स्थाने निरुच्य कामं तत ऊर्ध्वं निर्ब्रूयादिति शालीकिर्"नो ह स्माहोपमन्यवः पञ्चैतानि स्विष्टकृत्स्थानानि भवन्तीति[1] ' तेषु[2] सर्वेषु निर्ब्रूयादिति ' ॥

I. 71. 17. अथापहृताग्नेर्नष्टारणीकस्य चेति ॥ सूत्रं शालीकेर्"नो ह स्माह बौधायनः कामं नष्टेषु वापहृतेषु वाग्निषु नाद्रियेताभ्याधेयमाधानप्रभृति यजमान एवाग्नयो भवन्ति ' तस्य प्राणो गार्हपत्यो ऽपानो ऽन्वाहार्यपचनो व्यान आहवनीयः ' काममुपावरोह्य जुहुयादिति ' ॥

I. 72. 3. अग्नीनां विहरण इति ॥ सूत्रं बौधायनस्याधानप्रभृत्येवैते ऽजस्राः स्युरिति शालीकिः ' ॥

I. 72. 17. पात्राणां सादन इति ॥ सूत्रं शालीकेर्"नो ह स्माह बौधायनः कूर्चे वा तृणेषु वा पात्राणि सादयेदपसव्यं[3] दारुणा[3] दारु[3] संलीयमानं[3] भवतीति ' ॥

---

१ G. om. इति।

२ ज्योष्ठः (meaning?) ins. Bu.

३ Uncertain reading. Bu reads as given in the text; ०सव्यं दारुणा दारु सन्नीय० G (sec. m.); ०सव्यं दारुणा दारु (sec. m. दारुणा) संधीय० U; ०सव्यां दारुणा दारुराधीय० Ben H; ०सव्या दारुणा दारुणा संधीय० Be; ०पसव्या दारुणा दारुराधीय० D C; ०पसव्यां दारुणां दारु संधीय० G (pr. m.).

द्वयोर्हैम इति ॥ स ह स्माह बौधायनो यदि पूर्वा[१] प्रैषं नीयादुत्तरया[२] प्रायश्चित्तं कुर्वीताथ यद्युत्तरा[३] प्रैषं नीयादुभयं[४] प्रैषकृतꣳ[५] स्यादन्यया प्रायश्चित्तं कुर्वीतेत्यथो ह स्माह शालीकिर्यतरा कतरा चित् प्रैषं नीयादुभयं[६] प्रैषकृतꣳ स्यादन्ययैव ततः प्रायश्चित्तं कुर्वीतेति ॥ १९ ॥

73. 10. अभिज्वलन इति ॥ सूत्रं बौधायनस्य गार्हपत्यादङ्गारेणाभिज्वाल्य त्रिः पर्यग्नि कुर्यादिति शालीकिः ॥

73. 13. वर्त्म कुर्वन्नुदगुद्वासयतीति ॥ सूत्रꣳ शालीकेरथो ह स्माह बौधायनस्तत्रैव[७] त्रिः प्रतिष्ठापयन्निवोद्वासयेत्त्रय इमे लोका एष्वेव लोकेषु प्रतितिष्ठतीति[८] ॥

73. 18. उन्नयन इति ॥ पूर्णान्वानूचो वेति पूर्वः कल्पो बौधायनस्योत्तरः शालीकेः ॥

---

१ पूर्वा G (sec. m.); पूर्वै Be; पर्वया H Ben U C D; पूर्वया Bu.

२ Emended; नैयादु° H Ben U D C; न्येयादु° Be G (sec. m.).

३ °त्तरा Be G (sec. m.); °त्तरया H Ben U C D G (pr. m.); °त्तरस्या Bu.

४ नैयादु° H Ben Bu U C D G (pr. m.); न्येयादु° Be G (sec. m.). — Thus G (sec. m.); °दुभयत्र Bu; °दुभयत्रै Be; °दुभये the other MSS.

५ घोर (घोरं, घेरि) कृतं Ben H U G (pr. m.) C D.

६ नैयादु° Bu U C D G (pr. m.); नैयदु° Ben H; न्येयादु° G (sec. m.) Be. — °दुभय (instead of °दुभयं) H Ben U D C.

७ Thus Bu Be; तत्रतत्रैव Ben G U D C; तत्रतत्र H.

८ Thus (and cp. XX. 22) Bu G and U (sec. m.); °ष्ठानोति H Ben C Be, G and U (pr. m.); °ष्ठाप्नोति D.

I. 73. 20. संमर्श[1] इति ॥ स ह स्माह बौधायन उभयꣳ संमृशेच्च स्थाल्याꣳ स्रुग्गतं चेति " स्रुग्गतमेवेति शालीकिः ' ॥

I. 74. 4. अथ जघनेन गार्हपत्यमुपसादयतीति ॥ स्रुचं बौधायन-स्रौचेणातिहार्येति[2] शालीकिः ' ॥

I. 74. 20. स्रवन इति ॥ स्वयं व्यवेत्य जुहुयादिति बौधायनो ' यद्यस्य पुत्रो वान्तेवासी बालंकर्मीणः[3] स्यात्स दक्षिणत आसीनो जुहुयादिति शालीकिः ' ॥

ib. आहुत्योर्होम इति ॥ पूर्वापरे जुहुयादिति बौधायनः " प्रष्टौ[4] इति शालीकिः ' ॥

I. 75. 8. द्विरुपमृज्य द्विर्निमृजेदिति बौधायनः " सकृदुपमृज्य द्विर्निमृजेदिति शालीकिः ' ॥

I. 76. 2. द्विरङ्गुल्या प्राश्योदङ् पर्यावृत्य प्राचीनदण्डया स्रुचा भक्षयतीति ॥ सूत्रं बौधायनस्योदीचीनदण्डया भक्षयेदिति शालीकिः ' ॥

---

१ Thus Bu Be and the vivaraṇa; संमर्शं H Ben G U D C.

२ Thus (and cp. XX. 8: 21. 4) Bu G and U (sec. m.) ०तिषयेति Be; ०भिहार्येति Ben G (pr. m.); ०भिषार्येति H U (pr. m D C corrupt.

३ Thus G U (sec. m.); बालंकर्मीनः Ben; बालंकर्मिणः H; बालंकर्मणः Bu; बालंचर्मीणः Be; cp. XX. 2: 6. 12.

४ Thus G (sec. m.) and the vivaraṇa; प्राचौ H Ben Be U D C; प्राचीष्टौ Bu; cp. XX. 13: 29. 11.

5. 9-13. निर्णिज्य स्रुचं निष्टप्याद्भिः पूरयित्वोदगुद्दिग्रतीति[1] जघनेन गार्हपत्यमपो निनयतीदमहमग्नौ वैश्वानरे ऽमृतं जुहोमि स्वाहेत्यचित्यामचिताहुतिमिति वेति ॥ पूर्वः कल्पो बौधायनस्योत्तरः शालीकेः ॥

76. 18. आग्निपावमानीभिरुपस्थान इति ॥ स ह स्माह बौधायनः संवत्सरं यथोपस्थितमाहवनीयमुपस्थाय तत आग्निपावमानीभिर्गार्हपत्यमुपतिष्ठेताथ गायत्रीभिरथ द्विपदाभिरथ श्वो भूते यथायथमित्यथो ह स्माह शालीकिर्यत्प्राक् चोर्ध्वं चाग्निपावमानीभ्यस्तेन संवत्सरं यथोपस्थितमाहवनीयमुपस्थाय तत आग्निपावमानीभिर्गार्हपत्यमुपतिष्ठेताथ गायत्रीभिरथ द्विपदाभिरथ श्वो भूते यथायथमित्येवमौपमन्यवो[2] न [illegible]स्यात ऊर्ध्वमाग्निपावमान्य आहवनीयमागच्छेयुर्न गार्हपत्यꣳ स्वाध्यायार्था एवास्यात ऊर्ध्वꣳ स्युरिति[3] व्याहृतीभिरुपस्थाय भर्तुं वः[4] शकेयꣳ श्रद्धा मे मा विगादित्येव ब्रूयादित्याश्मीगविः ॥

I. 79. 4. आग्निःस्विति[5] ॥ स ह स्माह बौधायन आत्मने प्रथम-

---

[1] उदगुद्दिग्रतीति found only in Bu and G (sec. m.). Be and U (sec. m.) have instead बहिर्. About the constitution of the text of this dvaidham and its meaning I am uncertain.

[2] All the MSS. exc. G (sec. m.) om. एवम् ।

[3] All the MSS. ins. शालीकिर्, which in G is effaced.

[4] Effaced in G.

[5] चाग्नीष्विति MSS.

मांसमश्नीताथ जातेभ्यो ऽथ तन्तव इत्यंचो ह स्माह शालीकिर्जातेभ्यः प्रथममश्नीतामश्नीताथात्मने ऽथ तन्तव इत्यंचो ह स्माहौपमन्यवो ऽजातेष्वेवात्मने[१] च तन्तवे चेति॥ काममपि सायंप्रातरश्नीतेत्यौपमन्यवीपुत्रः ॥ २० ॥

I. 79. 10. पिण्डपितृयज्ञस्य करण इति ॥ स ह स्माह बौधायन आदित एव प्राचीनावीतं कुर्वीत । स प्राचीनावीत्येव स्यादाहुतीनां होमादाहुतौ होष्यन्यज्ञोपवीतं कुर्वीत । स यज्ञोपवीत्येव स्यादा सकृदाच्छिन्नस्य स्तरणात्सकृदाच्छिन्नं स्तरिष्यन्प्राचीनावीतं[२] कुर्वीत । स प्राचीनावीत्येव स्यादा प्राजापत्यायै । यज्ञोपवीत्येव प्राजापत्ययर्चा गार्हपत्यमुपतिष्ठेतेत्यंचो ह स्माह शालीकिरादित एव प्राचीनावीतं कुर्वीत । स प्राचीनावीत्येव स्यादा प्राजापत्यायै । यज्ञोपवीत्येव प्राजापत्ययर्चोदङ्ङेयादिति[३] ॥

तूष्णीं[४] सकृदुत्पूय सकृत्प्रोक्ष्य सकृद्विष्कृत्रूपं कुर्यादिति बौधायनः॥ सकृदेवैनान्सुफलीकृतान्कृत्वा पवित्रवत्याꣳ स्थाल्यामोप्य स्थालीपाकꣳ श्रपयित्वाभिघार्योदञ्चमुद्रामयेदिति शालीकिः । ।

I. 80. 5. आहुतीनाꣳ होम इति ॥ सूत्रं बौधायनस्य ॥ नात्र मध्यमामाहुतिं जुहुयान्मेक्षणमेव तृतीयꣳ स्यादिति शालीकिः । ॥

I. 80. 9. सकृदाच्छिन्नस्य स्तरण इति ॥ उपनिष्क्रम्याग्न्यगाराद्दक्षिणे पूर्वे ऽवान्तरदेशे सकृदाच्छिन्नꣳ स्तृणीयाद्दक्षिणतश्चोल्मुकमुपनिदध्यादिति बौधायनो ॥ ऽन्तरेवैतां दिशमिति शालीकिर्न चात्रोल्मुकमुपनिदध्यादिति । ॥

80. 11. पिण्डानां दान इति ॥ सूत्रꣳ शालीकेरत्रो ह स्माह बौधायनः परस्तादेवासुतो ऽर्वाचो ऽपसलैः पिण्डान्दद्यादिति[1] । ॥

80. 20. आञ्जनाभ्यञ्जने मनसो निह्नव[2] इति ॥ पूर्वः कल्पो बौधायनस्योत्तरः शालीकेः । ॥[3]

81. 18. पिण्डानामनुप्रहरण इति ॥ सूत्रꣳ शालीकेरत्रो ह स्माह बौधायनो ऽत्रैवैते पिण्डाः परिश्रयीरन्नुच्छिष्टा ह्येते भवन्ति पितृभिर्भक्षंकृता इति[4] । ॥

अतिशिष्टस्य प्राशन इति ॥ स्वयं यजमानः प्राश्नीयादिति बौधायनः ॥ पुत्राय वान्तेवासिने वा दद्यादिति

---

१ पिंडंदद्या॰ MSS. exc. G (sec. m.).

२ निह्नवन G.

३ No vikalpa is found in the text proper of Baudh.

४ Thus H Ben C D G (pr. m.); भक्षंकृत इति Be; भक्षंकृतस्येति G (sec. m.), भक्षकृतस्येति Bu.

गार्गीकिः" पत्नीं प्राशयेत्प्रजास्यैषा[१] भवतीत्यौपमन्यवो"
ऽङ्गुल्या यावन्मात्रमवप्रायाथेतरदग्नावनुप्रहरेदित्यौपमन्यवी-
पुत्रो" भस्मोत्कर उद्वास्य संप्रच्छादयेदित्याश्मीगविर"पो[२]
ऽभ्यवहरेदिति मौद्गल्यः' ॥ २१ ॥

I. 82. 4. आग्रयणस्य तन्त्रसमास इति ॥ नास्ति तन्त्रसमास[३]
आचार्ययोर"न्यो ह स्माहौपमन्यवः सौम्यं[४] निरुप्याथेतराणि
हवीꣳषि निर्वपेद्देवमस्य चरुमुखानि[५] हवीꣳषि भवन्तीत्य"न्यो ह
स्माहौपमन्यवीपुत्रो ऽतिपाताद्दावापिक एव सौम्यः स्यादन्तरेण
वैश्वदेवं चैककपालं च निर्वपेदित्य"न्यो[६] ह स्माहाश्मीगविरस्मी-
न्नेतानि[७] हवीꣳषि भवन्ति' त्रय इमे लोका' एष्वेव लोकेषु
प्रतितिष्ठति' श्यामाकेनैवास्य प्रस्तरेणैतदाप्तं भवतीति' ॥

I. 82 6. अग्न्यागीनाꣳ होम इति ॥ सूत्रं बौधायनस्य" पुरस्ता-
त्स्विष्टकृतो ऽग्न्यागीरुपजुहुयादिति गार्गीकिः' ॥

ib. आग्रयणहविषाꣳ श्रपण इति ॥ पयसि श्रपयेदिति
बौधायनो" ऽप्स्विति गार्गीकिः' ॥

---

१ Thus Ben Be G U D C; प्राजास्येषा Bu; प्रजास्येव H.

२ सं (before प्रच्छाद॰) om. H Ben D C U G (pr. m.).

३ इति ins. G and U (sec. m.); but cp. XX. 18: 40. 4.

४ चरुं ins. H Ben U C D G (pr. m.).

५ ॰मुखानि Bu D G (sec. m.).

६ Thus (निर्वपेद्) Ben H Be U D C; वापपेद् Bu; effaced in G.

७ Thus without स्म, U C D Ben D G (pr. m.) and Keś.; चीणोवे-
तानि Be Bu G (sec. m.).

आग्रयण एककपालस्य[1] करण[1] इति ॥ कुर्यादिति बौधायनो ॥ न कुर्यादिति शालीकिः । ॥

तन्त्रकरण इति ॥ स ह स्माह बौधायनः पञ्चदशसामिधेनीकाः स्रुवार्चिष्नावाज्यभागावुच्चैर्देवताः । कुर्याद्याजमानमित्य॥थो[1] ह स्माह शालीकिः सप्तदशसामिधेनीकाः स्रुवृंधन्वन्तावाज्यभागावुपांशुदेवताः । कुर्याद्याजमानमिति[2] ।

॥ २२ ॥ सप्तमः ॥

. 13, 20. विपरिधान[3] इति ॥ स ह स्माह बौधायन आहवनीयेनैकेन विपरिधाय[3] प्रव्रजेत्।प्रोष्य पुनरागम्य[4] सर्वैर्मन्त्रैराहवनीयं प्रत्युपतिष्ठेतेत्य॥थो ह स्माह शालीकिर्यथोपपन्नमेवाग्निभिर्विपरिधाय[3] प्रव्रजेत्।प्रोष्य पुनरागम्य[5] सर्वैर्मन्त्रैरेकैकं प्रत्युपतिष्ठेतेति । ॥

अनुपस्थाय प्रव्रजितस्येति ॥ यत्र स्मरेत्परोक्षं तत एनं नित्येनोपतिष्ठेतेति बौधायनो ॥ न[6] चेत्स्मरेत्प्रोष्य[6] पुनरागम्य[7] नित्येनैवेति शालीकिः । ॥

---

१ कपालकरण H Ben U D C G (pr. m.).

२ Thus U Be G (sec. m.); the other MSS. या (or य)जमान इति।

३ ॰परिदान and ॰परिदाय D C.

४ ॰गत्य Bu Ben H U G D C; ॰चम्य Be.

५ ॰गम्य Bu and the vivaraṇa; ॰चम्य Be; ॰गत्य Ben H G U C; D defective.

६ न चेत्तम॰ Be Bu G and U (sec. m.); न चेत्स्म॰ D C.

७ ॰गत्य U H Ben G D C.

I. 84. 9. प्रवसथाऽऽहुताविति[१] ॥ स ह स्माह बौधायनो यदि हुतं प्रायश्चित्तꣳ स्यान्नाद्रियेत तत्र होतुमथ यद्यहुतꣳ स्यात्तचैनां[२] जुहुयादित्यथो ह स्माह शालीकिर्ये प्रत्याम्नातप्रायश्चित्ता ह्येषाः[३] स्युस्तान्येव तत्र प्रायश्चित्तानि स्युरथ ये ऽप्रत्याम्नातप्रायश्चित्ता ह्येषाः[३] स्युर्नैवैनामाद्रियेतेत्यथो[४] ह स्माहौपमन्यवो यदि चैव हुतं प्रायश्चित्तꣳ स्याद्यदि चाहुतं जुहुयादेव तत्र प्रवसथाहुतिमिति ॥

I. 84. 15. विराजक्रमेष्विति ॥ पूर्वः कल्पो बौधायनस्योत्तरः शालीकेः ॥

I. 85. 6. अपामाचमन इति ॥ द्विर्मन्त्रेणाप आचामेत्सकृत्तूष्णीमिति बौधायनः सकृन्मन्त्रेणाप आचामेद्विस्तूष्णीमिति शालीकिः ॥

I. 85. 8. साचीकरण इति[५] ॥ स ह स्माह बौधायनः सर्वा एवैता देवताः साक्षिणीः कुर्वीताग्ने व्रतपते व्रतं चरिष्यामीत्यग्निर्वै देवानां व्रतपतिरित्येतदेव[६] नातिमन्येतेति[६] शालीकिः ॥

---

१ Thus emended; प्रवसथाहुति (तौ)ष्विति D C Ben H U (pr. m.); प्रवासादाहुताविति U (sec. m.); प्रवसदाहुताविति G (sec. m.); प्रवसतोहुताविति Bu.

२ •चैता MSS.

३ षेषा MSS.

४ Thus C H Ben G U (pr. m.) D (sec. m.); नैवैनाना• Be; नैमेनामा Bu D (pr. m.); नैवैनानामा• U (sec. m.).

५ साची• Bu H and the vivaraṇa (one copy); साक्षि• Ben Be C D G U and the vivaraṇa (another copy).

६ Thus Bu Ben U G D C; •देवानातीममन्येवेति H; •देवानाभि• Be.

I. 85. 17; 86. 5. कपाले नष्टे भिन्ने वेति ॥ सूत्रमाचार्ययोर्॥ त्रो ह स्माहौपमन्यवो मनो ज्योतिर्जुषतां त्रयस्त्रिꣳशत्तन्तव इत्येते स्रुवाहुती हुत्वाथान्यदपि सृजेद्धर्मो देवाꣳ अप्येत्विति । स एष मन्त्रो भवति सं त्वा सिञ्चामि यजुषेति । पयो वाज्यं वाभिक्रमेतेनैव मन्त्रेण सꣳसिञ्चेदिति । ॥

I. 87. 3. आज्यग्रहाणां ग्रहण इति ॥ स ह स्माह बौधायनो ऽध्वर्युरेवोभयैर्मन्त्रैर्गृह्णीयात्पौरोडाशिकैश्च याजमानैश्च । याजमानैर्यजमानो ऽनुमन्त्रयेतेत्य॥त्रो ह स्माह शालीकिरध्वर्युरेवोभयैर्मन्त्रैर्गृह्णीयात्पौरोडाशिकैश्च याजमानैश्च । न याजमानैर्यजमानो ऽनुमन्त्रयेतेत्य॥त्रो ह स्माहौपमन्यवो यथापि पौरोडाशिका मन्त्रा नाभिवर्तन्त[1] एवमेवापि याजमाना मन्त्रा नाभिवर्तेरन्निति[1] । ॥

87. 14. परिधीनां परिधान इति ॥ स ह स्माह बौधायनो ऽध्वर्युरेवोभयैर्मन्त्रैः परिदध्यात्पौरोडाशिकैश्च याजमानैश्च । याजमानैर्यजमानो ऽनुमन्त्रयेतेत्य॥त्रो ह स्माह शालीकिरध्वर्युरेवोभयैर्मन्त्रैः परिदध्यात्पौरोडाशिकैश्च याजमानैश्च न याजमानैर्यजमानो ऽनुमन्त्रयेतेत्य॥त्रो ह स्माहौपमन्यवो यथापि पौरोडाशिका मन्त्रा नाभिवर्तन्त[1] एवमेवापि याजमाना मन्त्रा नाभिवर्तेरन्निति[1] । ॥

I. 88. 2. १० समिधोरभ्याधीयमानयोर्जपतीति ॥ सूत्रं बौधायनस्य ॥ सर्व एवैषो ऽग्नियोजनो मन्त्रः स्यादिति शालीकिः । ॥ २३ ॥

---

१ G and U (sec. m.) each time नाभिनिव॰, Bu the second time.

I. 88. 8. अथ भूर्भुवः सुवरित्यग्निहोत्रमेताभिर्व्याहृतीभिरुपसादये-
दिति ॥ स एवमेव संवत्सरेसंवत्सर इति सूत्रꣳ शालीकिर″थो
ह स्माह बौधायनो यस्याꣳ रात्र्यामादित उपसादयेत्संवत्सरे
पर्यवेते तस्यामुपसाद्य न तत ऊर्ध्वमाद्रियेतेत्य″थो ह स्माहौ-
पमन्यवो ऽभ्यारूढः खल्वस्यैव[1] संवत्सरो भवति ′ यस्याꣳ
रात्र्यामादित उपसादयेत्संवत्सरे पर्यवेते या ततः पूर्वा रात्रिः
स्यात्तस्यामुपसाद्य न तत ऊर्ध्वमाद्रियेतेति ′ ॥

I. 88. 11. दर्शपूर्णमासावालभमान एताभिर्व्याहृतीभिर्हवीꣳष्यासाद-
येदिति ॥ स एवमेव संवत्सरेसंवत्सर इति सूत्रꣳ शालीकि-
र″थो ह स्माह बौधायनो यस्यां पौर्णमास्यामादित आसा-
दयेत्संवत्सरे पर्यवेते तस्यामासाद्य न तत ऊर्ध्वमाद्रियेतेत्य″थो
ह स्माहौपमन्यवो ऽभ्यारूढः खल्वस्यैव[2] संवत्सरो भवति ′
यस्यां पौर्णमास्यामादित आसादयेत्संवत्सरे पर्यवेते या
ततः पूर्वा पौर्णमासी स्यात्तस्यामासाद्य न तत ऊर्ध्व-
माद्रियेतेति ′ ॥

I. 88. 15. चातुर्मास्यान्यालभमान एताभिर्व्याहृतीभिर्हवीꣳष्यासादये-
दिति ॥ स एवमेव संवत्सरेसंवत्सर इति सूत्रꣳ शालीकिर″थो
ह स्माह बौधायनो यस्यां पौर्णमास्यां वैश्वदेवहवीꣳष्यासादये-

---

१ एवं (एवꣳ) instead of एव Be G U C D Bu; the passage is missing in H Ben.

२ एव Be H Ben U; एवं Bu D G C.

त्संवत्सरे[1] पर्यवेते तस्यां[1] वैश्वदेवहवीꣳष्यासाद्य[1] न तत ऊर्ध्वमाद्रियेतेत्य॥चो ह स्माहौपमन्यवो ऽभ्यारूढः खल्वस्यैव[1] संवत्सरो भवति । यस्यां पौर्णमास्यां वैश्वदेवहवीꣳष्यासादये-त्संवत्सरे पर्यवेते या ततः पूर्वा पौर्णमासी स्यात्तस्याꣳ शुना-सीरीयहवीꣳष्यासाद्य न तत ऊर्ध्वमाद्रियेतेति । ।

88. 21. व्याहृतीनां धान इति ॥ पूर्वः कल्पो बौधायनस्योत्तरः शालीकेः । ॥

90. 15. प्राशित्रे ऽवदीयमाने जपतीति ॥ सूत्रं[2] मैत्रेयस्यौपा-चार्ययोः[3] प्राशित्रे ऽवदीयमाने जपत्यग्निर्मा दुरिष्टात्पातु सवितावघशꣳसादिति । ॥

90. 17. यजमानभागे यो मे ऽन्ति दूरे ऽरातीयति तमेतेन जेषमिति ॥ सर्व एवैष स्विष्टकृदनुमन्त्रणो मन्त्रः स्यादि-त्यौपमन्यवः । ॥

I. 92. 6. वेदे यजमानं वाचयतीति ॥ सूचꣳ शालीके॥चो ह स्माह बौधायनो वेदे यजमानं वाचयति वेदो ऽसि वित्ति-

---

१ In G this passage has been changed in the following way: •सादयेदिति स संवत्सरे पर्यवेते तस्यां शुनासीरीयहवींष्यासाद्य; in U it runs; •सादयेत्संवत्सरे पर्यवेते तस्यां पौर्णमास्यां शुनासीरीयहवींष्यासाद्य; possibly G and U are right in reading (l. 1) शुनासीरीय• instead of वैश्वदेव• ।

२ सर्वं Ben G.

३ Thus Bu G (sec. m.); सूत्रमात्रेयस्याय• the other MSS.

रमि विद्मेति ' यद्यङ्गात्वस्याभिध्यायेत्तस्य[१] नाम गृह्णीयात्तदेवास्य सर्वं वृङ्क्त इति ' ॥

अथ यदि यजमानः सुरापो वा भवति प्रवसति वेति ॥ स ह स्माह बौधायनः प्रवसतः प्रस्तरेणैवास्य सह यजमानभागमनुप्रहरेद्ध्रुवायै वाज्येन पर्युपस्तीर्य जुह्वामवधाय जुहुयात्प्रस्तरभ्रूयं[२] यजमानभागो गच्छतीत्य''थो[३] ह स्माह शालीकिरादित एव न सुरापेण संसृज्येताथ चेत्संसृज्येत मन्त्रान्नु हैनं वाचयेत्किमु भवान्न[४] भक्षयेदिति[४] '' भक्षयेत्वेव भवानित्यौपमन्यवः ' ॥

I. 93. 7. आदित्यस्योपस्थान इति ॥ उपनिष्क्रम्याग्न्यगारादादित्यमुपतिष्ठेतेति बौधायनो '' ऽत्रैव तिष्ठन्निति शालीकिः ' ॥

पौर्णमास्यामुपवेषस्य करण इति ॥ कुर्यादिति बौधायनो '' न कुर्यादिति शालीकिः ' ॥

I. 94. 9. व्रतविसर्ग इति ॥ मन्त्रेणाप आचम्य मन्त्रेण व्रतं विसृजेतेति[५] बौधायनस्तू''ष्णीमप आचम्य मन्त्रेण व्रतं विसृजेतेति शालीकिरु''पवेषेण चरित्वा व्रतं विसृजेतेत्यौपमन्यवः ' ॥

---

१ सह twice in Bu G (sec. m.), once in the other MSS.

२ °भ्रूयं U Bu G (sec. m.); भागं Ben H C D G (pr. m.); Be uncertain.

३ गच्छतीं G (sec. m.).

४ भवानभक्ष° Bu, भवान्भक्ष° Be.

५ Here and *infra* only Be has the medium, the other MSS. have the active.

94. 12. यज्ञस्य पुनरालम्भं जपतीति ॥ सूत्रं बौधायनस्याहवनीय-
मेवैतेन यजुषोपतिष्ठेतेति शालीकिः । ॥ २४ ॥ अष्टमः ॥

107. 1. अथातः पशुबन्धं व्याख्यास्यामः ॥

स ह स्माह बौधायनः सोपवसथा इष्टिपशुबन्धा इति ॥ सोपवसथा[1] वा[1] सद्योयज्ञा[1] वेति[1] शालीकिः । ॥

इष्टिकरण इति ॥ पशौपशावेवाग्नेयेनाष्टाकपालेन यजेतेति बौधायनो ॥ बभ्रुकर्णी चैवैतदजवशायां[2] स इष्टं भवतीति शालीकिः । ॥

स्फ्यो यूपो भवतीति ॥ स्फ्यप्रकार[3] एवायं चषालवान्यूपो भवतीति बौधायनो[4] ॥ ऽस्फ्य[4] एवायमन्यगारिको ऽचषालो यूपः स्यादिति शालीकिः । ॥

विशाखो यूपो भवतीति ॥ ऊर्ध्वं रशनाकालाद्द्वे[5] शाखे चतुरश्रे चतुरश्रचषाले[6] स्यातामथेतरो ऽष्टाश्रिर्यूपः स्यादिति

---

१ Thus G (sec. m.) and Bu (the last MS. reading, however, ०यज्ञो); सोपवसथासद्योज्ञावेति Ben U D C; सोपवसथायोवासद्योयज्ञावेति H; सोपवसथी: सद्योयज्ञावेति Be; cp. Rudradatta on Āp. VII. 6. 3.

२ ०दजवशा० Bu G (pr. m.); ०दक्षावशा० Ben U C D G (sec. m.); ०दप्रवशा० Be; ०दंक्षावशा० H.

३ स्फ्याकार G D, स्फ्यकार C.

४ Thus Be (without, however, the avagraha); ०धायन (or नः) स्फ्य the other MSS.

५ ०कालाद्दे MSS.

६ Thus Be; चतुरश्रेरचषाले H; चतुरश्रे (श्रे)चषाले the other MSS.

बौधायनः " शाखैवेयमवषाला स्यादथेतरो ऽष्टाश्रिर्यूपः स्यादिति शालीकिः ' ॥

I. 107. 6. सक्तुकरण इति ॥ सूत्रं बौधायनस्य " शौद्रीणामपि कुर्यादिति शालीकिः ' ॥

I. 107. 8. षड्ढोतुर्होम इति ॥ सूत्रं बौधायनस्यौपवसथ एव षड्ढोतारं जुहुयादिति शालीकिः ' ॥

I. 107. 10. यूपाहुत्यै हवन इति ॥ सूत्रः शालीकेर्" यो ह स्माह बौधायन आज्यं धारणी चादाय यूपस्यान्तिके ऽग्निं मथित्वा यूपाहुतिं जुहुयादिति ' ॥

I. 108. 4. आमसवनस्याभिहोम इति ॥ सूत्रः शालीकेर्" यो ह स्माह बौधायन एवमेव जुह्वामन्तर्धाय हिरण्यमभिजुहुयादनस्यते शतवल्शो विरोह स्वाहेति ' सहस्रवल्शा वि वयः रुहे- मेत्यात्मानं प्रत्यभिमृशीताथोदकः[१] स्पृशेदिति ' ॥

I. 108. 12. यूपस्यावाहन इति ॥ यः प्राङ् वोदङ् वा पश्येत तमावा- हयेदिति बौधायनो " यां[२] कां[२] चिद्दिशमभि पश्येताव्यापन्न- श्चेत्स्यादावाहयेदेवेति शालीकिः ' ॥

I. 108. 13. वेद्यै करण इति ॥ सूत्रमौपमन्यवीपुत्रस्यो यो ह स्माह बौधायनो रथसंमिता स्याद्रथाक्षेण पश्चात्तिरश्ची रथेषया

---

१ Thus (and cp. Vol. I, p. 108, 7, medium!) Bu G (sec. m.); •मृशती• Be; •मृशेदि• the other MSS.

२ यांकांचद्दिशम• G (sec. m.).

प्राची रथयुगेन[१] पुरस्तात्तिरश्च्युत्तरयुगेनोत्तरनाभिरिति[२] ॥
चतुर्निमिता वा स्यात्स्वंतो वा दशपदा विराट्संपन्नेति[३]
शालीकिः । ॥ २५ ॥

109. 3. चात्वालस्य परिलेखन इति ॥ सूत्रं शालीकेरचो ह स्माह बौधायन एवमेव परिलिखन्बाह्यतः[४] पुरस्ताच्चोत्तरतश्चालिखेदिति । ॥

लोकाग्नीनां हरण इति ॥ सूत्रं शालीकेरचो ह स्माह बौधायन उत्तरवेद्यामाग्नीध्रमुपवेश्य[५] ततो लोकाग्नीन्हरेदित्युद्देशादेव लोकाग्नीन्हरेदित्यौपमन्यवः । ॥

110. 1. उत्तरवेद्यै परिमाण इति ॥ सूत्रं शालीकेरचो ह स्माह बौधायनो रथसंमितायामेव धौरेयमध्यया परिमिमीत[६] । नात्र मध्यमा वेदिर्भवतीति । ॥

110. 4; 1. 7. 13. आख्यातं यूपावटस्य परिलेखनम् ॥

---

१ ॰युगेव Bu.

२ उत्तरयुगेण all the MSS. (exc. U sec. m.) and the vivaraṇa.

३ Thus G; विराट्संमितेति U (sec. m.); विराट्संपन्नेति H Ben D Be CU (pr. m.); विराट्सन्नेति Bu.

४ Thus Be DC; ॰लिखचाह्यतः H; ॰लिखवाह्यतः Ben; ॰लिखेवावाह्यतः Bu; ॰लिखेत्वाह्यतः G (sec. m.) U.

५ Thus Bu and a bhāṣya in the Bombay MS. class I B 5; ॰ध्रमुपविश्य-Be; ॰ध्र उपविश्य Ben HUDC; ॰ध्रं उपविश्य G.

६ Thus Bu G (pr. m.); ॰मिमीते the other MSS.

I. 110. 1. उत्तरवेद्या अलंकरण[1] इति ॥ सूत्रं बौधायनस्य " पूर्वधुरेवोत्तरनाभिं परिनिस्तिष्ठेदिति शालीकिः ' ॥

I. 110. 13. स्फ्येनाग्नीध्रो निघ्नन्नेति होतुः पदानीति ॥ सूत्रꣳ शालीकेर्" नो ह स्माह बौधायनः पदात्पदं पाꣳसूनुपसꣳहृत्य[2] तानुत्तरेणोत्तरनाभिमतिकिरेदिति ' ॥

I. 110. 16. उतरवेद्यै प्रोक्षण इति ॥ सूत्रꣳ शालीकेर्' नो ह स्माह बौधायनो मन्त्रानुदिशं चैनां प्रोक्षेन्मन्त्रानुलोकं चेति । ॥

I. 110. 20. अतिशिष्टानां निनयन इति ॥ वेद्यै दक्षिणेऽꣳसे निनयेदिति बौधायन " उत्तरवेद्या इति शालीकी " रथसंमितायामेव दक्षिणमꣳसमुपनिनयेदित्यौपमन्यवः ' ॥

I. 111. 1. उत्तरवेद्यै व्याघारण इति ॥ सूत्रं बौधायनस्य " प्रत्यनीकेष्वेनां[3] व्याघारयेदिति शालीकिर्" दक्षिणयैव व्याघारयन्मध्ये हुत्वोत्तरमꣳसमभिजुहुयादित्यौपमन्यवः ' ॥

I. 111. 11. इध्मस्य निधान इति ॥ सूत्रं बौधायनस्य ॥ तूष्णीमेवेध्मं निदध्यादिति शालीकिः ' ॥

I. 111. 14. अध्वराहुतीनाꣳ होम इति ॥ सूत्रं बौधायनस्य " चत्वारि चतुर्गृहीतानि जुहुयादिति शालीकिः ' ॥

I. 112. 11. पृषदाज्यग्रहणे संमार्जनसादन इति ॥ सूत्रं बौधायनस्य "

---

१ °कार Bu. Bo.

२ °मनुपसंहृत्य Be; °मुपहृत्य GU (sec. m.); °नुपसंहृत्य Bu H Ben U (pr. m.) DC.

३ प्रव्यनीके° Bu Ben HC; प्रध्वनीके° Be; पत्यनीके° D; प्रत्यनीके° GU, the vivaraṇa and the bhāṣya.

लभेतौपभृते[1] संमार्जनसादने इति शालीकि″र्न संमृजेदि-
त्यौपमन्यवः ॥

112. 13. पृषदाज्यस्य ग्रहण इति ॥ सूत्रं बौधायनस्य″ हृदयान्तेन गृह्णीयादिति शालीकिः″ संसृज्याज्यं च दधि चैतैः पञ्चभिर्गृह्णीयादित्यौपमन्यवो″ ऽन्यो ह स्माहौपमन्यवीपुत्रस्तूष्णीं द्विरुपस्तीर्य सर्वैर्मन्त्रैर्दध्यानीय तूष्णीं द्विरभिघारयेदिति ॥

पृषदाज्यस्य प्रायश्चित्तकरण इति ॥ ग्रहणादग्रा[2]चरणादचैवास्य[3] प्रायश्चित्तं कुर्वीतेति बौधायनः″ सादनादग्रा[2] चरणादचैवेति[3] शालीकि″र्न तु दृषितमात्र[4] इत्यौपमन्यवः[4] ॥

. 113. 7. यूपस्य प्रक्षालन इति ॥ सूत्रं बौधायनस्य″ तूष्णीमेव यूपं प्रक्षालयेदिति शालीकिः ॥

113. 10. यूपस्य प्रोक्षण इति ॥ स ह स्माह बौधायनः स्वरुरशनं मैत्रावरुणदण्डं यूपशकलꣳ हिरण्यमुदपात्रमित्येतत्संनिधाय यूपं प्रोक्षेदित्येवं यूपेन यूपसंयोजनानि प्रोक्षेत्पशुना पशुसंयोजनानीति शालीकिः ॥

---

1 Thus the vivaraṇa; ०लोपभृते Bu; लोपभृतः the other MSS.; cp. Kāty. V. 4. 28.

2 Or are we to write ०ह्याचरणा०? The meaning of this passage is not clear to me.

3 चच effaced in G.

4 Meaning and reading uncertain; दृषतिमात्र इ० G (sec. m.) and the bhāṣya; दृषितमात्रे the vivaraṇa; दृषतपात्र इ० Bu; दृषतिमात्र इ० Be; पषितमात्रमि० Ben HCDG (pr. m.); पतितमात्र० U.

I. 113. 18. यूपस्य परिक्रमण[1] इति ॥ दक्षिणेनेति बौधायन" उत्तरेणेति शालीकिः' ॥

I. 114. 2. यूपस्याञ्जन इति ॥ सूत्रं बौधायनस्याग्निष्ठामेवेति शालीकिः' ॥

उदपात्रस्योपनिनयन इति ॥ प्रदक्षिणमुपनिनयेदिति बौधायनो" यथोपपादमिति शालीकिः' ॥

I. 114. 16. यूपस्य परिव्ययण इति ॥ त्रिरेव मन्त्रं ब्रूयात्त्रिः कर्मावर्तयेदिति बौधायनः" सकृदेव मन्त्रं ब्रूयात्सकृत्कर्मेति[2] शालीकिः' ॥

ib. नाभिदघ्ने परिव्ययतीति ॥ सूत्रं बौधायनस्य" मध्यदेश इति शालीकिः' ॥ २६ ॥

I. 114. 21. स्वरोरवगूहन इति ॥ सूत्रं बौधायनस्याग्निष्ठां प्रतीति शालीकिः' ॥

I. 115. 2. पशोरुपाकरण इति ॥ सूत्रमौपमन्यवीपुत्रस्या"त्रो ह स्माह बौधायन एवमेवोपाकुर्यान्न तु जोषयेदिति" जोषयेच्चैव शुक्लयाच्चोपाकरणायेति शालीकिर"त्रो ह स्माहौपमन्यव एवमेवेनं पुरस्तात्प्रत्यगावृत्तं[3] बर्हिर्भ्यां च प्लक्षशाखया चाभिसेधेत्तस्यां[4] च प्लक्षशाखायाꣳ हृदयं निधायावद्येदिति' ॥

---

१ Thus Ben HDCUG (pr. m.) and the vivaraṇa; °क्राम G (sec. m.); °क्रम Bu Be.

२ ब्रूयात्त्रिः कर्मेति G (sec. m.)

३ Thus DGU; °वर्तं Bu; °वृतं the other MSS.

४ Thus H Ben DCBe G (pr. m.) and the vivaraṇa; °भिषेधेद्° G (sec. m.); °भिषधेद्° U; B has a lacuna.

. 115. 9. अरण्योः समञ्जन इति ॥ सूत्रꣳ शालीके॥रचो ह स्माह बौधायनो ऽग्नेर्जनित्रमसीति शकलमाददीत। वृषणौ स्थ इति दूर्वे[1] वा शकले वा [2]निदध्यादुर्वश्यसीत्यधरारणिमाददीत। पुरूरवा इत्युत्तरारणिमथैने आज्यस्थाल्याꣳ समज्य[3] घृतेनाक्ते वृषणं दधाथामिति समवदध्यादिति। ॥

115. 15. पशुरशनाया आदान इति ॥ मन्त्रेणाददीतेति बौधायन॥स्तूष्णीमिति शालीकिः। ॥

115. 16. पशोरभिधान इति ॥ सूत्रं बौधायनस्य ॥ ग्रीवायामेवाभिदध्यादिति[4] शालीकिः। ॥

115. 19. पशोर्नियोजन इति ॥ सूत्रं बौधायनस्य ॥ यूप एव पशुं नियुञ्ज्यादिति शालीकिः। ॥

ib. पशोः प्रोक्षण इति ॥ तूष्णीꣳ संस्कृताभिरद्भिः प्रोक्षेदिति बौधायनः ॥ कमण्डलुभिरिति[5] शालीकिः। ॥

I. 116. 7. पशोः समञ्जन इति ॥ सूत्रꣳ शालीके॥रचो ह स्माह बौधायनो ललाटे स्रुचं प्रतिष्ठाप्यानुच्छिन्दन्कर्षेदा दक्षिणायै श्रोणेरिति। ॥

---

१ पूर्वं Be Ben U (pr. m.).

२ वानुनिदध्या॰ Be U (sec. m.).

३ Thus HD; समंज्य U Ben; समज्य C; समंज्याद् Be; समनक्ति Bu G (sec. m.).

४ Thus G and U (sec. m.) and the vivaraṇa; ग्रीवायामेनमभि॰ the other MSS.

५ Thus D Bu; कमंडलुभि॰ GUC (sec. m.); कासंडलुभि॰ the other MSS.

स्वरुरशनस्योत्पादन इति ॥ यूपः स्वरुरशनमुत्पादयेदिति बौधायनः" पशुरिति शालीकिस्तन्त्रमित्यौपमन्यवो" देवतेत्यौपमन्यवीपुत्रः ॥ २७ ॥ नवमः ॥

I. 116. 13. अत्याश्रावण इति ॥ सूत्रं बौधायनस्य" सोम एवात्याश्रावयेदिति शालीकिः' ॥

I. 117. 2. पशोः समञ्जन इति ॥ स ह स्माह बौधायनो यथा[1] समञ्ज्याम्[2] तथा[1] विशस्याम्[3] तेतया[1] शृतस्थावयेदिति" यथोपपादमिति शालीकिः' ॥

I. 117. 4. पशोः पर्यग्निकरण इति ॥ सहशामित्रं पर्यग्नि कुर्यादिति बौधायनो" यदन्यच्छामित्रादिति शालीकिः" पशुं चाज्यानि चेति राथीतरः" पशुमेवेत्यौपमन्यवः' ॥

I. 117. 6. अपाव्यानाꣳ होम इति ॥ स ह स्माह बौधायन एकं प्रथमे पर्याये जुहुयाद्द्वे मध्यमे द्वे उत्तम इति" यथोपपादमिति शालीकिः' ॥

I. 117. 12. उपप्रैषाश्रावण इति ॥ सूत्रं बौधायनस्य" नाश्रावयेदिति शालीकिः' ॥

I. 117. 17. पशोर्निहनन इति ॥ प्रतीचीनशिरसमुदीचीनपादमिति

---

१ यथा and तथा (instead of यथा and तथा) some of the MSS.

२ समंज्यामथा Bu.

३ विसंस्था॰ all; विशसनं न कुर्यात् the vivaraṇa; cp. Ap. VII. 14. 13 and Bhāradvāja VI. 11: या यथा धारा तथा पशुꣳ समनक्ति तथैव हविषः शृतस्थापयतीत्यथा विशस्ति यथाकामी विशसन इत्यपरम् ।

बौधायन " उदीचीनशिरसं प्रतीचीनपादमिति शालीकिः "
प्राचीनशिरसमुदीचीनपादमित्यौपमन्यवः ' ॥

. 118. 5. पशुरशनाया उदसन इति ॥ चात्वाले रशनामुदस्येदिति
बौधायनो " ऽद्भिरभ्युक्ष्यासंचर[१] इति शालीकिः ' ॥

. 118. 9. पत्न्या उदानयन इति ॥ सूत्रꣳ शालीकेर्"न्वो ह स्माह
बौधायनो ऽनर्वां प्रेहीत्येनां प्रणयेदथैनामादित्यमुदीच्यानर्वां
प्रेहीत्येव प्रणयेदिति ' ॥

118. 10. अपामवेचन इति ॥ उपरिष्टाच्चात्वालस्यावेचयेदिति
बौधायनः ' पार्श्वतः पशोरिति शालीकिः ' ॥

. 119. 6 बर्हिषः समञ्जन इति ॥ सूत्रꣳ शालीकेर्"न्वो ह स्माह
बौधायनस्तथाक्रममेवेतरत्स्यादितरत एवैनदक्त्वा निरस्तꣳ रक्षसां
भागो ऽसीत्यथोदकꣳ स्पृशेदिति ' ॥ २८ ॥

वपायाः प्रदान इति ॥ आज्यस्रुवा वा स्रुग्घिरण्यं वा[२]
द्वितीये चतुर्थे चेति " पूर्वः कल्पो बौधायनस्योत्तरः शालीकेः ' ॥

. 121. 4. पशुपुरोडाशस्य निर्वपण इति ॥ सूत्रं बौधायनस्य "
पशुमालभ्य पुरोडाशं निर्वपेदिति शालीकिः ' ॥

. 121. 5. पशोः प्रच्यावन इति ॥ हृदयजिह्वे[३] प्रच्यावयेदिति
बौधायनो " हृदयमेवेति शालीकिः ' ॥

---

१ द्भिरभ्युक्ष्य H Ben DCG (pr. m.).

२ Found only in G and U (sec. m.) and the vivaraṇa; cp. also Rudradatta on Āp. VII. 20. 9.

३ हृदयं जिह्वां Bu G and U (sec. m.) Keś.; हृदयं जिह्वे U (pr. m.); हृदयजिह्वा D.

I. 121. 10. हृदयस्य श्रपण इति॥ सूत्रꣳ शालीकेर्"चो ह स्माह बौधायनः शूलपाक्यमेवैनच्छ्रपयेद्देव हृदयशूलं परिनिस्तिष्ठे-दुपरिष्टाच्च मन्त्रेणोपस्पृशेदिति[1]'॥

I. 121. 13. पशुपुरोडाशस्येडाया अवदान इति॥ सूत्रꣳ शालीकेर्"चो ह स्माह बौधायनो निरवदायैवास्य स्विष्टकृतमिडामवद्येदेवꣳ सवनीयानामिति'॥

I. 122. 2 दण्डसूनस्य करण इति॥ सूत्रं बौधायनस्य" बर्हिष्येव प्लक्षशाखायाꣳ हृदयं निधायावद्येदिति शालीकिः'॥

I. 122. 3. पशोः संवदन इति॥ सूत्रꣳ' शालीकेर्"चो ह स्माह बौधायनः[2] पृष्ठाभिक्रामेत्पूषा[3] मा पशुपाः पात्विति' द्वितीयं पृष्ठाभिक्रामेत्पूषा[3] मा प्रपथे पात्विति' तृतीयं पृष्ठाभिक्रामे-त्पूषा[3] माधिपतिः पात्विति'॥

I. 122. 9. पशोरभिघारण इति॥ सूत्रं बौधायनस्य" पृषदाज्येन हृदयमभिघार्याज्येनेतराण्यभिघारयेदिति शालीकिः'॥

पशोरासादन इति॥ पश्वहोत्रासादयेदिति बौधायन-सू"त्रमिति शालीकिः'॥

I. 122. 17. पशोरवदान इति॥ स ह स्माह बौधायनो हृदयस्य

---

१ मंत्रेणोपः स्पृ॰ G (sec. m.) U Bu; मंत्रेणाप (पः) स्पृ॰ Be G (pr. m.) DC Ben H (मन्त्रेणोपस्पर्शनम् the vivaraṇa).

२ प्रथमं ins. DC.

३ Thus Bu G (sec. m.); ॰निक्रामे॰ U Be Ben H; ॰निष्क्रामे॰ DC, but cp. Āp. VII. 23. 6 अभिप्रव्रजति with Rudradatta's remark.

जिह्वाया वक्षस इत्येतेषामेवानुपूर्वमवद्येत्तृतीयं[1] पाश्वावदानं पश्चावत्तिनां कुर्यादित्य"थो ह स्माह शालीकिः सर्वेषामेवानुपूर्वमवद्येन्न पाश्व तृतीयमवदानं पश्चावत्तिनां कुर्यादिति' ॥ २९ ॥

123. 9. पशोः संमर्शन इति ॥ स ह स्माह बौधायन उभयानि[2] संमृशेद्येभ्यस्त्वावद्येत्सुगतानि चेति" सुगतान्येवेति शालीकिः' ॥

123. 13. कुम्भतः श्रीणातीति ॥ सूत्रं बौधायनस्य" समस्तेनैवास्य पार्श्वेन वसाहोमं श्रीणीयादिति[3] शालीकिः' ॥

123. 16. पशोः प्रतिपरिहरण इति ॥ प्रतिपरिहरेदिति[4] बौधायनो" न प्रतिपरिहरेदिति शालीकिः' ॥

123. 17. अत्याक्रमण इति[4] ॥ सूत्रं' बौधायनस्य" जघनेनोत्तरवेदिं परिक्रम्याश्रावयेदिति शालीकिः' ॥

124. 4. दिशां प्रतीज्याया इति ॥ सूत्रं शालीके"रथो ह स्माह बौधायनः पुरस्ताद्वनस्पतेः समान्यो दिशः प्रतियजेद्दिग्भ्यः स्वाहेति' कृत्वोपतिष्ठेत[5] स्वाहा दिग्भ्यो नमो दिग्भ्य इति' ॥

---

१ एतेषाम् Bu G (sec. m.); एषाम् the other MSS.

२ Thus Bu G (sec. m.); सर्वाणि the other MSS.

३ श्रीणीयादिति Bu; श्रीणातीति the other MSS.

४—४ The words प्रतिपरि॰ ... ॰क्रमण इति left out by all the MSS. exc. Bu and G and U (sec. m.).

५ ॰तिष्ठते MSS.

I. 124. 7. वनस्पतेस्स्वर्याया इति ॥ सूत्रं बौधायनस्य" पृषदाज्या-
च्चतुर्गृहीतेन चरेदिति शालीकिः' ॥

I. 124. 13. वनिष्ठोराधान इति ॥ षडवत्तꣳ संपादयेदिति बौधा-
यनः" सकलमेवेति शालीकिः' ॥

I. 124. 18. औपयजेष्विति ॥ सूत्रꣳ शालीकेर्"चो ह स्माह बौधायन
आहवनीयादेवोदीचो ऽङ्गारान्निर्वर्त्य तेषूपयष्टोपयजेदिति' ॥

I. 125. 2. गुदतृतीय इति ॥ एकादशधा कृत्वोपयष्टोपयजेदिति
बौधायनो" ऽपच्छेदमिति[1] शालीकिः" समस्तमेवैनमनु-
प्रहृत्य[2] सर्वैर्मन्त्रैरनुमन्त्रयेतेत्यौपमन्यवः' ॥

I. 125. 4. अथ बर्हिषि हस्तौ निमार्ष्टीति ॥ सूत्रं बौधायनस्यापो
ऽप्यस्मा[3] अत्रानयेयुरिति[3] शालीकिः' ॥ ३० ॥

I. 125. 6. स्वरोर्होम इति ॥ सूत्रं बौधायनस्य" चतुर्गृहीते ऽवधाय
जुहुयादिति शालीकिः' ॥

I. 125. 10. पत्नीनाꣳ संयाजन इति ॥ सूत्रं बौधायनस्याज्येनैव[4]
पत्नीः संयाजयेदिति शालीकिः[4]' ॥

---

१ °वच्छेदमिति Ben, with प the other MSS. and the vivaraṇa cp. XX. 12: 26. 12, XXII. 15 s. f.

२ °मेवैतमनु Bu G (sec. m.); °मेवैतदनु° H Ben Be CDUG (pr. m.)

३ चास्मा अत्रानये° G (sec. m.) Ben; प्यास्मा अत्रानये° CD; प्ययस्मा अत्रानये° Bu; यस्मा अत्रानुनये° H; त्रत्रांनये° Be; चस्मा अत्रानये° U.

४ आचार्ययोः instead of बौधायनस्य and औपमन्यवः instead of शालीकिः G (sec. m.).

125. 11. उत्तानायै जाघन्यै देवानां पत्नीर्यजति नीच्या अग्निं गृहपतिमिति ॥ सूत्रं बौधायनस्य ॥ सर्वमेवैतदुत्तानायै जाघन्यै कुर्यादिति शालीकिः । ॥

125. 12. उत्तानायै जाघन्यै होत्र इडामवद्यति[1] नीच्या[2] अग्नीधे[2] षडवत्तमिति ॥ सूत्रं बौधायनस्य ॥ सर्वमेवैतदुत्तानायै जाघन्यै कुर्यादिति शालीकिः । ॥

125. 15. फलीकरणहोमस्य करण इति ॥ कुर्यादिति बौधायनो ॥ न कुर्यादिति शालीकिः । ॥

125. 16. ध्रुवाया आप्यायन इति ॥ स ह स्माह बौधायन उभावेव ध्रुवामाप्याययेतामध्वर्युश्च यजमानश्चेत्यध्वर्युरेव ध्रुवामाप्याय्य समिष्टयजूंषि जुहुयादिति शालीकिः । ॥

ib. समिष्टयजुषां होम इति ॥ सूत्रं बौधायनस्य ॥ त्रीणि चतुर्गृहीतानि जुहुयादिति शालीकिः । ॥

126. 6. हृदयशूलस्योद्वासन इति ॥ कुर्वीतात्र सुमित्रास्व दुर्मित्रास्वेति बौधायनो ॥ न कुर्वीतेति शालीकिः । ॥

126. 10. समिधां करण इति ॥ सर्वा एवार्द्राः सपलाशाः कुर्वीरन्निति बौधायनो ॥ यजमानस्यैव पत्नी चेति शालीकिः । ॥

126. 14. बर्हिषः पर्युपोषण इति ॥ वेद्यै दक्षिणे ऽंसे पर्युपोषेदिति बौधायन ॥ उत्तरवेद्या इति शालीकिः । ॥

---

१ Thus G (sec. m.); इडां समवद्यति the other MSS.

२ नीच्याग्नीधे Bu GDC; नीच्याग्नीध्रे H Bon U.

I. 126. 16. सकृद्धोमस्य करण इति॥ चीन्सकृद्धोमान्कुर्यादिति बौधायन" एकमेवेति शालीकिः" प्रदाव्य एव सकृद्धोमेन चरेदित्यौपमन्यवः'॥

I. 127. 6. III. 54. 10. आख्यातं देवतानामुपस्थानम्॥

I. 127. 8. यूपस्योपस्थान इति॥ सूत्रं बौधायनस्याहवनीयमेवैतेन यजुषोपतिष्ठेतेति शालीकिः'॥

I. 127. 10. समन्वानयन[1] इति॥ सूत्रं बौधायनस्य" नाद्रियेतेति शालीकिः'॥

I. 127. 13. पूर्णाहुत्यै करण इति॥ कुर्यादिति बौधायनो" न कुर्यादिति शालीकिः'॥

I. 127. 14. दक्षिणायै दान इति॥ धेनुं वानडुाहं वा दद्यादिति बौधायनो" ऽन्यदेकधनमिति शालीकिरन्यद्वैकधनमिति शालीकिः'॥ ३१॥ दशमः॥

॥ इति विंशः[2] प्रश्नः॥

---

१ Thus B.n HGUC and the vivaraṇa; समन्वायन Bu; समन्वानयन Be; समन्वाम D.

२ On the praśna-number cp. Preface to Vol. II, p. ii.

128. 1. अथातश्चातुर्मास्यानि व्याख्यास्यामः ॥

स ह स्माह बौधायनो यावज्जीवप्रयुक्तान्येव चातुर्मास्यानि स्युरन्तर्मिथुनानि । प्रथमे त्वेव संवत्सरे व्रतं चरेदित्य॥चो ह स्माह शालीकिः सांवत्सरिकाण्येव खलु[1] चातुर्मास्यानि ब्रह्मचर्यवन्ति भवन्तीति ॥ यथाप्रयोगमित्यौपमन्यवः । ॥

I. 128. 5. पयसां मन्त्रामन्त्र इति ॥ उभये सायंप्रातर्दोहा मन्त्रवन्तः स्युरिति बौधायनस्तू।ष्णीका इति शालीकिर॥चो ह स्माहौपमन्यवो यत्साक्षोमेज्यायै चातुर्मासिकानि पयाꣳसि तूष्णीकानि स्युरयोर्ध्वꣳ[2] सोमेज्यायै मन्त्रान्लभेरन्नित्य॥चो[3] ह स्माहाश्मीगविः पञ्चैवैतानि पयाꣳसि मन्त्रवन्ति भवन्ति[4] दर्शपूर्णमासयोर्मैत्रावरुण्यामिक्षायां दाक्षायणयज्ञे कौण्डपायिन्ये सौत्रामण्यामिति । ॥

I: 128. 8. वैश्वानरपार्जन्ययोः[5] करण इति ॥ कुर्यादिति बौधायनो ॥ न कुर्यादिति शालीकिः । ॥

I. 128. 9. फाल्गुन्यां वा चैत्र्यां वा पौर्णमास्यां विश्वेभ्यो देवेभ्यो वत्सा अपाकृता भवन्तीति ॥ सूत्रं बौधायनस्योदगयन आपूर्यमाणपक्षस्य पुण्याह इति शालीकिः । ॥

---

१ Om. H Be.

२ Thus H Ben Be G (pr. m.) U DC Keś.; स्युरत अर्ध्वं Bu; चय effaced in G.

३ Thus Bu; मंचां G; मंचा the other MSS.

४ भवंतीति Bu Be G (sec. m.).

५ Thus U (sec. m.); •पार्जन्यायाः the other MSS.

I. 128. 7. प्रसूमयं[१] प्रस्तरमिति[१] ॥ सूत्रं बौधायनस्य" सर्वमेवैतद्बर्हिः प्रसूमयꣳ स्यादिति शालीकिः' ॥

I. 128. 12. पञ्चहोतुर्होम इति ॥ सूत्रं बौधायनस्योपवसथ एव पञ्चहोतारं जुहुयादिति शालीकिः' ॥

I. 131. 5. प्रयाजानामनुमन्त्रण इति ॥ चतुरश्चतुर्भिरनुमन्त्र्य[२] पञ्चमेनेतराननुसमियादिति[३] बौधायनश्"चतुरश्चतुर्भिरनुमन्त्र्य सर्वेषां पारे पञ्चमेनानुमन्त्रयेतेति[४] शालीकिः' ॥

एककपालानां मन्त्रामन्त्र इति ॥ मन्त्रवन्तः स्युरिति बौधायनस्"तूष्णीका इति शालीकिः' ॥

एककपालानामवदान इति ॥ स ह स्माह बौधायनश्चातुर्मासिकानामेव नावद्येद्'अथेतरेषामवद्येदित्य"न्यो ह स्माह शालीकिस्तन्त्रहराणामेवावद्येदथेतरेषां[५] नावद्येदित्य"न्यो ह स्माहौपमन्यवो य एव वैश्वदेवपशुषि तस्य नावद्येदथेतरेषामवद्येदिति' ॥

---

१ ०मयः प्रस्तर इति MSS. exc. Bu U (pr. m.) and the vivaraṇa; the accusative as XXIII. 18: मार्षैः पूर्वं कमण्डलुमिति ।

२ Thus Be; चतुर्भिश्चतुरो G (sec. m.); चतुरश्चतुर्भिश्चतुरो G (pr. m.) चतुर्भिश्चतुर्भिश्चतुर्भिरन् D; चतुर्भिश्चतुर्भिरन्० Ben C.

३ ०न्समीयादिति Bu G (sec. m.); समीयादिति (without चन्) Ben HDC; पंचमीयदिति Be.

४ ०मंत्रयेदिति MSS.

५ ०हराणामेवा० Be U (sec. m.); ०हराणमेवा० Ben; ०हरणानामेव G (sec. m.); ०हरेणमेवा० Bu; ०करणमेवा० HU (pr. m.); ०हरणमेवा० C (pr. m.), ०हराणमेवा० C (sec. m.).

एककपालानामभिहोम इति ॥ यः स्रुचि सꣳस्रावः स्यात्तेनाभिजुहुयादिति बौधायनश्''चतुर्भिश्चतुर्भिश्चतुनामभिरेकैकमिति शालीकिः' ॥ १ ॥

एककपालानामाग्रयणस्यानुसꣳहरण इति ॥ अनुसꣳहरेदिति बौधायनो'' नानुसꣳहरेदिति शालीकिः' ॥

132. 4. वाजिनस्य चर्याया इति ॥ उपाꣳशु चरेदिति बौधायन'' उच्चैरिति शालीकिः' ॥

132. 6. वाजिनस्य भक्षण इति ॥ सूत्रꣳ शालीके''र्त्रो ह स्माह बौधायनोऽवघ्रभक्षणेनैवेतरे[1] भक्षयेयुर्यजमान एव प्रत्यक्षं भक्षयेदिति' ॥

132. 17. निवर्तन इति ॥ निवर्तनेनोपवाप्योभयं[2] केशश्मश्रु''वापयीतेति बौधायनो'' निवर्तनेनोपवाप्य[2] श्मश्रूण्येव वापयीत न केशानिति शालीकि''र्निवर्तनेनोपवाप्य[2] नैव श्मश्रूणि वापयीत न केशानित्यौपमन्यवः' ॥

133. 6. वरुणप्रघासेषु दक्षिणस्य विहारस्य पात्राणां करण इति ॥ सूत्रं बौधायनस्य'' सौवर्णानि वा राजतानि वा स्युरिति शालीकिः'' शमीमयानीत्यौपमन्यवः ॥

---

१ °भक्षणेनै° Bu G and U (sec. m.); °भक्षेणै° DHC Ben Be G and U (pr. m.).

२ Uncertain reading; °नोपवाप्य each time H Ben Be UDG (pr. m.) C, °नोवाप्य G (sec. m.), thus also (besides °नोपाव) Bu; the vivaraṇa seems to have read also °नो वाप्यः; it runs: निवर्त(ने)नो वाप्यः केशा शलल्या विभज्य उशब्दः क (read च ?) शब्दस्यार्थे।

स्तम्बयजुषोर्हरण इति ॥ व्यतिचारꣳ स्तम्बयजुषी हरेयातामिति[1] बौधायनः" सहेति शालीकिः' ॥

आज्यस्यावेक्षण इति ॥ दार्शपौर्णमासिकायै दक्षिणत उपविश्य दक्षिणमवेक्ष्योत्तरमवेक्षेतेति बौधायनो" वेदिसंधावुपविश्य दक्षिणमवेक्ष्योत्तरमवेक्षेतेति शालीकिर्"मध्यत[2] इत्यौपमन्यवः' ॥

I. 133. 8. ऐषीकꣳ शूर्पमिति ॥ सूत्रं बौधायनस्य" दर्भमयं वा कुशमयं वेति शालीकिः" प्रत्यक्षमित्यौपमन्यवः' ॥

I. 137. 12. शूर्पस्यानुप्रहरण इति" अनुप्रहरेदिति बौधायनो" नानुप्रहरेदिति शालीकिर्"अद्भिरभ्युक्ष्य भुञ्जीतेत्यौपमन्यवः' ॥

I. 138. 8. आमिक्षयोरवदान इति ॥ सूत्रꣳ शालीकेर्"अक्षो ह स्माह बौधायन आमिक्षयोरवदाय मेषीमवदध्यात्[3] शमीपर्णकरीरसक्तूनामवद्येद् ग्राम्योष्मा ह्येते भवन्तीत्यु"त्तमेनावदानेन सर्वं विश्वलोपꣳ[4] समवदध्यादित्यौपमन्यवः[4]' ॥ २ ॥

I. 138. 4 (?) मारुत्यै पर्याया इति ॥ सूत्रं बौधायनस्यौत्तर एवाग्नौ मारुत्या चरेदिति शालीकिः' ॥

---

1 Thus (and cp. XXV. 1. s. f.) Bu Ben HGU; हरियामिति DC; हरेतामिति Be.

2 मध्य Bu G (sec. m.).

3 Thus H Ben DC; मेषमुपद° Bu; मेषावुपद° Be G and U (sec. m.).

4 Thus Bu Be U (sec. m.); °लोपमवदध्या° H Ben. G; °लोपमवद्या° D; °लोपमवध्या° C.

I. 139. 4. मारुत्ये मेक्षणस्यानुप्रहरण इति ॥ अनुप्रहरेदिति बौधायनो नानुप्रहरेदिति शालीकिः ॥

140. 10. अवभृथ इति ॥ सूत्रमाचार्ययोर्न्वो ह स्माहौपमन्यवस्तुषैश्च निष्कासेन चावभृथमवेयादिति ॥

आख्यातमुदकान्तस्य प्रत्यसनम्[१] ॥

आख्यातमाञ्जनम्[१] ॥

140. 14.
I. 67. 16. आख्यातꣳ समिधां करणम् ॥

141. 15. आनीकवतस्य निर्वपण इति ॥ पाणिसंमर्शेनादित्यस्योदयमाकाङ्क्षेतेत्याचार्ययोर्मुष्टिमेव गृह्णीयान्नित्यौपमन्यवः साकꣳ रश्मिभिः प्रचरेदित्यौपमन्यवीपुत्रः ॥ एष एवापि सांतपनस्य प्रदेश एष क्रैडिनस्य ॥

. 141. 18. गृहमेधीयस्य मन्त्रामन्त्र इति ॥ मन्त्रवान्स्यादिति[२] बौधायनस्तूष्णीक इति शालीकिः ॥

गृहमेधीयस्य निर्वपण इति ॥ पवित्रवता पात्रेण मन्त्रवन्तमिति[३] बौधायनोऽपवित्रेण तूष्णीकमिति शालीकिः ॥

---

१ Of these two dvaidhas the first seems to refer to Vol. I. 261. 17; the second, according to the vivaraṇa, to III. 67. 16: आञ्जनं स्नानम् । उभयं (sc. द्वैधं) समिधां करणेन व्याख्यातं सर्वे वा दर्शीयजमानो वेति नान्यदिहाख्यातमस्ति कस्य पेक्षया सर्वमेवाख्यात तत्रावशेषवचनमनर्थकं स्यात् ।

२ मंत्रवत्स्यादिति DC; मंत्रवस्यादिति H.

३ मंत्रवदिति G (sec. m.).

I. 141. 20. गृहमेधीयस्य श्रपण इति ॥ पयसि श्रपयेदिति बौधायनो ऽप्स्विति शालीकिः ॥

शाकलानां करण इति ॥ कुर्यादिति बौधायनो न कुर्यादिति शालीकिः ॥

I. 141. 22. गृहमेधीयस्यासादन इति ॥ दात[1] एव बर्हिष्यासादयेदिति बौधायनो ये ऽन्ये ऽनुपयुक्ताः कुशाः स्तृतेष्विति शालीकिः ॥

I. 142. 1. गृहमेधीयस्य चर्यायां इति ॥ उपांशु चरेदिति बौधायन उच्चैरिति शालीकिः ॥

शाकलानामनुप्रहरण इति ॥ अनुप्रहरेदिति बौधायनो नानुप्रहरेदिति शालीकिः ॥

I. 142. 5. प्रतिवेशस्य श्रपण इति ॥ अन्वाहार्यपचने श्रपयेदिति बौधायनो यामाग्नाविति शालीकिः ॥

I. 142. 10. पूर्णदर्व्यस्य[2] होम इति ॥ सूत्रमाचार्ययोर्[4] ह्वौरुक्त्वा ब्रह्मणो हिंकारे[3] जुहुयादिति गौतमः ॥ ३ ॥ प्रथमः ॥

I. 143. 19. महापितृयज्ञस्य बर्हिरिति ॥ समूलमेतद्बर्हिर्भवतीति बौधायनस्तत्र नास्ति प्रत्यभिमर्शन इति मातिशेषं भव-

---

१ दात Ben H (as partic from दा-त); शव Be; C D om. दात एव; विशय G and U (sec. m.), thus (var. विषय) the vivaraṇa.

२ °दर्व्यस्य Bu, the vivaraṇa; °दर्स्य H Ben Be G U D C.

३ °कारेव H G D C U (pr. m.); °कारेवाभिजु° U (sec. m.).

४ Thus H Ben G U D C; Be defect.; चशेषं Bu.

तीति शालीकिस्तत्र सिद्धः प्रत्यभिमर्शन इति॥ निर्मूललूनमेवैतल्लुनुयादित्यौपमन्यवः[1]॥

144. 16. अथैतदभिवान्यायै दुग्धमर्धपात्रमिति॥ सूत्रं बौधायनस्याथ यदि कनीयः स्यादद्भिरभ्युन्नीयेति[2] शालीकिः॥

I. 144. 9. तेषां ब्रीहिष्वेव हविष्कृतमुद्वादयत्युपोप्यन्ते यवानिति॥ सूत्रं शालीकेर्यो ह स्माह बौधायन आवपनप्रभृति यत्रेषु मन्त्रकर्माभ्यावर्तेत तन्त्रं तु हविष्कृत्[3] स्यादिति॥

I. 145. 1. आप्यनिनयन इति॥ जघनेन गार्हपत्यमाप्येभ्यो निनयेदिति बौधायनोऽग्रेणातिहृत्येति शालीकिरग्रेण वा जघनेन वेत्यौपमन्यवः॥

I. 145. 2. वेद्ये करण इति॥ उपनिष्क्रम्याग्न्यगाराद्दक्षिणे[4] पूर्वं ऽवान्तरदेशे कुर्यादिति बौधायनोऽन्तरेवैतां दिशमिति शालीकिरन्वाहार्यपचनमेवाभित इत्यौपमन्यवः॥

I. 145. 3. अन्वाहार्यपचनस्योपसमिन्धन इति॥ स्वे स्थान उपसमिन्धीरन्निति बौधायन इध्ममेवातिप्रणयेयुरिति शालीकिः॥

---

१ लुनुया॰ Be G and U (sec. m.); लुनीया॰ Ben H Bu C D G and U (pr. m.).

२ Thus G U D H C; without अभि Be; ॰भ्युन्नीयैवेति Ben Bu.

३ ॰ष्कृत स्यादिति G U C D H Ben; ष्कृत स्यादिति Be; ॰ष्कृतं स्यादिति Bu; cp. XXI. 16, XXII 11.

४ दक्षिणे Bu G; दक्षिण Ben Be U D C.

I. 145. 12. आज्यग्रहाणां ग्रहण इति ॥ पञ्चगृहीतानि वा षड्गृहीतानि वा स्युरिति बौधायनः ॥ षड्गृहीतान्येवेति शालीकिः । ॥

प्रस्तरस्य मन्त्रामन्त्र इति ॥ ग्रहणं चैवास्य न्यसनं च तूष्णीकꣳ स्यादथैतरन्मन्त्रवत्स्यादिति बौधायनः ॥ संभरणं[1] चैवास्य न्यसनं च तूष्णीकꣳ स्यादथैतरन्मन्त्रवत्स्यादिति शालीकि॥र्यावन्न्यसनमेव[2] तूष्णीकꣳ स्यादथैतरन्मन्त्रवत्स्यादित्यौपमन्यवः । ॥

I. 145. 15. त्रिरपसलैः परिस्तृणन्पर्येतीति ॥ सूत्रं बौधायनस्य ॥ यथोत्पन्नेनैव सꣳस्तृणीयादिति शालीकिः । ॥

वेद्यै स्तरण इति ॥ सूत्रं बौधायनस्योर्णाम्रदसं त्वा स्तृणामीत्येव ब्रूयादिति शालीकिः । ॥ ४ ॥

I. 145. 17. परिधीनां परिधान इति ॥ सूत्रꣳ शालीकेर्॥यो ह स्माह बौधायनः सर्वान्परिधीन्परिदध्यात्पित्र्यकर्मणि क्रियमाणे दक्षिणतश्चोत्तरमुपनिदध्यादिति[3] । ॥

I. 146. 2. हविषामुद्वासन इति ॥ सूत्रं बौधायनस्य ॥ यथाहृतमेव[4] हवीꣳष्युद्वासयेदिति शालीकिः । ॥

हविषाꣳ संचरो[5]ऽध्वर्यावेति ॥ दक्षिणेनेति बौधायन ॥ उत्तरेणेति शालीकिः । ॥

---

१ संहरणं Bu.

२ Thus G (sec. m.); यावन्न्यसन॰ the other MSS.

३ Thus all exc. Bu (दक्षिणश्चो॰रमु॰).

४ Thus G and U (sec. m.), D; यथाहृत॰ the other MSS.

५ संचरो all the MSS. exc. Be (संचरे); the vivaraṇa has also the nominative.

147. 3. विपरिक्रामन्त्येत स्वृत्विजो विपरिहरन्ति हवीꣳषीति ॥ सूत्रं बौधायनस्य ॥ नात्र हवीꣳषि विपरिहरेयातामिति[1] शालीकिर्नात्र हवीꣳषि विपरिहरेयातामध्वर्युस्त्वेवाग्नीध्रश्च[1] विपरिक्रामेतामित्यौपमन्यवः[2] । ॥

147. 13. आश्रावण इति ॥ ओ स्वधेति बौधायन ॥ आ स्वधेति शालीकिः । स्वधेत्यौपमन्यवः । ॥

146. 13. प्रवर इति ॥ सूत्रमाचार्यैर्विद्वाꣳश्चिकित्विन्नित्यौपमन्यवः । ॥

149. 7.
I. 87. 8. आख्यातं पिण्डानां दानम् ॥

150. 8;
. 87. 11. आख्यातमाञ्जनाभ्यञ्जनयोः ॥

150. 12;
. 87. 13. आख्यातं पिण्डानामनुप्रहरणम् ॥

151. 6. त्रैयम्बकाणां मन्त्रामन्त्र इति ॥ मन्त्रवन्तः स्युरिति बौधायनस्तूष्णीका इति शालीकिरप्येनानेककपाल एव श्रपयेदित्यौपमन्यवः ॥

151. 8. एकोल्मुकस्य हरण इति ॥ अन्वाहार्यपचनाद्धरेदिति बौधायनो ॥ ग्रामाग्नेरिति शालीकिः । ॥

151. 9. एतत्समादाय गार्हपत्यमुपतिष्ठन्त इति ॥ स ह स्माह बौधायन उभय[3] एष[3] मन्त्रो भवत्याध्वर्यवस्य याजमानस्येति ॥ याजमान एवेति शालीकिः । ॥

---

१ Thus all; read probably विपरिहरेतामिति ।

२ Thus Be; •क्रामेयातामि• the other MSS.

३ Thus G D C, H Ben U (pr. m.); उभयस्य एव U (sec. m.); उभयस्य च एव Be; उभयेव Bu.

I. 152. 5. त्रैयम्बकाणामुत्खेदन[1] इति ॥ सूत्रे शालीकेर्वचो ह स्माह बौधायनस्त्रिरेवाव्यतिषजन्परीत्य[2] चिकित्विदेङ्गाय त्वा भगाय[3] त्वेति ॥ ५ ॥

I. 152. 10. अथैनान्यजमानस्याञ्जलावावपतीति ॥ सूत्रे शालीकेर्वचो ह स्माह बौधायनो यजमानस्यैवैकस्य मन्त्रेणावपेत्तूष्णीं पत्न्यै च[4] भगकामायै चेति ॥

I. 153. 1. अथैनान्मूतं कृत्वा नीललोहिताभ्याꣳ सूत्राभ्यां विग्रथ्य शुष्के वा स्थाणौ विगाखायां[5] वा बध्नातीति ॥ पूर्वः कल्पो बौधायनस्योत्तरः शालीकेः ॥

I. 153. 5. उद्गात्रस्योपनिनयन इति ॥ प्रदक्षिणमुपनिनयेदिति बौधायनो यथोपपादमिति शालीकिः ॥

I. 153. 20. शुनासीरीयपर्वण[6] इज्याया[6] इति ॥ सूत्रे शालीकेर्वचो ह स्माह बौधायनो य एतान्त ऊर्ध्वमापूर्यमाणपक्ष आगच्छे-

---

१ °मुत्खिद्न G (sec. m.) Be and the vivaraṇa; °मुत्खिद्मन Bu.

२ Thus G and U (sec. m.) and the vivaraṇa (व्यतिषजन्नुत्खिदन्); °स्त्रिरेवव्यतिष° the other MSS.

३ Thus Be G and U (sec. m.); भगेन Ben H D C G and U (pr. m.).

४ चे (sic) Be, all the other MSS. om. the word.

५ Thus Ben H U D C; विशाखायां Be Bu G (sec. m.).

६ °पर्वण इज्याया Ben C; पर्वणा इज्याया U D; इवना इज्याया H; पर्वण्येज्याया Bo G (sec. m.) and the vivaraṇa.

त्तस्मिञ्छुनासीरीयपर्वणा यजेत । त्रयोदशस्यैवैतन्मासस्यापौभ्यार्थं[1] दृष्टं भवतीति । ॥

वेद्यं करण इति ॥ दार्शपौर्णमासिकी स्यादिति बौधायनः । पाशुबन्धिकीति शालीकिः । ॥

दक्षिणानां दान इति ॥ सूत्रं शालीकेर्नो ह स्माह बौधायनो हिरण्यं वैश्वानरे दद्याद्धेनुं पार्जन्ये द्वादश वैश्वदेवे द्वादश वरुणप्रघासहविःषु तिस्र आनीकवते तिस्रः सांतपने चतस्रो गृहमेधीय ऋषभं पूर्णदर्व्ये[2] तिस्रः क्रैडिने द्वादश महाहविःषु तिस्र आदित्ये द्वादश शुनासीरीयहविःष्विति ॥ नो ह स्माहौपमन्यवस्तु तःषष्टिश्चातुर्मास्यदक्षिणाः समाम्नाता भवन्ति । तास्त्वेनाधिगच्छेद्यांसां स्त्वेतावन्ति मन्थान्योदनान्वैतावतो[3] दद्यात्तेनो हैवैतं काममवाप्नोतीति[4] । ॥

चातुर्मास्यानामन्त इति ॥ सोमान्तानि स्युरिति बौधायनः ॥ पश्वन्तानीति शालीकिः ॥ सवनेष्ट्या यजेतेत्यौपमन्यवः । ॥ ६ ॥ द्वितीयः ॥

---

१ त्रयोदशस्यैवैतन्मा० Be H G U (pr. m.); त्रयोदशस्य ह्येवैतन्मा० U (sec. m.); त्रयोदशाह्य -- यैतान्मा० Bu; त्रयोदशस्य वैतन्मा० Ben C U.—०पौभ्यार्थं Ben G U D C; ०नौज्यार्थं Be; ०भोज्यार्थं Bu; ०पौष्यार्थं H.

२ Thus G; ०दर्वे the other MSS.

३ Thus G U D C and Ke‹.; मंथान्योदनान्वेतवतो Ben; मत्थ.न्योदनान्वैतावतो Bu; मंथान्योदनान्वैतावतो H; कथ.न्वत:वतो Be (cp. Vol. I. 44. 15).

४ इति is not found in my copies.

I. 156. 1. अथातो ऽग्निष्टोमं व्याख्यास्यामः ॥

स ह स्माह बौधायनो नादृष्ट्वा राजानं चर्त्विजश्च[1] दीक्षयेदित्यथो ह स्माह शालीकिर्यदि दीक्षा दीर्घाः स्युराश्वासिका[2] आहर्तारस्तथोद्गीथः[3] कामं दीक्षयेदिति ॥

I. 167. 2. शालाया[4] अध्यवसान' इति ॥ स ह स्माह बौधायनो मध्यंदिने शालामध्यवस्येदापः पूर्वा गच्छेयुरन्वग्यजमानो राजा चारणिभ्यां चेत्यथो ह स्माह शालीकिः कामं पूर्वाह्णे वापराह्णे वा शालामध्यवस्येत्प्रागेवास्तमयाद्दीक्षणीयाꣳ संतिष्ठापयिषेदिति[5] ॥

I. 156. 16. अग्नीनाꣳ हरण इति ॥ अजस्रान्हरेदिति बौधायनो ऽरण्योः समारोह्येति शालीकिः ॥

---

१ ॰चेति H Be Bu.

२ Uncertain; ॰राश्वाधिका आह॰ H G (pr. m.) C, the vivaraṇa (one copy); ॰राश्वासिकां U; ॰राश्वासिकामाह॰ Be; ॰राश्वासिकार्श्वेतार॰ D; ॰राश्वासिका आह॰ Bu; ॰राश्वासितार आह॰ G (sec. m.) and the vivaraṇa (another copy). The vivaraṇa periphrases आश्वासिका (or आश्वासितारः) by प्रत्येतारः (one copy), प्रत्ययीतारः (var. प्रत्यधि यि तारः). Read perhaps आश्वासकामा आहर्तारः (sc. सोमस्य).

३ ॰गीथाः G (sec. m.). The vivaraṇa: उद्गीथपदवाच्येनर्त्विजो लक्ष्यन्ते। ... तस्य आह उद्गीथ उद्गातारो लक्ष्यन्ते।

४ Thus Bo H G U D C; in Bu these words are missing; शालायामध्य॰ the vivaraṇa.

५ Thus G Be U; संतिष्ठापयिषे॰ Bu; संति॰ H; C D corrupt.

157. 1. सप्तहोतुर्होम इति ॥ सूत्रं बौधायनस्य ॥ षड्ढोतारꣳ हुत्वा सप्तहोतारं जुहुयादिति शालीकिः । ॥

157. 3. यूपाहुत्यै हवन इति ॥ पूर्वः कल्पो बौधायनस्योत्तरः शालीकेः । ॥

वाससामुपकल्पन इति ॥ अष्टाविति बौधायनः ॥ सप्तेति शालीकिः । ॥

कृष्णाजिनानामुपकल्पन इति ॥ पञ्चेति[1] बौधायनः ॥ षडिति[1] शालीकिः । ॥

कृष्णविषाणाया उपकल्पन इति ॥ त्रिवलिरिति बौधायनः ॥ पञ्चवलिरिति शालीकिः ॥ सकलैवैषा स्यादित्यौपमन्यवः । ॥

I. 157. 5. व्रतप्रदान इति ॥ कꣳस इति बौधायनस्य ॥ मम इति शालीकिः । ॥

प्रवर्ग्यस्य करण इति ॥ स ह स्माह बौधायनो न प्रथमसोमे प्रवृञ्ज्यादुपनामुको हैनमुत्तरो यज्ञो भवतीति ॥ न प्रवर्ग्यं गच्छेत्तेनेति शालीकिः । ॥ ७ ॥

I. 157. 6. तीर्थगमन इति ॥ स ह स्माह बौधायनः प्रदक्षिणमावृत्यैतत्तीर्थं गच्छेदथामुतो ऽपसलैरावर्तेतेत्यथो ह स्माह शालीकिरपसलैरावृत्यैतत्तीर्थं गच्छेदथामुतः प्रदक्षिणमावर्तेतेति । ॥

---

१ In G पञ्च obtains (sec. m.) the place of षट् ।

I. 157. 7. अथास्य प्राङ्मुखस्य दक्षिणं गोदानमद्भिरुनत्तीति ॥ सूत्रं बौधायनस्योभयमेवाप्यस्य मन्त्रेण कुर्यादिति शालीकिः ' ॥

I. 158. 1. अभ्यञ्जन इति ॥ सूत्रꣳ शालीकेर"न्यो ह स्माह बौधायनो महीनां पयो ऽसीत्यादाय वर्चोधा असि वर्चो मयि धेहीत्यभ्यञ्जीतेति ' ॥

I. 158. 4. आञ्जन इति ॥ सूत्रꣳ शालीकेर"न्यो ह स्माह बौधायनो वृत्रस्य कनीनिकासीत्यादाय चक्षुष्पा असि चक्षुर्मे पाहीत्याञ्जीतेति[१] ' ॥

I. 158. 5. त्रिरनिधावं द्विरुत्तरमप्सु पञ्च कृत्व आङ्क्त इति ब्राह्मणं पञ्च कृत्व एव दक्षिणं पञ्च कृत्व उत्तरमिति ॥ पूर्वः कल्पो बौधायनस्योत्तरः शालीकेः ॥

I. 158. 7. पवन इति ॥ स ह स्माह बौधायनस्त्रीन्सप्तवर्गान्कृत्वा तेषामेकेन प्राणदेशे पवयेदथेतरेण नाभिदेशे ऽथेतरेण गुल्फदेशे ' ऽथैनानद्भिरभ्युक्ष्योदप्सुत्सृजेदित्य"न्यो[२] ह स्माह शालीकिर्द्वाभ्यां पवयति त्रिभिः पवयतीत्येतैरेनमेकविꣳशत्यावग्राहशः[३] पवयित्वाथैनानद्भिरभ्युक्ष्योदप्सुत्सृजेदित्य"न्यो ह

---

१ Thus Keś. only; पाहीत्यंक्त इति G U, °त्यांक्त इति D C; the other MSS. corrupt. An optative is required.

२ Instead of उत्सृजेत्, the reading of Be (and once उत्सृजते° Bu), here and infra, the MSS. have उत्क्षिपेत् ।

३ Uncertain; G (sec. m.) as given in the text; पवयतीत्येनमेकं विंशत्या° Bu; पवयतीत्युत्तरैरेवमेकविंशत्या° U; पवयतीत्युत्तरैरेकमेवविंशत्या° H; पवयतीत्युत्तरैकविंशत्या° C D; Be wholly corrupt.

स्माहौपमन्यवः समस्तैरेवैनं [1]प्राणदेशे पवयेच्चित्पतिस्त्वा पुनातु वाक्पतिस्त्वा पुनातु देवस्त्वा सविता पुनात्वच्छिद्रेण पवित्रेण वसोः सूर्यस्य रश्मिभिरिति' देवतायां देवतायामतिवाच्याङ्गिरभ्युह्योदश्युत्खिदेदिति[2]' ॥

158. 11. अथैनꣳ सव्ये पाणावभिपात्येति ॥ दक्षिण[3] इति प्रोक्तं" पूर्वः कल्पो बौधायनस्योत्तरः शालीकेः' ॥

158. 14. अथैनमग्रेणाहवनीयं पर्याणीयेति ॥ जघनेनेति प्रोक्तं" पूर्वः कल्पः शालीकेरुत्तरो बौधायनस्य ॥

159. 5. पत्न्या उदानयन इति ॥ सूत्रꣳ शालीकेर्"न्वो ह स्माह बौधायनः शुचिमेवैनां पवयित्वा सर्वयर्थोदानीय जघनेन गार्हपत्यमुपवेशयेदिति' ॥

158. 17. पत्न्या दीक्षण इति ॥ सूत्रमाचार्ययोर्"न्वो ह स्माहौपमन्यवः प्रायणीये हविष्कृदन्ते पत्नीं दीक्षयेदिति' ॥

159. 10. न यजमानं व्रतमुपनयतीति ॥ सूत्रꣳ शालीकेर्"न्वो ह स्माह बौधायनः सौमिके तन्त्रे पौरोडाशिकं याजमानमभ्यावर्ततान्यत्र यज्ञस्य पुनरालम्भादिति' ॥

159. 11. न पत्नीꣳ संनह्यतीति ॥ सूत्रꣳ शालीकेर्"न्वो ह स्माह बौधायनो दीक्षणीयायामेनाꣳ संनह्य सꣳस्थितायां विमु-

---

१ Thus Be; एव not found in G (pr. m.) Bu H U D C; एनं not in G (sec. m.).

२ देवतायां once in Bu D H C.

३ ०क्षिणत Bu and one copy of the vivaraṇa.

ष्याध्वरिकेण सह याजमानेन[१] तन्स्तेतस्मे वात[२] ऊर्ध्वं पौरोडाशिकेन कर्मणाभिमंन्त्रयेदिति । ॥

I. 159. 15. ध्रुवाया आप्यायन इति ॥ स ह स्माह बौधायन उभावेव ध्रुवामाप्याययेतामध्वर्युश्च यजमानश्चेत्य॥ध्वर्युरेव ध्रुवामाप्याय्य दार्वाहुतीर्जुहुयादिति शालीकिः । ॥

I. 159. 16. दार्वाहुतीनाꣳ होम इति ॥ सूत्रं बौधायनस्य॥ चतुर्थीं[३] पञ्चमीमनुद्धृत्य जुहुयादिति शालीकिर्॥यो ह स्माहौपमन्यव आकूत्यै प्रयुज इति तिस्रो ऽनन्तरा हुत्वा सरस्वत्यै पूष्णे ऽग्नय इत्युपातीत्यापो देवीर्हंसनीर्विश्वशम्भुव इत्येतां जुहुयाद्यौग्रहणमिति । ॥ ८ ॥ तृतीयः ॥

I. 160. 10. कृष्णाजिनयोरिति ॥ द्वाभ्याꣳ समुच्छिताभ्यां[४] दीक्षयेदिति बौधायनो । ऽथ[५] यद्यन्यतरत्स्याद्दक्षिणमीर्मं प्रतिषीव्येदित्ये॥कमेव[६] कृष्णाजिनꣳ स्यादिति शालीकिः । ॥

I. 160. 11. शुक्लकृष्णयोः संसर्गेन इति ॥ शुक्ले ऽङ्कुशो भवति कृष्णे ऽङ्कुशिरित्येवꣳ शुक्लकृष्णे संसृजेदिति बौधायनः॥

१ याजमा॰ G and U (sec. m.) and the vivaraṇa; यजमा॰ the other MSS.

२ वात G (sec. m.) U Be, the vivaraṇa.

३ चतुर्थीं G (sec. m.) D.

४ Thus G (sec. m.) only; समुच्छिताभ्यां the other MSS.

५ Effaced in G.

६ इति before एकमेव found in G only (sec. m.).

प्रथेनैवैतꣳ संधिꣳ संमृशेदिति शालीकिर्॥ येनमेकाङ्गुल्यैव संमृशेदित्यौपमन्यवः ।॥

0. 13. कृष्णाजिनस्याभिसर्पण इति ॥ सूत्रꣳ शालीकेर्॥ चो ह स्माह बौधायनः पूर्वं वोत्तरं वार्धं विगृह्णीयात्तृतीयेन मध्यदेशं गच्छेदिति ।॥

60 17, 23. 5. आख्यातं ग्रन्थिकरणम् ।॥

60. 22. अथास्य प्रदक्षिणमुष्णीषेण शिरो वेष्टयतीति ॥ सूत्रं बौधायनस्य॥ वाससैव संप्रच्छन्नः स्यादिति शालीकिः ।॥

61. 4. कृष्णविषाणायाः प्रदान इति ॥ सूत्रꣳ शालीकेर्॥ चो ह स्माह बौधायनः समस्तेनैवास्मै मन्त्रेण कृष्णविषाणां प्रयच्छेत्तूष्णीं वेद्यन्तमुद्धन्यात्तूष्णीं केशान्तमुपस्पृशेदिति ।॥

161. 9. दण्डस्य प्रदान इति ॥ सूत्रमाचार्ययोर्॥ चो ह स्माहौपमन्यवः समस्तेनैवास्मै मन्त्रेण दण्डं प्रयच्छेत्सूपस्था देवः वनस्पतिरूर्ध्वो[२] मा पाह्योदृच इति[३] ।॥

61. 11. अथैनं यज्ञस्यान्वारम्भं वाचयतीति ॥ सूत्रꣳ शालीकेर्॥ चो ह स्माह बौधायनो मष्टिकरणाः खल्वेते मन्त्रा दृष्टा भवन्ति

---

१ Thus corrected in accordance with the vivaraṇa, which runs प्रथमेन (*sic*) हस्ततलेन ; प्रथमेनैवैतं G. (sec. m.) ; प्रथमेनैवैतं Bu ; प्रथमेनैव U H D C.

२ Thus Be ; before ऊर्ध्वो H ins. इति ; D U G C abbreviate the mantra, giving only the first and the last words.

३ Thus Be ; C D U G H Bu add यजमानः प्रतिष्ठमाति, apparently a reminiscence of the text proper (Vol. I., 161, 12).

स्वाहा यज्ञं मनसा स्वाहा द्यावापृथिवीभ्याꣳ स्वाहोरोरन्तरिक्षात्स्वाहा यज्ञं वातादारभ इति ' ॥

I. 161. 13. मुष्टिकरण इति ॥ वाचोयमसंयुक्तं[१] मुष्टिकरणꣳ स्यादिति बौधायन " आवान्तरदीक्षायै विसर्गादिति शालीकिः ' ॥

I. 161. 14. आवेदन इति ॥ यथावर्णमावेदयेदिति बौधायनो " ऽदीक्षिष्टायं ब्राह्मण इत्येव ब्रूयादिति शालीकिः ' ॥

I. 162. 14. व्रतदोहन इति ॥ सूत्रं बौधायनस्यस्यौपरहारिकमेव[२] यजमानव्रतꣳ स्यादिति शालीकिः ' ॥ ९ ॥

I. 163. 8. यजुषोरनुषङ्ग इति ॥ आ कृष्णाजिनप्रासनादनुषञ्जेतामिति[३] बौधायन " आवान्तरदीक्षायै विसर्गादिति शालीकिर्" दक्षिणानयनादित्यौपमन्यवः[४] ' ॥

I. 163. 11. संवेशनयजुषीति[५] ॥ सूत्रꣳ शालीकेर्"थो ह स्माह बौधायनो ऽग्ने त्वꣳ सु जागृहीत्येव संविशेद्ध्रतयिष्यन्नप आचामेद्देवीं धियं मनामह इति ' ॥

I. 164. 12. अथ सनीहाराग्प्रहिणोतीति[६] ॥ अन्यचोग्रशूद्रयोरिति

---

१ Thus G (sec. m.) and the vivaraṇa; वाचोयमसं॰ Be H U G (pr. m.); वाचंयमसं॰ D C; वाचोयम्यसं॰ Bu.

२ ॰पराहा U D H Be C; cp. XXI. 19 init.

३ ॰षजेतामिति H Bu G U D C; ॰षजेदिति Be.

४ Thus Be, the vivaraṇa and Keś.; दक्षिणादानादि॰ H Bu G (sec. m.) U D C; दक्षिणावदनादि॰ G (pr. m.).

५ यजुषोरिति H, यजुषी इति U D C.

६ सनी॰ Be; सनि॰ Bu G; संनि॰ D U C; सन्न॰ H.

बौधायनो ॥ ऽन्यत्नोपैरिति[1] शालीकिः । सर्वान्यग्निषिद्धय इत्यौपमन्यवः । ॥

163. 11. संवेशनयजुःप्रबुद्धयजुःप्रयाणयजुःपर्याणयजुरिति[2] ॥ अनुषङ्गीण्येतानि[3] भवन्तीति बौधायनः ॥ सकृत्सकृतान्येवैतान्यह्ने[4] वा रात्रियै वा स्युरिति शालीकिः । ॥

164. 16. दक्षिणानां प्रतिग्रह[5] इति ॥ स ह स्माह बौधायनो यस्य कस्य च जातस्य मन्त्रेण प्रतिगृह्णीयात्पुनरप्यागतं[6] मन्त्रेणैव प्रतिगृह्णीयादित्यथो ह स्माह शालीकिर्यस्य कस्य च जातस्य मन्त्रेण प्रतिगृह्णीयादप्रतिगृहीतमेव तस्य स्यादागन्त्वेवास्यात[7] ऊर्ध्वं मन्त्रेणैव प्रतिगृह्णीयादिति । ॥

164. 21. अविज्ञातार्थे दान[8] इति ॥ पूर्वः कल्पो बौधायनस्योत्तरः शालीकेः ॥

---

१ न्यत्नानग्नेरिति U D C H; on the instrumental cp. Speyer Sanskrit Syntax § 107.

२ ॰पर्याण॰ instead of ॰परियाण॰ all.

३ Thus Bu U G (sec. m.) and the vivaraṇa; अनुषंगीद्वेयतानि H G (pr. m.); अनुषंगाण्येतानि Be; D C corrupt.

४ सकृत् twice U Be.

५ प्रतिग्रह G and U (sec. m.) and the vivaraṇa; ॰ग्रहण G (pr. m.) U (sec. m.) and the other MSS.

६ Thus H G (pr. m.) U D C; ॰यागतं G (sec. m.); ॰यागतं Bu; ॰स्यागतं Be.

७ Reading, meaning and interpunction doubtful; स्यादागंत्वेवास्यात G (sec. m.); स्यादांगत्वेवास्यात G (pr. m.); स्यादागत्वेवास्यात Be; स्यादंगत्वेवास्यात U; ॰दंगत्वेवास्यात D; स्यादंगात्वे॰ C.

८ विदान U D Be C; the passage is missing in H.

I. 165. 10. प्रयाण इति ॥ पूर्वः कल्पः शालीकेरुत्तरो बौधायनस्य ॥

I. 165. 12. अथ यद्येनं यान्तं व्रतमवेलोपाधिगच्छतीति ॥ मथित्वाग्नीन्विहृत्य व्रतयेदिति बौधायन '' उत्तरतोऽरणी निधाय[१] दक्षिणतः परिश्रित्य व्रतयेदिति शालीकिः ' ॥

I. 165 14. अथ यद्यपर्याणा अप उपाधिगच्छतीति ॥ सूत्रꣳ शालीकेर'' न्नो ह स्माह बौधायनो यत्रैवापर्याणा अप उपाधिगच्छेत्तदुपेद्देवीरापो अपां नपाद्य ऊर्मिर्हविष्य इन्द्रियावान्मदिन्तमस्तान्वो[२] गृह्णामीति ' चीन्लोष्टानाददीत ' तेषामेकमुदकान्ते निदध्यात्तं वो मावक्रमिषमित्यथान्यं ध्वꣳसयन्ननुद्रवेदच्छिन्नं तन्तुमित्यथान्यमुदकान्ते निदध्यात्पृथिव्या अनुगेषमिति ' सं वा गाहते सं वा तरति ' सेतुमेव कृत्वात्येतीति ब्राह्मणम् ' ॥ १० ॥ चतुर्थः ॥

I. 166. 11. रोहिते चर्मणीति ॥ सूत्रं बौधायनस्यापरोहितꣳ स्यादिति शालीकिः ' ॥

I. 166. 12. अꣳशूपग्रहणे हिरण्य इति ॥ कुर्यादिति बौधायनो '' न कुर्यादिति शालीकिः ' ॥

I. 167. 2. देवयजनस्याध्यवसान इति ॥ सूत्रमाचार्ययोर'' न्नो ह स्माहौपमन्यवः पुरस्तादेवैतत्त्रैविध्यगतेषु देवयजनमध्यवसेदिज्ञायते सा वा इयꣳ सर्वैव वेदिरिति ' ॥

I. 167. 4, III. 20. 9. (?). आख्यातं प्रायणीयस्य निर्वपणम् ' ॥

---

१ After निधाय U Be ins. तस्मा, C D तस्म ।

२ तान्वो G D C Be, the vivaraṇa; तंवो H U; Bu defective.

167. 12. प्रायणीयस्य श्रपण इति ॥ पयसि श्रपयेदिति बौधायनो" ऽप्स्विति शालीकिः' ॥

167. 13. प्रायणीयस्यासादन इति ॥ पञ्चहोत्रासादयेदिति बौधायनस्"तूष्णीमिति शालीकिः' ॥

167. 14. प्रायणीयस्य चर्याया इति ॥ उपांशु चरेदिति बौधायन" उच्चैरिति शालीकिः' ॥

169. 11. आदित्यस्योदीचन इति ॥ हिरण्यमन्तर्धायादित्यमुदीचयेदिति बौधायनो" ऽनन्तर्धायैवेति शालीकिः' ॥

169. 13. सोमक्रयण्या अतिवित्सन इति ॥ सदसः काले ऽतिवित्सयेदिति बौधायन" उपरवकाल इति शालीकिः' ॥

169. 15. सोमक्रयण्यै पदस्यानुनिक्रमण[1] इति ॥ अतिक्रान्तायै षष्ठ्याकालं दक्षिणस्य पूर्वपदस्यानुनिक्रामेदिति[1] बौधायनो" महावेदिमेवातिक्रान्तायै यस्यैव[2] कस्य[2] चेति[2] शालीकिः' ॥

169. 21. सोमक्रयण्यै पदस्य परिलेखन इति ॥ सूत्रं शालीकेर्"वो ह स्माह बौधायन स्फ्येन च कृष्णविषाणया च पदं परिलिखेदन्तरतः कृष्णविषाणा स्यादिति' ॥ ११ ॥

170. 10. उदपात्रस्योपनिनयन इति ॥ प्रदक्षिणमुपनिनयेदिति बौधायनो" यथोपपादमिति शालीकिः' ॥

---

१ ॰नुनिक्र॰ all (C D only ॰नुनिष्क्र॰); this reading (given by Tr) is also to be restored VI. 12: 169. 16, see TS. VI. 1. 8. 1.

२ यस्यैव कस्यै चेति Bu G. (sec. m.); यस्यै कस्य चेति Be; यकस्य चेति C H D G (pr. m.).

I. 171. 1. राज्ञ उपस्थान इति ॥ स ह स्माह बौधायन उषसा[१]
नामेयमोषधिर्भवति[१] तां दूतीं कुर्वीतैष ते गायत्रो भाग
इति मे सोमाय ब्रूतादेष ते त्रैष्टुभो भाग इति मे सोमाय
ब्रूतादेष ते जागतो भाग इति मे सोमाय ब्रूताच्छन्दोमानाꣳ
साम्राज्यं गच्छेति मे सोमाय ब्रूतादित्यथो[२] ह स्माह
शालीकिः प्रत्यक्षः खल्वयꣳ राजा भवति प्रत्यक्षवदेवोपतिष्ठे-
तैष ते गायत्रो भाग एष ते त्रैष्टुभो भाग एष ते जागतो
भागश्छन्दोमानाꣳ साम्राज्यं गच्छेति ॥
I. 171. 9. राज्ञो मान इति ॥ सूत्रं बौधायनस्य निगदमेवैतामृचं
पञ्च कृत्वो मिमीतेति[३] शालीकिः ॥
I. 172. 5. राज्ञः पणन[४] इति ॥ सूत्रं बौधायनस्य गवा ते
क्रीणानीत्येव ब्रूयादिति शालीकिः ॥
I. 172. 8. प्रजाया उपनिग्रहण इति ॥ सूत्रं बौधायनस्यानुपनि-
ग्रहणमेवाशां मन्त्रं जपेदिति शालीकिः ॥
I. 197. 1. मैत्रावरुणस्य दण्डप्रदान इति ॥ सूत्रमाचार्ययोरथो ह

---

१ Instead of उषसा नामेय॰ H C D U read उपस्थाना यव॰ ।— ॰ओषधिर्भ॰ G (sec. m.), ॰ओषधीर्भ॰ H Bu C D U (pr. m.); ॰ओषधीभिर्भ॰ Be U (sec. m.).

२ The mantras are given partially abbreviated in the MSS.

३ मिमीते इति or मिमीत इति MSS.

४ Thus Bu G (sec. m.) and the vivaraṇa; पण Be H C D U G (pr. m.).

स्माहौपमन्यव: सोमविक्रयिणमुदकुम्भेनोपद्रुत्याचैव[1] मैत्रावरुणाय दण्डं प्रयच्छेदिति ' ॥

173. 11. राज्ञः प्रत्यानहन इति ॥ अन्तर्लोम्ना चर्मणा प्रत्यानह्येदिति बौधायन " ऊर्ध्वग्रीवेण बहिर्लोम्नेति शालीकि: ' ॥

173. 21. ईषाया अन्वारम्भ इति ॥ सूत्रं बौधायनस्यानन्वारभ्यैवेषां प्रत्यङ् द्रवन्मन्त्रं जपेदिति शालीकि: ' ॥

174. 3. राज्ञः परिवहण इति ॥ प्रदक्षिणं परिवहेदिति बौधायनो " यथोपपादमिति शालीकि: ' ॥

174. 7. राज्ञः प्रत्युपस्थान इति ॥ स ह स्माह बौधायनो व्रीहिभिस्वारणीभ्यां च राजासन्द्या च राजानं प्रत्युपतिष्ठेतेत्य"थो ह स्माह शालीकिरजेन च कर्णगृहीतेनोल्मुकेन[2] च[2] राजासन्द्या च राजानं प्रत्युपतिष्ठेत ' सो ऽग्नीषोमीय: पशु: स्याल्लोहः[3] स्यात्तूपरः स्यात्साण्डः स्याच्छ्मश्रुमान्स्यात्पीवान्स्यादिति[4] विज्ञायते ' ॥ १२ ॥

---

१ सोमक्रयणम् instead of सोमविक्रयिणम् G (sec. m.); सोमक्रयिणम् U D H C.—०भेनोपद्दत्या० Bu G (sec. m.); ०भेनोपप्रद्दत्या० C D H (sec. m.). ०भेनोमद्दत्या H (pr. m.).

२ ०हीतेन सोमग्रेन U D H C; ०हीतेन सोमकेन G.

३ लोहः Bu G and the vivaraṇa; सोमग्रः H D U C.

४ श्मश्रुमान् G Bu, viv., fails in H U; D Be are defective.—पीवाम् Bu U (pr. m.), viv.; पीनवान् Be U (sec. m.); पीतनवा H; D C defective; fails in G (sec. m., first hand invisible). N. B. nomin. पीवाम् as Mahābh., not पीवा ।

आतिथ्यस्य बर्हिषः सꣳस्कार इति ॥ असिदादानप्रभृती-
न्मन्त्रान्साधयेदिति बौधायनः" प्रस्तरप्रभृतीनिति शालीकिः"
संभरणप्रभृतीनित्यौपमन्यवः' ॥

I. 174. 12. आतिथ्यस्य निर्वपण इति ॥ सूत्रꣳ शालीकेर्"नो ह स्माह
बौधायन उभौ विमुच्य राजानं प्रपाद्यातिथ्यं निर्वपेदिति' ॥

I. 175. 14. राज्ञः परिचर्याया इति ॥ सूत्रꣳ शालिकेर्"नो ह स्माह
बौधायन स्वचैव राजानं परिचरेद्दृचार्ध्यमुपनिगृह्णीयादिति' ॥

I. 175 17. अर्हण इति ॥ यथागतमर्हयेदिति बौधायनो" राजान-
मर्हयित्वर्त्विजो[१] ऽर्हयेदिति शालीकिः' ॥

I. 175. 19. आतिथ्यस्य करण इति ॥ पुरोडाशस्य गोस्य स्यातामिति
बौधायनः" पुरोडाश एवेति शालीकिः' ॥

I. 176. 10. आज्यग्रहाणां ग्रहण इति ॥ चतुर्गृहीतानि वा पञ्च-
गृहीतानि वा स्युरिति बौधायनः" पञ्चगृहीतान्येवेति
शालीकिः' ॥

I. 176. 18. आतिथ्यस्यासादन इति ॥ चतुर्होत्रासादयेदिति बौधा-
यनस्तू"ष्णीमिति शालीकिः' ॥

I. 176. 19. आतिथ्यस्य चर्याया इति ॥ उपाꣳशु चरेदिति बौधा-
यन" उच्चैरिति शालीकिः' ॥

I. 177. 19. तानूनप्त्रस्य भक्षण इति ॥ सूत्रꣳ शालीकेर्"नो ह स्माह

---

१ यथागतम॰ instead of राजानम॰ G U; C D and H are defective.

बौधायनो निगुप्तमेवैनं[1] निधापयित्वा व्रतकाले व्रतेन सह भक्षयेदिति ' ॥

78. 19. औपसदस्य बर्हिषः सꣳस्कार इति ॥ असिदादानप्रभृती-न्मन्त्रान्साधयेदिति बौधायनः " शुल्बप्रभृतीनिति शालीकिः " संभरणप्रभृतीनित्यौपमन्यवः ' ॥

ib. उपसदां मन्त्रामन्त्र इति ॥ मन्त्रवत्यः स्युरिति बौधायन-स्तूष्णीका इति शालीकिर्यत्पर्याब्यं[2] तत्तूष्णीकꣳ[2] स्यादथे-तरन्मन्त्रवत्स्यादित्यौपमन्यवः[2] " सर्वमेवैतत्कर्मावृता कुर्यादि-त्यौपमन्यवीपुत्रः ' ॥

80. 2-6. आहुतीनाꣳ होम इति ॥ सूत्रं बौधायनस्य " प्राचीरे-वैता आहुतीः सꣳस्थापयेदिति शालीकिः ' ॥

80. 18. उपसदाꣳ[3] होम इति ॥ सूत्रं बौधायनस्यानत्याक्रम्यैवोप-सदो[4] जुहुयादिति शालीकिः ' ॥

स्रुचां परिश्रायन इति ॥ अहोरात्रं परिश्रयीरन्निति बौधायनो " ऽहरेवेति शालीकिः " कर्मणःकर्मणः प्रयुञ्जीते-त्यौपमन्यवः ' ॥ १३ ॥ पञ्चमः ॥

---

[1] निगुप्त° Bu G and U (sec. m.), the viv.; नुगुप्त° Be U (pr. m.) G (pr. m.) H D C.

[2] Thus G (sec. m.) only, the vivaraṇa of the text proper, and Keś. (पर्याब्यम् = प्रधानम् Viv.). All the other MSS. are more or less corrupt.

[3] Thus Bu H G D C; °सदो Be U.

[4] Thus Bu H U G (pr. m.) D C; °सदां G (sec. m.), °सदं Be.

I. 182. 13. स्तम्बयजुषो हरण इति ॥ सूत्रं बौधायनस्यौपरवकाला-
दृष्याग्नीध्रो हरेदिति शालीकिः ' ॥

I. 183. 1; III. 57. 4. आख्यातं चात्वालस्य परिलेखनम् ॥

III. 57. 7. आख्यातं लोकाग्नीनाꣳ हरणम् ॥

I. 215. 5 (?). स्फ्यविषमानामुपस्थान इति ॥ सूत्रꣳ शालीकेर्"यो ह
स्माह बौधायनोऽग्निवत्युत्तरं परिग्राहं परिगृह्य योयुपित्वा
तिर्यञ्चꣳ स्फ्यꣳ स्तब्ध्वा यजमानमुत्करे स्फ्यविषमानुपस्था-
पयेदिति ' ॥

अग्नीषोमीयस्य बर्हिषः संस्कार इति ॥ असिदादान-
प्रभृतीन्मन्त्रान्साधयेदिति बौधायनः " शुल्बप्रभृतीनिति
शालीकिः " संभरणप्रभृतीनित्यौपमन्यवः ' ॥

अग्नीषोमीयस्य पशोरनुसंव्रज्याया इति ॥ अनुसंव्रजेदिति
बौधायनो " नानुसंव्रजेदिति शालीकिः ' ॥

I. 183. 18. इध्माबर्हिषोरुपसादन[1] इति ॥ सूत्रमाचार्ययोर्"यो ह
स्माहौपमन्यवोऽप्येवास्मा आग्नीध्रायेध्माबर्हिराहरेत्तंदादाय
प्राक्छिद्रात्कुशहस्तस्य[2] पृष्ठ्याकाशं प्राक् तृणम्नकेदिति[3] ' ॥

---

१ ॰वपकालन the vivaraṇa.

२ Thus G (sec. m.) Be; प्रांद्दौवात्कुश॰ Bn: प्राक्छिद्रात्कुश॰ C′; प्राक्छिद्रात्कुश॰ U G (pr. m.); प्राक्छिद्राकु॰ H; प्राछेवकुश॰ D C.

३ Thus G C U C′; ओमन्नके॰ Bu; तायनमके॰ H; तृणमानके॰ Be, तूर्णमानके॰ D.

I. 184. 3. हविर्धानयोरभ्यावर्तन[1] इति ॥ काष्ठानि वा तृणानि वान्तर्धायाभ्यावर्तयेदिति[1] बौधायनो " ऽनन्तर्धायैवेति[2] शालीकिः ' ॥

I. 184. 4. हविर्धानयोः प्रोक्षण इति ॥ तूष्णीꣳ संस्कृताभिरद्भिः प्रोक्षेदिति बौधायनः " कमण्डलुभिरिति[3] शालीकिः ' ॥

184. 13. वर्त्मनोरभिहोम इति ॥ सूचमौपमन्यवीपुत्रस्य'''थो ह स्माह बौधायनो दक्षिणस्य हविर्धानस्य वर्तनिमभिजुहुयात्सर्वा[4] अक्षधुर उपाञ्ज्यात्सर्वतस्य परिस्तृणीयादित्य"थो ह स्माह शालीकिः सर्वा एव वर्तनीरभिजुहुयात्सर्वा अक्षधुर उपाञ्ज्यात्सर्वतस्य परिस्तृणीयादिति ' ॥

185. 16. मेथ्योर्निहनन इति ॥ स ह स्माह बौधायनो दक्षिणस्य हविर्धानस्य दक्षिणतो मेथीं निहन्यादुत्तरस्य दक्षिणत इति " दक्षिणतश्चोत्तरतश्चेति शालीकि"र्मध्य इत्यौपमन्यवः ' ॥

186. 10. दार्वाहृनां परिषीवण[5] इति ॥ सर्वान्दार्वाहृन्मन्त्रेण परिषीव्येदिति बौधायनः " पूर्वौ पूर्वाविति शालीकि"र्दक्षिणौ दक्षिणावित्यौपमन्यवः ' ॥ १४ ॥

---

१ ॰भ्यववर्तये॰ G (sec. m.) and the vivaraṇa; this might, after all, be the correct reading also VI. 24: 184. 3. (अभ्यववर्तयन्ति).

२ Thus G (sec. m.) C′; नान्तर्धा॰ the other MSS.

३ कमण्डलूभि॰ G (sec. m.), cp. Pāṇ. IV. 1. 71.

४ Emended; वर्तन्यामभि॰ H Be G U D C′; वर्तन्या अभि Bu.

५ Thus C D H G (pr. m.); ॰षिवण Be.C′; ॰वयन Bu G (sec. m.) and the vivaraṇa.

I. 189. 1. औदुम्बर्या अभिहोम इति ॥ सूत्रमौपमन्यवीपुत्रस्त्वो ह आह बौधायन एवमेव शुक्रदन्तर्धाय[1] हिरण्यमभिजुहुयादित्युभयोरेव विग्राहयोर्हिरण्यं[2] निधायाभिजुहुयादिति शालीकिः ' ॥

I. 197. 8. वसतीवरीणां ग्रहण इति ॥ सूत्रꣳ शालीकेर्''त्वो ह आह बौधायन उभयतःशुक्रा आदित्यवतीर्वसतीवरीर्गृह्णीयात्ताः शुक्रास्ताभिराप्याययेत्ताभिरभिषुणुयादिति[3]'' धिष्ण्याद्व्युष वसतीवरीर्गृह्णीयादित्यौपमन्यवः ' ॥

I. 190. 18. उपरवाणां परिलेखन इति ॥ त्रिस्त्रिरेकैकं परिलिखेदिति बौधायनः '' सकृत्सकृदिति शालीकिः ' ॥

I. 191. 7. उपरवपांसूनाꣳ हरण इति ॥ सूत्रꣳ शालीकेर्''त्वो ह आह बौधायनो यजमानस्याधस्तादनुपोप्योत्करꣳ हत्वोपस्पृशेदिति[4] ' ॥

I. 192. 1. उपरवाणां प्रोक्षण इति ॥ त्रिस्त्रिरेकैकं प्रोक्षेदिति बौधायनः '' सकृत्सकृदिति शालीकिस्त्रि''रपो ऽवनयेत्तस्मिन्नवाक्प्रस्कन्दयेदित्येवमेवैतत्त्रिविधं कर्म कुर्यादित्यौपमन्यवः '' सर्वमेवैतत्कर्मावृता कुर्यादित्यौपमन्यवीपुत्रः ' ॥

---

१ ॰दनन्तर्धाय G (sec. m.); rightly?

२ Thus Bu G, the viv. and Keś; ॰ण्ये Be H U D C C'.

३ ॰ताभिरेवाप्या॰ G (sec. m.).

४ Thus Bu C' U C D G (sec. m.); ङत्वो॰ H; हृत्वो॰ Be.

3. 4-14. धिष्णियानां निवपन इति ॥ स ह स्माह बौधायनो वेद्यन्त आग्नीध्रीयं निवपेद्वेद्यन्ते मार्जालीयं' धिष्णियान्न्युप्योदीचीनसꣳस्थितां[१] कुर्यादित्य"थो[१] ह स्माह शालीकिरन्तर्वेद्याग्नीध्रीयं निवपेदन्तर्वेदि मार्जालीयं' धिष्णियान्न्युप्य[१]न[१] चोदीचीनसꣳस्थितां[१] कुर्यादिति' ॥

194. 10. वेद्यै स्तरण इति ॥ सूत्रꣳ शालीकेर"थो ह स्माह बौधायनस्त्रयो दक्षिणतस्त्रय उत्तरतो मध्ये सप्तमः पृष्ठ्याकालं[२] प्राञ्च स्तृणन्तो गच्छेयुरिति" पुरस्तादेवैनां प्रत्यञ्च स्तृणन्तोऽभ्यवकामेयुरित्यौपमन्यवः' ॥

194. 11. अग्नीषोमीयस्याज्यानां ग्रहणे सादन इति ॥ सूत्रं बौधायनस्य" पत्नीशाल एवाग्नीषोमीयस्याज्यानि गृह्णीयात्तानि खरे सादयेदिति शालिकिः'

194. 13. समन्वानयन इति ॥ सूत्रं बौधायनस्य" नाद्रियेतेति शालीकिः' ॥

---

१ Thus here and l. 5 G (sec. m.); °संस्थां Be C′; °संस्थितां Bu °संस्थिताङ्कुर्या° U H D C G (pr. m.).—Instead of धिष्णियान् H U D here and l. 4 धिष्णियं।

२ Thus C D C′ G (sec. m.) Bu; न्युप्यानयोचीनसं° Be; न्युप्योदीचीनसं° H.

३ Between पृष्ठ्या and कालं Bu G and U (sec. m.) ins. °स्तरण°, Be C D C′ Keś. omit the word; in H this dvaidham is missing.—°कालं U G D Keś. and cp. XXI. 14: 94. 16; °काले Bu C′, कालें Be.

I. 194. 4. अर्धस्तनव्रतप्रदान इति ॥ समन्वानीय[१] वासमन्वानीय[१] वा[१] पुराणगार्हपत्यमर्धस्तनव्रतं प्रयच्छेदिति बौधायनो" नार्धस्तनव्रतं प्रयच्छेदिति शालीकिः' ॥

I. 195. 1. वैसर्जनानाꣳ होम[२] इति ॥ सूत्रं बौधायनस्य" चत्वारि चतुर्गृहीतानि जुहुयादिति शालीकिः' ॥

I. 195. 7. वसतीवरीणामनुसꣳहरण इति ॥ अनुसꣳहरेदिति बौधायनो" नानुसꣳहरेदिति शालीकिः' ॥

वपानां परिहोम इति ॥ तांतां परिजुहुयादिति बौधायन" आदितस्त्वाम्नातस्येति शालीकिः' ॥

हृदयशूलानामुद्वासन इति ॥ एकैकश उद्वासयेदिति बौधायनः" सर्वान्सहेति शालीकिः' ॥

I. 198. 3. वसतीवरीणां परिहरण इति ॥ सूत्रꣳ शालीकेर्"त्रो ह स्माह बौधायन एवमेवैनाः परिहरन्नग्रेण यूपꣳ सादयित्वा जघनेन गार्हपत्यमुपसाद्याग्नीध्रे सत्त्वा अभिन्त्र्येध्वन्ते जाग्रतेति' ॥ १५ ॥ षष्ठः ॥

I. 200. 5. सवनीयसान्नाय्यानां ग्रहणे सादन इति ॥ सूत्रं बौधायनस्याग्नीध्र[३] एव सवनीयसान्नाय्यानि गृह्णीयात्तानि खरे सादयेदिति शालीकिः' ॥

---

१ In some of the MSS. समन्वानीयवा is found once only, but cp. the vivaraṇa: समन्वानयनात्प्रागूर्ध्वं वा।

२ परिहोम H Bu D C U G (pr. m.), without परि Be G (sec. m.) and the vivaraṇa; C′: वेदसंमार्जनानां होम।

३ °ग्नीध्रीय U; °ग्नीध्रीये D C (omitting एव).

200. 17. औदुम्बराणां महापरिधीनां परिधान इति ॥ सूत्र-
माचार्ययोर्'' चो ह स्माहौपमन्यवः सुमन्त्रा एवैते स्युरिति ' ॥

1. 201. 4. राज्ञ उपावहरण इति ॥ सूत्रमाचार्ययोर्'' चो ह स्माहौ-
पमन्यवः प्रातःसवन एव सर्वेभ्यः सवनेभ्यो राजानमुपावह-
रेदिति ' ॥

1. 201. 7. पञ्चहोतुर्होम इति ॥ सूत्रं बौधायनस्य'' चतुर्होतारꣳ
हुत्वा पञ्चहोतारं जुहुयादिति शालीकिः ' ॥

201. 10. प्रातरनुवाकस्योपाकरण इति ॥ सूत्रमाचार्ययोर्'' चो ह
[1]स्माहार्तभागीपुत्रस्तूष्णीकेनैककपालेन[2] प्रातरनुवाकमुपाकुर्या-
दिति ' ॥

201. 16. सवनीयानां निर्वपण इति ॥ सूत्रमाचार्ययोर्'' चो ह
स्माहौपमन्यवः प्रातःसवन एव सर्वेभ्यः सवनेभ्यः सवनीया-
न्निर्वपेदिति ' ॥

201. 17. तेषां व्रीहिष्वेव हविष्कृतमुद्वादयत्युपोष्यच्छन्ते यवानिति ॥
सूत्रꣳ शालीकेर्'' चो ह स्माह बौधायन आवपनप्रभृति
यवेषु मन्त्रकर्माभ्यावर्तेत तन्त्रं तु हविष्कृत्[3] स्यादिति ' ॥

आप्यनिनयन इति ॥ जघनेन गार्हपत्यमाप्येभ्यो निनये-

---

१ °र्तभागिपुत्र° G (sec. m.).

२ Thus Bu G (sec. m.) the vivaraṇa; °तूष्णीमेकेनै° C H U D G (pr. m.); °तूष्णीमेककपा° Be C′.

३ हविष्कृत् G U; हविपूत् D H C; हविष्कृत Bu; हविष्कृतं Be C′; cp. XXI. 4: 75. 7; XXII. 11.

दिति बौधायनो" ऽर्धेणातिहावेति शालीकिरर्"धेण वा जघनेन वेत्यौपमन्यवः ॥

I. 202. 1. पात्राणाꣳ सादन इति ॥ सूत्रꣳ शालीकेर्"वो ह स्माह बौधायनः खरे पात्राणि सादयेत्तेषां यथार्थमाददीतेति ॥

I. 203. 9. अथैकधनाग्रहातीन्द्राय वो जुष्टाम्ग्रहामीति वा तूष्णीं वेति ॥ पूर्वः कल्पो बौधायनस्योत्तरः शालीकेः ॥ १६ ॥

I. 203. 14. अंशोः प्रस्कन्दन इति ॥ होतृचमसादंशुं प्रस्कन्दयेदिति बौधायनो" वायतीवराल्कलशादिति शालीकिः ॥

I. 203. 21. ऋतुकरण इति ॥ सूत्रं बौधायनस्य" यथाकृतमेवास्य ऋतुकरणानि कुर्यादिति शालीकिः ॥

I. 204. 8. दधिघर्मस्य यजन इति ॥ सूत्रꣳ शालीकेर्"वो ह स्माह बौधायन औदुम्बरेणैनं पात्रेण गृहीत्वाहुत्वा चैतत्पात्रमनै-वानुप्रहरेदिति ॥

I. 205. 2. दक्षिणायै दान इति ॥ सूत्रं द्वैधमेवैतद्भवति ॥

I. 205. 7. तासु निग्राभ्यासु यजमानं वाचयतीति ॥ सूत्रꣳ

१. शालीकेर्"वोह स्माह बौधायन उरौ वोरवि वोपनिष्टास्

तासु निग्राभ्यासु यजमानं वाचयतीति ॥

६ राज्ञो निर्वपण इति ॥ सूत्रमाचार्ययोर्"वो ह स्माहौ-

—न्यवः प्रातःसवन एव सर्वेभ्यः सवनेभ्यो राजानं

[१]ेदिति ॥

the v

२ प

and th.

२ ॰ग्रै Thus Bu G H; ॰तीवरीकलशा॰ Be C'; ॰तीवरीक U.

I. 206. 11. सो ऽꣳशौ स्कन्ने वाचयतीति ॥ सूत्रं बौधायनस्योपाꣳशावेवाꣳशौ स्कन्ने वाचयेदिति शालीकिः ' ॥

I. 208. 16. उपाꣳश्वन्तर्यामयोर्होम इति ॥ सूत्रं बौधायनस्याभावेवोदिते जुहुयादिति शालीकिरु"भावेवानुदिते जुहुयादित्यौपमन्यवः ॥

I. 207. 11; 209. 8. आग्रयणस्य ग्रहण इति ॥ सूत्रꣳ शालीकेर"न्यो ह स्माह बौधायनो द्वयोर्धारयोः प्रातःसवने गृह्णीयात्तिसृणां माध्यंदिने सवने चतसृणां तृतीयसवन इति ' ॥

I. 211. 18. द्रप्सानुमन्त्रणीयास्विति ॥ सूत्रं बौधायनस्य " स्रुवाङ्कतीरेवैना[१] जुहुयादिति शालीकिः ' ॥ १७ ॥

I. 212. 4. पवमानग्रहाणां ग्रहण इति ॥ सूत्रं बौधायनस्य " सजुष्टान्परिमृज्य सादयेदिति शालीकिः ' ॥

I. 212. 13. संतनीनाꣳ[२]होम इति ॥ सूत्रꣳ शालीकेर"न्यो ह स्माह बौधायनो वसतीवरीरप्येतैर्मन्त्रैरवनयेदिति ' ॥

I. 212. 8. पवमानानामुपाकरण इति ॥ सूत्रं बौधायनस्य " सदस एव बर्हिषी आदायोपाकुर्यादिति शालीकिः ' ॥

I. 212. 14. ब्रह्मण उपवेशन इति ॥ यथा सदस्येवमुपविशेदिति बौधायनो " यथा दर्शपूर्णमासयोरेवमिति शालीकिः ' ॥

---

१ Thus, and cp. XXV. 18, H D C U G; °रेवैता Bu; °वैना Be C'.

२ Thus (with न) G (sec. m.) U; संततीनां the other MSS., cp. XXV. 18.

I. 212. 14. यजमानस्योपवेशन इति ॥ यथा सदस्येवमुपविशेदिति बौधायनो यथा दर्शपूर्णमासयोरेवमिति शालीकिः ॥

I. 212. 19. अथोद्गाते वा प्रस्तोते वा बर्हिषी प्रयच्छतीति ॥ पूर्वः कल्पो बौधायनस्योत्तरः शालीकेः ॥

I. 212. 19. चक्रामयोरुपस्तरणमधि मिथुनस्य प्रजात्या इति वा तूष्णीं वेति । पूर्वः कल्पः शालीकेरुत्तरो बौधायनस्य ॥

I. 213. 5. पञ्चम्यां प्रस्तुतायां वाचयतीति ॥ सूत्रं बौधायनस्य यस्यामेव कस्यां चिद्वाचयेदिति शालीकिः ॥

I. 213. 16. सप्तहोतुर्होम इति ॥ सूत्रं बौधायनस्यानुसवनमेव सप्तहोतारं जुहुयादिति शालीकिः ॥

I. 213. 19. धिष्ण्यानां विहरण इति ॥ स ह स्माह बौधायन आग्नीध्रीयादङ्गारानादाय[1] तत आग्नीध्रीये प्रस्कन्दयेद्यथानुपूर्वमितरेषु धिष्ण्यान्विहृत्योदीचीनसंख्यातां[2] कुर्यादित्यथो ह स्माह शालीकिराग्नीध्रीयादङ्गारानादाय तत आग्नीध्रीये प्रस्कन्दयेद्यथानुपूर्वमितरेषु धिष्ण्यान्विहृत्य न चोदीचीनसंख्यातां[3] कुर्यादिति ॥

---

१ •ग्नीध्र• and •ग्नीध्रीय• the MSS. promiscue; the vivaraṇa and Keś. always •ग्नीध्रीय• ।

२ Thus G D C U (pr. m.) संख्याताम् U (sec. m.), •सख्यातां H; •संख्यां Bu; Be C′ defective.

३ Thus U (sec. m.) D C C′; •संख्यातं G (sec. m.); •संख्यानं Bu; संख्यातां H Be U (pr. m.) G (pr. m.).

I. 214. 1. धिष्णियानां व्याघारण इति ॥ पूर्वः कल्पो बौधायनस्योत्तरः शालीकेः ॥

स्वरुशनस्योत्पादन इति ॥ यूपः स्वरुशनमुत्पादयेदिति बौधायनः ॥ पशुरिति शालीकिस्तन्त्रमित्यौपमन्यवो ॥ देवतेत्यौपमन्यवीपुत्रः । ॥ १८ ॥ सप्तमः ॥

I. 215. 16. सर्पण इति ॥ सूत्रं बौधायनस्यौपरद्वारिक[1] एव यजमानः स्यादिति शालीकिः । ॥

तार्तीयसवनिकेषूक्थ्यविग्रहेष्विति ॥ स ह स्माह बौधायनः प्रसर्पेदेव तार्तीयसवनिकेभ्य उक्थ्यविग्रहेभ्यः षोडशिने[2] रात्रिपर्यायेभ्यो राथंतराय संधय इत्य॥न्यो ह स्माह शालीकिस्तृतीयसवनातिवृद्धिरेवैषा[3] भवति । यदेव तृतीयसवने प्रसर्पेत्तत्प्रसृप्तमेव[4] तेषां[4] स्यादिति प्रातःसवन एव सर्वेभ्यः सवनेभ्यः संप्रसर्पेदित्यौपमन्यवः । ॥

I. 217. 13. आभिचार्ये मन्त्रामन्त्र इति ॥ मन्त्रवती च स्यात्सर्वाणि च सवनान्यनुसमियादिति[5] बौधायनस्तू॥ष्णीका च स्यात्स-

---

१ ०पराद्वारि० U D C H Be C′; cp. XXI. 9: 86. 7.

२ ०शिने G Be; ०शिनि Bu H U C D C′.

३ ०मातिदृद्धि० Be G (sec. m.); ०नांतदृद्धि० C D U; ०मंतदृद्धि० H G (pr. m.); माभिदृद्धि० Bu C′ and the vivaraṇa.

४ ०मेवैतेषु G (sec. m.); ०मेषां H.

५ ०नुसमीया० MSS.

र्वाणि च सवनान्यनुषमियादिति[१] शालीकि"र्मन्त्रवती च स्यात्प्रातःसवने चैवैषा स्यादित्यौपमन्यवः ' ॥

I. 217. 11. सवनीयानामुद्वासन इति ॥ सूत्रं बौधायनस्य " नाना-पात्रीष्वेव[२] सवनीयानुद्वासयेदिति शालीकिः ' ॥

I. 217. 16. प्रातः प्रातःसावस्येति ॥ सूत्रं बौधायनस्य " प्रातःसावस्येत्येव ब्रूयादिति शालीकिः ' ॥

सवनीयानामनुसंहरण इति ॥ अनुसंहरेदिति बौधायनो " नानुसंहरेदिति शालीकिः ' ॥

I. 218 8. प्रतिनिर्ग्राह्याणां[३] ग्रहण इति ॥ सूत्रं बौधायनस्य " द्विदेवत्येभ्य एव प्रतिनिर्ग्राह्यान्निगृह्णीयादिति[४] शालीकिः ' ॥

I. 218. 13. आघार इति ॥ सूत्रं बौधायनस्य " ग्रहादेवैतमाघार-माघारयेदिति शालीकि"र्द्रोणकलशात्परिप्लुना पात्रेणेत्यौप-मन्यवो " यजुरेवैतदपेक्ष्यैतमाघारमाघारयेदित्याश्मरथ्यः[५] ' ॥

---

१ ॰नुषमीया॰ MSS.

२ Thus Be C′ and the viv., ॰पात्रेषु Bu G U D C Keś ; ॰पात्रैरेव H.

३ ॰निर्ग्रा Be C′ H U D C G (pr. m.) ; निग्रा॰ Bu G (sec. m.) and the vivaraṇa.

४ निर्ग्रात्यान्निगृह्णी॰ G (sec. m.) but the r effaced, Be H C D U ; ॰निग्रात्यांनिगृह्णी॰ Bu ; ॰नर्ग्राह्यानिगृह्णी॰ C′ ; ॰निग्राह्यान्गृह्णी॰ Keś. ; read probably (with Keś.) ॰निर्ग्राह्यान्गृह्णीयादिति ।

५ Thus G (sec. m.) ; ॰वैवमाघार॰ Be H U C D ; ॰वैतमाघारये॰ C′ ॰वैतमाघारये॰ G (pr. m.) Keś. ; ॰रेवदेवैतमाघारमा॰ Bu.

220. 9. सꣳस्रावस्यापिधान इति ॥ सूत्रं बौधायनस्य" यावानेव[1] सꣳस्रावः स्यात्तमपिदध्यादिति शालीकिः' ॥

220. 14. चमसानामायातन[2] इति ॥ अग्रेण स्रुचः[3] प्राच[3] आयातयेदिति बौधायनो" जघनेन स्रुच उदीच आयातयेदिति शालीकिः' ॥ १९ ॥

. 221. 4. ग्रहयोः संधान इति ॥ अरत्नी च ग्रहौ च संदध्यातामिति बौधायनो" ग्रहावेवेति शालीकिः' ॥

222. 12. शुक्रवतो मन्थिवत इति ॥ सूत्रं बौधायनस्य" मन्थिवत इत्येव ब्रूयादिति शालीकिः' ॥

222. 20. मन्थिसꣳस्रावस्य होम इति ॥ सूत्रꣳ शालीकेर"थो ह स्माह बौधायन आहवनीयादेवोदीचो ऽङ्गारान्निर्वर्त्य तेषु मन्थिनः[4] सꣳस्रावं[4] जुहुयादिति'

होत्रकचमसानाꣳ[5] होम इति ॥ स ह स्माह बौधायनः शुक्रामन्थिभ्यामेनान्सह सकृज्जुहुयाद्द्विरभ्युन्नीतानित्य"थो ह स्माह शालीकिर्नैनाञ्छुक्रामन्थिभ्याꣳ सह सकृज्जुहुयाद्द्विरेवाभ्युन्नीतानिति' ॥

---

१ यावानव U D C; यावामेव Be; यावानव H.

२ °मायतन MSS. and the vivaraṇa.

३ Thus G (sec. m.) Bu; स्रुच उदीच H U C; स्रुच only, Be D C′.

४ मंथिसंस्रा° G (sec. m.).

५ Thus G (sec. m.) and C′ only; होत्रचमसानां the other MSS. and the vivaraṇa.

I. 223. 17. द्विदेवत्यानां भक्षण इति ॥ सूत्रं बौधायनस्य ॥ प्राक्षेपूप-नियाद्दं द्विदेवत्यान्भक्षयेदिति शालीकि॥ दीर्घभक्षेषैवैनान्भक्षये-दित्यौपमन्यवः[1] । ॥

I. 224. 7. अथैतानि द्विदेवत्यपात्राण्यरिक्तानि करोतीति ॥ सूत्रं बौधायनस्य ॥ सोमेनैवैतान्यरिक्तानि स्युरिति शालीकिः । ॥

I. 224 10. अथैनानि दक्षिणस्य हविर्धानस्योत्तरस्यां वर्तन्याꣳ सादय-तीति ॥ सूत्रं बौधायनस्याधस्तादेवैनान्युपहव्यस्य[2] सादयेदिति[2] शालीकिः । ॥

वाचि वाचं दधामीति[3] वा तूष्णीं वेति ॥ पूर्वः कल्पो बौधायनस्योत्तरः शालीकेः । ॥

होतृकचमसानां प्रतिभक्षण इति ॥ प्रतिभक्षयेदिति बौधायनो ॥ न प्रतिभक्षयेदिति शालीकिः । ॥

I. 229. 6. प्रत्यभिमर्शन इति ॥ सूत्रꣳ शालीकेरथो ह स्माह बौधायनो भक्षयन्नेव[4] भक्षाणां पारे प्रत्यभिमृशतीति । ॥

---

१ दीर्घभक्षेषै° MSS., only C' भक्षयेवैना°; cp. XXV. 20.

२ Uncertain; °न्युपहवस्यासाद° G (sec. m.); all the other MSS. °न्युपहव सासाद°. The vivaraṇa: अधस्तादेव दक्षिणस्योपहव्यस्य द्रोणकलश-समीपे; could उपहव्यस्य be the correct reading?

३ Thus Bu C D G U C'; ददामीति H Be. In the text proper no vikalpa of the kind here mentioned, is found; neither is the yajus to be traced in any text. Perhaps this dvaidham is to be taken together with the foregoing one.

४ Thus G (sec. m.) and the vivaraṇa; भक्षयन्नेव Bu; भक्षयेन्नेव H Be U D G (pr. m.) C C'.

233. 1. ऐन्द्राग्नस्य ग्रहण इति ॥ सूत्रमाचार्ययोर"न्वो ह स्माह दीर्घवात्स्यो मुख्येनैनं पात्रेण गृह्णीयादिति ' ॥

229. 1. नाराशꣳसानामनुप्रकम्पन इति ॥ अनुप्रकम्पयेरन्निति बौधायनो " नानुप्रकम्पयेरन्निति शालीकि"र्नैनानुपोद्यच्छेरꣳ-श्चनेत्यौपमन्यवः ' ॥ २० ॥ अष्टमः ॥

234. 13. माध्यंदिनीये ऽभिषव इति ॥ नवकृत्वोनवकृत्वो ऽभिषुत्य निग्राभमुपेयुरिति बौधायनो " ऽपरिमितमिति शालीकिः ' ॥[1]

235. 9. मरुत्वतीययोर्ग्रहण इति ॥ सूत्रꣳ शालीके"र्न्वो ह स्माह बौधायन उपरिष्टादेवाग्रयणाद्गृह्णीयादिति ' ग्राह्यलोको ह्येष भवतीति ' ॥

236. 10. अष्टम्यां प्रस्तुतायां वाचयतीति ॥ सूत्रं बौधायनस्य " यस्यामेव कस्यां चिद्वाचयेदिति शालीकिः ' ॥

237. 3. दधिघर्मस्य ग्रहण इति ॥ सूत्रं बौधायनस्या'ग्नीध्र एनं गृह्णीयादिति शालीकिः " परिश्रित्योभयतः शान्तिं कृत्वाग्नीध्र एवेत्यौपमन्यवः ' ॥

दधिघर्मस्य चर्याया इति ॥ उपाꣳशु चरेदिति बौधायन " उच्चैरिति शालीकिः ' ॥

237. 16. दधिघर्मस्य भक्षण इति ॥ सूत्रꣳ शालीके"र्न्वो ह स्माह

[1] After this dvaidham G U D H C ins. प्रातःसवन एवैषा स्यादित्यौपमन्यवः सवनीयासुद्वासन इति सूत्रं बौ० स्य नानापात्रेष्वेव सवनीयानुद्वासयेदिति शा० कि: । cp. XXI. 19 : 104. 3.

बौधायनो ऽवभृथभक्षणेनैवेतरे भक्षयेयुर्यजमान एव प्रत्यक्षं भक्षयेदरण्ये[1] ऽनुवाक्येन[1] मन्त्रेणेति ' ॥

I. 240. 20. दक्षिणानामत्याकरण[2] इति ॥ सूत्रꣳ शालीकेर् " यो ह स्माह बौधायन एकामेव दक्षिणां दक्षिणापथेनात्याकुर्यादथेतरा[3] यथावकाशं गच्छेयुरिति ' ॥

संचर[4] इति ॥ नीतासु दक्षिणासु[5] यथार्थꣳ संचरेरन्निति बौधायनो " नासꣳस्थिते सोमे ऽध्वर्युः प्रत्यङ् सदो ऽतीयादिति शालीकिः ' ॥

I. 259 7. कृष्णविषाणायाः प्रासन इति ॥ सूत्रं बौधायनस्य " नीतासु दक्षिणासु चात्वाले कृष्णविषाणां प्रास्येदिति शालीकिः ' ॥

I. 241. 9. आर्षेयस्य संवदन[6] इति ॥ सूत्रꣳ शालीकेर् " यो ह स्माह बौधायनस्त्रिरेवाध्यतिपजन्पृच्छेत्[7] आर्षेयः क आर्षेय इति ' ॥ २१ ॥

---

१ Thus G U (pr. m.), viv., Keś.; •णेनानुवा• Be U (sec. m.); •णेनवा• Bu H D C, •णेवानुवा• C′.

२ Thus Be C′ Bu and the vivaraṇa (one copy) •त्याक्रमण U H G D C and the vivaraṇa (another copy).

३ •कुर्याद• Be Bu C′; •कामयेद• U H G D C.

४ संचरण Bu.

५ Between दक्षिणासु and यथार्थꣳ the MSS. exc. Be C′ and Keś; ins. चात्वाले, clearly interpolated from the following dvaidham.

६ Thus Bu C′ G (sec. m.), the vivaraṇa; संवादन Be H C U D G (pr. m.).

७ Thus Bu Be G C′; त्रिरेवमति• H U D C.

241. 13. दक्षिणानां दान इति ॥ स ह स्माह बौधायनो महर्त्विग्भ्य एना[1] दद्यान्न होत्रकाननुसंचरेरन्निति " न च होत्रकाननुसंचरेरन्न च सदस्याय दद्यान्न ह्येतस्यानुख्या विज्ञायत इति शालीकिः ' ॥

242. 8. मरुत्वतीययोर्होम इति ॥ स ह स्माह बौधायनो यमेवाध्वर्युर्जुहुयात्स वषट्कृतानुवषट्कृतः स्यादथेतरोऽननुवषट्कृतः[2] स्यादित्युभावेवाननुवषट्कृतौ[3] स्यातामिति शालीकिरुभावेवानुवषट्कृतौ स्यातामित्यौपमन्यवः ' ॥

242. 13. तृतीयस्य मरुत्वतीयस्य ग्रहण इति ॥ सूत्रमाचार्ययोरन्यो ह स्माह दीर्घवात्स्यो मुख्येनैनं पात्रेण गृह्णीयादिति " ॥

243. 5. नाराशꣳसानामनुप्रकम्पन इति ॥ अनुप्रकम्पयेरन्निति बौधायनो " नानुप्रकम्पयेरन्निति शालीकिर्नैनानुपोह्य च्छेरꣳस्वनेत्यौपमन्यवः ' ॥

244. 2. सौम्यस्य मन्त्रामन्त्र इति ॥ मन्त्रवान्स्यादिति बौधायनस्तूष्णीक इति शालीकिः " सौम्य एव मन्त्रवान्स्यात्तूष्णीक एककपाल इत्यौपमन्यवः ' ॥

245. 11. तार्तीयसवनिकेऽभिषव इति ॥ सूत्रं बौधायनस्य " यदाप्याययति तेनाꣳशुमदित्येव ब्रूयादिति शालीकिः ' ॥

---

१ एना Bu G ; एनां H Be C′ U D C ; एव the vivaraṇa.

२ Emended ; नानुव॰ or नानव॰ MSS.

३ Thus Be C′ U ; ॰भावेवानु॰ H D C ; ॰भावेव वषट्कृतानुवषट्कृतौ G (sec. m.).

I. 245. 19. आदित्यग्रहस्य ग्रहण इति ॥ सूत्रꣳ शालीकेर'' चो ह स्माह बौधायनः पुरस्तादेनमभिषवाद्गृह्णीयात्तूष्णीꣳ[१] शृतातङ्क्यमव-नयेदिति ' ॥

I. 246. 12. आदित्यग्रहस्योदाहनन इति ॥ अर्धर्चश उदाहन्यादिति बौधायन '' ऋचर्चेति शालीकिः ' ॥

I. 247. 11. मैत्रावरुणस्य श्रयण[२] आशिरो[२] ऽवनयन[२] इति ॥ सूत्रꣳ शालीकेर'' चो ह स्माह बौधायनः श्रीणीयादेव मैत्रावरुणं पयसाशिरमवनयेदिति ' ॥

I. 248. 5. नवम्यां प्रस्तुतायां वाचयतीति ॥ सूत्रं बौधायनस्य ' यस्यामेव कस्यां चिद्वाचयेदिति शालीकिः ' ॥

I. 249. 17, 250. 6. होत्रकाणाꣳ[३] संतर्पण इति ॥ सूत्रꣳ शालीकेर'' चो ह स्माह बौधायनो ऽनुसवनमेव होत्राः[४] संतर्पयेदिति '' पञ्च प्रातःसवने षण्माध्यंदिने सवने सप्त तृतीयसवन इत्यौप-मन्यवः ' ॥

I. 251. 1. औपासनेष्विति ॥ स ह स्माह बौधायनो ऽनुसंप्रज्यौपा-सनाननुमन्त्रयेत चमसेभ्यश्च पुरोडाशशकलानुपास्येदत्र दैव

---

१ पुरस्तादेवाभि॰ G (sec. m.); पुरस्तादेवमभि॰ D C H.

२ Emended; श्रयणाशिरोवनयन Bu G and the vivaraṇa; श्रयणाशिर-योरवनयन H U D C; श्रयणौशिरोवनयन Bc C'.

३ होत्रकाणां Be G (sec. m.) C', the vivaraṇa; होत्राणां Bu; होत्रणां G (pr. m.); होत्रणां H U D C.

४ होत्राः Bu G (sec. m.); होत्रकान् Bc C' H U D C G (pr. m.).

षड्ढोतारं व्याचष्टीतेत्यथो ह स्माह शालीकिरनुसंव्रज्यैवौपासनाननुमन्त्रयेत पार्श्वतस्त्रमसेभ्यः[1] पुरोडाशशकलानुपास्येदुपरिष्टाच्च षड्ढोतारं व्याचष्टीतेति । ॥ २२ ॥ नवमः ॥

. 251. 6. सावित्रस्य ग्रहणे सादन इति ॥ सूत्रं बौधायनस्य । सजुष्टं परिमृज्य सादयेदिति शालीकिः । ॥

. 252. 5. तदन्यतो-मदं प्रतिगृणातीति ॥ सूत्रं बौधायनस्य ॥ मदा मोद[2] इवेत्येव[3] प्रतिगृणीयादिति शालीकिः । ॥

252. 11. नाराशंसानामनुप्रकम्पन इति ॥ अनुप्रकम्पयेरन्निति बौधायनो । नानुप्रकम्पयेरन्निति शालीकि॑र्नैनानुपोद्यच्छेरंस्तनेत्यौपमन्यवः । ॥

सौम्यस्य चर्याया इति ॥ उपांशु चरेदिति बौधायन ॥ उच्चैरिति शालीकिः । ॥

. 253. 5. सौम्यस्य परीज्याया इति ॥ स ह स्माह बौधायनो यदि चैव[3] समस्तौ यदि च विहृतावग्नाविष्णू उपांश्वेव स्यातामिति ॥ समस्तावुपांशु विहृतावुच्चैरिति शालीकिः । ॥

248. 12. तार्तीयसवनिकानां धिष्णियानां विहरण इति ॥ सूत्रं शालीकेर॑थो ह स्माह बौधायनस्त्वरित्वा वाचरित्वा वा सौम्येनाङ्गारैस्त्वतुर्धिष्णियान्विहरेदिति । ॥

---

१ पार्श्वतः om. Be C′.

२ मोदेवेत्येव G (sec. m.) only.

३ एव om. Be Bu D U (pr. m.).

I. 254. 6. पात्नीवतस्य श्रयण इति ॥ सूत्रं बौधायनस्य" दध्ना वा पयसा वा पात्नीवतꣳ श्रीणीयादिति शालीकि"र्धिष्णियानां व्याघारणप्रैषेणाज्येन पात्नीवतꣳ श्रीणीयादित्यौपमन्यवः' ॥

I. 254. 14. पत्न्या उदानयन इति ॥ सूत्रं बौधायनस्यो"च्चैवासीतापो-हिष्ठीयाभ्य इति शालीकिः' ॥

I. 255. 14. तदुभयतो-मदं[1] प्रतिगृणातीति ॥ सूत्रं बौधायनस्य" मोदा मोद[2] इवेत्येव[2] प्रतिगृणीयादिति शालीकिः' ॥

I. 255. 17. ध्रुवस्य प्रच्यावन इति ॥ सूत्रं बौधायनस्य" सर्व एवैषोऽवनयनमन्त्रः स्यादिति शालीकिः' ॥ २३ ॥

I. 256. 14. चमसानामायातन[3] इति ॥ पूर्वः कल्पो बौधायनस्योत्तरः शालीकेः ॥

I. 256. 15. तेषु चीꣳस्तीꣳश्च दूर्वाग्रन्थीन्प्रास्यत्येकैकं च दर्भपुञ्जील-मिति ॥ सूत्रं बौधायनस्या"द्भिरेवैते दचाः[4] स्युरिति शालीकिः' ॥

I. 256. 21. औपयजेष्विति ॥ सूत्रꣳ शालीके"रथो ह स्माह बौधायन आग्नीध्रादग्नीषोमीयस्य[5] च सवनीयस्य चाङ्गारानाहरे-च्छामित्रान्मैत्रावरुण्यै वशाया इति' ॥

---

१ °मदं all, against VIII, 15 : 255. 14.

२ मोदेवेत्य° G D C C′.

३ °मायतन all exc. C.

४ ? दचा Bu C′, द्रव्याः G (sec. m.), दचा Be, H U D C omit the word altogether. The vivaraṇa has: अद्भिरेव साधवो दर्भमौया इति।

५ Thus, and comp. vol. I l.c., H G U (pr. m.) C D, the vivaraṇa; °ग्नीध्रीया° Be C′ U (sec. m.) Bu Keś.

258. 8. मिन्द्राकूत्योर्होम इति ॥ सूत्रमाचार्ययोर्"न्वो ह स्माहौप-
मन्यवः पुरस्तान्मिन्द्राकूती जुहुयान्मिन्द्राकूती हुत्वा हारि-
योजनं ग्रहं गृह्णीयादिति '॥

258. 10. शाकलैश्चर्याया इति ॥ सूत्रंऽ शालीकेर्"न्वो ह स्माह बौधायनो यावन्त्येनांऽसि कृतान्यभिविजानीयात्तेषामवयजनमसीत्यभ्यादध्यादिति '॥

58. 15. आदित्यस्योपस्थान इति ॥ सूत्रं बौधायनस्योद्वनीयमेवैतेन यजुषोपतिष्ठेरन्निति शालीकिः '॥

259. 8. कृष्णविषाणायाः प्रासन इति ॥ पूर्वः कल्पो बौधायनस्योत्तरः शालीकेः ॥

59. 12. अवभृथ इति ॥ सूत्रमाचार्ययोर्"न्वो ह स्माहौपमन्यवोऽत्रैवैनंऽ[1] स्थण्डिले कुम्भमिश्रं प्ररोप्य स्थालीभिश्च ग्रावोवायव्येन चावभृथमवेयादिति '॥

59. 12. ग्रावोवायव्यस्य प्रस्तावन इति ॥ सूत्रं बौधायनस्य" प्रत्यास्योदाहरेयुरिति शालीकिः '॥ प्रत्यस्यैवैता स्थालीरुदाहरेयुस्तास्वेतानि देविकाहवींऽषि श्रपयेयुरिति बौधायनः" प्रस्तावयेयुरेवेति[2] शालीकिः '॥ २४ ॥

6. कृष्णाजिनस्य प्रस्तावन इति ॥ सूत्रंऽ शालीकेर्"न्वो ह स्माह बौधायनः कृष्णाजिनमुन्मुच्याङ्गिरभ्युक्ष्य पुत्राय वान्ते-

---

१ चैवैनं Bu G D C; चैवैन H U (pr. m.); चैवैनत् U (sec. m.), चैनत् Be C′.

२ एव only in G (sec. m.).

वासिने वा दद्यात्सुचोपधानं[1] वैनत्कुर्वीतापि वैनेन पुनर्दीक्षेतापि वैनेन पुनर्यजेतेति ' ॥

I. 262. 6. उदयनीयस्य बर्हिषः सꣳस्कार इति ॥ अग्निदादानप्रभृतीन्मन्त्रान्साधयेदिति बौधायनः " प्रस्तरप्रभृतीनिति शालीकिः " संभरणप्रभृतीनित्यौपमन्यवः ' ॥

ib. उदयनीयस्य निर्वपण इति ॥ स्रुचि वावधाय[2] चामकाषꣳ स्थाल्यां[3] वा सचामकाषायां[4] निर्वपेदिति[4] ॥ पूर्वः कल्पो बौधायनस्योत्तरः शालीकेः ' ॥

I. 262. 9. उदयनीयस्य श्रपण इति ॥ पयसि श्रपयेदिति बौधायनो " ऽप्स्विति शालीकिः ' ॥

चरोरनुपरिहरण इति ॥ अनुपरिहरेदिति बौधायनो " नानुपरिहरेदिति शालीकिः ' ॥

उदयनीयस्यासादन इति ॥ षड्ढोत्रासादयेदिति बौधायनस्" तूष्णीमिति शालीकिः ' ॥

उदयनीयस्य चर्याया इति ॥ सूत्रं बौधायनस्याहवनीय एवोदयनीयेन चरेदिति शालीकिः ' ॥

I. 263. 2, 5. अनूबन्ध्यस्य[5] करण इति ॥ सूत्रं बौधायनस्य " मैत्रावरु-

---

१ सुचोपधानं all the MSS.; सुचोप॰ Keś.; सुचां निधानार्थं स्रुतिः the vivaraṇa.

२ वांतर्धाय H D G U C C′.

३ स्थाल्या G (sec. m.) Be C′.

४ ॰कायायेति G (sec. m.); ॰कायायेदिति C′.

५ अनू॰ G (sec. m.) C′ and the vivaraṇa; अनु॰ the other MSS.

आमिक्षया[1] यजेतेति शालीकिर्"थो ह स्माहौपमन्यवो ऽजं[2] पशुमप्यालभेतै'कादशप्रयाजं त्वेव तन्त्रं संतिष्ठापयिषेदिति ' ॥

वपानां परिहोम इति ॥ तां तां परिजुहुयादिति बौधायन " आदितस्त्वान्ततश्चेति शालीकिः ' ॥

हृदयशूलानामुद्वासन इति ॥ एकैकश उद्वासयेदिति बौधायनः " सर्वान्सहेति[3] शालीकिः ' ॥ २५ ॥

उत्सर्ग[4] इति ॥ सर्वान्गोपशूनुत्सृजेदिति बौधायनो " ऽन्यत्रर्षभाच्च वशायै चेति शालीकिः ' ॥

I. 263. 5. आमिक्षायै मन्त्रामन्त्र इति ॥ मन्त्रवती स्यादिति बौधायनस्तू"ष्णीकेति शालीकिः ' ॥

I. 263. 6. मैत्रावरुण्ये परिधिष्विति ॥ सूत्रं शालीकेर्"थो ह स्माह बौधायनः पूर्वे स्थूणे सदसो वा हविर्धानयोर्वा भित्त्वा वैदलकान्परिधीन्मैत्रावरुण्ये[5] कुर्यादिति ' ॥

---

१ वा ins. G.

२ ऽजा Bu.

३ सर्वाणि instead of सर्वान् some of the MSS.; some omit सह ।

४ Thus G (sec. m.) and the vivaraṇa of our passage, उत्क्षिप a copy of the vivaraṇa of the text proper; उत्सृप Bu; उत्सकरण Be C′ U (sec. m.); उत्सपण C D H U (pr. m.) G (pr. m.) and a copy of the vivaraṇa of the text proper.

५ वै(वै)दलकान् all (and thus also the Karmānta, XXV. 26), exc. G (sec. m.), which has वैदलान्।

I. 263. 8. उदवसान इति ॥ सूत्रं बौधायनस्य ॥ पूर्णाहुत्यैवोदवस्ये-
दिति शालीकिः । ॥

I. 263. 12. दक्षिणायै दान इति ॥ सूत्रं बौधायनस्य ॥ नात्राकाम-
नियतं[1] देयमिति शालीकिः । ॥

I. 263. 13. देविकाहविषां करण इति ॥ सूत्रमौपमन्यवीपुत्रस्यांत्रो ह
स्माह बौधायनस्त्रीण्यनूबन्ध्यस्य पशुपुरोडाशमनुवर्तरंस्त्री-
ण्युदवसानीयामिति ॥ सर्वाण्येवानूबन्ध्यस्य पशुपुरोडाशमनु-
वर्तरन्निति शालीकिरां॥श्येनैव देविका यजेतेत्याश्मौगविः । ॥

I. 264. 5. अग्निभिः प्रत्यवसान इति ॥ अजस्रैः प्रत्यवस्येदिति बौधा-
यनो ॥ अरण्योः समारोह्येति शालीकिः । ॥

I. 264. 7. अग्निहोत्रयोः प्रतिहोमः इति ॥ प्रतिजुहुयादिति बौधा-
यनो ॥ न प्रतिजुहुयादिति शालीकिर्न प्रतिजुहुयादिति
शालीकिः[2] । ॥ २६ ॥ दशमः ॥

॥ इत्येकविंशः[3] प्रश्नः ॥

१ Uncertain reading; नाचाकामयतो G (sec. m.); नाचाकामन्वितं Be C′ (but न्व corrected into य); नायकामनियतं U; नायकामनियतं H; नायकामनिधनं D; नात्रकामनिध्वनं C′; नायकामनियति Bu. The vivaraṇa, although my copy of it is rather bad, seems at least to point to यकाम॰ as it runs: इतरोकामकानियतो नियमः।

२ The repetition of the finishing words not found in the MSS.

३ On the praśna- number cp. Preface to Vol. II, p. II.

. 1. 1. अथातोऽग्निकल्पं व्याख्यास्यामः ॥

1. 11. खरस्य करण इति ॥ उत्तरपूर्वे ऽवान्तरदेशे कुर्यादिति बौधायन" उत्तर एवेति शालीकिः' ॥

1. 20. सावित्राणाꣳ होम इति ॥ सूत्रं बौधायनस्य " सकृद्ध्या-प्यत्र चतुर्गृहीतं जुहुयादिति शालीकिः' ॥

. 2. 6. गर्दभरशनाया आदान इति ॥ मन्त्रेणाददीतेति बौधा-यनस्तूष्णीमिति शालीकिः' ॥

. 1. 9. वल्मीकवपायै निधाने वैश्यस्योपवेशन इति ॥ सूत्रꣳ शालीकेर्"त्रो ह स्माह बौधायनो वल्मीकवपां निदध्यान्न वैश्यमुपवेशयेद्यत्र खनिः[१] स्यात्तद्गच्छेद्यस्तत्र पृच्छेत्तं प्रति-ब्रूयादिति' ॥

. 3. 6. खनन इति ॥ अर्धर्चशः खनेदिति बौधायन" ऋचर्चेति शालीकिः' ॥

3. 10. पुष्करपर्णेनोत्तरदण्डेन सꣳस्तृणातीति ॥ सूत्रं बौधाय-नस्य", यथोत्पन्नेनैव सꣳस्तृणीयादिति शालीकिः' ॥

3. 14. पिण्डानाꣳ हरण इति ॥ सूत्रꣳ शालीकेर्"त्रो ह स्माह बौधायनः सर्वाभिःसर्वाभिस्त्वतुर्हरेदिति " गायत्रीभिर्हरेत्त्रि-ष्टुग्भिः सादयेदित्यौपमन्यवः' ॥

. 4. 8. अश्वस्यात्यायमन इति ॥ सूत्रꣳ शालीकेर्"त्रो ह स्माह बौधायनस्तूष्णीमश्वमत्यायच्छेत्सर्व एवैष गर्दभमन्त्रः स्यादिति' ॥

---

१ खनि or खनी the MSS. खनिः भाविता स्यात् the Mahāgnisarvasva.

II. 4. 12. द्यावापृथिव्योः समीक्षण इति ॥ उभे षट्कूलः समीक्षेतेति बौधायनस्त्वि"रेवेति शालीकिः" प्राच्यां दिशि संधिमीक्षमाण एतं मन्त्रं जपेदित्यौपमन्यवः' ॥

II. 4. 16. अपो रशने अभ्यवहरन्त्यपि वाद्भिरभ्युक्ष्य भुञ्जत इति ॥ पूर्वः कल्पो बौधायनस्योत्तरः शालीकेः' ॥ १ ॥

II. 5. 11. उखानां करण इति ॥ स ह स्माह बौधायनो ऽषाढामप्येतस्यै याजुष्यै पादमात्रीं[1] कुर्याद्यावन्मात्रीं वादायेष्टकामृत्तिकायामपिसृजेदेवमस्य[2] सर्वो ऽग्निर्याजुषो भवतीत्यौ"कामेवोखां मन्त्रेण कुर्यात्तूष्णीमितर इति शालीकिः' ॥

सर्वासु भिक्षासु प्रत्यय इति ॥ स ह स्माह बौधायनः सम्प्राविनं मन्त्रकर्माभ्यावर्तयेदिति[3] ॥ यदन्यत्संविभ्य इति शालीकिः' ॥

II. 6. 4. अथादत्त एकविंशतिं वृष्णो अश्वस्य शकृत्पिण्डानभ्रिमग्निं पचनमिति ॥ सूत्रं बौधायनस्य" यस्यैव कस्य चाश्वस्याददीतेति शालीकिः' ॥

II. 6. 5. उखानां धूपन इति ॥ सूत्रं बौधायनस्यापरिमितैर्मन्त्रैर्धूपयेदिति शालीकिः' ॥

---

१ पाद॰ B U and G (sec. m.) Bu; पद॰ Be C′ U and G (pr. m.).

२ ॰इष्टकायामपि॰ B G (sec. m.); the vivaraṇa: सर्वेष्टकार्थायां (या the Ms.) मृदि, the Ms.: सर्वेष्टकार्थायां (या the Ms.) मृत्तिकायाम्।

३ Thus G, U (sec. m.) and the Ms.; मंत्राकर्मा॰ B; मंत्रकर्माभ्यावर्त॰ Bu; कर्माभ्यावर्त॰ Be C′.

I. 6. 11. उखानां प्रवृञ्जन इति ॥ सूत्रं बौधायनस्यैकामेवोखां मन्त्रेण प्रवृञ्ज्यात्तूष्णीमितरे इति शालीकिः ॥

I. 6. 14. ताः प्राचीर्वोदीचीर्वायातयतीति ॥ पूर्वः कल्पो बौधायनस्योत्तरः शालीकेः ॥

I. 6. 15. पचन इति ॥ स ह स्माह बौधायन उखा ऋषभान्मण्डलेष्टका बार्हस्पत्यं महावीरं लोकंपृणा इत्येतद्गार्हपत्यात्पचेद्यथेतरद्ग्रामाग्नेरिति ॥ यत्किं चेष्टकोक्तं ग्रामाग्निना तत्पचेद्व्यविहृतं गार्हपत्यादिति शालीकिः ॥

I. 8. 7. पशुशीर्षाणां करण इति ॥ प्रत्यक्षाणि वा मार्त्तिकानि वा स्युरिति बौधायनः ॥ प्रत्यक्षाण्येवेति शालीकिर्हिरण्मयानीत्यौपमन्यवो ॥ वायव्यश्चिरसि वैतान्मन्त्रान्निगदेदित्यौपमन्यवीपुत्रः ॥

II. 9. 4. चिरपसव्यैः पर्णशाखया परिकर्षतीति ॥ सूत्रं बौधायनस्यानुपरिक्रीथैव माषान्यमगाथाभिः परिगायेदिति शालीकिः ॥

I. 10. 9. आघार इति ॥ उभाभ्यां मन्त्राभ्यामेतमाघारमाघारयेदिति बौधायनो ॥ हिरण्यगर्भः समवर्तताग्र इत्येतयैवैतमाघारमाघारयेदिति शालीकिः ॥ २ ॥ प्रथमः ॥

अनिष्टप्रथमसोमस्याध्वरदीक्षाहुतीनाꣳ होम इति ॥ अध्वरदीक्षाहुतीर्द्वादशाग्निका जुहुयादिति बौधायन ॥ आग्निका एवेति शालीकिः ॥

II. 12. वैराजीषु दीक्षास्विति ॥ स ह स्माह बौधायनो नाध-

वत्सरꣳ सोध्यन्वैराजीदीक्षाः कुर्वीत । कामꣳ संवत्सरꣳ सोध्यन्वैराजीदीक्षाः कुर्वीत । संवत्सरं वा भूत्वैकाहिकं[1] कुर्वीतैकाहिकस्त्वेवाग्निरिति[2] शालीकिः । ॥

II. 13. 7. काम्यस्याग्न्यवधान[3] इति ॥ जाते काम्यमन्ववदध्यादिति[4] बौधायनः ॥ पुरस्तादेवेति शालीकिः । ॥

II. 13. 18. औदुम्बरीणाꣳ समिधामभ्याधान इति ॥ सूत्रं शालीकेर् ॥ चो ह स्माह बौधायन एकामेव समिधं पञ्चर्चेनाभ्यादध्यात् । तदेव रात्रोऽग्निꣳ स्यादिति । ॥

II. 15. 14. अन्नपतीयायै समिधोऽभ्याधान इति ॥ सूत्रꣳ शालीकेर् ॥ चो ह स्माह बौधायनोऽन्नपतीयां प्रतिसमेधनीयां वैष्णवीमित्येता अभ्यादध्यादिति । ॥

II. 16. 2. वात्सप्रविष्णुक्रमयोः संनिपात इति ॥ अहरहः संनिपातयेदिति बौधायन ॥ आदितश्चान्ततश्चेति शालीकिः । ॥

उख्य उद्दाते प्रायश्चित्तकरण[5] इति ॥ स ह स्माह बौधा-

---

१ Thus G U C′ and the Ms.; भूत्यैकाहिकं B Bu; भूत्यैकाहं Bc.

२ According to the vivaraṇa of this dvaidham, given in Ms., the इति, which is missing in all the MSS., ought to be inserted before ऐकाहिकस्त्वे॰ ।

३ Thus U (sec. m.) C′; ॰स्याग्न्याधान the other MSS.

४ Thus B Be C′ Bu G (sec. m.) U (sec. m.); ॰न्वादध्या॰ G (pr. m.) and the Ms.

५ प्रायश्चित्तस्य करण G (sec. m.) U.

यनः प्रवृज्य परिदायाकाङ्क्षतिभिरभिजुहुयादथेतरत्कर्मावृता कुर्यादित्य"चो ह स्माह शालीकिः प्रवृज्य परिदायाकाङ्क्षतिभिरभिजुहुयान्न चेतरत्कर्मावृता कुर्यादिति' ॥

16. 12. प्रयाण इति ॥ स ह स्माह बौधायन उभयेन प्रयाया-
दाध्वरिकेण चाग्निकेन चेत्या"ग्निकेनैवेति शालीकिः' ॥

165. 15. अथ यद्यपर्याणा[1] अप उपाधिगच्छतीति ॥ सूत्रं शालीकेर्"चो ह स्माह बौधायनो यत्रैवापर्याणा अप उपाधिगच्छेत्तद्भस्म प्रवेशयेन्न च विगर्भां तां कुर्याद्यावन्मात्रं वादाय प्रत्यवदध्यात्प्रसद्य भस्मना योनिमित्यथेतरत्स्थालीषु वा सतेषु वानुनिधापयेदिति' ॥

17. 13. देवयजनस्याध्यवसान इति ॥ स ह स्माह बौधायन उभयेनाध्यवस्येदाध्वरिकेण चाग्निकेन चेत्या"ग्निकेनैवेति शालीकिः' ॥ ३ ॥

18. 14. संभाराणां निवपन इति ॥ सूत्रं शालीकेर्"चो ह स्माह बौधायनो भस्म चैवोषांश्च मन्त्रेण निवपेत्तूष्णीमितरौ संभाराविति' ॥

II. 19. 4. गार्हपत्यचिताविति ॥ सूत्रं शालीकेर्"चो ह स्माह बौधायनोऽग्निग्रहणं स्वयंचितिं श्वेतकृष्णयोरभिमर्शनमधिद्रवणमवद्रवणमिति[2] सर्वमेवैतत्कर्मावृता कुर्यादिति' ॥

---

१ Thus here and infra all.

२ Thus Be C′ and cp. XXIII. 15; °धिद्रवणावद्रवण इति B °धिद्रवणावद्रवणं इति U (sec. m.) Ms; °धिद्रवणमिति Bu G U (pr. m.).

माहस्तं चिन्वीत प्रथमं चिन्वानः पञ्चचितीकं चेति ॥ स ह स्माह बौधायनः समाप्यैतास्तुर्थं चिन्वानो जानुदघ्नं चात ऊर्ध्वं प्रत्याददीत पञ्चचितीकं चेत्य॥थो ह स्माह शालीकिः समाप्यैतास्तुर्थं चिन्वानो ग्रीवदघ्नं चैवात ऊर्ध्वं प्रत्याददीतैकचितीकं चेति। ॥

वात्सप्रविष्णुक्रमयोः संनिपात इति ॥ स ह स्माह बौधायनो यद्यह[1] वात्सप्रमुपवसथे संपद्येत वात्सप्रेणोपस्थाय संनिवपेताथ यदि विष्णुक्रमा उपवसथे संपद्येरन्विष्णुक्रमैः क्रमित्वा वात्सप्रेणोपस्थाय संनिवापेन प्रक्रामेदित्य॥थो ह स्माह शालीकिर्यद्यह[1] वात्सप्रमुपवसथे संपद्येत वात्सप्रेणोपस्थाय श्वो भूते संनिवपेताथ यदि विष्णुक्रमा उपवसथे संपद्येरन्विष्णुक्रमैः क्रमित्वा वात्सप्रेणोपस्थाय श्वो भूते संनिवापेनैव प्रक्रामेदिति। ॥

II. 20. 3. तस्यामन्यचावेक्षमाणो दधिद्रप्सान्प्राश्नात्यमुं ते शुचि दधामीति वा तूष्णीं वेति ॥ पूर्वः कल्पो बौधायनस्योत्तरः शालीकेः। ॥

II. 20. 5. अथैनाꣳ सिकताभिः पूरयित्वा दध्नोपरिष्टात्संप्रच्छादयेति ॥ सूत्रं बौधायनस्य॥ सिकताभिरेवैनां[2] पूरयित्वोत्तरे शालाखण्डे निदध्यादिति शालीकिः। ॥

---

१ Thus Bu U G (sec. m.) Be C′; यदिह B G (pr. m.); यदि Ms.
२ °रेवैनां Bu Be C′; °रेवैना B G U Ms.

II. 20. 7. श्रिकयस्यादान इति ॥ मन्त्रेणाददीतेति बौधायनस्तूष्णी-मिति शालीकिः ॥

I. 20. 15. नैर्ऋतीनामुपस्थान[1] इति ॥ कुर्वीताच तयादेवतसूददोहवे[2] इति[2] बौधायनो न कुर्वीतेति शालीकिः ॥

I. 20. 17. उदपात्रस्योपनिनयन इति ॥ प्रदक्षिणमुपनिनयेदिति बौधायनो यथोपपादमिति शालीकिः ॥

II. 21. 1. गार्हपत्यस्योपस्थान इति । सूत्रं बौधायनस्याहवनीय-मेवैतेन यजुषोपतिष्ठेरन्निति शालीकिः ॥ ४ ॥ द्वितीयः ॥

I. 21. 13. स्तम्बयजुषो हरण इति ॥ सूत्रं बौधायनस्योपरवकाला-दग्न्याग्नीध्रो हरेदिति शालीकिः ॥

II. 57. 4. आख्यातं चात्वालस्य परिलेखनम् ॥

I. 57. 7. आख्यातं लोकाग्नीनांꣳ हरणम् ॥

I. 94. 5. आख्यातꣳ स्फ्यविघनानामुपस्थानम् ॥

. 21. 17. कार्ष्णाजिनीनामुपमोचन इति ॥ पूर्वः कल्पो बौधायन-स्योत्तरः शालीकेः ॥

I. 22. 6. वज्रिणीनामुपधान इति ॥ सूत्रꣳ शालीकेर्न्चो ह स्माह बौधायनो ऽग्रेण यूपावटीयꣳ शङ्कुं तिष्ठन्ननुरधिज्यं कृत्वा प्राञ्चं बाणं प्रविध्येत्तमनुद्रुत्याश्मानमुपदध्यादेवं दक्षिणत एवं पश्चादेवमुत्तरत इति ॥

---

१ ॰मुपधान most of the MSS.

२ Thus B G; ॰दोहवे इति Bu; ॰दोहस इति Be; ॰दोहसाविति U (sec. m.), Ms.; C' uncertain.

II. 23. 2. ऐन्द्रिया[१] उपधान इति ॥ सूत्रं बौधायनस्य ॥ पुच्छ ऐन्द्रीमुपदध्यादिति शालीकिः । ॥

II. 23. 8. उदपात्रस्योपनिनय इति ॥ प्रदक्षिणमुपनिनयेदिति बौधायनो ॥ यथोपपादमिति शालीकिः । ॥

ib. दर्भस्तम्बस्योपधान इति ॥ वाक्त्वा समुद्र उपदधात्विति वा तूष्णीं वेति ॥ पूर्वः कल्पो बौधायनस्योत्तरः शालीकेः । ॥

II. 23. 10. दूर्वेष्टकाया उपधान इति ॥ स ह स्माह बौधायनो दूर्वया वा सहोपदध्याद्दूर्वां[२] वैवेति[२] ॥ मन्त्रदूर्वैवैषा स्यादिति शालीकिः । ॥

II. 23. 13. औदुम्बरं युगलाङ्गलमिति ॥ सूत्रं बौधायनस्य ॥ दार्व्यवृक्षमेवैनत्कुर्यादिति[३] शालीकिः ॥ पुरुषा एवैतद्युगलाङ्गलं पुरस्तादाददते ऽध्वर्युः पश्चादिति बौधायनः ॥ प्रत्यक्षमेवैतत्संयुज्य कृषेदिति शालीकिः । ॥

II. 24. 1. कर्षण इति ॥ संप्रत्याहारं[४] कृषेदिति बौधायन ॥ आवाजग्र[५] इति शालीकिः ॥ ५ ॥

---

१ Thus Be G (pr. m.); ऐन्द्र्या Bu B G (sec. m.); ऐन्द्रियासु॰ Bu.

२ Thus C′; दूर्वांवैवेति B Be G; वैवेति U (sec. m.); वेति U (pr. m.).

३ Thus C′ the Viv. and Ms. ॰[illegible]॰ the other MSS.— ॰मेवैतत्कु॰ G Ms., ॰मेवैनेकु॰ Be C′.

४ Thus Be C′; संप्रत्यहारं Bu G; संप्रत्यनाहारं U, प्रत्यहारं B. संप्रत्याहृत्याहृत्य the Viv.

५ Thus B G U and the Viv.; चवाजन Bu, वावाज Be C′. Meaning uncertain.

. 23. 16. गोयुगानामनुमन्त्रण इति ॥ तत्तदेवानुमन्त्रयेदिति बौधायनः " सर्वाणि मन्त्रेति शालीकिः ' ॥

. 24. 10. सर्वौषधस्य वपन इति ॥ अर्धशो वपेदिति बौधायन " स्वर्चेति शालीकिः ' ॥

. 24. 14. ५ इतरमितरच्च विपरिहरतीतरमितरच्चेति ॥ सूत्रं बौधायनस्योद्दान एवैतां दिशमभिसंपादयेदिति शालीकि "र्यजुषा यजुर्विपरिहरेदित्यौपमन्यवः ' ॥

I. 26. 8. स दर्भपुञ्जीलानि पयःप्रोक्षे ऽवधाय तैः प्रोक्षत्यग्नीन्वो ऽग्निभ्यो जुष्टान्प्रोक्षामीति वा तूष्णीं वेति ॥ पूर्वः कल्पो बौधायनस्योत्तरः शालीकेः ' ॥

I. 27. 5. कुम्भेष्टकानामुपधान इति ॥ सूत्रं बौधायनस्य " पक्षपुच्छेष्वेवैना[१] उपदध्यादिति[१] शालीकिः ' ॥

नानामन्त्रासु दिशो भजमानास्विति ॥ तथादेवतेनानुक्रम्य पारे सूददोहसः कुर्वीतेति बौधायनस्तांतामेवेष्टकां परिनिस्तिष्ठेदिति शालीकिः ' ॥

इष्टकागणानामुपधान इति ॥ तथादेवतेनानुक्रम्य पारे सूददोहसः कुर्वीतेति बौधायनस्तंतमेवेष्टकागणं परिनिस्तिष्ठेदिति शालीकिः ' ॥

28. 8-10. अभिमर्शे ऽभिहोम इति ॥ सूत्रमाचार्ययोर्नो ह स्माहौ-

---

१ Thus B G U (sec. m.); ॰पुच्छेष्वेतामुप॰ Bu; ॰पुच्छेष्वेका उप॰ Be C.

पमन्यत: पुरस्तादभिमर्शाभिहोमाभ्यां तयादेवतसूददोहस:[१] कुर्वीतेति । ॥

II. 28. 15. सर्पशिरस[२] उपधान इति ॥ पूर्व: कल्पो बौधायनस्योत्तर: शालीके: ॥

II. 30. 10. औदुम्बरं चोलूखलमुसलमिति ॥ सूचं बौधायनस्य ॥ दार्ढ्यद्वचमेवैनत्कुर्यादिति[३] शालीकि: । ॥ ६ ॥

II. 30. 11. सर्वौषधस्यावहनन इति ॥ मन्त्रेणावहन्यादिति बौधायनस्तूष्णीमिति शालीकि: । ॥

II. 30. 17. उखानामुपधान इति ॥ सूचं बौधायनस्यैकामेवोखां मन्त्रेणोपदध्यात्तूष्णीमितरे इति शालीकि: । ॥

II. 31. 13. पशुशीर्षाणामुपधान इति ॥ मध्य उपदध्यादिति बौधायनो ऽन्तेषु तस्य व्युदूह्योपदध्यादिति शालीकि: । ॥

अथर्वशिरस उपधान इति ॥ पुरस्तात्सर्वतोमुखमग्रेण स्वयमातृण्णामच नवर्चमथर्वशिर उपदध्यादिति बौधायनो नाथर्वशिर इति शालीकि: । ॥

II. 33. 12. सर्वतोमुखस्योपधान इति ॥ सूचं बौधायनस्यानुदिशमेव[४] गायत्रीरुपदध्यादिति शालीकि: । ॥

---

१ Thus all the MSS.; •दोहसो Ms.

२ •शिर MSS. exc. C'.

३ •हवं• MSS. exc. U C' and Ms.; •मेवैतं MSS. exc. U.

४ Thus Be C' U (sec. m.) and the Viv.; the other MSS. om. एव ।

33. 15. अङ्गानामुपधान इति ॥ सूत्रं बौधायनस्य" विज्ञातेष्वेवाङ्गेष्वङ्गान्युपदध्यादिति शालीकिः' ॥

34. 2 ऋषभस्योपधान इति ॥ सूत्रं शालीकेर्न्नो ह स्माह बौधायन ईषत्प्रत्यवहृतशिरसमेनमुपदध्याद्यथर्षभो[1] वाश्रितुमुपतिष्ठतीति[2]' ॥

अतीतानामिष्टकागणानामुपधान इति ॥ आधिमुपदध्यादिति[3] बौधायनस्वित्यन्त इति शालीकिः' ॥

व्रतप्रदान इति ॥ मध्यंदिने व्रतं प्रयच्छेदिति बौधायनस्वित्यन्त इति शालीकिः' ॥ ७ ॥ तृतीयः ॥

35. 1. पुरीषचितेरुपधान इति ॥ सूत्रं बौधायनस्य" पूर्वेद्युरेव पुरीषचितिं परिनिस्तिष्ठेदिति शालीकिः' ॥

अश्वावभितस्तिष्ठेतां कृष्ण उत्तरः[4] श्वेतो दक्षिण[5] इति ॥ अत्रैवाभ्यां तिष्ठद्भ्यां घासमाहारयेदिति बौधायनः" कालेकाल एवैनावुदानयेयुरिति शालीकिः' ॥

39. 1. वालखिल्यानामुपधान इति ॥ उपरिष्टाद्वालखिल्या उपदध्यादिति बौधायनः" पार्श्वत इति शालीकिः' ॥

---

१ Thus (प्रत्यवहृत॰) U G (pr. m.) C′ and Ms.; ॰प्रत्यवहत॰ Bu; प्रत्यगवहृत॰ Be G (sec. m.), प्रत्यगवहत॰ B.

२ Thus G and Ms.; वाश्रितमुप॰ or वाश्रितामुप॰ the other MSS.

३ Thus B G U (sec. m.), Ms. and the Viv.; आधि॰ Bu. आदि॰ Be C′ U (pr. m.).

४ उत्तरत G C and the Viv.

५ दक्षिणत B G.

II. 41. 1. स्पृष्टीनामायातन[1] इति ॥ अग्रेण स्वयमातृणामुदीचीरेना आयातयेदोत्तरस्मात्पचमंधेः मर्वतो[2] वेति[2] ॥ पूर्वः कल्पो बौधायनस्योत्तरः शालीकेः ॥

II. 41. 5. व्युष्टीनामुपधान इति ॥ सूत्रं शालीकेर्चो ह स्माह बौधायनः पुरस्तादेनाः प्रतीचीरुपदध्यात्पुरस्ताद्धि प्रतीची रात्रिर्व्युच्छतीति ॥

II. 42. 18. तासां पुरीषवतीं मध्य उपदधातीति ॥ स ह स्माह बौधायनः पुरीषेण वा सहोपदध्यात्पुरीषं[3] वैवेति[3] मन्त्रपुरीषैवैषा स्यादिति शालीकिः ॥

II. 42. 20. वैराजानामुपधान इति ॥ पूर्वः कल्पो बौधायनस्योत्तरः शालीकेः ॥

II. 43. 9. याज्ञसेनीनामुपधान इति ॥ पूर्वः कल्पः शालीकेरुत्तरो बौधायनस्य ॥

II. 43. 21. घृतेष्टकानामुपधान इति ॥ स ह स्माह बौधायनो घृतेन वा सहोपदध्याद्घृतेन वाभ्यज्येति मन्त्रघृता एवैताः स्युरिति शालीकिर्घृतपिण्डानेवात्रोपदध्यादित्यौपमन्यवः ॥

१ Thus C' (sec. m.), Ms., the Viv. (one copy); °मायतन the other MSS.

२ Thus Ms. and the Viv.; सर्वत इति वेति Bu B G U (pr. m.); सर्वत एवेति U (sec. m.) Be C'.

३ Thus G; °षंचैवेति B Be Bu; षंचनिवेति U, °षं[illegible]ति C'; °षमेववेति the Ms.

इष्टकानामावापस्थान इति ॥ अन्तरेण ज्योतिष्मतीश्च भूतेष्टकाश्चैतदिष्टकानामावापस्थानं भवतीति ॥ स ह स्माह बौधायनः संवेशनयजुः प्रभूयजुः प्रयाणयजुरपर्याणयजुः सामिधेनीराप्रीरतीताꣳश्चेष्टकागणानचोपदध्यादित्यन्यो[1] ह स्माह शालीकिर्नानिष्टकं मन्त्रमिष्टकावदापादयेदितीतानेवेष्टकागणानचोपदध्यादिति[2] ॥

I. 45. 4. पौर्णमास्या उपधान इति ॥ सूत्रं बौधायनस्यान्तर एवाꣳसे पौर्णमासीमुपदध्यादिति शालीकिः ॥

I. 45. 6. नक्षत्रेष्टकानामुपधान इति ॥ सूत्रꣳ शालीकेरन्यो ह स्माह बौधायनः प्रतितारकं वाचेष्टका उपदध्यात्तत्रतत्र च रोचयेदिति ॥

45. 15. सर्वतोमुखस्योपधान इति ॥ सूत्रꣳ शालीकेरन्यो ह स्माह बौधायनो व्यवेतं[3] खल्विदं कृष्णस्याभिमर्शनेन[4] भवति सर्वतोमुखमुपधायस्वकृतमश्ममभिमृशेदिति ॥

I. 46. 3. वर्धनेष्विति ॥ सूत्रꣳ शालीकेरन्यो ह स्माह बौधायनो

---

१ Before चचोपदध्या० Bu Be C′ G (pr. m.) U (sec. m.) ins. एतदेव or एतद् here and l. 6; B G (sec. m.) and the Ms. om. these words.

२ ०पादयेदितिता० some.

३ व्यवेतं Be U (sec. m.) Ms. (=व्यवहितं); अपेतं B G, अवेतं C′ अपोवेतं Bu.

४ ०मर्शनं the Ms.

यावन्ति वर्धनानि समाने ऽहनि संनिपतेयुः सर्वेषां पारे तथादेवतमूद्दोहमः कुर्वीतेति ' ॥ ८ ॥ चतुर्थः ॥

II. 47. 9. अथ प्रोक्षणीषु हिरण्यशल्कान्प्रत्यस्यत्यूर्ध्वं' त्रिभ्यो ऽपरिमितानिति सहस्रमिति प्रोक्तं ॥ पूर्वः कल्पो बौधायनस्योत्तरः शालीकेः ' ॥

II. 48. 9. शतरुद्रीयस्य होम इति ॥ सूत्रमाचार्ययोः " पूर्वस्मिन्नेवानीके जुहुयादिति गौतमः ' ॥

II. 49. 8. नमस्कारैरुपस्थान इति ॥ स ह स्माह बौधायनः सधनुष्क एवोपतिष्ठेतोत्तरस्या एव दिश आवृत्यैतेनैव यथेतमेत्य पश्चात्प्राङ् तिष्ठन्नूर्ध्वामुपतिष्ठेतेत्य"थो[१] ह स्माह शालीकिर्दत्त्वैव धनुरुपतिष्ठेतैतस्यै चैव दिश आवृत्यैतेनैव यथेतमेत्य पश्चात्प्राङ् तिष्ठन्नूर्ध्वामुपतिष्ठेतेति[२] ' ॥

II. 49. 15. परिषिच्यमाने यजमानं वाचयतीति ॥ सूत्रं शालीके"रथो ह स्माह बौधायनः परिषिच्यपरिषिच्यैवाश्मनि कुम्भं निदध्यादश्मंस्ते क्षुदमुं ते शुगृच्छत्वित्यभिनिर्दिशेद्यं द्विष्यादिति ' ॥

II. 50. 3 विकर्षण इति ॥ अर्धशो विकर्षेदिति बौधायन" सर्वशेति शालीकिः ' ॥

१ वापयति instead of प्रत्यस्यति Be C'.

२ Thus (ऊर्ध्वाम्) Be C and the Viv.; ऊर्ध्वम् all the other MSS. and the Ms.

II. 52. 3. स्वयमातृण्णायै व्याघारण इति ॥ सूत्रं बौधायनस्याग्निचतुरश्रामेनां व्याघारयेदिति शालीकिः ॥

II. 53. 4. वैश्वानरमारुतानां मन्त्रामन्त्र इति ॥ मन्त्रवन्तः स्युरिति बौधायनस्तूष्णीका इति शालीकिर्वैश्वानर एव मन्त्रवान्स्यात्तूष्णीका मारुता इत्यौपमन्यवः ॥

II. 53. 6. अनीकवतस्य होम इति ॥ सूत्रं बौधायनस्याहवनीय एवानीकवतं जुहुयादिति शालीकिः ॥

II. 54. 4. अथैनꣳ संचितमाज्यप्रोक्षेण प्रोक्षतीति ॥ सूत्रꣳ शालीकेरत्रो ह स्माह बौधायनो मन्त्रानुदिशं चैनं प्रोक्षन्मन्त्राननुलोकं चेति ॥

I. 54. 15. इध्मस्य निधान इति ॥ स ह स्माह बौधायन उभयेनेध्मं निदध्यादाध्वरिकेण चाग्निकेन चेत्याग्निकेनैवेति शालीकिः ॥ ९ ॥

II. 55. 1. शाकलैः परिधान इति ॥ आहवनीयं परिदध्यादिति बौधायनः पुच्छमेवेति शालीकिः ॥

II. 55. 5. स्रुवाहुत्योः करण इति ॥ कुर्यादिति बौधायनो न कुर्यादिति शालीकिः ॥

II. 55. 7. पूर्णाहुत्यै[1] करण इति ॥ कुर्यादिति बौधायनो न कुर्यादिति शालीकिः ॥

II. 55. 8.10 अथ जुह्वन्मनसा दिशो ध्यायेदिति[2] ॥ दिग्भ्यो ऽहमग्नि-

---

१ Thus Ms. only; पूर्णाहुत्योः the MSS.; पूर्णाहुतिकरण the Viv.

२ इति om. all exc. Ms.

मभि[1]संभराणीति वा तूष्णीं वेति ॥ पूर्वः कल्पो बौधायनस्योत्तरः शालीकेः ' ॥

II. 56. 8. प्रसेकस्यायतन[2] इति ॥ पूर्वः कल्पः शालीकेरुत्तरो बौधायनस्य ॥

II. 56. 10. तस्मिꣳश्चतुर उपस्तृणान आहेति ॥ सूत्रं बौधायनस्य " नोपस्तृणीतेति शालीकिः ' ॥

II. 56. 12. प्रसेकस्यानुप्रहरण इति ॥ अनुप्रहरेदिति बौधायनो " नानुप्रहरेदिति शालीकिः ' ॥

II. 56. 13. ब्रह्मौदनस्य श्रपण इति ॥ अग्न्याधेयवच्छ्रपयेदिति बौधायन " एतस्मिन्नेवेति शालीकिः ' ॥

II. 56. 14. ब्रह्मौदनस्य प्राशन इति ॥ उत्तरे ओदनके प्राश्नीयुरिति बौधायनः " पुष्कमेवाभित इति शालीकिः ' ॥

II. 57. 4. वातनामानाꣳ होम इति ॥ सूत्रं बौधायनस्य " वातमण्वाञ्जलिना जुहुयादिति शालीकिः " कृष्णाजिनपुटेन जुहुयादित्यौपमन्यवः ' ॥

II. 57. 9. शाकलानामनुप्रहरण इति ॥ अनुप्रहरेदिति बौधायनो " नानुप्रहरेदिति शालीकिः ' ॥ १० ॥ पञ्चमः ॥

II. 57. 12. अग्निधिष्ण्यानामुपधान इति ॥ सूत्रं बौधायनस्य " सर्वा एव याजुषीरुपदध्यादिति शालीकिः ' ॥

---

१ The two akṣaras चम effaced in G.

२ °यतन MSS. exc. Be C'.

58. 2. नानाबीजानां निर्वपण इति ॥ निर्वपणेनानुसमेत्य[1] व्यभिनह्येदिति[1] बौधायनस्तत्तदेव हविः परिनिस्त्विष्ठेदिति शालीकिः ॥

तेषां व्रीहिष्वेव हविष्कृतमुद्वादयत्युपोद्यच्छन्ते यवानिति ॥ सूत्रꣳ शालीकेरन्यो ह स्माह बौधायन आवपनप्रभृति यवेषु मन्त्रकर्माभ्यावर्तेत तन्त्रं तु हविष्कृत[2] स्यादिति ॥

आप्यनिनयन इति ॥ जघनेन गार्हपत्यमाप्येभ्यो निनयेदिति बौधायनोऽग्रेणातिहायेति शालीकिरग्रेण वा जघनेन वेत्यौपमन्यवः ॥

सचरुपशुपुरोडाशा[3] एवेतरेषाꣳ हविषामिडा अवद्येदभ्यर्धादिति[4] सपशुपुरोडाशानां वेति ॥ पूर्वः कल्पो बौधायनस्योत्तरः शालीकेः ॥

58. 7. अत्याक्रमण इति ॥ सूत्रं बौधायनस्य सह स्विष्टकृतात्याक्रामेदिति[5] शालीकिः ॥

0. 10.१५ अभिषेक इति ॥ सूत्रमाचार्ययोरन्यो ह स्माहौपमन्यवः

---

१ ०समेत्याभिनह्येदिति U (sec. m.).

२ Thus G (sec. m.) Bu Be C′ Ms; ०ष्कृत B G (pr. m.) U; cp. XXI. 4: 75. 7, XXI. 16 : 99. 16.

३ ०पशु० om. B G U (pr. m.) the Viv.— ०डाश B Bu G U (pr. m.) the Viv.; ०डाशा Be C′ U (sec. m.).

४ Thus (and cp. II. 71. 5) B G B; ०दत्यर्धादिति Be C′ ०दभ्यर्धेदिति Bu.

५ Thus U (pr. m.) C′, the Viv.; स्विष्टकृतमत्या० the other MSS.

पुरस्तात्स्विष्टकृतो यावदाम्नातेनाभिषिञ्चेन्नात्र कृष्णाजिनं न रुक्मौ[1] न पार्थानि भवन्ति कुशानेव संस्तीर्य तेष्वेनमभिषिञ्चेदिति ' ॥

II. 58. 18; 59. 8. योगे विमोक इति ॥ अहरहर्युञ्ज्यादहरहर्विमुञ्चेदिति बौधायनो " ऽहरहर्युञ्ज्यादन्ते विमुञ्चेदिति शालीकि"रादित एव युञ्ज्यादन्ते विमुञ्चेदित्यौपमन्यवः ' ॥

II. 59. 11. क्रतुकरण इति ॥ सूत्रं बौधायनस्य " यथाकल्पेवास्य क्रतुकरणानि कुर्यादिति शालीकिः ' ॥

II. 59. 13. ऐकादशिनानां[2] पशूनामुपाकरण इति ॥ सूत्रं बौधायनस्यै"कयूप एवैकादशिनान्पशूनुपाकुर्यादिति शालीकिः ' ॥ ११ ॥

II. 59. 17. वपानां परिहोम इति ॥ तांतां परिजुहुयादिति बौधायन " आदितस्त्वाम्नातस्येति शालीकिः ' ॥

II. 60. 3. अश्मन्यावघ्रापण इति ॥ सूत्रं बौधायनस्य " माध्यंदिन एव सवने ऽश्मवघ्रापयेदिति शालीकिः ' ॥

पशूनामासादन इति ॥ पशुंपशुं पशुहोत्रासादयेदिति बौधायनो " मुख्यमेवेति शालीकिः ' ॥

हृदयशूलानामुदासन इति ॥ एकैकश उदासयेदिति बौधायनः " सर्वान्सहेति शालीकिः ' ॥

---

१ Thus Be C′ U (sec. m.); रुक्म the other MSS.

२ C′ and the Viv. एका॰ ।

62. 1. आभिचार्ये मन्त्रामन्त्र इति ॥ मन्त्रवती च स्यादध्यव-
दानीया चेति बौधायनस्तूष्णीका च स्यादध्यवदानीया चेति
शालीकिर्मन्त्रवती च स्यात्तन्त्रहरया चैनया निरूढया यजे-
तेत्यौपमन्यवः ॥

62. 6. देविकाहविषां करण इति ॥ कुर्यादिति बौधायनो न
कुर्यादिति शालीकिः ॥ १२ ॥ षष्ठः ॥

. 1. अथातो वाजपेयं व्याख्यास्यामः ॥

चिन्वीत वाजपेये ऽग्निमिति बौधायनो न चिन्वी-
तेति शालीकिः ॥

63. 3. औदुम्बरꣳ रथचक्रꣳ सप्तदशारमिति ॥ सूत्रं बौधायनस्य
दार्व्यन्तचर्ममेवैनत्कुर्यादिति[१] शालीकिः ॥

63. 12. खादिरौ विहर्यौ[२] वध्रैर्व्यूतामुपकल्पयत[३] इति ॥ सूत्रं
बौधायनस्य बस्ताजिनं चैवाचोपकल्पयीत शतमानं च
हिरण्यमिति शालीकिः ॥

63. 13. स ग्रीष्मस्य जघन्याहःसु पुरस्तादाषाढ्यै पौर्णमास्यै दीक्षत
इति ॥ सूत्रं बौधायनस्य शरदि वाजपेयेन यजेतेति
शालीकिः ॥

---

१ °न्तच° G (sec. m.).— °मेवैनत् G (pr. m.) U, °मेवैनत् the other MSS.

२ Thus G and the Viv.; विहर्षि Bu, वितूर्णौ B, वितूर्ण्यौ U, विकर्षौ Be, विकर्षौ C′ (pr. m.), विहर्षौ (sec. m.).

३ Thus G, वध्यैर्व्यू° Be, वध्रैर्व्यू° C′, वंधेव्यू° Bu, वाध्रैर्व्यू° U, दध्यूर्व्यू° B, वध्रैर्व्यू° the Viv. (one copy), वध्रैज° (another).

II. 64. 4; 65. 10. सावित्राणाꣳ होम इति ॥ पूर्वः कल्पो बौधायनस्योत्तरः शालीकेः ॥

II. 64. 12. वाजपेयिकायै सुरायै संधान इति ॥ सूत्रमाचार्ययोर्"श्चो ह स्माहौपमन्यवो यत्रैव सुरा स्यात्तत आहारयेदिति' ॥

II. 65. 4. सो ऽरत्निमात्रेऽरत्निमात्रे वा विगृह्णाति धनुर्वेष्टीर्वा प्रवेष्टयतीति ॥ पूर्वः कल्पो बौधायनस्योत्तरः शालीकेः ॥

II. 65. 5. गौधूमं[1] चषालमिति ॥ सूत्रं बौधायनस्य" गोधूमपिष्टानामपि कुर्यादिति शालीकिः' ॥

II. 66. 2. दुन्दुभीनामासज्जन इति ॥ सूत्रं द्वैधमेवैतद्भवति ॥

II. 66. 14. क्रतुकरण इति ॥ सूत्रꣳ शालीकेर्"श्चो ह स्माह बौधायनो ऽतिरात्रमप्यत्र क्रतुमुपेयात्समानपक्षे चैनꣳ संतिष्ठापयिषेदिति[2] ॥ १३ ॥

II. 66. 16. पत्नीग्रहानतिपात्रान्गृह्णातीति ॥ सूत्रं बौधायनस्य" सर्व एवैते[3] सोपयामा[4] ग्रहीतव्या[4] भवन्तीति शालीकिः' ॥

II. 67. 10. सुराग्रहाणां ग्रहण इति ॥ सूत्रं बौधायनस्य" सजुष्टान्परिमृज्य[5] सादयेदिति शालीकिः' ॥

---

१ Thus G and the Viv. (one copy), गोधमं Bu; गोधूमं the other MSS.

२ Thus Be C′ U (sec. m.); संनिपतिष्येदिति B G; सन्निपषिष्येदिति Bu.

३ Thus G C′; एवैने U, एवैतः B Be; Bu defective.

४ सोपयामग्रहो॰ U.

५ Thus Be C′; सयजुष्टा॰ Bu U, सयजुष्का॰ B G.

. 67. 12. द्विश्रेणि[१] वा त्रिश्रेणि[१] वोदीच आयातयतीति ॥ पूर्वः कल्पो बौधायनस्योत्तरः शालीकेः ॥

.I. 68. 1. षड्रशना आदाय यूपमभिप्रेयादिति बौधायनः ॥ पञ्च रशना आदाय यूपमभिप्रेयादिति शालीकिस्तिस्रो रशना आदाय यूपमभिप्रेयादित्यौपमन्यव एकामेव रशनामादाय यूपमभिप्रेयादित्यौपमन्यवीपुत्रो ऽग्नीषोमीयरशनायामेव नियुञ्ज्यादित्याश्मीगविः । ॥

I. 68. 2. वाजपेयिकानां पशूनामुपाकरण इति ॥ ऐकादशिनानुपाकृत्य[२] वाजपेयिकानुपाकुर्यादिति बौधायनो ॥ वाजपेयिकानेव नैवैकादशिनानिति शालीकिः । ॥

b. 3. प्राजापत्यानामुपाकरण इति ॥ एकैकश उपाकुर्यादिति बौधायनः ॥ सर्वान्सहेति शालीकिः । ॥

I. 70. 3. वपानां परिहोम इति ॥ तांतां परिजुहुयादिति बौधायन ॥ आदितश्चान्ततश्चेति शालीकिः । ॥

हृदयशूलानामुदासन इति ॥ एकैकश उदासयेदिति बौधायनः ॥ सर्वान्सहेति शालीकिः । ॥

72. 15;
5. 15. रथानामभियोजन इति ॥ सूत्रं शालीकेरत्रो ह स्माह बौधायनो य एवैष समवक्षेपणो मन्त्रस्तं प्रथममभियोजनानां कुर्यादथ तूष्णीमश्वान्समवक्षिपेदिति । ॥

I. 76. 5. काष्ठागमन इति ॥ स ह स्माह बौधायनः प्रदक्षिण-

१ द्विःश्रे॰ and त्रिःश्रे॰ G (sec. m.).

२ एका॰ the Viv.

मावृत्यैतां[1] काष्ठां गच्छेयुरथामुतो ऽपसलैरावर्तेरन्नित्य॥न्यो ह स्माह शालीकिरपसलैरावृत्यैतां[1] काष्ठां गच्छेयुरथामुतः प्रदक्षिणमावर्तेरन्निति ॥ १४ ॥

II. 79. 14. अथ यजमानं तार्प्यं परिधापयतीति ॥ सूत्रं बौधायनस्योभे एवैते यजमानं परिधापयेदिति शालीकिः ॥

II. 80. 2. श्रित्या आयातन[2] इति ॥ पूर्वः कल्पो बौधायनस्योत्तरः शालीकेः ॥

II. 80. 5. तां दशभिः कल्पै[3] रोहतीति[3] ॥ सूत्रं बौधायनस्य॥ तैरेव मन्त्रैः प्रत्यवरोहेदिति शालीकिः ॥

II. 81. 2. अथास्मै प्रत्यवरोहणत[4] आसन्दीं निदधातीति[5] ॥ सूत्रं बौधायनस्य॥ वस्ताजिनं चैवास्याच[6] प्रत्यवरोहेच्छतमानं[7] च हिरण्यमिति शालीकिः ॥

---

१ Thus both times C′ only; ॰इत्येतः both times G and B the second time; इंत्येत B the first time; all the MSS. (exc. C′) ॰त्व॰, not त्वै॰ ।

२ Thus B G, चायतन the Viv., चातन Bu, चाधान Be C′.

३ Thus G U C′ (sec. m.) and the Viv.; ॰ल्पोरोह॰ Bu, ॰ल्पैरारोह॰ B Be.

४ Thus only the Viv., प्रत्यवरोहन the MSS.

५ Thus the Viv., निमिनोतीति Be, मिनोतीति C′, प्रत्यवदधातीति B Bu G U.

६ Thus B U G; वैवास्याच Bu; च only Be C; चाच seems superfluous.

७ Before शतमानं B Bu U G ins. इति ।

I. 81. 5. अथैनमेतयासन्द्या सद आवहन्त्या वा अजतीति[1] ॥ पूर्वः कल्पो बौधायनस्योत्तरः शालीकेः ॥

I. 81. 8. अतिग्राह्याणां भक्षण इति ॥ पूर्वः कल्पः शालीकेरुत्तरो बौधायनस्य ॥

. 83. 10. प्राजापत्यानां भक्षण इति ॥ पूर्वः कल्पः शालीकेरुत्तरो बौधायनस्य ॥

I. 84. 2. शुद्वतीयेष्विति ॥ द्वेद्वे ऋच शुद्वतीये उपयष्टोपयजेदिति बौधायनो ऽपच्छेदमिति शालीकिः समस्तान्येवैतान्यनुप्रहृत्य सर्वैर्मन्त्रैरनुमन्त्रयेतेत्यौपमन्यवः ॥ १५ ॥ सप्तमः ॥

I. 85. 1. अथातो राजसूयं व्याख्यास्यामः ॥

चिन्वीत राजसूये ऽग्निमिति बौधायनो न चिन्वीतेति शालीकिः ॥

I. 85. 9. पुनरभ्युप्य पिष्टानि कृत्वाधारयेदिति बौधायनस्तथाभ्युप्तान्येवैतानि[2] स्युरिति शालीकिः ॥

. 85. 10. नैर्ऋतस्य मन्त्रामन्त्र इति ॥ मन्त्रवान्स्यादिति बौधायनस्तूष्णीक इति शालीकिः ॥

. 85. 12. एकोल्मुकस्य हरण इति ॥ अन्वाहार्यपचनाद्धरेदिति बौधायनो ग्रामाग्नेरिति शालीकिः ॥

II. 86. 1. नैर्ऋतस्य होम इति ॥ सूत्रं बौधायनस्य विस्रंसिकाकाण्डाभ्यामेनं परिगृह्य जुहुयादिति शालीकिः ॥

---

१ अजंतीति G B, हजिनीति Bu; U Be C′ corrupt.

२ Thus G; °भ्यूप्यान्ये° U, °भ्युपन्ये° B, °भ्युप्तान्ये° Be C′.

II. 86. 3. दक्षिणानां दान इति ॥ अहरहर्दद्यादिति बौधायन" आदितस्त्वाम्नातस्येति शालीकिः' ॥

II. 86. 3. उदपात्रस्योपनिनयन इति ॥ प्रदक्षिणमुपनिनयेदिति बौधायनो" यथोपपादमिति शालीकिः' ॥

II. 86. 5. स्वाहा नमो य इदं चकारेति ॥ सूत्रं बौधायनस्यान्तमप्यत्र स्वाहाकारं परिणयेदिति शालीकिः' ॥

II. 87. 1. संतनीनामनुप्रयोग इति ॥ स ह स्माह बौधायनो यदहरिष्ट्या वा पशुना वा यजेतापि तदहः संतनी[1] प्रयुञ्जीतेत्य"थो ह स्माह शालीकिरहरहराश्रावणार्थं खल्वेते दृष्टे भवतो' यदहरिष्ट्या वा पशुना वा यजेत न तदहः संतनी प्रयुञ्जीतेति' ॥

ib. चातुर्मास्यानामनुप्रयोग इति ॥ स ह स्माह बौधायनो यदहश्चातुर्मास्यानि प्रयुञ्जीतापि तदहः संतनी प्रयुञ्जीतेत्य"थो ह स्माह शालीकिरहरहराश्रावणार्थे खल्वेते दृष्टे भवतो' यदहश्चातुर्मास्यानि प्रयुञ्जीत न तदहः संतनी प्रयुञ्जीतेति' ॥

II. 88. 17. आख्यातं पञ्चभीयस्य करणम्' ॥ १६ ॥

II. 89. 3. अथोपवेषेणाङ्गारान्समूहतीति ॥ सूत्रꣳ शालीके"रथो ह स्माह बौधायनस्तूष्णीमङ्गारान्समूह्याथैनान्स्रुवाहुतिभिरभिजुहुयादग्नये[2] रक्षोघ्ने स्वाहेति पञ्चभिर'त्र प्रष्टिवाहिनꣳ रथं दद्यादिति' ॥

---

१ Here and infra some of the MSS. read संतनीः (संततौ).

२ स्रुवाहुतौ॰ Be U C', स्रुवाहुत्या॰ Bu.

89. 11. अपामार्गसक्तूनाᳫं होम इति ॥ सूत्रᳫं शालीकेर्'चो ह स्माह बौधायनः समस्तेनैवास्मै मन्त्रेणापामार्गसक्तूञ्जुहुया-त्तूष्णीᳫं स्रुवमनुप्रहरेत्तूष्णीमुपोत्तिष्ठेदिति[१] ' ॥

89. 15. देविकाहविषां करण इति ॥ सूत्रं बौधायनस्य '' सोमᳫंसोममनुवर्तेरन्निति शालीकिर्'न देविकाहविर्भिर्यजे-दित्याश्मौगविः ' ॥

. 91. 3. अग्निभिः प्रत्यवसान इति ॥ अजस्रैः प्रत्यवस्येदिति बौधायनो '' ऽरण्योः समारोह्येति शालीकिः ' ॥

पयसः समासेचन इति ॥ दृतौ वा विनाडे[२] वा समासिञ्चेदिति बौधायनो '' नवायां कुम्भ्यामिति शालीकिः ' ॥

92. 14. . स्वयंकृतेष्विति ॥ सूत्रᳫं शालीकेर्'चो ह स्माह बौधायनो गोन्यासप्रमृदितानां[३] कुशानां बर्हिः संनह्येत्स्वयंपतितानां काष्ठानामिध्मं ' यदेव वेद्यै रूपᳫं सा वेदिर्दृतिं वा विनाडं[४] वा रथ आधाय परिवहेद्यत्तत्र नवनीतमुत्सीदेत्तदाज्यᳫं स्यादिति ' ॥

I. 93. 2. मैत्राबार्हस्पत्यस्य निर्वपण इति ॥ समानचतुर्मुष्टी स्याता-

---

१ ॰मुपोत्तिष्ठेदिति G U C′, ॰मुपतिष्ठेदिति B Bu Be; probably II. 89. 12 उपोत्तिष्ठति is the correct reading.

२ विनाशे G U C′, विनाळे the other MSS. and the Viv.

३ Thus Be C′ and comp. the Viv.: गवां नियतगमनेन मर्दितानां कुशानां; योन्यायप्रमृ॰ G B Bu, येन्यायप्रमृ॰ U.

४ विनाशं or विनाळं MSS.

मिति बौधायनो ॥ नानाचतुर्मुष्टौ स्यातामिति शालीकिः ।

॥ १७ ॥ अष्टमः ॥

II. 94. 2. रोहिते चर्मणीति ॥ सूत्रं बौधायनस्याप्यरोहितꣳ स्यादिति शालीकिः । ॥

सोमक्रयणेषूपैते[1] नित्याः शते स्युरिति बौधायन ॥ एत एव शततमाः स्युरिति शालीकिः । ॥

II. 94. 8. वसतीवरीणां ग्रहण इति ॥ सूत्रं बौधायनस्य ॥ सार-स्वतीरप्यत्र वसतीवरीर्गृह्णीयादिति शालीकिः । ॥

II. 94. 18. आग्नेयस्यैन्द्राग्न उपालम्भ्यो भवतीति ॥ सूत्रं बौधायन-स्यै॥न्द्राग्न एव सवनीयः स्यादिति शालीकिः । ॥

पात्राणां करण इति ॥ यथानिर्भेदं पात्राणि कारयेदिति बौधायनः ॥ प्राकृतान्येवैतानि स्युरिति शालीकिः । ॥

II. 98. 1. सारस्वतीनामभिहोम इति ॥ सूत्रꣳ शालीकेर॥न्यो ह स्माह बौधायनो याभ्यामेतदृग्भ्यां वहन्तीरभिजुहुयात्ताभ्यां ग्रहेग्रहे जुहुयादथ तूष्णीꣳ सारस्वतीरभिजुहुयादिति । ॥

II. 98. 7. अभिषेचनीयानां ग्रहाणां ग्रहण इति ॥ सूत्रमाचार्ययो-र॥न्यो ह स्माहौपमन्यवः पुरस्तात्सदसोऽभिषेचनीयान्ग्रहा-न्गृह्णीयादिति । ॥

II. 99. 16; 102. 9. धनुषः प्रदान इति ॥ पूर्वः कल्पो बौधायनस्योत्तरः शालीकेः ॥

---

१ Thus B G U (pr. m.), °षूपस्थिते Be C' U (sec. m.), °क्रपेत Bu.

100. 9. मारुतस्यैकविंशतिकपालस्य कपालोपधान इति ॥ ऐष्टिकैरुपधाय गणैरुपदध्यादिति बौधायनो ॥ गणैरेवेति शालीकिः । ॥

100. 9 आभिचार्ये मन्त्रामन्त्र इति ॥ मन्त्रवती स्यादिति बौधायनस्तूष्णीकेति शालीकिः । ॥ १८ ॥

101. 2. क्लीबस्य स्थान इति ॥ अन्तर्वेदि तिष्ठेदिति बौधायनो ॥ बहिर्वेदीति शालीकिः । ॥

106. 7. मणीनां करण इति ॥ औदुम्बर औदुम्बरेण लोहेन प्रच्छन्नः स्यादिति बौधायन ॥ औदुम्बर एवेति शालीकिः । ॥

107. 4. तस्मिन्सह संग्रहीत्रा रथवाहने रथमादधातीति ॥ सूत्रं बौधायनस्य । आधातॄणामेवैकः[1] संग्रहीता स्यादिति शालीकिः । ॥

108. 14. स्फ्यस्य प्रदान इति ॥ सूत्रं शालीकेर्॥ चो ह स्माह बौधायनो यजमानस्यैवैकस्य मन्त्रेण संप्रयच्छेत्तूष्णीमितरे संप्रयच्छेरन्निति[2] । ॥

109. 1. अक्षाणां करण इति ॥ सौवर्णाः स्युरिति बौधायनो ॥ राजता इति शालीकिर्॥ नागदन्ता[3] इत्यौपमन्यवो ॥ वैभीतका इत्यौपमन्यवीपुत्रः । ॥

ib. अथास्मै पञ्चाक्षानपच्छिद्य प्रयच्छतीति ॥ सूत्रं शाली-

---

१ Thus G; ०स्यधातॄणामे० C′, ०स्यायातॄणामे० U, ०स्य धयातृणामे० B Be; in Bu this dvandva is missing.

२ ०यच्छेरंन्निति G U C′.

३ Thus G B Bu U; ०दंता Be C′.

केर ॥ यो ह स्माह बौधायनो येनास्यानुपपन्नꣳ स्यात्तं तत्रापि-सृजेद्दिशो ऽभ्ययꣳ राजाभूदिति । ॥

II. 111. 8. अथ विषुवति दर्भस्तम्बे जुहोतीति ॥ सूत्रं बौधायनस्य ॥ यत्रैव दर्भस्तम्बः स्यात्तद्गच्छेदिति[1] शालीकिः ।

॥ १९ ॥ नवमः ॥

II. 111. 14. अग्नीनाꣳ हरण इति ॥ अजस्रान्हरेदिति बौधायनो ऽरण्योः समारोप्येति शालीकिः । ॥

ib. वेद्यै करण इति ॥ सूत्रं बौधायनस्य ॥ पूर्वापूर्वा वेदिर्भवतीति शालीकिः । ॥

II. 112. 10. अथैनं तीर्थादानीय पवयित्वा पुण्डरिस्रजिनमुदानीयेति ॥ स ह स्माह बौधायन उभयानि पुण्डरिकाणि कारयेल्लौवर्णानि च नादेयानि चेति ॥ नादेयान्येवेति शालीकिः । ॥

II. 112. 13. निदधत्यस्मा एतद्धविरुच्छिष्टं व्रतभाजनमिति ॥ सूत्रं बौधायनस्य ॥ नात्र हविरुच्छिष्टं व्रतभाजनं निदध्यादिति शालीकिः । ॥

II. 112. 17. सोमक्रयणेषूपेते[2] नित्याः स्युरिति बौधायन ॥ एत एव स्युरिति शालीकिः । ॥

---

१ तच instead of तद् Be C'.

२ Thus B G U (pr. m.); ॰षुपेते Bu; ॰षूपविते Be C' U (sec. m.).

औपसदां[१] हविषां मन्त्रामन्त्र इति ॥ मन्त्रवन्ति[२] स्युरिति बौधायनस्॥ तूष्णीकानीति[३] शालीकिः । ॥

13. 14. आग्नेयस्य प्राजापत्यस्तूपर उपालम्भ्यो भवतीति ॥ सूचं बौधायनस्य ॥ प्राजापत्य एव सवनीयः स्यादिति शालीकिः । ॥

14. 11. भार्गवो होता भवतीति ॥ आदित एव भार्गवꣳ होतारं वृणीतेति बौधायनो ॥ दृशपेय एव भार्गवो होता स्यादिति शालीकिः । ॥

शतं ब्राह्मणाः पिबन्तीति[४] ॥ यजमान[५] एकशततमः स्यादिति बौधायनो ॥ यजमान एव शततमः स्यादिति शालीकिः । ॥

114. 7. दक्षिणानां दान इति ॥ एता एव ब्राह्मणाभिविहिता[६] दक्षिणा दद्यादिति बौधायन ॥ एतन्मुखꣳ सहस्रमिति शालीकिः । ॥ २० ॥

115. 1. तेषामुत्थानेष्विति ॥ गच्छेयुरावभृथादिति बौधायनो ॥ ऽग्नुषोमान्ता इति शालीकि॥ र्ध्रुवान्ता इत्यौपमन्यवः । ॥

115. 8. हविषोहविष इष्ट्वा बार्हस्पत्यमभिघारयतीति ॥ बार्ह-

---

१ Thus G B and the Viv.; उपसदि U, औपसदानां C′, औपसदो Bu; Be defective.

२ ०वन्त MSS.

३ Thus G and U (pr. m.); तूष्णीका इति B G (sec. m.), तूष्णीकेति C′, तूष्णीकामिति Bu.

४ cp. T Br. I. 8. 2. 2.

५ Before यजमान G B ins. यो, U ये ।

६ ०भिहिता Be C′.

सत्यस्यापीड्वा[1] बार्हस्पत्यमभिघारयेदिति बौधायन" इतरेषामेव हविषां न बार्हस्पत्यस्येति शालीकिः' ॥

II. 115. 13. उच्चैरादित्याया आश्रावयत्युपांश्वु[2] मारुत्या इति ॥ आदित्याश्रावणप्रभृत्युपांश्वथेतरदुच्चैरिति[3] बौधायन" आ मारुत्याश्रावणप्रभृत्युपांश्वथेतरदुच्चैरिति शालीकिः" सर्वैवोच्चैरादित्या सर्वोपांश्वु मारुतीत्यौपमन्यवः' ॥

II. 115. 15. सात्यदूतेष्विति ॥ सूत्रं बौधायनस्ये"मं[4] ते[4] ऽग्नौ[4] प्राहैषोदित्येव ब्रूयादिति शालीकिः' ॥

II. 117. 14. द्विरात्र इति ॥ सूत्रं बौधायनस्य" यजनीये" ऽहन्पूर्वमहर्भवत्युत्तरस्मिन्नुत्तरमिति शालीकिः' ॥

II. 118. 5. देविकाहविषां करण इति ॥ कुर्यादिति बौधायनो" न कुर्यादिति शालीकिर्न कुर्यादिति शालीकिः[6]'

॥ २१ ॥ दशमः ॥

॥ इति द्वाविंशः प्रश्नः ॥

---

१ Thus G and the Viv.; °स्यापीला B, स्यपिड्वा U. C' Be corrupt. Bu defective.

२ Thus G, all the other MSS. more or less corrupt.

३ Here and infra all the MSS. इतर instead of इतरद्।

४ Emended; °स्यर्नावेषौ Be C' U (sec. m.), °स्यमंबेषौ Bu, °स्यर्नबेस्रे G, °स्यमंबस्रे B; cp. XXIII. 2 and T Br. I. 8. 3. 4: दूतान्प्रहिणोति।

५ Thus all.

६ In the MSS. no repetition of the final words.

119. 1. अथात इष्टिकल्पं व्याख्यास्यामः ॥

स ह स्माह बौधायनः पञ्चदशसामिधेनीकाः स्युर्वार्त्रघ्नावाज्यभागावुच्चैर्देवता इत्यथो ह स्माह शालीकिः सप्तदशसामिधेनीकाः स्युर्वृधन्वन्तावाज्यभागावुपांशु देवता इति । ॥ याजमानस्य करण इति ॥ सꣳस्थिद्धमिष्टिपथे[1] याजमानं कुर्यादिति बौधायनः । कुर्याद्यथावकाशं याजमानमिति शालीकिः । ॥

121. 3. अग्नये पथिकृते पुरोडाशमष्टाकपालं निर्वपेद्यो दर्शपूर्णमासयाजी सन्नमावास्यां वा पौर्णमासीं वातिपादयेदिति ॥ स ह स्माह बौधायनः पाथिकृतं निरुप्य वैश्वानरं द्वादशकपालमनुनिर्वपेद्यातिपन्नां प्रतियजेदित्यथो ह स्माह शालीकिः पाथिकृतं निरुप्य वैश्वानरं द्वादशकपालꣳ समानतन्त्रमनुनिर्वपेन्न चातिपन्नां प्रतियजेदित्यन्यतरेणैव सहातिपन्नां प्रतियजेदित्यौपमन्यवो ऽथो ह स्माहाश्मरथ्यो वा एतस्य यज्ञश्छिद्यते यस्य तन्त्रे प्रतते ऽन्यत्तन्त्रं[2] प्रतायते । य एवैषो[3] ऽच्युत[3] आग्नेयो ऽष्टाकपालस्तमेव पौर्णमास्यां वामावास्यायां वा पाथिकृतं कुर्यान्न चातिपन्नां प्रतियजेदिति । ॥

121. 7. अग्नये व्रतपतये पुरोडाशमष्टाकपालं निर्वपेद्य आहि-

---

१ °सिद्धमिष्टिपथे G, °सिद्धमिष्टियथे B, °सिद्धिमिष्टिपथे U, सिद्धिमिष्टयथे Bu, °सिद्धमिष्टयथे Be C′.

२ न्यतंत्रं MSS.

३ Thus C′, एवैषोच्युत U, एवैषोच्यत B G Be, एवैषाच्यूत Bu.

ताग्निः सत्रव्रत्यमिव चरेदिति ॥ आधानप्रभृत्येवैतदुक्तं भवतीति बौधायनो '' ऽन्वाहितेषु चैत्रोपसमाहितेषु चाग्निष्विति शालीकिः ' ॥

II. 121. 9. अग्नये रक्षोघ्ने पुरोडाशमष्टाकपालं निर्वपेद्यꣳ रक्षाꣳसि सचेरन्निति ॥ हुत्वाग्निहोत्रमिष्टिꣳ सꣳस्थापयेदिति बौधायनः '' सꣳस्थितायामिष्ट्यामग्निहोत्रं जुहुयादिति शालीकिः ' ॥

II. 121. 17. अग्नये रुद्रवते पुरोडाशमष्टाकपालं निर्वपेदभिचरन्निति ॥ स ह स्माह बौधायनो लोहितोष्णीषा लोहितवाससश्चर्त्विजः प्रचरेयुरिति '' याज्यापुरोऽनुवाक्याभ्यामेवैतदुक्तं भवतीति शालीकिः ' ॥

II. 121. 18. अग्नये सुरभिमते पुरोडाशमष्टाकपालं निर्वपेद्यस्य गावो वा पुरुषा वा प्रमीयेरन्यो वा बिभीयादिति ॥ स ह स्माह बौधायनः प्रोक्षणीषु च गन्धानावपेयुर्गन्धवन्तश्चर्त्विजः प्रचरेयुरिति '' याज्यापुरोऽनुवाक्याभ्यामेवैतदुक्तं भवतीति शालीकिः ' ॥

II. 122. 7. अग्नये कामाय पुरोडाशमष्टाकपालं निर्वपेद्यं कामो नोपनमेदिति ॥ स ह स्माह बौधायनो या तत्राम्नाता स्यात्तां चेन्निर्वपतः कामो न समृध्येताथैवं[1] कुर्यादित्येषैव सार्वकामिकी स्यादिति शालीकिः '' कामेकाम एषा[2] स्यादित्यौपमन्यवः ' ॥

II. 124. 1. अग्नये ज्योतिष्मते पुरोडाशमष्टाकपालं निर्वपेद्यस्याग्नि-

---

१ °थैवं G U Be; थैनं B C', °थेवं Bn.

२ एषा G, स्वैषा U, all the other MSS. एष ।

सहूतो ऽहुते ऽग्निहोत्र उद्दायेदिति ॥ सूत्रꣳ शालीकेरथो ह स्माह बौधायनो मन्थनमधिमन्थनमुपसमिन्धनमित्येतान्मन्त्रानिगदेदिति ॥

124. 17. वैश्वानरं द्वादशकपालं निर्वपेत्पुत्रे जात इति ॥ स ह स्माह बौधायन उत्थितायां निर्दशायां वैश्वानरं द्वादशकपालं निर्वपेत्सꣳस्रावस्य च कुमारं प्रलेहयेदिति ॥ जातमेव विदित्वेति शालीकिर्न च सꣳस्रावस्य कुमारं प्रलेहयेदित्यनन्तरे पर्वणीत्यौपमन्यवः[१] ॥ १ ॥

125. 2. विपर्यस्तहविषीति ॥ मारुतः[२] प्रथमं मन्त्रकर्म[३] लभेतेति बौधायनो ऽवदानत इति शालीकिः प्रदानत इत्यौपमन्यवस्तोतुष्प्राश्यादित्यौपमन्यवीपुत्रः ॥

125. 9. वैश्वानरं द्वादशकपालं निर्वपेदायतनं गत्वेति ॥ यत्रैव यतिष्यमाणः स्यात्तदायतनं तद्गत्वा वैश्वानरं द्वादशकपालं निर्वपेदिति बौधायनः स्वस्थानेष्वेवाग्निष्विति शालीकिः ॥

I. 126. 3. यथा रज्ज्वोत्तमां गामाजेदिति ॥ सूत्रं बौधायनस्येमां ते ऽसौ पाहीषौदित्येव[४] ब्रूयादिति शालीकिः ॥

---

१ The words after प्रलेहयेदिति only in C′ and U (sec. m.); Be has of them only औपमन्यवो; the other MSS. omit the opinion of Aupamanyava.

२ मारुतं Bu.

३ मंत्रं Be C′ (pr. m.).

४ Thus C′ U (sec. m.); प्राचीषौ॰ the other MSS.; cp. XXII. 21 and XIII. 10: 126. 5.

II. 127. 10. बस्तजानपीभे संनह्येदिति ॥ सूत्रं बौधायनस्य " बस्त-
जानामप्यत्र बर्हिः संनद्धं भवतीति शालीकिः ' ॥

II. 128. 7. आग्नावैष्णवमेकादशकपालं निर्वपेदभिचरन्निति ॥ सूत्रं
बौधायनस्य " प्रत्यभिचरन्तमेव विदित्वेति शालीकिः ' ॥

ib. सारस्वतमाज्यमिति ॥ मन्त्रनिरुप्तमेतद्धृतꣳ[१] स्यादिति
बौधायनस्य " एकमिति शालीकिः ' कालेकाल एवैनद्ध्रुवा-
ज्याद्गृह्णीयादित्यौपमन्यवः[२] ' ॥

II. 128. 17. अध्वरकल्पायामिति ॥ स ह स्माह बौधायन इडान्तं
प्रथमं तन्त्रं कुर्यादेवं द्वितीयं तृतीयेन सहावशेषं वर्तयेदि-
त्यथो ह स्माह शालीकिरा प्रणीतात्प्रथमस्य[३] तन्त्रस्य परि-
शाययेदेव[४] द्वितीयमेवं[५] तृतीयं[५] ' तृतीयेन सहावशेषं वर्तये-
दिति " अपूर्वपाकविप्रकर्मा[६] इत्यौपमन्यवः[६] ' ॥

II. 129. 7. यो ब्रह्मवर्चसकामः स्यात्तस्मा एतꣳ सोमारौद्रं चरुं

१ तंचविचत्र॰ B G; तंचेनिचत्र॰ U, तंचनिरूपत्र॰ Bu; मंत्रभिनवत्र॰ Be, मंत्रनिचत्र॰ C'.

२ ध्रुवाज्याद्गृह्ण॰ G U (sec. m.); ध्रुवाज्याज्याद्गृह्ण॰ B U (pr. m.); ध्रुवा-ज्यंगृह्ण॰ Be C'; भवागृह्ण॰ Bu.

३ Thus Be C' U; प्रणीताप्र॰ B G (pr. m.), प्रणीताः प्र॰ G (sec. m.); Bu defective.

४ Thus G B; कुर्यादेवं U Be C'; Bu defective.

५ एवं तृतीयं om. B G.

६ ॰कर्मादित्यौ॰ C' U (sec. m.).

तिष्यापूर्णमासे निर्वपेदिति ॥ उपवसथीये ऽहन्निर्वपेदिति बौधायनो " यजनीये ऽहन्निति शालीकिः ' ॥

29. 11. आज्यं प्रोक्षणमाज्येन मार्जयन्त इति ॥ उदकुम्भ आज्य-
स्रुवं प्रत्यस्येदिति बौधायनः ' प्रोक्षणं चैव मार्जनं चाज्येन[1]
कुर्यादपेतरदद्भिः कुर्यादिति शालीकिर्" यत्किं चाद्भिः कार्यꣳ
स्यात्सर्वं तदाज्येन कुर्यादित्यौपमन्यवः ' ॥

16. यदि बिभीयाद्दुश्चर्मा भविष्यामीति सोमापौष्णं चरुं
निर्वपेदिति ॥ विज्ञातेषु रूपेषु निर्वपेदिति बौधायनः "
पुरस्तादेव शङ्कमान इति शालीकिः ' ॥

130. 7. अर्धेष्विति ॥ सꣳस्थितायामिष्ट्यामर्धानभ्यादध्यादिति बौधा-
यनो " ऽत्रैव परिध्योरन्निति शालीकिः ' ॥ २ ॥ **प्रथमः** ॥

30. 15. विपर्यस्तहविषीति ॥ मारुतः प्रथमं मन्त्रकर्म लभेतेति
बौधायनो " ऽवदानत इति शालीकिः " प्रदानत इत्यौप-
मन्यवश्चातुष्प्राश्यादित्यौपमन्यवीपुत्रः ' ॥

30. 17. मारुतीभ्याꣳ होता यजतीति ॥ स ह स्माह बौधायन
आदित एव होता मरुत आवाहयेदनुवाचनतो ऽध्वर्युरिति "
याज्यापुरोऽनुवाक्याभ्यामेवैतदुक्तं भवतीति शालीकिः ' ॥

31. 19. आदित्येभ्यो भुवद्वद्भ्यश्चरुं निर्वपेद्भूतिकाम इति ॥ सूत्रꣳ
शालीकेर्"चो ह स्माह बौधायनः सर्वाः सपदाः सर्वाः ससा-
विषाः सर्वाः समयूखेष्वा इति ॥

32. 2. पदपाꣳसूनाꣳ हरण इति ॥ सूत्रꣳ शालीकेर्"चो ह

---

१ चैवाज्येन B Be.

आह बौधायनः समस्तेनैवास्य¹ मन्त्रेण पदपाङ्क्त्युत्तर-वर्ग्य² आवपेदथ तूष्णीमुरस्यनुनिनयेदिति । ॥

II. 133. 16. अतश्च सुवर्णानि कृष्णलानि भवन्तीति ॥ सूत्रं बौधायनस्यौपग्रतान्येवैतानि³ स्युरिति शालीकिः परिहारयेदेवामिति⁴ । ॥

II. 134. 3. चत्वारिचत्वारि कृष्णलान्यवद्यति चतुरवत्तस्याप्त्या इति ॥ स ह स्माह बौधायनो यान्यवत्तानि स्युर्जुहुयादेव तान्यथ यानि भक्षार्थानि स्युस्तान्युपगृहीतान्येव⁵ तानि स्युरथेतराणि समावन्तो विभजेरन्नित्य॥थो ह स्माह शालीकिर्यान्यवत्तानि स्युर्जुहुयादेव तान्यथ यानि भक्षार्थानि स्युस्तान्युपगृहीतान्येव⁵ तानि स्युरथेतराणि प्रायश्चित्तहरण ओप्य ब्रह्मणे परिहारयेदिति । ॥

II. 137. 21. यः पापयक्ष्मगृहीतः स्यात्तस्मा एतमादित्यं चरुममावास्यायां निर्वपेदिति ॥ उपवसथीये ऽहन्निर्वपेदिति⁶ बौधायनो ॥ यजनीये ऽहन्निति⁶ शालीकिः । ॥

---

१ °स्य Be C' U (sec. m.), °स्ये Bu U (pr. m.), °स्मिन् G B.

२ Thus (and cp. vol. II, 104. 2) G, °वर्गे the other MSS.

३ बौधायनस्योपग्रता° G U, °नस्य चोपग्र° B, °धायनस्येत्वाचमान्य° Be, °धायन्येत्वायसन्येवैतानि C'; but cp. the Viv.: उपग्रतेन तानि भवन्तीति । अतएवौपे कनानि वाधिकानि वेति ।

४ Thus the Viv. (ब्रह्मणे to be understood), प्रतिहार° the MSS.

५ Thus G; स्युरुपग° the other MSS.

६ Instead of ऽहन् (thus B G Bu) the other MSS. दनि ।

140. 9. सांपदयौ परिधिष्विति ॥ ऐष्टिकैः परिधाय पौरोडा-
शिकैः परिदध्यादिति बौधायन ॥ ऐष्टिकैरेवेति शालीकिः । ॥

40. 11. आहुतीनाꣳ होम इति ॥ सूत्रꣳ शालीकेरथो ह स्माह
बौधायन औदुम्बरैः पात्रैरेता आहुतीर्जुहुयाद्धुत्वा चैतानि
पात्राण्यग्नावेवानुप्रहरेदिति । ॥

141. 1. आज्यस्यावेक्षण इति ॥ सूत्रं बौधायनस्य ॥ यन्नवमैत्तन्नव-
नीतमभवदित्येतैरेवाज्यमवेक्षितमुत्पुनुयादिति[1] शालीकिः ।
॥ ३ ॥

42. 12. यावतो ऽश्वान्प्रतिगृह्णीयात्तावतो वारुणाꣳश्चतुष्कपाला-
न्निर्वपेदेकातिरिक्तानिति ॥ स ह स्माह बौधायनो वैश्वानरे-
णैकं[2] प्रतिगृह्णीयादेवं[3] द्वौ[4] । गणं[4] तु प्रतिगृह्य कुर्वीत[5]
बहुषु[6] वारुणानेकातिरिक्तानित्यथो ह स्माह शालीकि-
र्वैश्वानरेणैकं प्रतिगृह्णीयान्न तु द्वौ[7] । गणं[7] तु प्रतिगृह्य
कुर्वीत न[8] तु द्वयोर्बहुषु वा वारुणानेकातिरिक्तानिति । ॥

---

१ पुनुयाद् again all.

२ About the correct reading and the meaning of this dvaidha I am uncertain; •णैकं B U Bu, •णैवैकं Be G, •णैकः C′.

३ एवं C′ U, एव the other MSS.

४ द्वौ गणे Be B G, द्वौगुणं C′, द्वागणे B, द्वौर्गुणं U (sec. m.).

५ MSS. exc. Be C′ ins. तु. U (sec. m.) न तु ।

६ वा ins. Bu.

७ U again द्वौर्गुणं; गणं the other MSS., गुणं C′.

८ न given by Be C′ U (sec. m.), not by B Bu G U (pr. m.).

II. 143. 2. आभिचारे मन्त्रामन्त्र इति ॥ मन्त्रवती स्यादिति बौधायनस्य" व्योकेति शालीकिः' ॥

II. 143. 15. पुनः समूहति समूह्यावद्यतीति ॥ सूत्रं बौधायन" स्तैरेव मन्त्रैः प्रतिसमूह्यावद्येदिति शालीकिः' ॥

II. 144. 7. त्रयस्त्रिंशत्कपालं पुरोडाशं निर्वपतीति ॥ सूत्रं बौधायनस्य" संदिग्धपुरोडाश एवैष स्यादिति शालीकिः' ॥

II. 146. 3. (147. 17). वर्षाह्वस्तम्बस्याभिहोम इति ॥ सूत्रं बौधायनस्य" यत्रैव वर्षाह्वस्तम्बः स्यात्तद्गच्छेदिति शालीकिः' ॥

II. 148. 4. कृष्णाजिनस्यावधवन[1] इति ॥ अन्तर्वेदि तिष्ठन्कृष्णाजिनमवधुनुयादिति बौधायनो" बहिर्वेदीति शालीकिः' ॥

II. 148. 6. अञ्जःसवकारीयं करण इति ॥ कुर्यादिति बौधायनो" न कुर्यादिति शालीकिः' ॥

II. 151. 1. संसर्गे[2] प्रायश्चित्तकरण इति ॥ सूत्रमाचार्ययोर्"यो ह स्वाहौपमन्यवो यो नु खल्वाश्वनौयो ऽत एवैष उद्धृतो भवति' शमयोनिरन्वाहार्यपचनसंचतश्च[3] नास्ति प्रायश्चित्तं' प्रशस्तो हि वृथाग्निसंसर्ग इति' ॥

इतीक्त्वा[4] इमा इष्टयो व्याख्याताः ॥ ४ ॥ द्वितीयः ॥

---

१ Thus G, ०स्यावधवन U, ०स्यावधाम Bu Be C′, ०स्यायवन B, ०स्याव-धन the Viv.

२ संवर्गे B Bu G.

३ सचवा Be C′.

४ इतीम्या B C′ Be.

154. 5. अभिक्रामं जुहोतीति ॥ कियति नु खल्वेतदुक्तं भवतीति ॥ पञ्च प्रयाजा इति बौधायनो ॥ यत्प्राक् शाखाया इति शालीकिः । ॥

55. 16. यदि पशोरवदानं नश्येदाज्यस्य प्रत्याख्यायमवद्येदिति ॥ स ह स्माह बौधायनो यदि पशोरवदानं नश्येद्यद्येकं यदि द्वे आज्यस्य[१] प्रत्याख्यायमिष्ट्वा तत्कृत्वा[२] पुनर्यजेतेत्य॥थो ह स्माह शालीकिर्यदि पशोरवदानं नश्येद्यद्येकं यदि द्वे आज्यस्य[१] प्रत्याख्यायमिष्ट्वा तत्कृत्वा[३] कृतमेव मन्येताथ यदि भूयो ऽप्येवं कुर्यादिति । ॥

157. 2. सङ्स्रव इति ॥ यत्र कष नाव्या[४] वा[४] नदी[४] स्यादन्तरेणोदपथ्यावती[५] वासङ्स्रवस्तत्रेति बौधायनो ॥ यत्र कषन शब्दा न संशृणुयुरसंस्रवस्तत्रेति शालीकि॥र्यत्र कषणान्तरेणेयादसङ्स्रवस्तत्रेत्यौपमन्यवः[६] ॥ प्रस्थयोरेव जनपदयोरसङ्-

---

१ Some of the MSS. आज्यस्यैव ।

२ न ins. B.

३ After कृत्वा G B ins. न पुनर्यजेत (or °तेति), but cp. infra XXIII. 8.

४ Thus G B (नाव्या वार्या the Viv.); नाव्यावा नदीव Bu U (pr. m.); नाव्यवायानदी U (sec. m.); नाव्यवार्या नदी C′; नाव्यावाया नदी Be.

५ Thus G and B (the latter only °ति); °रेणोदपथ्यावति Bu U; °रेणोदात्यती Be C′ (pr. m.), °रेणोदापप्लती C′ (sec. m.). The Vivaraṇa: उदकपथ्यो (?) भावः यस्मो पादः । उदकपादवती ।

६ Thus B G Bu U (pr. m.); कषणोदकमंतरेणेयाद° U (sec. m.); कषणोदकमंतरेणेयाद° C′, °णोदकमंतरेणेयाद° Be; but in the Vivaraṇa there is no mention made of water; परस्परमकठाषणारा गच्छेदिति ।

मन्त्रस्त्वचेत्यौपमन्यवीपुत्रो॥ नाविद्विषाणयोः सङ्स्रवो विद्यत इति छागलेयब्राह्मणं[१] भवतीत्याश्मीगविः।॥

II. 157. 3. अभिभूतीनाङ् होम इति॥ आध्वरा हुत्वा सान्नायपिका[२] जुहुयादिति बौधायनः॥ सान्नायपिका[२] एवेति शालीकिः।॥

II. 162. 18. दीर्णप्रवृत्तेष्विति॥ सूत्रङ् शालीकेर्॥यो ह स्माह बौधायनो याभ्यामेतद्गृभ्यां[३] पूतभृद्दाधवनीययोर्जुहुयात्ताभ्यां[४] ग्रहेग्रहे जुहुयादथ तूष्णीङ् सङ्स्रावमवनयेदिति।॥

II. 167. 6. नित्ये ग्रहणे वैष्णवीमृचमनुवर्तयतीति॥ सूत्रं बौधायनस्य॥ पृषदाज्य एवैषानुवर्तयितव्या भवतीति शालीकिः।॥

II. 169. 5. स उक्थमुक्थं वेव प्रतिगीर्योक्थशा इत्याह सवनङ्सवनं वेति॥ पूर्वः कल्पो बौधायनस्योत्तरः शालीकेः।॥

II. 171. 8 (172. 14). पृष्ठ्यषडहानां ग्रहण इति॥ सूत्रङ् शालीकेर्॥यो ह स्माह बौधायनो यत्र क्वचैतान्यहानि संगच्छेयुर्गृह्णीयादेव तत्र पृष्ठ्यषडहानिति॥ संवत्सर एवैते दृष्टा भवन्ति। संवत्सर एवैनान्गृह्णीयादित्यौपमन्यवः[५]।॥

---

१ Thus B G Be C′, °लयंब्रा° Bu, °लेयाब्रा° U (pr. m.), °लब्रा° U (sec. m.), °लेयिब्रा° the Vivaraṇa.

२ साना° the MSS.

३ Thus (and cp. infra p. 157, 8) G Bu U (pr. m.), °भ्यामेवब्र° Be U (sec. m.), °भ्यामेवतद्° B, यत्रामेवब्र° C′.

४ पूतभृताधवनीयेभ्° U (sec. m.), पूतभृद्दाधवनीयेभ्° G B U (pr. m.)

५ एवैनंग्र° all.

171. 16. पृष्ठ्यग्रहाणां भक्षण इति ॥ स ह स्माह बौधायनो ऽनुसवनभक्षेण[१] चैवैनान्भक्षयेन्नित्येन चेति " नित्येनैवेति शालीकिः ' ॥

173. 7. , अꣳशूनां प्रवृꣳहण[२] इति ॥ एकैकशः प्रवृहेदिति[३] बौधायनः " सर्वान्सहेति शालीकिः ' ॥ ५ ॥

173. 12. आधवन[४] इति ॥ व्यतिषारमाधुनुयादिति बौधायनो " यथाधविचमिति शालीकि"र्मैचयेदित्यौपमन्यवः ' ॥

. 174. 9. अꣳशोर्होम इति ॥ सूचं शालीकेर"चो ह स्माह बौधायनो याभ्यामेतदृग्भ्यामुपस्पृशेत्ताभ्यामेनं जुहुयाद'थ तूष्णीमुपस्पृशेदिति ' ॥

. 175. 1. पृश्निग्रहाणां ग्रहण इति ॥ पूर्वः कल्पो बौधायनस्योत्तरः शालीकेः ॥

176. 13. तेन कचमुपोषतीति ॥ सूत्रं बौधायनस्यापूपेनैवाप्यत्र कचमुपोषेदिति शालीकिः. ' ॥

176. 16. ऋषभो गोषु जीर्यतीति ॥ सूत्रꣳ शालीकेर"चो ह स्माह बौधायनो यमप्यन्यं बहिस्तन्त्रात्पशुमालभेत तत्राप्येतानि कुर्यादुपाकरणीययोर्वपायां देवतास्विति ' ॥

---

१ नुसवनंभक्षेण B G U (pr. m.); नुसवनभक्षण Bu, नुसवनभक्षणेनैवैना॰ U (sec. m.) C′; Be corrupt.

२ Thus (cp. XIV. 12: 173. 7) B Bn G and the Viv., प्रवंहण Be, प्रवहण U C′.

३ प्रवहे॰ or प्रवर्हे॰ the MSS. exc. G.

४ चाधावन Bu.

II. 178. 9. अष्टापद्यै गर्भस्य वसाहोम इति ॥ सूत्रं बौधायनस्य " न गर्भस्य वसाहोमं जुहुयादिति शालीकि"र्नं च गर्भस्य वसाहोमं जुहुयान्नेडां न स्विष्टकृतमित्यौपमन्यवः ' ॥ ६ ॥ तृतीयः ॥

II. 179. 9. अजवशाया उपाकरण इति ॥ सूत्रं बौधायनस्य " वायव्ययैवैनामुपाकुर्यादिति शालीकि"र्न्नो ह स्माह ज्यायान्कात्यायनो यथाप्युपाकरण उपाकरणं नुदत एवमेवाप्युत्तरे मन्त्रा नुद्येरन्निति ' ॥

II. 180. 5. यदालभ्यायामभ्रो भवतीति ॥ स ह स्माह बौधायनो यद्यहान्तश्रिता[1] अकृष्णा मेघाः स्युः सꣳस्थापयेवाथ चेत्कृष्णाः स्युरथैवं कुर्यादित्य"न्नो ह स्माह शालीकिर्यद्यह नादित्यमन्तर्दध्युः[2] सꣳस्थापयेदेवाथ चेदेनमन्तर्दध्युरथैवं[3] कुर्यादिति " नालभ्यायामसꣳस्थापनं[4] विद्यत इति गौतमः ' ॥

II. 180. 17. जयेष्विति ॥ पूर्वः कल्पो बौधायनस्योत्तरः शालीकेः " ॥

II. 181. 15, 16. अभ्यातानेष्विति ॥ पूर्वः कल्पः शालीकेरुत्तरो बौधायनस्यो'न्नो ह स्माहौपमन्यवोऽभ्यातानाञ्जयाꣳश्राष्ट्रभृत इति सुवाहुतीरेवैता जुहुयाद्गच्छेयुश्च दर्शपूर्णमासावभ्यातानाञ्जयाꣳश्राष्ट्रभृत इति ' ॥

---

१ ? यद्यहान्नाश्रिता Be C′, यद्यहांतश्रिता B G U, यदिहांतश्रिता Bu.

२ Thus U, यद्यहर्नादित्य B G Be C′, यद्यहवादित्य॰ Bu.

३ Thus Be C′ U (sec. m.); एवम् om. B Bu G U (pr. m.), ॰थैवंमकुर्य॰ C′.

४ नलभ्रा॰ G U.— ॰यांसंस्थापनं Bu, but the Viv. has असंस्थापनम्।

182. 2. शम्यापरिधिष्विति[१] ॥ शम्यैव शम्यापरिधीन्कुर्यादिति[२]
बौधायनः ॥ प्राकृता एवैताः[३] स्युरिति शालीकिः । ॥

182. 7. द्विःस्वाहाकारꣳ राष्ट्रभृतो जुहोतीति ॥ विग्राहं जुहुया-
दिति बौधायनः ॥ द्वे द्वे स्रुवाहुती इति शालीकिः । ॥

11. 182. 11 sqq. अधिदेवने जुहोति रथमुखे जुहोति रथनाभ्यां[४] जुहोतीति ॥
सूत्रं बौधायनस्य ॥ तदग्नीन्येवैतानि[५] स्युरिति शालीकिः । ॥

183. 15. नैयग्रोध औदुम्बर आश्वत्थः प्लाक्ष इतीध्मो भवतीति ॥
सूत्रं बौधायनस्य ॥ पृथगेवैतानीध्मान्यभ्यज्य पृथगभ्यादध्यादिति
शालीकिः । ॥

184. 2.१० यद्वाचः क्रूरं तेन वषट्करोतीति ॥ सूत्रꣳ शालीकेः ॥ चो
ह स्माह बौधायन उदश्वित्क्षारमिश्रमर्कपर्णेन[६] सह[७] जुहु-
याज्जुहोति वा कडिति वा वषट्कुर्यादिति । ॥

---

१ Thus Bu C′ and the Viv.; शम्याः प॰ the other MSS.

२ Conjecturally (Viv.: शमीष्टकस्य शम्याकाराः); शम्यायै शम्याम्परि॰ B G U, शम्ययैव शम्याम्परि॰ Bu; शम्यायै परि॰ Be C′.

३ एवैता all.

४ नाभ्यां Bu U C′.

५ Thus C′ U (sec. m.); ॰तदग्नित्येव Be; ॰तदन्येवै॰ B Bu G U (pr. m.). The Viv.: एव (r. एत) दग्नौन्वे (r. न्ये) व। एतेष्वेव होमाः। नाक्ष्यग्निस्वनतयेति।

६ Emended; उदश्वित्क्षा॰ Be, उदस्विदतक्षा॰ C′, दुदश्वतक्षा॰ B G, दश्वि-तक्षा॰ Bu, उश्विदक्षा॰ U.

७ om. Be C′.

II. 187. 8. प्रसव इति ॥ स ह स्माह बौधायन उभयेन प्रसौयाद्वासिष्ठीयाभिश्च सावित्रेण चेति ॥ सावित्रेणैवेति शालीकिः । ॥ ७ ॥

II. 187. 16 sqq. अतिक्रामेष्विति[१] ॥ पूर्वः कल्पो बौधायनस्योत्तरः शालीकेः ॥

II. 188. 10 sqq. अतीमोक्षेष्विति[२] ॥ पूर्वः कल्पः शालीकेरुत्तरो बौधायनस्य ॥

II. 191. 2. प्राणग्रहाणां ग्रहण इति ॥ सूत्रं बौधायनस्य ॥ संवत्सर एवैते दृष्टा भवन्ति । संवत्सर एवैनान्गृह्णीयादिति शालीकिः । ॥

II. 192. 10. तां दुग्ध्वा ब्राह्मणाय दद्याद्यस्यात्कं नाद्यादिति ॥ सूत्रं शालीकेः ॥ अथो ह स्माह बौधायनः प्राक् वेदिजिज्ञासायै[३] निषीदेदथैवं कुर्यादिति । ॥

II. 195. 3. यस्याहवनीये ऽनुद्राते गार्हपत्य उद्वायेदिति ॥ सूत्रं शालीकेः ॥ अथो ह स्माह बौधायनः समस्तमेतमग्निं व्रते समुप्य दक्षिणेन विहारं पर्याहृत्य गार्हपत्यस्यायतनाद्भस्मोद्धाय शकृत्पिण्डेन परिलिप्य न्युप्योपसमाधाय ज्वलन्तमाहवनीयमुद्धृत्याहवनीयस्यायतनाद्भस्मोद्धाय शकृत्पिण्डेन परिलिप्य न्युप्योपसमाधाय समिद्वत्याहवनीये षट् स्रुवाहुतीर्जुहुयादुद्बुध्यस्वाग्ने

---

१ Thus G (sec. m.) and the Viv.; °क्रमे° the other MSS. Vol. II. 187. 15 is to be corrected अतिक्रामाणा° ।

२ अती° Be C' and the Viv., अति° the other MSS.

३ Thus B G and the Viv., प्राक्चेतृजिज्ञासायै Bu, प्राक्चेजिज्ञासायै C', प्राक्चजिज्ञासये U.

त्वमग्ने सप्रथा असि मनो ज्योतिर्जुषतां तन्तुं तन्वन्नुद् त्वं चित्रमिति ॥

11. 196. 2 sqq. अतिरिक्तसोमेष्विति ॥ पूर्वः कल्पो बौधायनस्योत्तरः शालीकेः ॥

198. 1. ध्रुवे परिहीणे प्रायश्चित्तकरण इति ॥ स ह स्माह बौधायनः प्राक् चेदवभृथाच्छन्दोगबहृचेषु लभेरन्नभ्यावर्त्तयेयु स्तुतशस्त्राणि स्युस्तत्कृत्वा पुनर्यजेतेत्यथो ह स्माह शालीकिः प्राक् चेदवभृथाच्छन्दोगबहृचेषु लभेरन्नभ्यावर्तयेयु स्तुतशस्त्राणि स्युस्तत्कृत्वा कृतमेव मन्येतेति ॥

199. 6. अक्तां ग्रहण इति ॥ सूत्रं बौधायनस्य यदेवानन्तरमहः स्यात्तस्मिन्मैत्रावरुणाग्राग्रहाग्गृह्णीरन्निति शालीकिः ॥

200. 3. यूपे विरूढे प्रायश्चित्तकरण इति ॥ सूत्रं बौधायनस्या-न्तस्तन्त्रमेव यूपे विरूढे प्रायश्चित्तं कुर्यादिति शालीकिः ॥

201. 11. यस्य सोम उपदस्येत्सुवर्णꣳ हिरण्यं द्वेधा विच्छिद्यर्जीषेऽन्यदाधुनुयाज्जुहुयादन्यदिति ॥ सूत्रं बौधायनस्य सहि-रण्या एवास्यात ऊर्ध्वं मुख्यास्तमसा ह्वयेरन्नभ्युन्नीयेरन्निति[1] शालीकिः ॥

201. 19. आदारसोमेष्विति ॥ सूत्रं बौधायनस्यादारसोमेनैवाप्य-न्यमागमयेरन्निति[2] शालीकिः ॥

---

१ Corrected; ॰भ्युन्निरन्निति B G Bu U (pr. m.), ॰भ्युपनौरंन्निति or ॰रन्निति Be C′ U (sec. m.).

२ Thus B G; ॰नवाप्यन्यमाग॰ Bu, नैवान्योन्यमाग॰ Be C′ U (sec. m.).

II. 203. 4. आशिःष्विति ॥[1] आशिषो ऽनुवर्तेरन्निति बौधायन
एता[2] एवाशिषः स्युरिति शालीकिः ॥ ८ ॥ चतुर्थः ॥

II. 245. 1 sqq. अथातो द्वादशाहं व्याख्यास्यामः ॥

II. 247. 4. चिन्वीत द्वादशाहे ऽग्निमिति बौधायनो न चिन्वीतेति
शालीकिः ॥

अतियाज्य[3] इति ॥ स ह स्माह बौधायनो गृहपतिरेवा-
रण्योः[4] समारोपयेदेतदतियाज्यस्य रूपं भवतीत्यन्यो ह स्माह
शालीकिः पृथगेवारणीषु समारोपयेरन्गृहपतेरेव प्रथमस्य
मथित्वा ज्वलत्सु ज्वलतो ऽपि[5] विसृजेरन्नित्येतदतियाज्यस्य
रूपं भवतीति ॥

II. 245. 7. संनिवाप[6] इति ॥ स ह स्माह बौधायनः संनिवप्स्यन्तो
ऽग्नये ब्रह्मण्वते पुरोडाशमष्टाकपालं निर्वपेयुरग्नये क्षत्रवते ऽग्नये
क्षत्रभृत इत्यन्यो ह स्माह शालीकिरग्निसंयोजनौ[7] खल्वेषेष्टिर्भ-

---

१ Before आशिषो U has (rightly?) आशीष्वेव (r? आशिःष्वेव,) C′ reads; आशीष्वेवाशीष्वित्याशिषो।

२ Thus B U C′, the Viv.; एत the other MSS.

३ Thus U (sec. m.) and C′ originally; अतियाह the other MSS.

४ Thus G B, गृहपतेरेवा॰ Bu Be C′, गृहपतिना॰ U.

५ Thus B Bu G, ॰तोनिवृ॰ Be, ज्वलत्सुज्वलतोपिनिवृ॰ U (sec. m.).

६ Thus B G and cp. XXVI. 12; संनिवापन U (sec. m.) C′ Be, संनिधाप Bu.

७ Thus B Be; ॰यजना Bu G U C′.

वति । यत्रैवाग्निं चेष्यमाणः स्यात्तत्रैनां निर्वपेदिति ॥ प्राजापत्यं[१] पशुपुरोडाशमनुवर्तयेतेत्यौपमन्यवः[२] ॥

245. 11. पवन इति ॥ एकैकश एवैनान्पवयित्वैकैकश उदानयेयुरिति बौधायनः ॥ सकृदेवैनान्पवयित्वैकैकश उदानयेयुरिति शालीकिः ॥ सकृदेवैनान्पवयित्वा सर्वान्सहोदानयेयुरित्यौपमन्यवः ॥

246. 6. आर्षेयवरण इति ॥ स ह स्माह बौधायनो ये केचन समानगोत्रा अव्यवेता अन्यथागोत्राः[३] स्युरेकस्यार्षेयस्य[४] वरण[४] एव तेषां वरणं स्यादित्यथो ह स्माह शालीकिर्यदि चैव व्यवेता यदि[५] वाव्यवेताः[५] समानगोत्रा एकस्यार्षेयवरण[६] एव तेषां वरणं स्यादिति ॥

246 13. व्रतधुक्षिति ॥ समानत्र समार्वन्तो विभजेरन्निति बौधायनः ॥ पृथगेवैषां[७] व्रतदुघः स्युरिति शालीकिः ॥

---

१ प्राजापत्यस्य the MSS.

२ Thus U (sec. m.), •नुवर्तवेत्यौ• B G U Be, •नुनिर्वेवेत्यौ• C′, •नुवर्तेतयौ• Bu.

३ ? अन्ययागोत्रा Be, अन्यथोगोत्रा C′, अन्ययागोतरा Bu, अन्यथा अगोतरा U, अन्येष अगोत्रा G B; अन्यायागोत्राः the Viv. (one copy), अन्ययासगोत्राः (another copy).

४ स्युरेक आर्षेयसंवरण C′, स्युरेक आर्षेयताः समानगोत्रा एकार्षेयं वरण Be.

५ Only in C′ B and U (sec. m.).

६ •र्षेयसंवरण or वरण U Be C′. On the whole difficult passage cp. Ap. XXI. 3. 4.

७ एव om. G and the Viv.

II. 247. 1. षष्ठ्यामुपसद्युत्तरवेदिꣳ संनिवपन्तीति सूत्रमाचार्ययोरपि[१] वैकादश्यामिति विधिः[२] ।॥

II. 247. 7. वसतीवरीणामभिग्रहण[३] इति ॥ सूत्रꣳ शालीकेरंचो ह स्माह बौधायनो यदि सातिशेषः कलशः स्यात्तूष्णी-मवनयेद्यद्यु वै सर्वश एव लेपः समवनीतः स्यादथैवं[४] कुर्यादिति शालीकिः ।॥

II. 247. 12. सो ऽत्र[५] वैव[५] यज्ञस्य पुनरालम्भं जपति यज्ञायज्ञीयस्य वा स्तोत्रे शंयुवाके वेति ॥ पूर्वः कल्पो बौधायनस्योत्तरः शालीकिः ।॥

II. 248. 1. वितर्तयन्ति परिधीननुप्रहरति[६] प्रस्तरमिति ॥ सूत्रं बौधा-यनस्यानुप्रहरेदेवात्र प्रस्तरपरिधीनिति शालीकिः ।॥ ९ ॥

II. 248. 5. निमील्याध्वर्युरुपाꣳशु[७] जुहोतीति। सूत्रं बौधायन-स्यानन्वीक्षमाण एव जुहुयादिति शालीकिः ।॥

---

१ Before अपि Be ins. चाचोरकारोपमन्यवो, C′ चाचो॰ वो, U चाचोरकार बोधायनो। cp. XXVI. 12.

२ Thus B G; ॰मिति वाधिः Bu; मिति वाभिः U, ॰मिवल्कं Be C′.

३ Thus the Viv. and cp. XXVI. 12; ॰मदियहण Be C′, ॰मिति-ग्रहण the other MSS.

४ Thus Be G, ॰द्यैव C′, ॰दथवैवं Bu B U.

५ Thus B U G Bu the Viv. (one copy); चैव Be C′ the Viv. (another copy).

६ ॰हरति Be G Bu U; ॰हरंति Be C′.

७ Read ॰पाꣳशुं?

48. शिल्पैरुपाकरण इति ॥ स ह स्माह बौधायन उभयेनोपाकुर्याद्बर्हिर्भ्यां च शिल्पैश्चेति " शिल्पैरेवेति शालीकिः ' ॥

48. 15. न्यूङ्खन इति ॥ विराजां[१] वा प्रतिपत्सु न्यूङ्खयति[२] शस्त्रे[३] वेति[३] ॥ पूर्वः कल्पो बौधायनस्योत्तरः शालीकेः ॥

49. 4. निर्मन्थ्यस्य मन्त्रामन्त्र इति ॥ मन्त्रवान्स्यादिति बौधायनस्य " तूष्णीक इति शालीकिः ' ॥

दाक्षिणानां होम इति ॥ स ह स्माह बौधायनो जुहुयादेवाहुतीर्जपेत्प्रत्ययमन्त्रानित्य " न्नो ह स्माह शालीकिर्जुहुयादेवाहुतीर्न तु[४] प्रत्ययमन्त्राञ्जपेदिति " ये केच दक्षिणायुक्ता मन्त्राः स्युर्नैवैनानाद्रियेतेत्यौपमन्यवः ' ॥ १० ॥

पञ्चमः ॥

52. 6. अविवाक्य इति ॥ अविवाक्यमेतदहर्भवतीति बौधायनो " विब्रूयादेवेति[५] शालीकिः ' ॥

52. 11. ऋचामुद्धरण इति ॥ सूत्रं बौधायनस्य " यथाप्रकृतिमेवाध्वर्युः कुर्याच्छन्दोगवदृचा एव प्रतिकुर्वीरन्निति[६] शालीकिः ' ॥

---

१ विराजां G C′, विराजा Be Bu, विरजां U, विवजां B.

२ ॰र्यति all exc. C′.

३ शस्त्रेवेति all.

४ Found in Be C′ U G (sec. m.), the other MSS. om.

५ Thus corrected; निब्रू॰ B G, तिब्रू॰ Bu, नुब्रू॰ Be C′ U (sec. m.), निर्ब्रू॰ U (pr. m.).

६ प्रतिविकु॰ B G U (pr. m.).

II. 255. 13. सर्पण इति ॥ कृष्णाजिनान्तैः सर्पन्त उत्तरꣳ हविर्धान-मुपस्पृशेयुरिति बौधायनो ' नोपस्पृशेयुरिति शालीकिः ' ॥

II. 257. 4 sqq. आग्रयणाग्रेष्विति ॥ वाचंयमो ऽध्वर्युः पूर्वान्ग्रहस्थान् गृह्णीयादिति[1] बौधायनो " विसृष्टवागिति शालीकिः ' ॥

स[2] शुक्रं गृहीत्वा धारयति यावदितरौ ग्रहौ गृह्णातीति ॥ सूत्रं बौधायनस्य " यंयं गृह्णीयात्तंतं परिमृज्य सादयेदिति शालीकिः ' ॥

ग्रहाधानेष्वनुसंव्रज्याया[3] इति ॥ अनुसंव्रजेदिति बौधा-यनो " नानुसंव्रजेदिति शालीकिः ' ॥

II. 258. 1. पशुकल्पेष्विति ॥ सर्वं कल्पा बौधायनस्यैन्द्राग्नपशून्येवा-हीनराचिसत्त्राणि भवन्तीति शालीकिः ' ॥

II. 261. 2. तेषां यानि समहाव्रतानि तानि साग्निचित्यान्यथेत-राण्यौत्तरवेदिकानि स्युरिति बौधायन " ऐकाहिकस्त्वेवाग्नि-रिति शालीकिः ' ॥

II. 262. 12. आचीयेष्विति[4] ॥ अभिजिद्विषुवान्विश्वजिद्दशममहर्महा-

---

१ ग्रहस्थानान्गृ° B.

२ स given only by U (sec. m.) C′ and the Viv.

३ Thus B G (sec. m.) C′ (sec. m.) U; आयोजनाधानेष्व° Be, ग्रहस्थानेष्व° Bu; the Viv.: ग्रहा आधीयन्ते एष्विति।

४ Thus (heteroclitic locative? from आचीयत्) Be C′ U (cp. Āp. XXIII. 9. 6 आच्यन्ति); आदीयेष्विति B G the Viv.; आजीये-ष्विति Bu.

ष्टतमित्येतान्याचीयन्ति[१] भवन्तीति बौधायनो" यान्यन्यानि पृष्ठ्याभिप्लवेभ्य इति शालीकिर्यानि चान्यानि पृष्ठ्याभिप्लवेभ्यो दशमाच्चाह्न इत्यौपमन्यवः" प्रायणीयारम्भणीयावभिजिद्विषुवान्विश्वजिद्दशममहर्महाव्रतमुदयनीयो ऽतिरात्र इत्येतान्यष्टावाचीयन्ति[२] भवन्तीति गौतमः' ॥

265. 5. पशुकल्पेष्विति ॥ सर्वे कल्पा बौधायनस्यै"कादशिनपशून्येव सांवत्सरिकाणि सत्राणि भवन्तीति शालीकिः' ॥

266. 9. वाण: शततन्तुर्भवतीति ॥ सूत्रं बौधायनस्य" वौणैवैषा[३] तन्त्रीभिः[४] शततमा[५] स्यादिति शालीकिः' ॥

अहर्गणे माहाव्रतिकानाꣳ[६] शिल्पानां करण इति ॥ कुर्यादिति बौधायनो" न कुर्यादिति शालीकिः' ॥

अहर्गणे शिखानामनुप्रवपण[१] इति ॥ अनुप्रवपेरन्निति बौधायनो" नानुप्रवपेरन्निति शालीकिः' ॥ ११ ॥ षष्ठः ॥

---

१ °तान्यचीयंती Bu, °तान्याचीयानि B G; the other MSS. wholly corrupt; cp. XXVI. 17.

२ °ष्टावचियंति U, °ष्टावचीया Be, °ष्टावचीय C', °ष्टावचीयानि B G, °ष्टावाचियेती Bu.

३ वाचैवैषा C', वौणवैषां Be, U (sec. m.), वौषैवैषां G, वौणेवेषां Bu B, वौषेवेषा U (pr. m.).

४ Thus G U C'; तंत्राभिः Bu, त्रीभिः Be, तंत्रे भिः B.

५ Uncertain; शततमा B Bu G U (pr. m.) C' (sec. m.); शततंतु Be U (sec. m.), शततंतुर C' (pr. m.).

६ Thus B G Be, महा° or मह° Bu U C' and the Viv.

II. 269. 10. द्विरात्र इति॥ सूत्रं बौधायनस्य यजनीये ऽहन्पूर्वमह-र्भवत्युत्तरस्मिन्नुत्तरमिति शालीकिः॥

II. 270. 5. तस्मिन्नुवतो वेहद्दामन इति भवन्तीति॥ उपैवैते[1]नित्याः सहस्रे स्युरिति बौधायन एत[2] एव[2] सहस्रतमाः[3] स्युरिति शालीकिः॥

II. 271. 10. द्रोणकलशस्यात्रप्रापण इति॥ अन्तःपरिध्यवप्रापयेदिति बौधायनो बहिःपरिधीति शालीकिः॥

II. 272. 3. रूपाणाᳪ होम इति॥ सूत्रं बौधायनस्याश्वमेधिका-न्यपत्र[4] रूपाणि जुहुयादिति शालीकिः॥

II. 274. 1. उद्यत्स्तोमेष्विति॥ पूर्वः कल्पो बौधायनस्योत्तरः शालीकेः॥

II. 274. 9. औपसदानां पुरोडाशानां मन्त्रामन्त्र इति॥ मन्त्रवन्तः स्युरिति बौधायनस्तूष्णीका इति शालीकिराग्नेया एक-कपालाः स्रुवाहुत्या चैनान्सह सहजुहुयादित्यौपमन्यवः॥

II. 275. 8. इयोर्गा उपकल्पयन्त इति॥ सूत्रं बौधायनस्याजा अप्यचोपकल्पयोरश्विति[5] शालीकिः॥

---

१ Thus G B; उपैवेति Bu, उपैवे U, उतवैते Be, चतवेते C′.

२ Thus B G U (pr. m.) एता एव Be C′ U (sec. m.), एतमेव Bu.

३ सहस्रतमा MSS.; omitted by Be C′ (pr. m.).

४ Uncertain and partially emended; ॰नस्याश्वमेधिकस्यापच C′, ॰नस्य आश्वमेधिकस्यापच Be U; ॰नस्य आश्वमेधिकायनस्य आश्वमेधिकान्यपच B G, ॰नस्याश्वमेधिकायतस्याश्वमेधिकान्यपच Bu.

५ ॰कल्पयेर॰ C′; अप om. Be.

. 275. 11. उलूखलबुध्नो यूपो भवतीति ॥ सर्वाङ्कारान्कुर्यादिति[1] बौधायनः‖ प्रोच्छ्यैनमुच्छ्रयेदिति शालीकिः‖ प्रोच्छ्योपास्य[2] यूपशकलमुच्छ्रयेदित्यौपमन्यवः। ॥

. 275. 13. पांसूनामनुसंहरण इति ॥ धिष्णियेभ्य औदुम्बर्या अवटादुपरवेभ्य उत्करादुत्तरवेद्यै पांसूननुसंहरेदिति बौधायनो‖ नानुसंहरेदिति शालीकिः। ॥

अथ यदि दीक्षोपसत्सु प्रत्ययमात्सौरम्भंप्रकीर्येदवस्थानीयाभिरिष्टिभिरिष्ट्वोत्तिष्ठेयुरिति[3] बौधायन‖ एकाहं[4] सुत्वोत्तिष्ठेयुरिति[4] शालीकि‖र्नसंस्थाप्य पृष्ठ्यं षडहमुत्तिष्ठेयुरित्यौपमन्यवः। ॥ १२ ॥

तेषामुत्थानेष्विति ॥ गच्छेयुरावभृथादिति बौधायनो‖ ऽग्निष्टोमान्ता इति शालीकि‖र्ध्रुवाश्च इत्यौपमन्यवः। ॥

जनकसप्तरात्रो[5] ऽतिरात्रः पृष्ठ्यः षडह इति बौधायनः‖ पृष्ठ्यः षडहो ऽतिरात्र इति शालीकिः। ॥

---

१ सर्वङ्कारान्कु० Be, सर्वाङ्कारान्कु० C′, सर्वान्कामान्कु० B G U, सर्वारान्कु० Bu; the Viv.: सर्वाङ्कारान्। क्रियन्त इति काराः: कर्मणः संस्काराः।

२ Thus Be C′; प्रोच्छ्योपास्य Bu, प्रोच्छ्यावास्य G, प्रोच्छ्यवास्य B, प्रोच्छ्यपावस्या U.

३ इष्टिभिर् found only in G U C′.

४ Thus G Bu and the Viv.; एकंसुत्वो० U, एकसुत्वो० B, एका एव सुत्वो० Be C′.

५ ०रात्रो G Bu and the Viv.; ०रात्रे B Be, ०रात्रः C′ (omitting तिरात्र).

II. 277. 14. दशरात्राय दीक्षिष्यमाणो दशहोतारꣳ हुत्वा दशरात्राय दीक्षेत इति ॥ सूत्रं बौधायनस्य॥ सप्तहोतारꣳ हुत्वा दशहोतारं जुहुयादिति शालीकिः॥ ॥ इति नु ब्राह्मणवान् ॥

अथ गोबलदशरात्रो ऽतिरात्रः पृष्ठ्यः षडहो वाजपेयो महाव्रतं चातिरात्रस्याष्टमे ऽहनि वाजपेयः[1] ॥ तत्र[1] देवसुवाꣳ हविषां करण इति ॥ कुर्यादिति बौधायनो॥ न कुर्यादिति शालीकिस्तु॥ यस्मिꣳशस्य पशुपुरोडाशमनुवर्तेरन्नित्यौपमन्यवः[2]। ॥

विलुप्यमाने पृष्ठ्ये षडहे शिल्पानां करण इति ॥ कुर्यादिति बौधायनो॥ न कुर्यादिति शालीकिः। ॥

II. 281. 16. एकषष्टिरात्रे वैश्वकर्मणादित्ययोर्ग्रहण[3] इति ॥ उत्तरे त्रिꣳशद्रात्रे गृह्णीयादिति बौधायनः॥ संवत्सर एवैतौ दृष्टौ भवतः। संवत्सर एवैनौ गृह्णीयादिति शालीकिः। ॥

II. 283. 2. औदुम्बरꣳ षोडशिपात्रमिति ॥ सूत्रं बौधायनस्य॥ खादिरमेवेति शालीकिः। ॥

II. 283. 15 अतिरात्रपशूनामुपाकरण इति ॥ सूत्रं बौधायनस्य॥ सारस्वतीमेवोपाकुर्यादिति शालीकिः। ॥

---

१ Thus U C'; ०चाष्टमो भवतीति वाजपेयस्तत्र Bu; चाष्टमेवाजपेयस्तत्र B G Be.

२ ०पशु० om. B Be G.

३ Thus G U C' and the Viv.; णादित्यग्रहयोर्ग्रहण B Bu; ०णोदित्ययोर्ग्रहण Be.

286. 7. षोडशिवतां चमसानां भक्षण इति ॥ व्यक्तान्भक्षयेदिति[1] बौधायन॥ इन्द्रपीतानिति शालीकिः। ॥

राचिपर्यायेषु मुख्यानां चमसानामभिमर्शन इति ॥ सूत्रं शालीकेर्॥चो ह स्माह बौधायन इन्द्राय त्वापिशर्वरायेत्येव मुख्यंमुख्यं चमसमभिमृशेदिति। ॥

290. 11. आश्विनस्य मन्त्रामन्त्र इति ॥ मन्त्रवान्स्यादिति बौधायनस्तू॥ष्णीक इति शालीकिः। ॥

291. 6. आश्विनस्य चर्याया इति ॥ सूत्रं शालीकेर्॥चो ह स्माह बौधायनः पुरस्तात्तिरोअह्नियानां[2] चमसानां चर्याया[3] अनुचाश्विनेन[3] चरेदिति। ॥

291. 8. तिरोअह्नियानां[2] चमसानां भक्षण इति ॥ अनुष्टुप्छन्दसा भक्षयेदिति बौधायनो॥ जगतीच्छन्दसेति शालीकिः। ॥

291. 16. शुद्धतीयेष्विति ॥ एकादशधा कल्पोपयष्टोपयजेदिति बौधायनो॥ ऽपच्छेदमिति शालीकिः॥ समस्तान्येवैनान्यनुप्रहृत्य सर्वैर्मन्त्रैरनुमन्त्रयेतेत्यौपमन्यवः। ॥ १३ ॥ सप्तमः ॥

292. 1. एकादशिन्यै संप्रदान इति ॥ सूत्रं शालीकेर्॥चो ह

---

१ Thus Bu Be C′ and the Viv.; मुख्यक्राव॰ B G U.

२ Thus Bu and Viv.; ॰यन्द्यानां or ॰यह्निनां the other MSS.

३ Thus G only; चर्याया इत्यचाश्वि॰ C′ U (sec. m.), चर्यायामुचाश्वि॰ the other MSS.; चर्याया also the Vivarana.

स्माह बौधायन एकादशाग्नीषोमीया एकादश सवनीया एकादशानूबन्ध्या[1] इति ' ॥

II. 292. 2. उपशयस्य मन्त्रामन्त्र इति ॥ लभेत ग्रामे नारण्य इति बौधायनो '' लभेतारण्ये न ग्राम इति शालीकि''र्नैव ग्रामे नारण्य इत्यौपमन्यवः ' ॥

II. 294. 16. उपशयस्योपासन इति ॥ सूत्रं बौधायनस्यो''त्रैवोत्तरत[2] उपास्येदिति शालीकिः ' ॥

II. 296. 4. पात्नीवतस्य परिलेखन इति ॥ शालामुखीयꣳ शङ्कुमभिपरिलिखेदिति बौधायन'' उत्तरत एकादशिन्यै पात्नीवतं मिनुयादिति शालीकिः ' ॥

II. 296. 5. त्वाष्ट्रस्य मन्त्रामन्त्र इति ॥ मन्त्रवान्स्यादिति बौधायन''स्तू''ष्णीक इति शालीकिः ' ॥

II. 296. 6. त्वाष्ट्रस्योत्सर्ग इति ॥ सूत्रꣳ शालीकेर''त्रो ह स्माह बौधायनोऽभिपर्यग्निकृतमेनमन्तरेण चात्वालोत्करावुदङ्कुपनिक्रमय्याङ्गिरस्युच्य[3] यजमानस्याजास्वपिसृजेदिति ' ॥

II. 296. 11. त्वाष्ट्रस्य चर्याया इति ॥ उपाꣳशु चरेदिति बौधायन'' उच्चैरिति शालीकिः ' ॥

II. 297. 4. पुनस्चिताविति ॥ सूत्रꣳ शालीकेर''त्रो ह स्माह बौधा-

---

१ ०शानुबंध्या MSS.

२ Thus G U and a citation in the Ms.; उत्तर the other MSS.

३ Thus B Be C' G U (sec. m.); ०निष्क्रमस्या० U (pr. m.), ०निष्क्रमर्या० Bu; ०निष्क्रमय्या० a citation in the Ms.

यतो यमप्यग्निं चिन्वानोऽपजानीयात्तस्मिन्नुपरि[1] पुनश्चितिं चिनुयादुत्तरतस्य यूपाद्यूपं मिनुयादिति ' ॥

299. 10. कौण्डपायिनीयास्विष्टिष्विति ॥ अग्न्यन्वाधानप्रतिपत्का इडान्ताः संतिष्ठेरन्निति बौधायन " आज्यभागप्रतिपत्का इडान्ता इति शालीकिः " सपूर्णपांचविष्णुक्रमा इत्यौपमन्यवः ' ॥

299. 14. पिण्डपितृयज्ञस्य दान इति ॥ अहरहर्दद्यादिति बौधायन " आदित अन्ततश्च मासस्येति शालीकिः ' ॥ १४ ॥

I. 301. 3. होतॄणां व्याख्यान इति ॥ सग्रहानृतेस्वाहाकारानित्येकम् ' तेग्रहाननन्तःस्वाहाकारानित्येकम्[2] ' सर्वानित्येकं ॥ पूर्वः कल्पो बौधायनस्योत्तरौ शालीकेः ' ॥

? स पौर्णमासीषुपौर्णमासीषु जुहुयादिति शुक्ल द्वादश कृत्वः संवत्सरे जुहुयादित्येतदेकम् ' माघ्यांपौर्णमासीष्वित्येतदेकम् ' सर्वास्वित्येतदेकम् ॥ पूर्वः कल्पो बौधायनस्योत्तरौ[3] शालीकेः ' ॥

? त्रयस्त्रिंशच्चिताविति[4] ॥ सूत्रम् शालीकेर " त्रो ह

[1] Doubtful. G and the Viv. read as given in our text; चिन्वानोयजा॰ C′, चिन्वानैवजा॰ U; चिन्वानोपजा॰ the other MSS. We expect an optative derived from the root ज्या, cp. ज्यानानः XVII. 17: 297. 5. The Viv. periphrases by क्षीणः only.

[2] ॰मंतस्वाहाकारा॰ MSS., but cp. XX. 5: 5. 5.

[3] उभौ ins. B Be G (sec. m.).

[4] Thus C′, G U (sec. m.) the Viv. and a citation in the Ms.; ॰स्त्रिंशच्चिता॰ B Be, ॰स्त्रिंशाच्चिता॰ Bu.

स्माह बौधायनो ऽग्निग्रहणꣳ स्वयंचितिꣳ श्वेतकृष्ण-
योरभिमर्शनमधिद्रवणमवद्रवणमिति[१] सर्वमेवैतत्कर्मावृता
कुर्यादिति' ॥

II. 303. 5. अहरहस्त्विनाविति ॥ सूत्रꣳ शालीकेर''चो ह स्माह
बौधायनो ऽग्निग्रहणꣳ स्वयंचितिꣳ श्वेतकृष्णयोरभिमर्शनम-
धिद्रवणमवद्रवणमिति[१] सर्वमेवैतत्कर्मावृता कुर्यादिति' ॥

II. 307. 13. रथचक्रचितौ पुरीषस्योपधान इति ॥ पुरीषस्यान्तान्कु-
र्यादिति[२] बौधायन'' इष्टकास्वेव पुरीषस्यान्तं[३] गच्छेदिति[३]
शालीकिः' ॥ १५ ॥ अष्टमः ॥

II. 310. 2. रोहिते चर्मणीति ॥ सूत्रं बौधायनस्याप्यरोहितꣳ
स्यादिति शालीकिः' ॥

उभयनीतस्य करण इति ॥ उभे[४] ऋचौ[४] द्विरभ्यावर्तये-
दिति बौधायनः'' सकृदेव ब्रुवन्द्विर्ब्रूयादिति[५] शालीकिः' ॥

---

१ Thus B G Be Bu and a citation in the Ms. (cp. also XXII. 4: 121. 18); C′ reads ॰मर्शनाधिद्रविषमि॰, U. om. ॰मवद्रवण॰।

२ Thus G Be; पुरीषस्यांतस्यात्कुर्या॰ U, पुरीषस्यतस्यांतान्कुर्या॰ B, पुरीषस्योतत्कुर्या॰ C′; Bu defective.

३ Hesitatingly corrected; पुरीषस्यातद्गच्छे॰ G, पुरीषंस्यातच्छे॰ Be, पुरीषंस्यात्तद्गच्छे॰ C′, पुरीषंस्यानद्गच्छे॰ U.

४ उभो ऋचो B G, उभये ऋचो Be C′, उभयो ऋचो Bu, उभये ऋचो U (sec. m.). The two ṛks are, according to the Viv.: वायुः पूतः... प्राङ् सोमः etc., and वायुः पूतः... प्रत्यङ् सोमः etc., T Br. II. 6. 2. 2-3.

५ ब्रुवन् om. Be C′ U G (pr. m.); ब्रुवन् नद्विब्रू॰ Bu.

प्राङ् सोमः प्रत्यङ् सोमः । प्रत्यङ् सोमः प्राङ् सोम[1] इति ॥ पूर्वः कल्पो बौधायनस्योत्तरः शालीकेः ॥

310. 4 sqq. सौत्रामणिकायै सुरायै संधान इति ॥ सूत्रमाचार्ययोर्॥त्यो ह स्माहौपमन्यवो यत्रैव सुरा स्यात्तत एवाहारयेदिति । ॥

12. 14. सुराग्रहाणां ग्रहण इति ॥ सूत्रं बौधायनस्य ॥ पयोग्रहा-णयत्र गृह्णीयादिति शालीकिः । ॥

313. 4. ताम्रघनेन सुग्दण्डान्प्राचो वोदीचो वायातयतीति ॥ पूर्वः कल्पो बौधायनस्योत्तरः शालीकेः ॥

सुरासोमस्य संचर इति ॥ दक्षिणेन हृत्वोत्तरेणावनये-दिति बौधायन॥ उत्तरेण हृत्वा दक्षिणेनावनयेदिति शालीकि॥र्यत एवैनꣳ हरेत्तत एवैनमवनयेदित्यौपमन्यवः । ॥

4. 14. पावमानीभिरुपस्थान इति ॥ पावमानीभिरुपस्थाय पितॄणां याज्यानुवाक्याभिरुपतिष्ठेरन्निति बौधायनः ॥ पितॄणा-मेव याज्यानुवाक्याभिर्न पावमानीभिरिति शालीकिः । ॥

15. 14. अवभृथ इति ॥ सूत्रमाचार्ययो॥र्त्यो ह स्माहौपमन्यवः शूलैस्च मामरेण चावभृथमवेयादिति । ॥

आख्यातमुदकान्तस्य प्रत्यसनम्[2] ॥

आख्यातमाप्लवनम्[2] ॥

16. 10. आख्यातꣳ समिधां करणम् ॥

---

१ Thus G only; प्राङ् सोमः प्रत्यङ् सोमः प्राङ् सोम B, प्रत्यङ् सोम प्राङ् सोम Be C′ U, प्राक्सोम Bu.

२ See remark on XXI. 3: 73. 5, 6.

II. 327. 15. वैमृधस्यानुनिर्वपण इति ॥ सूत्रं बौधायनस्य " नानिष्ट्वा प्रथमसोमेनानुनिर्वपेदिति शालीकिः ' ॥ १६ ॥

II. 328. 12. पौर्णमासीमेव यजेत भ्रातृव्यवान्नामावास्यामिति ॥ उभयत्र पौर्णमासहविर्भिर्यजेतेति[१] बौधायनो " नामावास्यायां किंचन यज्ञरूपं कुर्यादिति शालीकिः " पिण्डपितृयज्ञेन चरेदित्यौपमन्यवः ' ॥

II. 328. 15. साकंप्रस्थायीयेन यजेत पशुकाम इति ॥ सूत्रꣳ शालीकेर्"चो ह स्माह बौधायनः स्रुग्भ्यामेव पुरोडाशं जुहुयाच्चमसेन सांनाय्यमिति ' ॥

II. 329. 11. नागतश्रीर्महेन्द्रं यजेत ' त्रयो वै गतश्रियः शुश्रुवान्ग्रामणी राजन्यस्ते'षां महेन्द्रो देवतेति ॥ स यो ऽन्य एतेभ्यो महेन्द्रमियक्षेत[२] स संवत्सरमिन्द्रमिष्ट्वा महेन्द्रेज्यां[३] लभेतेति बौधायनो " ऽत एत्रापि संवत्सरमिन्द्रमिष्ट्वा महेन्द्रेज्यां[३] लभेतेति शालीकिः ' ॥

II. 329. 16. संवत्सरमिन्द्रं यजेत ' संवत्सरꣳ हि व्रतं नातीति ॥ सूत्रꣳ शालीकेर्"चो ह स्माह बौधायनो यस्याममावास्याया-

---

१ Thus B Bu, पौर्णमासी० Be U G; C' injured.

२ Thus (इयचेत and cp. XVII. 49: 329. 13: इयक्षेत) the Vivaraṇa only; महेन्द्रं यियक्षेत G (sec. m.) B; महेंद्रमियक्षेत Bu, ०द्रंयजेत Be C', ०द्रं यक्षेत U (pr. m.).

३ Thus B Bu G C'; महेंद्रयाज्यां Be U.

मादित इन्द्रं यष्टुं प्रक्रामेत्संवत्सरे[१] पर्यवेते तस्यां महेन्द्रं यजेत। सो ऽत ऊर्ध्वं महेन्द्रयाज्येव स्यादित्य॥चो ह स्माहौ-पमन्यवो ऽभ्यारूढः खल्वस्यैव[२] संवत्सरो भवति यस्याममा-वास्यायामादित इन्द्रं यष्टुं प्रक्रामेत्संवत्सरे[१] पर्यवेते या ततः

४ पूर्वामावास्या स्यात्तस्यां[३] महेन्द्रं यजेत। सो ऽत ऊर्ध्वं महे-न्द्रयाज्येव स्यादिति।॥

II. 331. 7. दाचायणयज्ञेन सुवर्गकामो यजेत। पूर्णमासे संनयेन्मै-त्रावरुण्यामिचयामावास्यायां[४] यजेतेति॥ सूत्रं बौधायनस्य॥ वैमृधमप्यत्रानुनिर्वपेदिति शालीकिः।॥

I. 331. 14.१० सांनाय्यस्य भक्षण इति॥ सूत्रं शालीकेर॥चो ह स्माह बौधायनो यजमान एवैतमर्धमासमनुनिधाय सांनाय्यं भक्षये-दिति।॥

II. 332. 1. आमिक्षायै मन्त्रामन्त्र इति॥ मन्त्रवती स्यादिति बौधायनस्य॥त्र्णीकेति शालीकेः।॥

II. 332. 6,१५ 333. 3. इडादधे चतुस्रक्त उपांशुयाजस्य करण इति॥ कुर्या-दिति बौधायनो॥ न कुर्यादिति शालीकिः।॥१७॥

नवमः॥

II. 344. 1. बृहस्पतिसवे दाक्षिणानां होम इति॥ अनुसवनं दाक्षिणानि

---

१ Thus (प्रक्रामेत्) C′ U and a citation by Sāyaṇa; प्रक्रामेत G (sec. m.), प्रक्रमेत् Bu Be, प्रक्रमेत B G (sec. m.).

२ Thus U C′, खल्वस्यै B, खल्वेवंस्येव Bu, खल्वस्य G; Be is defective.

३ स्यात् given only by Sāyaṇa in his citation.

४ वा ins. Be B U.

जुहुयादिति बौधायनो माध्यंदिन एव सवने दाक्षिणानि जुहुयाद्ददामीत्येवेतरयोः[1] सवनयोर्ब्रूयादिति शालीकिः । ॥

II. 346. 8. हिरण्येन घृतमुत्पुनातीति ॥ मन्त्रनिरुक्तमेतद् घृतꣳ स्यादिति बौधायनस् ॥ तूष्णीकमिति[2] शालीकिः । ॥

II. 349. 6. अनुद्धुते[3] वेद्यै दक्षिणत आहवनीयस्य उद्धत स्तोकं प्रत्यभिषिञ्चतीति ॥ सूत्रं बौधायनस्य ॥ कृष्णाजिनमप्यवास्तृत्याभिषिञ्चेदिति शालीकिः । ॥

II. 350. 2. माषैः पूर्णं कमण्डलुमिति ॥ सौवर्णः सौवर्णैर्माषैः पूर्णः स्यादिति बौधायनो ॥ मार्त्तिक[4] एव धान्यमाषैरिति शालीकिः । ॥

II. 354. 16. सप्तदश मारुतीः पृश्नीर्वत्सतरीरालभत इति ॥ पृथगेवासां मनोताः स्युः पृथक् पशुपुरोडाश इति बौधायनः ॥ पृथगेवासां मनोता स्युरेकः पशुपुरोडाश इति शालीकिर् ॥ एकैवासां मनोता स्यादेकः पशुपुरोडाश इत्यौपमन्यवः । ॥

II. 356. 3.
II. 358. 9. अग्निष्टुतीन्द्रस्तुतीति ॥ सूत्रं बौधायनस्य ॥ यथाप्रकृतिमेवाध्वर्युः कुर्याच्छन्दोगवकृषा एव प्रतिविकुर्वीरन्निति शालीकिः । ॥

II. 360. 10. अतिरिक्तस्तोत्रेष्विति ॥ पूर्वः कल्पो बौधायनस्योत्तरः शालीकेः ॥

---

१ Thus B G Bu and the Viv.; ददामी॰ Be U C'.

२ Thus G B; तूष्णीक इति B, तूष्णीमिति Be C' U.

३ Thus the Viv.; ॰द्धृते U G, ॰द्धते Be C', ॰हृते B.

४ मार्त्तिक G U C' Be and Viv.; पार्त्तिक B, पालीक Bu.

362. 3, 20. धनुषः प्रदान इति ॥ पूर्वः कल्पः शालीकेरुत्तरो बौधायनस्य ॥

एकाहानामन्त इति ॥ सूत्रं बौधायनस्य । मृत्युसवान्त इति शालीकिः ॥

367. 3. निदधत्यस्मा एतद्धविरुच्छिष्टं व्रतभाजनमिति[1] ॥ सूत्रं बौधायनस्य ॥ नात्र हविरुच्छिष्टं व्रतभाजनं[1] निदध्यादिति शालीकिः ॥

366. 4. sqq. अथास्यां सद्यस्क्रियामनुक्रियां परिक्रियामतिक्रियां प्रवर्ग्यस्य करण इति ॥ कुर्यादिति बौधायनो ॥ न कुर्यादिति शालीकिः ॥

385. 10. शवानसो ऽधिषवणे फलके पुरुषास्यस्य वृषणाविति ॥ सूत्रं बौधायनस्य ॥ शवानसौ ऽप्यचारणौ कुर्यादिति शालीकिः ॥

386. 2. स यं कं च[2] ग्रहं गृह्णात्येवमेवैनं गृह्णाति । यदु किं च पात्रं सादयत्येवमेवैनत्सादयतीति ॥ सूत्रं बौधायनस्य ॥ यंयं ग्रहं गृह्णीयात्तंतं परिमृज्य सादयेदिति शालीकिः ॥

370, 8, 12; 377. 14; श्वेतमश्वं ददाति । श्वेतां वडबां ददात्यश्वमसितं ददाति । गर्भिणीं वडबां ललामीं ददात्यनडुच्छतं[3] ददाति । त्रय-

---

१ Thus B Bu G (sec. m.); •भोजन• Be C′ U G (pr. m.).

२ चन G (sec. m.) and the Viv., चनं B.

३ Thus C′ only (sec. m.), all the other MSS. corrupt (•त्यनडुहं-वृषं ददाति; •त्यनडुहं ददाति, •त्यनडुहं ददाति वृषं ददाति).

II. 379. 11; 382. 11; खिङ्ग्रतं निष्कान्ददाति[१] । सोमचमसं ददाति । हिरण्मयं
388. 9; 406. 8, 9. चमसं ददाति । राश्मिकृतं[२] धान्यं ददाति । मरायकृतं धान्यं
ददातीति[३] ॥ एतानि च नित्यानि च दद्यादिति बौधायन ॥
एतान्येवेति शालीकिः[४] । ॥ १८ ॥

[५]अथातः सर्वतोमुखं व्याख्यास्यामः ॥

चिन्वीत सर्वतोमुखे ऽग्निमिति बौधायनो ॥ न चिन्वी-
तेति शालीकिर् ॥ चो ह स्माह मौद्गल्यः पूर्वस्मिन्नेवाग्निचय
इतरेषु साविचाः स्युरि ॥ त्येतदपि न कुर्यादित्याश्मोगविः । ॥

अरण्योः समारोपण[६] इति ॥ सूत्रमाचार्ययोर ॥ चो ह स्माह
गौतमो गृहपतिरेव प्रथममरण्योः[७] समारोपयेत[८] इतरे यत्र
इति । ॥

---

१ निष्कं ददाति MSS., but cp. XVIII. 38 : 388. 9.

२ Thus Be C′ Bu U, राश्मौ॰ B G (sec. m.).

३ इति found in C′ only.

४ The words एतान्येवेति शालीकिः are repeated in Be Bu U W C′, indicating the end of a praśna.

५ This kaṇḍikā is not found in Be C′ Bu W U; in U it is given on a loose page. The text of this, doubtless later added, chapter is given according to B G (where it is given secunda manu), a complete citation in Keśavasvâmins prayogasāra (K) and a ditto (I) in a MS. belonging to the India Office (Catologue by Eggeling Vol. I, p. 87). The Vivaraṇa of this chapter is missing equally.

६ ॰रोहण G B.

७ प्रथमम् om. K.

८ ॰रोहयेतत G B, ॰रोहयंत K.

शालाया इति ॥ प्राकृतेन[१] प्रक्रमेण मौयान्मध्ये गार्हपत्य इति ॥ सूत्रं बौधायनस्याथो ह स्माह शालीकिः त्रिपदेन प्रक्रमेण सर्वत इति। ॥

त्रिवृत्प्राच्यां दिशि भवति पञ्चदशो दक्षिणतः सप्तदशः पश्चादेकविंश उत्तरतः। सर्वतो वा ज्योतिष्टोमः[२] सर्वं[३] ज्योतिष्टोमदक्षिणा इति ॥

प्रवर्ग्यस्य करण[४] इति ॥ सूत्रं बौधायनस्य॥ नोक्थ्ये[५] प्रवृञ्ज्यादिति शालीकिः। ॥

याजमान इति ॥ अभीनाम[६] याजमानं कुर्यादिति बौधायनः॥ कुर्याद्यथावकाशं याजमानमिति शालीकिर्॥ये ऽग्निसंस्काराः[७] स्युस्तान्काममितरत्तन्त्रेणेत्यौपमन्यवः[८]। ॥

अग्न्यन्वाधान इति ॥ सूत्रं बौधायनस्याथो ह स्माह शालीकिर्गार्हपत्यः[९] सकृदन्वाहितः स्याद्ग्रामयोनिरन्वाहार्य-

१ प्रकृ॰ U K I.

२ ॰मः B G, ॰माः U K I.

३ Thus I, सर्वं K, सर्वतो U, सर्वतो वा B G.

४ प्रकरण U K I.

५ नोक्थे B G.

६ अभिनाम B G, but cp. XX. 18: 39. 11, the other MSS. om. this word.

७ ॰संस्काराणां U.

८ तान om. B G; instead of तान्कामम् U: तस्यांगम्।

९ ॰पत्यस्य B G.

पचन आहवनीयꣳ[1] सकृदभ्याधाय ततो यथार्थं गच्छेदिति[2] ।॥

भक्षण इति ॥ सूत्रं बौधायनस्य ॥ सर्वꣳ समवधाय सकृदेव[3] भक्षयेदिति[3] शालीकिः ।॥

मार्जन इति ॥ सूत्रं बौधायनस्य[4] ॥ सकृदेकस्मिन्निति शालीकिः ।॥

लोकाग्नीनाꣳ हरण इति ॥ सूत्रमाचार्ययोर् ॥ चो ह स्माह दीर्घवात्स्यः[5] पूर्वस्मिन्नेव याजमानꣳ स्यादिति ।॥

क्रतुपशूनां करण इति ॥ सूत्रं बौधायनस्य ॥ क्रतुपशव ऐकादशिनाश्च विकल्पन्त इति शालीकिः ।॥

समञ्जन इति ॥ सूत्रमौपमन्यवीपुत्रस्य ॥ यावन्त स्तोमास्तावत्कृत्वः प्रचरण्या समनक्तीति बौधायनः[6] ।॥

दधिग्रह इति ॥ सूत्रं मौद्गल्यस्य ॥ पयसा वाज्येन[7] वेति ॥ पूर्वः कल्पो बौधायनस्योत्तरः शालीकेः ।॥

अꣳश्वदाभ्ययोर्ग्रहण इति ॥ सूत्रं बौधायनस्याचो ह स्माह

---

१ After °नीयं G ins. तंतं, B तं; U K I om. ग्राम° ...नीयं and read स्थानं सकृद° (thus K I), स्थानसकृद° (thus U).

२ इति inserted by me.

३ सकृदेव om. B; न G instead of these words;—भक्षयेयुर् U.

४ मौद्गल्यस्य U K I.

५ दीप° U K I.

६ शालीकिर् U K I.

७ U K I om. the first वा।

शालीकिर्वाजपेये द्वादशाहे सत्त्रे ताण्डिनामयन उद्भिदि वलभिदीति तस्य स्यादित्येवमेव पृश्निग्रहैः प्राणग्रहैरिति[1] '॥

षोडशिग्रहाणां[2] ग्रहण इति॥ सूत्रं बौधायनस्यानुसवनं गृह्णीयुरिति शालीकिः '॥

अतिग्राह्याणाᳪ होम इति॥ सूत्रं बौधायनस्य[3] " माहेन्द्रस्यानुवषट्कारमुपजुहुयुरिति शालीकिः[4] '॥

षोडशिन स्तोत्रमुपाकरोतीति॥ सूत्रं बौधायनस्य " येन केन चिदिति शालीकिः '॥

हृदयशूलानामुद्वासन इति॥ एकैकश उद्वासयेदिति बौधायनः " सर्वान्सहेति शालीकिः '॥

अवभृथ इति॥ सूत्रं बौधायनस्य[5] " प्राञ्च एत्यावभृथमवेयुरिति[6] शालीकिः[7] '॥

---

१ The reconstruction of the text of this dvaidha is wholly uncertain. I have given the reading presented by B which, however, has उद्भिद्वलभिदिति and adds शालीकिः at the end. Thus also G. U K I have तांडिनामयने॥ तांडिणामयन. indicating the beginning of a new kaṇḍikā; moreover the following words run thus in U: उद्दिद्वलभिदित्येवमेव श्रृश्नि° in K: उदिदि वलभिदिमित्यवमेव पृ°, in I: उद्भिदि वलभिदि स्यभ्येदितिपुल्लिषिमनिसाध्यानमित्येवमेष पृ°।

२ षोडशिनां ग्र° B G.

३ शालीकिर् U K I.

४ औपमन्यवः U K I.

५ शालीकेः U K I.

६ Thus G, °भृथमभ्यवेयु° U K I, °भृथमवेति B.

७ गौतमो U K I.

अरण्योः समारोपण[1] इति ॥ सूत्रमाचार्ययोर॑त्रो[2] ह स्माह गौतमो[3] गृहपतिरेवारण्योः समारोपयेत्तत[4] इतर इति[5] ॥ १९ ॥ दशमः ॥

॥ इति त्रयोविंशः प्रश्नः ॥

१ Thus K I, समारोह्य U, समारोह्य B G.

२ सूत्रं माक्षीकेरवो U K I.

३ बोधायनो U K I.

४ ०रोहये० B G.

५ Thus B G, तत इतरे यथार्थं गच्छेयुर्गोत्रेयः U K I.

कर्मान्तसूत्रम् ॥

पञ्चतयेन कल्पमवेक्षेत छन्दसा ब्राह्मणेन प्रत्ययेन न्यायेन सꣳस्थावशेनेति। छन्दसेति यदवोचाम यथाम्नायप्रणिधीदं पूर्वमिदमुत्तरमित्यथापि मन्त्र एव स्वयं कर्म ब्रूते। कर्मानुवादो भवति। यथैतद्भवति प्रेयमगाद्धिषणा बर्हिरच्छोर्वन्तरिक्षमन्विहि देवस्य त्वा सवितुः प्रसवे ऽश्विनोर्बाहुभ्यां पूष्णो हस्ताभ्यामग्नये जुष्टं निर्वपामीति। यच्छन्दसा न शक्नुयात्कल्पयितुं ब्राह्मणेन तच्चिकल्पयिषेद्ब्राह्मणमु हैवैनान्मन्त्रानप्रज्ञातान्विदधातीदमनेन करोतीदमनेनेति। यथैतद्भवतीषे त्वोर्जे त्वेति शाखामाच्छिनत्ति वायव स्थोपायव स्थेति वत्सानपाकरोतीत्यथाप्यमन्त्राणि कर्माणि विदधाति। यथैतद्भवत्यष्टासु प्रक्रमेषु ब्राह्मणो ऽग्निमादधीतैकादशसु राजन्यो द्वादशसु वैश्य इत्येवं व्यवस्थावर्णसंयोगाद्यथो एतत्प्रत्ययेनेति छन्दोगबह्वृचाध्वर्युप्रत्ययेनेति। यथो एतन्न्यायेनेति प्राकृते तन्त्रे प्राकृतं[1] न्यायमनधिगच्छन्न्यामन्यायं प्रतीयादयमिहार्हताꣳ समारम्भ इति। यथो एतत्सꣳस्थावशेनेति सोमे ऽपवृत आदाराꣳश्च फाल्गुनानि चाभिषुणुयादिति। चतुष्टयेन मन्त्रा वर्तन्ते स्तुत्या निर्देशेनाशिषा नैव स्तुत्या नाशिषा न निर्देशेनेति चतुर्थमथेमे पञ्च हविराकारा ओषधं पयः पशुः सोम आज्यमिति। ॥१॥

तेषां पृथक्पृथग्धर्माः पृथगधिकरणानि। यथाधिकरणं

---

१ प्राकृत all exc. D.

मन्त्रा दृष्टास्तान्न मिथः सꣳसादयेदनादेशाद्येनयेन[1] यद्धविः सꣳसिध्येत्तेनतेन तत्कुर्यात्तत्तस्याधिकरणमुक्तान्यधिकरणानि । यज्ञ इति । किमुपज्ञो यज्ञः श्रद्धोपज्ञो माङ्गल[2] इति । क्व उ खलु यज्ञ इति । पुरुष इति । का उ खलु देवता दीचेति । वागिति । का उ खलु पथ्या स्वस्तिरिति । [3]वागेवेति । का उ खल्वेकाचरा गायत्रीति । वागेवेति । क उ खलु यज्ञस्यारम्भः का प्रतिष्ठेति । विज्ञायते[4] स्वाहा यज्ञं मनसा स्वाहा द्यावापृथिवीभ्याꣳ स्वाहोरोरन्तरिचात्स्वाहा यज्ञं वातादारभ इति । वात एव यज्ञस्यारम्भो वातः प्रतिष्ठेति । ॥ २ ॥ प्रथमः ॥

कथमु खल्वेतज्जानीयादिदं तन्त्रमयमावाप इत्यंन्यन्वाधानप्रभृति तन्त्रमाज्यभागाभ्यामन्यत्रौषधात्तस्मिꣳस्तन्त्रे सत्यावापस्थानानि भवन्ति यथैतद्धेनूनां दोहनं कपालानामुपधानꣳ स्तम्बयजुषो हरणमाज्यग्रहा[5] इति यत्र किंचाभिनिवपत्यूर्ध्वं-

---

१ Thus H Ben G U D C Vt, Vc, the Viv. (one copy); संसाधये॰ Be, the Viv. (another copy). The meaning, according to Vc., of न मिथः संसादयेत् is: न मिश्रयेत् ।

२ Thus C U H G (pr. m.) Vt Vc and the Viv.; मांगलक Ben Be, मांगलिक G (sec. m.), पांगल D.

३ सा ins. G U (pr. m.) H.

४ In TS. I. 2, 2, 3.

५ ॰ग्रहा Be G U, ॰ग्राहा Ben D (sec. m.), ॰ग्राहाः H, ग्रहव D (pr. m.), ॰ग्रह C, ग्राह Vt.

माज्यभागाभ्यामेष मध्यत आवापो भवति यस्मिन्नेतद्धवीꣳष्योप्यन्ते तस्मिन्नेवावापज्ञानि[१] तन्त्रस्थानं[२] भजन्ते यथैतत्प्राशित्रं यजमानभागब्रह्मभागौ स्विष्टकृच्चेडा चेत्यवदानत आवापो भवति तन्त्रं तु प्रदानतः । क्व उ खलु तन्त्रमावापभूयं गच्छत्यावापो वा तन्त्रभूयमिति । मैत्राबार्हस्पत्ये ऽप्यन्यस्मिꣳस्तन्त्रमु ह निर्वपणतो भवत्यावाप उ प्रदानतो । ऽथ वारुणीषु[३] च संज्ञानीष्ट्यां[४] चावापो ह निर्वपणतो भवति तन्त्रं तु प्रदानतो । ऽनूयाजप्रभृति तन्त्रमा समिष्टयजुषो होमात्किंदेवत्या उ खल्वनूयाजा भवन्तीत्याग्नेया इत्येव ब्रूयाद्विज्ञायते तं देवा आहुतीभिरनूयाजेष्वन्वविन्दन्यदनूयाजान्यजत्यग्निमेव तत्समिन्द्ध इत्यृतुदेवता उ खलु प्रयाजा भवन्तीति । ॥ ३ ॥
द्वितीयः ॥

कियत्यः पाकयज्ञसꣳस्थाः कियत्यो हविर्यज्ञसꣳस्थाः कियत्यः सोमसꣳस्था इति । हुतः प्रहुत आहुतः शूलगवो बलिहरणं प्रत्यवरोहणमष्टकाहोम इति सप्त पाकयज्ञसꣳस्था इत्यपरिमिता उ हैके ब्रुवते । यच्च किं चान्यत्र विहाराद्धूयते सर्वास्ताः पाकयज्ञसꣳस्था इत्यथ हविर्यज्ञसꣳस्था अग्न्याधेय-

---

१ एव om. H G U (pr. m.) C ;— °जानीति G (sec. m.) U (pr. m.)

२ Ben Be ins. पंच ।

३ Thus (sc. इष्टिषु) D and C only ; वारुणेषु the other MSS.

४ Thus Ben C and Vc. ; संज्ञानीतूष्णीं D ; the other MSS. and the Viv. (one copy) and Vt. संज्ञान्येष्ट्यां ; संज्ञानेष्ट्यां the Viv. (another copy).

मग्निहोत्रं दर्शपूर्णमासावाग्रयणं चातुर्मास्यानि दाक्षायणयज्ञः कौण्डपायिन्य[१] इति। सौत्रामणिमु हैके ब्रुवते। ऽथ सोमसꣳस्था। अग्निष्टोमो ऽत्यग्निष्टोम उक्थ्यः षोडशी वाजपेयो ऽतिरात्रो ऽप्तोर्याम इति सप्त सोमसꣳस्था। यदग्निष्टोमस्य क्रतुकरणं तदत्यग्निष्टोमस्य। यदुक्थ्यस्य तत् षोडशिवाजपेययोर्यदतिरात्रस्य तदप्तोर्यामस्येति। सप्तानाꣳ सोमसꣳस्थानां द्वे सत्राणि न गच्छतो वाजपेयश्चाप्तोर्यामश्चेति। ॥ ४ ॥

कथमु खल्वेतज्जानीयादियं पूर्वा ततिरियमुत्तरेति। या प्रकृतिः सा पूर्वा तति।रथ यद्विदधाति सोत्तरा तति।रग्न्याधेयं पूर्वा ततिः पुनराधेयमुत्तरा तति।र्दर्शपूर्णमासाविष्टीनां पूर्वा ततिः सर्वाः काम्या इष्टय उत्तरा तति।रैन्द्राग्नो निरूढपशुबन्धानां पूर्वा ततिः सर्वे काम्याः पशव उत्तरा तति।र्ज्योतिष्टोमः सोमानां पूर्वा ततिः सर्वे सोमा उत्तरा ततिः। श्येनचिदग्नीनां पूर्वा ततिः सर्वे काम्या अग्नय उत्तरा तति।र्द्विरात्रो ऽहीनानां पूर्वा ततिः सर्वे ऽहीना उत्तरा तति।र्द्वादशाहो ऽहर्गणानां पूर्वा ततिः सर्वे ऽहर्गणा उत्तरा तति।र्गवामयनꣳ सांवत्सरिकाणाꣳ सत्राणां पूर्वा ततिः सर्वाणि सांवत्सरिकाणि सत्राण्युत्तरा ततिः। कियन्ति नु खलु गवामयनानि भवन्तीति। विज्ञायते[२] यथैतन्मासि पृष्ठ्युत्तमे

---

१ कुंडपायिन्य Be, कौंडपायिनम् the Viv. (one copy), कौंडपायिमित D.

२ om. M Ben U (pr. m.) D C Vt.

मासि सहृत्पृष्ठान्युपेयुर्दशमास्यं तृतीयम्̐ । सप्त ग्राम्या ओषधयः सप्तारण्याः । सप्त ग्राम्याः पशवः सप्तारण्याः । सप्त छन्दाम्̐सि चतुरुत्तराणीति । सप्त ग्राम्या ओषधयस्तिलमाषव्रीहियवाः प्रियङ्गवो ऽणवो गोधूमाः सप्तमे । कुलत्थानु[1] हैके ब्रुवते । सप्तारण्याः श्यामाकाश्च नीवाराश्च जर्तिलाश्च गवीधुकाश्च गार्मुताश्च वास्तानि[2] च वेणुयवाश्च सप्तमे । कुरुविन्दानु हैके ब्रुवते । सप्त ग्राम्याः पशवो गोऽश्वमजाविकं पुरुषश्च गर्दभश्चोष्ट्रश्च सप्तमे । ऽश्वतरमु हैके ब्रुवते । सप्तारण्या द्विखुराश्च श्वापदानि च पक्षिणश्च सरीसृपाणि च हस्ती च मर्कटश्च नादेया सप्तमे । सप्त छन्दाम्̐सि चतुरुत्तराणीति गायत्र्युष्णिगनुष्टुब्[3] बृहती पङ्क्तिस्त्रिष्टुब्जगतीति । ॥ ५ ॥ तृतीयः ॥

अथेदं त्रयं भवति कर्माभ्यावर्ति देवताभ्यावर्ति संख्याभ्यावर्तीति । सावित्रं नु खल्विदं कर्माभ्यावर्ति भवत्यथ देवताभ्यावर्ति ध्रुवाज्यं द्रोणकलशः सर्वपृष्ठेत्यथ[4] संख्याभ्यावर्ति त्रिः पृच्छति प्रहतम्̐ हवी३ः प्रमितरित्यथापि राज्ञो मानं । क उ खलु मन्त्रमन्तरितं कल्पयेत्स्थानाद्वा स्थानं प्रजिज्ञासीताभिरूप्येण[5] वा प्रैहेण वेति । स्थानात्स्थानमिति यद्वोचाम

---

१ Thus M Be Ben; कुलित्थानु H G (sec. m.) U D C, कुलुत्थानु Vt.

२ वास्त्यानि G (sec. m.), वास्तानि D C. According to the Viv. वास्तुकम् (Chenopodium) is meant.

३ °ष्टुग् M only.

४ *i.e.* सर्वपृष्ठाख्या काम्येष्टिः (Vc), cp. TS. II. 3, 7, 1.

५ प्रजिज्ञासेत U, °सित Vt Vc Ben.

यो ऽनन्तरो मन्त्र आम्नातः स्यात्तेनैनꣳ सह कल्पयेत्पूर्वकालेन वोत्तरकालेन वेति । यथो एतदाभिरूप्येणेति यथैतद्भवत्याशासानः सुवीर्यꣳ रायस्पोषꣳ स्वश्वियम् । बृहस्पतिना राया स्वगाकृतो मह्यं यजमानाय तिष्ठेति । यथो एतत्प्रौहेणेत्यग्निकल्पः खल्वयमिष्टकाभूयान्समाम्नातस्तत्र[1] यो मन्त्रो ऽन्तरितः स्यादिष्टकाभूयमेनमापादयेत् । ॥ ६ ॥

अथायमश्वमेध आकृतिभूयान्समाम्नातस्तत्र यो मन्त्रो ऽन्तरितः स्यादाकृतिभूयमेनमापादयेन्नाप्रक्रान्तं प्रक्रमयेन्न प्रक्रान्तं कर्म तूष्णीं कर्मणाभिपूरयिषेदिति । नाप्रक्रान्तमिति यद्वोचाम बर्हिर्लवनः खल्वयꣳ ह्रस्वो मन्त्र आम्नातो भवति दीर्घमु कर्म । न कर्मणो हेतोर्मन्त्रो ऽभिनिवर्तेताथायं पशोर्विशसनो ह्रस्वो मन्त्र आम्नातो भवति दीर्घमु कर्म । न कर्मणो हेतोर्मन्त्रो ऽभिनिवर्तेताथास्याꣳ स्वयमातृण्णायां दीर्घो ह मन्त्र आम्नातो भवति ह्रस्वमु कर्म । न कर्मणो हेतोर्मन्त्रो विरम्येद्यथो[2] एतत्त्रिर्यजुषा सकृत्तूष्णीमिति । लोकाग्नीꣳश्च तेषामुपश्रुत्य स्तम्बयजुश्चेति । यथो एतत्पश्चकलो यजुषा

---

१ अयम् given by Ben D C U (pr. m.) Vt, om. by H Be G U (sec. m).—On इष्टकाभूयान् V comments: इष्टकाभिर्भूयान् बहुलः इष्टकोपधानप्रचुर इति यावत् ।

२ Thus Be G U Vt Vc, विरम्येतयथो Ben C D, विरस्येत यथो H; V. comments: न विरम्येत् न विरमेत् विकरणव्यत्ययश्छान्दसः ।

पञ्चकृत्वस्तूष्णीमिति राज्ञस्तेषां मानमुपश्रुत्येति । [1]यथो एतत्सकृद्यजुषा सकृत्तूष्णीमिति राज्ञ एव[2] तेषां[2] मानमुपश्रुत्येति[1] । यथो एतच्चतुरो मुष्टीन्व्रीहीणां निर्वपतीति द्वौ देवतायै स्विष्टकृते तृतीय इडायै चतुर्थ इति सर्व एवैतेषां ब्राह्मणवन्तः । ॥ ७ ॥ चतुर्थः ॥

अथात आदेशकारितानि व्याख्यास्यामो । ऽनादिष्टो ऽग्निरपि तु यथैतद्भवत्यधिदेवने जुहोति रथमुखे जुहोति रथनाभ्यां जुहोति चतुष्पथे जुहोति वर्त्मनोर्जुहोत्याव्रश्चने जुहोति पदे जुहोत्यजायां जुहोत्यजस्य दक्षिणे कर्णे जुहोत्यजस्य दक्षिणे शृङ्गे जुहोति ब्राह्मणस्य दक्षिणे हस्ते जुहोति दर्भस्तम्बे जुहोत्यप्सु जुहोत्यौदुम्बर्यां जुहोति वल्मीकवपायां जुहोत्यौपासने जुहोत्युत्तपनीये जुहोति शामित्रे जुहोत्याग्नीध्रीये जुहोत्यन्वाहार्यपचने जुहोति गार्हपत्ये जुहोतीत्यनादिष्ट[4] आहवनीय एव होतव्यमनादिष्टो ऽध्वर्युरपि तु यथैतद्भवत्युन्नेता जुहोति प्रतिप्रस्थाता जुहोतीत्यनादिष्टे[4] ऽध्वर्युणैव होतव्यमनादिष्टं पात्रमपि तु यथैतद्भवत्यञ्जलिना जुहोति

१...१ This clause is found in D U Be G (sec. m.) only; it is commented upon by Bhavasvāmin.

२ Thus D; एवैषां U Be G; some of the MSS. here and supra instead of उपश्रुत्य read उपश्रित्य, which is perhaps the preferable reading, but cp. Vc: उपश्रुत्य समीपे श्रुतिं कृत्वा।

३ इति supplied by me.

४ इति found in G only.

शूर्पेण जुहोति कृष्णाजिनपुटेन जुहोति मध्यमेन पर्णेन जुहोत्यन्तमेन पर्णेन जुहोत्यर्कपर्णेन जुहोति पर्णमयेन स्रुवेण जुहोत्यौदुम्बरेण स्रुवेण जुहोत्यङ्गुष्ठाभ्यां जुहोति विस्रंसिकाकाण्डाभ्यां जुहोति गोमृगकण्ठेन जुहोत्यश्वशफेन जुहोत्ययस्मयेन कमण्डलुना जुहोतीत्यनादिष्टे[1] स्रुचैव होतव्यमनादिष्टा समिदादेशादेव समिधं जानीयाद्विज्ञायते नासमित्के जुहुयाद्यदसमित्के[2] जुहुयाद्यथाजिह्वे ऽन्नं दद्यात्तादृक्तत्तस्मात्समिद्वत्येव होतव्यमनादिष्ट उपसमाधायैव होतव्यम् ॥ ८ ॥

अथातो ऽवदानकल्पस्यैतुदन्नयति चतुरवत्तं भवतीत्यनादिष्ट उपहत्यैव होतव्यमनादिष्टꣳ हविरादेशादेवान्यद्व्रीहियवेभ्यो जानीयादपि तु नु खलु क्षिप्रसꣳस्कारतममाज्यं भवते ऽनादिष्टः पशुरादेशादेवान्यमजाज्जानीयादैन्द्राग्नाद्यदभिहारं तन्त्रꣳ स्यात्तदभिहारं कुर्यादग्न्यभिहारौ दर्शपूर्णमासौ सोम इन्द्राभिहारः सावित्रमौषधस्य निर्वपणं दृष्टं भवति किꣳ[3] स्वित्सांनाय्यस्य पशो राज्ञ इति दोहनꣳ सांनाय्यस्योपाकरणं पशोर्यदुपाꣳशुसवनमभि मिमीते तद्राज्ञः प्रज्ञातमन्येषाꣳ हविषां पर्यग्निकरणं किꣳ स्विद्राज्ञ इति यदेवादो वसतीवरीः परिहरति तद्राज्ञ इति ॥ ९ ॥

पञ्चमः ॥

---

१ इति missing in G H U D.

२ Thus U Ben G D C; जुहुयाद्यदस॰ Vt, ॰याद्यदिस॰ Be, ॰याद्यदस॰ H.

३ Thus Be, the Viv. and V.; किम D C, किमु H Ben G U D.

अथातः पुरोडाशान्व्याख्यास्यामः । सर्व एवाग्नेया अष्टाकपाला अन्यत्र पौनराधेयिकात्सर्व एवैन्द्राग्ना एकादशकपाला अन्यत्राग्रयणाच्च शुनासीरीयाच्च । सर्व एवैन्द्रा एकादशकपाला अन्यत्र शुनासीरीयात्सर्व एवाग्नीषोमीया एकादशकपाला अन्यत्र श्यामाकात्सर्व एव पशुपुरोडाशा एकादशकपाला अन्यत्र वायव्याद्यद्देवत्यः पशुस्तद्देवत्यः पशुपुरोडाशो ऽन्यत्र वायव्याद्भवति । सर्व एवाग्नावैष्णवा एकादशकपाला अन्यत्राध्वरकल्पायै । तत्रैवाष्टाकपालश्च[1] द्वादशकपालश्च भवतः । सर्व एव सावित्रा द्वादशकपाला अन्यत्राश्वमेधिकेभ्यस्तत्रैवाष्टाकपालश्चैकादशकपालश्च भवतः सावित्रो ऽष्टाकपाल इति च । सर्व एव मारुताः सप्तकपाला अन्यत्राश्वमेधिकानां चातुर्मास्यपशूनां पशुपुरोडाशेभ्यो मारुताच्चैकविंशतिकपालादन्यत्र राजसूयिकात्पञ्चशारदीयानां च पशूनां पशुपुरोडाशेभ्यः । किमनुख्यानि नु[2] खलु ते[3] विलेख्यानि कपालानि भवन्तीति । विज्ञायते[4] वैश्वानरं द्वादशकपालं मृगाखरे भूमिकपालं निर्वपेदित्येतदनुख्यानि भवन्तीत्यथ पूर्वसंस्थाः । पञ्चप्रयाजस्य

---

१ Thus C Ben U (pr. m.); °कपालो H Be G U (sec. m.).

२ नु H D C V, तु Ben Be G U.

३ om. H G (sec. m.), found in Ben Be U D C G (pr. m.) V. According to Vc it stands for तानि. Is the word to be cancelled? The Vivarana makes no mention of it.

४ Cp. T Br. III, 9, 17, 3.

नवप्रयाजस्यैकादशप्रयाजस्येति प्रयाजाः पूर्वसꣳस्थाः । पर्यग्निकरणं पशोरुपाꣳश्वभिषवो ऽग्निष्टोमे गवामयने चतुर्विꣳशमहस्तदपि । विज्ञायते तस्य त्रीणि च शतानि षष्टिश्च स्तोत्रीयास्तावतीः संवत्सरस्य रात्रय इति । ॥ १० ॥

अथ राजयज्ञा । राजसूयो ऽश्वमेधः पुरुषमेधः सर्वमेधः सोमसवः पृथिसवो[1] मृत्युसवः कानान्धयज्ञः शुनस्कर्णयज्ञ इति चाथादितिदेवता । अग्न्याधेये त्वेव प्रथमश्चरुश्चातुर्मास्येषु द्वितीयः । प्रायणीयोदयनीययोरग्निदोहणीयायां । त्रयो राजसूये रत्निमानेषु[2] च प्रायुजेषु चादित्यां मल्हां गर्भिणीमालभत इति चैक इष्टिकल्प । एको व्रात्यस्तोमे । चत्वारो ऽश्वमेधे ऽदित्यै विष्णुपत्न्यै चरुरदित्यै हꣳससाचिरदित्यै त्रयो रोहितैतास्तिस्रो मेध्य आदित्या । द्वौ सौत्रामण्यामादित्याविर्वशा । षष्ठो ऽष्टादश इति च । त्रीणि तन्त्राणि यज्ञमन्वायत्तानि भवन्ति पञ्चप्रयाजं नवप्रयाजमेकादशप्रयाजमिति । पञ्चप्रयाजेन दर्शपूर्णमासौ काम्या इष्टय इति वर्तन्ते । नवप्रयाजेन चातुर्मास्यान्येकादशप्रयाजेन पशुः सोम इति । षडिमानि सर्वकल्पे सर्वाभिप्रायिकाणि भवन्ति । यथैतदग्न्याधेय-

---

१ पृथिवीसवो or पृथिविसवो all, cp. XVIII 6.

२ Thus H Ben D C V, रत्निनेषु G Be U the Viv. (one copy), रत्निनिषु the Viv. (another copy). Read probably रत्निनीषु (sc. रत्निन्).

मग्निहोत्रं दर्शपूर्णमासौ चातुर्मास्यानि पशुः सोम इति । तदपि विज्ञायते ऽथ यदस्याग्निमुद्धरति सहस्रं तेन कामदुघा[1] अवरुन्द्धे[1] । ऽथ यदग्निहोत्रं जुहोति सहस्रं तेनैषा वै वैश्वदेवस्य मात्रैतद्वा एतेषामवममतोऽतो वा उत्तराणि श्रेयांꣳसि भवन्ति[2] । सर्वांल्लोकान्पशुबन्धयाज्यभिजयत्येकस्मै[3] वै कामायान्ये यज्ञक्रतव आलभ्यन्ते । सर्वेभ्यः कामेभ्यः पशुः सोम इति । ॥ ११ ॥ षष्ठः ॥

अग्नीनाधास्यमानः प्रज्यमात्मानं कुर्वीत । येनास्याकुशलꣳ[4] स्यात्तेन कुशलं कुर्वीत । यान्यृणान्युत्थितकालानि स्युस्तानि व्यवहरेदनुज्ञापयीत वाथाप्यग्न्याधेय एवर्त्विजां वरणं प्रथममुदाहरामस्तांश्चेत्पूर्वंपुरुषैर्वृताः स्युस्तानेव नातिवृणीताव्यवच्छिन्नाश्चेत्कौलेनाध्ययनेन मानुषेण शीलवृत्ताभ्याꣳ स्युरिति । किंगत उ खल्वतिवरणं वावरणं वा भवतीति । स्तेयमचारी-

---

१ Thus Be G (sec. m.), °दुघोवरु° U D C H V, दुघावरु° Ben G (pr. m.).

२ भवंतीति C Ben.

३ After °जयति Be and G(sec. m.) ins. इति ।

४ Thus (and cp. XXV. 4 init.) U G D C Be and the Viv. (one copy). येनास्य कुशलं H Ben V and the Viv. (another copy). The Vivaraṇa runs: येनास्याकुशलं स्यात् चमादिना तेन साम्यं कुर्वीत, the Bhāṣya of Veṅkateśvara: येनास्य कुशलं स्यात् तेन संभारो नास्ति तं संपादयेदित्यर्थः ।

दभ्यमङ्गस्याद्‌याज्यमयाजयत्सादितं[1] कर्म तदु हास्थित[1] इत्येतेषामेकस्मिन्नतिवरणं वावरणं वा भवतीति । तांस्त्वे-
वृणीताव्यापन्नाङ्गानेव वृणीत । कं नु खल्वेषां प्रथमं वृणीत । यो ऽस्य संस्तुततमः[2] स्यात्तं प्रथमं वृणीत ।
तेन सचिवेनान्यान्लिप्सेत । यदु वै यथाज्येष्ठं ब्रह्माणं प्रथमं ४
वृणीताथ होतारमथोद्गातारमथाध्वर्युं । ब्रह्मणो वानन्तर-
मध्वर्युं । पूर्वं वोत्तरं वा यथाकर्म चेत्स्यात्सृष्टेन धनेनलिंगः
प्रतिसंवसीत । चात्वाधिकरणान्युत्लिङ्गां विनापि[3] यक्ष्ये[3]

---

१ Thus (दभ्यमङ्गस्यात्) all. I guess this word to be a corruption from an original दभ्यमङ्गस्य। The commentaries find the word अम 'sickness' in it. V.: आभिमुख्येन रोगवत् बाधकत्वेन स्थितः। The Viv.: आत्मानं (var. अमीनं) जिघांसति। अम रोगे। आभिमुख्येन रोगभूत (var. रोगदत्त) स्तिष्ठति। अभ्यमंस्था इति लेट् सिपः (var. लेटपः) रोगत्वेन स्थितः।— सादितं all the MSS. exc. Be (सातं), G (sec. m. सोदं) and U C (यत्कुत्सितं); कुत्सितं, however, seems to be the periphrase of our word in the commentaries; V.: सादितं कुत्सितं कर्म सेवाभिचारयजनादि। Perhaps the original reading of our passage has been: सोयमचारी-दभ्यमङ्गस्यायाज्यमयाजयद्यत्सादितं कर्म तदु हास्थितेति। आस्थित 3rd sing. root aor. med. from आतिष्ठते। Moreover instead of the impf. अया-जयत् we expect an aorist.

२ संस्तुततमः D and U (sec. m.).

३ Thus (विनापि यक्ष्ये) all (also Vt, Vc). exc. C, which has विना यियक्ष्ये; the correct reading (see the Viv. and the Bhāṣya: यक्ष्य-मिच्छामि) seems to be either विना यियक्षे (see the reading of C) or विनापीयक्ष्ये (इयक्ष्ये for regular इयक्षे, cp. the remark on XXIII, 17; 176, 12),

ऽष्याशिषि[१] भार्यामक्षषीति । को नु खल्वृत्विग्नु धर्म इति ।
य आचार्य इति । कथमर्हण इति । ॥ १२ ॥

आगमश्रागम इत्येकम्तुमुखश्चतुमुख इत्येकꣳ । संवत्सरस्य
पार इत्येकं । यज्ञाधिगम इत्येतदपरं । को नु खल्वृत्विजां
धर्म इति । न न्यस्तमार्त्विज्यं कुर्यान्नानुध्यातं । नावक्रीतो
याजयेन्नावृतो याजयेन्नातिवृतो याजयेन्नानूद्देश्यं[२] याजयेन्न
I. 36. 7. नीतदक्षिणं[३] याजयेन्नापरपक्षे याजयेन्नार्तं याजयेन्न मृतं याज-
येन्न चिक्रिणिनं याजयेन्न परिखातिक्रान्तं[४] याजयेन्नान्तगं

---

१ Thus Be G and U (sec. m.) and both copies of the Viv.; ष्यसिषि U H Ben, Vt. Vc; C corrupt.: the Viv.: राजकुलचोरादिभिः हृतसर्वस्वो ऽस्मि, the Bhāṣya: राजाद्युपद्रवादिना हृतसर्वस्वो ऽस्मि ॥ On ष्या-शिषि for original ष्यासिषि cp. Indog. Forsch. XVIII. 421, M.S.L. XIV. 192. See also infra XXIV. 18 : 202. 2.

२ Thus G Ben U D G (pr. m.) Vt, and cp. T Br. III. 11. 8. 8 with the remark of Sāyaṇa a. h. l.; नुद्देश्यं Be, the Viv. (one copy); ॰नुद्देश्य' G (sec. m.) C, the Viv. (another copy); नूद्देश्य' H. The Viv.: ऋत्विजां यज्ञे ऽन्यस्मै चोद्दिश्य करोति; the Bhāṣya: अन्यस्य कुल-मुद्दिश्य स्वयमस्वतन्त्रः सन्यो यजति तम् ।

३ Thus (as S'āṅkh. śrs. V. 1. 10) G C, the Viv.; नीचदक्षिणं (as Āśv. gṛhs. I. 23. 20) the other MSS. The Bhāṣya (दक्षिणानयनानन्तरं यस्य कस्य चिदृत्विजो ऽनुपपत्तौ सत्यां तस्यार्त्विज्यं न कुर्यादित्यर्थः) and the Vivaraṇa (दक्षिणादानोत्तरकालम्) derive नीत from नयति; it is rather the partic. from न्येति; cp. नीतस्य XVIII 41 : 393. 7.

४ परिधा॰ Be Ben C D V.

याजयेन्नान्त्यजं[1] याजयेन्नाननूचानं याजयेदपि वैतेषां[2] तं याजयेद्यः कपालान्युपहन्याद्वृत्तिप्रेप्से वर्तमाने । तदपि ह्याम्नायते विज्ञायते ऽवर्त्या शुन आन्त्राणि पेचे न देवेषु विविदे मर्डितारम् । अपश्यं जायाममहीयमानामधा मे श्येनो मध्वाजभारेति । नैतेषामयाज्यः सहस्रदक्षिण इति । ॥ १३ ॥

॥ सप्तमः ॥

I. 53. 3. ऊषाश्च सिकताश्चेति । ये भस्त्रा इवोषाः स्युस्तानाहा-
I. 53. 4. रयेदारण्यस्य वराहस्य विहतादाहारयेदारण्यस्याखोरुत्करादा-
हारयेद्यो ऽनुपदासी सूदः स्यात्तत आहारयेत्सूदे ऽविद्यमाने
I. 53. 6. कुलीरसुषिरादाहारयेदग्निहते ऽविद्यमाने शीतहतमाहा-
I. 53. 7. रयेदातहतं वा । चित्रियस्याश्वत्थस्येति । येन ग्रामो वा नगरं
I. 53. 9. वा नदी वा तीर्थं वा ज्ञायते तत आहारयेदश्वं पूर्ववाह-
मिति । युवानमित्येवेदमुक्तं भवति । चौण्डिरण्यगल्कानिति[3] ।
षड्डिमान्कारयेत्सौवर्णा[3] उपासनार्था[4] राजता अतिप्रदानार्था ।

---

१ Thus Be, नान्तजं G D C. Viv., Vt; नाव्रजं H; Ben. om. the word; the Bhāṣya: पूर्वोक्त (sc श्वेच्छ) देशजातम् । शूद्रक्षियामुत्पन्नमित्यन्ये ।

२ Thus H Be U (sec. m.) the Viv.; चैतेषां Ben G C U (pr. m.) and Vc. (अपि च अपि वेत्यर्थः) ।

३ Uncertain reading. H G U (sec. m.) Be (only °ग्ल्कोनिति) and U (sec., only ग्लाकानिति) read as given in the text; चौण्डिरण्य ग्लका (ग्कला D C) न्कारयेत्सौ° Ben D C; षड्डिरण्यग्ल्काकान्कारयेत्सौ° Vt. Are we to correct: षड्डिरण्यग्ल्कानिति । चौण्डौनिमान्कारयेत् ?

४ Thus Ben C H D G (pr. m.) Vt; चोपास° Be G (sec. m.) the Vivaraṇa.

54. 10. उभौ मानुषेणालङ्कारेणालङ्कृतौ भवतो ऽहतवाससाविति ।
सर्व एवान्यो मानुषो ऽलङ्कारो ऽन्यत्र नलदादार्तार्थिवैतदुदा-
हरन्ति । स्रजमु हैके प्रतिषेधयन्ति । ॥ १४ ॥

ताः संवत्सरे पुरस्तादादध्यादिति । त्र्यहे षडहे द्वादशाहे
वा । संवत्सरे ऽपर्यवेत उद्वायति कथं तत्र कुर्यादिति । पुन-
रेव ब्रह्मौदनꣳ समुत्थापयेदा समिधामभ्याधानात्तं त केशश्मश्रु
वापयीत । पुरस्तात्त्वेवैतत्संवत्सरꣳ[1] संचचीत । प्रायश्चित्तार्थ
एष उक्तो[2] भवति । स यावत्कृत्व उद्वायेदेवमेव कुर्यात्पर्यवेते
नोपनमेदेवमेव कुर्यादुपनमत्युपवसथगविप्रभृति कर्म तायते ।
द्विब्रह्मौदनमु[3] हैके ब्रुवत उच्छेषणीयो ह्येतरः[4] सान्त्वकरण
I. 59. 4. उत्तरो । ऽथ संभारेषूषाग्निवपन्यदद्श्चन्द्रमसि कृष्णं तन्मनसा
ध्यायेत्तदपीहेति । सामानि चे[illegible]त्यधीयीत योनौर्निगदे-
दपि वा व्याहृतीभिरपि वा हिंकारेण । प्रणीतालोकेन
63. 14. रथचक्रं प्रवर्तयेत्तस्य चेदादधानस्य पुरस्ताच्चन्द्रमा दृश्येत कथं
तत्र कुर्यादिति । यः कर्मान्त. आरब्धः स्यात्तं परिनिष्ठाप्य
कर्मान्तेनोपरमेच्छ्वो भूते परिनिस्तिष्ठेदित्यथ चेदिध्मे ऽभ्याहिते

---

१ Thus Be G; ॰स्तात्त्वेवैनंसंवत्सरं U (sec. m.); एतत् (एनत्) not found in Ben U (pr. m.) D C Vt.; in H the whole passage is left out.

२ Found in G Be U (sec. m.) only.

३ Thus G Be U Ben; द्विर्ब्र॰ H G D C, the Viv.

४ Thus Be U (sec. m.) the Viv.; ह्येतरः Ben H G C U (pr. m.) Vt; हितरः D.

दृश्येत कथं तत्र कुर्यादिति ' पूर्णाहुत्यन्तं कर्म कृत्वा कर्मान्ते-
नोपरमेच्छ्रो भूते परिनिस्तिष्ठेदिति ' ॥ १५ ॥ अष्टमः ॥

I. 53. 13. अथात ऋतुनक्षत्राणामेव मीमांसा ' ऋतूनेवाग्रे व्याख्या-
स्यामो ऽथ छन्दांसीति ' वसन्ते ब्राह्मणो ऽग्निमादधीत ग्रीष्मे
राजन्यः शरदि वैश्यो वर्षासु रथकार इति ' सर्वेषां त्वेव
वसन्त आधानं सर्वेषां रोहिण्यां ' यथावर्णं त्वेव छन्दां-
स्यपि तु नु खलु कामनियुक्तान्यग्न्याधेयानि भवन्ति ' यथै-
तद्भवति कृत्तिकास्वग्निमादधीत रोहिण्यामग्निमादधीत पुनर्व-
स्वोरग्निमादधीत पूर्वयोः फल्गुन्योरुत्तरयोः फल्गुन्योश्चित्राया-
I. 53. 16. मिति ' सद्यस्कालान्येतानि भवन्ति[1] ' ग्रीष्मे राजन्यः शरदि
वैश्य इति नैते सद्यस्काले भवतो ' ऽथात आर्तिजान्यग्न्या-
धेयानि व्याख्यास्यामो ' विपक्ष आपूर्यमाणपक्षे विपक्षे ऽपक्षी-
यमाणपक्ष इति ' विपक्ष आपूर्यमाणपक्ष आदधानो यावान-
त्रावकाशः[2] स्यात्तमभिविदधीत ' पौर्णमास्यां तु[3] सद्यस्कालं '
विपक्षे ऽपक्षीयमाणपक्ष आदधानो[4] नात्रावकाशः[4] काङ्क्षणाय
विद्यते ' सर्वमेवैतदहः सद्यस्कालं कुर्याच्चतुर्होतारं सारस्वतौ
होमावन्वारम्भेष्टिमिति ' ॥ १६ ॥

---

१ भवंतीति Be.

२ Thus G Be H U (sec. m.), the other MSS. and the Viv. om. यत्र ।

३ Found in Be U (sec. m.) only.

४ आदधीत यावानत्रावकाशः U (sec. m.) only. Are we to read आदधाने with Vc ?

अथ पौर्णमासवैमृधाभ्यामिष्ट्वामावास्यामेव ततः काङ्क्षेदथ
चेदमावास्यायाꣳ सद्यस्कालममावास्यान्तमथ सारस्वतौ होमौ
I. 65. 2. जुहुदृचैवर्चमुपसंदध्यादेवं पूर्णदर्वे । एवं वास्तोष्पतीये । कथमु
खलु पूर्णाहुतिं जुहुयादग्नये पृथिव्यै वायवे ऽन्तरिक्षाय सूर्याय
I. 65. 3. दिवे वरुणायाद्भ्यः स्वाहेति जुहुयादथेदं तूष्णीमग्निहोत्रमग्नि-
संस्कारार्थं दृष्टं भवति । तदाज्येनैव जुहुयादवाचीनमवमृ-
ज्योर्ध्वमुन्मार्ष्टुभे एवैते सायंप्रातरग्निहोत्रे प्रतिजुहुन्नन्यत
I. 66. 3. औपवसथिकायै रात्रेः । सामिधेनीरनुवक्ष्यन्दग्नहोतारं व्याख्याय
व्याहृतीरुक्त्वाथ[1] हिंकुर्यादथानुब्रूयादेतदत्रानुपूर्व्यं[2] भवति ।
कथमु खल्वग्न्याधेये सोम इति । पूर्णाहुत्यन्तं कर्म कृत्वा
शालामध्यवस्येद्दीक्षणीयामाग्नेयो ऽष्टाकपालो ऽनुवर्तेत प्रायणी-
यामैन्द्राग्नस्यादित्यस्य[3] चरुरातिथ्यायाम्ग्नये[3] पवमानाय पुरोडाशो
ऽष्टाकपालो ऽग्नीषोमीयस्य पशुपुरोडाशमग्नये पावकायाग्नये
शुचये प्रातःसवनीयानन्वारम्भेष्टिरपि वा सर्वाण्येवाग्न्याधेयि-
कानि हवीꣳषि परिनिष्ठाप्य शालामध्यवस्येदुदवसानीया-
मन्वारम्भेष्टिरिति[4] । ॥ १७ ॥ नवमः ॥

---

१ अथ om Be.

२ ०पूर्वं H.

३ Thus G U (sec. m.) and cp. XX, 19 : 20, 24; ०मैन्द्राग्नस्यादित्य-स्य० U Vt. ०मैंद्राग्न्यदित्यस्य० Be.

४ Thus Be only (sc. अनुवर्तेत), cp. the Viv.: उदवसानीयानन्तर-मन्वारम्भेष्टिः । All the other MSS. and V: उदवसानीयायामन्वा० ।

I. 69. 1. अथेदं पुनराधेयं । कियन्नु खलु पुनराधेयं भवतीत्यग्नी-
नाधाय पापीयानभूवमब्याशिषि[1] पुत्रो मे मृत[2] इत्येत-
स्मिꣳस्त्वेवैतत्संवत्सरे दृष्टं भवति । कस्मिन्नु खल्वेनत्काले
I. 69. 6. समुत्थापयेदिति । सा याषाढ्याः पौर्णमास्याः पुरस्तादमा-
वास्या[3] भवति सा सकृत्संवत्सरस्य पुनर्वसुभ्याꣳ संपद्यते तस्या-
मादधीतेति । तस्या उपवसथेऽरण्योरग्नीन्समारोप्योद्वसाय[4]
मथित्वाग्नीन्विहृत्योद्वासन्येष्वेवाग्नीन्समारोप्य[5] गच्छेत्पुनरेतद-
ग्न्यगारꣳ[6] सꣳस्कारयेदन्यद्वा नवं कारयेत्पुनरेतानि यज्ञ-
I. 70. 16. पात्राणि संलेखयेदन्यानि वा नवानि कारयेत्पुनर्निष्कृतो
रथो दक्षिणेति पुनःसꣳस्कृत एवैष उक्तो भवति । पुनरुत्स्यूतं

---

१ Thus again (and cp. XXIV, 12: 197, 1) Ben Be G, the Viv. and Vc (twice); षब्यासिषि H U Vt and Rudradatta on Āp. V, 26. 3. D and C are defective. Here Bhavasvāmin remarks: षब्याशिषि शब्दच्छिन्दयः (Var. शब्दस्तेःषच्चि)। यमरमनमातां सक् चेति (Pāṇ. VII, 2, 73). स स्यात्तथा षब्यासिषीति भवितव्यं। वर्णव्यत्ययेन सकारस्य शकारः स्यात् चौषो ऽस्मि धनशरीरादिना।

२ Thus all; probably the original reading was: पुत्रो मे ऽस्रवेति।

३ Instead of पुरस्तात् G H Be उपरिष्टात्।

४ Thus Be Viv.: °समारोप्यो° H Ben C Vt.

५ Instead of उद्वासन्ये° one copy of the Viv. and Vt: उद्वासिन्ये°, another copy of the Viv.: उद्वासने°।— The reading °ग्नीन्समारोप्य is uncertain: thus read H G U C D, °ग्नीनुपरोप्य Be, °ग्नीरोप्य Ben, °ग्नीनरोप्य Vt (pr. m.), °ग्नीनवोप्य Vt (sec. m.) Vc. The Viv. gives the periphrase: तथैवमग्नीनुत्कृष्य, cp. Āp. V, 27, 3.

६ Thus Ben U(pr. m.) Vt, पुनरेवाग्न्य° G H Be U (sec. m.).

वाम इति पुनःसंस्कृतमेवैतदुक्तं[1] भवति । पुनरुत्सृष्टो ऽनड्वानित्यवग्रीर्णगव एवैष उक्तो भवत्यथेमान्युपांशुधर्माणि भवन्ति यथैतदग्न्याधेयं पुनराधेयं पितृयज्ञो दीक्षणीया प्रायणीयातिथ्योपसदः प्रातरनुवाकः पत्नीसंयाजा[2] अवभृथ उदयनीयोदवसानीया चितिप्रणयनीयं त्वाष्ट्रो यूपविरोहणीयो ऽष्टापदी[3] गर्भवती[4] च[4] । सहकारिप्रत्यया[5] भवन्ति[5] । यथो एतद्बौधायनस्य कल्पं वेदयन्ते ॥ १८ ॥

II. 41. 2. सर्पराज्ञिया[6] ऋग्भिर्गार्हपत्यमादधातीत्यपोद्धृत्य घर्मशिर एतस्य स्थाने सर्पराज्ञीरावपेदित्येनोपस्थाय पौनराधेयिकेनोपतिष्ठेत । सिद्धमत ऊर्ध्वमीजानस्य पुनराद्धानस्य संनये३त्[7] संनये३दिति[7] । संनयेदित्येक आहुरथ हैक आहुर्न संनयेदिति । शरीरसंस्पर्शी ह वैष्णो भवति यदैव[8] पुनर्य-

---

१ उक्तं supplied by me.

२ Thus Ben U (pr. m.) D C, ॰याजाः अवभृ॰ Vc, ॰याजोवभृ॰ G H Be U (sec. m.).

३ ष्टापदी G and U (sec. m.) Be.

४ Thus D C U (pr. m.) Vt; गर्भ इति G and U (sec. m.) Be; गर्भवती इति च Ben, अभेवति च H.

५ ॰कारी U (sec. m.) D.— ॰प्रत्ययाद्भव॰ (॰यात् भव॰) Vt Vc. and Be; the word occurs also II. 2 : 35, 16.

६ Thus G U D C Ben V; ॰राज्ञीया Be, सार्पराज्ञिया H.

७ Plutimark only in Ben U Vt.

८ Thus Ben U D V; यदेव G H, यदेल Be, यद्वैव C.

I. 70. 12. जेताथ संनयेच्छंताचरा भवन्तीत्यंचरपङ्क्त्य[1] एतास्वतस्य एकैका
I. 71. 12. पञ्चविंशत्यचरा। तच्छतमथेदं तृतीयाधेयं[2]। कतरन्नु
खल्विदमुपिनिश्रयतीत्यग्न्याधेयं वा पुनराधेयं वेत्यंग्न्याधेय-
I. 72. 1. मित्येव ब्रूयादंथापहृताग्नेर्नष्टारणीकस्य च[3] ब्रह्मौदनेनैव प्रति-
पद्यते। सिद्धमग्न्याधेयम्। ॥ १९ ॥ दशमः ॥

I. 1. 4. अथेमौ दर्शपूर्णमासौ पौर्णमास्युपक्रमावमावास्यासंस्था-
वाचार्या[4] ब्रुवते। तत्रोदाहरन्त्यूर्ध्वं मध्यरात्रात्पौर्णमास्यां चन्द्रमाः पूर्यते। स एतं चापररात्रं पूर्णो भवति सर्वं चाह-रुत्तरस्याश्च रात्रेरा मध्यरात्रादथामावास्याया[5] उपवसथीये ऽहन्यूर्ध्वं मध्यंदिनाच्चन्द्रमसमादित्यो लभते। स एतं चापरा लब्धो भवति सर्वां च रात्रिमुत्तरस्य चाह्न आ मध्यंदिनादेतं सन्धिमभि[6]यजेतेति। रात्रिर्हं पौर्णमास्यां संधेया भवत्य-हरमावास्यायां। द्वे पौर्णमास्यौ द्वे अमावास्ये। पूर्वांपूर्वां पौर्ण-मासीमुत्तरामुत्तराममावास्यां। या पूर्वा पौर्णमासी सानुमति-

---

१ ॰पंक्त्य H Be G Vc; ॰पंक्त्या Ben Vt, ॰पंक्तय U C, पङ्क्तय D; cp. TS. I, 5, 2, 1; the four akṣarapaṅktis are TS. IV, 4, 4, w-z.

२ Thus G Be Ben the Viv. (and thus is to be read also III, 3 : 71, 17 instead of तृतीय चाधान); तृतीयमग्न्याधेयं H U D C V.

३ Found in Ben D G U C only.

४ Thus U G D C Be V and the Viv.; पौर्णमासोप॰ H Ben, see also Pitṛmedhasūtra I, 1 : 16.

५ अथ found in Be G (sec. m.) U and the Viv.

६ ॰मभितो G and U (sec. m.).

योत्तरा सा राका या पूर्वामावास्या सा सिनीवाली योत्तरा सा कुहूर्गायत्री वा अनुमतिस्त्रिष्टुब्राकेति पौर्णमास्यै नामधेये जगती सिनीवाल्यनुष्टुप् कुहूरित्यमावास्यायै नामधेये ॥ २० ॥

अथायं चन्द्रमाः षोडशकलस्तस्य[1] पञ्चदशभिः[1] पक्षो[1]ऽभिविहितो[1] भवति । षोडशी त्वियं कला बहुधा विप्रविष्टा ब्राह्मणेष्वप्स्वोषधीषु वनस्पतिषु पशुष्विति । स यदेतानि यज्ञे क्रियन्ते तेनैषा संभ्रियते । ऽथोपवसथस्थानानि चतुर्दशी पञ्चदशी षोडशी । न तु त्रयोदशी सप्तदशी भवतः । सोऽयमाहिताग्निरुपवसथीये ऽहन्पुरा प्रातरग्निहोत्रात्पिञ्ज्ञानुपसादयेदन्वाधानार्थान्व्रतोपायनीयं[2] पाचयीत । तस्याग्नितौ भवतः । सर्पिर्मिश्रं दधिमिश्रमक्षारलवणमपिशितम्[3] । सर्वमेवैतदहः[4] कौशौधान्यं[5] वर्जयेदन्यत्र तिलेभ्यस्तस्य ब्राह्मणं प्रति-

१ Thus Be H, G and U (sec. m.); ॰कलः स षोडशभिर्द्दपक्षोभिवि॰ D C; ॰कलः शभिर्द्दपक्षोभिवि॰ Ben; ॰कलः स पंचदशभिर्द्दपक्षोभिर्वि॰ Vt; Vc: शुक्लपक्षे स चन्द्रमाः पञ्चदशभिः पक्षोभिस्तिथिभिः प्रतिपत्प्रभृतिपौर्णमासीपर्यन्तैः विहृतः कल्पितो भवति ।

२ Thus (पिंञ्ज्ञान्) U H D C and a citation by Sāyaṇa; पिंखान् Be Vt Vc, पिंञ्ज्ञानि the Viv., पिदकान् Ben G. Sāyaṇa: स्थूलकाष्ठविशेषान्, Veṅkateśvara: स्थूलकाष्ठानि, Bhavasvāmin: काष्ठानि स्थूलानि ।

३ Thus (मक्षारलवणम्) Be D and a citation by Sāyaṇa; ॰क्षालवण॰ H, ॰क्षारमलवण॰ G U C, Vt, Vc.

४ Thus H G Be U (sec. m.) and a cit. by Sāyaṇa; एव om. Ben D C V.

५ Thus (and cp. II. 20 : 67, 1) G Ben, कोशी(षि)॰ D C U H V Be and a citation by Sāyaṇa.

पाद्याश्नीयान्। नैतदहः शूद्रायोच्छिष्टं दद्यात्। पत्न्या एवैतदहरुच्छिष्टं
दद्यान्। नासन्द्याꣳ शयीत न स्त्रियमुपेयात्। कामं त्वेवोपरि शयीत
स्त्रियं त्वेव नोपेयाद्व्रतचारी त्वेव स्यात्। यदि केशश्मश्रु वाप-
यिष्यमाणः स्यात्केशश्मश्रु वापयित्वा लोमानि सꣳहृत्य नखानि
निकृन्तयीत। स्नायादभ्यञ्जीताञ्जीत। दीक्षायै रूपं कुर्वीता-
I. 1. 5; III. 3. 4. ग्नीनन्वादध्यादपस्थं कृत्वा गार्हपत्यमूर्ध्वज्ञुरन्वाहार्यपचनं प्रह्व
आहवनीयं तिष्ठन्दशमीं निगदेदिति। ॥ २१ ॥ एकादशः ॥

अन्वाहितास्वेदग्नय उद्वायेयुः सवनीयं गार्हपत्यस्याहवनीय
उद्वाते भस्मोद्वाप्य शकृत्पिण्डेन परिलिप्य ज्वलन्तमाहवनीय-
मुद्धृत्य न्युप्योपसमाधाय पुनरन्वाधाय व्याहृतीभिरुपतिष्ठेताथ
यदन्वाहार्यपचन[1] उद्वायेदेवमेवैनꣳ हरेद्। धनार्ता ह्येषा देवता
यदन्वाहार्यपचन इति। पुनरन्वाधाय व्याहृतीभिरुपतिष्ठेताथ
II. 193. 17. sqq. यस्याग्निमनुद्धृतꣳ सूर्यो ऽभ्यस्तमियादाभ्युदियाद्वा यथासूत्रं[2]
वा कुर्यादपि वा संततीं[3] जुहुयान्मनो ज्योतिर्जुषतां त्रय-
स्त्रिꣳशत्तन्तत इत्येते स्रुवाहुती हुत्वा व्याहृतीभिरुपतिष्ठेता-
थाभ्यस्तमिते वारुणीꣳ स्रुवाहुतिꣳ हुत्वा व्याहृतीभिरुपतिष्ठे-
ताथाभ्युदिते मैत्रीꣳ स्रुवाहुतिꣳ हुत्वा व्याहृतीभिरुपतिष्ठेत।
व्याहृतीभिरेवान्वाहार्यपचनम्। अथारण्योरग्निषु समारूढेष्वात्मनि

---

१ यदन्वा॰ Ben H, यद्यन्वा॰ B G U, यद् om. C.

२ See XIV, 24 : 193, 19 sqq.

३ Thus (cp. III, 14 : 84, 9) Be G D U; संततिं H, संततीं C, संतति Ben.

वाध्वगते न प्रायश्चित्तमाचार्या ब्रुवते । तत्रोदाहरन्ति काम-
मात्मनि समारूढेष्वरण्योरुपावरोह्य मन्थेदपि वामात्यं विहृत्य[१]
तस्मिन्नुपावरोह्य जुहुयादथारण्योः समारूढेषु मथित्वाग्नी-
न्विहृत्य जुहुयादपि वामात्यं विहृत्याग्नीनन्तरारणी[२] निधाय
जुहुयात् ॥ २२ ॥

यथा राजविग्रामेवं[३] निर्मन्थ्यो वृथाग्नेस्तत्सिद्धमेके[४] ब्रुवते ।
यावति कृष्णमृग उपविशेत्तावदवराधी[५] ऽध्वगतो[५] विहारो ।
. 1. 7; I. 5. 9. ऽग्नीनन्वादध्याद्व्रतमुपेयाद्व्रतोपेतस्य पर्णशाखामाच्छेयादेतदत्रा-

---

१ Ben H U D मथित्वा instead of विहृत्य; विहृत्य मथित्वा Be; G om. pr. m. विहृत्य, sec. m. मथित्वा ।

२ Thus H Be G D U (sec. m.); B U (pr. m.) ins. मथित्वा before विहृत्य ।— अंतरारणी Be G U, अंतरापि Ben H, अंतरापी D. In C this whole passage runs as follows: अपि वामात्यं मथित्वा तस्मिन्नुपावरोह्य जुहुयादथारण्योः समारूढेषु मथित्वाग्नीन्विहृत्य जुहुयादपि वामात्यं मथित्वा विहृत्याग्नीनन्तराग्नी विधाय जुहुयात् ॥ २२ ॥ Cp. also Rudr. on Āp. IX. 3. 3.

३ राजा॰ Ben C and one copy of the Viv.; this seems to be the better reading.

४ Thus Ben D U (pr. m.) C and the Viv.; मच सिद्द॰ Be H G U (sec. m.). About the meaning of these words I am uncertain.

५ Uncertain reading. G as given in our text; ॰वराध्योध्वगतो H; ॰वराध्योध्वगतो U; ॰पराध्योध्वगते C; ॰पराद्वोर्ध्वंगते Ben; ॰वराध्योर्ध्वंगतो Be; ॰पराध्योर्ध्वंगतो D. The Vivaraṇa runs: तावदवराध्यों जघन्यावस्थानत जनो न (one copy om. न) भवति ऊर्ध्वं द्वादशसु विक्रमेष्वित्याग्नेर्विहरण- (॰विहार another copy) भूमिक्रमः ।

नुपूर्व्यं भवत्यथेमानि[१] त्रीणि पलाशजातानि भवन्ति श्लक्ष्णको लोमशको व्रततिरिति । लोमशकस्त्वेवैषा[२] छेत्तव्या भवति । यावन्मात्रे गौर्निकर्षेत[३] न[३] तत[३] ऊर्ध्वं छिन्द्यादपशव्यात ऊर्ध्वं स्यात्स यद्यु हाग्निहोत्रोच्छेषणात्प्रमाद्येत्तत्पुनरेवाग्निहोत्रं[४] जुहुयादथेमाः सांनाय्यदुहः षडवमाः[५] समाम्नाता भवन्ति । तास्वेत्तिस्र एव स्युः प्रथमां वोत्तमां वा चतुर्विगृह्णीयादथ चेद्द्वे एव स्यातामितरेतरां त्रिस्त्रिर्विगृह्णीयादथ

I. 5. 5. चेदेकैव स्यात्तामेव षट्कृत्वो विगृह्णीयाद्विसृष्टवागनन्वारभ्योत्तरा[६] दोहयेदित्यपरिमितानामेवैतदुक्तं[७] भवतीति । ॥ २३ ॥

द्वादशः ॥

I. 6. 2. द्वादश द्वन्द्वानि दर्शपूर्णमासयोस्तानि संपाद्यानीति । स्फ्यश्च कपालानि चेति पञ्च । वत्सं चोपावसृजत्युखां चाधिश्रयतीति सप्त । तानि द्वादशामावास्यायामेवैतत्संनयत[८]

---

१ Only Be has इति after भवति ।

२ Thus U (sec. m.) and a citation by Sāyaṇa; एव om. D Be C H G; एवैषा om. Ben.

३ Equally uncertain. निकर्षेतेननत U (sec. m.), निकर्षेते न तत a citation by Sāyaṇa; निकषवेतत G D, निकषेतनत Ben, निकर्षेतेत C, निकर्षेतेनत Be U (pr. m.), निकषेतत H.

४ Thus G U; प्रमाद्येतपु॰ Ben C D, प्रमाद्येत्पु॰ Be, प्रमाद्येत्पु॰ the other MSS. The Viv. om. तत्, as also Rudr. on Āp. I. 11. 1.

५ षडवराः D C and a cit. by Sāyaṇa.

६ After गृह्णीयात् G and U (pr. m.) ins. त्रिर्मन्त्रेण त्रिस्तूष्णीम् ।

७ दोहयत्य॰ instead of दोहयेदित्य॰ Be G U; दोहयित्वादित्य॰ C.

८ एव om G and U (sec. m.), H Be.

उपपद्यते नासंनयतो । ऽथेयं दार्शपौर्णमासिकी[1] वेदिर्यजमानमात्री भवत्यपरिमिता वा । यथासन्नानि हवीꣳषि संभवेदेवं तिरश्ची । प्राची वेद्यꣳसावुन्नयत्याहवनीयस्य परिगृहीत्यै । प्रतीची श्रोणी निहरति गार्हपत्यस्य परिगृहीत्यै । पुरस्तादꣳहीयसी पश्चात्प्रथीयसी मध्ये संनततरा भवतीत्येवमिव[2] हि योषेति । तस्यै वदतीयतीं खनति[3] प्रजापतिना यजमानमुखेन संमितामा प्रतिष्ठायै खनतीति । द्व्यङ्गुलं खेयेत्येकेषां । त्र्यङ्गुलं खेयेत्येकेषां । चतुरङ्गुलं खेयेत्येकेषाꣳ । सीतामात्रीत्येकेषाꣳ । रथवर्त्ममात्रीत्येकेषां । यावत्पार्ष्णिये श्वेतमित्येकेषामेतदेव सदन्येषामनुनिक्रान्ततरं भवति । नैता मात्रा अतिखनेद्दक्षिणतो वर्षीयसीं करोति । पुरीषवतीं करोति । प्राचीमुदीचीं प्रवणां निस्तिष्ठन्ती।तीयन्तं[4] गृह्णातीति प्रस्तरस्य वदति । ॥ २४ ॥

संनखमात्रो गृहीतव्य इत्येकेषां । विग्रारुको[5] गृहीतव्य

---

१ दर्शपूर्णमा॰ G, दर्शपौर्णमा॰ Be; cp. V. 5: 133. 13.

२ इति found in H G U only.

३ G Ben H and a citation by Sāyaṇa ins. इति, but cp. TS. II. 6. 4. 2, TBr. III. 2. 9. 10.

४ Thus Ben U (pr. m.) and a citation by Sāyaṇa; निस्तिष्ठतीतीयंतं D H C, निस्तिष्ठतेतीयंतं U (sec. m.) G Be.

५ Thus H U (pr. m.) and Sāyaṇa (twice, in a citation); विषारुको Ben, विग्रातुको Be G U (sec. m.), the Viv.; C D om. this passage. Sāyaṇa (and Bhavasvāmin) remarks: विग्रारुकः विग्ररणदेशः छेदनप्रदेशो मूलमित्यर्थः, Bhav. adds : सर्वेण मूलत एवोक्ता ।

इत्येकेषाꣳ । स्रुग्दण्डमात्रो ग्रहीतव्य इत्येकेषाꣳ । स्रुवदण्डमात्रो
ग्रहीतव्य इत्येकेषामुर्वस्थिमात्रो[1] ग्रहीतव्य इत्येकेषामङ्गुष्ठपरुषा[2]
संमितो[2] ग्रह्हितव्य इत्येकेषामपरिमितो ग्रहीतव्य इत्येकेषा-
मियतीर्भवन्तीति समिधां वदति । प्रादेशमात्रीरेवैता उक्ता
भवन्त्यनेन संमिताः कार्या इत्याङ्करनेन ह्यग्रे प्रजापतिः प्रजा
I. 6. 11. असृजतेति । किंदेवत्ये उ खलु पवित्रे किंपूते भवत इति ।
वैष्णवी वायुपूते इत्येव ब्रूयादनखच्छिन्ने स्यातां । प्रणीताः
प्रणयन्ननयापः प्रणयामीति पृथिवीं मनसा ध्यायेत्संमान्येतानि
कुर्यात्प्रणीता आहवनीयं ब्रह्माणमिध्माबर्हिरिति यज्ञस्य शिर
I. 8. 18. इत्येतदाचक्षते । किंप्रोक्षिता उ खलु प्रोक्षिणो भवन्तीति ।
विज्ञायते ब्रह्मवादिनो वदन्त्यद्भिर्हवीꣳषि प्रौक्षीः केनाप
I. 9. 11. इति । ब्रह्मणेति । ब्रह्मप्रोक्षिता एव भवन्ति । हविष्कृदेहीति
ब्राह्मणस्य वदति हविष्कृदागहीति राजन्यस्य हविष्कृदाद्रवेति
वैश्यस्य । हविष्कृदेहीति पर्जन्य एवैष उक्तो भवत्यथाप्युदा-
I. 9. 12. हरन्ति हविःसꣳस्कारीमेवैतदाहेति[3] । दृषदुपले दृषारवेणोच्चैः
समाहन्तीति । विज्ञायते ब्राह्मणमुच्चैः समाहन्तवा आह

---

१ Thus (उर्वस्थि, not ऊर्वस्थि) all. Sāyaṇa remarks : छान्दसो ह्रस्वः ।

२ Thus Sāyaṇa (cit.), ॰परुषामात्रो Ben, ॰परुट्संमितो Be G, ॰परु-संमितो U G (sec. m.), ॰पर्वसंमितो H. Sāyaṇa comments : अंगुष्ठस्य परुः पर्व परुषा संमितः अंगुष्ठपर्वपरिमाण इत्यर्थः ।

३ Thus Ben Sāy., ॰संस्कारामे॰ D C, ॰संस्कारिमे॰ U (pr. m.), ॰संस्का-रिणमे॰ Be H G U (sec. m.). Sāyaṇa remarks : हविःसंस्कारिणस्य सुखं हविष्कृतं इति संस्कारीमिति छान्दसः ।

विजित्यै । यावन्तो ऽस्य भ्रातृव्या यज्ञायुधानामुद्वदतामुप-
शृण्वन्ति ते पराभवन्तीति । द्विर्द्विर्दृषदि[1] सकृत्सकृदुपलायां[2] ।
नवकृत्वः संपादयतीति विज्ञायते । ॥ २५ ॥ त्रयोदशः ॥

1. 11. 8. अपाग्ने ऽग्निमामादं जहीति । को नु खल्वामादग्निर्भवती-
त्यपराग्निरेवैष उक्तो भवति । निष्क्रव्यादꣳ सेधेत्यादहनाग्नि-
रेवैष उक्तो भवत्या देवयजं वहेत्याहवनीय एवैष उक्तो भवति ।
को[3] नु[3] खलु कव्यवाहन इत्यन्वाहार्यपचन इत्येव ब्रूयाद्वि-
ज्ञायते यदग्ने कव्यवाहन पितॄन्यक्ष्यृतावृध इति । कुतो नु
1. 13. 14. खलु पिष्टानि संवपेत्कृष्णाजिनादित्येव ब्रूयात्संवपन्पिष्टानि
वाचं यच्छति । तामविद्वन्तः[4] अपयतेत्येव वाचं विसृजते ।
यो विदग्धः स नैर्ऋतो यो ऽशृतः स रौद्रो यः शृतः स
1. 13. 13. सदेव इति । साधुशृतꣳ अपश्रपीत्येवेदमुक्तं भवति । सं
ब्रह्मणा पृच्यस्वेति । विज्ञायते वाग्वै ब्रह्म[5] वाचैवैनमेत-
1. 13. 16. त्संपृणक्ति । क उ खलु हविः पृक्तꣳ[6] अप्यत इति । यदेवै-
तदाप्येभ्यो[7] निनयत्येकताय स्वाहा द्विताय स्वाहा त्रिताय

---

१ U (sec. m.) ins. सर्वे but cp. TBr. III. 2. 5. 9.

२ द्विः and सकृत् once H Sāy.; सकृत् once G.

३ Thus Ben C D U (pr. m.), Sāyaṇa; क उ H, क उ Be U (sec. m.), क G.

४ With the visarga Ben G U D C Sāy., without Be H; I. 10: 13. 9 is to be corrected accordingly.

५ ब्रह्मा H Be G U (sec. m.).

६ प्रक्तं G D C U (sec. m.), Sāyaṇa (cit.).

७ Thus Ben U (pr. m.), Sāyaṇa (twice); यदेवतैदाप्ये° D C, यदेवै-नमाप्ये° Be U (sec. m.), यदेवैनमाप्ये° G H.

स्वाहेति । को नु खल्वेकतः को द्वितः कस्त्रित इति । पिता
पितामहः प्रपितामह इत्येके । पृथिव्यन्तरिक्षं द्यौरित्येके ।
ऽग्निरादित्यो वैद्युत इत्येके । ॥ २६ ॥

अग्नेस्त्रयो ज्यायाꣳसो भ्रातर आसन्नित्येक[1] । ऋषय
एतन्नामधेया[2] बभूवुरित्येके । ते देवा आप्त्यंसृजतेत्याप्त्य-
नामधेया[3] देवा भवन्ति । क उ खलु पौर्णमास्यां पितृभ्यो
I. 19. 19. दीयत इति । यदेवैतच्छ्रोण्योर्निनयतीति[4] । किमभिघारितं
I. 87. 2. नु खल्वाज्यं भवतीति । सत्याभिघारितमित्येव ब्रूयाद्विज्ञायते
I. 87. 4. सत्येन त्वाभिघारयामि तस्य ते भक्षीयेति[5] । पञ्चानां त्वा
वातानां यन्त्राय धर्त्राय गृह्णामीत्यनुदिष्टं वाता । विष्वग्वात
एवैषां पञ्चमो भवति । पञ्चानां त्वर्तूनां यन्त्राय धर्त्राय
गृह्णामीति हेमन्तशिशिरावत्र समासं गच्छतः । पञ्चानां त्वा
दिशां यन्त्राय धर्त्राय गृह्णामीतीयमेवासामूर्ध्वा दिक् पञ्चमी
भवति । पञ्चानां त्वा पञ्चजनानां यन्त्राय धर्त्राय गृह्णामीति
देवा मनुष्या असुरा राक्षसा । गन्धर्वा एवैषां[6] पञ्चमा
भवन्ति । चरोस्त्वा पञ्चबिलस्य यन्त्राय धर्त्राय गृह्णामीत्यय-

---

१ Thus (°त्येके) C only, °त्येवे all the other MSS. and cit. by Sāy.

२ एवंनाम° Ben C D; ऋषयस्तांनाम° Be.

३ Thus G H Be U (sec. m.), °त्याप्यानाम° Ben D C U (pr. m.) Sāyaṇa.

४ Thus G U D C and cit. Sāyaṇa यदेवै° Ben, यदेवैन° Be.

५ इति om. G.

६ Thus Ben U D C, एषां H Be G, एवैषां a cit. by Sāyaṇa.

मेवैष आकाशस्थरुः पञ्चबिलो भवति । दिशो ऽस्य पञ्च बिलानि भवन्ति वायुर्मन्थनमित्य्चाप्युदाहरन्ति संवत्सर एवापि चरुः पञ्चबिलो भवत्यृतवो ऽस्य बिलानि भवन्ति वायुर्मन्थनमिति । ॥ २७ ॥ चतुर्दशः ॥

अथाध्वर्योश्च होतुश्च प्रपदनमन्तरेण वेद्युत्करौ प्रागावृत्तो[१]
23. 18. ऽध्वर्युः प्रपद्यते प्रत्यगावृत्तो होताध्वर्युरनन्तरो ऽग्नेः स्यादार्षेयमसंप्रजानानस्य प्रवरं ब्रूहीति मनुष्वद्भरतवन्मनुवदित्येव ब्रूयाद्विज्ञायते मानव्यो हि प्रजा इति ब्राह्मणं । पुरोहितप्रवरो[२] वा[२] राज्ञो । ऽथाप्रज्ञातबन्धुराचार्यामुष्यायणमनुब्रवी-
25. 16. ताचार्यप्रवरमु[३] हैव[३] प्रवृणीताथ होतारं प्रवरयेत्यथसा दैवतमभिवर्धयेद्द्विधा स्विष्टकृतं व्यतिषज्यैवाङ्गुली[४] अवद्येदङ्गुष्ठपर्वमात्राणि[४] दैवतान्यवदानानि भवन्ति ज्यायांसि सौविष्टकृतान्यैडानि च । चतुर्धाकरणानि[५] ब्रह्म[५] प्रतिष्ठेति[५] । कृत्वा

---

१ प्राक्वृ॰ G U.

२ Thus Be U (pr. m.) Sāyaṇa; ॰प्रवरोव C D, ॰प्रवरेण (omitting वा) H Be G (sec. m.) U (sec. m.). Is राजा to be read?

३ थाप्रज्ञात॰ G (sec. m.) D C U, the Viv. and Sāyaṇa; यप्रज्ञात॰ Be Ben H G (pr. m.).— ॰बंधोरा॰ C and Sāyaṇa.— ॰ब्रवीत॰ all (Sāyaṇa alone ॰ब्रुवीत), cp. Āp. XXIV. 10. 17.— ॰प्रवरमुत्तैव C D and Sāyaṇa; ॰प्रवरमुह्वै G (sec. m.) U (pr. m.), ॰प्रवरमुवै Ben, ॰प्रवरमनुवैव Be U H; cp. Āp. l. c.

४ Thus G U D C and Sāyaṇa; ॰वांगुली चाव॰ H Ben, वांगुलीरव॰ Be. The Viv. also has the dual.

५ These words are effaced in G.

I. 26. 8. स्विष्टकृतꣳ स्रुचमद्भिः पूरयित्वान्तःपरिधि निनयेद्वैश्वानरे
हविरिदं जुहोमीति । किमु खल्वसमुदितं[1] भवतीति प्रागा-
नूयाजिकात्संप्रैषादित्येव ब्रूयात् । ॥ २८ ॥

किंदक्षिणमग्निहोत्रं दर्शपूर्णमासौ काम्या इष्टयः पशुबन्ध
इत्युपदोहदक्षिणमग्निहोत्रमित्येके । शरावदक्षिणमग्निहोत्र-
मित्येके । यत्सायं जुहोति रात्रिमेव तेन दक्षिण्यां कुरुते ।
यत्प्रातरहरेव तेन दक्षिण्यं कुरुते । यत्ततो ददाति सा
दक्षिणेति । यदहोरात्रयोर्ददातीत्येवेदमुक्तं भवत्यथ दर्शपूर्ण-
मासयोरन्वाहार्यश्च पुरोडाशस्य च[2] चतुर्धाकरणं । विज्ञायते[3]
दक्षिणैवास्यैषाथो यज्ञस्यैव छिद्रमपिदधातीति । यथैवादः[4]
सौम्ये ऽध्वर आदिष्टमृत्विग्भ्यो दक्षिणा नीयन्त एवमेवापि
II. 120. 4. दक्षिणं पुरोडाशं चतुर्धा कृत्वा वर्हिषदं करोति । वासोदक्षिणाः
काम्या इष्टयो या[5] अनादिष्टदक्षिणा[5] । गोदक्षिणः पशुबन्धो ।
III. 32. 10. नित्यो ऽन्वाहार्यो । यथो एतच्छालीकेः कल्पं वेदयन्ते पत्नी-
संयाजेषु सर्व एवोत्तरेण गार्हपत्यं परिक्रामेयुरित्यनभ्यावृत्त्यै-
वात्र फलीकरणहोमो होतव्यो भवत्यथ हैके राकां च सिनी-
वालीं च कुहूं चानुमतिं च पत्नीहोमं च नारिष्ठौ च होमौ

---

१ ०दितानि H U G (pr. m.) Ben, ०दिता C.

२ Given by U (pr. m.) only and by Sāyaṇa in a citation.

३ See TS. I. 7. 3. 1.

४ यथैवश्च Ben, यथापि Be.

५ Thus Ben G (sec. m.), याश्चानादि० H U D C G (pr. m.), इष्टय यानादि० Be; cp. XIII. 1 : 120. 4.

पुरस्ताद्गृहपतेरुपजुह्वति सं पत्नी पत्या सुकृतेन गच्छतां यज्ञस्य
युक्तौ धुर्यावभूताम् । संजानानौ विजहतामरातीर्दिवि ज्योति-
रजरमारभेताꣳ स्वाहा ॥ दश ते तनुवो यज्ञ यज्ञियास्ताः
प्रीणातु यजमानो घृतेन । नारिष्ठयोः प्रशिषमीडमानो
देवानां दैव्ये ऽपि यजमानो ऽमृतो ऽभूत्स्वाहा ॥ यं वां देवा
अकल्पयन्नूर्जो भागꣳ शतक्रतू । एतद्वां तेन प्रीणानि तेन
तृप्यतमꣳहहौ स्वाहेति । ॥ २९ ॥ पञ्चदशः ॥

[. 72. 3. अथेदमग्निहोत्रꣳ सायमुपक्रमं प्रातरपवर्गमाचार्या ब्रुवते ।
तत्रोदाहरन्ति ज्योतिषी इमे संनिपतिते भवत आदित्यस्य
चाग्नेश्च । ते न व्यवेयात्सायमाहवनीयमुद्धरन्पुरस्तात्प्रत्यङ्मुखो
निवपेत्प्रातराहवनीयमुद्धरन्पश्चात्प्राङ्मुखो निवपेत्सायमग्निहोत्रꣳ
होष्यन्नग्रेण परीत्य जुहुयात्प्रातरग्निहोत्रꣳ होष्यन्नपरेण परीत्य
[. 72. 6. जुहुयादेवमस्यैते ज्योतिषी अव्यवेते भवतो । ऽथायमुद्धरण-
मन्त्रो वाचा त्वा होत्रा प्राणेनोद्गात्रा चक्षुषाध्वर्युणा मनसा
ब्रह्मणा श्रोत्रेणाग्नीधैतैस्त्वा पञ्चभिर्दैव्यैर्ऋत्विग्भिरुद्धरामि भूर्भुवः
सुवरुद्ध्रियमाण उद्धर पाप्मानो मा यदविद्वान्यच्च विद्वाꣳ-
श्चकार । अह्ना यदेनः कृतमस्ति पापꣳ सर्वस्मान्मोद्धृतो मुञ्च
तस्मादिति सायꣳ । रात्रिया यदेनः कृतमस्ति पापꣳ सर्व-
72. 12. स्मान्मोद्धृतो मुञ्च तस्मादिति प्रातर्। अग्निं निदधात्यमृताहुति-
ममृतायां जुहोम्यग्निं पृथिव्याममृतस्य जित्यै । तयानन्तं[1]

---

१. Corrected ; तेना॰ MSS.

काममितो जयेम प्रजापतिर्यं प्रथमो जिगायाग्निमग्नौ वैश्वानरे
ऽमृतं जुहोमि स्वाहेति सायꣳ सूर्यमग्नौ वैश्वानरे ऽमृतं
जुहोमि स्वाहेति प्रातरेतद्ध[१] वा अग्नेरग्निहोत्रं पयोहोत्र-
I. 73. 7. मितरं द्वोऽप्यन्यथाहितमग्नीन्परिषिञ्चेद्धुत्वाहवनीयमेवैकं परि-
षिञ्चेद्वाप्यꣳस्वैव हुत्वा चाहवनीयमेवैकं परिषिञ्चेन्नैव परि-
षिञ्चेदित्येतदपरमथेदं परोक्षोपस्थानं भवतीहैव सन्तत्र सतो
वो अग्नयः प्राणेन वाचा मनसा बिभर्मि। तिरो मा सन्त-
I. 77. 6. मायुर्मा प्रहासीज्ज्योतिषा वो वैश्वानरेणोपतिष्ठ इत्यथेमाꣳ
समिधं प्रवसतस्तूष्णीमभ्यादध्यात्प्रवसन्याजमानं[२] कुरुते ॥३०॥
अथेमꣳ समस्तहोमं यायावरधर्मेण विद्यमानमाचार्या
ब्रुवते तत्रोदाहरन्ति यायावरा ह वै नामर्षय आसꣳस्ते
ऽध्वन्यश्राम्यꣳस्ते[३] समस्तमजुहवुस्तस्माद्यायावरधर्मेणाध्वनि[४] सम-
स्तꣳ होतव्यं तस्यानिमित्तो[५] होमः संवेशनेन वा निमील-
नेन वोपसमाधानेन वान्तर्दध्यान्न शूद्रगव्या[६] अग्निहोत्रं[६]

---

१ ह ins. Be G (sec. m.); C om. ह (प्रातरेतद्वा)।

२ प्रवसन्या॰ G (sec. m.) and the Viv.

३ Thus Ben H U D G (pr. m.), धन्विन्य॰ (i.e. धन्वन्य॰?) Be G (sec. m.). Instead of चश्राम्यन् Be चभ्राम्यन्।

४ ॰णधन्वनि Be G (sec. m.).

५ Uncertain; ॰स्यानिमित्तो Be C D U G (pr. m.), ॰स्यनिमित्तो G (sec. m.), ॰स्यानिमित्तो Ben H.

६ Conjecturally; ॰द्रमवाया च॰ H G (pr. m.) U (sec. m.), ॰द्राम-वाया च॰ Ben D C U (pr. m.), ॰द्रमवाग्नि॰ Be G (sec. m). Probably we have here the genit. (dative) of ॰गवी, cp. उपवसथगवी, अन्नगवी।

जुहुयान्नाहितायै न मृतवत्सायै न वत्सलायै न वाहिन्यै[१] न वान्यायै न वान्यवत्सायै नानुदेश्यप्रतिगृहीतायै[२] नानुस्तरणीप्रतिगृहीतायै[३] । नैकस्यै दुग्धेन बहवो जुहुयुर्न बह्वीनामेवैको[४] । दुग्धं लभमानस्योपसादनप्रभृति स्कन्नानुमन्त्रणं भवति । दीप्यमानेष्वहूयमानेषु[५] यावन्त्यग्निहोत्राण्यभ्यतिक्रान्तानि[६] स्रुतानि प्रतिसंख्याय प्रतिजुहुयात्स । यद्यनस्तमिते जुहुयात्पुनरेवास्तमिते जुहुयादथ यदि महारात्रे जुहुयात्पुनरेवौषसं जुहुयादिति । ॥ ३१ ॥ षोडशः ॥

80. 11. कथमु खलु जीवपितुः पिण्डदानं भवतीति । येभ्य एव पिता ददाति तेभ्यः पुत्रो ददाति । द्वाभ्यां जीवपिता ददात्येकस्मै जीवपितामहो ददाति । न जीवन्तमतिदद्यादित्येके । पितृव्यस्य चेत्सगोत्रस्य [illegible]मुपयच्छेत[७] कथं तत्र पिण्डदानं भवतीति । यस्मिन्काले पित्रे पिण्डं ददाति

---

१ Emended; वहान्यायै Be G Ben U, दान्यायै H D, वाड्लायै C.

२ I am uncertain if we are to read here also चनूद्देश्य (cp. XXIV. 13 : 197. 6); नानुदेश्य॰ Be Ben C D, ॰नानुद्देश्य॰ G U, नानुदेश्य॰ H; चनुद्देश्य one copy of the Viv., चनूद्देश्य another.

३ These words found in Ben D C U only; they are mentioned in the Vivaraṇa.

४ एव effaced in G.

५ Thus Be H G; ॰मानेष्वेवहूय॰ D C, ॰मानेषुहूय॰ Ben U; cp. Rudradatta on Āp. IX. 8. 5.

६ अभि om. Ben U (pr. m.) C.

७ यहीत G (sec. m.) only; cp. XX. 10 : 23. 12.

तस्मिन्काले ऽस्य पिण्डं निपृणुयादथ चेदसगोत्रस्य दायमुपयच्छेत[1] कथं तत्र पिण्डदानं भवतीति । स्वेभ्यो दत्त्वा प्रतिवेश्मं बर्हिः स्तीर्त्वा बर्हिःप्रभृति पिण्डं दद्यादपि वागार एव स्थालीपाकं श्रपयित्वा बर्हिःप्रभृत्येव पिण्डं दद्यात्कथमु खलु पुत्रिकापुत्रस्य पिण्डदानं भवतीत्येतत्ते ऽमुष्यै तत मम पितामह ये च त्वामन्वेतत्ते ऽमुष्यै पितामह मम प्रपितामह ये च त्वामन्वेतत्ते ऽमुष्यै प्रपितामह मम प्रप्रपितामह[2] ये च त्वामन्विति । प्रविदानकल्पेन वा दद्यात्स्वधा पितृभ्यः पृथिवीषद्भ्यः स्वधा पितृभ्यो ऽन्तरिक्षसद्भ्यः स्वधा पितृभ्यो दिविषद्भ्य इति । पितुश्चेत्पितामहस्य प्रपितामहस्येति नामानि न जानीयात्कथं तत्र पिण्डदानं भवतीति । प्रविदानकल्पेन वा दद्यादपि वैतत्ते तत ये च त्वामन्वेतत्ते पितामह ये च त्वामन्वेतत्ते प्रपितामह ये च त्वामन्वित्युत्तर आयुषि लोम
I. 81. 2. छिन्दीतेति । कस्मिन्नु खल्वेतत्काले छेत्तव्यं भवतीत्यूर्ध्वं षट्षष्टिभ्यश्च[3] वर्षेभ्यो ऽष्टाभ्यश्च मासेभ्य इत्येतस्मिन्नेवैतत्काले छेत्तव्यं भवतीति[4] । कथमु खल्वनाहिताग्नेः पिण्डपितृयज्ञो भवतीत्यनिरुप्तं स्थालीपाकं श्रपयित्वाग्निमुपसमाधाय

---

१ यच्छेत G (sec. m.) only; cp. XX. 10: 23. 12.

२ Thus G (sec. m.) only; all the other MSS. om. the first. प्र ।

३ Thus Ben C U (pr. m.); षट् षष्टिश्च D, षट्षष्टिभ्यो H G U (sec. m.), षष्टिभ्यो Be.

४ Thus Ben D C U (pr. m.); भवति om. H Be G U (sec. m.).

संपरिस्तीर्याहुतीर्हुत्वा दक्षिणेनाग्निं दक्षिणाग्रं बर्हिः स्तीर्त्वा बर्हिःप्रभृति पिण्डं दद्यादपि वागार एव स्थालीपाकꣳ श्रपयित्वा बर्हिःप्रभृत्येव पिण्डं दद्याद्यज्ञोपवीत्येव प्राजापत्ययर्चैतमग्नि-मुपतिष्ठेतेति । ॥ ३२ ॥

[. 82. 6; . 48. 16.] यथो एतद्बौधायनस्य कल्पं वेदयन्ते हविष्कृता वाचं विसृज्याज्यानीर्जुहुयात्कस्मिन्नु खल्वेनाः काले जुहुयादिति । प्रस्कन्दनान्तं कर्म कृत्वैतस्मिन्नेनाः काले जुहुयात्कथमु खल्वनाहिताग्नेराग्रयणं भवतीत्यनिरुप्तꣳ स्थालीपाकꣳ श्रपयित्वाग्निमुपसमाधाय संपरिस्तीर्याघारावाघार्याज्यभागाविष्ट्वाग्रयणदेवताभ्यः स्विष्टकृच्चतुर्थीभ्यो जुहुयात्कामं[1] पुरस्तात्स्विष्टकृतो

[I. 83. 3.] ऽज्यानीरुपजुहुयात्तस्यैतेनैव मन्त्रेण प्राश्नीयाद्भद्रान्नः श्रेयः समनैष्ट देवा इत्यपि वा श्रुतवतो ब्राह्मणस्य हुतोच्छेषणा-

[. 84. 15.] न्निषेत । समानः प्राशनमन्त्रः । कथमु खल्वन्तर्विराजं बहिर्विराजमन्तर्बहिर्विराजमिति जानीयान्नित्येनोपस्थाय विराजक्रमैरुपतिष्ठेत प्रोष्य[2] पुनरागम्य[3] विराजक्रमैरुपस्थाय नित्येनैवोपतिष्ठेतैतेनैव[4] बहिर्विराजमुक्तमन्तर्बहिर्विराजं चेति । सो

[. 83. 16.] ऽधः संवेश्यमाꣳसाश्यस्त्युपायी प्रवसति । विपरीतनामधेय एष

---

१ Thus G (sec. m.) only; काम Be, कर्म, D, कर्मु C, कर्म U, कर्म Ben, कथं H.

२ Thus G, पोष्य Be D, प्रोष्यन् Ben C U, प्राप्य H.

३ °गत्य G and U (sec. m.).

४ अपि instead of the last एव Ben D C U (pr. m).

I. 86. 5 भवति । स खिद्यथेदं प्रायश्चित्तं मध्ये[1] पतितमाश्विनो द्विक-
पालस्तमन्तमेव[2] परिणयेद्दीक्षणीयायां चेन्नश्येत्प्रायणीयामनु-
वर्तेत । प्रायणीयायां चेन्नश्येदातिथ्यामनुवर्ततातिथ्यायां चेन्न-
श्येदग्नीषोमीयस्य पशुपुरोडाशमुत्तरमुत्तरं[3] तन्त्रमनुवर्ती[3]
स्यादथ चेदग्निर्दीक्षणीयायां नश्येत्कस्मिन्नु खल्वेनं काले
निर्वपेदिति । दीक्षाहुतीर्हुत्वैतस्मिन्नेनं काले निर्वपेदपि वा
III. 54. 4. प्रागौद्ग्रहणाद्यथो एतद्बौधायनस्य कल्पं वेदयन्ते प्रवसतः
प्रस्तरेणैवास्य सह यजमानभागमनुप्रहरेद्ध्रुवायै वाज्येन पर्यु-
पस्तीर्य[4] जुह्वामवधाय जुहुयात्प्रस्तरभूयं यजमानभागो गच्छ-
तीति प्रवसतः प्रस्तरेणैवास्य सह यजमानभागमनुप्रहरेदिति ।

॥ ३३ ॥ सप्तदशः ॥

III. 55. 4. अथायं पशुः सोपवसथस्तस्य कः कर्मण उपक्रमो भवती-
त्यजस्रैरग्निभिरुदवसाय षड्ढोतारꣳ[5] हुत्वा यूपाहुतिꣳ हुत्वा
यूपꣳ सयजुषं कृत्वा[5] वेदिं विमाय व्रतोपायनीयमशित्वाग्नी-
नन्वादध्याद्व्रतमुपेयादिध्माबर्हिः संनह्योपवसेदथ प्रातराग्नेयेना-
ष्टाकपालेन यजेतेति नु बौधायनस्य कल्पो । नाग्नीनन्वा-

---

१ मध्य H Be G U D C.

२ Thus (॰स्तमंतमेव) G H U (sec. m.), ॰स्तंतमेव C, ॰स्तमततमेव Be, ॰स्तममेव Ben U (pr. m.) D.

३ Thus Ben U (pr. m.) D C; ॰मुत्तरमुत्तरं तचेममनु॰ Be U (sec. m.), ॰मुत्तरं तचेममनु॰ H G (pr. m.), ॰मुत्तरं तंचमनु॰ G (sec. m.).

४ वा ins. G Be U (sec. m.) H, not Ben D C.

५ The words षड्ढोतारं unto कृत्वा are given by G (sec. m.) after उपेयात् (l. 15).

दध्याच्च व्रतमुपेयात्पाणी संमृशीत । परिस्तृणीयात्पात्राणि निर्णिज्य सꣳसादयेद्ब्रह्माणं दक्षिणत उपवेशयेत्तूष्णीं[1] । प्रणीते औत्तरवेदिके मन्त्रेणोपविशेत्प्रोक्षणीः सꣳस्कृत्य पात्राणि प्रोक्षेदाज्यं निरुप्याधिश्रित्य पर्यग्नि कृत्वा स्फ्यहस्तः प्राङेत्य स्तम्बयजुर्हरेत्सिद्धमत ऊर्ध्वमथ शालीकेररण्योरग्नीन्समारोह्योदवसाय मथित्वाग्नीन्विहृत्यैवमेव[2] षड्ढोतारꣳ हुत्वा यूपाहुतिꣳ हुत्वा यूपꣳ सयजुषं कृत्वा वेदिं विमायाग्नीनन्वादध्याद्व्रतमुपेयादिध्माबर्हिः संनह्येत्पाणी संमृशीत । परिस्तृणीयात्पात्राणि निर्णिज्य सꣳसादयेद्ब्रह्माणं दक्षिणत उपवेशयेत्तूष्णीं । प्रणीते औत्तरवेदिके[3] मन्त्रेणोपविशेत्प्रोक्षणीः सꣳस्कृत्य पात्राणि प्रोक्षेदाज्यं निरुप्याधिश्रित्य पर्यग्नि कृत्वा गार्हपत्य आज्यं विलाप्योत्पूय स्रुचि चतुर्गृहीतं गृहीत्वा समिद्वत्याहवनीये पूर्णाहुतिꣳ हुत्वा स्फ्यहस्तः प्राङेत्य स्तम्बयजुर्हरेत्सिद्धमत ऊर्ध्वम् । ॥ ३४ ॥

. 55, 9. स्फ्यो यूपो भवतीति । कथमु खल्वस्य स्वरुरधिमन्थने[4] यूपशकले[4] इति[4] भवन्तीत्येतस्यैवावतक्ष्णुयादपि वान्यस्य

१ Thus Ben C D U (pr. m.), तूष्णीकं G Be H U (sec. m.).

२ After विहृत्य G ins. (on the margin): षड्ढोतारं हुत्वा यूपं सयजुषं कृत्वा वेदिं विमाय व्रतोपायनीयमथित्वाग्नीनन्वादध्याद्व्रतमुपेयादिध्माबर्हिः संनह्योपवसेत् ।

३ त्वौत्त॰ Be.

४ Not wholly certain; ॰मंथनेयूपशकल इति Ben U C D G (pr. m.), ॰मंथनयूपशकलौ इति H G (sec. m.), ॰मंथनेयूपशकलमिति H. The Vivaraṇa, although not clear, gives ॰मन्थने as *viṣayasaptamī*. It seems more probable we have here a dual.

तज्जातीयस्य वृक्षस्य कुर्याच्चषाल एष भवति । प्रोक्षणप्रभृति मन्त्रान्साधयेद्वा परिव्ययणात्तृतीयवेलायां परिव्ययेदेवमुपरसंमितायां । पञ्चारत्निप्रभृतयः पाशुबन्धिका यूपा भवन्त्या नवारत्नेर्नवारत्निप्रभृतय आग्निष्टोमिका यूपा भवन्त्येकविंशत्यरत्नेस्त्र्यरत्निश्चतुररत्निर्वा निरूढपशुबन्धस्य पालाशो यूपः । किमु खलु प्रवसतः पशुबन्धः सिध्यती३[1] न सिध्यती३[1] इति । सिध्यतीत्येक आहुरथ हैक आहुर्न सिध्यतीति । लोकाग्नीन्खल्विमान्द्वितीयमग्न्याधेयं ब्रुवते । न[2] तु[2] खलु[2] प्रवसतः पशुबन्धः सिध्यतीति । ॥ ३५ ॥ अष्टादशः ॥

कियन्नु खलु पशुबन्धे याजमानं भवतीति । व्रतोपायनव्रतविसर्जने[3] यज्ञस्य पुनरालम्भ । आज्यान्तकाशमु हैके ब्रुवत उपप्रैषाश्रावण इति । किंदेवत्यं[4] नु खल्विदं भवतीति । मृत्युदेवत्यमित्येव[4] ब्रूयादथेमाः पशुबन्धे षट् प्रोक्षण्यस्तिस्रो ह[5] मन्त्रवत्यस्तिस्रस्तूष्णीका । यवमतीरिन्द्रघोषवतीः पशुप्रोक्षणीरिति तूष्णीकाः । पशुपुरोडाशीयप्रोक्षणीः पात्रप्रोक्षणीरिध्माबर्हिःप्रोक्षणीरिति मन्त्रसंस्कृताः । पशुबन्धे वेदा-

---

१ Pluti signs only in Ben C D U.

२ नतु खलु Be G, ततु खलु Ben, तनु खलु H, न खलु U C, न D.

३ व्रतोपायने Be (instead of •पायन•)।

४ Thus corrected (in accordance with the TS.) ; •देवतं or •दैवतं the MSS.

५ हि U (sec. m.).

ज्यभागावुदाजिहीर्षेत्कस्मिन्नु खल्वेनौ काले यजेदिति ।
स्वाहाकृतिप्रैषेण चरित्वा प्राग्वपायै । पुरस्तात्स्वाहाकृतयो वा
अन्ये देवा उपरिष्टात्स्वाहाकृतयो ऽन्य इत्यादित्यस्यैवैते रश्मयः
I. 121.3. प्राचीनाश्च प्रतीचीनाश्च भवन्त्यथायं पशुपुरोडाशस्तस्य कः
कर्मण उपक्रमो भवतीति । जघनेन गार्हपत्यꣳ स्फ्यं निद-
ध्यात्स्फ्योपरि पात्र्यौ । पात्र्यां व्रीहीनावपेच्छूर्पादानप्रभृति
कर्मान्तस्तायत आप्यनिनयनान्तो । जघनेन गार्हपत्यमाप्येभ्यो
निनयेत्प्राचरणीप्रैषेण पुरोडाशीयानि[1] पिष्टानि संयौयादेवꣳ[2]
भवनीयानां । यथो एतद्बौधायनस्य कल्पं वेदयन्ते ॥ ३६ ॥
. 64. 4. निरवदायैवास्य स्विष्टकृतमिडामवद्येत्कथमच चतुरवत्तं
भवतीत्युपस्तीर्य पुरोडाशं द्वेधा कृत्वाभिधारयेदेवमस्य[3] चतु-
रवत्तं भवत्यथ हैक आचार्या एकादश धर्मान्पशुबन्ध उत्सा-
दयन्त्यग्न्यन्वाधानं व्रतोपायनं पृष्ठ्यां प्रणीतां याजमानमाज्य-
भागौ प्राशित्रं यजमानभागब्रह्मभागौ चतुर्धाकरणं विष्णु-
क्रमानिति । कियन्तु खलु पशुबन्धे दर्विहोमा दृष्टा भवन्तीति ।
122.17. षड्ढोता यूपाहुति स्तोक्या दिशांप्रतीच्योपयज इति । किंदे-
124.7. वत्या उ खलु मनोता भवतीत्याग्नेयीत्येव ब्रूयात्किंदेवत्य उ
खलु वनस्पतिर्भवतीति । वैष्णव इत्येव ब्रूयाद्विज्ञायते वैष्णवा
वै वनस्पतय इत्यथाप्युदाहरन्ति यज्ञो वै विष्णुरित्यथायं

---

१ पुरो॰ Ben G (sec. m.), पौरो॰ the other MSS.

२ Thus U H Be G ; संयुयादेवं Be, संयुत्यादेवꣳ C.

३ ॰मच Ben U (pr. m). D C.

पशुः सार्वत्रैष्टुभो भवत्येकादश प्रयाजा एकादशानूयाजा एकादशकपालः पशुपुरोडाश एकादशावदानान्येकादशोपयाजा इत्येवं पशुः सार्वत्रैष्टुभो भवति । यथो एतच्छालीकेः कल्प[1] वेदयन्ते ऽरण्योरग्नीन्समारोह्योदवस्येत्तं[2] चेत्तत्र चेष्टकमादित्यो ऽभ्यस्तमियात्कथं तत्र प्रायश्चित्तꣳ सिध्यती३[3] न सिध्यती३[3] इति । सिध्यतीत्येक आहूरथ हैक आहुर्न सिध्यतीति । यज्ञाभिपरीत एष[4] आकाशो भवति । नैव सिध्यतीतीन्वा।[5] अयं पशुः सार्वत्रैष्टुभो व्याख्यातः । ॥ ३७ ॥

एकोनविꣳशः ॥

अथातः काम्यान्पशून्व्याख्यास्यामः । को नु खल्वेषामुपाꣳशु भवतीति । य एवाश्वमेधिकाः प्राजापत्याः सावित्राः सारस्वताः पौष्णा याम्याः पितृदेवत्या द्यावापृथिव्या वायव्याः सौर्या वैश्वकर्मणा इति । गर्भिण्यो भवन्तीति कथमत्र प्रायश्चित्तꣳ सिध्यती३ न सिध्यती३ इति । सिध्यतीत्येक आहूरथ हैक आहुर्न सिध्यतीत्येतत्सम्प्लुत्य एता भवन्ति । नैव सिध्यतीत्यादित्यां मल्हां गर्भिणीमालभत इत्यृषिनामधेयमेवैत-

---

१ The kalpa of S'āliki here alluded to I have not traced in our Dvaidhapraśnas; the prāyaścitta is, according to the Vivaraṇa, the one treated of in XIV. 24 init.

२ Thus G (sec. m.) Be; •समारोप्यो• the other MSS.

३ Pluti signs not given by all the MSS. here and infra.

४ एष om. H Ben C.

५ सिध्यतीतीवा H, सिध्यतीतिन्वा (or न्वा) or सिध्यतिन्वा the other MSS.

ह्नवत्यपन्नदती[1] भवतीत्यहीनदतीत्येवेदमुक्तं भवत्यथेयं दशर्षभा संवत्सरमभि विहिता[2] । प्राजापत्य[3] एवैषां ककुद्दर्शमो भवतीति[4] । कथमत्र ब्रह्मचर्यꣳ सिध्यती३ न सिध्यती३ इति । सिध्यतीत्येक आहुरथ हैक आहुर्न सिध्यतीति । संतिष्ठते । नैव सिध्यतीति । पर्यारिणी भवतीति । परिहारसूरित्येक आहुरथ हैक आहुरनुजैवैषोक्ता भवति । वेहदित्येतामाचक्षते । ॥ ३८ ॥

सोमापौष्णं त्रेतमालभेतेति । त्रयाणामेवैष उक्तो भवत्यथाप्युदाहरन्ति यस्तिस्रो धयतीति । त्वाष्ट्रं वडबमालभेतेति । यमेवैतं पुमाꣳसꣳ सन्तमधिरोहति स वडबो । विषम आलभेतेति । देवयजन[5] वा विषमꣳ स्याद्यस्मिन्वा पशुमालभेतापां चौषधीनां च सन्धावालभत हैक इकान्त इत्येक आहुरथ हैक आहुः प्रावृषि वा शरदि वेति । यस्याश्विने शस्यमाने सूर्यो नाविर्भवति सौर्यं बहुरूपमालभेतेति । प्रायणीये चेदतिरात्रे न दृश्येतारम्भणीयस्याह्नः सवनीयस्योपालम्भ्यं

---

१ Uncertain; इत्यपीनाम॰ Be, इत्युपिनाम॰ Ben C G D, इत्युपिम॰ H, इत्युहिनाम॰ U (pr. m.), इत्युद्दहिनाम॰ U (sec. m.). Read perhaps इत्युष्णीनामधेय॰ ?

२ Thus Ben C D G (pr. m.), विहिताः Be U H G (sec. m.).

३ Thus Ben C U D G (pr. m.), ॰पत्या Be H G (sec. m.).

४ इति only in Be.

५ Before देव॰ all the MSS. exc. Be ins. यद् or य ।

कुर्याद्थ चेदुदयनीये ऽतिरात्रे न दृश्येतैकाह्निके वानूबन्ध्यस्योपालम्भ्यं कुर्युरपि वोदवसायैवैतेन पशुना यजेरन्नितौन्वा[1] इमे काम्याः पशवो व्याख्याताः ॥ ३९ ॥ विंशः ॥

॥ इति चतुर्विंशः प्रश्नः ॥

१ °तौन्वा some of the MSS.; इति इत्वा Vir.

69. 2. कथमु खलु यावज्जीवप्रयुक्तानां चातुर्मास्यानामनुप्रयोगो भवतीति । फाल्गुन्यां वा चैत्र्यां वा पौर्णमास्याꣳ शुनासीरीयपर्वणा यजेताथ वैश्वदेवायोपवसेद्वैश्वदेवेनेष्ट्वा पौर्णमासवैमृधाभ्यां यजेताथ चेदिष्ट्या पशुना सोमेन वा यजेत कथं तत्र कुर्यादिति । प्रतिकृष्यैतस्य पक्षस्य शुनासीरीयपर्वणा यजेताथैतेषामेकेन यजेताथ वैश्वदेवायोपवसेद्वैश्वदेवेनेष्ट्वा पौर्ण-

ib. मासवैमृधाभ्यां यजेतेति । यथो एतद्बौधायनस्य कल्पं वेदयन्ते यावज्जीवप्रयुक्तान्येव चातुर्मास्यानि स्युरन्तर्मिथुनानि । प्रथमे त्वेव संवत्सरे व्रतं चरेदिति कथमत्रेष्टिपशुबन्धा इति । काममिष्ट्या कामं पशुबन्धेनेति । क्व उ खलु चातुर्मास्यानि समासं गच्छन्तीति । राजसूये च चातुर्मास्येषु च सोमेष्वित्येव ब्रूयादथाप्युदाहरन्ति द्वादशाहे ऽग्नि[illegible] चातुर्मास्यैर्यजेत । वैश्वदेवेनेष्ट्वा[1] चतुर्थ्यां वरुणप्रघासैरष्टम्यां च[2] नवम्यां च साकमेधैर्द्वादश्याꣳ शुनासीरीयपर्वणा यजेतेति । विज्ञायते संव-

130. 5. त्सरप्रतिमा वै द्वादशरात्रयो भवन्तीति । त्रिवृद्बर्हिर्भवतीति । तूष्णीकानि ह्यन्तराणि भवन्तीति मन्त्रवदु[1]ह[1]ब्राह्मणमेतदेव[3]

134. 3. सदन्यत्रेष्टिसंनिपाते[2] विपरीतं भवतीति । क्व उ खलु करम्भ-

---

१ Before वैश्व° D G U C ins. प्रथमायां, which, strictly spoken, is superfluous.

२ च om. U G D Ben C and Rudradatta on Āp. VIII. 1. 2; it is found in Be H and the Vivaraṇa.

३ Thus G; D Ben (pr. m.) U (pr. m.) C present the same reading, leaving out only ह ; U (sec. m.) Ben (sec. m.) Be ins. एतद्: between मन्त्रवद् and उ ; H reads as G, only °तदेवमाहदन्यत्र° ; Ben °वदेतदुहान्यमेतदुपसदन्यत्र°, Be : °वदेदतदुहवान्यमेतदुपसदन्यत्र° ।

पात्राणि प्रथमं मन्त्रं लभन्त इति । प्रोक्षण[1] इत्येव[1] ब्रूयात्सह
हविर्भिः करम्भपात्राण्यभिपर्यग्नि कुर्यात् । किंदेवत्यानि नु खलु
करम्भपात्राणि भवन्तीति । वारुणानीत्येव ब्रूयाद्विज्ञायते
ऽन्यमेव[2] वरुणमवयजत इत्यस्तं प्रेत सुदानव इति गृहान्प्रेक्ष-
III. 72. 1. तेत्येवेदमुक्तं भवति । तौ व्यतिषारꣳ साम्बयजुषौ हरेयाता-
मितस्यामुतस्य[3] यन्तं[3] प्रतिप्रस्थाताध्वर्युं परिगृह्णीयात्सह[4]निरु-
प्तस्य प्रतिप्रस्थातापो निःषिच्याध्वर्योराव्यस्य[5] वाचयेदथैभयो-
रतिप्रणयनादादायाध्वर्युः स्वमिध्ममपक्रम्यैव तिष्ठति । ॥ १ ॥
अथायं प्रतिप्रस्थातान्तरेणेध्मं[6] चाहवनीयं चोपातीत्य
स्वमिध्ममाददीत । तावपवर्गैः[7] पर्यावृत्येध्मौ हरेयातामथा-
मुतः[8] प्रदक्षिणमावृत्येध्मौ प्रतिष्ठाप्यैतेनैव यथेतमेत्य प्रतिनि-

---

१ Thus Be G (sec. m.), the Viv.; प्रोक्षणप्रभृतीन्येव U G (sec. m.) Ben H, प्रोक्षणप्रभृत्येव D, प्रोक्षप्रभृत्येव C.

२ Thus all, cp. the Calcutta edition of TS, vol. II, p. 41, l. 5 from bottom (TBr. I. 6. 5. 4 ?).

३ ॰चायंतं Be G U (pr. m.).

४ Thus G U (sec. m.) and the Viv.; प्रतिप्र॰ D C U (pr. m.) Be Ben; H om. the prepos.; cp. Āp. VIII. 5. 12.

५ ॰ध्वर्युरा॰ H Ben (pr. m.).—After वाचयेत् C D Be G U (pr. m.) ins. च, U (sec. m.) चार्थं ।

६ Thus Ben H U (sec. m.) and the Vivaraṇa; ॰स्थातोत्तरेण Be G C U (pr. m.) D.

७ Thus G U C and the Viv., the other MSS. om. तौ ।

८ परिहरेयाताम॰ U (sec. m.).

वेँष्टयते प्रतिप्रस्थातान्तरेण वेदी प्राचीनमुपयमनीहारो[१] ।
ऽथेमा अध्वर्योः प्रोक्षणो दक्षिणेन प्रतिप्रस्थातारं परिगृह्या-
138. 4. सादयेदेँवमेताभिरनभिपरिहृतो भवत्यथेयं[२] मारुती दक्षिणां
वेदिं गच्छति सप्तमी[३] हविषामधिश्रीयते[३] । कथमेतयाव्य-
वेतानि भवन्तीति । प्रतिकृष्यैनामग्रेण दक्षिणेन[४] हवींष्य-
नभिघारितामुद्वासयेदथैनां पुनरधिश्रित्याभिघारितामुद्वा-
स्यान्तर्वेद्यासादयेदेँवमेतान्यव्यवेतानि भवन्त्यथायं प्रतिप्रस्थाता
मारुत्यै दैवतस्य सकृदेवानुवाचयेत्सकृदाश्रावयेदथान्यत्राध्वर्योः
कृतानुकारो भवतीति । तद्यदिहाश्रावयतीह[५] यजतीति
तत्प्रतिप्रस्थाता कृतानुकार एव भवत्यथेदं मारुत्यै मेक्षण-
73. 3. मग्रेणौत्तरवेदिकमग्निं[६] परिगृह्यानुप्रहरेद्यथो[७] एतदौपमन्यवस्य

---

१ Thus G U C D, ०यमनिहारो the other MSS.

२ इति after भवति ins. D U Ben C.

३ Uncertain reading and meaning, the Vivaraṇa of this passage is missing. G (sec. m.) reads as given above; सप्तम्यश्च हविषामधिश्रि° Ben (pr. m.) C, सप्तम्या हविषामधिश्रि (or श्र)यते Be U (sec. m.) Ben (sec. m.) G (pr. m.), सप्तयस्यविषधमिश्रयते H.

४ Instead of दक्षिणेन (thus G, Ben sec. m. Be) दक्षिणा U (sec. m.), दक्षिणानि C Ben (pr. m.) U (pr. m.) H D.

५ Thus Ben (sec. m.) G (sec. m.), the last MS ins. इति also after ०श्रावयति) H (only ०वयतिह) and the Viv. (reading यदी०) ; तद्यदाहा० Ben (sec. m.), तद्यदाश्रावयतीह Be, तद्यदिहाश्रावयतीति तत्-प्रतिप्रस्था० C.

६ ०प्रेणोत्तर० Be H.

७ पर्याहृत्यानु० U (sec. m.).

कल्पं वेदयन्ते तुषैश्च निष्कासेन चावभृथमवेयादिति दैवतं
प्रदाय स्विष्टकृतं प्रयच्छेत्तुषान्संप्रकीर्योदकान्तं प्रत्येत्येत्सिद्धमत
141. 18. ऊर्ध्वमंथायं गृहमेधीय आज्यभागप्रतिपत्त्केडान्तः[१] संतिष्ठते।
III. 74. 10. तत्र नास्ति प्राशित्रं। तूष्णीꣳ [२]समकाञ्छाकलान्परिधीनग्ना-
I. 143. 18. वनुप्रहरेदभिवान्यायामविद्यमानायाꣳ संधिनीचीरं दोहये-
दिति। ॥ २ ॥ प्रथमः ॥

I. 143. 17. अथायं महापितृयज्ञस्तस्य कः कर्मण उपक्रमो भवतीति।
बर्हिर्यजुषा कुर्याद्देवानां पितॄणां परिषूतमसि देवपितृबर्हिर्मा
त्वान्वगा तिरश्चपर्व ते राध्यासमित्यपहतो ऽरक्षः पृथिव्यै देव-
पितृयजन्या इत्यपहतो ऽरक्षः पृथिव्या अदेवपितृयजन इत्येव-
मेतेष्वधिकरणेषु कुर्याद्यत्र देवाश्च पितरश्च संनिगच्छेयुः।
पाणी संमृशीत। परिस्तृणीयात्पात्राणि निर्णिज्य सꣳसादयें-
द्ब्रह्माणं दक्षिणत उपवेश्यात्रैवोत्तरत उदपात्रं निधाय जघनेन
गार्हपत्यꣳ स्फ्यं निदध्यात्स्फ्योपरि[३] पात्र्यौ। पात्र्यां मौद्गीना-
वपेच्छूर्पादानप्रभृति कर्मान्तस्तायत आप्यान्तो। जघनेन
I. 147. 4. गार्हपत्यमाप्येभ्यो निनयेद्द्विपरिक्रामन्त्येत ऋत्विजो। ऽध्वर्यु-
रनन्तरो ऽग्नेः स्यादथ यजमानो ऽथ ब्रह्माथाग्नीध्रो। ऽपि

---

१ Thus G U D Ben C, •त्केडांत Be, •त्कडांता H; read •प्रतिपत्त्क्
इडान्तः ?

२ Thus (and cp. XXI. 3 : 74. 10) Ben U H, •सकला• D C,
•शाखाका• G (sec. m.) Be.

३ निधाय instead of निदध्यात् Ben U (sec. m.).

वाग्नीध्र एवानन्तरो ऽग्नेः स्यादथ यजमानो ऽथ ब्रह्माथाध्वर्यु-
ib. विपरिहरन्ति हवीꣳष्यग्रेण पुरोडाशं धाना जघनेन धानाः
करम्भमित्येवं विपरिहृतानामेवैतेषाꣳ हविषामेकैकमुदास-
येत् । क उ खलु त्रैयम्बका निरुप्यन्त इत्युद्दास्य हवीꣳषि
रुद्रायाम्बिकायै जुष्टं निर्वपामीति यस्य मन्त्रवन्तः । कायेति
कायं निर्वपेत्कायानुब्रूहीत्यनुब्रूयात्कं यजेति यजेत्क उ खलु
153. 1. त्रैयम्बकाणाꣳ सौविष्टकृतं भवतीति । यदेवातो भूत आस-
जतीत्यसमुदित ऋषभं ददातीति[१] । महाहविषामेवैषो ऽसमु-
दिते[२] दातव्यो भवति । सर्वमेव याजमानं पितृयज्ञ उत्सी-
देत्यग्रुवन्धे सौम्ये ऽध्वरे ऽन्यत्रतचोत्पत्तिवचनात्सर्वं[३]. एवाग्नि-
र्याजमानो ऽग्निचये सर्वमेवाग्न्याधेयच्छन्दो[४] याजमानमग्न्या-
धेये । ॥ ३ ॥ द्वितीयः ॥

156. 1. अग्निष्टोमेन यक्ष्यमाणः प्रव्यमात्मानं कुर्वीत । येनास्या-
कुशलꣳ[५] स्यात्तेन कुशलं कुर्वीत । यान्यृणान्युत्थितकालानि
स्युस्तानि व्यवहरेदनुज्ञापयीत वा । स पुरस्तादेवोपकल्पयते

---

१ इति om. Ben H.

२ Emended; समुदितो MSS.

३ Thus U Ben C D H; न्यत्रचोत्पत्ति॰ G. and the Viv.; न्यत्रचोत्प-
त्ति॰ Be.

४ Thus G U (sec. m.) and the Viv.; ॰धेयंछन्दसो H Ben D C,
॰धेयच्छंदसो Be.

५ Thus (and cp. XXIV. 12: 195. 8) Be D U C, ॰स्याऽकुशलं G
॰स्याकुशलं Ben H.

I. 156. 6. प्रभूतं तृणवꣳशं पश्चाज्यꣳ स्थाल्यमत्रं कुम्बं च कुरीरं चेति। विदलसु ह कुम्बं भवति जालसु कुरीरं। द्वादशशतं दक्षिणानां। विज्ञायते छन्दोगब्राह्मणं वीरहा वा एष देवानां यः सोममभिषुणोतीति। शतेन वीरं निरवदयते। दशभिर्दश प्राणान्येकादशी तयात्मानं। यैव द्वादशी सा दक्षिणेत्यथ[1] हैक एकविꣳशतिदक्षिणेन यजन्त एकविꣳशं यज्ञायज्ञियमिति वदन्तो। ऽथ हैके सप्तगुना यजन्ते सोमक्रयण्यतिथिगव्यनूबन्ध्यास्तस्तो[2] मध्यतस्तदपि दाशतये[3] विज्ञायते प्र सप्तगुमृतधीतिं सुमेधामिति। ॥ ४ ॥

156. 9. अथातो देवयजनकल्पः। स एतद्देवयजनकल्पं जोषयते पुरस्तादुदकमनूषरमनुपक्षितमविक्षग्दार्यनिरिणमसुषिरमभङ्गुरमवल्मीकं[4] बहुलौषधि[4] यत्रान्याश्चान्या ओषधयो व्यतिषक्ताः

१ दक्षिणेत्वथ Be Ben (sec. m.). On this passage cp. Pañc. br. XVI. 1. 12.

२ After °गव्य° G ins. (on the margin), °र्घ्यषेत, thus also the Vivaraṇa.

३ See Ṛgveda X. 47. 6.

४ °नुपक्षितम° Be G (sec. m), the Viv.; °नूपक्षितम° the other MSS.—°विक्षग्दार्यनि° G and one copy of the Viv.; °विक्षग्दार्यनि° Ben and another copy of the Viv.; °विरंदार्यनि° U; these MSS. point to a reading अविक्ष(स)ग्दारि; °विक्षग्दीर्यमनि° D, °वि(पि)क्षग्दीर्य(र्घ)मक्षप° Ben C H D; these MSS. point to a reading अविक्षग्दार्यम्. Both readings occur equally in Baudh. pitṛmedha I. 4: 7. 14 (cp. Hir. pi. sū. I. 1: 33. 3). Gārgya Gopālayajvan comments: अविक्षग्दारि यत्र विविधं दारणं प्रदरादिकं विदारणं न विद्य तदविक्षग्दार्यम्।—बहुलौषधि G U D C, the Viv.; °षधी Be °षधिकं Ben °षधीकं H.

स्युः प्रागुदक्प्रवणं यथा चात्वालमारिणीरापः स्युर्नातिप्रवणं यस्मादन्यत्पुरस्तात्समक्तिकं देवयजनं न विन्देयुस्तदेतां प्राचीनवꣳशाꣳ शालां मापयन्ति । कृत्तिकाः खल्विमाः प्राचीं दिशं न परिजहति[1] । तासाꣳ संदर्शनेन मापयेदित्येतदेकꣳ । श्रोणासंदर्शनेन मापयेदित्येतदेकं । चित्रास्वात्योरन्तरेणेत्येत-

156. 11. दपरं । दिक्ष्वतीकाशा भवतीति[2] । द्वाभिरेवैषा[3] दिक्ष्वतीकाशा भवत्यथाप्युदाहरन्ति[4] वꣳशानामेवातीकाशान्कुर्यादिति । द्वौ स्तोमौ प्रातःसवनं वहत इति[5] । त्रिवृत्पञ्चदशौ प्रातःसवनं वहतः । पञ्चदशसप्तदशौ माध्यन्दिनꣳ सवनꣳ । सप्तदशैकविꣳशौ तृतीयसवनमेष एव सꣳस्तुष्टोमो भवति । चत्वारो हि स्तोमा भवन्त्येष एव सन्द्वादशस्तोमो[6] भवति ।

. 88. 17. द्वादश हि[7] स्तोत्राणि भवन्ति । [illegible] एतदौपमन्यवस्य कल्पं वेदयन्ते पुरस्तादेवैतत्त्रैविध्यगतेषु देवयजनमध्यवस्येद्विज्ञायते सा वा इयꣳ सर्वैव वेदिरिति । ॥ ५ ॥ तृतीयः ॥

159. 9. अथेममाग्नावैष्णवमेके प्रागप्युदीचाये भुवत उपरिष्टाद्वा[8] ।

---

१ MSS., exc. H. ॰जहंति (॰आहनंति Be).

२ भवंतीति MSS., but दिक्ष्वतीकाशा is adj., sc. शाला ।

३ ॰वैषां MSS.

४ Thus (भवति) U only, भवंत्य॰ H, भवंतीत्य॰ all the other MSS.

५ See TS. VII. 1. 1. 1.

६ Thus C and the Viv., all the other MSS. unanimously ॰स्तोभौ ।

७ Om. G U D C.

८ Thus Be G U D Ben (sec. m.); उपरिष्टाद्वायं H Ben (pr.m.) and the Viv. one copy another, sec. m., originally reading उपरिष्टादयं; the Viv. explains यथा कल्पे ।

क्व उ खलु दीक्षणीयायै बर्हिर्यजुषा कुर्यादिति व्युपनिधाय[1]
I. 159. 10. संभारान्प्राक् पाणिसंमर्शनात् । यजमानं व्रतमुपनयति न पत्नीं
संनह्यतीत्यध्वरदीक्षायै व्रतं प्रणुदते । सैवैषा व्रतोपायनीया
I. 159. 11. भवतीष्टिरग्रमु पत्नीसंनहनं । न यजमानभागं करोति न
ब्रह्मभागमित्याशीःसंयोजनावेवैतावुक्तौ[2] भवतः । किमुपक्रम-
माणो यज्ञमाशिषं वदेदित्यथापि सुभिक्षो व्रतोपायनीयस्य
भवतीति । कस्मै[3] किं सुभिक्षायावद्येद्यजमानभागस्य खलु-
त्वादनाद्ब्रह्मभाग उत्सीदति । संयुक्तौ ह्येतौ यजमानभागब्रह्म-
I. 159. 12. भागाविति । न बर्हिषदं पुरोडाशं करोति नान्वाहार्यं याच-
तीति । दक्षिणोक्तावेवैतावुक्तौ[4] भवतो । ऽन्या उ खल्विह
ib. दक्षिणाः प्रतिख्याता भवन्ति । न पत्नीकरणहोमेन चरति
न समिष्टयजुर्जुहोतीत्यन्तपरिक्रमिणावेवैतावुक्तौ[5] भवतः ।
I. 159. 13. किमुपक्रममाणो यज्ञमन्तं परिणयेदिति । न पूर्णपात्रे यज-
मानं वाचयति न विष्णुक्रमान्क्रमत इत्यवभृथोक्तः खलु पूर्ण-

---

१ Thus Be G (sec. m.) and the Viv. a. h. l. and as cited elsewhere; the prep. वि om. D U Ben H C.

२ Thus Be U (sec. m.) G (only °वैवै°); एव H U (pr. m.), °संयोजनाव--- D, °संयोजनायेवैतावु° Ben and a citation by Sāyaṇa; °संयोजनावैमानायु° C.

३ The Viv. seems to read तस्मै ।

४ Thus Be G U (sec. m.) Ben (sec. m.) and the Viv.; दक्षिणो-कार्यावेवैतावु° Ben and U (pr. m.), दक्षिणैकार्यो एवैतावु° D, दक्षिणैकार्यौ एवैतावु° C, तथमयोक्षादक्षिणैकार्यावेवैतावु° H.

५ °क्रमणावे° D C, °क्रामिणावे° Be.

पात्रो भवत्यन्यः खल्विहावभृथः प्रतिख्यातो भवत्यन्तपरि-
क्रमिणो विष्णुक्रमाः । किमुपक्रममाणो यज्ञमन्तं परिणये-
दिति । ॥ ६ ॥

59. 18. द्वादश वात्सबन्धान्युदयच्छन्निति[१] । कतमानि खल्वि-
मानि वात्सबन्धानि भवन्तीत्येता एव स्रुवाहुतीरन्यत्र स्वाहा-
60. 10. कारादित्यथाप्युदाहरन्ति समानसंख्यानो ऽग्निर्ऋचि[२] तिस्रो
देवतास्तानि द्वादशाथेदं कृष्णाजिनं नौरुक्तं[३] भवत्याच्छ जान्वे-
163. 5. तत्पार्श्वत एवाभिमर्पेद्दक्षिणं प्रति रन्ध्रं यथा नावं । नक्तं चेद-
मेध्यं पश्येदाहवनीयमेवैतेन यजुषोपतिष्ठेताथेमानि दैत्राणि
व्रतानि सायमुपक्रमाणि प्रातरपवर्गाण्यथौपसदानि प्रातरुप-
164. 2. क्रमाणि सायमपवर्गाण्यथेदं[४] दैत्रं[४] व्रतं परिश्रित्यैव व्रतयेदा-
हवनीय एवैतत्पुराग्निहोत्रꣳ हूयते॰स मानुध्यास्यतीति[५] ।
॥ ७ ॥ चतुर्थः ॥

---

१ See TS. VI. 1. 2. 5.

२ ग्निर्ऋचि G (sec. m.), निवचि Be, ग्नीनिति U (sec. m.), ग्निनिति C, ग्निरिति the other MSS.

३ See TS. I. 2. 2. e (last pāda).

४ Thus Ben (pr. m.) G (sec. m.), ॰थैतद्दैत्तं ॰थैतंदैत्तं H C U D G (pr. m.) Ben (sec. m.).

५ Thus H, समनुध्यास्यतीति Be Ben, स मानुध्यासीदिति C U D G (pr. m.), समनुध्यस्यासीदिति G (pr. m.). The Vivaraṇa seems to have read as C, etc.: स आहवनीयोऽनुध्यासीत् आत्मीयमन्यत्र हूयमानं दृष्ट्वेति, but we expect a future: 'if the Āhavanīya sees that I offer somewhere else, it will... .'

I. 167. 3. अथायं प्रायणीयस्तस्य कः कर्मण उपक्रमो भवतीति।
बर्हिर्यजुषा कुर्याद्यदि पुरस्तादयजुष्कृतꣳ स्यात्पाणी संमृशीत।
परिस्तृणीयात्पात्राणि निर्णिज्य सꣳसादयेद्‌ब्रह्माणं दक्षिणत
उपवेश्यात्रैवोत्तरत उदपात्रं निधाय जघनेन गार्हपत्यꣳ स्फ्यं
निदध्यात्स्फ्योपरि पात्रीं। पात्र्यां व्रीहीनावपेच्छूर्पादानप्रभृति
कर्मान्तस्तायत आ प्रस्कन्दनात्प्रस्कन्दनान्तं कर्म कृत्वाहवनीये
स्रुवाहुतिꣳ हुत्वोपनिष्क्रम्य संप्रैषमुक्त्वाभिप्रपद्य तिरः पवित्रमप
आनीयाधिश्रित्य तिरः पवित्रं तण्डुलानावपेद्यथाज्यं निर्वपे-
द्यथाज्यमधिश्रयेदुभयं पर्यग्नि कृत्वा स्फ्यहस्तः प्राङेत्य स्तम्ब-
यजुर्हरेत्सिद्धमत ऊर्ध्वꣳ। शंय्वन्तः[1] प्रायणीयः संतिष्ठते।
को नु खल्वस्य कर्मणो ऽवशेषो भवतीत्या स्रुचां विमोकाच्च
चरुहविषामाप्यनिनयनं विद्यत इति[2]। स्थालीभिस्त्वेव चरुं
I. 169. 20. निर्वपेदिति नु[3] बौधायनस्य कल्पः। किंदेवत्या उ खलु
पदाहुतिर्भवतीत्याग्नेयीत्येके। वैष्णवीत्येके। प्राजापत्येत्येके।
I. 172. 19. वाग्देवत्येत्येव[4] ब्रूयात्कृष्णायोर्णास्तुकया सोमविक्रयिणमन्तरेण
I. 172. 15. भ्रूमके[5] विध्यति। राजानं प्रत्यपोर्णुते यजमानः ॥ ८ ॥

---

१ शंयुवंतः G D C U (pr. m.), शंयवतः Be.

२ Effaced in G.

३ Om. Be H.

४ Thus H, ॰देवतेत्येव the other MSS.

५ Thus G U (sec. m.) and the Viv. (both copies); भ्रमेके Be, भूमध्यके Ben H Keś., भ्रुवोर्मध्ये C D; cp. Baudh. gṛhs. I. 1: चर्षै-नामन्तरेण भ्रूमके दर्भेण संमार्ष्टि।

वयः सुपर्णा उपसेदुरिन्द्रमित्येतयाथ यदि न सोमविक्रयी
स्याद्ग्रेण यूपावटकालं पलाशशाखां निहत्य समुपनह्य राजानं
पलाशशाखायाꣳ समासज्योपासीताथ यदि कश्चित्प्रसवसंयुक्तं
व्याहरेत्क्षिप्रमिति वा त्वरध्वमिति वा कुरुतेति वा[1] तद्राजा-
173. 19. नमाददीत । न संवादा आवर्तेरन्स सोमविक्रयी स्यादथेयं
174. 14. प्रथमा सुब्रह्मण्योंकारान्तैवेषोक्ता भवत्यथायमातिथ्यस्तस्य कः
कर्मण उपक्रमो भवतीति । बर्हिर्यजुषा कुर्याद्यदि पुरस्ता-
दयजुष्कृतꣳ स्यात्पाणी संमृशीत । परिस्तृणीयात्पात्राणि
निर्णिज्य सꣳसादयेद्ब्रह्माणं दक्षिणत उपवेश्य दक्षिणमनड्वाहं
विमुच्याचैवोत्तरत उदपात्रं निधाय जघनेन गार्हपत्यꣳ स्फ्यं
निदध्यात्स्फ्योपरि पात्रीं । पात्र्यां व्रीहीनावपेच्छूर्पादानप्रभृति
कर्मान्तस्तायत आ प्रस्कन्दनात्प्रस्कन्दनान्तं कर्म कृत्वोत्तरमन-
ड्वाहं विमुच्य राजानं प्रपादयेत्सिद्धमचाग्निष्टोमिकं[2] कर्म
175. 19. जानीयादा संप्रैषात्कृष्णाजिनावधवनेनैवातिथ्यं[3] प्रतिपद्यते ।
सिद्धमत ऊर्ध्वम् । ॥ ९ ॥ पञ्चमः ॥

स दर्भपुञ्जीलमुद्गृह्णेति । कतरन्नु खल्विदं दर्भपुञ्जीलं भवतीति । यदेवैतद्गोदानयोर्निदधातीति ॥ सप्त गिरीन्भि-न्त्वेति । कतमे नु खल्विमे गिरयो भवन्तीति । प्रयाजानू-

---

१ वेति or वोति MSS. exc. H ; om. C.

२ °होमिकं G U¦D C.

३ °धवने° G and the Viv. ; °यवने° Be, °यवतिने° Ben, °धूनने° D U C.—°तिथ्यं G, °तिथ्य Be, °तिथ्यस्य the other MSS.

याजा[1] एवैता उक्ता भवन्तीति दीक्षणीयायाः प्रायणीयाया
आतिथ्याया अग्नीषोमीयस्येत्यथाप्युदाहरन्ति[2] दीक्षणीया प्राय-
णीयातिथ्योपसदो ऽग्नीषोमीयः सप्तम इति ॥ यज्ञो देवेभ्यो
निलायतेति । कतमो नु खल्वयं यज्ञो भवतीति । य एवैष
इडान्त आतिथ्यः संतिष्ठते ॥ तं देवा हस्तान्सꣳरभ्यैच्छन्निति ।
यदेवैतत्तानूनप्त्रꣳ समवमृशन्तीति[3] ॥ तमिन्द्र उपर्युपर्यत्यक्राम-
दिति । यदेवैतदुपसद्भिश्चरन्तीति ॥ तमेभ्यो यज्ञ एव यज्ञ-
माहरदिति । कतमो[4] नु खल्वयं यज्ञो यज्ञमाहरदिति[4] ।
दीक्षणीया प्रायणीयातिथ्यैष एव यज्ञो यज्ञमाहरदिति[5] ॥
वराहो ऽयं वाममोष इति । सुत्यमक्तां वर्षिष्ठं । तद्यजमानं
वामं वसु मुष्णातीति ॥ के नु खल्वातिथ्यस्यानूयाजा[1] भव-
न्तीत्युपसद इत्येव ब्रूयात्किंदेवत्या उ खलूपसदो भवन्ती-
I. 178. 19. त्याग्नेय्य इत्येव ब्रूयात्कथमु खलूपसदामुपक्रमो भवतीति ।
बर्हिर्यजुषा कुर्याद्यदि पुरस्तादयजुष्कृतꣳ स्यात्पाणी संमृशीत ।
परिस्तृणीयात्पात्राणि निर्णिज्य सꣳसादयेन्मदन्तीः सꣳस्कृत्य
पात्राणि प्रोक्षेदाज्यं निरुप्याधिश्रित्य पर्यग्नि कृत्वा स्रुग्घस्तः
प्राङेत्य स्तम्बयजुर्हरेत्सिद्धमत ऊर्ध्वं । यथा प्रकृत्यामेवं प्रथ-

---

१ °नुयाजा MSS.

२ °षोमीयस्य चेत्यथा G U (sec. m.).

३ सम् found in Be G U D C only.

४ From कतमो unto आहरदिति missing in G H; इति missing in Ben C Be D U.

५ इति missing in G U C.

मायामुपसदि स्रुचः सादयेदभ्यूढा द्वितीयस्यामभ्यूढतरास्तृती-
यस्याᳪ॰[1] । संत्वरमाणा इवोपसद्भिः प्रचरेयुर्नाहृतमाद्रिये-
रन्समग्राङ्गुलिः[2] स्रुवमादायास्यन्निवोपसदं जुहुयादिति ।
॥ १० ॥ षष्ठः ॥

क उ खल्वग्नीषोमीयस्य बर्हिर्यजुषा कुर्यादित्युद्दास्य
188. 13. प्रवर्ग्यं प्रागाहवनीयस्य प्रणयनात्सवनीयेभ्यश्च वत्सानुपाकुर्या-
द्यवच्छिन्न आहवनीये गार्हपत्ये पदहृतीयमुपवपेदेवमुपय-
183. 14. मनीष्वथैयमौदुम्बरी[3] स्थूणा यजमानेन संमिता कार्या
भवत्यथायं यूपो यजमानस्यारत्निभिर्विमितो भवति ।
सशोपर[4] इत्येके[4] । ऽत्रो हैवैतानि[5] कुर्याद्यूपावटं तु[6] परि-
194. 11. लिख्य पाणी संमृशीत । परिस्तृणीयात्पात्राणि निर्णिज्य
सᳪसादयेत्प्रोक्षणीः सᳪस्कृत्य पात्राणि प्रोक्षेदाज्यं निरुप्या-
धिश्रित्य पर्यग्नि कृत्वा स्रुचः संमार्ष्टि । ता उत्तरवेदिᳪ
हरन्ति प्रोक्षणीश्चाथ प्रतिप्रस्थाता पत्नीमभिसंनह्यत्यौरोत्रा-

---

१ ॰ढतरास्तृ॰ H Ben U Be; ॰ढतरांस्त॰ G, ॰ढतरास्त॰ D C.

२ Thus G D Ben CU (pr. m.), ॰मग्रांगुलि Be, ॰मग्रंगुलीभिः U (sec. m.). H defective. The Viv.: परिगृहीतमूलं प्रस्तरमादाय ।

३ Between उपवपेदेवम् and उपयमनीषु H Ben ins. इध्मम्, not G U Be D C.

४ Conjectural reading; ससोपर इत्येके G C Be U, ससोपरेत्येके Ben, समोपर इत्येके H, ससोमपर इत्येके D; सोपर इ॰ the Viv.

५ हैवैनानि all the MSS., with त॰ the Viv. (one copy) = वक्ष्यमाणानि ।

६ om. H.

ग्निकेनाथैनां गार्हपत्यमीक्षयेदथैनामाज्यमवेक्षयित्वाज्येनाद्र-
वेत्पत्न्या[1] तदवेक्षितमुपयच्छीत[2] तेजो ऽसीत्यथैनच्छकले-
नोपयत्य हरेत्तेजो ऽनु प्रेहीत्यथैनदाहवनीये ऽधिश्रयेदग्निस्ते
तेजो मा विनैदित्यथैनद्धृत्वोत्तरेण प्रोक्षणीः सादयित्वावेक्षि-
तोत्पुनुयादाज्यवतीभ्यां प्रोक्षणीः । प्रसिद्धमाहवनीयसकाशे
III. 97. 11. पृषदाज्यवन्त्याज्यानि गृह्णीतेति विज्ञायत ऊर्ध्वं । यथो
एतच्छालीकिः कल्पं वेदयन्ते पत्नीशाल एवाग्नीषोमस्याज्यानि
गृह्णीयात्तानि खरे सादयेदिति । समन्वानीय वासमन्वा-
नीय[3] वा पुराणगार्हपत्यं पाणी संमृशीत । परिस्तृणीयात्पा-
त्राणि निर्णिज्य सꣳसादयेत्प्रोक्षणीः सꣳस्कृत्य पात्राणि प्रोक्षे-
दाज्यं निरुप्याधिश्रित्य पर्यग्नि कृत्वा स्रुचः संमार्ष्टि । ता
अत्रैव सह सꣳसादयन्ति प्रोक्षणीश्च । न[4] प्रतिप्रस्थाता
पत्नीमभिसंनह्यत्पौरोडाशिकेन[5] । नैनां[5] गार्हपत्यमीक्षयेदथै-
नामाज्यमवेक्षयित्वाज्येनाद्रवेत्पत्न्या तदवेक्षितमुपयच्छीत तेजो
ऽसीत्यथैनच्छकलेनोपयत्य हरेत्तेजो ऽनु प्रेहीत्यथैनद्गार्हपत्ये
ऽधिश्रयेदग्निस्ते तेजो मा विनैदित्यथैनद्धृत्वोत्तरेण प्रोक्षणीः

---

१ •नाद्रवे• instead of •नाद्रवे• G here and infra l. 14. Is •द्रवेत् the better reading?

२ Thus here and l. 14 G Be D C Ben U (sec. m.), •यच्छेत H U (pr. m.).

३ Only given by G U (sec. m.).

४ Thus G U D Be, C H Ben om.

५ Thus Be C only, the other MSS. om. न reading •डाशिकेनैनां।

सादयित्वावेक्षेतोत्पुनुयादाज्यवतीभ्यां प्रोक्षणीः प्रसिद्धं गार्हपत्यसकाशे पृषदाज्यवत्याज्यानि गृहीत्वा ॥ ११ ॥

194. 17. परिकर्मिभ्य उत्प्रदाय ब्रह्मणे राजानमुत्प्रयच्छेत्संप्रच्छन्नेषु स्रुवाहुती[1] जुहुयात्संप्रच्छन्नास्त्वेव गच्छेयुराहवनीयाद्राजा दक्षिणार्ध्यः स्यादथाग्निरथ ग्रावोवायव्यान्युत्तरार्ध्यान्याज्यान्यपि वाग्निर्दक्षिणार्ध्यः स्यादथ राजाथ ग्रावोवायव्यान्युत्तरार्ध्यान्येवाज्यानि । पूर्वया द्वारोपनिष्क्रम्योत्तरेण सदः परीत्याग्नीध्रागारेऽग्निं निधायाभिहुत्य प्रोक्षणीहस्त उत्तरेणाग्नीध्रीयं धिष्णियं प्रतिपद्यते[2] । ऽन्वञ्च आज्यैराहवनीये हुत्वेध्मं प्रोक्ष्य वेदिं प्रोक्ष्य बर्हिः प्रोक्ष्य बर्हिरासन्नं प्रोक्ष्योपनिनीय पुरस्तादाश्ववालं प्रस्तरं गृहीत्वा पञ्चविधं बर्हि स्तीर्त्वा प्रस्तरपाणिः प्राङभिसृप्य काश्मर्यमयान्परिधीन्परिधायोर्ध्वे समिधावभ्याधाय बर्हिर्मुष्टिं विधृती प्रस्तरमित्येतत्समादाय प्रदक्षिणमावृत्य पूर्वया द्वारा हविर्धानं प्रपद्योत्तरार्धे खरस्य बर्हिर्मुष्टिꣳ स्तृणीयाद्बर्हिषि विधृती । विधृत्योराश्ववालं प्रस्तरं । प्रस्तरे जुहूं । बर्हिषीतरा । एता असदन्निति समभिमृश्याप उपस्पृश्य ब्रह्मणो राजानमादाय पूर्वया द्वारा हविर्धानं

---

१ स्रुवाहुतीजुं॰ MSS., but cp. the Viv.: त्वं सोम जुषाण इति (TS. I. 3. 4. *a* and *b*).

२ प्रतिपद्यते Be G U D C, प्रतिपद्यंते Ben, ॰पमतिपद्यंते H.

प्रपादयेदात्मानमभिपरिहरमाण[1] इव । विद्रुमत ऊर्ध्वम् ।
॥ १२ ॥ सप्तमः ॥

क उ खलु ग्निष्वदिध्मावर्हिरपवर्गं गच्छतीत्यग्नीषोमीय
इत्येव ब्रूयात्क उ खल्वग्नीषोमीयः सुत्यमहरनुसमेतीति ।
सद्यस्क्रियामित्येव[2] ब्रूयात्क उ खलु प्रवर्ग्यः सुत्यमहरनुसमे-
तीति । सद्यस्क्रियामित्येव[2] ब्रूयात्का उ खलु देवता
सुब्रह्मण्या प्रथममाह्वयत इति । वागेव वाचमाह्वयतीति । क
I. 197. 2. उ खलु पितापुत्रीया[3] सुब्रह्मण्या प्रथममाह्वयत इत्यग्नीषोमी-
यस्य हुतायां वपायां परिहृतासु वसतीवरीषु द्वितीया ।
प्रातरनुवाके तृतीया । दक्षिणानामु ह काल एक आह्वयन्ती-
I. 197. 8. त्यथ यो दीक्षितः कुम्भस्तं याचतीति दृढ इत्येवेदमुक्तं
I. 198. 17. भवति । पयस्य सक्तूꣳस्य कुरुतेति श्रयणार्थ एवैते उक्ते
I. 199. 1. भवतस्तंतस्तो रशनाश्चतस्रो वपाश्रपणीद्वयमिध्मावर्हिरिति
सवनीयस्य चानूबन्ध्यस्य चैतानि भवन्ति । कास्तास्ताः स्थाली-
र्वायव्याः सोमग्रहणीरित्यादित्यस्थाल्युक्थ्यस्थाल्याग्रयणस्थाली
ध्रुवस्थालीत्यथेमानि द्वादशोर्ध्वपात्राणि भवन्ति दधिग्रहपात्र-
मपाꣳश्वन्तर्यामयोर्द्विदेवत्यानाꣳ शुक्रामन्थिनोर्ऋतुपात्रे आदि-

---

१ Thus Ben C Be G D U (sec. m.); °त्मानमपरिह° H, °त्मानमनभि-
परिह° U (pr. m.).

२ Thus Ben C G (sec. m.) U (pr. m.); °स्क्रियायामित्येव H Be U
(sec. m.).

३ °पुत्रिया G U.

त्यस्यास्या औपग्रयं पात्रमुक्थ्यस्यास्या औपग्रयं पात्रमथैम एकादश चमसा भवन्ति यजमानस्य ब्रह्मणो होतुरुद्गातुर्मैत्रावरुणस्य ब्राह्मणाच्छंसिनोऽच्छावाकस्य सदस्यस्याग्नीध्रः पोतुर्नेष्टुरिति । तेषां त्सरूणि सरूपाणि कारयेन्नैयग्रोधानां । विज्ञायत उत्तरस्यां[1] ततौ[1] यदत्सरुकैश्चमसैर्भक्षयन्ति न्यग्रोधचमसैरित्येतस्मान्नैयग्रोधा एव भवन्ति । रश्मिरसि[2] मे[2] इत्यदाभ्य एवैष उक्तो भवत्यधिपतिरसि म इति प्राजापत्य एष दधिग्रहो भवति । सारस्वतस्य मे पौष्णस्य[3] मे[3] इति[3] वसतीवरीरित्येक आहुरथ हैक आहू राजसूयिक एष महाग्रहो भवति । पोषणादु[4] ह[4] पौष्णो भवति ग्रहणाद्[5] सारस्वत इति । ॥ १३ ॥ अष्टमः ॥

200. 5. . 98. 16. अथेदं महारात्रिकं कर्म । तस्य कः कर्मण उपक्रमो भवतीति । हस्तपादान्प्रक्षाल्यान्तरेण चात्वालोत्करौ देवयजनमभि प्रपद्यन्ते । तेषां यथासंप्रैषं विहितानि कर्माणि भवन्त्यथाध्वर्युराग्नेय्यर्चाग्नीध्रमभिमृशेद्वैष्णव्या हविर्धानमित्यथोपरमत्यथैष आग्नीध्रः पूर्वः पत्नीशालं हुत्वाग्नीनुपसमाधाय

---

१ The first citation from the *uttarātatiḥ* seems XVIII. 21 300. 13, the second I have not been able to point out.

२ °श्मसं H ; Ben om. म ।

३ Thus G D U C, पोष्णस्य म H, पौष्णस्येति Ben, पौष्ण इति Be.

४ Thus G U ; पोषणादु ह H D C, पोषणादिति Ben Be.

५ Thus, emended ; ग्रहणात्तु G U Ben Be, ग्रहणाग्नु C, प्रचणानु D, ग्रहणात H.

संपरिस्तीर्य पात्राणि निर्णिज्य सꣳसाद्याज्यं विलाप्योपास्ते । ऽपरः[1] प्रतिप्रस्थाता प्रोक्षणीः सꣳस्कृत्य पात्राणि प्रोक्षेदाज्यं निरुप्याधिश्रित्य पर्यग्नि कृत्वा स्रुचः संमार्ष्टि । ता उत्तरवेदिꣳ हरन्ति प्रोक्षणीस्त्वथाध्वर्युराग्नेय्यर्चा स्रुचो ऽभिमृशति । संमृष्टानि द्विधा पात्राण्यभिचक्ष्यन्त[2] इति । वायव्यया वायव्यान्यैन्द्र्या[3] सदो । ऽथैष उन्नेता ग्रावोवायव्यꣳ संप्रक्षाल्य द्रोणकलशे दशापवित्रे समवधाय दक्षिणस्य हविर्धानस्य पुरोऽक्षꣳ सꣳसादयत्युपकल्पयते । प्रतिप्रस्थाता पृषदाज्याय दध्याग्नीध्र इध्माबर्हिरुपसादयत्यथ । प्रतिप्रस्थाता पत्नीमभिसंनह्यत्यौरोडाशिकेनाथैनां गार्हपत्यमीक्षयेदथैनामाज्यमवेक्षयित्वाज्येनाद्रवेत्पत्न्या[4] तदेवेक्षितमुपयच्छीत[5] । तेजो ऽसीत्यथैनच्छकलेनोपयत्य हरेत्तेजो ऽनु प्रेहीत्यथैनदाहवनीये ऽधिश्रयेदग्निस्ते तेजो मा विनैदित्यथैनदूत्वोत्तरेण प्रोक्षणीः सादयित्वावेक्षेतीत्यनुयादाज्यवतीभ्यां प्रोक्षणीः प्रसिक्तमाहव-

---

१ ऽपरः U (pr. m.), परः D C, अपरः Ben (pr. m.), अपरः the other MSS. H. wholly corrupt.

२ Uncertain reading °चक्षान्त Ben. °चक्ष्यंत G (sec. m.), °चर्यंत G (pr. m.), °चक्षान्त Be C U, °चक्षात D, °चक्ष्यंत D. The Viv. (one copy) °चक्ष्य changed into °चक्ष्य, and thus also the other copy.

३ °यैन्द्रिया G C.

४ °नोद्रवे° again G.

५ °यच्छीत G (sec. m.), U (pr. m.) D C Ben, °यच्छेत G (pr. m.) Be H U (sec. m.).

नीयसकाशे पृषदाज्यवन्त्याज्यानि गृह्णीते । निद्रुमत ऊर्ध्वम् ।

॥ १४ ॥

98. 17. अथ शालीकेरेवमेवैषां यथासंप्रैषं विहितानि कर्माणि भवन्त्यथाध्वर्युराग्नेय्यर्चाग्नीध्रमभिमृशेद्वैष्णव्या हविर्धानमित्यथोपरमत्यथैष आग्नीध्रः पूर्वः पत्नीशालं हुत्वाग्निमुपसमाधाय संपरिस्तीर्य पात्राणि निर्णिज्य सꣳसाद्याज्यं विलाप्योपास्ते । ऽपरः प्रतिप्रस्थाता प्रोक्षणीः सꣳस्कृत्य पात्राणि प्रोक्षेदाज्यं निरुप्याधिश्रित्य पर्यग्नि कृत्वा स्रुचः संमार्ष्टि । ता आग्नीध्रꣳ हरन्ति प्रोक्षणीस्त्वाथाध्वर्युराग्नेय्यर्चा स्रुचो ऽभिमृशति । संमृष्टानि द्विधा पात्राण्यभिमृक्ष्यन्त[1] इति । वायव्यया वायव्यान्यैन्द्र्या[2] सदो । ऽथैष उन्नेता ग्रावोवायव्यꣳ संप्रक्षाल्य द्रोणकलशे दशापवित्रे समवधाय दक्षिणस्य हविर्धानस्य पुरोऽक्षꣳ सꣳसादयत्युपकल्पयते प्रतिप्रस्थाता पृषदाज्याय दध्याग्नीध्र इध्माबर्हिरुपसादयति । न प्रतिप्रस्थाता पत्नीमभिसंनह्येत्पौरोडाशिकेन[3] । नैनां[3] गार्हपत्यमीक्षयेदथैनामाज्यमवेक्षयित्वाज्येनाद्रवेत्यत्वा[4] तदवेक्षितमुपयच्छीत[5] तेजो ऽसीत्य

---

१ ०मृक्ष्यंत Be G, ०मृक्ष्यत U C, ०मृक्ष्यंत D; H and Ben. abbreviate this passage.

२ ०न्यैन्द्रिया G U C, ०न्यैंद्रीया Be.

३ Thus G (pr. m.) D Be C Ben; ०केनैनां G (sec. m.) H; ०केनायैनां U (sec. m.).

४ ०नोद्रवे० again G.

५ ०यच्छीत all (H. abbreviates).

थैनच्छकलेनोपयत्य हरेत्तेजोऽनु प्रेहीत्यथैनदाग्नीध्रीयेऽधिश्रयेदग्निस्ते तेजो मा विनैदित्यथैनदुद्धृत्योत्तरेण प्रोक्षणीः सादयित्वावेक्षेतोत्पुनुयादाज्यवतीभ्यां प्रोक्षणीः । प्रसिद्धमाग्नीध्रीयमकाग्रे पृषदाज्यवन्त्याज्यानि गृहीत्वा परिकर्मिभ्य उत्प्रदाय प्रोक्षणीहस्त उत्तरेणाग्नीध्रीयं धिष्णियं प्रतिपद्यते । ऽन्वञ्च आज्यैरथेध्मं प्रोक्ष्य वेदिं प्रोक्ष्य बर्हिः प्रोक्ष्य बर्हिरासन्नं प्रोक्ष्योपनिनीय पुरस्तात्प्रस्तरं गृहीत्वैकविधं[1] बर्हिः[1] स्तीर्त्वा[1] प्रस्तरपाणिः प्राङभिसृप्यौदुम्बरान्परिधीन्परिधायोर्ध्वं समिधावभ्याधाय बर्हिर्मुष्टिं विधृती प्रस्तरमित्येतत्समादाय प्रदक्षिणमावृत्य पूर्वया द्वारा हविर्धानं प्रपद्योत्तरार्धे खरस्य बर्हिर्मुष्टिꣳ स्तृणीयाद्बर्हिषि विधृती । विधृत्योः प्रस्तरं । प्रस्तरे जुहूं । बर्हिषीतरा । एता असदन्निति समभिमृश्य योगेन युनक्ति । सिद्धमत ऊर्ध्वम् । ॥ १५ ॥ नवमः ॥

किमग्निहोत्रो दीक्षितः किमौपसदः किंप्रसुत इति । विज्ञायते व्रतमेव दीक्षितस्याग्निहोत्रं । घर्मोच्छिष्टमौपसदस्योपाꣳश्वन्तर्यामौ[2] प्रसुतस्य । यो ह्यनुदिते स सायमग्निहोत्रभक्तिर्य उदिते स प्रातरग्निहोत्रभक्तिः । किंदर्शपूर्णमास[3]

---

१ The three words एक ॰ब॰ स्तीर्त्वा effaced in G.

२ Thus G U D C Be; ॰पसदसुपाꣳश्व॰ H, ॰पसदमस्योपाꣳश्व॰ Ben, the Vivaraṇa also has स्योपसदस्य ।

३ Thus Be G U (sec. m.), the Viv.; ॰दर्शपूर्णमासस्य H, दार्श (or दर्श) पौर्णमासस्य (or सस) H D C Ben (pr. m.), all without इति : °मास इति Ben (sec. m.), °दर्शपौर्णमास इति U (pr. m.).

इति । विज्ञायते पौर्णमासं यज्ञमग्नीषोमीयं पशुमकुर्वत
99. 11. दार्शं यज्ञमाग्नेयं पशुमकुर्वतेति । यथो एतदौपमन्यवस्य कल्पं
वेदयन्ते प्रातःसवन एव सर्वेभ्यः सवनेभ्यः सवनीयान्निर्वपेत्सकृ-
दुपहितान्येव कपालानि स्युरा समभिवासनात्संसृष्टं कर्म
तायते[1] । तेषामेकैकमुद्वासयेदनुसवनं येनयेन प्रचरिष्यन्स्या-
दपि वा व्यभिमृष्टानां पिण्डानां परिश्रापयीतेतरयोः[2] सवनयो-
र्यद्येककपालांश्चिकीर्षितः[3] स्यात्प्रातःसवनिकैरेव[4] वर्तयेत्कृतान्ता-
त्पौरोडाशिकं कर्म प्रत्याददीतेतरयोः[5] सवनयोरनुसवनमङ्गा-
राध्यूहनेनैव कपालेषु प्रतिपद्येत । सिद्धमत ऊर्ध्वम् ।
॥ १६ ॥ दशमः ॥

96. 6. यथो एतद्बौधायनस्य कल्पं वेदयन्त उभयतःशुक्रा आदि-
त्यवतीर्वसतीवरीर्गृह्णीयात्ताः शुक्रास्ताभिराप्याययेत्ताभिर-
भिषुणुयादित्युपर्यर्धं होतृचमसं कृत्वेत्येतेनैवापि तृतीयेन
वर्तयेत्तयोरपः पूर्वया द्वारा हविर्धानं प्रपादयेद्धोतृचमसीया
वसतीवरीया मैत्रावरुणचमसीया इति दक्षिणेन होतारं
परिगृह्यापरया[6] द्वारैकधनानेतस्मिंस्तु काले सर्वश एव मैत्रा-

---

१ Thus Ben, ज्ञायते C D, तायत H (reading एषाम् instead of तेषाम्), वर्तयेत् G Be U (sec. m.) and the Viv.

२ इतरयोः Be G (pr. m.), उत्तरयोः Ben C U D G (sec. m.).

३ यद्येक॰ H and the Viv., यदेक॰ G U Ben Be; C defective.

४ ॰सवनिकै॰ G U D, Viv., ॰सवनीकै॰ the other MSS.

५ उत्तरयोः MSS.

६ परिप्रसह्या॰ Be U.

वरुणचमसीयाः पर्यस्येत्तृतीयं वसतीवरीणामवनयेत्तृतीयमेक-
II. 190. 12. धनानामेवमस्य प्राक्केवलः शुक्रो भवति । सोमग्रहं गृह्णीयाद्ब्र-
ह्मवर्चसकामस्येत्यनिरुप्तस्यैवैष राज्ञो ग्रहीतव्यो भवति । का
उ खलु देवताः प्रथमꣳ सोमं भक्षयन्तीत्यपि इत्येव ब्रूया-
द्विज्ञायत उपहूताः सोमस्य पिबतोपहूतो युष्माकꣳ सोमः
पिबत्विति । क उ खलु सोमस्य सोमपीथो भवतीति ।
विज्ञायते यत्ते सोमादाभ्यं नाम जागृवि तस्मै ते सोम
सोमाय स्वाहेत्येष एवापि सोमस्य सोमपीथस्तेषाꣳ संनिपति-
तानामानुपूर्वंतेति[1] । निग्राभ्यास्तु वाचयित्वादाभ्येन चरेदथो-
पाꣳशुसवनमाददीताथ राजानं निर्वपेत्सिद्धमत आग्निष्टोमिकं
कर्म जानीयादा फलकयोरभिमर्शनात्फलके अभिमृश्य
पृश्निभिश्चरेदथ प्राणग्रहैश्चरेदथाꣳशूनुपसंगृह्णीयादथाꣳशुना
चरेदथोपाꣳशुना । काले ऽन्तर्यामेण । सिद्धमत ऊर्ध्वम् ।

॥ १७ ॥ एकादशः ॥

III. 101. 7. यथो एतद्बौधायनस्य कल्पं वेदयन्त आग्रयणस्य ग्रहणे
द्वयोर्धारयोः प्रातःसवने गृह्णीयात्तिसृणां माध्यंदिने सवने
चतसृणां तृतीयसवन इत्युपाꣳश्वन्तर्यामयोस्तु सꣳस्रावः संततस्तु
शुक्र एते द्वे प्रातःसवने । संततस्त्वेव शुक्र आग्रयणस्योदयनेन

---

१ Thus G U D, ॰पातितानां॰ H Ben, ॰पतितास॰ C, ॰पोभानां Be.— ॰मानुपूर्वंवेति G U (sec. m.), ॰मानुपूर्वंते H, ॰वानुपूर्वंवेति Be, ॰मानुपूर्व्यंवेति Ben U (pr. m.), ॰मनुपूर्व्यंवेति C D.

च[१] तृतीया माध्यंदिने सवन । आदित्यस्थाल्यामतिग्राह्यो[२]
राजादित्यग्रहस्य च सꣳस्राव आग्रयणस्थैवोद्वयनेन[३] च चतुर्थी
तृतीयसवने । संपूतꣳ राजानं त्रयेण श्रीणीयात्पयसा सक्तु-
भिर्हिरण्येनेति । स यं कं चन ग्रहं गृह्णात्युभयत[४] उद्बुध्नꣳ
हिरण्यश्रयणमेवैनं करोति । तिष्ठता ग्रहा होतव्या अन्यत्र
101. 9. प्राजापत्याच्च मन्थिसꣳस्रावाच्चेति । यथो एतच्छालीकेः कल्पं
वेदयन्ते द्रप्सानुमन्त्रणीयास्विति स्रुवाहुतीरेवैता जुहुयात्क-
स्मिन्नु खल्वेनाः काले जुहुयादिति । संतनीर्ह्वेतस्मिन्नेनाः[५]
212. 6. काले जुहुयादित्यथोचेतरित्याह प्राञ्चꣳ राजानं पूतभृतमभि
संपवयताद्दशाभिराधवनीयं मृष्ट्वा न्युब्जतादित्युक्तसंप्रैष[६] एष
प्रेत[७] आवकाशेभ्यो । ऽवकाशैरुपस्थाय दशाभिरेवैनं[८] मृष्ट्वा
न्युब्जति । ॥ १८ ॥

समानं कर्माश्विनाद्ग्रहादित्या[९] धिष्ण्यव्याघारणसंपा-

---

१ Given by G. U D only.

२ ॰स्थाल्या चति॰ Ben H.

३ एव om. Be G U D.

४ गृह्णीयादिति instead of गृह्णाति Be G (sec. m.).

५ संतती॰ Be, सततीर्ह्व॰ H.

६ Thus Ben H, ॰त्युक्तः सं॰ the other MSS.

७ प्रेते G U D C, एते Be, दाते Ben, H. corrupt.

८ Thus G (sec. m.) U D, दशभिरेनं C, दशाभिरेवैनां the other MSS.

९ Viv.: समानं कर्माश्विनाद्ग्रहादिति यचोच्यते (e.g. XI. 3 : 67. 17) तत्रा-
यमेव विधिः ।

I. 213. 20. तादित्येष समुद्देशो[1] भवति । कथमु खलु धिष्णियानां
यथान्युप्तं व्याघारणं भवतीति । विभुवे प्रवाहणाय स्वाहेति
व्याघार्य रौद्रेणानीकेन पाहि माग्ने पिपृहि मा मा मा
I. 214. 8. हिंसीरिति । सप्त वृणीत इति । होतैवैषां सप्तमो भवत्य-
हर्गण उत्तरेष्वहःसु प्रातःसवनिकं प्रसर्पणं कथं स्यादित्या-
हवनीयोपस्थानप्रभृतीत्येव ब्रूयात्सकृत् स्फ्यविघनानामुपस्थानं ।
I. 217. 6. कथमु खल्वेषां विसंस्थितसंचरः स्यादित्यन्तरेण होतुश्च
धिष्णियं ब्राह्मणाच्छंसिनश्च ये ऽधिष्णिया । अथ धिष्णिय-
वन्तः स्वंस्वमेव धिष्णियमुत्तरेण परिक्रामेयुरथेमावध्वर्यू
अचमसौ[2] भवतः । क उ खल्वेतयोर्भक्षो भवतीति । होतृच-
मस इत्येव ब्रूयात्क उ खल्वहृत्लिजामेकाहे सोमं न भक्षयन्ती-
त्युन्नेता ग्रावस्तुत्सुब्रह्मण्य इत्येव ब्रूयात्क उ खलु सत्त्रे
दीक्षिता भक्षयेयुरिति । नेष्टुश्चमस उन्नेता भक्षयेदच्छावाक-
चमसे ग्रावस्तुदुद्गातृचमसे[3] सुब्रह्मण्यो ऽपि वा सर्व एवाग्नी-
ध्रचमसे भक्षयेयुर्विज्ञायत उत्तरस्यां ततौ[4] तेषां य एवाग्नीध्रः
स ग्रावस्तुत्स सुब्रह्मण्यः स उन्नेतेति । ॥ १९ ॥ द्वादशः ॥

I. 217. 11.
III. 104. 7. यथो एतद्बौधायनस्य कल्पं वेदयन्ते समानपात्र्यामेव

---

१ °द्देश्यो G (sec. m.).

२ Thus H Ben (pr. m.) C D U (pr. m.), °मक्षिणौ Ben (sec. m.) Be G U (sec. m.).

३ °द्गातृचमसे H only.

४ See XVII. 21 : 301. 2.

सवनीयानुद्वासयेत्पुरोडाशस्यैवैषो ऽलङ्कारो दृष्टो भवति[1] ।
मध्यतः पुरोडाशमुपस्तीर्णाभिघारितमुद्वासयेत्पुरस्ताद्धाना
दक्षिणतः करम्भं पश्चात्परिवापमामिक्षामुत्तरतः । कथमु
17. 13. खल्वेषाꣳ संचरो[2] स्यादिति । प्रज्ञातो हविष्पथो । ऽथापरं ।
पूर्वया द्वारोपनिर्हृत्यापरया द्वारा सदः प्रपाद्याग्रेण कर्तॄन्
जघनेन धिष्णियानुत्तरेणाच्छावाकस्य धिष्णियं पर्याहृत्या-
न्यस्मै प्रदायैतेनैव यथेतमेत्योत्तरेण सदः परीत्य पूर्वया
द्वारोपनिर्हृत्योत्तरेणाग्नीध्रीयं पर्याहृत्यान्तर्वेद्यासादयेदध्वर्यु-
स्तेद्धविर्धानं[3] प्रपन्नः स्यदुपनिष्क्राम मा त्वाभिपरिहारिष-
18. 12. मित्येव ब्रूयाद्यथो एतद्बौधायनस्य कल्पं वेदयन्ते द्विदेवत्ये-
षूत्तरतस्तिष्ठते प्रतिप्रस्थात्रे प्रतिनिर्ग्राह्यं[4] प्रयच्छतीति यदा-
ध्वर्युः पुरोडाशान्प्रत्यङ् हरेत्तद्धविर्धानं प्रपद्यमानं प्रतिप्रस्था-
तारं परिगृह्णीयाद्ग्रहावादायोपनिष्क्रामत्युपनिष्क्रान्तस्यैवाध्व-
र्युर्ग्रहावादत्ते । ऽपरेण परिक्रान्त्वायोत्तरतस्तिष्ठते प्रतिप्रस्थात्रे

---

१ °तीति Ben.

२ Thus Ben C U and G (pr. m.) the Viv. (one copy); संचरि D H the Viv. (another copy), संचारी Be G (sec. m.), संचरः U (sec. m.). The Viv.: संचरणं संचरो गमनं तस्यास्ति संचरी (°रि) मार्गः । cp. XXVI. 24.

३ Thus H G (pr. m.) Kes'., the other MSS. ins. अथ before अध्वर्यु°

४ प्रतिनिग्रा° Ben Be and one copy of the Viv.

प्रतिनिर्ग्राह्यं[१] प्रयच्छतीति । हुत्वा व्यवनीय[२] प्रदक्षिणमावृत्य[२] प्रतिप्रस्थाताध्वर्युं परिगृह्णीयादथाध्वर्युः प्रतिप्रस्थातारं प्रत्यङ् द्रवन्पात्रेण । सिद्धमत ऊर्ध्वमथेमे द्विदेवत्या अननुवषट्कारा भवन्ति । क्व[३] उ खल्वेषामनुवषट्कारो भवतीति । विज्ञायते द्विदेवत्यानृतुयाजांश्च पात्नीवतो ग्रहः । आदित्यग्रह-
III. 106. 2. सावित्रौ[४] तान्स्म[५] मानुवषट्कृथा[५] इति । यथो एतदौपम-
न्यवस्य कल्पं वेदयन्ते द्विदेवत्येषु दीर्घभक्षेणैवैनाम्भक्षयेदक्षेहि[६] माविशेति प्रतिपद्य क्रत्वे दक्षाय रायस्पोषाय सुवीरताया इत्यातः । प्रत्यभिमृशते मा मा राजन्विबीभिषो मा मे हार्दि त्विषा वधीः । वृषणे शुष्मायायुषे वर्चस इत्यथानुसवनभक्षेणैव[७] सवनमुखीयान्भक्षयेदिति । ॥ २० ॥ त्रयोदशः ॥

क्व उ खलु वसतीवरस्य स्तोत्रभक्तिर्भवति शस्त्रभक्तिश्चेति । विश्वरूपासु हास्य स्तोत्रभक्तिर्भवति प्रातरनुवाके[८] ह शस्त्रभक्तिः । क्व उ खलूपांश्वन्तर्यामयोर्द्विदेवत्यानां स्तोत्रशस्त्र-

---

१ प्रतिनिग्रा° Ben Be and one copy of the Viv.

२ °नीयाप्रदक्षिण° G U D C.

३ क्व उ U Be Ben C, Viv., क्व G H.

४ °सावित्रं Be Ben (sec. m.), °सावित्रान् Ben (pr. m.)

५ Thus G (pr. m.) U D C and cp. Āśv. śrs. v. 5. 21 (Vait. sū. 20. 4); मास्मतानुवष° Ben (pr. m.), मास्मताननुवष° G (sec. m.), तास्मानुवष° H, ममास्मतानुवष° Be.

६ °भक्षणेनैवै° Be G.

७ °भक्षणेनैव Be G U (sec. m.).

८ °वाक्ये Be G C U (sec. m.).

भक्तिर्भवतीति ' यदुपांशु ग्रहं शंसति तदुपांश्वन्तर्यामयोः '
226. 1. प्रउग उक्थे[1] द्विदेवत्यानामथायं प्रतिप्रस्थातर्तुग्रहेष्वध्वर्योरन्त-
रतःसेवी भवतीतस्यामुतस्य यन्तं प्रतिप्रस्थाताध्वर्युं परिगृह्णी-
यादथाध्वर्युः प्रतिप्रस्थातारं प्रत्यङ् द्रवन्पात्रेण ' सिद्धमत
ऊर्ध्वं ' किंदेवत्या उ खल्वृतुयाजा भवन्तीत्यृतुदेवता
इत्येतदेकमथापरमिन्द्रं होता यजति ' मरुतः पोता यजति '
ग्रावो नेष्टा यजत्यग्निमाग्नीध्रो यजतीन्द्रं ब्राह्मणाच्छंसी
यजति ' मित्रावरुणौ मैत्रावरुणो ' देवं द्रविणोदां चत्वारो '
ऽश्विनाध्वर्यू अध्वर्यू[2] ' अग्निं[2] गृहपतिं गृहपतिः ' क उ
खल्वैन्द्राग्नस्य स्तोत्रभक्तिर्भवतीति ' बहिष्पवमान इत्येव ब्रूयाद्ये
के चन ग्रहा अस्तोत्राः पवमान एव[3] तेषां[4] स्तोत्राणि
भवन्ति[4] ' क उ खलु माध्यंदिनीयाः सवनीया निरुप्यन्त इति '
क्षुल्लकवैश्वदेवस्य स्तोत्र इत्येव ब्रूयात्क[5] तृतीयसवनीया '
माहेन्द्रस्य स्तोत्र इत्येव ब्रूयात् ' ॥ २१ ॥

नाराशंसमुपदस्तं ऋतादेवैनं[6] होतृचमसादृत्वीया-

---

1 Thus U (sec. m.), Viv.; उक्थो G U (pr. m.), उक्थ्ये Be Ben H C. Acc. to the Viv. it is synonymous to शस्त्रे।

2 Thus G U D C; अध्वर्यवोऽग्निं Ben H Be.

3 Thus G Be, एवैतेषां Ben D H U C.

4 भवंतीति Ben H.

5 उ खलु ins. G U D C.

6 Thus G U (sec. m.), ऋतादेवं H D C U (pr. m.), ऋतादेवैनं Ben (sec. m.) Be, ऋतादेवं Ben (pr. m.)

ह्विंनाराशꣳसं प्रातःसवनं च माध्यंदिनसवनं चैकनाराशꣳसं
तृतीयसवनं । चत्वार्युन्नीयमानसूक्तानि[1] भवन्तीति[2] । सवन-
मुखेषु[3] चाच्छावाकचमसे[3] च[3] । त्रयो दीर्घभक्षाः । क उ
खलु प्रवर्ग्यः सुत्यमहरनुसमेतीति । दधिघर्म इत्येव ब्रूया-
I. 234. 1. त्किमुपसदाꣳ । सौम्यस्य परीज्येति । तिरश्चर्मन्फलके ग्राव्णो-
ऽवादयतीति । शुष्काभिषव इत्येतदाचक्षते । कथमु खलु
रथंतरपृष्ठे माहेन्द्रं ग्रहं गृह्णीयान्नंशाꣳ इन्द्रो य ओजसेत्येतया
गायत्र्या माहेन्द्रं गृह्णीयादथ बृहत्पृष्ठे महाँ इन्द्रो नृवदा
चर्षणिप्रा इत्येतया त्रिष्टुभा माहेन्द्रमथोभयपृष्ठे[4] यथा पृष्ठं तथा
गृह्णीयात्पुरोरुचमितरां कुर्यादिति । ॥ २२ ॥ चतुर्दशः ॥

कथमु खलु सवनीयस्य पशोस्त्वर्याया उपक्रमो भवती-
तीडसूनꣳ सꣳस्तीर्य पृषदाज्यं विहृत्य[5] जुह्वाꣳ समानीया-
न्तरेण चात्वालोत्करावुदङुपनिष्क्रम्य संवदेताभिघारयेदासा-
दयेत्पशुं पञ्चहोत्रा चतसृषूपस्तृणीते । मनोताप्रभृतिनेडान्तेन
चरेत्स्विष्टकृन्मत ऊर्ध्वमथोक्थ्यविग्रहेषु य एव प्रातःसवनिको[6]

---

१ °र्युन्नीयमानानिसू° Ben H, °र्युन्नीयमानिसू° Be, °र्युन्नीयसू° C.

२ इति om. G.

३ । Thus, hesitatingly, emended. सवनमुखेष्वाछावाकच (°कच°) मसेच सवनेच C U D; सवनमुखेष्वछावाकचमसे च सवनमुखेषु G (sec. m.); सवन-मुखेचाछावाकचमसे च सवने च Be Ben; सवनमुखेछावाकचमसेवसवने च H

४ After माहेन्द्रम् G U D ins. ग्रहम् ।

५ Thus H, विहृत्य the other MSS. (G is indistinct).

६ °सावनीको or °सवनीको some of the MSS.

ग्रहणमन्त्रः स एव माध्यंदिनीयः स तृतीयसवनिको[१] ।
251. 1. देवतामेव व्यञ्जयेत्तमसायचमसायैव त्रीꣳस्त्रीन्पुरोडाशशक-
लानुपास्येन्नव[२] होतृचमस इति । त्रयाणामेवैष उक्तो भवत्य-
थायमाग्रयणस्त्रयस्त्रिꣳशतो देवतानां गृह्यते । क उ खल्वेताः
प्रदाने विज्ञायन्त इति । पात्नीवते । विज्ञायते पत्नीवत-
54. 12. स्त्रिꣳशतं त्रीꣳश्च देवानिति । कथमु खलु पात्नीवतं भक्षये-
दादित्यवद्गणस्य सोम देव ते मतिविदस्तृतीयस्य सवनस्य
जगतीच्छन्दसो ऽग्निना वैश्वानरेण पत्नीवता त्वष्ट्रा पीतस्य
मधुमत उपहूतस्योपहूतो भक्षयामीति । ॥ २३ ॥

कथमु खल्वन्तरुक्थ्यो भवतीति । प्रसिद्धं तृतीयसवन आग्रयणं गृहीत्वोक्थ्यं गृह्णीयादथैनं ध्रुवमुपस्थाप्य त्रिषूर्ध्वं पात्रेषु विगृह्णीयादुपयामगृहीतो ऽसि देवेभ्यस्त्वा देवायुवमुक्थ्येभ्य उक्थायुवं यज्ञस्यायुष इन्द्रावरुणाभ्यां[३] जुष्टं गृह्णामीति । पुनर्हविरसीत्युक्थ्यस्थालीं प्रत्यभिमृशति । परिमृज्य सादयत्येष ते योनिरिन्द्रावरुणाभ्यां त्वेति । तदानीमेवापरं[४] गृह्णात्युपयामगृहीतो ऽसि देवेभ्यस्त्वा देवायुवमुक्थ्येभ्य उक्था-

---

१ ॰सावनीको or ॰सवनीको some of the MSS.

२ Thus D G U (pr. m.) C Ben (pr. m.), ॰पास्येतन H, ॰पास्येरन्नव Ben (sec. m.), ॰पास्येरंनव Be.

३ Nearly all the MSS. insert here and infra त्वा before जुष्टं ।

४ MSS., exc. Be once and Ben once (sec. m.), read ॰ापरेण instead of ॰ापरं ।

युवं यज्ञस्यायुष इन्द्राबृहस्पतिभ्यां[1] जुष्टं ग्टह्णामीति । पुनर्हं-
विरसीत्युक्थ्यस्थालीं प्रत्यभिमृशति । परिमृज्य सादयत्येष
ते योनिरिन्द्राबृहस्पतिभ्यां त्वेति । तदानीमेवापरं ग्टह्णात्यु-
पयामग्टहीतो ऽसि देवेभ्यस्त्वा देवायुवमुक्थ्येभ्य उक्थायुवं
यज्ञस्यायुष इन्द्राविष्णुभ्यां जुष्टं ग्टह्णामीति । नाच पुनर्हविर-
सीत्युक्थ्यस्थालीं प्रत्यभिमृशति । दशाभिरेवैनां मृष्ट्वा न्युब्जति ।
परिमृज्य सादयत्येष ते योनिरिन्द्राविष्णुभ्यां त्वेत्यथैनान्ध्रुवे
ऽवनीय हौद्धचमसे ऽवनयेत्स्तोत्रे स्तोत्राण्यावपेच्छस्त्रे शस्त्राणि ।
तस्य प्रत्तस्य[2] भक्ष इन्द्रावरुणाभ्यामिन्द्राबृहस्पतिभ्यामिन्द्रा-
विष्णुभ्यामग्निना वैश्वानरेण मरुद्भिः पीतस्य मधुमत उपहू-
तस्योपहूतो भक्षयामीत्येतेनैव वा भक्षयेदपि वा नित्यपूर्व-
णादित्यवद्गणस्य सोम देव ते मतिविदस्तृतीयस्य सवनस्य
जगतीच्छन्दस इन्द्रावरुणाभ्यामिन्द्राबृहस्पतिभ्यामिन्द्राविष्णुभ्या-
मग्निना वैश्वानरेण मरुद्भिः पीतस्य मधुमत उपहूतस्योपहूतो
III. 113. 2. भक्षयामीति । यथो एतदौपमन्यवस्य कल्पं वेदयन्ते पुरस्ता-
न्निन्द्राहुती जुहुयान्निन्द्राहुती हुत्वा हारियोजनं ग्रहं
II. 326. 12. ग्टह्णीयादित्यथ हैके चात्वालदेशे ऽवभृथं निधाय दध्ना
पयसा मधुमिश्रेण नैध्ययनैर्ऋजीषमभिजुहृति यत्ते ग्रावणा

---

१ Here begins M (see Introd. to Vol. II, p. IV).

२ Thus U M, प्रतस्य D, प्रमस्य Be, thus or प्रत्तस्य Ben., प्रतिर H G. om. the word altogether, प्रत C.

चिच्छिदुः सोम राजन्नित्यवभृथयजूꣳषि जुहोतीति[1] । कत-
मानि खल्विमान्यवभृथयजूꣳषि भवन्तीति । यद्देवैनदाश्व-
मीवे शाकलैश्चरन्ति देवकृतस्यैनसो ऽवयजनमसि मनुष्यकृत-
स्यैनसो ऽवयजनमसि पितृकृतस्यैनसो ऽवयजनमसीत्यवभृथा-
261. 5. कृताविति । कतमा उ खल्वियमवभृथाकृतिर्भवतीत्यप उद्धृत्य[2]
जुहोति यज्ञस्य त्वा यज्ञपते हविर्भिः । सूक्तवाके नमो-
वाके विधेम स्वाहेति । तिष्ठन्त एवावभृथेन प्रचरेयुः ।
261. 17. पराङावृत्तः प्रपदेनोदकान्तं प्रत्यस्येत्सिद्धमत ऊर्ध्वम् ।

॥ २४ ॥ पञ्चदशः ॥

262. 6. अथायमुदयनीयस्तस्य कः कर्मण उपक्रमो भवतीति ।
बर्हिर्यजुषा कुर्यात्पाणी संमृशीत । परिस्तृणीयात्पात्राणि
निर्णिज्य सꣳसादयेद्ब्रह्माणं दक्षिणत उपवेश्याचैवोत्तरत उद-
पात्रं निधाय जघनेन गार्हपत्यꣳ स्फ्यं निदध्यात्स्फ्योपरि
पात्रीं । पात्र्यां व्रीहीनावपेच्छूर्पादानप्रभृति[3] कर्मान्तस्तायत
आ प्रस्कन्दनात्प्रस्कन्दनान्तं कर्म कृत्वा तिरः पवित्रमप
आनीयाधिश्रित्य तिरः पवित्रं तण्डुलानावपेदथाज्यं[3] निर्व-
पेदथाज्यमधिश्रयेदुभयं पर्यग्नि कृत्वा जघनेन गार्हपत्यमौप-
सदायां वेद्याꣳ स्तम्बयजुर्हरेत्सिद्धमत ऊर्ध्वं । तस्य शृतस्या-
सादनं । दक्षिणं परिधिसन्धिमपरं विमुच्य दक्षिणं वा परि-

१ See TS. VI. 6. 3. 1.

२ Thus G U M D C, उद्दत्य Ben हृत्य H.

३ From वपेच्छूर्पा° unto तंडुलान् om. G Be and Ben (sec. m.).

धिमग्रेण प्राञ्चं प्रायणीयमासादयेत्प्रत्यञ्चमुदयनीयमग्निमुखा
अच देवता इज्यन्ते। शंय्वन्त[1] उदयनीयः संतिष्ठत। ॥ २५ ॥

I. 263. 2. अथ यदि पशुरुपक्लृप्तः स्यात्पाणी संमृशीत। परि-
स्तृणीयात्पात्राणि निर्णिज्य सम्प्रसादयेत्प्रोक्षणीः संस्कृत्य
पात्राणि प्रोक्षेदाज्यं निरुप्याधिश्रित्य पर्यग्नि कृत्वा स्फ्यमाद-
दीत। संप्रैषप्रभृति पाशुबन्धिकं कर्म तायते। सिद्धमत ऊर्ध्वं।
III. 114. 17. यथो एतच्छालीकेः कल्पं वेदयन्ते मैत्रावरुणामिक्षया यजेतेति
तस्यै सह सवनीयैर्वत्सापाकरणं[2] सह सायंदोहमुदयनीयेन
चरित्वा पाणी संमृशीत। परिस्तृणीयात्पात्राणि निर्णिज्य
सम्प्रसादयेत्प्रोक्षणीः संस्कृत्य पात्राणि प्रोक्षेदथ प्रातर्दोहं
धेनूर्दोहयेदथैनां[3] गार्हपत्ये अपयित्वानभिघारितामुद्वासयेद-
थाज्यं[4] निर्वपेदथाज्यमधिश्रयेदुभयं पर्यग्नि कृत्वाहवनीये
वैदलकान्परिधीन्परिधायाथैनां[5] पुनरधिश्रित्याभिघारिता-
मुद्वास्यान्तर्वेद्यासादयेदथाग्नये सोमायेत्याज्यभागाभ्यां चरेदाज्य-
भागान्तं कर्म कृत्वा दक्षिणे वेद्यन्ते केशश्मश्रु वपते नखानि

---

१ Thus write G M U (sec. m.), शंयुवंतः Be U (pr. m.) C, शय्वंतं H, शंयुतं D.

२ Thus M Be Ben, वत्सानामपाक॰ G U D C, वत्सापाक॰ H.

३ ॰नं Ben (pr. m.) Be.

४ Thus H U D C G (pr. m.) Ben (pr. m.); ॰त्वानभिघारितमु॰ M, ॰त्वाभिघारितमु॰ G (sec. m.) Be Ben (sec. m.).

५ वैदल॰ M only.

निष्क्रमते[1] । ऽथाज्यभागप्रतिपत्क्रियान्ता[1] संतिष्ठते । ऽथेयमुदव-
I. 263. 9. सानीयोपांशु भवति पुनराधेयधर्मा[2] हि[2] । सहस्रमहावेद्यै
स्तम्बयजुषो हरणमसंनद्धा पत्नी यज्ञपुच्छमन्वास्ते । ॥ २६ ॥
षोडशः ॥

अथेममग्निचयं त्र्युपसत्कꣳ षडुपसत्कं द्वादशोपसत्कमिति[3] चिन्वते । स यदि साहस्रं त्र्युपसत्कं चेष्यमाणो भवति पूर्वाह्णे प्रवर्ग्योपसद्भ्यां प्रचर्य प्रथमां चितिꣳ सपुरीषामुपधाय संचिताहुती[4] जुहोति । द्वितीयां चितिꣳ सपुरीषामुपधाय संचिताहुती जुहोति । श्वो भूते प्रवर्ग्योपसद्भ्यां प्रचर्य तृतीयां चितिं चतुर्थीं चितिं पञ्चमीं चितिꣳ षष्ठीं चितिꣳ सपुरीषामुपधाय संचिताहुती जुहोत्यौपवसथिकैव तृतीयाथ यदि साहस्रꣳ षडुपसत्कं चेष्यमाणो भवति पूर्वाह्णे प्रवर्ग्योपसद्भ्यां प्रचर्य प्रथमां चितिꣳ सपुरीषामुपधाय संचिताहुती जुहोति । श्वो[5] भूते प्रवर्ग्योपसद्भ्यां प्रचर्य द्वितीयां चितिꣳ सपुरीषामुपधाय संचिताहुती जुहोति[5] । स एवमेव पञ्चाहमौपवसथिकैव षष्ठ्यथ यदि साहस्रं द्वादशोपसत्कं चेष्यमाणो भवति यथासूत्रं[6] तथाथ

---

१ ०त चाज्य० Ben H.

२ Thus G Ben C D; ०धर्म्याद्धि U, ०धर्म्यद्धि M, ०धर्माद्धिय H, ०यंम्रामाद Be.

३ ०कं वेति Ben H.

४ Here and infra some of the MSS. read ०हुतीर्जुहो० ।

५ The passage from श्वो unto जुहोति om. M Be, in G it is effaced.

६ यथासूत्रमथ H G (sec. m.).

यदि द्विषाहस्रं[1] त्र्युपसत्कं चेष्यमाणो भवति पूर्वाह्णे प्रवर्ग्योपसद्भ्यां प्रचर्य प्रथमां चितिꣳ सपुरीषामुपधाय संचिताहुती हुत्वाहार्याꣳ सपुरीषामुपदधाति[2]। द्वितीयां चितिꣳ सपुरीषामुपधाय संचिताहुती हुत्वाहार्याꣳ सपुरीषामुपदधाति। श्वो भूते प्रवर्ग्योपसद्भ्यां प्रचर्य तृतीयां चितिं चतुर्थीं चितिं पञ्चमीं चितिꣳ षष्ठीं चितिꣳ सपुरीषामुपधाय संचिताहुती हुत्वाहार्याꣳ[3] सपुरीषामुपदधात्यौपवसथ्यिकैव तृतीयाथ यदि द्विषाहस्रꣳ षडुपसत्कं चेष्यमाणो भवति पूर्वाह्णे प्रवर्ग्योपसद्भ्यां प्रचर्य प्रथमां चितिꣳ सपुरीषामुपधाय संचिताहुती हुत्वाहार्याꣳ सपुरीषामुपदधाति। श्वो[4] भूते प्रवर्ग्योपसद्भ्यां प्रचर्य द्वितीयां चितिꣳ सपुरीषामुपधाय संचिताहुती हुत्वाहार्याꣳ सपुरीषामुपदधाति[4]। स एवमेव पञ्चाहमौपवसथ्यिकैव षष्ठ्यथ यदि द्विषाहस्रं द्वादशोपसत्कं चेष्यमाणो भवति पूर्वाह्णे प्रवर्ग्योपसद्भ्यां प्रचर्य प्रथमां चितिमुपधायाध्यस्तपुरीष[5] एताꣳ रात्रिं वसति। श्वो भूते प्रवर्ग्योपसद्भ्यां प्रचर्य पुरीषमुपधाय संचिताहुती हुत्वाहार्याꣳ[6] सपुरीषामुपदधाति[6]।

---

1 द्विषा॰ and द्विसा॰ the MSS. promiscue; thus also त्रिषा॰, त्रिसा॰।

2 Thus Be G M, ॰मुपधाय the other MSS.

3 ॰हार्यꣳ M here and infra each time.

4 From श्वो unto ॰दधाति effaced in G.

5 Most of the MSS. ins. सपुरीषाम् after चितिम्, but cp. the following chapter.

6 हुत्वा द्वे द्वे आहार्ये सपुरीषे उप॰ M.

स एवमेव यथासूत्रं तथा वर्तमानः पुरीषंपुरीषमुपधाय संचिताकृती कृत्वाहार्याꣳ सपुरीषामुपदधात्यौपवसथिकैव[1] द्वादशौ ' ॥ २७ ॥

अथ यदि त्रिषाहस्रं त्र्युपसत्कं चेष्यमाणो भवति पूर्वाह्णे प्रवर्ग्योपसद्भ्यां प्रचर्य प्रथमां चितिꣳ सपुरीषामुपधाय संचिताकृती कृत्वा द्वे आहार्ये सपुरीषे उपदधाति ' द्वितीयां चितिꣳ सपुरीषामुपधाय संचिताकृती कृत्वा द्वे आहार्ये सपुरीषे उपदधाति ' श्वो भूते प्रवर्ग्योपसद्भ्यां प्रचर्य तृतीयां चितिं चतुर्थीं चितिं पञ्चमीं चितिꣳ षष्ठीं चितिꣳ सपुरीषामुपधाय संचिताकृती कृत्वा द्वेद्वे आहार्ये सपुरीषे उपदधात्यौपवसथिकैव तृतीयाथ यदि त्रिषाहस्रꣳ षडुपसत्कं चेष्यमाणो भवति पूर्वाह्णे प्रवर्ग्योपसद्भ्यां प्रचर्य प्रथमां चितिꣳ सपुरीषामुपधाय संचिताकृती कृत्वा द्वे आहार्ये सपुरीषे उपदधाति ' श्वो[2] भूते प्रवर्ग्योपसद्भ्यां प्रचर्य द्वितीयां चितिꣳ सपुरीषामुपधाय संचिताकृती कृत्वा द्वे आहार्ये सपुरीषे उपदधाति[2] ' स एवमेव पञ्चाहमौपवसथिकैव षष्ठ्यथ यदि त्रिषाहस्रं द्वादशोपसत्कं चेष्यमाणो भवति पूर्वाह्णे प्रवर्ग्योपसद्भ्यां प्रचर्य प्रथमां चितिमुपधायाध्वस्तपुरीष एताꣳ रात्रिं वसति ' श्वो भूते प्रवर्ग्योपसद्भ्यां प्रचर्य पुरीषमुपधाय संचिताकृती कृत्वा द्वे आहार्ये सपुरीषे उपदधाति ' स एवमेव यथासूत्रं तथा

---

१ कृत्वा द्वेद्वे आहार्ये सपुरीषे उप॰ M.

२...२ Effaced in G.

वर्तमानः पुरीषंपुरीषमुपधाय संचिताकृती कृत्वा द्वेद्वे आहार्ये
सपुरीषे उपदधात्यौपवसथिकैव द्वादशी । कथमु[1] खल्वन्त-
रुपसत्कं बहिरुपसत्कमन्तर्बहिरुपसत्कमिति विजानीयाद्दैचस्य
संवत्सरस्य द्वादशावशिष्य राजानं क्रीणीयात्सो ऽन्तरुपसत्कः ।
संवत्सरे पर्यवेते राजानं क्रीणीयात्स बहिरुपसत्को । दैचस्य
संवत्सरस्य षडवशिष्य राजानं क्रीणीयात्तास्वोपसदः स्युरुत्तरश्च
षड्रात्रः सो ऽन्तर्बहिरुपसत्कः । ॥ २८ ॥ सप्तदशः ॥

II. 1. 8. मृदसेताꣳ समां बिलेन करोतीति[2] । समां[3] भूम्यां
II. 1. 16. निदधातीत्येवेदमुक्तं भवत्यथैतावश्वगर्दभावुत्तरत उपस्थापयति[4]
पुरस्ताद्वा प्रत्यञ्चौ । स यदि पुरस्तात्प्रत्यञ्चौ दक्षिणो ऽश्व
उत्तरो गर्दभो । ऽथ यद्युत्तरतः पूर्वो ऽश्वो[5] ऽपरो[5] गर्दभो ।
ऽग्निभ्यः पशूनालभत इति । पश्चानां पशूनां ब्राह्मणं भवति ।
स यद्यु[6] हैतान्पशूनुपाकरोत्या बर्हिष उपासनात्पाशुबन्धिकं
कर्म वर्तयित्वा शिराꣳसि प्रच्छिद्यापो देहानभ्यवहरेयुरपो

---

१ Thus U G (pr. m.) C Ben (pr. m.) H M D, कउ G (sec. m.) Ben (sec. m.)

२ इति given by G U and a citation in the Mahāgnisarvasva.

३ समां D H U (pr. m.) C, समं M U (sec. m.) Ben (sec. m.) Be.

४ Thus (singul.) U (sec. m.) the Viv. and the Mahāgnis., plural the other MSS.

५ Thus (श्वोपरो) M D C U (pr. m.) the Viv. and Ms., श्वउत्तरो Be Ben G U (sec. m.); H corrupt.

६ यद्य M. (i.e. *yady aha*).

देहानभ्यवहरन्तीति विज्ञायते । मासमेतं[१] ब्रह्मचर्यं चरति ।
सो ऽधःसंवेश्यमाꣳसाश्यस्त्र्युपायो भवति पूर्वदीक्षेत्येतामापद्यते[२] ।
14. 7. अथोदग्रमेवैतं मासमभि दीक्षमाणो मन्यते । ऽत्र कृष्णाजिने
यजमानं वाचयति मुष्टी चैव न करोति वाचं च न यच्छ-
तीति । कृष्णाजिनप्रभृति कर्मान्त एष भवत्यावेदनात्प्रथमाया-
मुपसदि वेदिं विमिमीते[३] साम्नयजुर्हरतीति । कर्मवश-
18. 16. कारितमेवैतद्भवत्यथ[४] संभारेषूषान्निवपन्यददश्चन्द्रमसि कृष्णं
तन्मनसा ध्यायेत्तदपीहेति । ॥ २९ ॥

24. 1. उत्तरमुत्तरं प्रति बलीवर्दमुत्तरामुत्तराꣳ सीतां कृषन्स-
28. 9. वौषधं वपन्स्वयमातृण्णावकाशं नावक्रामेदित्यथ[५] हैके[६] पुरुषे
37. 8. च स्वयमातृण्णायां च साम गायन्ति । किमु खलु स्वयमातृ-
ण्णानिकोतं भवतीति । हिरण्येष्टका मण्डलेष्टका रेतःसिगित्येव
ब्रूयाद्यं यमिष्टकागणमुपदध्यात्तं न व्यवेयाद्दक्षिणेन दक्षिण-
मुत्तरेणोत्तरꣳ । स यदि दक्षिणतः पुरस्ताद्वेष्टका उपदध्या-
दपसलैरावर्तेताथ यद्युत्तरतः पश्चाद्वा प्रदक्षिणमावृत्य
43. 15. स्वयमातृण्णामेवाभिमुख इष्टका उपदध्यात्कृत्तिका उपदधा-

---

१ Thus D C M (sec. m.) Ben Ms; मासमेकं Be H G U M (pr. m.).

२ पूर्वा दी॰ Ben H.

३ मिमीते Ben H.

४ एष om. M G D C; तद् instead of एतद् Ben (sec. m.) Be.

५ नावक्रा॰ M D C H U (pr. m.) Ms; नातिक्रा॰ G U (sec. m.) Be Ben.

६ All the MSS. ins. ब्रुवते, only Ms. om.

तीति। कतमा उ खल्विमाः कृत्तिका भवन्तीति। विद्युत
इत्येव ब्रूयादस्रवणार्थं[1] बौधायनस्याग्नावग्नौ पुनश्चितिः। सह
सा न पुरीषचितिः षष्ठ्या चित्या वृद्धिजेति। वृद्धिजैवेति
II. 45. 17. शालीकिः। षष्ठं प्रच्छादमाहरमाणः कस्मिन्नु खल्वेनत्काल
आहरेदिति। नक्षत्रेष्टका उपधायेत्येव ब्रूयात्स त्रिभिः कर्म-
भिरभिप्रैति पुरीषस्योपधानेन साहस्रवता प्रोक्षणेन धेनुकरणे-
नेति। सो ऽष्टाभिः कर्मभिरभिप्रैत्युत्तमे संचिताहुती शत-
रुद्रीयं नमस्काराः परिषेचनं विकर्षणꣳ सर्पाहुतीः सामभिरु-
पस्थानमनुशꣳसनमिति। ॥ ३० ॥ अष्टादशः ॥
III. 133. 1. अथ किं[2] नानाबीजानां निर्वपणे तन्त्रमिति[2]। स्रुगादानं
तन्त्रꣳ शूर्पादानं तन्त्रं [3]धूःप्रभृतयः शकटमन्त्राः सर्वं तन्त्रं
भवत्या[4] सावित्राद्बीजंबीजमभ्यावर्तते सावित्रं। तन्त्रं
दशहोताभिप्रव्रजनं परिदानमिति तन्त्रं भवति। तन्त्रं
कृष्णाजिनावधवनं तन्त्रमुलूखलाध्यूहनं तन्त्रं पुरोडाशीयाना-
मावपनं तन्त्रं मुसलस्यावधानं तन्त्रꣳ शूर्पस्योपोहनं तन्त्रꣳ

---

१ ॰दास्रवणा॰ some of the MSS. and the citation in Viv.; but cp. the vivaraṇa itself: स्रवति वै वा ताꣳ स्रवन्तीमिति (TS. v. 4. 10. 3) दोषनिरसनार्था पुनश्चितिरिति।

२ किं and इति only given by U (sec. m.) G (sec. m.), Ms.; the other MSS. om. these words.

३ Before धूः॰ M Be Ben D C G (pr. m.) ins. प्रत्यौषधं प्रत्यौषधं or प्रत्यौषधणं (i.e. प्रत्यौषधं ?).

४ Thus H Bc G D C Ms; भवंत्या Ben U M.

हविष्कृदावपनप्रभृतिमन्त्रो बीजंबीजमभ्यावर्तते प्रस्कन्दनान्तो ।
133.13. यथो एतच्छालीकेः कल्पं वेदयन्ते सह स्विष्टकृतात्याक्रामे-
134.1. दित्येकादशप्रयाज एवैतदुपपद्यते न पञ्चप्रयाजे । यथो एतदौ-
पमन्यवस्य कल्पं वेदयन्ते पुरस्तात्स्विष्टकृतो यावदाम्नातेना-
भिषिञ्चेन्नात्र कृष्णाजिनं न रुक्मौ न पार्थानि भवन्ति
कुशानेव सꣳस्तीर्य तेष्वेनमभिषिञ्चेदिति[१] । कथमु खलु
सत्रिणामभिषेक आवर्तत इत्यभिषेक आवेदनं प्रथमे ऽह्न्यभि-
षेकः प्रथमे ऽह्न्यश्वस्यावघ्रापणमादितस्त्वान्ततस्त्व बहिष्पवमान-
मास्तावे सुवीरन्नहरहर्यज्ञायज्ञियस्य[२] स्तोत्रे द्वाभ्यामभिमृशे-
दिति । ॥ ३१ ॥

कथमु खल्वेकादशिनानां[३] पशूनां चर्याया उपक्रमो भवती-
तीडसूनꣳ सꣳस्तीर्य पृषदाज्यं विहृत्य जुहूꣳ समानीयान्तरेण
चात्वालोत्करावुदङ्ङुपनिष्क्रम्य संवदेताभिघारयेदासादयेत्पशुं[४]
पञ्चहोत्रा चतसृषूपस्तृणीते । मुख्यस्य पशोर्दैवतमवदाय[५]

---

१ Corrected acc. to the Dvaidha; तेष्वेवैनम॰ MSS. (तेषुवैन॰ M, तथैवैन॰ H).

२ Thus, with the Saṃhitā, G Be Ben, ॰यज्ञीय॰ H U D M C.

३ Thus(खल्वेका॰) MSS. (एकादशिनीनाम् M.).

४ ॰दासादये॰ not found in Be and effaced in Ben, but cp. XXV. 23, init.—पशुं seems, here and further on, to have been changed into पशूम् in G.

५ ॰दैवतम॰ M U Be, the Viv., ॰देवतम॰ H G D C Ben.—After ॰दाय M. ins. चच ।

वृक्यमेदो यूषन्नवधाय तेन जुहूं प्रोर्णुयाद्यूष्णोपसिच्याभि-
घारयेदथोपभृति स्विष्टकृते[1] सर्वेषां त्र्यङ्गाणाꣳ सकृत्सकृत्स्वि-
ष्टकृते समवदाय वृक्यमेदो यूषन्नवधाय तेनोपभृतं प्रोर्णुया-
द्यूष्णोपसिच्य[2] नाभिघारयेदथ[2] हृदयं जिह्वां वक्षस्तनिम
मतस्नौ[3] वनिष्ठुमिति[4] पाव्याꣳ[5] समवधाय यूष्णोपसिच्य
नाभिघारयेदथ कꣳसे वा चमसे वा वसाहोमं गृहीत्वा
यूष्णोपसिच्याथाभिघारयेत्संमृशेत्पशुं । पार्श्वेन वसाहोमं
I. 123. 13 प्रयौयान्मꣳस्त:[5] कुम्वतो । जघनेनोत्तरवेदिं परिक्रम्याश्रावये-
द्याज्याया अर्धर्चे प्रतिप्रस्थाता वसाहोमं जुहुयात्परिश्रिꣳ-
त्याश्च दिग्भ्यो ।ऽथेतरद्वसाहोमहवन्याꣳ समवनयेद्वषट्कृते हवि-
र्जुहोति । सो ऽनिष्ट्वैव स्विष्टकृतमुदङ्ङत्याक्रम्य जुह्वां चैव
वसाहोमहवन्यां चोपस्तृणीते । द्वितीयस्य पशोर्दैवतमवदाय
वृक्यमेदो यूषन्नवधाय तेन जुहूं प्रोर्णुयाद्यूष्णोपसिच्याभि-
घारयेदथोपभृति[6] स्विष्टकृते सर्वेषां त्र्यङ्गाणाꣳ सकृत्सकृत्सम-
वदाय वृक्यमेदो यूषन्नवधाय तेनोपभृतं[7] प्रोर्णुयात्संमवत्त-

---

१ Not given by G U D M.

२ °सिच्याभिघा° G, °सिच्यानाभिघा° H.

३ Thus D Ben C U (pr. m.), मतस्नू G M U (sec. m.), मतस्न H.

४ Thus we ought to read also IV. 9: 123. 7.

५ Here and further on the MSS. write मंसः मसः मौसः मंस्यः मस्तः ।

६ °दैवतयो° M.

७ After °भृतं G H M ins. यूष्णोपसिच्य नाभिघारयेत्, U ins. यूष्णो-पसिच्य नाभिघारयेदथ हृदयं जिह्वां ;वक्षस्तनिम मतस्नु वनिष्ठुमिति पाव्याम् ; C is incomplete.

मेतद्यूष्णोपसिच्य[1] नाभिघारयेत् । तथैव[2] कंसे वा चमसे वा
वसाहोमं गृह्णीयाद्यूष्णोपसिञ्चेदथाभिघारयेत्संमृशेत्पशुं ।
पार्श्वेन वसाहोमं प्रयौयान्मꣳसतः कुम्बतो । जघनेनोत्तरवेदिं
परिक्रम्याश्रावयेद्याज्याया अर्धर्चे प्रतिप्रस्थाता वसाहोमं जुहु-
यात् । परिशिꣳष्याच्च दिग्भ्यो[3] । वषट्कृते हविर्जुहोति । स एव-
मेव सर्वेषां पशूनाꣳ । स यत्र वारुणस्य स्विष्टकृते ऽवद्येत्त-
द्विरभिघारयेत् । समवत्तमेवैतद्यूष्णोपसिच्याभिघारयेत् । तथैव कंसे
वा चमसे वा वसाहोमं गृह्णीयाद्यूष्णोपसिच्याभिघारयेत्संमृ-
शेत्पशुं । पार्श्वेन वसाहोमं प्रयौयान्मꣳसतः कुम्बतो । जघनेनो-
त्तरवेदिं परिक्रम्याश्रावयेद्याज्याया अर्धर्चे प्रतिप्रस्थाता वसा-
होमं जुहुयात् । परिशिꣳष्याच्च दिग्भ्यो । ऽथैतद्वसाहोमहवन्याꣳ
समवनयेत् । वषट्कृते हविर्जुहोत्यथ पुरस्ताद्वनस्पतेः समान्यो
दिशः प्रतियजेत् । अथ वनस्पतिना चरेत् । अथ स्विष्टकृता । सिद्धमत
II. 135. 3. ऊर्ध्वं । यथो एतदौपमन्यवस्य कल्पं वेदयन्ते मैत्रावरुण्यामि-
क्षया निरूढया यजेतेति सिद्धमत्रौपवसथिकं कर्म जानी-
II. 62. 8. याद्यथामावास्यायाꣳ संनयतो ऽन्यत्र पिण्डपितृयज्ञात्संवत्सरं

---

१ समवत्तमेवैत॰ M, समवत्तमेतद् D; Ben om. समव॰ unto ॰घारये॰ (l. 2).

२ एव om. M, probably rightly.

३ Between दिग्भ्यो and वष॰ M H Ben U ins. तथैव कंसे वा चमसे वावनयेद्, in Ben and U these words are effaced; G (partly secunda, partly prima manu) तथैवैतद्वसाहोमहवन्यां समवनयेद् ।

न कंचन प्रत्यवरोहेन्न शीर्षमाꣳसं खादेन्न वयसां माꣳसं
नाग्निं चित्वा रामामुपेयान्नाग्निचिद्वर्षति धावेद्यदि[1] धावेदु-
पावर्ततान्नाद्यमेवाभ्युपावर्तत[1] इति ब्राह्मणम्। ॥ ३२ ॥

एकोनविꣳशः ॥

II. 63. 8. अथास्मिन्वाजपेये सप्तदशानाꣳ रथानां त्रयस्त्रयो ऽश्वास
II. 63. 11. एकपञ्चाशतमुत्तरतः प्रष्टिं नियुञ्ज्याच्चतुर्विꣳशतिं[2] पशूनि-
II. 64. 4. त्यग्नीषोमीयस्यानूबन्ध्यस्य चतुर्विꣳशौ भवतो। ऽथ वै भवति
सावित्रं जुहोति कर्मणःकर्मणः पुरस्तादिति। दीक्षणीयां
निर्वप्स्यन्त्सावित्रं जुहोतीति। सावित्रादेव सावित्रं भवति।
II. 64. 7. दीक्षाहुतीर्होष्यन्त्सावित्रं जुहोतीति। सावित्रꣳ हुत्वा दीक्षा-
II. 64. 8. हुतीर्जुहुयात्प्रायणीयां निर्वप्स्यन्त्सावित्रं जुहोतीति। सावि-
ib. 9. त्रादेव सावित्रं भवत्यन्तर्हिरण्याꣳ[3] होष्यन्त्सावित्रं जुहो-
ib. 10. तीति। सावित्रꣳ हुत्वान्तर्हिरण्यां[4] जुहुयात्पदेन चरित्वा
राजानं क्रीत्वोद्यातिथ्यं निर्वप्स्यन्त्सावित्रं जुहोतीति। सवि-
ib. 11. त्रादेव सावित्रं भवति। प्रथमाभ्यां प्रवर्ग्योपसद्भ्यां प्रचरिष्य-
न्त्सावित्रं जुहोतीति। सावित्रꣳ हुत्वा प्रथमाभ्यां प्रवर्ग्योप-
ib. 13. सद्भ्यां प्रचरेन्महावेद्यै पूर्वं परिग्राहं परिग्रहीष्यन्त्सावित्रं
ib. 14. जुहोतीति। सावित्रꣳ हुत्वा स्फ्यमाददीताहवनीयं प्रणेष्य-

---

१ यदि धावेद् om. most of the MSS.

२ Thus G (sec. m.), °विंशतिः Be, °विंशतं Ben, °विंशं D H M G (pr. m.), विंशं U C.

३ °ण्यां G (pr. m.) U (sec. m.) Ben H; °ण्यं Be U (pr. m.) M.

४ °ण्यां U (sec. m.), °ण्ये the other MSS.

ib. न्सावित्रं जुहोतीति । सावित्रꣳ हुत्वेध्ममाददीत । रथवाहने
ib. सदोहविर्धाने संमेष्यन्सावित्रं जुहोतीति । सावित्रꣳ हुत्वा
64. 15. रथवाहने सदोहविर्धाने संमिनुयादग्नीषोमौ प्रणेष्यन्सावित्रं
I. 65, 1. जुहोतीति । सावित्रꣳ हुत्वाग्नीषोमौ प्रणयेद्यूपमुच्छ्रयि-
ष्यन्सावित्रं जुहोतीति । सावित्रꣳ हुत्वा प्रोक्षणीराददीत ।
ib. 6. स्वर्वन्तं यूपमुत्सृज्याग्नीषोमीयं पशुमुपाकरिष्यन्सावित्रं जुहो-
तीति । सावित्रꣳ हुत्वा बर्हिषी आददीत । तस्य प्रसिद्धं
ib. 8. वपया चरित्वा वसतीवरीर्ग्रहीष्यन्सावित्रं जुहोतीति । सावित्रꣳ
ib. 9. हुत्वा कुम्भमाददीत । पशुपुरोडाशं निर्वप्स्यन्सावित्रं जुहो-
तीति । सावित्रादेव सावित्रं भवति । ॥ ३३ ॥
. 63. 5. द्यूपरस्तादुरग्निर्भवतीत्यनुदिशमश्नौ[१] स्थापयित्वाग्निष्ठां च
. 66. 16. सूर्यस्थां च । संमिनुयात्पञ्चैन्द्रानतिग्राह्यान्गृह्णातीति[२] । सर्व
. 68. 2. एवैते सोपयामा ग्रहीतव्या भवन्ति । मारुत्या प्रचर्यैतान्सं-
ज्ञपयेदिति । तन्त्रमुल्मुकहरणं तन्त्रमध्रिगुप्रैषो ऽभ्यावर्तेत[३]
संज्ञप्तहोम ऊर्ध्वं[४] बर्हिषो[४] भिन्द्यात्स्वाहाकृतिप्रैष आज्यं द्वेधा
I. 71. 9. विभजेदुभयभागिन्य स्तोकीया । अथेदꣳ रथचक्रं प्रादेशमात्रं

---

१ Thus Ben H, ॰श्नौः the other MSS.

२ Before गृह्णा॰ Ben H Be ins. पश्चान्; the word is missing in M D C and effaced in G.

३ Corrected; ॰वर्तेत U, ॰वर्तेत Be, ॰वर्तेते the other MSS.

४ Thus G U (sec. m.) H Ben (pr. m.), ऊर्ध्वंबर्हिषि Ben (sec. m.) C, ऊर्ध्वंबर्हिषो Be, श्रोर्ध्वंबर्हिषो M.

II. 75. 8. भूमेरुच्छ्रितं[१] भवत्यपरेण परीत्य पश्चसौ संस्थ्यातीति रथचक्रे
II. 79. 1. एवैते संस्रवत्यथाह्वाजिसृतो[१] दक्षिणापथेनोपातीत्येति सूत-
ib. 2. राजन्या एवैत उक्ता भवन्ति[२] । मारुता अग्रेणाहवनीयं परी-
ib. 14. त्येति चत्तसंग्रहीतार एवैत उक्ता भवन्त्यथ यजमानं तार्प्यं
परिधापयतीत्याज्येनैवैतत्तृप्तं[३] वासो भवत्यथाप्युदाहरन्ति हपा ५
नाम वृक्षास्तेषामेवैतद्भवत्यथेमं वाजपेयꣳ सर्वसप्तदशमेके[४]
ब्रुवत[५] । आदेशादेव बृहत्सामैकविंꣳशं वैष्णवीषु शिपिविष्ट-
वतीषु स्तुवीरन्निति[६] । ॥ ३४ ॥ विंꣳशः ॥

॥ इति पञ्चविंꣳशः प्रश्नः ॥

---

१ ०वत्सप्तं M Ben C.

२ After संस्रवति and भवन्ति some of the MSS. इति ।

३ Thus M, ०वैततप्तं D C, ०वैतंढप्तं G U Ben, वैनंढप्तं Be, वैतेंढप्तं H.

४ Thus G Ben Be, पर्वस० M, सर्वसप्त० H U ; D C om. सर्वं ।—Before एक Be U D M ins. एव ।

५ ब्रुवतेन M.

६ कुर्वंति instead of स्तुवीरन्निति M C.

अथायꣳ राजसूयो ऽर्धसप्तदशैर्मासैः संतिष्ठते ऽर्धषोड-
शैर्वा । तस्मिन्सोमसꣳस्थाः पञ्चैकाहा[1] अहीनो द्विरात्रः । षट्
काला[2] । अष्टौ यूपाः षडु हाग्निष्टोमिका द्विपशौ[3]पशुबन्धे[3]
सौत्रामण्यामष्टमस्तावन्त एवावभृथाः । क उ खलु हविषो
. 86. 3. हविर्निरुप्यत इत्यानुमत इत्येव ब्रूयात्कृष्णं वासः कृष्णतूषं दक्षि-
87. 11. णेति । कृष्णादग्रमित्येवेदमुक्तं भवति । काममिष्ट्वा पशुबन्धेनेति ।
संतन्येष्ट्वाग्रयणेन वा पार्वणेन वा यजेत । कथमु खलु साक-
मेधपरुषीति । महारात्रे पूर्वा संततिः श्वो भूत उत्तरा प्रदोषे ।
किमु खल्वसमुदितं भवतीति । प्रागनूयाजिकात्संप्रैषादित्येव
. 91. 1. ब्रूयाद्बार्हस्पत्यं चरुं निर्वपति ब्रह्मणो गृह इति । योऽन्यो
91. 16. याजमानासंयुक्तो[4] ब्राह्मणो[5] भवति । भगाय चरुं वावातायै
. 92. 1. गृह इति । याम्या महिष्या[6] एव[6] सुभगा भवति । नैर्ऋतं
ib. 7. चरुं परिवृक्त्यै गृह इति । दुर्भगैवैषोक्ता भवति । पौष्णं चरुं

---

१ Thus M only; पंचरै काच H, पंचारैकाचा (*i.e.* पञ्च चर एकाहाः ?) पंचारैकाच Ben U, पंचारैकाहिनो Be.

२ माला MSS.—द्विरात्रस्त्रैका the Vivaraṇa.

३ Thus G (sec. m.) and the Viv. °पशुपशुबंधे Be, °पशूपशुबंधे G (pr. m.) Ben U H, °पशूपशूपशुबंधे M.

४ Uncertain reading; याजमानासं° M Be Ben, याजमानसं° H U G (pr. m.), याजनसं° G (sec. m.). The Viv.: योन्याजनसंयुक्तः and यन्या-जनासंयुक्तः ।

५ After ब्राह्मणो Ben G H U ins. भवा, M भव; this word is missing in Be and has been effaced in G and Ben.

६ Conjectural reading. महिष्यैव H Be U Ben, महिष्येव M, महिष्ये G (omitting एव).

भागदुघस्य गृह इति । महानसिक[१] एवैष उक्तो भवत्यथाप्यु-
दाहरन्ति यो भागलाभौ[२] दोग्धि स एषैष उक्तो भवति ।
द्वादशाहेन[३] रत्निनाꣳ हवीꣳषि । त्रयोदशे[४] मैत्राबार्हस्पत्यं ।
द्व्यहो ऽवशिष्ट एतस्यैव[५] पूर्वपक्षस्य । तस्मिन्संतनीभ्यां यजेताथ
चेदुक्थ्ये ऽभिषेचनीये ऽग्निं चिन्वीतैतस्मिन्नेव द्विरात्र आग्नि-
कानि सावित्राणि कुलोखाः संभृत्य पशुशीर्षाणि च वायव्येन
पशुना यजेत । ॥ १ ॥

II. 97. 7. अपां पतिरसीत्यपांपतीयाः । समुद्रियाणामेवैता उक्ता
भवन्ति । मरुतामोज स्थेति निवेष्याः[६] । आवर्तानामेवैता[७] उक्ता
भवन्ति । सूर्यवर्चस स्थेत्यभिदृश्याः[८] । प्रसवानामेवैता उक्ता
भवन्ति । शक्वरी स्थेति[९] गोरु[१०] जरायोरेवैता[१०] उक्ता भवन्ति ।
II. 111. 15. सो ऽत्रैवाग्नेयेनाष्टाकपालेन यजेतेति । सद्यः संतिष्ठमान उक्थ्य
एतत्सूत्रं भवत्यथ चेदतिप्रवर्धेत तदानीमेवाग्नेयेनाष्टाकपालेन

---

१ Thus Be Ben (sec. m.); माहानसिक G (sec. m.) and one copy of the Viv; महानासिक H U G (pr. m.) Ben (pr. m.) and another copy of the Vivaraṇa; महानासीक M.

२ °भौ M Ben, °भि Be H G U.

३ माहो M.

४ °दशो M. दशो all the other MSS.

५ एव om. M.

६ Thus G U M, °वेष्या Be Ben, °वेया H.

७ आहत्तानां or आहतानां MSS.

८ Thus all, against अतिदृश्याः of the text proper.

९ गोरुल्ब्या seems to have fallen out.

१० Conjecturally; गोरजरायो° M, गारुजरायो° G (pr. m.), गारुब्यायो Ben (sec. m.), गारुब्यायो Ben (pr. m.), गारजरायो° H Be U, गारुजा-रायो G (sec. m.).

114. 4. यजेत । श्वो भूते सारस्वतेन । दशदशाच्च चमसमभिसंजानत
इति । होतृचमसे चोद्गातृचमसे च सप्तसप्ताथेतरेषु नवनव ।
117. 1. प्रसर्पणप्रभृतय एवैते[1] भवन्त्यप्तुषोमान्ता । अथायं प्रतीचीन-
स्तोमः केशवपनीयो ऽतिरात्रः षोडशिको भवति । तस्य
ह्याग्निष्टोमिकानि स्तोत्राण्यावृत्तानि भवन्त्येकविंशो बहिष्प-
वमानः सप्तदशान्याज्यानि माध्यंदिनस्य पवमानः पञ्चदशानि
पृष्ठान्यार्भवस्य[2]पवमानस्त्रिवृद्यज्ञायज्ञियमित्यथ[3] प्रतीचीन-
स्तोमाय केशवपनीयायातिरात्राय दीक्षते । तस्य षड् दीक्षाः
117. 14. षडुपसदस्तयोदश्यां प्रसुतस्तुर्दश्यामुदवसानमथैतस्मिन्नेव पक्षा-
वशेषे व्युष्टये[4] द्विरात्राय दीक्षते । स एतां चैकाꣳ रात्रिं
पूर्वपक्षस्य दीक्षितो भवति द्वे चापरपक्षस्य । तासां[5] द्वादशो-
पसदो । ऽथोपवसत्यथोपवसथीये[6] ऽहन्यमावास्यायां[6] पूर्वमह-
118. 2. र्भवत्युत्तरस्मिन्नुत्तरमिति । संतिष्ठते व्युष्टिद्विरात्रो[7] । ऽथो-
त्तराꣳ शालामध्यवस्येदथ मथित्वाग्नीन्विहृत्योदयनीयायाग्नि-

---

१ Thus Ben, एवते M, एते H Be G U.

२ Thus M G (sec. m.), °र्भवतिस्य Ben, °र्भव the other MSS.

३ अथ om. H Ben.

४ Thus M only, व्युष्टि the other MSS.

५ Thus G (sec. m., first hand invisible) and the Viv., which comments: तृतीयप्रभृतीनाम् ; तस्यांसा H U, तस्याशां Be, तस्य M, Ben, defective.

६ Thus, hesitatingly, emended; थोपवसत्यथान्यौपवसथ्योभवतिमावा° G (pr. m.), थोपवसत्यथाहीन्योपवसथ्यममावा° Ben, थोपवसथ्येऽहन्यमावा° G (sec. m.), थोपवसथाहान्यौपवसथ्योमावा H Be M (the last only °सथ्ये-ममा°), थोपवसथाहान्यौपसथ्योमावा° U.

७ Thus, here and further on, M only ; °द्विद्वि° all the other MSS.

ष्टोमाय[१] दीक्षते। तस्य तिस्रो दीक्षास्तिस्र उपसदः सप्तम्यां प्रसुतः। संतिष्ठत एष[२] उदयनीयो[२] ऽग्निष्टोमः सहस्रदक्षिणो ऽथैतस्मिन्नेव पक्षावशेषे क्षत्रस्य धृतिनाभिविधत्ते[३] देविकाहविर्भिस्त्रैधातवीयया सौत्रामण्येति। संतिष्ठते राजसूयो ऽर्धसप्तदशैर्मासैरथ शालीकेः केशवपनीयान्तस्ते ऽर्धषोडशाः[४]।

॥ २ ॥ प्रथमः ॥

अथातो ऽञ्जसवः। प्रसिद्धमेव प्रथमो ऽर्धमासः संतिष्ठते। पञ्चाहेन चातुर्मास्यानि द्व्यहेन संतनी अष्टमे ऽहनीन्द्रतुरीयं नवमे ऽह्नि पूर्वाणि देविकाहवीꣳषि दशमे ऽह्न्युत्तराण्येकादशे[५] द्वादशे त्रयोदश इति त्रिषंयुक्तैश्चतुर्दशे वैश्वानरो द्वादशकपालः पञ्चदशे वारुणो यवमयश्चरुरिति मासो। द्वादशाहेन रत्निनाꣳ हवीꣳषि त्रयोदशे मैत्राबार्हस्पत्यं द्व्यहेन संतनी अर्धमासेनाभिषेचनीय उक्थ्य इति द्वौ मासावर्धमासेन सप्तदशो दशपेयो ऽर्धमासं दीक्षितो[६] दीक्षितव्रतीति त्रयो मासा। अर्धमासेन प्रतीचीनस्तोमः केशवपनीयो ऽतिरात्रो ऽर्धमासेन व्युष्टिर्द्विरात्र इति चत्वारो मासा। अर्धमासेन क्षत्रस्य धृतिरिति। ते ऽर्धपञ्चमा। अथ शालीकेः। सप्ताहेन

१ Thus M; °विहत्योदवसानीयाया° or यया° the other MSS.

२ हवसुषद्धवधानीया Ben.

३ Thus G (sec. m.) and the Viv.; °भिधत्ते Be U, °भिविद्यते Ben, °भिधीयंते M.

४ Thus M Be G (sec. m.), °षोडशः H U G (pr. m.), °षोडश Ben.

५ °ह्न्युत्त° Be Ben.

६ Effaced in M.

पवित्रो ऽग्निष्टोमः स एवमेव पञ्चावशेषꣳ सिद्धमा वारुणा-द्वादशाहेन रत्निनाꣳ हवीꣳषि त्रयोदशे मैत्राबार्हस्पत्यं द्व्यहेन संतनी इति मासो । ऽर्धमासेनाभिषेचनीय उक्थ्यो ऽर्धमासेन सप्तदशो दशपेय इति द्वौ मासावर्धमासेन प्रतीचीनस्तोमः केशवपनीयो ऽतिरात्रो ऽर्धमासेन व्युष्टिर्द्विरात्र इति त्रयो मासा । अर्धमासेन क्षत्रस्य धृतिरिति । ते ऽर्धचतुर्था । अथ पतन्तको । द्वादश दीक्षा द्वादशोपसदः । सप्ताहो ऽहीनो राजसूयो । यथावकाशमितरै राजसूयहविर्भिर्यजते । ऽथ देविकाहविर्भिर्यजते । ऽथ त्रैधातवीयया यजते । ऽथ सौत्रामण्या यजते । संतिष्ठते राजसूयः । ॥ ३ ॥ द्वितीयः ॥

119. 1. अथेममिष्टिकल्पं पञ्चदशसामिधेनीकं च सप्तदशसामिधेनीकं च समामनामस्तत्र[1] सिद्धं[1] याजमानं बौधायनस्य कल्पो[2] । यथाम्नायꣳ शालीके स्त्रीꣳस्तृचाननुब्रूयादिति । त्रिः प्रथमामनूच्य तिस्रो ऽनन्तरा अनुब्रूयात्त्रिरुत्तमां । ताः[3] पञ्चदश[3] । पञ्चदशानुब्रूयादित्येकादशेमाः[3] सामिधेन्यः समामनामस्तासां त्रिः प्रथमामन्वाह त्रिरुत्तमां । ताः पञ्चदश । सप्तदशानुब्रूयादेकविꣳशतिमनुब्रूयाच्चतुर्विꣳशतिमनुब्रूयात्त्रिꣳशतमनुब्रूयाद्द्वात्रिꣳशतमनुब्रूयात् षट्त्रिꣳशतमनुब्रूयाच्चत्वारिꣳशतमनुब्रूयाच्चतुश्चत्वारिꣳशतमनुब्रूयादष्टाचत्वारिꣳशत-

---

१ तस्य प्रसिद्धं M.

२ कल्पे M.

३ Thus corrected; ताः पंचदश सप्तदशानु° M Be U H, ताः पंचदशानु° Ben; in M सप्तदश is effaced and G is defective.

मनुब्रूयादिति धाय्यालोक एता धातव्या भवन्त्याग्नेय्यः सर्वा
गायत्र्यः । सर्वाणि छन्दाꣳस्यनुब्रूयादपरिमितमनुब्रूयादिति
धाय्यालोक एवैता धातव्या भवन्ति । नैताः सर्वा गायत्र्यो ।
गायत्री पुरोऽनुवाक्या भवति त्रिष्टुग्याज्या । पुरस्ताल्लक्ष्मा
पुरोऽनुवाक्या भवत्युपरिष्टाल्लक्ष्मा याज्या । मूर्धन्वती पुरोऽनु-
वाक्या भवति नियुत्वत्या यजत्युपाꣳशुयाजमन्तरा यजतीति ।
दर्शपूर्णमासयोरेवैतदुपपद्यते नान्यत्र । ॥ ४ ॥ तृतीयः ॥

अथेमाः काम्या इष्टयो निष्पुरीषेणैव प्रयोक्तव्या भवन्ति ।
स[1] संवत्सरं पयोव्रतः स्याद्द्वादशाहं वा यावद्वा[2] ग्रꣳसीत[2] ।
तासां याः समानसंयोजना एकां चेत्तासां निर्वपेत्सर्वा एवैता
निर्वप्तव्या भवन्ति यथो एतदनायुक्तो[3] ऽग्निपरिचरो ऽन्यमुद्धृत्य
पुनरप्युद्धरति । कथमत्र प्रायश्चित्तꣳ सिध्यतीऽ३ न सिध्यतीऽ३
इति । सिध्यतीत्येक आहुरथ हैक आहुर्न सिध्यतीति ।
निर्दिष्टभागो वा एतयोरन्यो ऽनिर्दिष्टभागो ऽन्य इत्युभावु[4]
II. 125. 3. खल्विमावनिर्दिष्टभागौ भवतो । नैव सिध्यतीति । तन्त्रं
इष्टेरादानं । गार्हपत्यसकाशाद्धृष्टिमाददीत । नयाहवनीये[5]
वैश्वानरस्य कपालान्युपदध्यात् । प्रदक्षिणमावृत्य गार्हपत्ये मारुतस्य

---

१ Found in Ben H, the other MSS. om. the word.

२ Thus G ; नावद्वा द्रांसीत Be, यावत्द्वाभ्रंसीत M U, यावत्द्वादश्रसीत H याव – – सीत Ben.

३ Thus Ben Be G (sec. m.) ; °नुयुक्तो H G (pr. m.) U, °नुयुक्तो M.

४ Thus G M U ; उभाउ H Be; Ben defective.

५ नया° G (sec. m.).

कृतानि पिष्टानि समुप्य[१] संयुत्य[१] व्यभिमृश्य[१] पिण्डौ[१] कृत्वा-
ग्रेण[१] मारुतस्य पिण्डं पर्याहृत्याहवनीये वैश्वानरमधिसृञ्ज्या-
त्संदक्षिणमावृत्य[२] गार्हपत्ये मारुतं त्वचं ग्राहयित्वेमं त्वचं
ग्राहयेदमुं पर्यग्नि कृत्वेमं पर्यग्नि कुर्यादमुꣳ श्रपयित्वेमꣳ श्रप-
येदपि वोभयमेवोभयत्र कुर्यात्तस्य शृतस्यासादनं दक्षिणं[३]
परिधिसंधिमपरं[४] विसृज्य दक्षिणं वा परिधिमग्रेण । सिद्ध-
25. 11. मत ऊर्ध्वमेतस्मिन्वा एतौ मृजाते यो विद्विषाणयोरन्नम-
26. 22. त्तीतीतरमितरेणेत्येवैष[५] उग्रो भवति । यं मृधोऽभि प्रवे-
पेरन्राष्ट्राणि वाभि समियुरिति । प्रतिवेशा राजानो मृधः ।
27. 15. स्व एव जनपदा[६] राष्ट्राणि विशो । यो हतमनाः स्वयंपाप
इव स्यादिति । सति बले हतमनाः स्वयंपाप इव स्यादिति ।
27. 21. साधुरूपे कुले स्वयंपापो । यस्मै प्रत्तमिव सन्न प्रदीयेतेति ।

---

१ Thus Be M; संयुत्यव्यूह्याभिमृश्य U G, समुप्यसंयुत्यपिंडौ कृत्वाग्रेण Ben, संयुत्वाव्यूह्याभिमृश्य H.

२ Thus (अधिसृंज्यात्) Ben, अधिसृज्याद् M, अधिव्रज्यात् G H U, अधि॰ प्रसृज्यात् Be, cp. XXVI. 6 : 279. 9 : अधिसृज्जन; it is synonymous to अधिश्रयात् ।

३ Om. Ben.

४ Thus all the MSS. exc. M, which has परिधिसंधिमन्वितरं; is अपरं to be cancelled ? A prayoga omits it.

५ Thus G (sec. m.), °न्नमत्तीतरमितरेणेत्येष U, °न्नमत्तीतिरमितरेणेत्येष Ben, °न्नमत्तीतरिमितीतरंमितीतरेणेत्येवैष M,° न्नमत्तितरमितीतरेणेत्येष एवैष Be, ०मितरेणेत्येष H (partly defective).

६ वा ins. G.

II. 128. 17. प्रत्तमनुपाहृतं[1] प्रतिबध्यमानमेवैतद्भवत्यथास्यामध्वरकल्पाया-
मिडान्तं[2] प्रथमं तन्त्रं कुर्यादेवं द्वितीयं । तृतीयेन सहावशेषं
वर्तयेत्कथमत्र भक्षा इति । तत्रतत्र वा भक्षयेदपि वा
II. 130. 4 सर्वासाꣳ समवदाय कृत्वान्ततो[3] भक्षयेदनड्वान्होत्रा देय इति।
II. 130. 7. यजमानस्यैवैष गोष्ठाद्दातव्यो भवति । वेदिं परिगृह्यार्धमुद्ध-
II. 131. 6. न्यादर्धं नेति । दक्षिणं वा वेदेरर्धमपरं वेत्यैन्द्रस्यावदाय
वैश्वदेवस्यावद्येदथैन्द्रस्योपरिष्टादिति । द्वे एवैते अवदाने उक्ते
II. 131. 9. भवत । उपाधाय्यपूर्वयं[4] वासो दक्षिणेति । प्रवेणतो[5]
वान्ततो वा ताप्याणि वा नीवानि वा सूत्राण्युपहितानि[6]
II. 131. 13. भवन्त्यपि वोपधानरज्जुरेवैषोक्ता भवत्यथास्याꣳ संज्ञानेष्याꣳ[7]
सकृदेवानुवाचयेत्सकृदाश्रावयेद्द्वे त्वस्यै याज्यानुवाक्ये भवतः ।
॥ ५ ॥

---

१ Thus Be; °मनापहृतं M G (pr. m.), °मनापापहृतं Ben H U, °मनापाहृतं G (pr. m.); °मनापाहृतमप्रति °G (sec. m.).

२ Thus (प्रतिबध्यमान°) M G U, प्रतिबध्य° the other MSS. (G, अप्रतिब° sec. m.).

३ Thus Ben, कृत्वातततो G U M, कृत्वाततो H.

४ Thus (cp. XIII. 20 : 131. 5) M only, उपधाय्य° the other MSS. and the Viv.

५ Thus M Be, प्रतिवेषतो Ben. प्रवतो H, प्रवयतो G U, प्रपत: the Viv. (both copies).

६ Thus Ben M Be °हतानि G H U.

७ Thus Ben Be U G, संज्ञान्येष्यां M H; the correct reading seems to be (see XXIV. 3 : 187. 7) संज्ञानीष्यां।

2. 16. अथ वै भवति यदि नावगच्छेदिममहमादित्येभ्यो[१] भागं
निर्वपाम्यामुष्मादमुष्यै विशो ऽवगन्तोरिति निर्वपेदिति निरु-
प्योपरमति[२] । परिदानान्तं कर्म कृत्वाथैतान्व्रीहीन्कृष्णाजिने
समुप्योत्तरार्धे ऽभ्यगारस्यासञ्जयेद्यथावगते सꣳसादयेत्प्रोक्षण-
3. 15. ५ प्रभृतिना कर्मणा प्रतिपद्येत । सिद्धमत ऊर्ध्वं । यथा नख-
निर्भिन्नायामेवꣳ शृतकृष्णलायां । पुरा वा तण्डुलानामावप-
नाद्रुक्ममवदध्याच्छृतमुत्तरमपि[३] वैनꣳ शृतमेव सुवर्णरजताभ्याꣳ
36. 9. रुक्माभ्यां परिगृह्यान्तर्वेद्यासादयेदाग्नेयस्य च सौम्यस्य चैन्द्रे
समाश्लेषयेदिति । व्यभिमृष्टानां पिण्डानां पुराधिश्रञ्जना-
8. 12.१० त्समाश्लेषयितव्यं[४] भवति । सर्वेषामभिगमयन्नवद्यतीति[५] सदे-
0. 17. वतस्य[५] सस्विष्टकृत्कस्येत्येवेदमुक्तं[६] भवत्यथो खलु यावतीः समा
एष्यन्मन्येत तावन्मानꣳ स्यादिति । त्रिꣳशद्वर्षस्येत्स्यात्सप्ततिमानं
कुर्वीत । चत्वारिꣳशद्वर्षस्येत्स्यात्षष्टिमानं कुर्वीतेति स एवैतस्याभि-

---

१ इदम् instead of इमम् Be Ben H M.

२ Probably इति has fallen out.

३ अवदध्यात् Ben M, उपदध्यात् Be G U H.

४ Thus (°धिश्रंजनात्) M G (sec. m.), °धिश्रजनात् U H G (pr. m.), °धिंजनात् Be; Ben is defective; cp. अधिश्रञ्जनात् XXVI. 5: 277. 2. Bhavasvāmin gives the periphrase: प्रागधिश्रयणात् ।

५ Thus U G Ben; °तीतिसदैवस्य M, °तीतिसदेवतस्य H, °तितोदेवतस्य Be.

६ Thus M only; सस्विष्टकृत्कस्ये° Be, सस्विष्टकृतस्ये° or स्विष्टकृतस्ये° the other MSS.

II. 142. 12. वृद्धिकल्पो[1] ऽथ ब्राह्मणेषु च संज्ञानेष्ठां[2] च सकृदेवानुवाच-
II. 142. 16. येत्यसकृदाश्रावयेत्यसकृत्प्रदानाः समानदेवता । आपोनप्त्रीयं चरुं
पुनरेत्य निर्वपेदिति । को नु खल्वपां नपाद्भवतीति । वैद्युत
II. 145. 12. इत्येव ब्रूयात्कृष्णमधु चेति । पौत्तिकमित्येवेदमुक्तं[3] भवत्यन-
स्त्रिगधमिति । चित्रलोकमित्येवेदमुक्तं[4] भवत्यथाप्युदाहरन्ति
II. 149. 13. चिच्छदिष्कमित्येवेदमुक्तं[5] भवति । यथा विधातावेवं[6]
संदिग्धपुरोडाशस्यावदानकल्पः । ॥ ६ ॥ चतुर्थः ॥
II. 152. 2. स सर्पानसृजतेति । मासा एवैत[7] उक्ता भवन्ति । स
II. 155. 10. वयांस्यसृजतेति । छन्दांस्येवैतान्युक्तानि भवन्ति । स वैव
II. 155. 13. स्यादिति । पुराणगार्हपत्यमभ्युपदिशन्ति । तस्य पशुवेलाया-
मुल्मुकमादाय दक्षिणया द्वारोपनिर्हृत्य दक्षिणेन सदः परीत्य दक्षिणेन मार्जालीयं धिष्ण्यं पर्याहृत्यान्तरेण यूपं चाहवनीयं चोपातिहृत्यान्तरेण चात्वालोत्करावुदङ्ङुपनिर्हृत्य तेन पशुं श्रपयेयुरथ यदाहवनीयादुल्मुकं स्यादपया तत्सहा-

---

१ एतस्य om. M; Ben Be are defective here.

२ संज्ञान्येष्ठां again M G U H, see above.

३ पौतिक° M Ben, पौतिकं the Viv. (one copy), पौतीक° G U, पौचीक H Be and another copy of the Viv.

४ °चलोक° Ben H, °वर्लिक° Be M G U.

५ Thus Ben; चिच्छदीत्ये° M, चिच्छदित्ये° Be, चिविच्छतीत्ये° H G U.

६ वैधातावेवं Be, विधातवेवं M, वि (or वे° वै°) धातवीवेवं the other MSS.

७ Thus M only, एवैता all the other MSS.

हरेयुः । किंदेवत्यानि खल्वपाव्यानि भवन्तीति । द्वे प्राजा-
56. 14. पत्ये आग्नेयं वायव्यं वैश्वदेवमिती।ष्टर्गो वा अध्वर्युर्यजमान-
स्येष्टर्ग इत्यु।ष्णाग्रमित्येवेदमुक्तं[1] भवत्य।थाप्युदाहरन्त्यध्वर्युरेवैष
उक्तो भवत्य।सन्यान्मा मन्त्रात्पाहि कस्याश्चिदभिशस्त्या इत्य।नु-
व्याहारो ह[2] वा आमन्त्रो मन्त्रस्त।स्मान्मा पाहीत्येवेदमुक्तं
60. 14. भवति । तस्माद्यज्ञवास्तु नाभ्यवेत्यमित्य।होरात्रावित्येकं । याव-
दग्नयः श्रीताः[3] स्युरित्येतदेकं । यावदेनमभिवर्षेदित्येतदपरं ।
163. 9. द्वौ समुद्रौ विततावजूर्यावित्य।होरात्रावेवैतावुक्तौ भवतः ।
पर्यावर्तेते जठरेव पादो इत्यु।दरे पादा इत्येवेदमुक्तं भवति ।
तयोः पश्यन्तो अतियन्त्यन्यमपश्यन्तः सेतुनातियन्त्यन्यमित्य।हः
पश्यन्तो अतियन्ति रात्रिं स्वप्नेन सेतुनातियन्त्यन्यमिति ।
163. 19. द्वे द्रधसी सततौ वस्त एक इत्यादित्यो ऽहोरात्रे वस्त इत्ये-
वेदमुक्तं भवति । तिरोधायैत्यसितं वसानः शुक्रमादत्ते अनु-
हाय जार्या इति । रात्रिं वसानस्तिरोधायैति शुक्रमादत्ते
167. 8. ऽहरित्येवेदमुक्तं[4] भवति । कीटावपन्नस्येति । कतमो नु
167. 10. खल्वयं कीटो भवति[5] । य एवैष पिण्डान्संवर्तयतीति । नित्ये

---

१ Thus (उष्णाग्रम्) M G U H and the Viv. (periphrase: दर्वीं वा उलूकं वा); उलप॰ Be, उ-प॰ Ben.

२ Only given by M Be.

३ All the MSS. om. the visarga and Be reads शिता ।

४ ॰वहरि॰ MSS.

५ इति ins. M G U

ग्रहणे वैष्णवीमृचमनुवर्तयतीति । पृषदाज्य एवैषानुवर्तयि-
तव्या[1] भवति[2] । ॥ ७ ॥

II. 171. 8. अथातोऽतिग्राह्यान्व्याख्यास्याम । इमे न्वेव[3] पृष्ठ्याति-
ग्राह्याः पञ्चैन्द्रा वाजपेये । परःसामानस्त्वार्वाक्सामानस्य सौर्यो
वैषुवते । वैश्वकर्मणादित्यौ गवामयने । प्राजापत्यौ महाव्रते ।
बार्हस्पत्यौ बृहस्पतिसवे । वैमृधे चोद्भिदि च त्विषिमति च
वृषा सो अंशुः पवत इति च । द्वावश्वमेधे महिमानावा-
देशादेवाश्वस्य वपां महिमाभ्यां[4] परिजुहुयात् । कथमु खलु
परःसाम्नां भक्षो भवतीति । [5]रुद्रवद्गणस्य सोम देव ते मति-
विदो माध्यंदिनस्य सवनस्य त्रिष्टुप्छन्दसो ऽग्निरोषधीभिः
पीतस्यौषधीभिः प्रजाभिः पीतस्य प्रजाभिः प्रजापतिना
पीतस्य मधुमत उपहूतस्योपहूतो[5] भक्षयामीत्येष एवार्वाक्सा-
II. 177. 18. म्नामावृत्तो भक्षो । ऽष्टाभूञ्जिरण्यं दक्षिणेत्यष्टापिञ्जकमित्येवेद-
मुक्तं[6] भवति । द्वौ चेद्गर्भौ स्यातां द्वादशभूट् स्यादेको ह

---

१ Thus M; नुवर्ति(र्तौ)तव्या Be G H, °नुवर्तयितव्यं U, नुवर्तया Ben.

२ इति ins. M G U.

३ त्वेव MSS.; the Viv. points to न्वेव।

४ Thus (with °भ्यां°) all (only महीभ्यां Ben), also the Vivaraṇa.

५ ...५ Thus acc. to the Viv. and cp. Āp. XXI. 21. 4. The MSS. more or less corrupt.

६ Thus Be G U; °ष्टापञ्जक° M; °ष्टाभूत्विपिञ्जक° H; Ben altogether corrupt. Is पिञ्जक = पिञ्छक ? or are we to read पुञ्जक? The same word occurs VII. 6 : 209. 18.

महाकोशः स्याद्धावधान्तरकोशौ स्यातामथास्थिगर्भाया[१] आव्ये-
नैवैतान्यस्थानि[२] समुदायुत्य मध्यमेन पर्णेनान्तःपरिधि निन-
येद्भूर्भुवः सुवरिति । ॥ ८ ॥ पञ्चमः ॥

180. 5. यदालब्धायामभ्रो भवतीत्यालब्धायां चेदभ्रः स्यात्तꣳस्था-
पयेदेवाथ चेदुपाकृतायामभ्रः स्यादन्यमेतस्मिन्स्थान उपाकृत्यो-
0. 12. ३१. त्तरममेघसंपन्नमेतयागमयेरन्नित्यथेमे[३] जया अभ्यातानाः[४]
राष्ट्रभृत[४] इत्याहिताग्नेस्त्वनाहिताग्नेस्त्वन्यत्र विहाराहृष्टा भव-
न्त्यभिसमारम्भात्त्वेवैनानाचार्याः[५] प्राक् स्विष्टकृत उपजुहोत्यष्टौ
वसव इति । कतमे नु[६] खल्विमे वसवो भवन्तीति । पृथिव्य-
न्तरिक्षं द्यौरग्निर्वायुरादित्यश्चन्द्रमा आप इत्येते ऽष्टौ वसव ।
एतेषु वा इदꣳ सर्वं प्रतिष्ठितं यदिदं किंच । य एवं वेद
प्रत्येव तिष्ठत्येकादश रुद्रा इति । प्राणा एवैत[७] उक्ता भवन्ति ।
द्वादशादित्या इति । मासा एवैत[७] उक्ता भवन्ति । पञ्च
गृह्यन्ते नवनव गृह्यन्ते पञ्चधा विगृह्यन्ते । नवनवाꣳशवो

---

१ Uncertain reading; °गर्भाया the Viv.; °गर्भयाजमाव्येना° Ben, गर्भयामाव्ये° M, °गर्भमाव्येना° Be G U, गर्भमाव्येना° H.

२ °स्थानि G Be and the Viv., °स्थीनि M U Ben, °स्थिनि H.

३ Thus (°त्तरममेघ°) M, °त्तरंमेघ° or °त्तरमेघ° the other MSS., but cp. the Vivaraṇa: उत्तरस्मिन्मेघवर्जिते ।

४ Thus M; जया अभ्यातानाराष्ट्र° Be G U, जयाभ्यातानाराष्ट्र° Ben H.

५ Thus, in accordance with the Viv., G; °पिसमारंभा° M Be, °पिसमारंभा° U Ben H.

६ Om. M.

७ Thus both times M and G (sec. m.); एवैता the other MSS.

भवन्त्यथ य एव दशमो मन्त्र एतेषामेवैषो ऽभिग्रहणार्थो[1]
II. 192. 10. दृष्टो भवति । तां दुग्ध्वा ब्राह्मणाय दद्याद्यस्यान्नं नाद्या-
II. 196. 2. दिति । भैक्षाय प्रत्यवस्थितायैवैषा दातव्या भवति । किंदे-
वत्या उ खल्वतिरिक्तसोमा[2] भवन्तीति । यं ग्रहमभ्यतिरि-
च्येरꣳस्तद्देवत्या[3] एव स्युरित्येतदेकमथापरं । विज्ञायत उ
खल्वेषां[4] ब्राह्मणमथ कस्मादैन्द्रो यज्ञ आ सꣳस्थातोरित्येतस्मा-
II. 199. 5. दैन्द्रावैष्णवा एव भवन्ति । तेन प्रीतीभवता षोडशसꣳस्थां
काङ्क्षेयुरिति । षोडशिब्राह्मणमेवैतद्भवत्यथ चेदहःसंयोग[5] एव-
मापद्येत[6] यथापि नव मध्यमानि सांवत्सरिकाण्यहानि संनि-
गच्छेयुस्तदानीमेवैनꣳ प्रीतीकृत्वा संचिनुयुरथ चेदुदयनीये
ऽतिरात्र[6] एतदेव[6] । प्रजा वै सत्त्रमासत तपस्तप्यमाना अजु-
ह्वतीरिति । तत्पृच्छन्ति[7] कतमत्तत्सत्त्रं[8] भवतीति । यदेवै-

---

१ Thus M and the Viv.; all the other MSS. ग्र° instead of भि°

२ तिरिक्तः सोमो भवतीति M. Ben (the last without इति), °तिरिक्त-सोमा भवंतीति the other MSS.

३ °देवता MSS.

४ Thus G M U H; खल्विषां खल्वे Be, खल्वेब्राह्म Ben. The last reading seems to point to खल्वेकेषां ब्रा°, cp. the Viv.: अन्येषां ब्राह्मणम्; but the Brāhmaṇa here cited is to be found TS. III. 3. 7. 3.

५ Thus M and the Viv.; °संयोगं एवमा° G U, संयोगमेवमा M Be H.

६ Thus M; तिरात्रे एतदेव H U (sec. m.) तिरा भतदेव G U (pr. m.), तिरात्रीतदेव Ben, तिरात्रिएपैवेव Be.

७ इर्वंति M only (cp. XIV. 1: 152. 5), इच्छति all the other MSS.

८ Thus corrected; कतमस्व° M Be U H, कतमचसत्त्रं Ben G (sec. m.).

तदनाहिताग्नयो वृथाश्रमं श्राम्यन्त्येतस्मच्च[१] भवतीति ।
॥ ६ ॥ षष्ठः ॥

204. 2. आश्विनं प्रागाश्विनमिति । कियन्नु खल्वाश्विनं भव-
204. 10. तीति । [२]द्वियोजनं वा यावद्वाश्वो ऽह्ना गच्छेद्विस्तावा[३] वेदि-
र्भवतीत्याग्निकस्य प्रक्रमस्य चतुरश्रकृतस्याच्छ्णयामानमाददीत ।
स प्रक्रमः स्यात्तेन वेदिं विमिमीतापि वा विंशत्याश्च
रथाक्षाणामेकविंशत्याश्च पदानामष्टाङ्गुलस्य च[४] चतुर्विंशं
भागमाददीत । स प्रक्रमः स्यात्तेन वेदिं विमिमीते ।
त्रिस्तावो[५] ऽग्निर्भवतीति[५] । त्रयः सप्तविधाः । स एकविंशति-
204. 5. विधो । ऽथैतौ ह्रदौ मध्यतो देवयजनस्य जोषयत इति ।
किमर्थौ[६] खल्विमौ ह्रदौ भवत इत्यंश्वन्नावनो ह दक्षिण
208. 18. आवभृथिक उत्तरो । द्वौ दौंसावनुजायै च पुत्रो ऽन्वाधेयायै
चेति । यो ऽस्य पितुरनुजायाः पुत्रः स पुरस्तान्नयत्यथ यो
208. 19. ऽस्य मातुरन्वाधेयायै पुत्रः सो[७] ऽपरो[७] । जरत्पूर्वया सव्यं
209. 8. जानु वेष्टयित्वेत्युपधानरज्जुरेवैषोक्ता भवति । शतं वै[८] तस्या

---

१ Thus Ben H U G (pr. m.). आम्यंतेतस्य M भ्राम्य वेतस्य॰ Be G (sec. m.).

२ कियन्न खलु ins. Be M, कथं नु खलु H.

३ स्तावान्वे॰ M Be.

४ च given only by M and G (sec. m.), cp. XXX. 4 s.fin.

५ त्रिस्तावान्वेदिर्भ॰ M Be, त्रिस्तावावेदिर्भ॰ H.

६ नु ins. Ben.

७ Thus G M Be; सोऽग्नो H U, सोयम्रो Ben.

८ Are we to supply वै also XV. 5: 209. 8 or to accept that the Karmānta points directly to T Br. III. 8. 9. 3?

II. 209. 11. राजपुत्रा इति । प्रतिष्ठिता एवैत उक्ता भवन्ति । श्वतऌ[1]
II. 211. 5. राजान[1]उग्रा इति । राजन्या एवैते नाभिषेच्या[2] भवन्त्यथ
सावित्रमष्टाकपालं प्रातर्निर्वपतीत्येषैव[3] प्रथमा सावित्री ।
वैश्वदेवपशुषि द्वितीयापराह्णे तृतीयै । तदत्रैकाह्निकं कर्म
जानीयादुत्तरतश्च देवयजनादुदवस्येच्चातुर्मास्यिकानां पशूना-
II. 217. 18. मेवं[4] वायव्याय[5] पश्चव एवं तूपराय[6] । सप्ताहान्येतयेष्ट्या यजत
इति । कथमत्र भक्ष्या इति । तत्रतत्र वा भक्षयेदपि वा पुर-
स्तादेवैतस्मै सप्ताहाय । यूपमाम्नाये[7] राज्जुदालमग्निष्ठं[7] मिनो-
तीति । श्लेष्मातक इत्येवेदमुक्तं भवत्यथाप्युदाहरन्ति राज्जु-
दालमग्निष्ठं मिनोति भ्रूणहत्याया अपहत्यै । पौतुद्रवावभितो
II. 223. 5. भवतः पुण्यस्य गन्धस्यावरुद्ध्या इति । तृतीयं दक्षिणानां ददा-
तीत्याग्निकानामु[8] ह[8] तृतीयं कामप्रेण सह तृतीयमतिरात्रे
II. 223. 14. तृतीयं । चतुष्टोम एव भवति[9] । चतुश्चत्वरीय[10] एव[10] चतु-
ष्टोमो भवति । ॥ १० ॥

---

१ Read श्वतमराजान ?

२ Conjectural reading; नाभिस्नेया M, नाभिषिच्या the other MSS.

३ Thus G Ben; M om. एव, reading त्वेषा; °त्यंवैवैव U H, त्येवेषैव Be.

४ मेव M G U.

५. °व्याये Be H U.

६ इति ins. M.

७ Reading and interpunction dubious; °म्नायेराज्जु° M, °म्नायेतराज्जु° G, म्नायेत् राज्जु° the other MSS.

८ Thus G M Be; °कानामुदाहृतं U H, Ben defective.

९ इत्येके ins. M only.

१० °रीया एव G and the Viv.; °रीयादेव M Be, °रया (or °पा) देव Ben U H.

225. 7. एकस्मै स्वाहा द्वाभ्याꣳ स्वाहेति । कथमु खल्वेताननु-
226. 8. वाकाञ्जुहुयादिति । यथाप्रकृत्यस्तथानन्तरायꣳ[१] होतव्यास्तंतु-
र्विꣳशतिꣳ रशना आदाय यूपानभ्यायन्ति चतस्रश्चतस्र इतरे
परिकर्मिण इति[२] । कथमेतासु नियुञ्ज्यादित्यंश्वस्तूपरो
गोमृग इति ते त्रयः समानरशना । ररास्येषु तिस्रः । पर्य-
ङ्ग्येषु पञ्चाग्नये ऽनीकवते रोहिताञ्जिरनड्वानित्येतेष्वष्टौ[३] ।
सोमाय स्वराज्ञे ऽनोवाहावनड्वाहावित्येतेषु सप्तार्थैतेषां त्रय-
स्त्रयः समानरशना । मुख्यस्यैवैषां चतुर्थी भवति । समानं
कर्मा पर्यग्निकरणात्पर्यग्निकृतानामेतेषां पशूनामूनविꣳशति-
रुत्सृज्यन्त[४] एकचत्वारिꣳशतमतिशिष्यन्ते । द्विचत्वारिꣳशत-
मेषाꣳ[५] शासा[६] भवन्त्यश्वे[७] ऽश्व[०] द्वौ समासं गच्छतो । ऽथैत-
रेषां प्रतिपश्शु[८] संपद्यन्त[९] इन्द्राग्निभ्यामोजोदाभ्यामुष्टाराविति ।
235. 6. प्रासङ्ग्यावेवैतावुक्तौ[१०] भवतो । ऽथैतस्मिन्कल्मलिशर्च[११]

---

१ •तथानंतराय MSS. (only G : •नंतरा see m. and M : •मथांतरायं) ।

२ इति supplied by me.

३ •मितितेष्वष्टो G U Be.

४ जन om. M, जना read Be U.

५ सर्वेषां instead of एषां G U H.

६ Thus M; शसा G Be, शाखा Ben U H.

७ Thus M Be G (sec. m.); •श्वेन Ben, स्वत U H.

८ Thus Be G, •पश्शुꣳ or •पश्शुं the other MSS.

९ •पद्यते Ben H.

१० Thus G M Be; सप्रसंख्या• Ben, सप्रासंख्या• U H.

११ Thus (शल्मलिशर्चं चा•) M, •शच Be Ben H U, •वचाशृपि• G (sec. m.).

आशुपिष्टानि[1] संयुत्येत्याशुकानामेवैतानि व्रीहीणां पिष्टानि
शल्मलिस्रेष्मणा संयुतानि[2] भवन्ति । पृथक् प्रतिप्रस्थातारो ऽव-
II. 240. 4 द्यन्ति । तेषां मैत्रावरुणा एवानुब्रूयुस्त्वार्यवैतानि प्रदानानि[3]
भवन्तीलुवर्दाय स्वाहा बलिवर्दाय स्वाहेति । सूर्याचन्द्रमसा-
वेवैतावुक्षौ भवतो । ऽथाप्युदाहरन्ति संवत्सरो वा इलुवर्दः
II. 242. 5. परिवत्सरो बलिवर्द इति । तस्य मूर्ध्नि जुहोति[4] जुम्बकाय
स्वाहेति । किंदेवत्या उ खल्वियमाकृतिर्भवतीति । वारुणी-
II. 242. 10. त्येव ब्रूयात्किंकिदीविर्विदीगय इति । विदिदिहीविकीदी[5]ह
II. 243. 4. किकिदीविर्भवति । पृषत उ[6] पतंगो[6] विदीगयो[6] । ऽथैता-
न्पशूनुपाकरोत्याग्नेयमैन्द्राग्नमाश्विनमिति । यमा एवैते छागाः
समानयोनयो भवन्ति । तेषामुक्तं चरणं यथैकादशिनानां
II. 244. 2. पशूनां । किंदेवत्या उ खल्वृतुपशवो भवन्तीत्यृतुदेवत्या
इत्येतदेकमथापरमाग्नेयाः प्रथमा ऐन्द्रा द्वितीया वैश्वदेवा-
स्तृतीया मैत्रावरुणाश्चतुर्था बार्हस्पत्याः पञ्चमाः सावित्राः षष्ठाः
संवत्सराय निवचस इति प्राजापत्याः । ॥ ११ ॥ सप्तमः ॥

---

१ Thus (शल्मलिश्लं ष्मा॰) M, ॰श्च Be Ben H U, ॰वचाश्लपि॰ G (sec. m.).

२ संयुता Ben, संयुक्तानि the other MSS.

३ om. Be.

४ All the MSS. exc. G ins. इति ।

५ Wholly uncertain reading. I have accepted the reading given by Be; विदीदिहीविही M, विदिट्वहहीकिदी U, विदिह्निहहीकोदी H, विद - - दिकाहृति Ben, विह्निभिः किह्निहेति G (sec. m.).

६ Thus Be, उर्प्नंगोर्विदी॰ M, उपहतंगोविदी॰ the other MSS.

245. 1. अथायं द्वादशाह उभयविधो भवत्यहीनो वा सत्त्रं वा।
स[1] यद्यु[1] हैको[1] दीक्षते ऽहीनो भवत्यथ यदि बहवः सत्त्रं।
यदि चैवाहीनो यदि च सत्त्रमुभयथैवोभयतोऽतिरात्रो भव-
त्यन्यतरतो ऽतिरात्रा ह्यहीना भवन्त्युभयतोऽतिरात्राणि
सत्त्राण्यादेशादेवोभयतोऽतिरात्रो ऽहीनो भवत्यादेशात्तु[2]
सत्त्रमनतिरात्रं यथैतदग्निष्टोमायनꣳ सारस्वतमयनं[3] विश्व-
245. 7. सृजामयनमिति। कथमु खल्वेषाꣳ संनिवापः स्यादिति।
सावित्रेभ्यः प्रथमꣳ संनिवपेरन्हुत्वा सावित्राणि विसमारोह्या-
ग्निहोत्राणि जुहुयुरथ वायव्याय पशवे संनिवपेरन्वायव्येनेष्ट्वा
विसमारोह्यैवाग्निहोत्राणि जुहुयुरथ यदि[4] दीक्षणीयायै
संनिवपेरꣳस्तेषां तत्संन्युप्तास्त्वेव[5] स्युर्व्युदवसानीयाद्व्युदवसायैव[6]
प्रतिवेशा यज्ञपुच्छानि कुर्वीरन्कथमु खलु संदीक्षिता विष्णु-
क्रमान्क्रमेरन्निति। महापाशाभिपरीता[7] वा क्रमेरन्नपि वा

---

1 Thus Ben, सयद्येको the other MSS.

2 Before आदेशात्त G (sec. m.) ins.: आदेशादनतिरात्रोऽहीनो भवति; the Viv. makes no mention of these words.

3 Thus U G (pr. m.) Ben, °स्वतामयनं the other MSS, only H: सारस्वतायनं।

4 यद्‌ M G U H.

5 ततत् instead of तत् G U, वेतत् H.

6 स्यर्व्युदवसाना° Ben, स्युर्व्युदवसानीयात्पु (द्यु) दव° Be M, स्याद्यदवसानी-यादुवसाय H, स्युवदवसानीयादुदवसाय G; cp. Āp. XXI. 2. 15.

7 Thus, hesitatingly, emended; °पाशाभिःपरीता MSS. and the Viv.

पाशानभिसंधिलाभिक्रमः[1] स्यादथाह[2] क्रमस्वाथाह[2] क्रमस्वे-
II. 247. 1. III. 164. 1. त्यतिगुरुस्तथा[2] कल्पः स्याद्यथो एतत्सूचं भवति षष्ठ्यासुपसद्यु-
त्तरवेदिꣳ संनिवपन्त्यपि[3] वैकादश्यामित्यनग्निचय एवैतदुप-
II. 247. 11. पद्यते न साग्निचये । कथमु खल्वेषामहीनसंततिर्भवतीति ।
वसतीवरीणामभिग्रहणेनाध्वर्युः संतनोतीध्माबर्हिषोरुपकल्पनेन
च पयसां विग्रासनेन च वाचो[4] यम्येन[4] ब्रह्मातिप्रैषेण होता
पुनरभ्यासेन च सुब्रह्मण्ययोद्गाता[5] यज्ञस्य पुनरालम्भेन यज-
मानः[6] । प्रचरन्त एवैतद्ध्रुवाज्यꣳ समाददते । ऽथेमानि सव-
नानि बर्हीꣳषि संचिनुयुस्तेषां महाराच उत्थायाग्नीध्र
आज्यानि गृह्णन्तो व्यवयेरन्निति । ॥ १२ ॥ अष्टमः ॥
II. 248. 3. कथमु खलु दिवा प्रातरनुवाकस्याक्र उपक्रमो भवतीति ।
तत्पत्नीसंयाजान्तं वा हृदयशूलान्तं वाहः कृत्वा समुपनह्य
राजानं काले वसतीवरीरभिगृह्याहीनसंततिं कृत्वा ग्रावो-
वायव्यꣳ संप्रचाल्य द्रोणकलशे दशापवित्रे समवधायाग्नीध्रं

---

१ Thus H U (without the visarga); पाशानभिः पर्यंदिश॰ Ben, पाशिनोःसंधिलाभिक्रमः M Be G (the last two omitting the visarga at the end).

२ Thus G (which has only both times ॰थाहं instead of थाह); instead of the second क्रमस्वेति Be H U have: क्रम इति, M: क्रमस्य इति।

३ Thus H only; ॰वपन्त्यपि G U Ben, ॰वपन्त्येत्यपि M Be.

४ वाचयम्येन M. Is वाचंयम्येन the correct reading?

५ Thus G (sec. m.), ॰ण्यायोद्गाता all the other MSS.

६ Om. M.

द्रुत्वा समिद्धारा यन्त्याहृत्य समिध[1] आहवनीय उपसाद-
यन्ति । परिहृतासु वसतीवरीष्वाहृतायाꣳ सुब्रह्मण्यायाꣳ
संवेशनीयाः समिधोऽभ्याधायेध्माबर्हिः संनह्य पयाꣳसि
विश्रिष्याग्नीध्रं द्रुत्वाग्नीध्रे संवेशनरूपाणि कृत्वा प्रातःकर्मणा
प्रतिपद्यते । प्रसिद्धेन महारात्रिकेण । सिद्धमत ऊर्ध्वमुप-
स्तम्भनं वा एतद्यज्ञस्य यदतिग्राह्याश्चक्रे पृष्ठानीति । त्रिवृ-
त्सैकविꣳशस्य चक्रे आग्नेय उपस्तम्भनं । पञ्चदशस्य त्रिणवस्य
चक्रे ऐन्द्र उपस्तम्भनꣳ सप्तदशस्य[2] त्रयस्त्रिꣳशस्य[3] चक्रे सौर्यं
165. 5. उपस्तम्भनं । यथो एतद्बौधायनस्य कल्पं वेदयन्ते निर्मन्थ्यो
मन्त्रवान्भवतीत्याध्वर्यवा एवात्र मन्त्रा आवर्तन्ते नाग्निमन्थ-
250. 9. नीयाः । स्वयमृतुयाजमेवैतदहर्भवति[4] नैतदहरन्योन्यस्यर्तुयाजं
यजतीति । ॥ १३ ॥

आश्राव्याध्वर्युरन्यस्मै ग्रहं प्रदायैतेनैव यथेतमेत्य जघनेन
हविर्धाने उपविश्यर्तुसंप्रैषमुक्त्वोपोत्थाय हुत्वा व्यवनीय प्रद-
क्षिणमावृत्य यत्राथाचीत्तत्प्राङासीनो होतृभक्षं भक्षयेत्प्रत्य-
251. 10. ङासीनो[5] ऽध्वर्युभक्षं । पारुच्छेपीर्होता शꣳसति वालखिल्या
मैत्रावरुणो विहरति वृषाकपिं[6] ब्राह्मणाच्छꣳसी शꣳसत्येवया-

---

१ M G Be U ins. चाग्नीध्र ।

२ पंचदशस्य Be.

३ Thus Ben; °त्रिंशतस्य the other MSS.

४ इति ins. U H, it is effaced in G.

५ Thus M; प्रत्यग° the other MSS.

६ °कपीयं M.

महतमच्छावाकः। किंकर्मा[1] तह्यध्वर्युर्भवतीति[1] प्रत्यागृणा-
II. 252. 11. तीत्येव[2] ब्रूयाद्या एता अध्वर्युरनुष्टुभ उद्धृत्याहरति तास्तस्रो
गायत्र्यस्तास्तिस्रो ऽनुष्टुभः। सोम राजन्नेह्यवरोहेत्येतस्यै गायत्र्यै
पदमात्रेण राजानमुपावहरेत्कथमु खलु दशममहर्भवत्या[3]
सर्वचतुर्विंशं[4] च भवति[5] त्रिष्टोमं[6] चान्यत्र[7] तूष्णींस्तोमा-
दिति। चतुर्विंशो बहिष्पवमानः पञ्चदशं ब्रह्मसामं[8] त्रय-
स्त्रिंशमग्निष्टोमसाम। तासामु[9] ह नवागच्छन्ति[9]। तास्तु
विंशतिः संपद्यन्त। एतदेवापि दशममहर्भवत्या[10] सर्वचतु-
II. 256. 8. र्विंशं[11] च भवति त्रिष्टोमं चान्यत्र तूष्णींस्तोमादित्युपसृज-

---

१ Thus emended; किकमतिर्ध्वं॰ Ben, किंकर्मातंध्व॰ Be G U, किंकर्मा-तध्व॰ M, किकर्मातर्ध्व॰ H.

२ Thus G (sec. m.), प्रत्यागृणातीं M Be U H, वस्थापाणीतीत्येव Ben.

३ Thus Ben and the Viv. only; ॰र्भवतीति or ॰भवति the other MSS.

४ Thus (and cp. XXVI, 16 init.) M Ben Be, सर्वचतु॰ G U H.

५ Om. G H Be.

६ Thus G M Be; भवतित्रिष्टदग्निष्टोमं U H, भवतीत्यग्निष्टोमं Ben.

७ Thus M Be (Ben defective), वा चान्यच G U H.

८ ॰साम U (sec. m.) M G.

९ Doubtful and conjectural reading; तसामुहनन्वागछति Ben, तासा-मुहतन्वागच्छती M, तासामुहनमकंति G U H; Ben defective. The meaning is clear; त्रयस्त्रिंशानां मध्यं (r मध्यात्) नव पंचदशसु प्रक्षिप्यन्ते। तथा तयोः (i.e. the pañcadaśam brahmasāma or pañcadaśam mādhyandinam paramānam and the trayastriṃśam agniṣṭomasāma) चतुर्विंशं भवति।

१० Thus G only (॰र्भवत्या), ॰र्भवत्या all the other MSS.

११ सर्वचतु॰ Ben Be H.

मात्रे वत्सं धारयन्नरुणो धयन्निति । किंदेवत्या उ खल्विय-
माहुतिर्भवतीति । प्राजापत्येत्येव ब्रूयादिति । ॥ १४ ॥

॥ नवमः ॥

VII. 2. 8. अथेमं द्वादशाहं यज्ञायैरेव प्रतिव्यूहामस्तस्य नवाहानि
प्रतिव्यूढं गच्छन्ति यान्यन्यानि प्रायणीयोदयनीयाभ्यां दश-
माच्चाह्नो । ऽथ[1] छन्दोमास्तत्[1] षडेव[1] । स्वस्थानो[2] ह्नि[3]
प्रथमस्त्रिरात्रो[4] । गायत्रीप्रातःसवने[5] प्रथमे त्रिरात्रे[6] ऽष्टौ
कृत्वो ऽग्रे प्रथममुपांश्वभिषवमभिषुणुयादेकादश कृत्वो
द्वितीयं । द्वादश कृत्वस्तृतीयं । महाँ इन्द्रो नृवदा चर्षणिप्रा
इत्येतया त्रिष्टुभा माहेन्द्रं गृह्णीयाददब्धेभिः सवितः पायु-
भिष्ट्वमित्येतया जगत्या सावित्रमष्टाकपालान्प्रातःसवनीया-
न्कुर्यादेकादशकपालान्माध्यंदिनीयान्द्वादशकपालांस्तृतीयसव-
नीयान्वसुमद्गणेन गायत्रच्छन्दसा प्रातःसवनीयानर्चयेद्रुद्रव-
द्गणेन त्रिष्टुप्छन्दसा माध्यंदिनीयानादित्यवद्गणेन जगती-

---

१ ? Thus Be U H; थच्छंदोमास्ताः षडेव M, थत्च्छंदस्तत्षडेव G, थच्छंदस्तत् षडेव Ben; the Vivaraṇa also has छंदस्तत् षडेव ।

२ स्वस्वस्थानो Ben, स्वधानो M.

३ Thus B G M, ह्नि U ह्निन् Ben H.

४ Thus, in accordance with the Vivaraṇa, U; प्रथमस्त्रिरात्रो the other MSS.

५ गायत्रीं प्रा॰ G.

६ Instead of त्रिरात्रे here and in the similar passages further on some of the MSS. (Ben H U) तिरात्रे ।

च्छन्दसा तृतीयसवनीयानित्यथ जगतीप्रातःसवने[1] द्वितीये त्रिरात्रे द्वादश कृत्वो ऽग्रे प्रथममुपाꣳश्वभिषवमभिषुणुयादष्टौ कृत्वो द्वितीयमेकादश कृत्वस्तृतीयं। महाꣳ इन्द्रो य ओजसेत्येतया गायत्र्या माहेन्द्रं ग्रहं गृह्णीयादामद्य सवितरित्येतया त्रिष्टुभा सावित्रं। द्वादशकपालान्प्रातःसवनीयान्कुर्यादष्टाकपालान्माध्यंदिनीयानेकादशकपालाꣳस्तृतीयसवनीयानादित्यवद्गणेन जगतीच्छन्दसा प्रातःसवनीयान्प्रचरेद्वसुमद्गणेन गायत्रच्छन्दसा माध्यंदिनीयान्रुद्रवद्गणेन त्रिष्टुप्छन्दसा तृतीयसवनीयानित्यथ[2] त्रिष्टुप्प्रातःसवने[3] तृतीये त्रिरात्र एकादश कृत्वो ऽग्रे प्रथममुपाꣳश्वभिषवमभिषुणुयाद्द्वादश कृत्वो द्वितीयमष्टौ कृत्वस्तृतीयं। महाꣳ इन्द्रो य ओजसेत्येतां गायत्रीं त्रिरभ्यावर्तयेदनुपयामाꣳ। सा जगती संपद्यते। तथा माहेन्द्रं गृह्णीयाद्धिरण्यपाणिमूतय इत्येतया गायत्र्या सावित्रमेकादशकपालान्प्रातःसवनीयान्कुर्याद्द्वादशकपालान्माध्यंदिनीयानष्टाकपालाꣳस्तृतीयसवनीयान्रुद्रवद्गणेन त्रिष्टुप्छन्दसा प्रातःसवनीयान्प्रचरेदादित्यवद्गणेन जगतीच्छन्दसा माध्यंदिनीयान्वसुमद्गणेन गायत्रच्छन्दसा तृतीयसवनीयानिति। ॥ १५ ॥

॥ दशमः ॥

---

1 Corrected; जगतींप्रा॰ G M Be, जगत्प्रा॰ H U; Ben has a lacuna.

2 इति om. Ben G U.

3 Thus M Be; त्रिष्टुभःप्रा॰ Ben U H G (pr. m.), त्रिष्टुभंप्रा॰ G (sec. m.).

261. 12. अथायं वैषुवतो लभेत मासगणानामित्येक आहुः सप्त-
262. 8. दश दीक्षा द्वादशोपसदो वैषुवतं त्रिꣳशत्तमं । कथमु खलु
गोआयुभ्याꣳ स्तोमा[1] भवन्तीति[1] । गोर्नु खलु पञ्चदशो
बहिष्पवमानस्त्रिवृन्त्याज्यानि सर्वसप्तदशं[2] माध्यंदिनꣳ[3] सवनꣳ
सर्वैकविꣳशं तृतीयसवनꣳ सोक्थ्यमथायोस्त्रिवृद्बहिष्पवमानः[4]
पञ्चदशान्याज्यानि सर्वसप्तदशं[5] माध्यंदिनꣳ सवनꣳ सर्वैकविꣳशं
261. 11, 3. तृतीयसवनꣳ सोक्थ्यमथेमौ विश्वजिदभिजितावग्निष्टोमौ
सत्त्रगतौ भवतः । के[6] नु[6] खल्वेतयो स्तोमा[7] भवन्तीत्यभि-
जिन्नु[7] खलु त्र्युदयस्चतुरावृत्तो ऽथ विश्वजिच्चतुरुदयस्त्र्या-
वृत्तः[8] । कथमु खल्वेकविꣳशतिगर्भा भवतीत्यभिजितमुपेत्य
पृष्ठ्यꣳ षडहमुपेयुरथ त्रीन्स्वरःसाम्नो ऽथ वैषुवतमथ त्रीन्प्रत्य-
क्साम्नो ऽथावृत्तं पृष्ठ्यꣳ षडहमथ विश्वजितं । कथमु खलु
गोआयुषी विहृते जानीयादिति[9] । पुरस्तादभिजितो गामु-
पेयात्स्वस्थान एवायुर्भवतीति । कियन्तो नु खलु गवामयने

---

१ Thus Be G U and the Viv.; स्तोमा भवतीति H, स्तोमो भवतीति M.

२ Thus Be M; सर्वस० G U H Ben.

३ Thus G (sec. m.); ध्यंदिनाना all the other MSS

४ ०मानं MSS.

५ Thus M Be; सर्वस० G U Ben, सर्वतःस० H.

६ कोनु M H U Be G (pr. m.), कउ G (sec. m.), कनु Ben.

७ Thus M Ben G; ०मो भवतीं H U Be.

८ ०चतुरस्त्र्यावृत्तः M H Be (the last two ०वृत्तः), Ben defective.

९ इति Supplied by me.

ऽग्निष्टोमा भवन्तीति । ज्योतिरग्निष्टोमस्त्रिवृदग्निष्टोमो विश्वजिदभिजितावग्निष्टोमौ वैषुवतं दशममहर्महाव्रतमिति सप्तेति ह वा इदं गवामयनं प्रज्ञातस्तोमं ब्रुवते । तस्य होत्तरं पञ्च आवृत्तं भवति यदन्यद्गोआयुर्भ्यां च दशरात्राच्च । अनीकानत्रावृत्तान्यहान्यूहीयात् । ॥ १६ ॥

अथेमा द्वात्रिंशतमेकादशिन्यो गवामयने । तेषां[1] पूर्वस्मिन्पञ्चमि षोडश निष्ठीयन्ते सप्तदश[2] एकादशिन्यै बार्ह-
II. 265. 11 स्पत्यो वैषुवते[3] सवनीयः संपद्यते । तस्य नवाहान्यपशुकान्यतिरिच्यन्त इति । कतमानि खल्विमान्यहानि भवन्तीति । पृष्ठ्यस्य षडहस्योत्तराणि त्रीणि त्रयश्छन्दोमा दशममहर्महा-
II. 262. 12 व्रतमुदयनीयो ऽतिरात्र इत्यभिप्लवाश्चाचीयन्ति च तदङ्गिरसामयनमिति । पृष्ठ्यानामत्र स्थाने ऽभिप्लवानेव दधाति । पृष्ठ्याश्चाचीयन्ति च तदादित्यानामयनमित्यभिप्लवानामत्र स्थाने पृष्ठ्यानेव दधात्यग्निष्टोमाश्चाचीयन्ति च तत्प्रजापतेरयनमित्युभयेषामत्र पृष्ठ्याभिप्लवानां स्थाने ऽग्निष्टोमानेव

---

१ Thus M G Be Ben U, तासां H, cp. Āp. XXI. 23. 2.

२ Thus G (sec. m.) and the Viv.; मध्या ins. M Ben, ध्या ins. Ben U G (pr. m.); H. defective; meaning and interpunction uncertain; cp. Āp. XXI. 23. 2.

३ Thus M U Be H Ben; ०वत: H G (sec. m.), ०वतेः G (pr. m.), ०वते: Ben.

267. 9. दधात्याघाटीभिः[1] पिञ्छोलाभिः[2] कर्करीकाभिरित्याघाट्यो[3]
ऽह[3] कोलोष्ठा[4] भवन्ति। पिञ्छोला[5] उ ह वीणाकाणभ्रशा[6]।
267. 5. वीणा[7] उ कर्करीकास्तं[8] काल एव शस्त्यावपन्तीत्याघ्नन्त्यादि-
त्येवेदमुक्तं[9] भवति। ॥ १७ ॥ एकादशः ॥

५ अथ वै भवति ब्रह्मवादिनो वदन्ति स त्वै यजेत यो
ऽग्निष्टोमेन यजमानोऽथ सर्वस्तोमेन यजेतेति। चत्वारि
पञ्चदशान्याज्यानि। तौ द्वौ त्रिंशद्वर्गौ। तयोरितरस्मिंस्-
त्रिंशद्वर्गे तिस्र उपास्यति। तौ द्वौ त्रिणवत्रयस्त्रिंशौ।
269. 16. गायत्रं पूर्वेऽहन्साम भवति त्रैष्टुभमुत्तर इति होतुराज्य-

---

१८

१ Thus G M U, ॰टिभिः Be H.

२ Thus (पिंछा॰) H U G (sec. m.), पिछो॰ G (pr. m.) Be M, पिछो॰ Ben.

३ कर्करी॰ Ben, कर्करि॰ the other MSS.—॰घाद्योऽह Ben H U, ॰द्योऽह Ben, ॰घाटयोऽह M, ॰घाद्यउह G.

४ ? कोलोष्ठो H, कौलोष्ठा G, कोलोष्ठो M U, कालोष्टी Ben, कोलोषो Be (compound of काल-योष्ठ ?).

५ Thus M H U, पिछोला Be G पिटछोला Ben.

६ ? ? Thus read U H Be (with var. ॰भ्रशा), वीणाकाणाकाभ्रशा M, वीणाकांडभूशा G.

७ Thus G only; वीणागा Be H U M, वीणाका Ben.

८ MSS., exc. Ben, कर्करिका॰; perhaps the form with short *i* is, after all, preferable.

९ Emended in accordance with the text proper; instead of ॰वपन्तो॰ the MSS. read वपंनो॰।

II. 270. 6. सेतानि[१] संपादयेदेवमेवोत्तरे ऽह्नि होतुरेवाज्ये। अथास्यैषा[२]
सहस्रतम्यन्यतएनी कण्डूकृतोपक्लृप्ता[३] भवतीति। सꣳसेविते-
त्येवेदमुक्तं भवति। कस्मिन्नु खलु काले लक्ष्मणां पष्ठौहीं
II. 273. 7. वार्त्रघ्नीं दद्यादिति। संग्रामं जित्वा राजन्य एनां[४] दद्यात्कथमु
खलु गर्गत्रिरात्रेणर्तुमुखेषु विहृतेन यजेतेत्याषाढे वा[५] श्रावणे
वा पक्षे ऽग्निष्टोमेन वा[६] यजेत। तत्पत्नीसंयाजान्तं वा हृदय-
शूलान्तं वाहः कृत्वा समुपनह्य राजानं काले वसतीवरीरभि-
गृह्याहीनसंततिं[७] कृत्वा ग्रावोवायव्यꣳ संप्रक्षाल्य द्रोणकलशे
दशापवित्रे समवधायाग्नीध्रं हुत्वा समिद्धारा यन्त्याहृत्य
समिध आहवनीय उपसादयन्ति। परिहृतासु वसतीवरी-
ष्वाहृतायाꣳ सुब्रह्मण्यायाꣳ संवेशनीयाः समिधो ऽभ्याधाये-
ध्माबर्हिः संनह्याविग्निष्य[८] पयाꣳस्युपवसन्त्यथ श्वो भूते सव-
नेष्ट्या यजेत। तत[९] स्तम्बयजुर्हरति। स एवमेवाहरहर्वसती-

---

१ Thus G U H, होतुराध्यानि Be, होतुराध्यानि एतानि M, होतुरात्रि-तानि Ben.

२ या॰ M.

३ Thus Ben M U, कंडकृतो॰ Be, ॰कंडूकृतो॰ G H.

४ एतां Be.

५ Om. all exc. Ben.

६ Is वा to be cancelled?

७ ॰वरीभिः परिगृह्य Ben H.

८ Thus G Be U H; ॰ह्यविग्नि॰ the other MSS.

९ तत om. M. Ben; are we to remove it or to read as infra (k. 19). तत्र न?

वरीः परिहरमाणश्चतुरो मासः सवनेष्ट्या यजते । नाग्निहोत्रं जुहोति न दर्शपूर्णमासाभ्यां यजते । ऽथ चतुर्षु मासेषु पर्यवेतेषु परिहृतासु वसतीवरीष्वाहृतायाꣳ सुब्रह्मण्यायामहरहः संवेशनीयाः समिधो ऽभ्याधायेध्माबर्हिः संनह्य पयाꣳसि विशिष्योपवसन्ति । ॥ १८ ॥

अथ श्वो भूत उक्थ्येन यजते । तत्तथैव पत्नीसंयाजान्तं वा हृदयशूलान्तं वाहः कृत्वा समुपनह्य राजानं काले वसतीवरीरभिगृह्याहीनसंततिं[1] कृत्वा ग्रावोवायव्यꣳ संप्रक्षाल्य द्रोणकलशे दशापवित्रे समवधायाग्नीध्रं हुत्वा समिद्धारा यन्त्याहृत्य समिध आहवनीय उपसादयन्ति । परिहृतासु वसतीवरीष्वाहृतायाꣳ सुब्रह्मण्यायाꣳ संवेशनीयाः समिधो ऽभ्याधायेध्माबर्हिः संनह्याविशिष्य[2] पयाꣳस्युपवसन्त्यथ[2] श्वो भूते सवनेष्ट्या यजते । तत्र तथैव न[3] स्तम्बयजुर्हरति । स एवमेवाहरहर्वसतीवरीः परिहरमाणो ऽपराꣳश्चतुरो मासः[4] सवनेष्ट्या[4] यजते । नैवाग्निहोत्रं जुहोति न दर्शपूर्णमासाभ्यां यजते । ऽथ चतुर्षु मासेषु पर्यवेतेषु परिहृतासु वसतीवरीष्वाहृतायाꣳ सुब्रह्मण्यायामहरहः संवेशनीयाः समिधो ऽभ्याधायेध्माबर्हिः संनह्य पयाꣳसि विशिष्योपवसन्त्यथ श्वो भूते

---

१ ०वरीभि. परिसृ० G U.

२ Thus M U G; संनह्य पयांसि विशिष्योप० the other MSS.

३ न read by all the MSS., but seems to be expunged in M.

४ Thus M U H; सासांस्तव० Ben G, मासास० Ben.

II. 273. 1 sqq. ऽतिरात्रेण यजते सयज्ञपुच्छेनाथैताꣳ सहस्रतमीं प्राचीं वोदीचीं वावर्तयꣳस्तया[1] विहारं चात्मानं च न व्यवेयादिति।

॥ १९ ॥ द्वादशः ॥

किंदक्षिणा उ खल्वहीना भवन्तीत्यहर्गणोऽहर्गणः सहस्रदक्षिणः स्यादित्येतदेकमेकैकमहः सहस्रदक्षिणꣳ स्यादित्येतदेकं। द्वादशशतदक्षिणꣳ स्यादित्येतदेकं। यथाश्रद्धदक्षिणꣳ स्यादित्येतदपरमादेशादेवै। तस्मिन्नतिरात्रे सहस्रमनुविहितं ददाति। द्विरात्रप्रभृतयो ऽहीना भवन्त्यैकादशरात्रादथेमान्यहीनाभिपरीतानि[2] सत्त्राणि भवन्ति यथैतत्संवत्सरगर्भे[3] एकादशरात्र। उभयविधो हि भरतद्वादशाहो। द्वादशाग्नि-
III. 163. 10. ष्टोमा रथंतरसामानः। स ह भरतद्वादशाहो। ऽथोद्यत्स्तोमेषु त्रिवृत्प्रथममहः स्यात्पञ्चदशं द्वितीयꣳ सप्तदशं तृतीयमेकविꣳशं चतुर्थमितीन्वेकमथापरस्त्रिवृत्प्रथमस्याह्नः[4] प्रातःसवनं पञ्चदशं माध्यंदिनꣳ सवनꣳ सप्तदशं तृतीयसवनमथ[5] द्वितीयस्याह्नः

---

१ Thus M; वावर्तयन्स्तया G, वावर्तयस्तथा U Ben H.

२ Thus G; •हीनाभिः पेरी (or रि) तानि the other MSS.; चहीनापतितानि or चहीनाचरितानि the Vivaraṇa; cp infra k. 21 s. fin.

३ Thus Ben; यथैनत्सं• the other MSS.

४ •मितीन्वे• or मितीले• MSS.; the following is doubtful; •कमथापरंसत्रिवृ G U Ben U M, but in M स is effaced; •कमथापरं सर्वत्रिवृ• Ben. The Viv. has •थपरस्त्रिवृ•; if this is the correct reading, we ought to correct also एकम् into एको।

५ The MSS. here are defective; the passage has been restored by me according to Sāyaṇa on TS. VII. 1. 8 (ed. Calc. Vol. VII, 198).

पञ्चदशं प्रातःसवनꣳ सप्तदशं माध्यंदिनꣳ सवनमेकविꣳशं तृतीयसवनमथ तृतीयस्याह्नः सप्तदशं प्रातःसवनमेकविꣳशं माध्यंदिनꣳ सवनं त्रिणवं तृतीयसवनमथ चतुर्थस्याह्न एकविꣳशं प्रातःसवनं त्रिणवं माध्यंदिनꣳ सवनं त्रयस्त्रिꣳशं तृतीयसवनम् ॥ २० ॥

.168.12. अथेम औपसदाः पुरोडाशाः शूर्पादानप्रभृतय
आम्नाताः स्रुवाहुत्या चैनान्सह सक्तुजुहुयादौपमन्यवीयेन[1]
. 275. 8. कल्पेनाग्नेयानेककपालाननुसरस्वति[2] प्राञ्चो यान्तीत्याहवनीय-
सकाशाच्छम्यां प्रास्येत्सा यत्र निपतेत्तद्गार्हपत्यस्यायतनꣳ
स्यात्प्राचीनं[3] तत आहवनीयो ऽथ यद्युपर्यापा अप उपा-
धिगच्छेयुरपोनप्त्रीयं चरुं तृतीयसवनीयानामनुनिर्वाप्यं कुर्यु-
र्यथोपोत्तरेयुः समाप्यत्वेव[4] ग्राम्यां प्रास्येत्त्र्यहा भवन्ति पञ्चाहा
. 170. 5. भवन्तीत्यभिप्लवानामेवैते[5] ऽपच्छेदा[5] भवन्त्यष्टमे ऽह्नि वाज-
पेय इति[6] तत्र यदेव सुत्याभिपरीतं वाजपेयिकं कर्म

---

१ Thus Ben, °न्यवेन the other MSS.

२ Thus G (sec. m.) only; °नुसरस्वती all the other MSS. and my two copies of the Vivaraṇa.

३ कुर्वन्ति instead of स्यात् G (sec. m.).

४ ? Thus M G; °त्वेव U H; समाप्येत Ben, सःसमाप्ययत्वेव Be; the Viv. gives the periphr.: उत्तीर्य समादे(द्दे)यात् ।

५ Uncertain; °वैतेपच्छदा Be, °वैतेपच्छेदा H, वैते-च्छदा Ben, °वैतेपच्छेदा U and G (pr. m.), °वैतेनपदा G (sec. m.), °वैतपच्छेदा M. The Vivaraṇa periphrases: अभिप्लवानामेवान्ते लोपे (or °वान्तलोपे) न पाद्याः ।

६ इति Supplied by me.

I. 279. 14. तत्कुर्यादथेदꣳ सꣳसदामयनमच्छन्दोमं[1] भवतीति । विज्ञायत[2] उ खल्वस्य छन्दोमभक्तयस्तुर्विꣳशं चतुश्चत्वारिꣳशमष्टाचतुर्विꣳशमिति । ॥ २१ ॥ त्रयोदशः ॥

II. 283. 1. अथायमतिरात्र उभयविधो भवत्यहीनो वैकाहो वापि तु खल्वस्याहीनस्यैव रूपं । द्वादशोपसदो ऽनेकमहरभिविधत्ते[3] । ऽथैकाहस्यैव रूपꣳ । सकृदसतीवरीर्गृह्णाति सक-

I. 285. 13. त्पशूनुपाकरोत्येकं[4] क्रतुकरणꣳ । समयाविषिते सूर्ये हिरण्येन षोडशिन स्तोममुपाकरोतीत्यर्धास्तमित इत्येवेदमुक्तं[5] भवति । तस्य चेदनुपाकृत आदित्यो ऽभ्यस्तमियाद्गार्हपत्ये तिस्रः स्रुवाहुतीर्जुहुयाद्भूर्भुवः सुवरित्यथ यस्योक्थ्ये ऽतिरिच्येतातिरात्रं कुर्वीतेत्यतिक्रान्ताः खल्वस्य दीक्षोपसदो ऽतिक्रान्तं क्रतुकरणमतिक्रान्तꣳ षोडशिनो ग्रहणमथ तदानीमेव षोडशिपात्रमुपकल्प्य तिसृभिर्ऋग्भिर्गृह्णीयादथैतेन[6] पुरस्ताद्रात्रिपर्यायेभ्यस्त्वरेत्तत्रैवमेव संप्रैषः[7] प्रतिप्रस्थातराग्रयणात्तृतीयं गृह-

---

१ Thus (and cp. TS. VII. 4. 2. 3, Pañc. br. XXIII. 19. 8) M G U H; °यनछंदोमं Be, °यनंमछंदोमं Ben.

२ r. विज्ञायन्त ?

३ Thus G (sec. m.), नेकम° Be, नैकम° M Ben G (pr. m.) U (sec. m.), ष्येकम° H.—Instead of अभिविधत्ते (thus M Be G U), Ben: अभिविधवे, H. अभिधाते । The Viv.: अहीनरूपकं द्वादशोपसत्त्वमनेकस्मिन्नहन्य समाप्तत्वं च ।

४ Thus M G U Be; °त्यकं Ben, त्वेवं H.

५ इति om. all exc. M.

६ Thus M Ben; °थैतेन G Be U.

७ प्रष: M G U.

तृतीयाग्नि[१] आग्नीध्रः पृषदाज्यं गोपायाग्नीदाश्विनं ते द्विक-
0. 11. पालं हुतमप्यपररात्रेऽस्त्विति । कस्मिन्नु खलु काल आश्विनो
द्विकपालो निरुप्यत इति । तार्तीयसवनिकैर्वा पुरोडाशैः[२]
यद्यपि वा पुरस्तादुत्तमस्य रात्रिपर्यायस्य । त्रिवृद्वै स्तोमाना-
9. 11. मवमस्त्रिवृत्परम इत्यतिरात्रब्राह्मणमेवैतद्भवत्यथेयं सौत्रा-
मणिकी सुरा पादक्षिप्ता[३] वा[४] भवत्यपि वा पञ्चिका ।
शष्पाणि च तोक्माणि[५] चेति । यवानामु[६] ह[६] शष्पाणि
9. 15. भवन्ति व्रीहीणामु ह तोक्माणि[५] माषास्तु नग्नहुरथायं कारो-
तरो दारुमयो वा वैदलो[७] वा मृन्मयो वा चर्मणा लेवाभि-
विद्धि[८] स्यादथं सुतासुतीति । सुतमु[९] ह्यस्यासुतं च भवत्या-
31. 7. सुतमु[१०] ह्यस्येह भवत्यथास्मिन्दाक्षायणयज्ञे कुर्यादुपांशुयाज-
मिति । ॥ २२ ॥ चतुर्दशः ॥

---

१ Om. G U H Be.

२ पशुपुरो॰ H, पौरोडाशैः M.

३ पादकौष्ठा H U, पाकौष्ठा G, पादच्छिषा M, पादच्छिप्ता Be. The Viv., although corrupt, mentions the word क्षिप्ता ।

४ वा om. H Ben.

५ ॰षि both times G Be, once ॰षि once ॰नि M, ॰नि both times Ben H U.

६ यवानांह Ben; read perhaps यवानामह ।

७ वैदलो M H U Ben, वै॰ G Be.

८ Thus all exc. Ben (॰विंद्धि). The Viv. seems to give the paraphrase: कर्मणा (r. च॰) बन्धोप्य: (var. बन्धोप्याः) ।

९ r. सुतमह्यस्या॰ ?

१० ॰भवत्यसुतमु Ben, भवत्यासुतमो M Be H.

II. 292. 1. अथास्यामेकादशिन्यां यूपाहुतिस्तन्त्रं याम्नौ हूयते। ऽथा-
प्रस्तनजा संचारिणी। सꣳस्पर्शकं[1] कर्म तद्भवत्यग्निष्ठां[2] प्रथम-
स्याश्रिꣳ[2]सकृदाहन्याद्द्विर्द्वितीयस्य त्रिस्तृतीयस्यैवमेवेतरेषामनु-
पूर्वं छेदनञ्चायाय चाथ वेदिविमानं। दशानां च रथाचाणा-
मेकादशानां च पदानामष्टाङ्गुलस्य च[3] चतुर्विꣳशं भागमाद-
II. 293. 9.दीत। स प्रक्रमः स्यात्तेन वेदिं विमिमीतार्थेमावुपस्थावानौ
चतुरङ्गुलमात्रेण विकृष्टतमौ[4] स्यातामथेतरे रथाचान्तरास्ता[5]
I. 293. 10.एव स्युरित्यथ वै भवत्युपरसंमितां मिनुयात्पितृलोककाम-
I. 293. 12.स्येति यावत्यग्निष्ठस्योपरं[6] तावन्मात्रा इतरे भवन्ति। चषाल-
संमितामिन्द्रियकामस्येति यावदग्निष्ठस्य रशना तावन्मात्रा
I. 293. 13.इतरे भवन्ति। सर्वान्समान्प्रतिष्ठाकामस्येति सर्वान्समान्प्रतिष्ठा-
I. 293. 14.कामस्य करोति। ये त्रयो मध्यमास्तान्समान्पशुकामस्येति
II. 294. 1.तान्समान्पशुकामस्य करोति। व्यतिषजेदितरानिति[7] स एवमेव
II. 294. 3.दक्षिणमुत्तरमित्यष्टौ यूपान्व्यतिषजत्यथ वै भवति यं कामयेत
प्रमायुकः स्यादिति गर्तमितं तस्य मिनुयादुत्तरार्ध्यं वर्षिष्ठमथ

---

१ सस्पर्द्धक Be. Instead of सꣳस्पर्शकं कर्म a citation in the Mahāgni-sarvasva gives संस्पर्शि कर्म।

२ Thus according to Ms. (text and comm.); ॰ग्निष्ठांतस्याश्रिꣳ the MSS.

३ Om. Ben Be U; cp. XXX. 4.

४ विप्रकृ॰ M Ben.

५ ॰चांतस्यादा M Be, चांतस्यादा H.

६ Thus MSS.; r. यावदग्नि॰?

७ M Ben ins. व्यतिषजति।

ह्रसीयाꣳसमित्युत्तरार्ध्यमत्र वर्षिष्ठं मिनोति दक्षिणार्ध्यं ह्रसी-
याꣳसमेष वै गर्तमित्यस्यैवं मिनोति ताजक् प्रमीयत इति
1. 6. ब्राह्मणं । दक्षिणार्ध्यं वर्षिष्ठं मिनुयात्सुवर्गकामस्याथ ह्रसीयाꣳ-
समिति ॥ २३ ॥

अङ्गुष्ठपर्वमात्रेणाङ्गुष्ठपर्वमात्रेणोत्तरमुत्तरं यूपꣳ ह्रसीयाꣳसं मिनुयादपि वा यूपावटानामेवैता मात्रा अतिखनेदपि वोपशयमेवोपनिदधते[१] । ताभिर्मात्राभिरभिसंपादयेत्कथमु खलु यूपावटाꣳश्च परिलिखतो यूपाꣳश्चोच्छ्रयतः[२] पशूꣳश्चोपाकुर्वतः संचरी[३] स्यादित्यन्तरेणाग्निष्ठं[४] चोपस्थावानं चोपातीत्य जघनेनोत्तरवेदिं परिक्रम्यान्तरेणाग्निष्ठं[५] चैवोपस्थावानं[६] चोपातीत्यैकैकं परिलिखेद्वोच्छ्रयेद्वोपाकुर्याद्वापि वा यंयं परिलिखेद्वोच्छ्रयेद्वोपाकुर्याद्वा तंतं न व्यवेयाद्दक्षिणेन दक्षिणमुत्तरेणोत्तरमपि वा सर्वानेवाग्रेण यूपान्परीत्यैकैकं परिलिखेद्वोच्छ्रयेद्वोपाकुर्याद्वा । व्यतिषङ्गं[८] तेन पूर्वाः संपद्यन्त । एवं

---

१ °निधत्ते U.

२ °च्छ्रयतां M, °च्छ्रयतो Ben U.

३ Corrected; कःसचरी M G Be H, कःसंचारी Ben, कंसंचरी U. The Mahāgnisarvasva संचरः (without कः). संचरी (cp. also XXV. 20 : 251. 4) has the meaning of मार्गः (Viv.).

४ °ष्ठां most of the MSS.

५ Thus M and a citation in the Ms.; °पाग्निं the other MSS.

६ एव given by Ben only.

८ °पंगे Ben, °षग Ben, °षंजं H.

व्यतिषक्तानामेवैतेषां पशूनां[1] पञ्च दक्षिणार्ध्यान्पशूनुपक्रम्यैव[2]
स्थापयेयुर्वारुणं प्रथममत्यानयेयुरथानुपूर्वमितरानन्तरेण चा-
त्वालोत्करावुदङ्ङुपनिष्क्रम्य[3] प्रस्थान्वा[4] निहन्युरपि वा मण्डली-
कृताꣳस्तेषां वपा उत्खिद्याहरेयुर्यथा[5] वपाभिर्विहारं चात्मानं
II. 296. 3. च न व्यवेयुरथायं पात्नीवतो ऽङ्गुष्ठपर्वमात्रेणोत्तरार्ध्याद्यूपाद्गसी-
यान्स्यादपि वा यथाब्राह्मणमवाङ्नाभिमचषालमनवस्तीर्ण-
II. 297. 15. मथेदꣳ[6] सर्पाणामयनꣳ स्तोमतो विकृतं भवत्यथेदं विश्व-
II. 298. 11. सृजामयनं कथमिदानीन्तनेषु स्यादिति । शतं दीक्षाः शत-
मुपसदः सहस्रं[7] प्रसुतः[7] । ॥ २४ ॥ पञ्चदशः ॥
II. 299. 10. अथेदं कुण्डपायिनामयनमग्निहोत्रपूर्वमेके ब्रुवते सोमपूर्व-
मुपयन्ति[8] । तत्पत्नीसंयाजान्तं वा हृदशूलान्तं वाहः कृत्वा

---

१ Om. Ben Be.

२ पशून् ins. all the MSS. exc. Ben (cp. XVII. 14 : 295. 10).

३ ०क्रमय्य G U.

४ Thus Ben only and Ms. (प्रस्थानुक्तक्रमावस्थितान्), and the Vivaraṇa (प्रस्थान्यथा स्थितानि (sic) स्युः); प्रतिप्रथावा U (pr. m.), प्रति-प्रस्थातावा the other MSS.

५ Thus the Ms. (तेषां संज्ञप्तानां वपाः अध्वर्युणा उत्खिन्नाः परिकर्मिण आहवनीयं प्रति नयेयुः); उत्खिदेयुर्यथा the MSS.

६ अनवस्थितम् instead of अनवस्तीर्णम् G (sec. m.).

७ These words are missing in G Be U H; प्रसुतः M, प्रकृतं Ben.

८ Uncertain reading; ०मुपयंति G (sec. m.) Ben; ०मुपसं U H, ०मुभयं M, ०मुपैवसथं Be; the Viv.: स एव चारम्भणीयमहः ।

समुपनह्य राजानं काले वसतीवरीरभिगृह्याहीनसंततिं[१] कृत्वा प्रावोवायव्यꣳ संप्रचाल्य द्रोणकलशे दशापवित्रे समवधायाग्नीध्रं हुत्वा समिद्धारा यन्त्याहृत्य समिध आहवनीय उपसादयन्ति । परिहृतासु वसतीवरीष्वाहृतायाꣳ सुब्रह्मण्यायाꣳ संवेशनीयाः समिधो ऽभ्याधायेध्माबर्हिः संनह्याविशिष्य पयाꣳस्युपवसन्त्यथ श्वो भूत आमावास्येन हविषा यजते । तत्र न स्तम्बयजुर्हरति । त एवमेवाहरहर्वसतीवरीः परिहरमाणा अष्टाविꣳशतिमहान्यामावास्येन[२] हविषा यजन्ते । नाग्निहोत्राणि जुह्वति न पौर्णमासीं यजन्ते । स यत्र तृतीयसवने धिष्णियान्विहरति तदजस्रं मार्जालीयं करोति । समासन्नेषु हविःषु गार्हपत्ये करम्भपात्राण्यभिपर्यग्नि कृत्वा तैर्मार्जालीये प्रचरति । गार्हपत्य एव पिण्डपितृयज्ञꣳ श्रपयित्वा तेन मार्जालीय एव प्रचरति । प्रतिपूरुषमुवेवैषां[३] प्रवरान्प्रवृणीत । एकैकस्यैवैषां त्रयस्त्रयः पिण्डास्ते पञ्चदश[४] । महापितृयज्ञे स्तीर्णं[५] बर्हिर्भवति न वेदिमालिखति[६] न स्तम्बयजुर्हरति नाज्यानि गृह्णीते । स यत्र

१ Emended (cp. XXVI. 18, 19); ॰वरीभिः परिगृह्या॰ U H, वरीरभिपरिगृह्या॰ M G Ben, ॰वरीभिपरिगृह्या॰ Be.

२ Emended; ॰विंशतिरहा॰ MSS.

३ Thus M G U H and the Viv.; ॰पुरुष॰ Ben Be.—॰मुवेवैषां my conjecture (उवेव = उ एव), ॰मुवैवैषां MSS. exc. G (॰मुहैवैषां)।

४ पंचदशा M Ben Be.

५ स्तीर्णं M Be H.

६ After लिखति Ben ins. न खनति।

तृतीयसवने धिष्ण्यान्विहरति तदजस्रं मार्जालीयं करोति । समासन्नेषु हविःषु गार्हपत्ये महापितृयज्ञहवींषि श्रपयित्वा तैर्मार्जालीये प्रचरेदाहवनीये मारुत्या प्रचरेदन्तमेवावभृथः[१] परीयादित्तृतीया[२] वेदिर्भवति प्रक्रममाणासु ह तृतीयं नवमस्तु[३] भूमेर्भागो भवतीति । ॥ २५ ॥ षोडशः ॥

II. 302. 12. अथ पञ्चहविषमिष्टिमिष्ट्वान्वहं पुनरावृत्तमेकैकेन हविषा यजेतैकं चेद्वे वा हविषी पर्यवेते स्यातामथ संवत्सरः समाप्येत कथं तत्र कुर्यादिति । प्रतिकृष्यैतस्य पचस्य पञ्चहविष-

II. 302. 16. मिष्टिं निर्वपेदथ संवत्सरतमे ऽह्नि पञ्चहविः स्यादिति । प्रथमे द्वादशाहे ऽग्निं चिन्वीतेति । प्रथमे द्वादशाहे ऽग्निं चिन्वानश्चतुरहं प्रथमयोपसदा गच्छेच्चतुरहं मध्यमयाष्टाहोनं संवत्सरमुत्तमयाथेतरांश्चतुरहोनांश्चतुरहोनानेकैकया[४] चतुरश्चतुरो[५] मासान्प्रत्याददीत । चतुरहं प्रथमयोपसदा गच्छेच्चतुरहं मध्यमया चतुरहमुत्तमयापि वा चतुरश्चतुर एव मासानेकैकयोपसदा गच्छेदित्युत्तमे[६] द्वादशाहे ऽग्निं चिन्वीतेत्युत्तमे द्वादशाहे ऽग्निं चिन्वानो ऽष्टाहोनं संवत्सरं प्रथम-

---

१ Thus M (sec. m.) G; °रेदंतमथावभृथः Be; °रेदंतमेथावभृथः U H, °रेदत एवावभृथः Ben; cp. the Vivaraṇa: अवभृथोऽन्तं गच्छेत् ।

२ Thus (परीयात्) M Ben; प्रतीयात् the other MSS.

३ नवमंच Ben.

४ Instead of इतरान् (thus Ben M the Viv.) इमान् H Be G U.

५ Thus G U M H Be; चतुरहश्चतुरहोनाम् Ben.

६ इति om. G.

योपसदा गच्छेच्चतुरहं मध्यमया चतुरहमुत्तमयाथेतरांश्चतुरहोनानेकैकया[1] चतुरश्चतुरहोनान्मासान्प्रत्याददीत[2] । चतुरहं प्रथमयोपसदा गच्छेच्चतुरहं मध्यमया चतुरहमुत्तमयापि वा चतुरश्चतुर[3] एव मासानेकैकयोपसदा गच्छेदिति । ॥ २६ ॥

93. 6. अथ लोकंपृणा इष्टका उपदधन्मासमेतीति । लोकंपृणा इष्टका उपदधन्मासं गत्वा चिंशत्तमस्यामहः[4] सर्वं प्रच्छादं प्रच्छादयेदपि वा चिंशतो ऽवकाशं कृत्वा लोकंपृणा इष्टका उपदधन्मासमेतीति । कथमेतं मासं गच्छेदितीष्टिः प्रथमाथ पूर्वाह्णिके प्रवर्ग्योपसदावथेष्टका[5] अथापराह्णिके[5] प्रवर्ग्योपसदौ मासि वसोर्धारेति । मासं पुरीषेण यन्तीति । कथमेतं मासं गच्छेदितीष्टिः प्रथमाथ[6] पूर्वाह्णिके प्रवर्ग्योपसदावथ पुरीषमथापराह्णिके प्रवर्ग्योपसदौ । चतुरो मास उपसद्भिरे-

---

१ Instead of इतरान् some of the MSS. again इमान्;—चतुरहोनान् twice (as above) H, and one of my copies of the Vivaraṇa.

२ ? Thus (and is so to be read also supra, 308. 12 ?) M U G, चतुरश्चतुरोमासान्प्र° K, चतुरश्चतुरहोनान्मासान्प्र° Ben, चतुरश्चतुरोनान्मासान्प्र° Be.

३ Thus Ben H and one copy of the Viv.; चतुर the other MSS.

४ Are these words corrupt ? The Vivaraṇa periphrases: चिंशत्तमे ऽह्नि सर्वमुपधेय शेषमुपदध्यात् ।

५ Thus according to the Viv.; °थेष्टकामथाप° G, U Ben ; the other MSS. are incomplete.

६ अथ om. the MSS ; it is given in the Vivaraṇa.

तीति[१] । यदमुत्र[२] मासेन करोति तदिह दशरात्रेण करोति । चतुरो मासः सुनोतीति । कतमे नु खल्विमे मासा भवन्तीति । गवामयनस्य प्रथमोत्तमौ च मासौ यौ चाभितो

II. 306. 1. विषुवतः[३] सह वैषुवतेन । वसतीवरीषु मृत्पिण्डमन्ववधायेति[४] । किमर्थो नु खल्वयं मृत्पिण्डो भवतीति । संतत्यर्थ एष भवतीति । भिन्ने कुम्भे ऽन्यस्मिन्कुम्भ एतं मृत्पिण्डमन्ववधाय[५] आनयेत्तत्पत्नीसंयाजान्तं वा हृदयशूलान्तं वाहः कृत्वा समुपनह्य राजानं काले वसतीवरीरभिगृह्याहीनसंततिं[६] कृत्वा ग्रावोवायव्यꣳ संप्रक्षाल्य द्रोणकलशे दशापवित्रे समवधायाग्नीध्रं हुत्वा समिद्धारा यन्त्याहृत्य समिध आहवनीय उपसादयन्ति । परिहृतासु वसतीवरीष्वाहृतायाꣳ सुब्रह्मण्यायाꣳ संवेशनीयाः समिधो ऽभ्याधायेध्माबर्हिः संनह्याविशिष्य[७] पयाꣳस्युपवसन्त्यथ श्वो भूते सवनेष्ट्या यजन्ते । तत्र न स्तम्बयजुर्हरति[८] । त एवमेवाहरहर्वसतीवरीः परिहरमाणाः संवत्सरꣳ सवनेष्ट्या यजन्ते । नाग्निहोत्राणि जुह्वति न दर्शपूर्णमासाभ्यां यजन्ते ।

---

१ Thus Ben and the Viv.; उपसद उपसद्भिरेतीति the other MSS.

२ Thus the Viv; यदत्र the MSS.

३ वैषुवतोः Ben.

४ Thus Be U G H M; ॰पिंडमवधाय Ben.

५ Thus Ben; the other MSS. om. अनु; Be defective.

६ Thus Be G U H; ॰वरीरभिपरिसृह्या॰ M (sec. m.).

७ Thus M G U Be; संनह्यविशिष्य Ben H.

८ ॰हेरंति MSS.

ऽथ संवत्सरतम्यां[1] पर्यवेतायां परिस्रुतासु वसतीवरीष्वाहृतायाꣳ सुब्रह्मण्यायामहरहः संवेशनीयाः समिधो ऽभ्याधायेध्माबर्हिः संनह्य पयाꣳसि विश्रिष्योपवसन्त्यथ श्वो भूते[2] ऽभिजितेह्नोत्तिष्ठन्ति[2] । ॥ २७ ॥ सप्तदशः ॥

306. 8. अथ वै भवति छन्दस्वितं चिन्वीत पशुकाम इत्यभ्यादानप्रभृतीन्मन्त्रान्साधयेदा[3] वायव्यात्स प्रत्यञ्चं वायव्येन पशुना यजेत प्रत्यञ्चं दीक्षणीययोखाप्रवृञ्जनप्रभृतीन्मन्त्रान्साधयेदा वात्सप्रविष्णुक्रमेभ्यः । प्रत्यञ्चं वात्सप्रविष्णुक्रमैः क्रमित्वा निगदेदेवेतरान्मन्त्रान्विहरेदग्निꣳ[4] । रूपाणि[4] दर्शयेद्गच्छेदिरिणं । तत्र नैर्ऋतान्मन्त्रान्निगदेत्स[5] प्रत्यञ्चं गार्हपत्यमुपतिष्ठेत । प्रत्यञ्चं प्रायणीयया । प्रत्यञ्चमातिथ्यया । कार्ष्णाजिनीप्रभृतीन्मन्त्रान्साधयेदा[6] कर्षणवपनाभ्यां । प्रत्यञ्चं कर्षणवपने । प्रथमां

---

१ Thus emended; ॰वत्सरतस्यां Be U H, ॰वत्सरंतस्या G Ben.

२ Thus Ben and G (sec. m.); भूतेभ्योत्तिष्ठंति U, भूतेयोत्तिष्ठंति H Be, भूते इष्टोत्तिष्ठंति M.

३ Corrected; इत्यभ्यादान॰ Ben, इत्यारभ्यादान॰ the other MSS.; The Vivaraṇa details देवस्य त्वेत्यादिनाभ्यादान॰ (sic), cp. X. 2 : 2. 3.

४ Doubtful; G (sec. m.) reads as given in our text and cp. the Vivaraṇa विहरेत् चिनुयादग्निम्; विहरेदग्निंतचरूपाणि Ben, विहरेग्नींद्र-रूपाणि Be, विहरेदग्नोद्रूपाणि H U, विहरेदग्नोमूपाणि M; the comm. on the S'ulba cites the passage with अग्निरूपाणि ।

५ Emended; नैर्ऋंतीमंत्रा॰ M Be G (sec. m.); नैर्ऋंतिमंत्रा Ben U, नैर्ऋतिमंत्रा॰ H.

६ Thus (कार्ष्णाजिनी॰) M Be H U (cp. X. 23 : 21. 17); ॰जिनि॰ G (sec. m.) ॰जिन॰ Ben.

चितिꣳ सपुरीषां निगदेदेवं द्वितीयामेवं तृतीयाꣳ । सर्वा[1] चितिꣳ सपुरीषाꣳ सवण्डां चितिꣳ सपुरीषां[1] निगदेद्या[2] अहान्तःशालीका[2] आहुतयः स्युर्जुहुयादेव ता । अथ य औत्तरवेदिका मन्त्राः स्युर्निगदेदेव तान् । ॥ २८ ॥

अग्निहोत्रं वै दशहोतुर्निदानं दर्शपूर्णमासौ चतुर्होतुरित्येक आनुपूर्व्यं[3] ब्रुवते । ऽथाप्युदाहरन्त्याग्न्याधेयं पूर्वस्यां ततावेकादशप्रयाजꣳ सर्वꣳ सहोत्पन्नम्तंतवः षड्ढोतेति । षाण्मास्य[4] एष पशुबन्ध उक्तो भवत्यथाप्युदाहरन्ति षट्सुषट्सु मासेष्वाहिताग्निना पशुना यष्टव्यं भवत्युभे काष्ठे अभियजेत । माघमासे[5] धनिष्ठाभिरुत्तरेणैति· भानुमानर्धाश्लेषस्य श्रावणस्य दक्षिणेनोपनिवर्तत इत्येते काष्ठे भवतस्तदन्ततो ऽनीजानस्य[6]

---

१ The reading of this passage is wholly uncertain; I have accepted the reading of M (on षण्ड cp. XVII. 25 and 26); सर्वाश्चितिः सपिंडां चितिं सपुरीषां U H; सर्वाश्चितीः सपिंडां चितिं सपुरीषां G, सर्वाश्चितीः संपिंडां - - - चिवेसपुरीषां Be, सर्वाश्चितीः संवषा - - चितिं सपुरीषां Ben.

२ Thus G (sec. m.), which however, as do all the other MSS. exc. U, reads •हांताःशा• instead of •हान्तःशां; निगदेदेवंद्यांतः शाखिका G (pr. m), निगदेदेवंद्यास्याहांताः शालीका M., निगदेदेद्याहांताः शालिका H, निगदेदेवंद्याहांतः शालिका U, निगदेदेवंद्यां - - - हांताः शालीका Be, निगदेदेवंद्याभांताः शालीका Ben.

३ Thus M Ben U G (sec. m), •पूर्वं Be, अनुपूर्व्यं H G (pr. m.).

४ Thus Be U G and the Viv. (one copy); षण्मास्य M H Ben and the Viv. (another copy).

५ •मासेन Ben U (sec. m.).

६ Are we to read with the Vivaraṇa. ऽनीजानꣳ ?

334. 6. संवत्सरो जानीयादथ चातुर्मास्येषु सोमेषु पञ्चहोता सप्तहोतु
स्थानं प्रत्येत्यथ य एष चातुर्मास्यसंयोजनो निर्मन्थ्य उत्सीद-
त्येष पशुसंयोजन एव[1] भवति । परिधौ पशून्नियुञ्जीतेति[2]
40. 17. ब्राह्मणमेतद्यूपा एव तदस्माकं भवन्त्यथ[3] महापितृयज्ञे स्तीर्णं
बर्हिर्भवति न वेदिमालिखति न स्तम्बयजुर्हरति नाज्यानि
गृह्णीते । स यत्र तृतीयसवने धिष्णियान्विहरति तदजस्रं
मार्जालीयं करोति । महाहविर्भिश्चरित्वा समासन्नेषु हविःषु
गार्हपत्ये महापितृयज्ञहवीꣳषि श्रपयित्वा तैर्मार्जालीये प्रच-
रेदाहवनीये माहुत्या प्रचरेदन्तमेवावभृथः[4] परीयात्तस्य प्रथमा
चितिः पुरीषवती[5] मन्त्रवती भवतीति । प्रथमैवास्य चितिः
पुरीषवती मन्त्रवती भवत्यथेतरास्तूष्णीका । यां यां चितिꣳ
सपुरीषां ब्रुवते सैवास्य चितिः पुरीषवती मन्त्रवती भव-
त्यथेतरास्तूष्णीकाः । ॥ २९ ॥ अष्टादशः ॥

343. 1, 19· अथेम एकाहास्तेषां यान्यहान्यनादिष्टान्यग्निष्टोमा इत्येव
तानि जानीयादथाहीनरात्रिसत्त्रेषु यान्यहान्यनादिष्टान्युक्थ्या
44. 12. इत्येव तानि जानीयान्माध्यंदिनीया एवैनं चमसा निम्रजन्तो

---

१ एष the MSS.

२ पशुं instead of पशून् M.

३ Thus M G U H Be; एतद्यूपा एवतस्माकं भवत्यथ Ben.

४ Thus Ben (only चरेत् instead of प्रचरेत्); चरेदंतमोवभृथः G H, चरेदंतमोवभृथः U, चरेदंतमेनावभयः Be, प्रचरेदंतमेनवावभृथः M; cp. XXVI. 25 : 308. 3.

५ सपुरीषवती MSS.

यन्तीति[1] । सदस्यासीनं माध्यंदिनीया एवैनं चमसा निम्न-
II. 344. 13.जन्तो यन्ति भद्मार्थास्तुर्विंꣳश एष भवति । शुक्रामन्थिनोः
II. 345. 4.सꣳस्रावेणाभिषिञ्चतीति । यजमानायतन आसीनꣳ शुक्रा-
II. 345. 9.मन्थिनोः सꣳस्रावꣳ समानीयाभिषिञ्चति[2] । चतुष्टोम एष
भवति । सप्त हवीꣳषि प्रातःसवनीयाननुवर्तन्त इत्याग्नेयो
ऽष्टाकपालः पौष्णश्चरुः सावित्रो[3] द्वादशकपालस्त्वाष्ट्रो ऽष्टा-
कपालो वारुणो दशकपालो वैश्वदेवश्चरुर्मारुतः सप्तकपाल
II. 346. 4.इत्यष्टौ हवीꣳषि प्रातःसवनीयाननुवर्तन्त इत्याग्नेयो ऽष्टाकपालः
सौम्यश्चरुः सावित्रो[3] द्वादशकपालो बार्हस्पत्यश्चरुरग्नीषोमीय
एकादशकपालः सारस्वतश्चरुर्वारुणो[4] दशकपालो द्यावापृथिव्य
II. 346. 17.एककपाल इति । यत्किंच राजसूयस्तेसोमं तत्सर्वं भव-
तीति । मारुतं चाचैकविꣳशतिकपालं प्रतिषेधयत्यौपसदा-
II. 347. 14.स्त्रेष्टीरर्धचतुर्दशैरेष[5] मासैः संतिष्ठते । यत्किंच राजसूयमनु-
त्तरवेदीकं[6] तत्सर्वं भवतीति । द्विपशुं चाच पशुबन्धं प्रतिषेध-
II. 348. 19.यति[7] चातुर्मास्यानि चाध्यर्धेनैष[8] मासेन संतिष्ठते । षिꣳह्रे

---

१ इति om. M Ben U.

२ Thus G H U Be, समवनीया॰ M, सवनीया॰ Ben.

३ The words द्वादश॰ unto सावित्रो (incl., l. 6) are given only by Ben, which, however, reads सावित्रो दशकपा॰ instead of सा॰ द्वादश॰ ।

४ Thus Ben, सावित्रश्च the other MSS.

५ Thus M Ben; ॰षेधयंत्यौ॰ Be U H, ॰षेधयतीत्यौ॰ G.

६ ॰वेदिकं all, but cp. T Br. II. 7. 5. 2.

७ Thus Be, ॰यंति the other MSS.

८ Thus G only; नाध्य॰ all the other MSS.

). 14. व्याघ्र उत वा पृदाकाविति । किंदेवत्या उ खल्वियमाहुति-
र्भवतीति । ॥ ३० ॥

4. 16. इन्द्राणीदेवतेत्येव[1] ब्रूयात्सप्तदशिना पशुबन्धेनेष्ट्वोखाः
संभृत्य पशुशीर्षाणि च वायव्येन पशुना यजेतापि वा पुरस्ता-
देव तूष्णीꣳ[2] संभृताः[3] संभृत्य मन्त्रवतीं मृदꣳ संभृत्य तयानु-
56. 8. प्रलिप्य[4] । नियुनक्त्युक्थ्यस्योपयामगृहीतोऽस्यग्नये त्वा बृहद्वते
वयस्वत उक्थायुवे यत्ते अग्ने बृहद्वयस्तस्मै त्वा विष्णवे त्वा
जुष्टं गृह्णामीति । परिमृज्य सादयत्येष ते योनिरग्नये त्वोक्था-
58. 14. युव इति । नियुनक्ति भुवस्य मूर्धानं दिवो अरतिं पृथिव्या
मघवन्तमृताय जातमग्निम्[5] । कविꣳ सम्राजमतिथिं जनाना-
मासन्ना पात्रं जनयन्त देवाः ॥ उपयामगृहीतोऽसीन्द्राय
त्वा मघवते जुष्टं गृह्णामीति । परिमृज्य सादयत्येष ते योनि-
59. 3. रिन्द्राय त्वा मघवत इति । नियुनक्ति पात्नीवतस्योपयाम-
गृहीतोऽसि बृहस्पतिसुतस्य त इन्दो[6] इन्द्रियावतः पत्नीवन्तं
ग्रहं गृह्णामीन्द्रा३[7] पत्नीवा३ इति । नियुनक्ति हारियोजन-

---

१ इंद्राग्नी॰ Ben.

२ तूष्णीमेव M.

३ संभृतां all, but cp. the Vivaraṇa: तूष्णीं संभृता उखा संभृत्य ।

४ Thus M, तयानुप्रपलिप्य Be, तयानूपलिप्य G (sec. m.), तयानुलिप्य Ben H U.

५ जातमिंद्रमग्निं M.

६ Thus M G U, इंद्रो the other MSS.

७ Uncertain; ॰मींद्रा१द G (sec. m.), ॰मींप्राद Be, ॰मींद्राग्नार H ॰मींद्रग्न्याद U, ॰मीऽद्राग्ना - उ Ben, ॰म्यग्नार M.

स्योपयामगृहीतो ऽसि रोहिदसि रोहिद्योजनो रोह्यो स्थाता
वज्रस्य भर्ता पृश्नेः प्रेता तस्य ते देव सोमेष्टयजुष स्तुतस्तोमस्य
शस्तोक्थस्य रोहिद्वन्तं ग्रहं गृह्णामि रोही स्थ रोह्योर्धानाः
सहसोमा अग्नये स्वाहेति। यो ऽग्निष्टुतीन्द्रस्पर्शस्तमुत्सादयेद्य
इन्द्रस्तुत्यग्निस्पर्शस्तमुत्सादयेन्नित्या अन्या देवताः। किंदेवत्यानि
II. 360. 10. खल्वतिरिक्तस्तोत्राणि भवन्तीत्याश्विनानीत्येव ब्रूयाद्यच्च[1] किंच
रात्रिमुपातिरिच्यते सर्वं तदाश्विनमितीन्न्वेकमथापरमाग्नेयं[2]
प्रथममैन्द्रं द्वितीयं वैश्वदेवं तृतीयं वैष्णवं चतुर्थमिति।

॥ ३१ ॥ एकोनविंशः ॥

II. 366. 11. स ग्रीष्मस्य जघन्याहःसु प्रजह्रितेषु[3] यवेष्विति। प्रम्रदि-
II. 366. 12. तेष्वित्येवेदमुक्तं[4] भवत्यधिकरणेनेत्येवेदमुक्तं भवत्यृत्विजः[5] पदे-
II. 367. 1. नाक्रापयतीति[6] तत्पूर्वं[7] वेत्यथैनमभ्यज्य पवयित्वोदानयतीति।
सिद्धमत्राग्निष्टोमिकं कर्म जानीयादोत्तरस्मादुपघातादेत-
स्मिंस्त्व काले त्रीणि बर्हींषि यजुषा कुर्याद्दीक्षणीयायाः

---

१ °ह्वदि M.

२ °मितीन्वेक°, मितीचेक°, मितिन्वेक° the MSS.

३ Thus M G (sec. m.) and the Viv.; प्रजितेषु Be, प्रजमितेषु H U G (pr. m.), प्रजंमितेषु Ben.; the meaning is, acc. to the Viv., प्रपक्वेषु।

४ प्रमुदिते° Ben.

५ भवतीत्यृत्विजः Ben.

६ पदंना-पयतीति Ben, पदंनाक्रायंतीति Be U, पदंनाक्रयंतीति G, पदंना-क्रयंतीति H, पदंनासोदययतीति M, but द cancelled.

७ Conjectural reading. तत्पूर्वंयत्यथै° Ben G (sec. m), तत्पूर्वंत्यथै° Be H U M G (pr. m.).

प्रायणीयाया आतिथ्याया इत्यथ निर्वपेद्दीक्षणीयां प्रायणी-
यामातिथ्यादाज्येन[1] वर्तयेद्यावद्रथा[2] आगच्छेयुः[2] सह निरुप्त-
माज्यं तिसृषु स्थालीषु विसृष्टीयायां दीक्षणीयायै संस्था[3]
तया[3] दीक्षणीयाः संतिष्ठापयिषेत्प्रणीताभिः प्रायणीयस्य
368. 2. प्रतिपद्येतैष[4] एवातिथ्याया उपक्रमो भवतीति । चिवत्सेन
माण्डेन वत्सतरेण राजानं क्रीत्वोद्यातिथ्यं निर्वपतीति । चि-
कायणेनेत्येवेदमुक्तं[5] भवति[6] । कथमु खल्वस्य मन्त्रानभिनमये-
368. 3. च्छिदसि[7] मनो[8] ऽसि[8] धीरसि दक्षिणो ऽसि यज्ञियो ऽसि
क्षत्रियो ऽस्यदितिरस्युभयतःशिराः[9] स नः सुप्राङ् सुप्रत्यङ्
संभवेत्येकगणा[10] उपसदो भवन्तीति । पूर्वाह्णिका एवैता उक्ता
68. 13. भवन्ति । खलेवाली यूपो भवतीत्येतामेवैषां[11] मेथीं कुर्वन्ति ।

---

१ ? Thus Be U H, •थ्यामाज्येन G, •थ्यांपृषदाज्येन M, Ben utterly corrupt.

२ Thus the Vivaraṇa; all the MSS. are hopelessly corrupt; G has the least corrupt reading यावद्रथमागच्छेयुः ।

३ Thus M G U Be, संस्थाया H, संस्थान॰ Ben.

४ Thus M G U, प्रतिपद्यद्येतैष Be Ben, प्रतिपद्येतेसषया H.

५ •कायनेने॰ MSS. exc. Ben.

६ भवतीति MSS. exc. M.

७ •भिसंनमये॰ G.

८ मनासि MSS. exc. H.

९ Thus Be G U Ben, •शिरी H, •शीर्षणि M.

१० •गुणा MSS.

११ •त्येतयैवैषां Ben; are we to correct: •त्येतामेवैषां (īṣā)? Viv. एतामेव हविर्धानार्धे कुर्वन्ति ।

स खलेवाली यूपस्तस्यै कटे परमिव चषालभाजनं भवतीत्या-
II. 369. 1. कुट्ट[1] इत्येवेदमुक्तं भवत्यथैतान्पशूनुपाकरोत्यग्नीषोमीयमाग्नेय-
मनूबन्ध्यमिति । यमा एवैते छागाः समानयोनयो भवन्ति ।
तेषामुक्तं चरणमथास्याꣳ सद्यस्क्रियामनुक्रियां परिक्रियामति-
क्रियामवभृथप्रभृत्यन्तमिति[2] यज्ञपुच्छं । तासां प्रथमैव सरथा[3]
प्रथमा चित्रसोमक्रयणी प्रथमाग्निहोत्रोच्छेषणव्रतायास्याꣳ[4]
सद्यस्क्रियामनुक्रियां परिक्रियामतिक्रियां त्रिस्तनद्विस्तनैक-
स्तनव्रतस्य[5] रूपाणि[5] कुर्वन्ति । क[6] उ[6] खल्वेकाहे दृष्टः[7]
संनिवापो भवतीति । व्रात्यस्तोमे चैन्द्राग्न्योस्य कुलाय इत्येव
II. 371. 5. ब्रूयादथास्मिन्व्रात्यस्तोमे[8] बहव एकस्मै दीक्षन्ते[9] । ऽदीक्षिता[10]
II. 373. 8. एनैनान्याजयन्ति[10] । दण्डोपानहꣳ[11] ग्रामुलाजिनमिति । ग्रा-

---

१ Thus G M Ben, ॰कड U H, ॰क्ढ Be; the Viv. reads चाकुट and details: चाहतस्थानं निम्नक्षतम् ।

२ Instead of अतिक्रियाम् here and l. 7 the MSS. read अभि॰, अवि॰ or इति॰ ।

३ Thus corrected; सरथाः Be M G, सुरथाः H U, सपथाः Ben.

४ Corrected; ॰वचम(ह,तोमंथास्यां M G U Be, ॰वषवततमथास्यां H Ben.

५ Corrected; ॰कस्तनव्रतरूपाणि Ben H, ॰कष्टतस्य रू॰ M Be G U.

६ Thus M G Be U, कउ H क Ben.

७ दृष्टीः Ben, दृष्टं Be.

८ Thus M Ben, ॰थैतस्मिन्व्रा॰ the other MSS.

९ Thus M G; दीक्षते Be U H, एकस्मिन्नदीक्षंते Ben.

१० दीक्षित ... जयति H.

११ ? दंडोपानहनं G (sec. m.) Ben, दंडोपहननं G (sec. m.), दंडोमन-हनं Be, दंडोपनहन H, दंडोपिनहनं M.

मुञ्जकानामु[१]ह दर्भमिश्राः[२] कम्बला भवन्ति स च भवति[३] श्वेतं[४] चौरश्वाजिनम्[५] । ॥ ३२ ॥

74.3.4. स एष[६] ज्येष्ठानामग्निष्टोम । एष एव मध्यकनीयसामुक्थ्य-
386.6. स्तुष्टोमं पूर्वमहर्भवति पञ्चस्तोममुत्तरꣳ[७] । रथो[७] हविर्धानं ।
386.8. कुर्यात्तद्रूपमुत्तरं हविर्धानमुत्सीदेयुः शकटमन्त्वा । द्वौ त्रय-
स्त्रिꣳशौ मध्यत स्तोमौ भवत इति । पृष्ठ्यस्तोमावेवैतावित-
श्चामुतश्च[८] प्रतिलोमौ[८] भवतो । ऽथामावास्यायां[९] प्रतिममस्य
83 10 चान्द्रमसं पिण्डपितृयज्ञं दद्यात्तं ब्राह्मणः सन्तं पर्युपविश्य
भक्षयन्ति यद्भुतं मन्यन्ते तेन ब्राह्मणं । ब्राह्मणो वै वर्णानाꣳ
श्रेष्ठो[१०] ऽग्निर्देवानामित्येतेन वा भक्षयेदपि वा व्याहृतीभि-
83. 12. स्तुष्टोम एष भवतीति[११] चतुरुत्तरीय[१२] एष[११] दिशां चतु-

---

१ Thus M Be and Viv.; शामुञ्जाका॰ the other MSS.

२ Corrected according to the Viv., दर्भमिश्रा M G (sec. m.), दर्भमि Ben, मदर्भमिश्रा Be U H.

३ भवंति MSS.

४ श्वेतां MSS.

५ चोर॰ Ben (च-चौरश-चाजिनम्) ।

६ एष Ben and Viv.; एव the other MSS.

७ Thus M only; ॰मुत्तरमथो the other MSS.

८ Thus M G (sec. m.) Be Ben; ॰तश्चाप्रति॰ U H G (pr. m.).

९ Refers acc. to the Vivaraṇa to the दुरय (XVIII, 37).

१० Thus M Ben, ज्येष्ठो G U Be H.

११ Ben om. इति, rightly ?

१२ Corrected; ॰त्तरीयादेव M G U Be, ॰त्तरीयादव H, ॰त्तरायावदय Ben.

II 392. 6.स्तोमो भवत्यथास्मिन्कानान्त्यज्ञे[१] ऽवभृथप्रभृत्यस्तमिते यज्ञ-
II. 395. 8.पुच्छं । तस्य दशस्तु वहिष्यवमानः शते सहस्रे ऽयुते नियुते प्रयुते[२]
ऽर्बुदे न्यर्बुदे समुद्रे मध्ये ऽन्ते परार्धे पद्दे[३] पद्मे नित्यमुक्ता[४]
मनसैव सुवानो मन्यत एतावति । मे[५] स्तुतमित्यथ सहस्रप्रवर्ग्यं
II. 405. 18.एकमेवाग्निहोत्रमथास्मिञ्छुनस्कर्णयज्ञे । तिलमिश्रमशित्वा म-
क्षयाख्यादित्वा[६] चारमाचं[७] पिबेदथ सामपथे संविशेत्स्वप्नादेव
II. 406. 8.स्वप्ने गच्छति । रात्रिकृतं[८] धान्यं ददाति मरायकृतं धान्यं
II. 407. 4ददातीति । मूतकृतमित्येवेदमुक्तं भवति । प्रचरन्ति प्राञ्चः
प्रत्यञ्चः प्रचरन्तीति । यः प्रत्यङ् विहारो दक्षिणतउपचार
एष भवत्येतेनैवापि सर्वतोमुखो व्याख्यात । एतेन सहस्र-
शालो । ऽथैनमिह[९] पवयित्वामुत्र पवयन्तीति[१०] । सिद्धमत्रा-

---

१ कानांत्य॰ (or कानांद॰?) M.

२ Om. G U.

३ पद्दे G U Ben and probably also M; पद्मे Be, द्दे H; are we to correct here and XVIII. 43. बद्दे?

४ Thus Ben; नित्यमुक्त्वा the other MSS.

५ Thus M G U; एतावतिमेव H, एतावतीमे Be, एतावतीमेव Ben.

६ ॰ख्यादित्वा H.

७ Thus G U; ॰माच M, चारमाच H, चरमच Ben, मचारमाचं Be.

८ रात्री॰ G Be U H.

९ Conjectural reading; वैनमिह MSS (वैरनूह M). I have not been able to point out the passage in the text proper here referred to.

१० ॰यतीति G (sec. m.) Be.

412. 4. ग्निष्टोमिकं कर्म जानीयादुत्तरस्यैव[1] शालायै स द्वौ त्रिरात्रौ[2]
कुर्वत एकं च द्विरात्रमिति[3] । दौत्योपसद्भिरेवास्यैतान्यहान्य-
भिविधत्ते । ऽहीनविधो[4] ऽति यज्ञं दद्यात्तदिदं[4] प्रोक्तं यद्-
कृष्टं सूत्रतः । सामयिकं त्वेव क्रतुयोगं[5] यज्ञे यज्ञमुपलक्षये-
[5] तेति बौधायनो यज्ञे यज्ञमुपलक्षयेतेति बौधायनः । ॥
३३ ॥ विंशः ॥

॥ इति षड्विंशः प्रश्नः ॥

। कर्मान्तं समाप्तम् ।

---

१ Thus the MSS.; read •दुत्तरस्यै च ?

२ द्विरात्रौ G U.

३ त्रिरा• MSS. exc. M.

४...४ Wholly uncertain; •हीनविधोतियज्ञदद्यात्तदिदं G, हीनविधोतियज्ञं दद्यात्तदिदं U, हीनविधीतियज्ञदद्यात्तदिदं Ben Be, हीनविधोतियज्ञं दधातीदं H, हीनविधोनियज्ञं दद्यात्तिदिदं M. The Viv. seems to point, at least also to the reading यज्ञं दद्यात् ।

५ Thus M G U H, क्रतुवेसंगं Be, क्रतुवेसंग Ben.

गच्छेद्यत इन्द्र भयामहे स्वस्तिदा विशस्पतिरित्येताभ्याꣳ स्रुवाहुती जुहुयादभये वा पुनर्यजेत । [१]सर्वं चोपाꣳश्वप्रभृति वाच[२] स्थानानाꣳ स्वराक्षरपदवृत्तभ्रेषेष्वाभिर्गीर्भिर्यदतो न ऊनमित्येतया स्रुवाहुतिं जुहुयात्सर्वं चानाज्ञातप्रायश्चित्तेष्वनाज्ञातं पुरुषसंमित इत्येताभ्याꣳ स्रुवाहुती जुहुयात्सर्वं चेध्माबर्हिषः प्रयाजानूयाजानां[३] पाकयज्ञकर्मसु[४] यत्पाकत्रा मनसेत्येतया स्रुवाहुतिं जुहुयात्सर्वत्र स्कन्ने भिन्ने छिन्ने भग्ने[५] नष्टे[५] क्षामे विपर्यास उद्दाहे[६] ऊनातिरिक्ते वा[७] यन्म आत्मनो मिन्दाभूत्पुनरग्निश्चक्षुरदादित्येताभ्याꣳ स्रुवाहुती जुहुयात्सर्वेष्वग्न्युपघातेषु पुनस्त्वादित्या रुद्रा वसवः समिन्धतामित्येतया समिधमादध्यादेतयैव स्रुवाहुतिं जुहुयात्सर्वेषु यज्ञक्रतुषु पत्नीः संयाज्य प्राङेत्य ध्रुवामाप्याय्य ध्रुवातः सर्वप्रायश्चित्तानि जुहोति ब्रह्म प्रतिष्ठा मनस इत्येतेनानुवाकेन प्रत्यृचमंय वै भवति समिष्टयजूꣳषि जुहोति यज्ञस्य समिष्ट्यै । यद्वै यज्ञस्य क्रूरं यद्विलिष्टं यदत्येति यन्नात्येति यदतिकरोति यन्नापिकरोति

---

१ In H U the prāyaścitta सर्वं चेध्माबर्हिषः (l. 5) is given here, but cp. T. Br. III. 7. 11. 5.

२ वाचि U, वाचि H.

३ ॰नुयाजा॰ H Tr.

४ पाकयज्ञकर्मसु B Tr.

५ Om. Tr. B; the last om. also भिन्ने छिन्ने ।

६ ? उद्दाहे Tr, वुद्दाहे H, उद्वाहे B U, विपर्यासेदूरदाहे C'; the Viv. explains as उत्सेचने ।

७ Om. Tr.

तदेव तैः प्रीणातीति ब्राह्मणमेतान्येव ब्राह्मणविधिविहितान्याप्यायनानि[१] मन्त्रवन्ति[२] भवन्तीति बौधायनो । मन्त्रगणाम्नातानि नैमित्तिकानीति शालीकिः । ॥ २ ॥ प्रथमः ॥

अथ कपालकरणे रथचक्रचित्याहृत्यश्वशफमात्रꣳ स्थानं कल्पितं भवति । संकल्पो[३] ऽधिकारः कपालवृद्धिः कपालह्रासो वा कपालानामनभिप्रथने व्याहृतीभिराहवनीये स्रुवाहुतीर्जुहुयाद्भूर्भुवः सुवरित्येतावदेव नानाप्रथने चातिप्रथने चाथ हविषामशृतद्रववदाहोत्सेकनिस्रावे[४] प्रायश्चित्तिरशृते रुद्राय स्वाहेत्याहवनीये[५] स्रुवाहुतिं जुहुयाद्भुवे वायवे विदग्धे निर्ऋत्यै । यदि दग्धꣳ स्याद्यत्तत्र[६] शृतꣳ स्यात्तेन[७] प्रचरेदथ यदि सर्वमेव दग्धꣳ स्यादप्सो ऽभ्यवहृत्य भिन्दाहुती जुहुया । दथान्यं निर्वपेदाज्येन वा प्रचरेत्सैव ततः प्रायश्चित्तिर्यस्यैयस्यै[८] दिश्युत्सिच्येत तस्यैतस्यै देवतायै स्रुवाहुतिं जुहुयाद्यदि प्रागग्नये यदि दक्षिणतो यमाय यदि पश्चाद्वरुणाय यद्युत्तरतः

---

१ U ins. sec. m. नित्यानि. B ins. प्रायश्चित्तानि नित्यानि ।

२ मंत्रवन्तीति B and U (sec. om.)

३ संकल्पे B.

४ ॰स्रावेषु Tr.

५ आहवनीये om Tr. B.

६ Thus C' Tr. and Viv., स्यात्तत्र H, स्याद्यद्यत्र B U.

७ अथ Tr. ins. after स्यात् ।

८ Thus also the Vivaraṇa

सोमायाथ[१] यदि सर्वत एवोत्सिच्येतैताभ्यः सर्वाभ्यो देवताभ्यः स्रुवाहुतीर्जुहुयात्त्वमाज्येनाप्यायनीभ्यामाप्याययत्याप्यायस्व सं त इत्यथ हविषामुद्वासनकाले पतनफालनखण्डनोद्वर्तनसꣳसर्पणविपरीतव्यवायकरणेषु[२] [३]व्याहृतीभिराहवनीये स्रुवाहुतीर्जुहुयाद्भूर्भुवः सुवरित्यथान्तरेण वेद्युत्करावुदङ्ङुपनिष्क्रम्या तमितोऽुदङ्ङुपनिःसृप्य[४] व्याहृतीरुक्त्वा व्याहृतीभिरेव प्रतिपद्यते[५] । ॥ ३ ॥

व्याहृतयस्तु[६] चतुष्पादा नवाꣳशाश्च षडक्षराः ।
चतुर्णामपि वेदानामादिमध्यावसानिकाः[७] ॥
मन्त्रोनं वातिरिक्तं वा दुरिष्टं वापि यद्भवेत् ।
व्यपोहयन्ति[८] पाप्मानं तस्माद्व्याहृतयः स्मृता इति ॥

यद्यृक्तो यज्ञभ्रेष आगच्छेद्भूरिति गार्हपत्ये जुहुयाद्यदि यजुष्टो भुव इत्यन्वाहार्यपचने । यदि सामतः सुवरित्याहवनीये । यदि सर्वतः सर्वा जुहुयाद् ।

---

१ चाय om. B U.

२ Instead of ०फलन० B: कालन०।— Before संसर्पण० B U have वलनवेपन०।

३ Before व्या० A B ins. प्रायश्चित्तं, C′ प्रायश्चित्तिर्।

४ Thus U C′, ०परिसृप्य H (pr. m.), ०पसृप्य Tr H (sec. m.), सꣳर-याप्य B.

५ ०पद्यवे Tr H, ०पद्येते B U C′ (प्रविशेत् the Viv.)

६ व्याहृतीस्तु U only.

७ ०सानकाः H U.

८ Thus H U B C′, पोहति च Tr.

उद्धृते तु पुरोडाशे वेपिते स्पन्दिते[१] तथा ।
भिन्ने सꣳसर्पणे चापि[२] प्रायश्चित्तं कथं भवेदिति ॥

विज्ञायते

उद्धृते तु[३] कुलꣳ हन्याद्वेपिते नश्यति प्रजा[४] ।
भिन्ने सꣳसर्पणे चापि यजमानः प्रमीयत इति ॥

अथ[५] पतनफालनखण्डनोद्वर्तनसꣳसर्पणेषु[६] प्रसिद्धमुद्वास्य बर्हिषदं कृत्वा प्रभूतेन सर्पिषावसिच्याभिमन्त्रयते किमुत्पतसि किमुत्प्रोष्ठाः शान्तः शान्तेरिहागहि[७] । अघोरो यज्ञियो भूत्वासीद सदनꣳ स्वमासीद सदनꣳ स्वमिति । ब्रह्मणे वरं दत्त्वान्तर्वेद्यासादयेत्तस्याꣳ सꣳस्थितायाꣳ सुरभिमतीं निर्वपेत्तस्याꣳ सꣳस्थितायां तन्तुमतीं निर्वपेद् ।

आयुष्मत्यस्तु कर्तव्या उत्तराश्छन्दसः[८] क्रियाः ।
हविर्भ्रेषविधिस्त्वेष[९] विहितस्तत्त्वदर्शिभिरिति ॥

---

१ स्पंदिते Tr. C'.

२ वापि U.

३ Thus C' U Tr, नु H, B om.

४ प्रजाः U C'.

५ Instead of अथ Tr ब्राह्मणम् ।

६ B again °कालन° instead of °फालन° ।

७ शांतेरि° Tr.

८ ? Thus U Viv. (sec. m.), °राश्चंदसः H, °राश्छांदसः C', °राश्चंदसः Viv. (pr. m.) Tr B.

९ हविर्भेष° Tr.

स्कन्ने ग्रहणनिर्वापे[१] द्रव्याणां चानुमन्त्रणे ।
यस्मिन्काले विजानीयात्तत्कुर्यात्कर्मसंस्तरे[२] ॥
प्रणवो व्याहृतयस्त्वेव[३] यज्ञ एष परो ऽवरः ।
तस्माद्यज्ञस्य यत्स्कन्नं विपरीतं च यद्भवेत् ।
तत्सर्वं व्याहृतीभिः[४] कुर्यादन्यत्र च वषट्कृतात् ॥
अजानद्भिः कृतं यच्च त्वरमाणैश्च यत्कृतम् ।
व्याहृतीनां प्रयोगेण यत्कृतं कृतमेव तदिति ।
कपालानां प्रमाणानि ब्रूयादाध्वर्यवे विधौ ।
समानि चतुरश्राणि द्व्यङ्गुलानि समन्ततः ॥
हविर्विकाराणां प्रमाणेन समविषमाणि[५] वर्धयन्तीति[६]
बौधायनः ॥ ४ ॥ द्वितीयः ॥

अथारणिगतानामात्मगतानामजस्राणामन्वाहितानां[७] सवनगतानां चाग्नीनामुद्वातानां[८] प्रायश्चित्तिररणिगतं मथित्वा विहारं कल्पयित्वा गार्हपत्य आज्यं विलाप्योत्पूय स्रुचि चतु-

---

१ ग्रहणंनि॰ Tr.

२ ? Thus Tr B, संस्तरेत् C′, संचरेत U H

३ Thus H Tr C′, ॰हृतिश्च B U.

४ Thus Tr, ॰तिभिः H C′ U (pr. m.), ॰हृतिः B, ॰हृति U (sec. m.)

५ च ins. Tr B U (sec. m.).

६ Thus Tr U (sec. m.), वर्धयतीति B, वर्धयेदिति C′ H U; the Vivaraṇa periphrases छेदयन्ति ।

७ अजस्राणाम् om. Tr.

८ वाग्नी॰ U H.

गृहीतं गृहीत्वाहवनीये संतनीं[1] जुहोति मनो ज्योतिर्जुषतामाज्यं विच्छिन्नं यज्ञꣳ समिमं दधातु। या इष्टा उषसो निम्रुचश्च ताः संदधामि हविषा घृतेन स्वाहेत्येतत्प्रायश्चित्तमनुगते ऽकृते ऽभ्युदिते ऽभिनिम्रुक्ते चैतत्परिवित्तस्यैतत्परिविन्नस्यैतत्परिविविदानस्यैतत्सोमवामिने[2] सोमातिपवितायै[3] भग्नाक्मरितस्यैतद्व्रचरहितस्यैतत्परीष्टस्यैतत्परियष्टुरेतदेव यस्य पुरुषो रथो ऽश्वो गौर्महिषो वराहो ऽहिर्मृगः श्वा वान्यद्वा श्वापदमन्तराग्नीन्गच्छेदेतदेव[4] [5]यस्याग्नेरेकदेशमपहरेयुरेतदेव सर्वास्वेवाग्निहोत्रस्यार्तिषु मनस्वत्या प्रायश्चित्तिः क्रियत इद्धा वसीयान्भवतीति ब्राह्मणम् ॥ ५ ॥ तृतीयः ॥

अथ दर्शपूर्णमासयोस्त्वात्र ऋत्विजस्तेषामेकस्मिन्नविद्यमाने त्रयः प्रचरेयुर्द्वौ वाथ[6] यद्येक एव स्यात्पुरा प्रयाजेभ्य आज्यस्थाल्याः स्रुवेणोपघातमेकाध्वर्यवप्रायश्चित्तानि जुहोति जुष्टो वाचो भूयासं जुष्टो वाचस्पतये देवि वाक्। यद्वाचो मधुमत्त-

---

१ Thus Tr, संतनिं C′, मंतनि B U, संतति H.

२ Thus (and cp. Āp. IX. 12. 11) B; after परिविन्नस्यैतत् Tr H C′ U ins. परिविदानस्यैतत्; Tr reads instead of परिविविदान॰ परिविदान॰।

३ ॰पवितस्यैतत् U C′.

४ After गच्छेत् H C′ and U ins. the following passage (which however, is put between brackets in U): एतदेव विण्मूत्र (H. C′ विष्ठामूत्र) पुरीषलोहितरेतोमांसास्थिमज्जामेध्याभ्याधाने समारोप्य मथित्वा पवमानेष्टिर् (॰नेष्टिस्तद् U).

५ Before यस्य B U H C′ ins. अथ।

६ अ found only in Tr C′ and the Vivaraṇa.

स्विन्मा धाः सरस्वत्यै स्वाहा ॥ इमामेवाश्विना यज्ञस्य यद्वाचो यद्दुरिष्टम्। तदश्विनौ भेषजेन संदधाताꣳ[1] स्वाहा ॥ त्रातारमिन्द्रमवितारमिन्द्रꣳ हवेहवे सुहवꣳ शूरमिन्द्रम्। ह्वये नु शक्रं पुरुहूतमिन्द्रꣳ स्वस्ति नो मघवा धात्विन्द्रः स्वाहा। यन्मे मनसश्छिद्रं यद्वाचो यच्च मे हृदः। देवास्तच्छमयन्तु सर्वꣳ सोमो बृहस्पतिश्च स्वाहा ॥ यद्विद्वाꣳसो यदविद्वाꣳसो मुग्धाः कुर्वन्त्यृत्विजः। अग्निर्मा तस्मादेनसः श्रद्धा देवी च मुञ्चताꣳ स्वाहा ॥ यदन्तरिक्षं पृथिवीमुत द्यां यन्मातरं पितरं वा जिहिꣳसिम। अग्निर्मा तस्मादेनसो गार्हपत्यः प्रमुञ्चतु दुरिता यानि चकृम करोतु मामनेहसꣳ स्वाहा ॥ ब्रह्मत्वे होत्र आध्वर्यव आग्नीध्रे याजमाने[2] चैक एव यज्ञे यत्पर्याणि[3] तन्मे[3] देवा रक्षन्तां प्राणान्मे मा हिꣳसिषुः स्वाहा ॥ अहं ब्रह्माहꣳ होताहमध्वर्युरहमाग्नीध्रो ऽहं यजमान एक एव यज्ञे पर्याणि[3] तन्मे[3] देवा रक्षन्तां प्राणान्मे मा हिꣳसिषुः स्वाहेत्यैकाध्वर्यवप्रायश्चित्तानि हुत्वान्तर्वेद्यासीनः सर्वा देवता यजतीति विज्ञायते।

अतिक्रान्तेषु होमेषु पर्वस्वाग्रयणेषु च।
अरण्योर्म्रियमाणेषु कथं तन्त्रं न लुप्यते ॥

---

१ Thus H C′, संधातारौ Tr, संदधातारौ B U.

२ Om. H C Tr.

३ Thus Tr B; पर्वेषितन्मे or तन्म C′ H U. I take पर्याणि as standing for परियाणि, 1st conj. praes. cp. अपर्याणि।

शुचिश्च पावमानी च तन्तुमानथ पाथिकृत् ।
एता इष्टयः[1] प्रयोक्तव्यास्ततस्तन्त्रं[1] न लुप्यते ॥
शुचिः शोधयते पापं तन्तुस्तन्त्रं न लोपयेत् ।

पथिकृत्पन्थानमारोहेत्[2] पावमानी तु पावयेदिति नु[3] बौधायनस्य कल्पो । दर्शे व्यतीते पाथिकृती कार्या पौर्णमासे व्यतीते वैश्वानरी कार्योभये व्यतीत उभे[4] कार्ये बहुषु व्यतीतेष्वन्वारम्भणीया[5] स्यादिति[6] शालीकिः । ॥ ६ ॥ चतुर्थः ॥

अथ यद्यरणी जीर्णे स्यातां जन्तुभिर्मन्थनेन वा समाने नवे अन्ये अरणी आहृत्यामावास्यायामुपोष्य[7] श्वो भूते दार्शेनेष्ट्वा तस्मिञ्जीर्णे शकलीकृत्य गार्हपत्ये प्रचित्य प्रक्षाल्य दक्षिणेनोत्तरारणिमादाय[8] सव्येनाधरारणिमुपर्यग्नौ धारयञ्जपत्युद्बुध्यस्वाग्ने प्रविशस्व योनिमन्यां देवयज्यां वोढवे जातवेदः । अरण्या अरणिमनुसंक्रामस्व जीर्णां तनुमजीर्णया निर्णुदस्वेत्ययं[9] ते योनिर्ऋत्विय इत्यरण्योरग्नीन्समारोह्य[10] मन्थन-

१ इष्टीः प्रयुञ्जीत तत० Tr.
२ Thus Tr, ०न्यंथामारोपेत् C′, ०न्थानमारोहेत् B, शानमारोहयेत् H U.
३ नु given by U C′ only.
४ उभये B U.
५ ०भणो Tr.
६ कार्येति U.
७ ०मावास्यायामुपोष्य om. Tr B.
८ ०रणीमादाय H.
९ निर्णु० Tr; after °दस्वेति H U C′ ins. अथ ।
१० ०ग्निं instead of ०ग्नीन् B; ०रोप्य Tr B.

स्वाहुता गार्हपत्यं[1] मथित्वा[1] विहारं कल्पयित्वा गार्हपत्य आज्यं विलाप्योत्पूय स्रुचि चतुर्गृहीतं गृहीत्वाहवनीये संतनीं[2] जुहोति मनो[3] ज्योतिर्जुषतामाज्यं विच्छिन्नं यज्ञꣳ समिमं दधातु । या इष्टा उषसो निम्रुचश्च ताः संदधामि हविषा घृतेन स्वाहेत्यथाग्नये तन्तुमते पुरोडाशमष्टाकपालं निर्वपति । शरावं[4] दक्षिणां ददाति । सा प्रसिद्धेष्टिः संतिष्ठते । ॥ ७ ॥ पञ्चमः ॥

अथारण्योर्व्यापत्तिं[5] व्याख्यास्यामो । ऽष्टाभिर्निमित्तैर्विनष्टत्यमेध्यश्वचाण्डालशूद्रवायसपतितरासभरजस्वलाभिश्च[6] सꣳस्पर्शने ऽरण्योर्विनाशस्तयोरुत्सृज्य[7] समाने नवे अन्ये[8] अरणी आहृत्याग्निसहमन्थ्याधेयमरणिगतं[9] पुनराधेयं नष्टारणी अप्सु निमज्जति[10] भवतं नः समनसावित्यथोत्तरां छित्त्वा भित्त्वा

---

१ Tr om. गा॰ म॰, B om. गा॰ ।

२ Thus Tr B U, संततिं H C′.

३ All the MSS. abbreviate the mantra.

४ Thus Tr C′ H and the prāy. candrikā; शारावं B U.

५ अथाग्नोरण्यो॰ H U C′;— ॰र्व्यापत्ती॰ Tr.

६ ष्टभि॰ instead of ष्टाभि॰ Tr B U.— ॰चण्डाल॰ Tr.

७ ? Thus (°स्तयोरु°) Tr C′ and the Viv., °प्रायोरु° H, °स्तायोरु° B U.

८ Om. H U.

९ ? ॰सह॰ Tr C′ H B and the Viv., ॰गत॰ U— ॰माग्न्या॰ Tr.— ॰रणिगतं Tr and the Viv., ॰रणीगतं C′ H U ॰रणगतं B.

१० निमज्जति B C′, निमज्य Tr H B and the Viv.

अकल्पीकृत्य मन्त्रसामर्थ्यं समारोपणसामर्थ्यं मन्त्रशेषं वा प्रमन्त्रणं[1] च कुर्यात्समस्तप्रायश्चित्तवर्जम् । संतिष्ठते ऽरण्योर्व्यापत्तिः । ॥ ८ ॥ षष्ठः ॥

अथ हविर्दोषान्व्याख्यास्यामो यथैतच्छीतमक्षिकाघ्रातिका[2] मत्कुणश्चैलग्निरसोर्यूके[3] कीटो वा पिण्डकारी स्यात्क्षुद्रकीटमक्षिकापिपीलिकावर्जं श्वमार्जारनकुलकुक्कुटमर्कटध्वाङ्क्षाखुपुरीषसिक्थपदकेशश्लेष्मनखकुनखपूतिद्रप्सस्वेदासृक्क्लेदाश्रुकासचवध्यार्द्रमणैर्वोपहतमन्यैर्वोपहतं[4] रजस्वलया वा स्पृष्टं तथाप्रयतेन[5] भ्रूणघ्नेन वा दृष्टं तथापपात्रेणामेध्ये वा देशे । स्कन्नं दुष्टं हविरपो ऽभ्यवहरन्ति । शीते[6] भस्मनि वा निधापयति[7] । भिन्द्याद्भूती कृत्वाथान्यन्निर्वपेदाज्येन[8] वा प्रचरेदपि[9] तु[10]

---

१ Thus B H and the Viv.; प्रथमं U C′, प्रसंचं Tr.

२ Thus (॰घ्रातिका i. e. चाघ्रातिका according to the Viv.), B and the Viv., ॰घ्रांतिका H C′. ॰घ्रौतिका U. ; Tr om.

३ Thus (॰चैल॰) U H C′ and the Viv., ॰सेल B, ॰चेल॰ Tr.

४ ॰चवध्या॰ my conjecture; ॰चवध्धा॰ Tr, ॰चवधा॰ H, ॰स्तवध्धा॰ U, ॰स्तवधा C′, ॰वर्ध्या॰ B. ; the Viv. : चवधुः चुर्त ।

५ ॰प्रपतेन H ; चप्रवतो नामाशुचिः the Viv.

६ शीत Tr C′.

७ ॰यंति Tr H U.

८ ॰यान्यन्नि॰ Tr, ॰यान्यनि॰ B, ॰यान्यंनि॰ C′ U, ॰याज्यंनि॰ H.

९ After प्रचरेत् H U C′ ins. सैव तत्र प्रायश्चित्तिः ।

१० Thus Tr C′ Viv. (sec. m.), नु H U B Viv. (pr. m.).

खलु क्षिप्रसꣳस्कारमाज्यं[१] भवत इति । मिन्दाहुती कृत्वा मनस्वतीं जुहोति । सैव ततः[२] प्रायश्चित्तिः[३] । ॥ ९ ॥ सप्तमः ॥

अथातो ऽग्नीनामुद्धातानां प्रायश्चित्तिराहुतयः सꣳस्कारार्था दृष्टा भवन्ति । चतुर्होतार इत्येके । व्याहृतय इत्येके । मिन्दाहुती इत्येके । मनस्वतीत्येके । महाव्याहृतय[४] इत्येके[४] । ऽथ यदि सर्व एवोद्धायेयुरायतनेभ्यो ऽरण्योरग्नीन्समारोप्य[५] मन्थनस्याहृता गार्हपत्यं मन्थतीतः प्रथमं जज्ञे अग्निः स्वाद्योनेरधि जातवेदाः । स गायत्रिया[६] त्रिष्टुभा जगत्या देवेभ्यो हव्यं वहतु प्रजानन्निति । छन्दोभिरेवैनꣳ स्वाद्योनेः प्रजनयतीति ब्राह्मणमथ[७] यदि मथ्यमानो न जायेत यत्रान्यं पश्येत्तत आहृत्य होतव्यमित्यथान्यमत्वरमाणः[८] पुनर्मन्थेदथ यदि जात एवोद्धायेत्समारोपणमन्त्रं जपित्वा पुनरेव मन्थेदथैनमुप-

---

१ °संस्कारसममा° U (pr. m.) Viv. (sec. m.), °सꣳस्कारसमा° C'.

२ ततः Tr, तत U B H C'.

३ H U C' add इति विज्ञायते ।

४ Om. Tr C'.

५ °रोप्य B U H.

६ गायत्र्या MSS.

७ After ब्राह्मणम् H C' insert the passage (l. 11-12): अथ यदि... पुनरेव मन्थेत् ।

८ Instead of the words: अथान्यमत्वरमाणः ... पुनरेव मन्थेत् (l. 11-12) H C' have (and cp. Rudradatta on Āp. IX. 2, 3): लौकिकमग्निमाहृत्य विहृत्याग्नीनत्वरमाणो निधाय जुहुयात्पुनरेवात्वरमाणो मन्थयेदुक्तं मन्थनम्; these last two words not in C'.

तिष्ठत इषे रय्यै रमस्व सहसे द्युम्नायोर्जे ऽपत्यायेत्यथैनमुपसमिन्द्धे सारस्वतौ त्वोत्सौ समिन्धाताꣳ सम्राडसि विराडसीत्यथैनमुपसमाधायान्वाहार्यपचनमाहृत्य ज्वलन्तमाहवनीयमुद्धृत्य न्युप्योपसमाधाय[1] गार्हपत्य आज्यं विलाप्योत्पूय स्रुचि 'चतुर्गृहीतं गृहीत्वा दशहोतारं मनसानुद्रुत्याहवनीये जुहोत्यन्वारब्धे यजमाने स्वाहेत्यथ प्रदक्षिणमावृत्य प्रत्यङ्ङाद्रुत्य[2] गार्हपत्ये दशात्मकं ब्राह्मण एकहोतेत्येतस्यानुवाकस्य दश स्रुवाहुतीरथ यद्यन्वाहार्यपचन उद्वायेद्गार्हपत्यादेनमुद्धृत्यान्वाहार्यपचने चतुर्होतारं जुहोति गार्हपत्ये दशात्मकमथ यद्याहवनीय उद्वायेद्गार्हपत्यादेनमुद्धृत्याहवनीये पञ्चहोतारं जुहोति[3] गार्हपत्ये दशात्मकमथ[3] यदि सवनगतानामग्नीनामाग्नीध्रीय[4] उद्वायेच्छालामुखीयादेनमुद्धृत्याग्नीध्रीये षड्ढोतारं जुहोति शालामुखीये दशात्मकमथ यद्यौत्तरवेदिक आहवनीय उद्वायेदाग्नीध्रीयादेनमुद्धृत्यौत्तरवेदिक आहवनीये सप्तहोतारं जुहोत्याग्नीध्रीये दशात्मकम्' ॥ १० ॥

एतयैवावृतैकस्मिन्नुद्वाते द्वयोर्वा प्रतिविभज्य होतॄञ्जुहुयाद्यावतीर्विद्यास्ताः समस्तास्तु जुहुयात्तथा मिन्दाहुती जुहुया-

---

१ Theso two words found in C' H U (in U they are cancelled), U ins. च after ०धाय ।

२ These two words om. Tr C' H.

३ H B road हुत्वा and insert जुहुयात् after दशात्मकम् ।

४ सवनगतानामग्नीनाम् om. Tr.

न्मनस्वतीं चेदाहवनीये जुहुयात्सैषाजस्राणामन्वाहितानाꣳ सवनगतानां चाग्नीनामुद्वातानां प्रायश्चित्तिरेतदेव[1] होमकाले ऽन्वाधानवर्जमथ यस्याग्निरुद्धृतो[2] ऽहुते ऽग्निहोत्र उद्वायेदिति यथासूत्रं[3] वा कुर्यादपि वा गार्हपत्यादिध्ममादीप्य[4] मन्थनमधिमन्थनमुपसमिन्धनमित्येतान्मन्त्राञ्जिगदेदपि[5] वा ज्योतिष्मतीमिष्टिं निर्वपेदपि वा ज्योतिष्मतीभ्यामृग्भ्यां पूर्णाहुतिं जुहुयादपि वा ज्योतिष्मतीꣳ स्रुवाहुतिं जुहुयादग्नये ज्योतिष्मते स्वाहेतीष्टिपूर्णाहुतिस्रुवाहुतीनां पूर्वंपूर्वं विधिं बलीयाꣳसमाचार्या ब्रुवते । तच्चोदाहरन्ति

येये विशेषा लघवो यत्रयत्रोपलक्षिताः ।
कर्म तैर्न प्रसङ्गेन कुर्यादापत्सु तद्धनम्[6] ॥
विशेषान्सर्ववेदेभ्यः[7] प्रयत्नेनोपधारयेत्[8] ।
कर्मणां प्रविचारार्थमापत्सु[9] च समाप्नुयादिति ॥

---

१ Thus C′ H B U (pr. m.) and the Viv.; ॰त्तिषैव Tr, ॰त्तिरेवाथ यदि U (sec. m.).

२ यचस्याग्नि॰ Tr.

३ Viz. according to the ritual exposed in XIII. 7 : 124. 1.

४ Instead of आदीप्य H U उद्धृत्य ।

५ अधिमंथनम् found in C′ Tr H U (pr. m.).

६ तद्धुतं H U.

७ ॰देवेभ्यः H Tr and once in the Viv.

८ प्रपत्नेनो॰ B.

९ प्रतिचारा॰ B U.

यदि प्रसङ्गेन हुतं च[1] लौक्ये[1] मुग्धैर्वा[2] बालैर्हुतꣳ स्याद्विहुतं[3] च पत्न्या तानरण्योरग्नीन्[4] समारोप्योद्वसाय[5] मथित्वाग्नीन्विहृत्य पूर्णाहुतिस्तन्तुमती च कार्येत्यथ यद्यप्रसङ्गेन हुतं च[6] लौक्ये[6] मुग्धैर्वा[7] बालैर्हुतꣳ[8] स्याद्विहुतं च पत्न्या तान्व्याहृतीभिर्विहृत्य पूर्णाहुतिस्तन्तुमती च कार्येति। ॥ ११ ॥ **अष्टमः** ॥

अथ वै भवति[9] निर्ऋतिर्वा एतस्य यज्ञं गृह्णाति यस्यां कस्यां च हविः क्षायति[10] यद्यवदानानि विन्दन्ति नात्र प्रायश्चित्तं कुर्वन्ति। दहति ह वा एषो ऽध्वर्युरवदानानि। समू[11]ह्यैतान्येव[11] तर्पयति[11]। दहति ह वा एष य[12] आज्यं[12]

---

१ ? चल्लौक्ये Tr U, चल्लोक्ये C′ the Viv., चेल्लौवे H, चेल्लोक्ये B.

२ Thus B C′, मुग्धैर्नवा H, मुग्धेनवा Tr U the Viv.

३ विहुते H U.

४ Thus Tr and the Viv., तानारण्यो॰ H, यारण्यो॰ B U, तारण्यो॰ C′.

५ समारोप्योद्वसाय H U, समारोप्य B, समारोप्य Tr C′.

६ Thus Tr C′ the Viv., चेल्लोक्ये B, स्याल्लोक्ये H, लौकिक्ये U.

७ Thus B, मुग्धैमवा H, मुग्धेनवा U C′, मुखेग्धनवा Tr.

८ Thus Tr B, बालैर्हुतꣳ C′, बालैर्वाहुतं H U.

९ These three words not in H Tr.

१० Thus (and cp. Āp. IX. 1. 17) Tr B U the Viv. क्षारयति C′, क्षपयंति H.

११ समूह्यैतान्येव संतर्पयति U, समूह्यैतान्येव तर्पयति Tr, समूह्यैनान्येव संत॰ H, समूह्यैनंतान्येव संत॰ B, समूह्यैतान्येवः संत॰ C′.

१२ Thus Tr and the Viv., यदाज्यं the other MSS.

पुरस्तादङ्कलाथावदानानि जुहोत्याज्येनोपरिष्टान्नाभिघारयति। तेषाᳲ संदग्धानां न देवास्तृप्यन्ति[1] न यजमानो ऽथ हैनान्येष संतर्पयति य आज्यं पुरस्ताद्धुलाथावदानानि जुहोत्याज्येनोपरिष्टादभिघारयति। तेषाᳲ संदग्धानां तृप्यन्ति[2] देवास्तृप्यति[2] यजमानो[2]। ऽथ यद्याग्नेयात्पुरोडाशादग्नीषोमौ यजेताग्नीषोमीयाद्वाग्निं यजेत नैतत्प्रदानमित्याहवनीये स्रुवाहुतिं जुहुयाद्यद्दो देवा अतिपादयानीति। देवपवित्रमाग्नेय्यो याज्यापुरोनुवाक्या देवपवित्रमैन्द्रियो[3] देवपवित्रं प्राजापत्या देवपवित्रं व्याहृतय इत्यथ यदि होता याज्यापुरोनुवाक्यासु मुह्येत सर्वाभिराग्नेयीभिर्यजेतेति। विज्ञायते ऽग्निः सर्वा देवता इत्यैन्द्रीभिर्विज्ञायत[4] इन्द्रो वै सर्वा देवता इति। प्राजापत्याभिर्विज्ञायते प्रजापतिः सर्वा देवता इति। व्याहृतीभिर्विज्ञायते सर्वा वा ऋचः सर्वाणि सामानि सर्वाणि यजूᳲषि यद्व्याहृतय इत्यथ यदि यजमानो याजमानेषु मुह्येत व्याहृतीभिरेवान्तरेण वेद्युत्करौ प्रपदन[5] व्याहृतीभि-

---

1 देवतास्तृ॰ U (sec. m.).

2 Thus Tr, देवा (or देवता) स्तृप्यंत्यथ यज॰ U (sec. m.) B, देवास्तृप्यंति यजमानो H; C′ incomplete.

3 Thus U, ॰मिंद्रियो C′, ॰मैन्द्र्यो Tr U the Viv., ॰मैन्द्रिया H.

4 After the instrumental here and infra some of the MSS. ins. वा।

5 प्रपादनं Tr. C′.

देवोपनिष्क्रमणं व्याहृतीभिरेवानुमन्त्रणं। विज्ञायते[१] सर्वा वा ऋचः सर्वाणि सामानि सर्वाणि यजूंषि व्याहृतय इत्युपास्यते ह वै यज्ञं देवा[२] अन्तरिता[३] इदमु नो हविर्न कृतं तद्धोच्यत[४] इत्या स्विष्टकृत इत्येक। एडाया इत्येक। आनुयाजेभ्य[५] इत्येक। आ शंयुवाकादित्येक। आ समिष्टयजुष इत्येक। ऊर्ध्वं चेत्समिष्टयजुषः स्मरेत्संस्थाप्यैतामिष्टिमन्यामिष्टिमनुल्बणां तन्वीत। यज्ञो ह[६] वै[६] यज्ञस्य प्रायश्चित्तिरिति विज्ञायते। ॥ १२ ॥ नवमः ॥

अथ सांनाय्यदुहो[७] धयेयुस्तद्वत्सा वायव्यया[८] यवाग्वा[८] सायं यजेतापि कस्यां दुग्धायां न[९] धीतां[९] दोहयेद्दुग्धाभिः संस्थाप्यादुग्धानां[१०] वत्सानुपाकृत्य श्वः सांनाय्येन यजेत।

---

१ ह ins. H U C'.

२ देवता H C'.

३ Thus H U C', अंतर्हिता Tr B.

४ तद्वाचो° Tr.

५ Thus, not आनू° the MSS.

६ हैव Tr.

७ साम्नायदो Tr, साय्यदुहो H.

८ Thus C' Tr and the Viv.; वायव्यावा यवाग्वा B C', वायव्यया-यवाग्वा C'.

९ ? नाधीतां Tr, नधीता B, नपीतां H U C'. The Vivaraṇa periphrases: अन्दामानीय तां दोहयीत (sic)।

१० °स्थाप्य दुग्धानां Tr H.

सायंदोहस्येदार्तिमार्च्छेदिन्द्राय[१] व्रीहीन्निरुप्योपवसेदिति यथासमाम्नातमपि वा प्रातर्दोहं द्वेधं कृत्वान्यतरदातच्य[२] सायंदोहस्थाने कुर्याच्छृतस्थान[३] इतरत्प्रातर्दोहस्येदार्तिमार्च्छेदैन्द्रं वा माहेन्द्रं वा पुरोडाशं निरुप्य तेन दध्ना सह प्रचरेदुभयंस्येदार्तिमार्च्छेदैन्द्रं[४] पञ्चशरावमोदनं निर्वपेदिति। प्रसिद्धमाग्नेयेन प्रचर्यैन्द्रेण प्रचरेत्सर्वाणि चेद्धवींꣳषि दुष्येयुर्नश्येयुरपहरेयुर्वाज्येनैता देवताः प्रतिसंख्यायमिष्ट्वैतामिष्टिमन्यामिष्टिमनुसवणां[५] तन्वीत। यज्ञो ह[६] वै[६] यज्ञस्य प्रायश्चित्तिरिति विज्ञायते। ॥ १३ ॥ दशमः ॥

अथातश्छन्दस्यनाम्नातानि[७] कृतानुमन्त्रणानि व्याख्यास्यामो। वैमृधमिष्टमनुमन्त्रयत इन्द्रस्य वैमृधस्याहं देवयज्ययेन्द्रियाव्यसपत्नो वीर्यवाञ्छ्रीमान्भूयासित्यसपत्नो वीर्यवान्भूया-

---

१ After इन्द्राय C′ H U and the Viv. ins. वा महेन्द्राय वा but cp. T Br. III. 7. 1. 6.

२ ॰न्यतरमातच्य B U, ॰न्यतरद्दाविच्य C′.

३ कृतस्थान इतरत् only in H U C′.

४ चार्तिमार्च्छेत् om Tr H C′.

५ प्रतिसंख्याभि॰ Tr; C′: प्रतिसंख्यायाभि॰; the Viv. and B U as given in the text.

६ चैव Tr.

७ The Prāyaścitta candrikā makes the interesting statement, that these anumantraṇa formulas are taken from the Kāṭhaka (कंठोक्त sic). Some of them occur indeed in the Kāṭhaka (v. i: 44. 5 sqq.).

समिति वा[१] । पर्जन्यस्याहं देवयज्यया सुयवसो[२] भूयासꣳ । सोमस्याहं देवयज्यया प्र प्रजया च पशुभिश्च जनिषीय सुरेता रेतो धिषीयेति वा । सवितुरहं देवयज्यया स्वस्तिमान्पशुमान्भूयासꣳ । सरस्वत्या अहं देवयज्यया वाचमन्नाद्यं पुषेयꣳ । सरस्वतो ऽहं देवयज्यया श्रद्धामना भूयासं । पूष्णो ऽहं देवयज्यया पुष्टिमान्पशुमान्भूयासं[३] । मरुतामहं देवयज्यया प्राणैर्ऋध्यासं । विश्वेषां देवानामहं देवयज्यया प्राणैः सायुज्यं गमेयं । द्यावापृथिव्योरहं देवयज्ययोभयोर्लोकयोरृध्यासं भूमानं प्रतिष्ठां गमेयमिति वा । वाजिनामहं देवयज्यया रेतस्वी भूयासं । वरुणस्याहं देवयज्यया धर्मभाग्भूयासं । कस्याहं देवयज्यया प्रविष्ठो[४] भूयासं । विश्वकर्मणो ऽहं देवयज्यया विश्वानि कर्माण्यवरुन्धीयादित्या अहं देवयज्ययाꣳहसो मुच्येय । वायोरहं देवयज्यया रत्नभाग्भूयासꣳ । सूर्यस्याहं देवयज्यया सुदृशीको भूयासमग्नाविष्णवोरहं देवयज्यया वीर्यवान्भूयासं । विष्णोरहं देवयज्यया

---

१ H U C′ ins. पर्जन्यमिदमनुमन्त्रयते H U C′, and thus each time further on, mutatis mutandis, before each formula (e.g. after सुयवसो भूयासमिति सोममिदमनुमन्त्रयते सोमस्याहं etc.). But cp. the expression (p. 342. 2.) यथादेवतमिदमनुमन्त्रयते ।

२ सूयवसो Tr only.

३ पशुमान् in Tr C′ and Prāy. candrikā only.

४ प्रचिष्ठो Tr B.

ग्निपिविष्टो भूयासमर्यम्णो ऽहं देवयज्यया सुवर्गं[1] लोकं गमेयमिति । यथादेवतमिष्टमनुमन्त्रयत[2] एवमनादिष्टानष्टाकपालानाग्नेयविकारानावपत एकादशकपालानग्नीषोमीयविकारान्द्वादशकपालान्वैश्वदेवविकारानेककपालं भूमिकपालं च द्यावापृथिव्यविकारावतो[3] ऽन्यानाग्नेयविकाराꣳस्सर्वान्सौम्यविकारान्दधिपयश्चामिक्षापशवः[4] सांनाय्यविकारा[5] वनस्पतिः स्विष्टकृद्विकार । उपांशुयाजानुपांशुयाजविकारानावपत[6] इत्यथाप्युदाहरन्ति[6] हविःसामान्यं देवतासामान्यं कपालसामान्यमिति हविर्देवताकपालसामान्ये हविःसामान्यं बलीय[7] इत्यपि[7] वास्य यज्ञस्यागुर उद्वृषमग्नीयेति सार्वत्रिकम् ।

॥ १४ ॥ एकादशः ॥

॥ इति सप्तविंशः प्रश्नः ॥

---

१ Thus U C′ Prāy. candr., स्वर्गं Tr B H.

२ °दैवत° H U C′.

३ Thus B U H Viv., °विकारानतो Tr C′.

४ Thus (°विकारान्दधि°) U C′ and Viv.; °विकारांदधि° Tr, °विकारादधि° H, °विकारानिति शालीकिर B. — C′ breaks off after पयश्चामिक्षापशून्स (sic).

५ Thus Tr U B, °विकारान् H.

६ Thus U; °कारावपत इत्य° H, कारानित्यथा Tr B.

७ Thus B H U and the Viv., बलीयोऽपि Tr.

अथ वै भवति यः पापयक्ष्मगृहीतः स्याद्यो वापरुध्येत देवेभ्य ऋषिभ्यः पितृभ्यो गोभ्यो ब्राह्मणेभ्य[1] स्तेनाभिशस्तो ऽभिशस्यमानो वा स एतयेष्ट्या यजेतेत्यैतयेष्ट्या यक्ष्यमाण उपकल्पयते हिरण्यं । तस्याः प्रज्ञात उपवसथो । ऽथ प्रातर्हुते ऽग्निहोत्रे पुराऽपां प्रणयनाद्गार्हपत्य आज्यं विलाप्योत्पूय स्रुचि चतुर्गृहीतं गृहीत्वाहवनीये जुहोत्यन्वारब्धे यजमाने येन देवाः पवित्रेणात्मानं पुनते सदा । तेन सहस्रधारेण पावमान्यः पुनन्तु मा स्वाहेत्यथापरं चतुर्गृहीतं गृहीत्वाहवनीय एव जुहोति प्राजापत्यं पवित्रꣳ शतोद्यामꣳ हिरण्मयम् । तेन ब्रह्मविदो वयं पूतं ब्रह्म पुनीमहे स्वाहेत्यथापरं चतुर्गृहीतं गृहीत्वाहवनीय एव जुहोतीन्द्रः सुनीती सह मा पुनातु सोमः स्वस्त्या वरुणः समीच्या । यमो राजा प्रमृणाभिः पुनातु मां जातवेदा मोर्जयन्त्या पुनातु स्वाहेत्यथ पृष्ठ्याꣳ स्तीर्त्वापः प्रणीयाग्नये ऽꣳहोमुचे ऽष्टाकपाल इति दशहविषमिष्टिं निर्वपति अपथिलासादयति । तस्याः सप्तदश सामिधेन्यः । समिध्यमानां च समिद्धां चान्तरेण पावकवत्यौ धाय्ये दधात्यपामिदं न्ययनं नमस्त इति द्वे[2] । पावकवन्तावेवाज्यभागावग्नी[3] रक्षाꣳसि सेधति शुक्रशोचिरमर्त्यः । शुचिः पावक ईड्य इति

१ B U ins. पशुभ्य. which is neither found in the Prāy. pradīpa देवेभ्यः पितृभ्य ऋषिभ्यो गोभ्यो ब्राह्म॰ Tr, देवेभ्य ऋषिभ्यो ब्राह्मणेभ्यः पितृभ्य H.

२ द्वाभ्यां Tr B, द्वे H.

३ एव given by Tr only.

पुरोनुवाक्यामनूच्य यत्ते पवित्रमर्चिष्यग्ने विततमन्तरा। ब्रह्म तेन पुनीमह इति यजति। यो धारया पावकया परिप्रस्यन्दते सुतः। इन्दुरश्वो न कृत्विय[1] इति पुरोनुवाक्यामनूच्या कलशेषु धावति पवित्रे परिषिच्यते। उक्थैर्यज्ञेषु वर्धत इति यजत्यथ हविषामग्नेर्मन्वे प्रथमस्य प्रचेतस इत्येतस्मिन्ननुवाके याज्यापुरोनुवाक्याः सहसंयाज्या भवन्त्यथ[2] पुरस्तात्स्विष्टकृतः स्रुवाहुतीरुपजुहोति पवमानः सुवर्जन इत्येतेनानुवाकेन प्रत्यृचं। प्राशित्रेडाथान्वाहार्यमासाद्य हिरण्यं ददाति। समानं कर्मा पत्नीसंयाजेभ्यो। ऽथ पुरस्ताद्गृहपतेः स्रुवाहुतीरुपजुहोति यद्देवा देवहेडनमित्येतेनानुवाकेन प्रत्यृचꣳ। संतिष्ठत एषेष्टिः सपूर्णपात्रविष्णुक्रमा। विसृजते व्रतमेतयैव यजेतर्तुव्यतिक्रमे[3] दारव्यतिक्रमे ऽयोनौ वा रेतः सिक्त्वैतयैव यजेत पातकोपपातकसंयुक्तो[4] द्वादशाहं महापातकसंयुक्तो मासं पुष्यमिच्छन्संवत्सरमृतं वा तामेतां महापवित्रेष्टिरित्याचक्षते मृगारेष्टिरिति वा रहस्येष्टिरिति बौधायनः[5]। ॥ १ ॥ प्रथमः ॥

---

[1] Thus Tr U H, कृत्य B.

[2] भवन्तीत्यथ Tr.

[3] यजेतर्त्वतिक्रमे Tr.

[4] पातकोवपातक॰ Tr, पातकोपातक॰ B. The Viv.: पातकोपपातकः महापातकानां रहस्यकृतानाम्।

[5] Tr B H repeat the last three words.

यथो एतद्यो ऽपरिमितं प्रवसतीति[1] न संवत्सरमति प्रवसतीत्येवेदमुक्तं भवति स उ चेदति प्रवसेत्पवित्रेष्ट्या यजेतेत्येतयेष्ट्या यक्ष्यमाण उपकल्पयते हिरण्यं । तस्याः प्रज्ञात उपवसथो । ऽथ प्रातर्हुते ऽग्निहोत्रे पुरापां प्रणयनाद्गार्हपत्य आज्यं विलाप्योत्पूय स्रुचि चतुर्गृहीतं गृहीत्वाहवनीये जुहोत्यन्वारब्धे यजमाने येन देवाः पवित्रेणात्मानं पुनते सदा । तेन सहस्रधारेण पावमान्यः पुनन्तु मा स्वाहेत्यपरं चतुर्गृहीतं गृहीत्वाहवनीय एव जुहोति प्राजापत्यं पवित्रं शतोद्यामꣳ हिरण्मयम् । तेन ब्रह्मविदो वयं पूतं ब्रह्म पुनीमहे स्वाहेत्यपरं चतुर्गृहीतं गृहीत्वाहवनीय एव जुहोतीन्द्रः सुनीती सह मा पुनातु सोमः स्वस्त्या वरुणः समीच्या । यमो राजा प्रमृणाभिः पुनातु मां जातवेदा मोर्जयन्त्या पुनातु स्वाहेत्यथ पृष्ठ्याꣳ स्तीर्त्वापः प्रणीयाग्नये पवमानाय पुरोडाशमष्टाकपालं निर्वपति सरस्वत्यै प्रियाया उपाꣳश्वाज्यमग्नये पावकाय पुरोडाशमष्टाकपालं निर्वपति सवित्रे सत्यप्रसवायोपाꣳश्वाज्यमग्नये शुचये पुरोडाशमष्टाकपालं निर्वपति वायवे नियुत्वत उपाꣳश्वाज्यमग्नये व्रतपतये[2] पुरोडाशमष्टाकपालं निर्वपति विष्णवे शिपिविष्टायोपाꣳश्वाज्यमग्नये वैश्वानराय पुरोडाशमष्टाकपालं निर्वपति दधिक्राव्ण उपाꣳश्वा-

---

१ इति not in the MSS., but cp. III. 14 : 85. 2.

२ ०तय इति Tr.

ज्यमिति ' अपथिलाषादयति ' तस्याः सप्तदश सामिधेन्यः ' समिध्यमानां च समिद्धां चान्तरेण पावकवत्यौ धाय्ये दधात्यपामिदं न्ययनं नमस्त इति द्वे[१] ' पावकवन्तावेवाज्यभागावग्नी रक्षांꣳसि सेधति शुक्रशोचिरमर्त्यः । शुचिः पावक ईड्य इति पुरोनुवाक्यामनूच्य यत्ते पवित्रमर्चिष्यग्ने विततमन्तरा । ब्रह्म तेन पुनीमह इति यजति ' यो धारया पावकया परिप्रस्यन्दते सुतः । इन्दुरश्वो न कृत्व्य इति पुरोनुवाक्यामनूच्या कलशेषु धावति पवित्रे परिषिच्यते । उक्थैर्यज्ञेषु वर्धत इति यजत्यथ हविषामग्न आयूꣳषि पवस ऽग्ने पवस्वेत्यग्नेः पवमानस्योत नः प्रिया प्रियास्विमा जुह्वाना युष्मदिति सरस्वत्याः प्रियायाः अग्ने पावक स नः पावकेति पावकस्या विश्वदेवमा सत्येनेति सवितुः सत्यप्रसवस्याग्निः शुचिव्रततम उदग्ने शुचयस्तवेति शुचेर्वायुरग्रेग वायो शुक्रो अयामि त इति वायोर्नियुत्वतस्त्वमग्ने व्रतपा असि यद्वो वयं प्रमिनाम व्रतानीति व्रतपतेः प्र तत्ते अद्य किमित्ते विष्णो परिचक्ष्यं भूदिति विष्णोः शिपिविष्टस्य वैश्वानरो न ऊत्या पृष्टो दिवीति वैश्वानरस्य दधिक्राव्णो अकारिषमा दधिक्रा इति दधिक्राव्णो ' ऽथ कृतानुमन्त्रणमग्नेः पवमानस्याहं देवयज्यया शुचिः पूतो मेध्यो विपाप्मा ब्रह्मवर्चस्यन्नादो भूयासमग्नेः पावकस्याग्नेः शुचेरग्नेर्व्रतपतेरग्नेर्वैश्वानरस्याहं देवयज्यया शुचिः

---

१ द्वाभ्यां Tr B.

पूतो मेध्यो विपाप्मा ब्रह्मवर्चस्यन्नादो भूयासमित्यु।पाꣳशुयाजायामुपाꣳशुयाजवदित्यथ[1] पुरस्तात्स्विष्टकृतः स्रुवाहुतीरुपजुहोति पवमानः सुवर्जन इत्येतेनानुवाकेन प्रत्यृचमतिथिवत्यौ[2] दमूनवत्यौ संयाज्ये जुष्टो दमूना अतिथिर्दुरोण इमं नो यज्ञमुपयाहि विद्वान् । विश्वा अग्ने अभियुजो विहत्य शत्रूयतामाभरा भोजनानि ॥ मर्जाल्यो मृज्यते स्वे दमूनाः कविप्रशस्तो अतिथिः शिवो नः । सहस्रशृङ्गो वृषभस्तदोजा विश्वाꣳ अग्ने सहसा प्रास्यन्यानिति । प्रसिद्धेडाद्यान्वाहार्यमासद्य हिरण्यं ददाति । समानं कर्मा पत्नीसंयाजेभ्यो । ऽथ पुरस्ताद्गृहपतेः स्रुवाहुतीरुपजुहोति यद्देवा देवहेडनमित्येतेनानुवाकेन प्रत्यृचꣳ । संतिष्ठत एषेष्टिः सपूर्णपात्रविष्णुक्रमा विसृजते व्रतमेतयैव यजेताभिशस्तो ऽभिशस्यमानो वैतयैव यजेतर्तुव्यतिक्रमे[3] दारव्यतिक्रमे ऽयोनौ वा रेतः सिक्त्वै।तयैव यजेत संवत्सरमर्धपादमेकविꣳशतिरात्रं[4] वा । तिर्यग्योनिगताञ्ज्ञातीञ्जात्यन्तरे[5] वर्तमानान्दुष्कृतैरपहृत्यान्दश पूर्वा-

---

१ °प्रयाजविकारवदित्यथ H U.

२ °मत्यौ U.

३ Thus B U H and Prāy. candr.; Tr. omits the passage.

४ Thus (अर्धपादम्) H and Prāy. candr., °मूर्ध्वपाद° U, मध्यपाद° Tr B. The meaning acc. to the Vivaraṇa is: द्वौ मासौ।

५ ज्ञातीन Tr and the Viv. °ज्ञातान् U; B and H. om.

न्दशापरानात्मानं चैकविंशं[1] पङ्क्तिं च पुनाति न[2] च[2] पुनरावर्तत[2] इत्यथाप्युदाहरन्ति

वैश्वानरीं व्रातपतीं पवित्रेष्टिं तथैव च।
ऋतावृतौ प्रयुञ्जानः पुनाति दशपूरुषमिति[3] ॥ २ ॥

द्वितीयः ॥

अथातो नक्षत्रेष्टीर्व्याख्यास्यामोऽग्निर्वा अकामयतान्नादो देवानाꣳ स्यामिति ता ब्राह्मणेन[4] व्याख्याताः सा या वैशाख्याः पौर्णमास्याः पुरस्तादमावास्या भवति स संवत्सरस्यापभरणीभिः[5] संपद्यते तस्यामारभेतेति तस्या उपवसथेऽरण्योरग्नीन्समारोह्योद्वसाय[6] मथिलाग्नीन्विहृत्याजस्रान्वापि वा[7] पौर्णमास्याममावास्यायां वोपवसेद्यस्यां[8] तमस्म

---

१ Thus B U, विंशति H Tr and Prāy. candr.

२ These words omitted by Tr as also the following इति; the Prāy. candrikā reads न स पुन॰।

३ Thus (and cp. Baudh. dhś. I. 2. 17, Vas. dhs. XXII. 10) Tr B (the last only ॰पुरुष॰ and U (sec. m.) and Prāy. candr.; पवित्रेष्टिमृतावृतौ। स्वगारेष्टिं प्रकुर्वाणः पुनात्याविꣳशतिं (or पुनाति वि॰) कुलमिति H and U (pr. m.).

४ See T Br. III. 1. 4 sqq.

५ Thus Tr B U (sec. m.) ॰भरण्या H U (pr. m.) Prāy. candr.

६ ॰रोप्यो॰ B U H Prāy. candr.

७ Om. U B.

८ उपवसेत् om. Tr.

संपद्यते । तत्रैषो ऽत्यन्तप्रदेशो । हविरुच्छिष्टाशतो[१] यजमानो[२] भवतीति विज्ञायते ऽपि वा जन्मनक्षत्रे कुर्यादायुष्कामस्य[३] यावज्जीवं[३] अवरार्ध्यो वा प्रयोगो । जीववन्तावाज्यभागौ यजत्या नो अग्ने सुकेतुना[४] त्वꣳ सोम महे भगमित्यथ[४] निर्वपत्यग्नये कृत्तिकाभ्यो जुष्टं निर्वपामीत्यग्निं[५] कृत्तिका यजेति संप्रेष्यत्याग्नेयमष्टाकपालमनुमत्यै चरुमिति[६] मन्त्रेणानुयजति नक्षत्रहविर्मध्ये । अप्रथित्वासादयति । तस्याः सप्तदश सामिधेन्यः । समिध्यमानां च समिद्धां चान्तरेण श्रीमत्यौ धाय्ये दधाति स्वाहा यस्य श्रियो दृशे ऽदाभ्यः पुरएतेति । रयिमन्तौ पुष्टिमन्तावाज्यभागौ[७] यजत्यग्निना रयिमश्नवद्गयस्फानो अमीवहेत्यथ हविषामग्निर्मूर्धा भुवो ऽनु नो ऽद्यानुमतिरन्विदनुमते त्वमिति संचरयोर्याज्यापुरोनुवाक्या ।

१ °शतोपायी H U.

२ Om. Tr.

३ Thus reads Tr; the three other MSS. : °दायुष्कामस्यावरार्ध्यो; the manuscript tradition, however, seems to be defective, the Vivaraṇa runs : अपि वा जन्मनि क्रियेतायुष्कामः किं तत्र स्वजन्मनक्षत्रदेवत्यामिष्टिं यावज्जीवमथ वा अवरार्ध्यः प्रयोगः । जन्मनक्षत्रदेवत्यामिष्टिं जन्मनक्षत्रे निरावर्तयेदायुष्कामोऽत ऊर्ध्वं यथाक्रममायुष्कामस्य ।

४ The two mantras are given Sakalapāṭhena in B.

५ इति om. U B H.

६ इति om. Tr B H.

७ पुष्टिमन्तौ om. Tr.

नक्षत्रविधानग्निर्नः[1] पातु कृत्तिका[2] इति यथासमाम्नातमथ पुरस्तात्स्विष्टकृतः स्रुवाहुतीरुपजुहोत्यग्नये स्वाहा कृत्तिकाभ्यः स्वाहेति यथासमाम्नातꣳ[3] । स्विष्टवत्यौ[4] संयाज्ये हव्यवाहꣳ स्विष्टमिति । संतिष्ठत एषेष्टिः सपूर्णपात्रविष्णुक्रमा । विसृजते व्रतम् । ॥ ३ ॥

एवमुत्तरमुत्तरं[5] प्रतितन्त्रमुत्तरउत्तरे[6]ऽहनि यजेत । विशेषान्व्याख्यास्यामः । प्रजापतिः सवितेत्युपाꣳशु सर्पेभ्य आश्रेषाभ्य[7] आज्ये करम्भमिति । सर्वं यवा भवन्त्यधिश्रयण-काले तिरः पवित्रमाज्यमानीयाधिश्रित्य[8] तिरः पवित्रं कर-म्भानावपति[9] । पितृभ्यो मघाभ्यः पुरोडाशꣳ षट्कपालमिति । पैतृयज्ञिकेन निर्वपणप्रोक्षणाधिवपनसंवपनादीनि[10] व्याख्यातानि भवन्ति । तार्तीयसवनिकेन[11] सौम्येन प्रचरणकल्पो व्याख्यातो ।

---

१ ॰हविषोऽग्नि॰ H.

२ Tr gives a longer citation of the pratika.

३ Tr. ins. अथ ।

४ ॰कृतौ U H.

५ एवमेवमु॰ U H.

६ Thus Tr; प्रतिमंत्रमु॰ H U, तंत्रमु॰ B and the Viv.

७ Thus (॰श्रे॰) B and Prāy. candr. as T Br. III. 1. 4. 7; ॰ले॰ U H Tr.

८ अधिश्रित्य given only by Tr.

९ Thus Tr B H and Prāy. pradipa; ॰भमानयति U.

१० ॰संवपन॰ om. Tr; ॰संयवनादीनि the Viv.

११ ॰सवनीयेन Tr.

ऽथैतद्वायवे निष्ट्यायै गव्यै दुग्धमिति । पयसः प्रातर्दोहवत्संस्कार[1] । श्वा[1] विशाखाभ्यामिष्ट्वा तदानीमेव पौर्णमासीमाज्येन यजेताथ श्वो भूते मित्रायानूराधेभ्यश्चरुमित्युत्तराभिरषाढाभिरिष्ट्वा[2] तदानीमेवाभिजिता यजेताथ श्वो भूते विष्णवे श्रोणायै पुरोडाशं त्रिकपालमित्युत्तरेषु प्रोष्ठपदेषु पुरोडाशं भूमिकपालमिति । कपालमात्रं[3] भूमौ परिलिख्याङ्गारमधिवर्तयति[4] । तस्यैककपालवत्संस्कार[5] । अपभरणीभिरिष्ट्वा[5] तदानीमेवामावास्यामाज्येन यजेताथ श्वो भूते चन्द्रमसे प्रतीदृश्यायै पुरोडाशं पञ्चदशकपालमित्यभिनीयैवाहनि[6] निर्वपेदुदिते चन्द्रमसि प्रचरेन्नैतमहोरात्राभ्यां चरुं निरवपतां दयानां व्रीहीणां शुक्लानां च कृष्णानां च सवात्योर्दुग्धे श्वेतायै च कृष्णायै चेत्यभिनीयैवाहनि[6] निर्वपेदस्तमिते प्रचरेदपि वा सन्ध्यावेव निर्वपेत्सन्ध्यावेव प्रचरेन्निर्वपणन्यायेन[7] प्रचरेदथैतमुषसे चरुमित्यभिनीयैव रात्रौ निर्वपेदुषसि प्रचरेदथैतस्मै नक्षत्राय चरुं निर्वपति । यथा त्वं देवानामस्येवमहं मनुष्याणां भूयासमिति निर्वपण-

१ ? Thus Tr B; ॰रोथावि॰ H, ॰रोयवि॰ U.

२ ॰यानुराधे॰ Tr.

३ ॰मंत्रं Tr.

४ प्रलि॰ U H.

५ ? Thus B; ॰रोथापभ॰ U, ॰रोपभ॰ H Tr.

६ चविद् ins. H.

७ निर्वपणन्यायेन प्रचरेत् in Tr only.

काले यजमानायतन आसीनो यजमानो जपत्यभिनीयैवाह्नि[1] निर्वपेदुदितेषु नक्षत्रेषु प्रचरेदथैतꣳ सूर्याय नक्षत्रेभ्यश्चरुमित्यभिनीयैव रात्रौ निर्वपेदुदिते सूर्ये प्रचरेदथैतमदित्यै चरुमथैतं विष्णवे चरुमिति यजति[2] । यज्ञो वै विष्णुर्यज्ञ एवान्ततः प्रतितिष्ठतीति ब्राह्मणं । वरो[3] दक्षिणा भवतीति[3] विज्ञायते ऽपाघावद्धा[4] । प्रसिद्धः पशुः । पाथिकृत्येष्ट्वा दर्शपूर्णमासाभ्यां यजेत नक्षत्रसत्त्रेण श्रुतिरानन्त्याय । [5]ज्योतिषामयनेनेष्ट्वा पापं निर्णुद्य[6] ज्योतिष्टमुपजायते ऽप पुनर्मृत्युं जयतीति ह[7] स्माह[7] बौधायनः । ॥ ४ ॥

तृतीयः ॥

नवैरेवामावास्यायां[8] पौर्णमास्यां[8] वा यजेत नवैर्वाग्नि-

---

१ हविर् ins. H.

२ Om. Tr.

३ वरा दक्षिणा भवन्तीति Tr.

४ Thus (and cp. the Journal of the German Oriental Society, Vol. LVII, p. 742) U Tr, पाद्यावद्धा B, पाकद्धा H. The Vivaraṇa runs: अपाघावद्धा दक्षिणा इति शेषः । यथा अपाघाद्धि भूयन्ते दक्षिणाः तास्वन्विष्टि पष्ठौही वरान्द्यात्कꣳसं च स्त्रियै चाभारꣳ समद्धा इति (cp TBr. III. 12. 4. 7).

५ Tr ins ज्योतिषा ।

६ निर्नुद्य Tr.

७ Om. B.

८ Thus Tr H and the Viv.; ०मावास्यां पौर्णमासीं वा U, नवैरेव पौर्णमासीममावास्यां वा B; the accus. instead of the locat. also Āp. VI. 30. 13.

होत्रं[१] जुहुयादपि वाग्निहोत्रीं वा[२] नवानादयित्वा[२] तस्याः पयसा जुहुयादपि[३] वा[३] नवानां[३] यवाग्वा[३] सायंप्रातरग्निहोत्रं जुहुयादपि वा गार्हपत्ये चतुःशरावमोदनꣳ श्रपयित्वाग्रयण-देवताभ्यः स्विष्टकृच्चतुर्थीभ्यो[४] जुहुयादपि वा नवैरेव ब्राह्मणा-न्भोजयेत्स[५] एष[५] दर्व्युपचारकल्पो[६] हरितयवशमीधान्यौषधि-वनस्पतिमूलफलशाकानामनिष्ट्वाग्रयणं[७] याथाकामी[८] स्यात्पङ्क्ति-वैषम्याद्व्रीहिभिरिष्ट्वा[९] व्रीहिभिरेव[१०] यजेता यवेभ्यो यवैरिष्ट्वा यवैरेव[१०] यजेता व्रीहिभ्यो । ऽपि वा व्रीहिभिरेव[११] यवैर्वा यजेत । संतिष्ठन्त आग्रयणानि । ॥ ५ ॥ चतुर्थः ॥

---

१ Thus H U and the Viv.; नवरवा० B Tr.

२ Thus U and the Viv., वा नवानदयि० Tr, वावानादयि० H, वैनामादयि० B.

३ Om. Tr; cp. Āp. l. c. 15.

४ Thus (as gṛhyasūtra and Hir. śrs. [II. 8. 23) Tr B, ०र्थिभ्यो (as Āp. l. c. 16,) H U.

५ Thus U and the Viv., ०स एवैष Tr, H B om. स ।

६ Thus Tr; दर्व्युपचार० B U, दर्व्युपचारि० H.

७ ०शिंबी० instead of ०शमी० H; ०फलमूल० instead of ०मूलफल० U; ०निष्ट्वापि instead of ०निष्ट्वाग्रयणं (thus B U H and Viv.) Tr.

८ Thus B H, यथा० Tr U Viv.

९ Thus U and the Viv.; स्यात्पक्तिवै० B, स्यातामृपंक्तिवै० H, स्यात्तान् पङ्क्तिवै० Tr.

१० एव om. Tr.

११ एव om B U.

अथातः पशुप्रायश्चित्तानि व्याख्यास्यामः । स यदि पशुरुपाकृतो वाश्येत यदस्य पारे रजस इत्येताꣳ हुत्वा नैमित्तिकीं[1] द्वितीयां जुहोति यस्माद्भीषावाशिष्ठास्ततो नो अभयं कृधि । प्रजाभ्यः सर्वाभ्यो मृड नमो रुद्राय मीढुषे स्वाहेति[2] । यस्माद्भीषावेपिष्ठाः पलायिष्ठाः समज्ञास्थाः शकृदकृथा मूत्रमकृथा इत्येतेषु[3] निमित्तेषु य इदमकस्तस्मै नमस्तस्मै स्वाहेति तृतीयाꣳ । स यदि निषीदेद्यस्माद्भीषा न्यषद इत्येताꣳ हुत्वा तं मैत्रावरुणदण्डेनोत्थापयेदन्येनौदुम्बरेण वोर्ग्वा उदुम्बर ऊर्क्पशव ऊर्जैवास्मा ऊर्जं पशूनवरुन्द्ध इति ब्राह्मणमुदुस्र तिष्ठेत्युस्रमुदश्वेत्यश्वमुदु छागेति छागमुन्मेषेति मेषमुद्वश इति वशां । स उ चेत्प्राक् पर्यग्निकरणान्म्रियेत याश्वमेधे प्रायश्चित्तिस्तां कृत्वाथान्यं[4] तद्दैवत्यं[5] तद्वर्णं[6] तद्वयस[6] तद्रूपं तज्जातीयं पशुमालभेत । तस्योपाकरणादि सर्वमावर्तते निर्मन्थ्य सामिधेनीतन्त्रेषाघारसंप्रैषसंमार्गप्रवरप्रयाजवर्जमथ[7] यदि तज्जातीयं न विन्देताजावयो[8] गोअश्वा इत्यन्योन्यस्य प्रति-

---

१ °त्तिकां H U.

२ इति only in U (sec. m.)

३ Thus U (pr. m.) इत्येषु B, इत्येवमेतेषु Tr, इत्येवमेदेषु H.

४ Thus (and cp. XVIII. 11 : 355. 15.) Tr B; H U om. कृत्वा ।

५ तद्दे° Tr and the Viv.

६ तद्वयसं तद्रूपं H U.

७ °सामिधेनित° Tr, °सामिधेनीत्त° H U.

८ Thus Tr, °ताजोश्वयो H U, °तांजावि B.

मिथ्यो भवन्तीति[१]। तेषां छागस्य[२] मेषस्योपाकरणीयावालभे[२]ऽन्यतममालभेत[२]। त्वाष्ट्रेण प्रचरणकल्पो व्याख्यातो[३]ऽथास्य[३] शरीरमप्सु प्रवेशयति न वा उवेतन्म्रियस आशानां त्वा विश्वा आशा इति द्वाभ्याम्। ॥ ६ ॥

अथ यद्यङ्गहीनः पशू रूपतो वर्णतो वाग्नेयीमाग्नावैष्णवीमैन्द्रीं वायव्यां प्राजापत्यामिति च कृत्वा तमेवोपाकुर्यादथ यदि वपामाह्रियमाणाꣳ श्येनो ऽपहरेच्छ्येदा[४] पात्र्याꣳ हिरण्यमन्तर्धाय[५] चतुर्गृहीतं[५] गृहीत्वाहवनीये जुहोत्यन्वारब्धे यजमान उद्यन्सुपर्णो[६] न विभाति सर्वꣳ हिरण्यकुक्षिः सप्तशिराः पुरस्तात्। सर्वेषु लोकेषु विभुः प्रविष्टो गातुमस्मिन्यज्ञे यजमानाय विन्द[७] स्वाहेत्यथैतस्यै[७] वपायै स्थाने यत्किंचिन्मेदोरूपमवशिष्टꣳ स्यात्तदुत्पाद्य[८] तेन प्रचरे-

---

१ भवंति B U H.

२ Partly conjectural reading; छागस्य मेषस्येदुपाकरणीयावुपाकरणीयानमन्यतम॰ U, छागस्येदुपाकरणीया उपाकरणीयानामन्यतम॰ H, छागं च मेषं चोपाकरणीयावावालभेदन्यतम॰ Tr, छागमथमेषस्योपाकरणीयावलाभेन्यतम॰ B. The Viv. तेषां छागस्य मेषस्योपाकरणीयाविति।

३ U ins. after थास्य : षट्त्रयमभिविदर्शयति, H ins. before थास्य : (व्याख्यात)रेथास्य षट्त्रयमभिविदर्शयति (cp. IX. 19 : 296. 3).

४ Thus B Tr U; H corrupt.

५ Om. Tr.

६ उद्यंद्दु॰ H, उद्यत्सु॰ U·Tr, उद्दुत्सु॰ B.

७ Thus Tr, विंदस्वा॰ B H U.

८ Thus B, ॰दुत्थाद्य Tr U H.

दंथ यद्येनां पुनर्विन्देत नैनामाद्रियेताथ यदि वपा हविरवदानं वा स्कन्देदा त्वा ददे यशसे वीर्याय चास्मास्वग्निया यूयं दधाथेन्द्रियं पय इत्यादाय जुहोति यस्ते द्रप्सो यस्त उदर्षो दैव्यः केतुर्विश्वं भुवनमाविवेश । स नः पाह्यरिष्ट्यै स्वाहेत्यथ यद्यसंस्थिते पशौ शकुनिश्चषाल उपविशेच्चषालं प्रक्षाल्य यूपं प्रोक्ष्य तथैवाज्येन जुहोत्यापवस्व वदस्व[१] वा[१] सोमपीतये गातुमस्मिन्यज्ञे यजमानाय त्विन्द[२] स्वाहेति[२] ।

॥ ७ ॥ पञ्चमः ॥

अथातश्चातुर्मास्यान्तरालव्रतानि व्याख्यास्यामस्तस्यैतद्व्रतं[३] । नानृतं वदति । न मांसमश्नाति । न स्त्रियमुपैति । नास्य[४] पल्पूलनेन वासः पल्पूलयन्त्यंम्रन्मयपाय्यशूद्रोच्छिष्टी । स्वयं पादौ प्रक्षालयते[४] । न लवणमश्नाति । न कौशीधान्यमन्यत्र[५] तिलेभ्यो । नासन्द्यां शयीत । न स्त्रियमुपेयात्कामम्तौ जायामुपेयाद्यद्यजातपुत्रः स्यादुभयोः कालयोर्मधुपूर्वं व्रत-

---

१ ? Thus U, वदस्व H, वदष्युवा B, वदस्वष्युवा Tr.

२ Thus Tr again, विंदस्वा॰ B U H, विदस्वा॰ Prāy. candr.

३ Thus B; व्याख्यास्यामो व्रतं चरेदिति तस्यैतद्व्रतं Tr; after व्याख्यास्यामः H and U have a passage which seems to be interpolated (from XXI. 1. : 69. 2, 3): तान्यस्य (these two words only in H) यावज्जीवप्रयोगीत्येवं चातुर्मास्यानाम(न)न्तरालव्रतानि प्रथमे त्वेव संवत्सरे व्रतं चरेदिति ।

३...४ om. Tr.

५ Thus (and cp. II. 20: 67. 1) B, कोशी॰ H U Prāy. candr. कोशि॰ Tr.

मुपैति । मध्वश्नातीति ब्राह्मणं[1] । घृतमित्येवेदमुक्तं[1] भवति[1] । दैव्यं मध्विति । विज्ञायतेऽञ्जन्ति त्वामध्वरे देवयन्तो वनस्पते मधुना दैव्येनेति । नान्यस्योच्छिष्टं भुञ्जीत । नान्यस्यार्त्विज्यं कुर्वीत । नाञ्जीत । नाभ्यञ्जीत । न श्राद्धं[2] भुञ्जीत । न लोमानि वापयीत[3] । न दतो धावते[4] । न नखानि निकृन्तते[4] । कामं पर्वसु[5] केशश्मश्रुलोमनखानि[6] वापयीत । चतुर्षुचतुर्षु मासेषु निवर्तयेतेति ब्राह्मणम्[9] । संवत्सरादूर्ध्वं दार्शपौर्णमासिकमेव[7] व्रतमुपदिशन्ति तस्य चेद्दैश्वदेवस्य कालो[8] नातीयाद्यद्यतीयादग्नये[8] व्रतपतये पुरोडाशमष्टाकपालं निर्वपति[9] । सा प्रसिद्धेष्टिः संतिष्ठत आमावास्यकालादिति[10] व्याख्याताः । कालातिक्रमेष्वापदि[11] यजेत । ॥ ८ ॥ षष्ठः ॥

---

१ Thus Tr B; ०वं वैदमुक्तं भवति घृतमित्येतद्दै H, ० णे चैवेदमुक्तं भवति घृतमित्येतद्दै U; on this passage cp. Rudr. on Āp. VIII. 4. 11.

२ श्राद्धानि Tr.

३ Thus U H, वापयते B, छिंदीत Tr.

४ Thus MSS., we expect the optat.

५ पर्वणि Tr.

६ लोमनखानि om. Tr.

७ दार्शपूर्णमासिकं Tr.

८ Thus is the reading of U sec. m. U (pr. m.) B and Tr. om. the words यद्यतीयात् and B has कालोतीयाद् instead of कालोनाती० ।

९ शरावं दक्षिणां ददाति U ins. on the margin.

१० ०स्यस्य कालादिति Tr.

११ Thus also the Vivaraṇa, काला अतिक्र० H. (rightly ?).

अथातो ऽध्वरदीक्षाप्रायश्चित्तानि व्याख्यास्यामो ' दीक्षितश्चेदनृतं वदेदिमं मे वरुण तत्त्वा यामि त्वं नो अग्ने स त्वं नो अग्न इति चतस्रो वारुणीर्जपेत् ' कृष्णाजिनाद्वा विच्छिन्नो दण्डाद्वा देवाञ्जनमगन्यज्ञस्ततो मा यज्ञस्याशीरवतु । वर्धतां भूतिर्दध्ना[1] घृतेन मुञ्चतु यज्ञो यज्ञपतिमंहस इति जपेद् ' अमेध्यमनिष्टं वा दृष्ट्वा जपतीत्युक्तमेतद् ' अभिवृष्टो ऽभिवृष्यमाणो वा[2] जपतीत्युक्तमेतद् ' ध्रुतयित्वाप आचम्य जपति शिवाः पीता भवथ यूयमापो ऽस्माकं योनावुदरे सुशेवाः । इरावतीरनमीवा अनागसः स्वस्ति नो भवथ जीवस इति ' छर्दयित्वा निष्ठीव्य वा जपति यदत्रापि रसस्य मे निरष्ठविषमसृतः[3] । अग्निष्टत्सोमः पृथिवी पुनरात्मन्दधातु म इति ' रेत स्कन्नमनुमन्त्रयते यन्मे रेतः परीतोषात्तदर्पिंथ[4] । अग्निहोत्रमिव[4] सोमेन तदहं पुनरादद इति ' मूत्रं करिष्यन्पुरीषं वा पृथिव्या[5] लोष्टमादत्त इयं ते यज्ञिया तनूरिति ' करोत्यपो मुञ्चामि न

१ दध्ना om. H.

२ om Tr.

३ निरष्ठविषम् B U H and the Prāy. candrikā, निरष्ठीविषम् Tr and a prayoga of the collection Burnell;—षसृतः or षसृत Tr B H and the same prayoga, षसृत B and the Prāy. candrikā.

४ परीतो॰ Tr B, परितो॰ U H Prāy. candrikā—॰पिंथ यग्नि॰ Tr, पिंथा । यग्नि॰ prayoga Burnell, ॰पिंथेग्नि॰ H, ॰पिंथाग्नि॰ U, ॰पितायि॰ B, cp. Āp. X. 13. 10.

५ पृथिव्यां Tr U.

प्रजामꣳहोमुचः स्वाहाकृताः पृथिवीमाविशतेति लोष्टं प्रतिनिदधाति पृथिव्याः संभवेति बीभत्सा नाम[१] स्थापः[१] स्वाहाकृताः पृथिवीमाविशतेत्यश्रु[२] कफस्या[३] नाम स्थापः स्वाहाकृताः पृथिवीमाविशतेति स्नूहानं[४] तपस्या नाम स्थापः स्वाहाकृताः पृथिवीमाविशतेति स्वेदं दुःस्वप्नं दृष्ट्वा जपत्यभिपर्यावर्तते[५] दुःस्वप्न पापस्वप्नादभूत्यै[६]। ब्रह्माहमन्तरं करवै न हि स्वप्नमुपपद्य[७] इति स्वप्नेऽन्नं भुक्त्वा जपति यदन्नमद्यते नक्तं न तत्प्रातः क्षुधोऽवति। सर्वं तदस्मान्मा हिꣳसीन्न हि तद्ददृशे दिवेति लोहितमुत्पतितं दृष्ट्वा कण्डूय[८] वा जपति नमो रुद्रियाभ्योऽद्भ्यः स्वाहेति न वर्षति धावेद्यदि धावेन्नमो रुद्राय[९] वास्तोष्पतय[९] इत्येतामृचं जपेन्नान्येन दीक्षितेन समेयाद्यदि समेयात्कया नश्चित्र आभुवदित्येतामृचं जपेद्देव-

---

१ Thus (and cp. Āp. X. 14. 1) Tr, नामाप स्थः H U Viv. and Prāy. candrikā; B om. this passage.

२ Thus the prayoga Burnell; ॰श्री Tr, ॰श्रुपाते U; H totally corrupt and B defective.

३ Thus Tr, Viv. and prayoga Burnell; कफे निर्गते कफस्या U.

४ Thus the prayoga Burnell, स्रोदं Tr, स्वेदं B and Viv, स्वस्था H.

५ Thus MSS., read with Av. VII. 100 जपति पर्यावर्ते।

६ The original reading of Baudh. is difficult to restore. ॰म्राउपभुज्यते B, ॰म्रोभुक्ते Tr, ॰म्रोपभुक्ते U Prāy. candr. ॰म्रोपसुक्ते H.

७ Thus B U Tr and Prāy. candr., ॰प्रद्य H.

८ Thus MSS.

९ वायवे Tr.

यजनादन्यत्राभ्युदितो ऽभिनिम्रुक्तो वा सूर्यो मा देवो देवेभ्यः पात्विति जपेदितीष्ट्वा[1] इमानि[1] सर्वास्वेवाध्वरदीक्षासु प्रायश्चित्तानि भवन्तीति[2] बौधायन। आवान्तरदीक्षायै विसर्गादिति शालीकिः। ॥ ९ ॥ सप्तमः ॥

अथातः सर्वयज्ञानां प्रायश्चित्तानि व्याख्यास्यामः। सर्वत्र स्कन्नच्छिन्नभिन्नभग्ननष्टदुष्टविपरीतहीनेषु[3] [4]हविःस्यन्दनास्रावितपतितस्फुटितेष्वद्विजश्वानबिडालकाकखरमृगपशुपक्षिसरीसृपादीनामन्यत्कीटानामृत्विजो[5] ऽग्नीनामन्तरागतानां[5] द्वादशगृहीतेन[5] स्रुचं पूरयित्वा दुर्गां[6] मनस्वतीं[6] महा-

---

१ Thus Tr (reading only ॰ष्ट्वा), जपेदितीमानि B U H.

२ च स्मार्त ins. H U.

३ Thus the Prayāscittapradipa, and H and the Viv., the last two omitting, however, ॰छिन्न॰; स्कन्नेछिन्नेभिन्ने भग्ने॰ B U, स्कन्नेभिन्नेछिन्नेभग्न॰ Tr; ॰हीन B.

४ हविस्यंदना॰ B, हविस्यंदता॰ H, हविस्यन्दना॰ Tr, हविर्विस्यंदन॰ U.

५ One of the most difficult passages! स्फुतिवेष्वविद्विज॰ U, स्फुतितेषुद्विज B U, ॰स्फुदिताद्विज॰ Tr. The Viv. reads ॰द्विज॰ (द्विजातिरिक्ताः शूद्रादयः) – श्वानवि (or वि)डाल॰ all, but the Viv. ॰श्वानोविडाल॰ explaining श्वनः शकटम्; this points to ॰द्विजश्वानोबिडाल॰ – Before खर H U have शुक॰ – ॰सरीसृपादिर् H U and the Viv., सरीसृपादि॰ Tr, सरीसृपादीनाम् B. – अन्यत्कीटानाम् the Viv., अन्यत्कीटो B, अन्यत्कीटानाम् H U. – ग्नीनामंतरागतानांद्वा॰ U (sec. m.), ग्नीनंतरागतानांद्वा॰ H U (pr. m.) ग्नीनामंतरागच्छेद्वा॰ B Tr, ग्नीनामंतरागच्छेद्वा॰ Viv.—Read perhaps instead of अन्तागतानाम्: अन्तरागमने। In the Gṛhyasūtra (IV, 8) this passage also is to be found equally corrupt.

६ Thus Tr, दुर्गामनस्वती B U H.

व्याहृतीस्तिस्रो जुहुयाज्जातवेदसे सुनवाम सोममरातीयतो निदहाति वेदः। स नः पर्षदति दुर्गाणि विश्वा नावेव सिन्धुं दुरितात्यग्निः स्वाहेति[1] कार्यविपर्यासे च[2] मन्त्रब्राह्मणमात्रं[3] दर्भध्मावर्हिःपरिधिविधृतिपवित्रहविःकपालस्रुक्स्रुवारणिकृष्णाजिनप्रणीताग्न्युद्वासनेन[4] यत्किंचित्कार्यविपर्यासः स्याद्ये चान्ये चाज्यस्थाल्याः स्रुवेणोपघातं प्रायश्चित्तानि जुहोति प्रजापतये स्वाहा हिरण्यगर्भाय स्वाहेत्यथ पितामहा जुहोति भृगूणां पतये स्वाहाङ्गिरसां तपसे स्वाहेत्यथ महाव्याहृतीर्जुहोति भूरग्नये च पृथिव्यै च महते च स्वाहा भुवो वायवे चान्तरिक्षाय च महते च स्वाहा सुवरादित्याय च दिवे च महते च स्वाहा भूर्भुवः सुवश्चन्द्रमसे च नक्षत्रेभ्यश्च दिग्भ्यश्च महते च स्वाहेत्यथ व्याहृतीर्जुहोति भूः स्वाहा भुवः स्वाहा सुवः स्वाहा भूर्भुवः सुवः स्वाहेति। ॥ १० ॥

॥ अष्टमः ॥

मन्त्रहीने ऽतिरिक्ते वा दुरधीते दुरागते।
अनागते ऽवषट्कारे[5] अतीते[6] वापि[7] यद्धुते[8] ॥

---

१ दुर्गा ins. B.

२ च found in H Tr and the Vivaraṇa.

३ Thus B, °मात्र Tr, °मंत्रभेदे च U, °मात्रेभेदे च H.

४ This whole passage is incomprehensible to me; हविः om. B K. – °कपालनामसु° H U – °वरणी° B K U – प्रणीतानामग्न्युद्वासनादि H U.

५ °ट्कृते H.

६ Thus Tr, ऽतीवे H U, पतीते B.

७ चापि Tr, B.

८ ? °ते B Tr, °तं H U.

हविषः[१] स्यन्दनादग्नेर्होतुर्हीनस्वरेण[२] च।
अतिदाहे च हविषां यत्किंचित्पात्रभेदने॥
कपालनाशे भेदे च चतुष्पाद्यन्तरागते[३]।
प्रणाशे च पवित्रस्य[४] आज्यस्यैवावलोडने[४]॥
हविषां च विपर्यास स्खलिच्छ्रप्रयतेषु च।
यज्ञप्रसारणीकाले[५] द्वैधीभावे समुत्थिते॥
मिन्दाहुती च होतव्ये व्याहृत्यः प्रणवादिकाः।
वारुण्यस्तन्नुमत्यश्चान्वग्निश्च[६] मनस्वती॥
महाव्याहृतयः सप्त प्राजापत्या तथैव च।
प्रसंधानाय यज्ञस्य[७] लेते[७] मन्त्राः प्रकीर्तिताः॥
अप्रायश्चित्तिको यज्ञो ह्यसुरैः संप्रभुज्यते।
असुरैर्भुक्तयज्ञस्तु[८] देवान्दोषेण[९] सश्रयेत्॥

---

१ Thus Tr and the Viv. हविषाः U, हविषां B, हवि H.

२ °रेण° Viv.

३ Thus Tr B and the Viv., °ष्पादंतरागतो U; °ष्पादांतरागतो H.

४ Thus U, °त्रस्याज्य° Tr H, °त्रस्यचाज्य B.

५ ? Thus U H, प्रसारणा° Tr, प्रासारणा° B; प्रसारणिकाले यज्ञप्रसारिणिं (sic) यज्ञविस्तारः the Vivaraṇa.

६ Thus Tr H T U, °मत्यश्चाथान्व° B.

७ Thus Tr, यज्ञस्यैवे U (pr. m.) and H, स्येचेते U (sec. m.). स्यतत्ते B.

८ Thus H U B, °यज्ञस्य Tr.

९ Thus Tr B, यज्ञेन U, न्नयज्ञन H.

ऋत्विजो यजमानं[१] च[२] आयुषो[२] ब्रह्मवर्चसात्[३]।
प्रच्यावयेद्धुरिष्टं तत्तस्माद्दोषान्प्रणाशयेदिति[४] ॥

॥ ११ ॥ नवमः ॥

अथातो ऽनुग्रहान्व्याख्यास्यामः[५]। सायꣳहोमं चोपोदयं[६] जुहुयात्प्रातर्होमं चोपास्तमयं[६] कालेन कालमनतिक्रम्य। कालो[७] दर्शपूर्णमासयोरग्निहोत्रस्य च न[८] स्कन्दते[८] न व्यथत इति[९] विज्ञायत। आ प्रातराहुतिकालात्सायमाहुतिकालो नातीयादा सायमाहुतिकालात्प्रातराहुतिकालो। ऽथ यदि सायꣳ सायं दोषा वस्तोर्नमः[१०] स्वाहेत्याहुतिꣳ हुत्वाग्निहोत्रं जुहुयाद्यदि प्रातः प्रातर्दोषा वस्तोर्नमः[१०] स्वाहेत्याहुतिꣳ हुत्वाग्निहोत्रं जुहुयाद। (१२) थ यदि पूर्वस्यामाहुत्याꣳ हुताया-

---

१ Thus B K U (pr. m.), ॰मानश्च Tr, मानं वा U (sec. m.).

२ आयुषो Tr.

३ ॰वर्चसः Tr.

४ Thus H U; ततस्मा॰ B, तुतस्मा॰ Tr.—The last words repeated in B Tr.

५ Thus Tr B and the Viv., नुकल्पान्व्या॰ H U.

६ Thus U H, वो॰ B Tr and the Viv.

७ Thus H; काले U, कालेन B कालेन च Tr.

८ Thus H U, मस्कंदते B, स्कन्ने Tr; ॰होत्रस्य च स्कंदनं व्यथते Viv., cp. the citation of Bhāradvāja in Rudradatta's comm. on Āp IX. 7. 3.

९ च ins. H U.

१० वस्तोर्दोषा U and Prāy. candrikā.

माहवनीयो ऽनुगच्छेदग्निर्दारौ दारावग्निरिति वदञ्छकले[१] हिरण्यं निधायोत्तरामाहुतिं जुहुयात्कालातिक्रमेष्वापद्धोम[२]। आमावास्यस्य[२] कालात्पौर्णमासस्य कालो नातीयादा पौर्णमासादामावास्यस्यां ग्रैष्माग्रयणस्य कालाच्छ्यामाकाग्रयणस्य कालो नातीयादा यवाग्रयणस्य[३] कालाद्व्रैष्माग्रयणस्या[३] श्यामाकाग्रयणाद्यवाग्रयणस्यां[४] वरुणप्रघासानां कालाद्वैश्वदेवस्य कालो नातीयादा साकमेधेभ्यो[५] वरुणप्रघासानामा शुनासीर्यात्साकमेधानामा वैश्वदेवाच्छुनासीर्यस्यां दक्षिणायनपशोः कालादुत्तरायणपशोः कालो नातीयादोत्तरायणपशोर्दक्षिणायनपशोरौत्तरवसन्तज्योतिष्टोमस्य[६] कालात्पूर्ववसन्तज्योतिष्टोमस्य[७] कालो नातीयात्संमस्तस्य संवत्सरस्या[८] निज्यासुत्या[८]। ऋषयो ह स्म तत्प्रयोयुगा[९] आसङ्स्ते ऽर्धमासायार्धमासायाग्निहोत्रमजुहवुः[१०]। प्रतिपदि सायं चतुर्दशगृहीतानि गृह्णाति।

---

१ Thus U, वदञ्च॰ Tr, वदेव॰ B H.

२ Thus Tr, ॰होममामा॰ U, होमामा॰ B U.

३ Thus Tr, ॰प्रयणाद्व्रैष्माग्र॰ B H, ॰प्रयणकालाद्व्रैष्माग्र॰ U.

४ श्यामाकाद्यवा॰ Tr.

५ Thus U, ॰धानां H B, ॰धानां कालादा॰ Tr.

६ Thus Tr, ॰पशोरुत्तरवसंत॰ B U.

७ Thus Tr, ॰त्पूर्ववसंतस्यज्यो॰ B, ॰त्पूर्ववसंतज्यो॰ U.

८ ? Thus Tr U, ॰त्सरस्य चानी॰ B; H om. this passage.

९ तत्प्रयोयुगा Tr, प्रयोगा H and the Viv. (pr. m.) तत्प्रयोगा B, प्रयोग U, प्रयोयुगा Viv. (sec. m.) which explains अतिशयेन प्रयोगविदः।

१० Thus Tr B, र्धमासेर्धमासेग्नि॰ H U – ॰त्रमजुहवुः Tr, ॰त्रंजुहुयुः U H, ॰त्रंजुहवुः B; on this passage cp. Hir. pi. sū. II. 9 : 56. 11.

सकृदुन्नयते हविरेका[1] समित्सकृद्धोमः[1] सकृदुपस्थानं । सकृत्पाणिनिमार्जनमेवं प्रातरथ षण्मासानकृते ऽग्निहोत्रे दर्शपूर्णमासाभ्यामनिष्ट्वाग्रयणेश्चातुर्मास्यैः पशुबन्धेन चाग्नये पथिकृते ऽग्नये तन्तुमते ऽग्नये वैश्वानरायाग्नये व्रतपतय इति[2] पुरोडाशान्निरुप्याग्निहोत्रं हुत्वा[3] दर्शपूर्णमासाभ्यामिष्ट्वाग्रयणेश्चातुर्मास्यैः[4] पशुबन्धेन चाथ संवत्सरमकृते ऽग्निहोत्रे दर्शपूर्णमासाभ्यामनिष्ट्वाग्रयणेश्चातुर्मास्यैः पशुबन्धेन चाग्नये पवमानायाग्नये पावकायाग्नये शुचये ऽग्नये पथिकृते ऽग्नये तन्तुमते ऽग्नये वैश्वानरायाग्नये व्रतपतय इति पुरोडाशान्निरुप्याग्निहोत्रं हुत्वा[3] दर्शपूर्णमासाभ्यामिष्ट्वाग्रयणेश्चातुर्मास्यैः पशुबन्धेन च । ॥ १२ ॥

अथ हविषामर्थे व्रीहियवौ । तयोरलाभे[5] प्रियङ्गवः कोद्रवोदारवरकवर्जं[6] श्यामाकनीवारवेणुयवास्तरसंपाककन्दमूलफलान्यापः[7] सक्तुमिति[8] । घृतमाज्यार्थे । गव्यमिति प्रत्यय-

१ Thus Tr B, एकां समिधं स॰ U H.

२ B U H put व्रतपतये before वैश्वानराय ।

३ Tr ins. अग्निहोत्रं जुहुयात् ।

४ ॰र्मास्यैश्च Tr.

५ Thus B Tr, the Viv. and the Prāy. candr.; ॰रभावे H U.

६ ? Thus Tr H U, ॰वोद्दारक॰ B; ॰वोद्दारकमाषवर्जं the Prāy. dīpikā.

७ Uncertain reading; ॰संवादकंदमू॰ Tr, ॰संवाकंदमू॰ B U, ॰संपाकमू॰ H, ॰सकंदमू॰ Prāy. pradīpa.

८ Thus H U, सक्तमिति B ॰सक्तूनिति Tr.

स्तस्यालाभे माहिषमाजं वा घृतमाज्यार्थे प्रयुञ्जीत[1] भोजनेष्वविरुद्धं मन्यन्त[2] एके तयोरलाभे तैलं प्रतिनिधिस्तस्यालाभे जर्तिलतैलमतसीकुसुम्भसर्षपवार्क्षेष्टा[3] इति[2] शिष्टप्रामाण्यादत ऊर्ध्वमलाभे यवपिष्टानि व्रीहिपिष्टानि श्यामाकपिष्टानि वाद्भिः संसृज्याज्यार्थे प्रयुञ्जीत कुशा स्तरणार्थे[4] तेषामलाभे शरमयकुतपाश्ववालमुञ्जसुगन्धितेजनार्जुनादारदूर्वाश्यामाकाः[5] वीरत्वचा इक्षव इत्येतेभ्यः प्रस्तरबर्हिर्विधृतिपवित्रयूपरशनाशालाकपरिस्तरणान्तर्धानासनशयनस्तोत्रोपाकरणार्थाः कार्याः सर्वतृणेभ्यो वा शुष्कशुषिरनलबल्वजकण्टतूलतृणवर्जं[6] पालाशः खादिरो वेधस्तयोरलाभे याज्ञिकानां वा[7] वृक्षाणामन्यतमस्तेषामलाभे ऽरलुकपित्थकोविदारशल्मलिश्लेष्मातकनीपनिम्बतिलकबाधकबिभीतकराजवृ-

---

१ Thus B U, प्रयुंजते Tr., H. omits the passage.

२ B U ins. इति।

३ Emended; ॰वार्क्षवेष्टाभिशिष्ट॰ Tr, ॰वार्क्षावावेष्टाच्छष्ट॰ B, वार्क्षवावेष्टा इति शिष्ट॰ H U.

४ ॰वास्तरणा॰ H U.

५ शरमय॰ Tr, शरमय्य॰ U, शरमय्यः H U – ॰र्जुनादार॰ Tr, ॰र्जुनादारा॰ B U, र्जुनशरा H.

६ Thus Tr (reading only शूर्ष instead of शुष्कि); शुक॰ H U, ॰शीर्षबिल्वकण्ठ॰ B; ॰शुष्किनवल्कलण्ठ॰ H, ॰शुंडिनवल्वन॰ U. Sāyaṇa (citing in his bhāṣya on the darśapūrṇamāsa) gives शुंष instead of शुष्कि॰।

७ Om. by Sāyaṇa in his citation.

चकरञ्जपलाण्डुवर्जं[१] । सर्ववनस्पतीनामिध्मो भवतीत्येके[२] । दक्षिणानां काले गौर्हिरण्यं वासस्तेषामलाभे फलानां मूलानां भक्ष्याणां[३] दद्यान्न त्वेव न यजेत ।

नित्यं[४] नित्येषु युक्तः स्यात्तथैवाजस्रिकेषु च ।
यस्य नित्यानि लुप्तानि[५] तथैवाजस्रिकाणि च ॥
विपथस्थो[६] न स[७] स्वर्गं गच्छते पतितो हि सः ।
तस्मान्मूलैः फलैर्वापि[८] मधुना तरसेन[९] वा[९] ।
नित्यं नित्यानि कुर्वीत न च नित्यनि लोपयेत् ॥

न च नित्यानि लोपयेदिति ॥ १० ॥ दशमः ॥

॥ इत्यष्टाविंशः प्रश्नः ॥

१ Thus Tr and B (B reading, however, ॰शल्मली॰ and ॰पर्णार्जुन instead of ॰पलाण्डु॰ ; both have ॰वार्भीपस॰ insead of ॰बाधक॰). Sāy. in a citation agrees with the above given reading, putting only करञ्ज between कपित्थ and कोविदार; U reads : नीपनिंबतिलकबाधकविभीतकराजवृक्षशाखमलिरक्तं (sec. m. चरव) करंजपिश्यकोविदारश्लेष्मातकपलांडु (sec. m. पर्णार्जुन) वर्जं; H : चीपनिंवबिल्वाकवाभीधकवैभीतकराजवृक्षशाखमकटंकपित्थंकरंजककोविंदारश्लेष्मातकपलांडुवर्जं ।

२ After एके the MSS. exc. Tr and the Viv. ins. यद्यदि ।

३ Thus H U, भक्ष्याणां B, भक्षणानां Tr.

४ Thus B U and Viv. ; नित्या Tr, नित्यं H.

५ युक्तानि Tr.

६ Thus Tr B and Viv. ; विपदंस्था U H.

७ सः U च Tr.

८ Thus U H and Viv. ; मूलफलैः Tr B.

९ Thus B and Viv. तरसापिवा Tr U H.

अथाभिदग्धानि[1] सदोहविर्धानानि समस्तदेवयजनमाहृतैव[2] क्रियेरन्ननाहृता[3] वा[4] वसतीवरीः प्रथमं गृह्णीयादिति[5] बाधूलकस्य मतमथेतरानानुपूर्वमित्यथ[6] यदि [7]भिन्नेषु कपालेषु सर्वाणि[8] निपतेयुस्तच्च यावत्स्मृतं[9] पुरीषमाहृत्य वसतीवरीभिः संयुत्य[10] विस्राव्य प्रचरेत्तत्र प्रायश्चित्तं ग्रहाणामेकेन जुहुयादाग्नीध्रीयविनाश आग्नेय्यर्चा[11] जुहुयादग्निर्मूर्धा दिव इति। वैष्णव्या हविर्धाने[12] विष्णो त्वं नो अन्तम इत्याग्नेय्या[13] सुच्वयमग्निः सहस्रिण इति। वायव्यया वायव्येषु वायो शतं हरीणामित्यैन्द्रिया[14] सदसीन्द्रं विश्वा अवीवृधन्निति। वैश्व-

---

१ अथाति॰ H U and the Vivaraṇa.

२ Thus Tr H U and Prāy. candrikā, समस्तदेव॰ B.

३ Thus B and the Viv., क्रियेरन्नाहृता Tr H U, cp. Rudradatta on Āp. XIV. 25. 2.

४ Om. T B, given by U H and the Vivaraṇa.

५ Thus Tr B, गृह्णीरन्निति H U.

६ Thus B, ॰तरानानुपूर्वमित्यथ Tr, ॰तरानानुपूर्व्यं भवत्यथ U, ॰तराण्यनुपूर्वं भवत्यथ H.

७ Om. H.

८ कपालानि यत्र ins. B, यत्र ins. Tr.

९ यावत्पूतं U and Viv., यावत्पूतं B H, यावत्स्मृतं Tr.

१० Thus U, ॰युत्य H B, ॰हृत्य Tr.

११ ॰ग्नेय्या B U H.

१२ ॰र्धानं B Tr.

१३ The passage आग्नेय्या...हरीणामिति found in H U only.

१४ ॰त्यैंद्रोया H B ॰त्यैंद्रा Tr, त्यैंद्रा U.

देव्या प्राव्यऽग्ने विश्वे देवाः शृणुतेमऽं हवं म इति । सर्वेषु मिन्द्राहुती जुहुयाद्व्याहृतीश्चापि वेष्टिं निर्वपेदगारदहने[1] क्षामवान्[2] सर्वविनाशे तन्तुमती[3] । दग्धेषु[4] सोमेषु[4] वा नष्टेषु वा सोमानामुपघातापहारेषु[5] वा यथालाभमंऽशून्गृहीत्वा वसतीवरीभिः[6] संयुत्याभिषुत्य[6] प्रचरेत्सर्वविनाश ओषधीभि-रभिषुत्य प्रचरेत्तत्कृत्वा[7] पुनर्यजेतेति श्रुतिरेवमेव कुर्यात्सा[8] प्रायश्चित्तिरिति । ॥ १ ॥ प्रथमः ॥

अथ होत्रकाणामन्योऽन्यस्य मैत्रावरुणस्योदयेदपि[9] वान्योऽन्यस्य याज्यापुरोऽनुवाक्याभ्यां[10] यजेत[10] तस्य प्रायश्चित्तं । ब्राह्मण एकहोतेत्यस्यानुवाकस्य प्रथमेन होतुर्जुहुयाद्द्वितीयेन मैत्रावरुणस्य तृतीयेन ब्राह्मणाच्छंऽसिनश्चतुर्थेन पोतुः पञ्चमेन नेष्टुः षष्ठेनाच्छावाकस्य सप्तमेनाग्नीध्रस्याध्वर्युः प्रधानदेवता-मनुच्चारयित्वा योन्यामुच्चारयेद्यद्वो देवा अतिपादयानीत्ये-तया स्रुवाहुतिं जुहुयाद्दशात्मकेनाष्टमेन नवमेन पूर्वोक्तं

---

१ Thus Tr U Viv., °दाहे B H

२ Thus all the MSS. and the Vivaraṇa.

३ Thus Tr and the Viv., मतौं B H U.

४ दवनेषु Tr.

५ Thus Tr B; सोपघातापहारेषु U, वेष्टघातापहारेषु H.

६ °वरीभिःसंयुत्य U, °वरीः संपूज्य H, Tr B om. these three words.

७ तत् om. H U.

८ सा om. U Tr.

९ Thus Tr °स्योदयत्यपिवा B U H and the Viv.; H om. अपि वा ।

१० Thus Tr B and the Viv., °वाक्याभ्याभवति H, °वाक्या भवति U.

प्रायश्चित्तं कुर्यादुक्थ्यपर्यायेषु[1] यथाक्रमेण जुहुयाद्ग्रमेन षोडशिराचिपर्यायेभ्यो[2] राथंतराय संधये। तथा त्रिपिविष्टस्तोत्रे वाजपेये। तथातिरिक्तस्तोत्रेष्विति[3] यथाचोदितमन्यो यजेत्तत्प्रथमो[4] यजेज्जपेद्वा स्वयं चोदितः स्वयमेव यजेद्वितीय एव[5] प्रायश्चित्तं भवेत्सोमे ऽन्यश्चैवं कुर्याद्धोतान्येन यजेदन्येनैव[6] मैत्रावरुणो वा पूर्वोक्तं प्रायश्चित्तं कुर्यात्तथा याज्यापुरोऽनुवाक्यास्वन्यथान्यत्प्रायश्चित्तं[7] भवेदथाश्वमेधस्यान्न होमेष्वारण्यानां पशूनाꣳ स्रुवाहुत्या ऊनातिरिक्तपुनरुक्तव्याघातेषु[8] मिन्दाहुती जुहुयात्तथेष्टकोपधाने। ऽथ[9] देवसुवाꣳ हविषामन्यद्बीजमन्यदैवतस्य[10] कुर्यात्तदुत्सृज्य पुनरुत्पाद्य यजेदतिग्रिष्टꣳ सह यजेज्जपेद्वा। पूर्वोक्तं प्रायश्चित्तं कुर्यादिति। ॥ २ ॥ द्वितीयः ॥

---

१ ॰क्थ॰ H U.

२ Thus B H, षोडशिनिराचि॰ Tr U

३ इति in Tr only.

४ Thus Tr U, यजेतन्प्र॰ B, यजेनप्र॰ H.

५ एवं B only.

६ Thus B U, यजेतान्यं दैवतं Tr (H om.).

७ ? Thus Tr, ॰क्यास्वन्यथान्यत्प्रा॰ B, ॰क्यास्वयान्यथान्यच प्रा॰ H, ॰क्यास्वयान्यच प्रा॰ U.

८ ? Thus Tr, ऊनातिरिक्तेषु पुनरुक्तव्याघातेषु U, ऊनातिरिक्तेषु H, न्यूनातिरिक्तेषु B.

९ थ om. H U.

१० ? ॰षामन्यंबीजमन्यंदैव॰ B, ॰षामन्यं बीजमन्यदैव॰ Tr H, ॰षामन्यदन्यदै॰ U.

अथ वितते यज्ञकर्मणि प्रायश्चित्तानि व्याख्यास्यामस्त-चौषधं पयः पशुः सोम आज्यमित्येतेषु न्यूनेषु वा नष्टेषु वापहृतेषु[1] वा[1] पुनरुत्पाद्य गृह्णीयाद्यच्च स्मरेत्प्राक् स्विष्टकृत उत्पादनं भवति । स्विष्टकृत ऊर्ध्वं स्मरेत्तत्संस्थाप्यैतेनैव[2] पुनर्यजेत्सह यजेद्वाथ यदि निरुप्य स्मरेदन्यं[3] दैवतममुष्मै त्वेति प्रतिविभज्याभिमृश्य[4] सर्वं जुहुयादमुष्मै स्वाहेति । यच्च[5] स्मरेत्तच्चैवमेव कुर्यादासादनादर्ध्वं[6] यद्यासाद्य स्मरेदन्वायात्य स्थानेषु जुहुयादन्यद्वा[7] पूर्वोक्तं प्रायश्चित्तं कुर्यादन्यासु देवता-स्विष्टासु[8] नष्टेषु दुष्टेषु वा[8] दोषवति[9] तन्त्रे प्रधानमावर्तये-त्सर्वैष्टिरग्रेषतंस्तस्य[10] कः कर्मण उपक्रमो भवतीति । भागिनो दैवतस्य शूर्पादानप्रभृति कर्म कृत्वा अपयित्वासाद्य स्वस्थाने[11]

---

१ These two words in Tr only.

२ तत् om. B H.

३ ॰न्यदैवतं H.

४ तदानीमेव ins. U.

५ वा ins. B U H.

६ जुहुयात् instead of कुर्यात् Tr.

७ अन्यत् in U only. Is it to be cancelled ?

८ Thus B U, ॰ष्टासुनेषुदुष्टेषु वा H, ॰सुंमृष्टेषु वा Tr.

९ Thus B U, ग्रेषवति Tr, – षवति B.

१० H आवर्तयेत instead of आवर्तयेत्; ॰सर्वैष्टिरग्रेषेतस्य Tr, ॰सर्वैष्टिष्टिर-ग्रेषतस्तस्य B U, ॰सर्वैष्टिरपेतस्तस्य H; सर्वैष्टिरग्रेतः gives the Vivaraṇa.

११ स्व om Tr.

प्रचरेत्तत्र प्रायश्चित्तं मिन्द्राहुती जुहुयाद्व्याहृतीश्चैवं[1] पश्वावुपाकरणप्रभृत्या[2] स्विष्टकृतः[2] पूर्वोक्तं[3] प्रायश्चित्तं[3] कुर्यादथ[3] यदि प्रातरनुवाकमनुपाकृतमादित्यो ऽभ्युदियात्कथं तत्र प्रायश्चित्तं भवतीत्युषाः केतुना जुषतां यज्ञं देवेभिरन्वितम्। देवेभ्यो मधुमत्तमꣳ स्वाहेति मिन्द्राहुती व्याहृतीश्च हुत्वोपाकुर्यादथ यदि प्रातरनुवाके ग्रस्यमान आदित्यो ऽभ्युदियादुद्वयं तमसस्पर्युद् त्यं चित्रमित्येताभिः स्रुवाहुतीर्जुहुयादथ यदि सोमो नाविः स्यान्नवोनवो भवति जायमानो यमादित्या अꣳशुमाप्याययन्तीत्येताभ्याꣳ[4] स्रुवाहुती[4] जुहुयाद्यदि[4] सूर्याचन्द्रमसोर्ग्रहणं[5] विद्यत एतदेव ॥ ३ ॥

अथ यदि ग्रहान्ग्रहीष्यमाणो भागिनीं देवतामगृहीत्वा ऽन्यां गृह्णीयात्तथामुष्मै[6] स्वाहेति तदानीमेव सर्वं जुहुयाद्भागिनीं पुनर्गृहीत्वा मिन्द्राहुती जुहुयादपि वा ग्रहाणामेकेन जुहुयात्सर्वान्वाचक्षते विधे नामन्नित्येवमादीन्ग्रहान्होत्रकाणां[7] ग्रहेषु वा चमसेषु वा हविर्दोषोक्तदोषो[8] भवे-

---

१ ०व H U.

२ Thus Tr, ०प्रभृतिनयाखिष्ट० H U B.

३ Thus Tr, पूर्वोक्तं प्रायश्चित्तमथ B, ष्टुक्तमथ H U.

४ एताभ्यां स्रुवाहुतीर (sic) and यदि only in Tr.

५ सूर्यचंद्र० B U H.

६ ०याद्या० H U.

७ Thus Tr, होत्रणां or होतॄणां B U H.

८ Before भवेत् H U ins. वा।

त्तथापो[१] ऽभ्यवहृत्य[२] तत्प्रायश्चित्तं कृत्वा तथा पुनर्गृहीत्वा जुहुयाच्चमसेषु[२] पुनरुन्नीय जुहुयाद्धुत्वा वा तस्मिन्हिरण्यमन्तर्धायाप आनीय भक्षयेत्सैव ततः प्रायश्चित्तिः । अथ यदि सवनकालो ऽतिक्रामेदग्निर्मूर्धा दिव इत्येतस्यानुवाकस्य प्रथमेन गायत्रेण[३] जुहुयात्प्रातःसवने[४] । तथा त्रैष्टुभेन[५] माध्यंदिने सवने । तथा जागतेन[५] तृतीयसवने । ऽत ऊर्धमतिरात्र[६] उत्तरमहर्नाधिगच्छेद्यदि गच्छेद्यज्ञभ्रेष आगच्छेत्तं च प्रायश्चित्तं सर्वान्होतॄन्जुहुयादिति विज्ञायते ब्रह्म वै चतुर्होतार इति । तस्माच्चतुर्होतॄनेव जुहुयादत ऊर्ध्वमहःसंख्यां[७] नाधिगच्छेदेकाहेष्व । अथ[८] सवनीयानां प्रायश्चित्तिः । अथ यदि पूतिगन्धः[९] स्यात्तदुत्सृज्य पुनरुत्पाद्य प्रचरेदपि वोष्णोदकेन प्रक्षाल्याज्ये[१०] ऽवधाय[१०] पुनः श्रपयित्वा प्रचरेत्तं चापि यदि[११] पूतिगन्धो भवेत्तदुत्सृज्य पुनरेवोत्पाद्य प्रचरेत्तथा सवनीयानां पुरो-

१ ०त्तथापहृत्य Tr.

२ Thus Tr, चमसेषुवा B H U.

३ गायत्र्या Tr.

४ प्रातः सवने जुहुयात् B H U.

५ त्रिष्टुभा, जगत्या Tr.

६ ०तिरात्रादुत्तर० Tr.

७ Thus H and Viv. ; संख्या B U, संख्यं Tr.

८ यदि ins. Tr.

९ Thus B and Viv., पूतीगंध U, पूतीगंधाः H, पूतीगंधं Tr.

१० Thus U, ०ज्येनावधाय H, ०ज्येन—B, ०ज्येन, omitting अवधाय, Tr.

११ in U only.

डाशानां । तथा सांनाय्यानामथ यदि स्तोत्रं शस्त्रं प्रतिगरं वोत्सृजेन्मिन्द्राहुती हुत्वोपाकुर्यादथ यद्येकाꣳ स्तोत्रीयाꣳ सूक्तं वर्चं वार्धर्चं वा प्रतिगरं वोत्सृजेन्मिन्द्राहुती हुत्वा जपेत्स्तोत्रोपाकरणप्रभृत्या[1] होमाद्वाचं यच्छेद्यदि वाचं विसृजेद्वैष्णवीमृचं जपेदथ यद्याश्राव्य वाचं विसृजेद्वैष्णवीमृचं जपेद्विष्णो त्वं नो अन्तम इति । पुनरेवाश्राव्य[2] यजेदूनातिरिक्तपुनरुक्तव्याघातेष्वन्येषु वान्यत्र प्रायश्चित्त[3] मिन्द्राहुती जुहुयात्सर्वस्थानेषु मिन्द्राहुती यज्ञशरीरमिति श्रुतिस्तस्मात्सर्वेषामाचार्याणां प्रशस्तमिति । ॥ ४ ॥ तृतीयः ॥

अथ यदि हुताहुतौ सोमौ सꣳसृज्येयातामाहवनीयादुदीचो[4] ऽङ्गारान्निरूह्य[5] तेषु जुहुयाद्यज्ञस्य हि स्थ ऋत्वियाविन्द्राग्नी चेतनस्य च । हुताहुतस्य तृप्यतमहुतस्य हुतस्य च ॥ हुतस्य चाहुतस्य चाहुतस्य हुतस्य च । इन्द्राग्नी अस्य सोमस्य वीतं पिबतं जुषेथाꣳ स्वाहेति । तस्य नित्यभक्षमनुवर्तयति[6] मा[6] यजमानं तमो विदन्मर्त्विजो मो इमाः प्रजाः । मा यः सोममिमं पिबात्सꣳसृष्टमुभयं कृतमित्यथ यद्यन्य-

---

१ Thus Tr B, ०स्तोत्रादानप्रभृत्या U H.

२ एव om. Tr.

३ ०त्तेषु Tr.

४ ०याद्देवोदीचो Tr B.

५ Thus Tr U, ०न्निर्वर्त्य B H.

६ ०वर्तयेन्मा U.

हुतास्वमसा अन्यहुतैः संसृज्येरन्सोमे वा सोममभिगृह्णीयादित्येतदेवाथ यद्यन्यव्रता ऋत्विजो ऽन्यव्रतैः संसृज्येरन्दीक्षिता[1] दीक्षितैर्वान्यच भ्रात्यस्तोमात्सत्त्राच्चेत्येतदेवाथ यदि सुतः सोमो ऽभिदृष्येत[2] तदित्पदं[2] प्रत्यस्मै पिपीषत इत्येताभ्याꣳ स्रुवाहुती हुत्वा[3] तस्य[3] नित्यभक्षमनुवर्तयतीन्दुरिन्दुमवागादिन्दोरिन्द्रो ऽपात् । तस्य त इन्द्रविन्द्रपीतस्य मधुमत उपहूतस्योपहूतो भक्षयामीत्यथ यदि सुते सोमे यजमानो म्रियेत भयं वागच्छेत्सर्वाणि हवीꣳषि पात्र्याꣳ समवधाय द्रोणकलशे सोमं जुह्वामाज्यं पशुमन्यस्यामित्येकामाहुतिं जुहुयाद्ये[4] देवा येषामिदं भागधेयं बभूव येषां प्रयाजा उतानूयाजाः । इन्द्रज्येष्ठेभ्यो वरुणराजभ्यो ऽग्निहोतृभ्यो देवेभ्यः स्वाहेति हुत्वात ऊर्ध्वं पैतृमेधिकं कर्म प्रतिपद्येताभये[5] वा[6] पुनर्यजेत । जीर्णस्याशक्तस्य[7] चाग्निहोत्रचेष्टायामात्मन्यग्निसमारोपणं[7] विद्यत इत्यात्मनि समारूढेष्वग्निषु[8] न खादेन्न पिबे-

१ ०दीक्षितो B H U.

२ ०दृष्येततददित्पदं H, ०दृष्येत्तददित्पदं B U, ०दृष्येत्तदित्पदं Tr.

३ जुहुयात्तस्य Tr.

४ जुहोति ये Tr.

५ ०पद्यतेभये Tr.

६ H. om. वा ; it is added sec. om. in U and found in B Tr.

७ Thus Tr, ०क्तस्याग्निहो० H U B.—०त्मन्यग्निसमा० Tr, ०त्मसमा० B U H.

८ ष्वग्निषु om Tr.

त्रोपरि शय्याꣳ[1] शयीत नाप्सु निमज्जेन्न मैथुनं व्रजेत्कामं खादेत्कामं पिबेत्कामं त्वेवोपरि शय्याꣳ[1] शयीत नैवाप्सु[2] निमज्जेन्न मैथुनं व्रजेदिति[3] । प्रक्षालितपादपाणिरप आचम्य प्राङ्मुख उपविश्याग्निहोत्रयजुषा[4] यावन्मात्रं व्रतयित्वा तूष्णीं भूयो व्रतयेत्प्रजापतिं मनसा ध्यायन्नित्येवमेवोपासीता शरीरविमोक्षणात्[5] । ॥ ५ ॥ **चतुर्थः** ॥

अथ वै भवति[6] यथा वै पुत्रो जातो म्रियत एवं वा एष म्रियते यस्याग्निरुख्य उद्वायति । यन्निर्मन्थ्यं कुर्याद्विच्छिन्द्याद्भ्रातृव्यमस्मै जनयेत्स एव पुनः परीध्यः । स्वादेवैनं योनेर्जनयति । नास्मै भ्रातृव्यं जनयतीति ब्राह्मणमुख्यश्चेदुद्वायेदप्सु भस्म प्रवेश्योखाꣳ शकृत्पिण्डेन परिलिप्य पुनरेवैनां[7] प्रवृज्य परिदायाहुतिषाहं कृत्वाथैनाꣳ[8] स्रुवाहुतिभिरभिजुहोति[9] सुवर्न घर्मः स्वाहा सुवर्नार्कः स्वाहा सुवर्न शुक्रः स्वाहा सुवर्न ज्योतिः स्वाहा सुवर्न सूर्यः स्वाहेत्यर्कवतीभ्यामर्कमभिधावभ्या-

---

१ शय्यायां H B U.

२ नत्वेवाप्सु B U (H def.).

३ इति om. Tr.

४ Thus the Viv., ०होत्रं यजुषा the MSS.

५ ०वि० om B H U.

६ See T S. V. 7. 5. 1.

७ पुनरेवैनं B, पुनरेवान्यां Tr.

८ ०थैनं Tr, ०थैषां B.

९ ०हुतीभि० Tr H U.

दधात्यर्कः पवित्रं पवित्रमर्कौ रजसो विमान इति द्वाभ्यां । मुञ्जकुलायप्रभृतिना कर्मणा प्रतिपद्येता कृष्णाजिनवाचनादथ वै भवति तमो वा एतं गृह्णाति यस्याग्निरुख्य उद्वायति । मृत्युस्तमः । कृष्णं वासः कृष्णा धेनुर्दक्षिणेति । कृष्णं वासः कृष्णां धेनुꣳ शतमानꣳ[1] हिरण्यमिति ददाति[2] । तमसैव तमो मृत्युमपहते । ऽथो तेजो वै हिरण्यं । तेज एवात्मन्धत्त इति ब्राह्मणमथ यद्यासन्दी शिक्यमगारं वा दह्येत वैश्वानरीभिः समिधो ऽभ्यादध्याद्वैश्वानरो न ऊत्येत्येतेनाष्टार्चेनाथ यदि वसतीवरीकलशः[3] पान्नेजन[4] एकधनाः[4] कुम्भेष्टकाः कथनेष्टका[5] वा परासिच्येरन्यूपो वा भिद्येत रशना वा छिद्येत चषालं वा भिद्येतौदुम्बरी वा भिद्येत ग्रावा वा भिद्येत द्रोणकलशो वा दीर्येतान्यद्वा यज्ञे दारुमयं मृन्मयं[6] वा पात्रं भिद्येत तत्स्वेनैव यजुषा स्व[7] आयतने[7] निधायोपधायाभिमन्त्रयते[8] भूरायुर्मे धारयत प्राणं मे धारयत प्रजां मे

---

१ Tr ins. च ।

२ Found in Tr only and in a citation in the Mahāgnisarvasva.

३ Thus Tr, the Viv. and the Prāy. Candrikā, वसतीवरकल॰ H U, वसतीवरः कल॰ B.

४ Thus B and the Prāy. Candrikā, पान्नेजना H, पान्नेजनीरेक॰ U, पन्नेजनीरेक॰ Tr.

५ Thus Tr B, कधने॰ U, कथने॰ H.

६ मृण्मयं Tr.

७ Thus Tr. and the Viv. स्वस्वस्थाने U, स्वस्वस्थाने B H.

८ Thus Tr, निधायवोपधायाभि॰ B, निधायवोपधायावाभि॰ H U.

धारयत पशून्मे धारयत मा म आयुः प्राणः प्रजाः पशवः पराषिच्येरन्नित्यथ यदि दारुमयं पात्रमाहवनीये[१] ऽनुप्रहरेदथ[२] यदि[२] मृन्मयमपो[३] ऽभ्यवहरेद्भूमिर्भूमिमगान्माता[४] मातरमप्यगात्। भूयास्म पुत्रैः पशुभिर्यो नो द्वेष्टि स भिद्यतामिति॥ ६॥ पञ्चमः॥

[५]अथातो ऽग्निहोत्रस्य लौकिकविधिं व्याख्यास्यामः। पुराग्निहोत्राद्गार्हपत्यादरण्योरग्नीन्समारोपयन्त्ययं[६] ते योनिर्ऋत्विय इत्यन्तर्वेद्यरणी निधाय लौकिके[७] ऽग्नौ जुहुयात्सायमुद्धरति[७] सायमाहुतिं[६] हुत्वा[८] प्रातरुद्धरति प्रातरुद्धरति प्रातराहुतिं[६] हुत्वेति विज्ञायते। ऽथाग्निहोत्रं चतुर्भिर्लुप्यते[९] होमोपस्थानव्रतदर्शपूर्णमासैरिति। तन्तुमत्येष्ट्वा[१०] दर्शपूर्णमासाभ्यां यजेत। संतिष्ठते विच्छिन्नप्रायश्चित्तिः[११]॥ ७॥ षष्ठः॥

---

१ After पात्रं H U B ins. भिन्नम्।

२ अथ यदि om. Tr.

३ मृण्मयं Tr.

४ ०वहरेयुर्भूमि० H U.

५ The first part of this kh. differs considerably in the MSS. I have given the text of Tr, which, on the whole, agrees with the Vivaraṇa.

६ पुराग्निहोत्रस्य कालाद्गार्हपत्यभस्मनारणी संस्पृश्या (or संस्पर्श्या)रण्योः समारोपयत्ययं B U H.

७..७ लौकिकमग्निमाहृत्य सायमुद्धृत्य B U H.

८ इति विज्ञायते ins. B U H.

९ Thus the Viv., ०र्लुप्येत the MSS.

१० इष्ट्वा om. Tr.

११ Thus Tr and the Vivaraṇa; ग्निहोत्रस्य लौकिकविधिः B U H.

अथापद्यग्निहोत्राणाꣳ[१] समासस्तद्यथा राष्ट्रविभ्रमो व्याधयोऽध्वगमनं गुरुकुलवासो देशकालद्रव्यानुपपत्तिरन्यैस्सायोगो[२] यासु[३] विद्यत इति । तस्य कः कर्मण उपक्रमो भवतीति । कामं पूर्वाह्णे वापराह्णे वाग्निहोत्रवेलायां वा यथासूत्रं[४] वा कुर्यात्प्रसिद्धं वा[४] यजमानस्या प्रवासात्प्रसूतः[५] प्रसिद्धं प्रतिपदि सायं[५] चतुर्दश चतुर्गृहीतानि गृह्णाति सोपवसथे पार्वणे वाथेतरस्मिन्पञ्चदश[६] । प्रसिद्धꣳ सर्वꣳ समित्प्रभृति कर्म । मन्त्राꣳश्चैकवत्सꣳस्थाप्य सायमग्निहोत्राणि[७] हुत्वा प्रातरग्निहोत्राणि[८] जुहुयात्सायमुपक्रमः प्रातरपवर्गः । काले[९] पार्वणे न यजेत । नोर्ध्वं[१०] पाक्षिकात्समासो न प्रसङ्गे नाश्रद्दधानस्याथाप्युदाहरन्ति[११]

---

१ Thus Tr and the Viv.; अथाप्यग्नि० B U H.

२ Tr ins. होम after ०काल० ।

३ Thus H U, धासु Tr (grantha!), वान्यासु B.

४ Instead of these four words Tr प्रसिद्धं only.

५..५ Thus Tr; प्रवसतः प्रसुतः प्रतिपदीष्ट्वाथ U H, प्रवसत् प्रतिपदि सायं B.

६ वा only in Tr.

७ Thus U; ०त्राणां Tr B H.

८ Thus U, ०त्राणां Tr B, ०त्राण्यं H.

९ कालोथ H

१० Thur Tr, नोर्ध्वं B U H.

११ Thus Tr, ०द्धानस्य अथाप्यु० B, ०द्धाननव B ०द्धानेनव U (the last two om. अथाप्युदाहरन्ति).

अश्रद्धा परमः[1] पाप्मा पाप्मा ह्यज्ञानमुच्यते।
अज्ञानाल्लुप्यते धर्मो लुप्तधर्मोऽधमः[2] स्मृतः॥
श्रद्धया शुध्यते बुद्धिः श्रद्धया शुध्यते मतिः।
श्रद्धया प्राप्यते ब्रह्म श्रद्धा पापप्रणाशिनी[3]॥

तस्माच्छ्रद्दधानेनाप्रसङ्गेन[4] संपन्ने[4] काले[4] तन्त्रमत्या यजेतैवं लौकिकप्रयोग एवमकृत एवं विध्यपराधे चाथाप्युदाहरन्ति न वृथाग्नीनुद्वासयेन्नैवानापत्सु। वीरहा वा एष देवानां यो ऽग्निमुद्वासयत इति। तस्माच्छ्रद्दधानस्याप्रासङ्गिकस्य[5] चान्यत्रापि[6]

येये विशेषा लघवो यत्रयत्रोपलक्षिताः।
तैः कर्मसंस्तरे[7] कुर्यान्न्यायोपेतं यथा भवेत्॥
स्वशास्त्रे विद्यमाने[8] यः परशास्त्रेण वर्तते।
भ्रूणहत्या समं तस्य स्वशास्त्रमवमन्यतः॥
आर्षेयस्य स्वशास्त्रस्य प्रदेशास्तद्गुणैः समाः।
कर्मणां प्रविचारार्थमापत्सु च समाप्नुयादिति॥ ८॥

१ परमा MSS.

२ Thus B H U, धर्मः Tr.

३ Thus Tr, ॰प्रनाशिनी U, ॰प्रमोचनी B H.

४ ? Thus Tr (only संपन्नेन), ॰प्रसंगेन प्रसंगेन संपन्नेकाले U, ॰प्रसंगेन काले B H; the Viv. also has प्रसन्नेकाले।

५ ? Thus H U, ॰धानस्याप्रसंगिक॰ B, ॰धानेनाप्रसंगिकस्य Tr.

६ Thus Tr, ॰कस्यान्यात्रापि B, ॰कस्य च अन्यत्रापि U, ॰कस्य च H.

७ Thus B U H, ॰संस्तरैः Tr.

८ ॰मानो H U.

यथो एतत्सो ऽपरिमितं प्रवसति न संवत्सरमति प्रवसतीत्यविशेषाज्जायापत्योराहिताग्न्यो रित्येवेदमुक्तं भवति । विज्ञायते चार्धो वा एष आत्मनो यत्पत्नीत्यथ यदि प्रवसति यजमाने पत्न्याः प्रवासनिमित्तꣳ स्यात्तदास्तोष्यतीयꣳ कृत्वाध्वर्युः समारोपयेदयं ते योनिर्ऋत्विय इति । यत्र गच्छेत्तत्रानो हरेत्तत्र प्राप्याग्निं[1] मथित्वा विहारं कल्पयित्वा गार्हपत्य आज्यं विलाप्योत्पूय स्रुचि चतुर्गृहीतं गृहीत्वाहवनीये संततीं जुहोति मनो ज्योतिर्जुषतामाज्यं विच्छिन्नं यज्ञꣳ समिमं दधातु । या इष्टा उषसो निम्रुचश्च ताः संदधामि हविषा घृतेन स्वाहेत्यथाग्नये तन्तुमते पुरोडाशमष्टाकपालं निर्वपति । शरावं दक्षिणां ददाति । सा प्रसिद्धेष्टिः संतिष्ठते । ऽथ यदि यजमानश्चैव[2] पत्नी चोभौ त्वेव[3] निष्क्रामतो ग्रामान्ते ग्रामसीमान्ते वा वसतो[4] ऽग्निहोत्रमेव[4] लुप्येताविकृतमग्न्याधेयं कुर्वीताग्नीन्हरन्तो नोच्छ्वसेयुर्यद्युच्छ्वसेयुरग्नयो लौकिकाः संपद्येरन्ननो विना समारूढेष्वग्निषु[5] नाद्रियेत[5] शम्याप्रासे[6] सत्रनिदर्शनात्[6] । ॥९॥ सप्तमः ॥

१ प्राप्य only in Tr.

२ ०नश्च H U.

३ त्वेवमेव H U.

४ ? Thus B, वसातेग्नि० Tr, वसेताग्नि० U, वसत्यग्नि० H, वसेते the Vivaraṇa.

५ अग्निषु नाद्रियेत om. Tr.

६ ? शम्याप्रवासेसत्रनिद० Tr, शम्याप्रासेसत्रेतत्रद० B, शम्याप्रासेनदीसत्रनिद० U, शम्याप्रासेनदीत्वनिद० H.

अथ वै भवति सर्वान्वा एषो ऽग्नौ कामान्प्रवेशयति यो ऽग्नीनन्वाधाय व्रतमुपैति स यदनिष्ट्वा प्रयायादिति । स यदनिष्ट्वा प्रयास्यन्भवति तद्गार्हपत्य[1] आज्यं विलाप्योत्पूय स्रुचि चतुर्गृहीतं गृहीत्वाहवनीये जुहोत्यन्वारब्धे यजमाने तुभ्यं त अङ्गिरस्तमेति । यो ऽग्नीनन्वाधाय व्रतमुपैति स यद्युद्वायतीति तत्पुरस्ताद्व्याख्यातं । यस्याहिताग्नेरग्निरपक्षायति यावच्छम्यया प्रविध्येद्यदि तावदपक्षायेत्तꣳ संभरेदिदं त एकं पर उ[2]त एकमिति । संभृत्यानुप्रहरेदग्निहोत्रकालेषु[3] वान्येषु[3] वा[3] । यदि परस्तरामपक्षायेदनुप्रयायावस्येदित्य।नुप्रयायावस्येत्तद्यत्रैवावस्येत्तत्र[4] वोद्वासयेयु।रोषधीर्वा[4] एतस्य पशून्पयः प्रविशति यस्य हविषे वत्सा अपाकृता धयन्ति । तान्यद्दुह्याद्यातयाम्ना हविषा यजेत । यत्र दुह्याद्यज्ञपरुरन्तरियाद्।वायव्यां यवागूं निर्वपेदित्य।थैतेषां दोहयित्वा[5] तस्मिन्नप आनीय व्रीहिप्रभृति सिद्धमत ऊर्ध्व।मथ यस्य सायं दुग्धꣳ हविरार्तिमार्छेतीन्द्राय व्रीहीन्निरुप्योपवसेदिति । निर्वपणान्तं[6]

---

१ Thus B, तदागार्ह० H U, गार्ह० Tr.

२ ऊ Tr. H.

३ Thus Tr U and the Viv. (only चान्येषु instead of वा०); कालेषु वा H, कालेचान्येषु वा B.

४ Thus H U, ०वस्येत्तत्रैवावस्येदोषधी० Tr, ०वस्येत्तद्यत्रैवास्योषधी० B.

५ किंचिद् ins. Tr and the Viv.

६ निर्वापणान्तं Tr, निर्वापांतं Viv.

कर्म कृत्वा श्वो भूत आग्नेयेन प्रचर्यैन्द्रेण प्रचरेच्छृतस्थानं तत्कुर्यादथ[१] यस्योभयꣳ हविरार्तिमार्च्छेत्यैन्द्रं पञ्चशरावमोदनं निर्वपेदिति । प्रकृत्या वा निर्वपेच्छरावेण वेति । प्रकृत्या[२] निर्वपेत्तथा[२] शरावपरिमाणार्थꣳ शरावमिति वदन्तस्तथा[३] चतुष्प्राश्यं निर्वपेदित्यर्थं च पात्र्यामेव निर्वपेत्सांनाय्यस्थाने[४] कुर्याद्यस्य[५] व्रत्ये ऽहन्पत्न्यनालम्भुका भवति तामपरुध्य यजेतेति । तामपरुध्यैव[६] यजेत सर्वेणैव यज्ञेन यजते । तामिष्ट्वोपह्वयेतामू[७] हमस्मीत्यृतुकाल[७] उपगमनमन्त्रो । ऽग्न्यन्वाधानप्रभृत्यपरुध्यैव यजेत तथैकाहानाम् । ॥ १० ॥ नवमः ॥

अथ यदि[८] दीक्षोपसत्सु[८] तथाहर्गणेष्वन्येष्वहःसु वा[९] यथा[९] व्यहे पर्यवेते गोमूत्रेणोष्णोदकमिश्रेण लोहितं छित्त्वेत्युक्त्वा[१०]

---

१ Thus Tr and B; U and H read (after कृत्वा): यैतान्व्रीहीञ्छूर्पे समुप्याद्भिरभ्युक्ष्यासंजयेदथ वागते सꣳसादयेत्प्रोक्षणप्रभृतिना कर्मणा प्रतिपद्येत सिद्धमत ऊर्ध्वमथ यस्योभयꣳ etc.

२ These three words not in Tr.; प्रकृत्येव B

३ तथा not in Tr.

४ After निर्वपेत् Tr. has: न प्रकृत्या प्रसिद्धमाग्नेयेन प्रचर्यैन्द्रेण प्रचरेत् ।

५ कुर्यात् only in Tr.

६ एव not in Tr.

७ ॰यैतामोऽहम॰ U and the Viv. (pr. m.) ॰यैतेत्यमोऽहम॰ Tr, but cp. T Br. III. 7. 1. 9.

८ यदी॰ Tr, यदी॰ B.

९ ? वाथ Tr.

१० ? छिन्नखे॰ Tr, छित्ते॰ B H U and the Viv.

प्रक्षाल्य दर्भपुञ्जीलैः पवयतीति । विज्ञायत आपो वै दर्भास्तैर्हि[१] स्नाता भवतीति । विज्ञायते ब्रह्महत्यायै ह्येषा वर्णं प्रतिमुच्यास्त इति । तस्माद्धविर्नान्वीक्षेत न स्पृशेदित्यथ सूतिकाया[२] दशाहे पर्यवेते यथाम्नातꣳ शौचं कृत्वा पत्नीं कर्मसु योजयेत्तत्कर्म पुत्रो[३] ब्रह्मचारी वा कुर्यात्तन्मन्त्रं यजमानो जपेदेषा पत्न्यकुशली[४] यदि स्यादेवमेव कारयेदित्यथ यदि[५] सांनाय्ये घर्मे वा प्रवृत्तायां पयो न स्याद्येन[५] केनचिदुपायेन किंचित्पयो[६] दोहयित्वाद्भिः सꣳसृज्य प्रचरेन्नैवान्यत्पय आनीय कुर्यात्सैव ततः[७] प्रायश्चित्तिरथ यदि सोमाधानमारभ्य पुरा[८] दीक्षणीयाया अनालम्भुका भवति नाग्निहोत्रं जुहोति । त्र्यहे पर्यवेते[९] ऽप्युदीक्षाप्रभृति सिद्धमत ऊर्ध्वमथ यदि पुरा व्रतदोहनादनालम्भुका भवति त्र्यहꣳ हविष्यमश्नीयाद्यदि व्रते[१०] दुग्धे[१०] हविष्यमेव[११] व्रतमपो ऽभ्यव-

---

१ Thus H U, दर्भा इति तैर्हि B, दर्भा इति तेन Tr.

२ Thus H ०कायां Tr B U.

३ तत्पुत्रो Tr.

४ Thus Tr and U (sec. m.); कुशली B H U (pr. m.).

५..५ Thus Tr; सांनाय्यं वा घर्मो वा प्रतप्तो नश्येद्येन B, सांनाय्ये वा घर्मे वा प्रवृत्तायां पयो नश्येद्येन U, H is corr. but reads at the end पयोनस्याधेन ।

६ किंचित्तस्मिन् Tr.

७ तत्र B H.

८ पुरस्ताद् Tr.

९ यथाम्नातं शौचं कृत्वा ins. U.

१० Thus B U H and the Viv., ०तं दुग्धं Tr.

११ Only in Tr.

हरेत् । श्वहे[1] पर्यवेते गोमूत्रादि सिद्धमत ऊर्ध्वमंथ[1] यदि पुरा प्रवर्ग्यस्य[2] स्यान्न[2] प्रवृञ्ज्याद्धविष्यप्रभृति यथाम्नातꣳ शौचं कृत्वा गोमूत्रादि सिद्धमत ऊर्ध्वमंथ यदि प्रवृक्ते[3] ऽनालम्भुका भवति हविष्यमेव[4] तदहः[4] सꣳस्थाप्य श्वहे[5] पर्यवेते गोमूत्रादि सिद्धमत ऊर्ध्वमंथ[5] दीक्षित वाचं यच्छ व्रत्य वाचं यच्छ[6] पत्नि[6] वाचं[6] यच्छेति संप्रेषादेकस्तनप्रभृत्यानालम्भुका[7] भवति सिद्धमावभृथात्कृत्वा श्वहे पर्यवेते ऽवभृथमवयन्ति । सुत्ये ऽहनि मार्जालीये सिकतोपोप्ते परिश्रित्योपविशेदन्येष्वहःसु पत्नी-शालायामेवोपविशेत्सर्वꣳशं[8] न प्रपद्येत । ॥ ११ ॥ दशमः ॥

अथातः प्रायश्चित्तसमुच्चयं व्याख्यास्यामः । सर्वत्रानादिष्टेषु मनस्वती मिन्दाहुती स्वाहुतयो होतार इति जुहुयात्सर्वेष्व-व्रत्येषु[9] मिन्दाहुती पितृयज्ञलोपे सप्तहोतारमिति[10] जुहुया-दंथ[10] यद्यग्न्याधेये सर्वमौपासनमभिप्रव्रजेयुः पुनस्त्वादित्या रुद्रा वसवः समिन्धतामित्येतया स्रुवाहुतिꣳ हुत्वा[11] लौकिके

---

१ श्वहे..ऊर्ध्वम् only in Tr.

२ ? Thus U B, प्रवर्ग्यस्य न Tr, प्रवर्ग्यस्यासन्न H.

३ प्रवृत्ते MSS. and Viv.

४ Thus Tr, ०ष्यमेतदहः B H U.

५ Instead of श्वहे..ऊर्ध्वम् Tr has only सिद्धम् ।

६ Only given by Tr.

७ Thus Tr, संप्रेषावेक० B H U.

८ उपविशेत् om, H U.

९ Thus Tr, ०षु व्रत्येषु B U H.

१० इति जुहुयात् in Tr only.

११ तस्मिन् ins. Tr.

ऽग्नौ गृह्याणि कर्माणि प्रयुञ्जीत[१] यद्यर्धमवशिष्येताथ[२] यदि ब्रह्मौदनिको धारितः स्यादौपासनवत्स्यात्तथोद्वाते पाकादूर्ध्वं जयादींश्च जुहुयादथ यदि गार्हपत्यमनाहितमादित्यो ऽभ्युदियादादित आरभ्यान्यस्मिन्काल आदध्यान्मध्ये चेदग्निविनाश एतदेवाथ[३] यदि पत्नीमृत्वियं[४] विन्देत प्राग्दक्षिणाया एतदेवात ऊर्ध्वमपरोधो ऽग्निहोत्रे च सोमे[५] चावभृथादिषु[५] सर्वत्रेष्टिपशुसोमेषु[६] तावन्मात्रं[७] पत्न्या वा सर्वमथ यदि गार्हपत्याहवनीयावुद्वायेतामभिनिम्रोचेदभ्युदियाद्वाग्न्याधेयं[८] तत्र प्रायश्चित्तिः। पुनराधेयमित्येके। ऽथ[९] यदि पत्नी बहिः सीमां पुनराधानमथ यद्यात्मनि समारूढेष्ववत्यं चरेदरणिविनाशोक्तदोषो[१०] वा[११] भवेदग्न्याधेयमरणिविनाशेनाग्निविनाश[१२] उक्तो। ऽथ यदि ग्राममर्यादां नदीं वाग्नीनतिहरेयुरेताने-

---

१ अथ ins. Tr.

२ Thus H U, ॰शिष्येदथ Tr, ॰शिष्येतातस्मिन्कुर्यादथ B.

३ अथ in Tr only.

४ Thus Tr, पत्न्यृत्वियं B U H.

५ Thus B H, सोमे चावभृथात् U, सोमेनावभृथादिषु Tr.

६ Thus Tr B, सर्वेष्टि॰ U H.—॰सोमेषु Tr B, ॰तंत्रेषु U H.

७ स ins. U H.

८ Thus Tr, आहवनीयगार्हपत्यावु॰ B U H.—उद्वायेताम् Tr.

९ In Tr only.

१० ॰रणी B U H.

११ In H U only.

१२ Tr om. अग्न्याधेयम्, rightly?

वाग्नीन्ध्रियमाणानन्वारभेयातां[१] प्रवसति यजमाने न[२] पत्नी[२] प्रवसति[२] नाच प्रायश्चित्तं भिन्नयोनिश्चेदन्वाहार्यपचन उद्वायेद्वा[३] प्रकृतिस्तत[४] आहरणं पृथगरणी वा ॥ १२ ॥

अथ यद्येककपालः परावर्तते[५] प्रजापतेर्वर्तनिमनुवर्तस्वेत्यध्वर्युः स्वस्थाने प्रतिष्ठापयेत्प्रति क्षत्रे प्रतितिष्ठामि राष्ट्रे विश्वमन्याभिवावृध इत्येताभ्यां यजमानो ऽनुमन्त्रयते ऽस्कान्द्यौः पृथिवीमस्कानजनि प्राजनीत्येताभ्याꣳ स्रुवाहुती जुहुयात्सꣳस्थिते वैश्वानरीमिष्टिं[६] निर्वपेद्विज्ञायते च यत्प्राङ्[७] पद्येत देवलोकमभिजयेद्दक्षिणा पितृलोकं यत्प्रत्यग्रक्षाꣳसि यज्ञꣳ हन्युर्यदुदङ् मनुष्यलोकमभिजयेत्प्रतिष्ठितो होतव्य इत्यथ यदि पशुबन्धः सोमो वा लुप्येत वैश्वानरीमिष्ट्वा पुनर्यजेत[८] सर्वं चेत्सुत्यमहरतिक्रामेत्समन्वारब्धाः[९] प्रागुपवेषणादपच्छिद्येरन्समाप्य पुनर्यजेत सोमेन दीक्षितो न[१०] दद्यान्न[१०] जुहुयान्न[१०] पचेन्न जपेदित्यादित[११] एव विभजेदित्याकृतो-

१ Instead of एतानेव B U H एतदेव।

२ Thus Tr, B om. न, प्रवसति H, S प्रवसति वा U.

३ Thus Tr B, °येद्यथा U H.

४ Instead of तत Tr तद्।

५ पराङावर्तते Tr.

६ इष्टिम् alone in Tr.

७ प्राक् H.

८ एकाहेषु ins. U.

९ After °क्रामेत् U ins. सर्पणे।—Instead of °रब्धाः (thus Tr.) °रब्धा वा U, रब्धा वा H B.

१० न जुहुयान्न दद्यान्न Tr.

११ इति om. Tr.

पेतो[१] न[१] स्नायान्नापो[१] ऽवगाहेत न वासो जह्यान्न रजः[२] प्रस्नावयेत्सर्वं च यजमानस्यर्त्विजां च यावत्कर्म व्रतमुपदिशन्ति नर्त्विजामार्त्विज्यमन्यच्च विद्यते न महर्त्विजाꣳ समासो[३] न[३] सर्वञ्च[३] ययमानस्यार्त्विज्यमन्यच्च सत्त्रात्सर्वेषु[४] सोमेषु सोमापचार-कालातिक्रमान्तरितविपर्यासव्यत्रायसमासादिष्वन्येषु[५] चाज्ञा-तेषु[६] ज्ञातेषु च दोषेषु[६] प्राक् समिष्टयजुष आज्यस्थाल्याः स्रुवेणोपघातꣳ सर्वप्रायश्चित्तानि जुहुयाज्जयानित्येके ऽभ्या-तानानित्येके राष्ट्रभृत इत्येके ऽमात्यहोमानित्येके छन्दाꣳ-सीत्येके सौरीरित्येके तनूरित्येके होतॄनित्येके दशा-त्मकमित्येके पौरुषीरित्येके वैष्णवीरित्येके महाव्याहृती-रित्येके व्याहृतीरित्येके प्राजापत्यामित्येके[७] प्रणवमित्येके सर्वानित्याचार्यः[८] सर्वानित्याचार्यः ॥ १३ ॥ एकादशः ॥

॥ इत्येकोनत्रिंशः प्रश्नः ॥

---

१ व्र० न स्नायात् in U only.

२ Thus Tr, वासः B U H.

३ ? Thus reads U, समासोन चापिवे (यज०) Tr, समासोमेन सर्वंच B, समालोमेन सर्वंच H. The meaning of the whole passage is unclear to me.

४ सत्त्राच्चसर्वेषु Tr.

५ सोमोपचार० Tr.—०सादिषु चान्येषु B.

६ Thus (only वाज्ञा० instead of चाज्ञा०) Tr, वाज्ञातेषु दोषेषु B, चदोषेषु U H.

७ Thus Tr, प्राजापत्यानि० H B, प्राजापत्यानी० U.

८ ०चार्यः Tr H, ०चार्याः B U.

अथेमे ऽग्निचयास्तेषां भूमेः परिमाणविहारान्व्याख्यास्यामो । ऽथाङ्गुलप्रमाणं चतुर्दशाणवस्तु त्रिंशत्तिलाः पृथुसंश्लिष्टा इत्यपरं । दशाङ्गुलं क्षुद्रपदं । द्वादश[१] प्रादेशः[१] । पृथोत्तरयुगे त्रयोदशिके । पदं पञ्चदशाष्टाशीतिशतमीषा चतुःशतमक्षः । षडशीतिर्युगं । द्वात्रिंशज्जानुः । षट्त्रिंशच्छम्याबाहू । द्विपदः प्रक्रमो । द्वौ प्रादेशावरत्निरथाप्युदाहरन्ति पदे युगे प्रक्रमे ऽरत्नावियति शम्यायां च मानार्थेषु याथाकामीति । पञ्चारत्निः पुरुषो व्यामश्च[२] । चतुररत्निर्व्यायामश्चतुरश्रं[३] चिकीर्षन्यावच्चिकीर्षेत्तावतीं रज्जुमुभयतःपाशां कृत्वा मध्ये लक्षणं करोति । लेखामालिख्य तस्या मध्ये शङ्कुं निहन्यात्तस्मिन्पाशौ प्रतिमुच्य[४] लक्षणेन मण्डलं परिलिखेद्विष्कम्भान्तयोः शङ्कू निहन्यात्पूर्वस्मिन्पाशं प्रतिमुच्य पाशेन मण्डलं परिलिखेदेवमपरस्मिंस्ते यत्र समेयातां तेन द्वितीयं विष्कम्भमायच्छेद्विष्कम्भान्तयोः शङ्कू निहन्यात्पूर्वस्मिन्पाशौ प्रतिमुच्य लक्षणेन मण्डलं परिलिखेदेवं दक्षिणत एवं पश्चादेवमुत्तरतस्तेषां ये ऽन्त्याः संसर्गास्तच्चतुरश्रं संपद्यते । ऽथापरं । प्रमाणाद्द्विगुणां रज्जुमुभयतःपाशां कृत्वा मध्ये लक्षणं करोति । स प्राच्यर्थो । ऽपरस्मिन्नर्धे चतुर्भागोने

---

१ द्वादशांगुलंप्रादेशं M.

२ Thus T, च not in my copies.

३ Thus throughout B U M; ०स्र० instead of ०श्र० throughout H.

४ प्रमुच्य B M H.

लक्षणं करोति। तन्न्यञ्छनमर्धं ऽꣳसार्थं। पृष्ठ्यान्तयोः पाशौ प्रतिमुच्य न्यञ्छनेन दक्षिणापायस्यार्धेन श्रोण्यꣳसान्निर्हरेद्दीर्घचतुरश्रं चिकीर्षन्यावच्चिकीर्षेत्तावत्यां भूम्यां[1] द्वौ शङ्कू निहन्याद्द्वौद्वावेकैकमभितः[2] समौ। यावतौ तिर्यङ्मानौ तावतीꣳ रज्जुमुभयतःपाशां कृत्वा मध्ये लक्षणं करोति। पूर्वेषामन्त्ययोः पाशौ प्रतिमुच्य लक्षणेन दक्षिणापायस्य लक्षणे लक्षणं करोति। मध्यमे पाशौ प्रतिमुच्य लक्षणस्योपरिष्टाद्दक्षिणापायस्य लक्षणे शङ्कुं निहन्यात्सो ऽꣳस। एतेनोत्तरो ऽꣳसो व्याख्यातस्तथा श्रोणी। यत्र पुरस्तादꣳहीयसीं मिनुयात्तत्र तदर्धं लक्षणं करोत्यथापरं प्रमाणादध्यर्धाꣳ रज्जुमुभयतःपाशां कृत्वापरस्मिꣳस्तृतीये षड्भागोने लक्षणं करोति। तन्न्यञ्छनमिष्टे[3] ऽꣳसार्थं[3]। पृष्ठ्यान्तयोः पाशौ प्रतिमुच्य न्यञ्छनेन दक्षिणापायस्येष्टेन श्रोण्यꣳसान्निर्हरेत्समचतुरश्रस्याक्ष्णयारज्जुर्द्विस्तावतीं भूमिं करोति। प्रमाणं तिर्यग्द्विकरण्यायामस्तस्याक्ष्णयारज्जुस्त्रिकरणी। तृतीयकरण्येतेन व्याख्याता। नवमस्तु[4] भूमेर्भागो भवतीति[5]। दीर्घचतुरश्रस्याक्ष्णयारज्जुः पार्श्वमानी[6] तिर्यङ्मानी च यत्पृथग्भूते कुरुतस्तदुभयं करोति।

---

१ Thus my copies, भूमौ T.

२ ०वेकमभितः B, ०वेकैवमभितः H.

३ ०नमिष्टेन सार्धं M.

४ Before नव० M ins. विभागस्तु तासां।

५ भवति M.

६ च ins. M,

तासां[१] त्रिकचतुष्कयोर्द्वादशिकपञ्चिकयोः[२] पञ्चदशिकाष्टिकयोः[३] सप्तिकचतुर्विंशिकयोर्द्वादशिकपञ्चत्रिंशिकयोः[४] पञ्चदशिकषट्त्रिंशिकयोरित्येतासूपलब्धिः । ॥ १ ॥

नानाचतुरश्रे समस्यन्कनीयसः करण्या वर्षीयसो वृध्रमुल्लिखेद्वृध्रस्याक्ष्णयारज्जुः[५] समस्तयोः पार्श्वमानी भवति । चतुरश्राच्चतुरश्रं निर्जिहीर्षन्यावन्निर्जिहीर्षेत्तस्य करण्या वर्षीयसो वृध्रमुल्लिखेद्वृध्रस्य पार्श्वमानीमक्ष्णयेतरत्पार्श्वमुपसंहरेत्सा यत्र निपतेत्तदपच्छिन्द्याच्छिन्नया निरस्तं । समचतुरश्रं दीर्घचतुरश्रं चिकीर्षंस्तदक्ष्णयापच्छिद्य भागं द्वेधा विभज्य पार्श्वयोरुपदध्याद्यथायोगमपि[६] वैतस्मिंश्चतुरश्रं[७] समस्य तस्य करण्यापच्छिद्य[८] यदतिशिष्यते तदितरत्रोपदध्याद्दीर्घचतुरश्रं समचतुरश्रं चिकीर्षंस्तिर्यङ्मानीं करणीं कृत्वा शेषं द्वेधा विभज्य पार्श्वयोरुपदध्यात्खण्डमावापेन[९] तत्संपूर-

---

१ Found in all my copies; not given by T.

२ M om. द्वादशि..कयोः ।

३ पंचिकषष्ठिकयोः M.

४ ०विंशति० instead of ०विंशि० M.

५ दृढ instead of वृध्र the MSS. here and infra. cp. Thibaut, Pandit X, pp. 17, 18.

६ ०रुपसंदध्या० M U B.

७ Thus अपि वैत० my copies, not अपि चैत०, as Thibaut reads.

८ Thus B H U, ०छिद्याद् M only.

९ Instead of पार्श्वयोः T: विपर्यस्येतरत्र ।; उपसंदध्या० B H U.

येत्।तस्य निर्हार[1] उक्तश्।चतुरश्रमेकतोऽणिमच्चिकीर्षन्नणिमतः करणीं तिर्यङ्मानीं कृत्वा शेषमक्ष्णया विभज्य विपर्यस्येतरत्रोपदध्याच्।चतुरश्रं प्रउगं चिकीर्षन्यावच्चिकीर्षेद्द्विस्तावतीं भूमिं समचतुरश्रां कृत्वा पूर्वस्याः करण्या मध्ये शङ्कुं निहन्यात्।तस्मिन्पाशौ प्रतिमुच्य दक्षिणोत्तरयोः श्रोण्योर्निपातयेद्।बहिस्पन्द्यमपच्छिन्द्याच्।चतुरश्रमुभयतः प्रउगं चिकीर्षन्यावच्चिकीर्षेद्द्विस्तावतीं भूमिं दीर्घचतुरश्रां कृत्वा पूर्वस्याः करण्या मध्ये शङ्कुं निहन्यात्।तस्मिन्पाशौ प्रतिमुच्य दक्षिणोत्तरयोर्मध्यदेशयोर्निपातयेद्।बहिस्पन्द्यमपच्छिन्द्याद्।एतेनापरं प्रउगं व्याख्यातं। चतुरश्रं मण्डलं चिकीर्षन्नक्ष्णयार्धं मध्यात्प्राचीमभ्यापातयेद्।यदतिशिष्यते[2] तस्य सह तृतीयेन मण्डलं परिलिखेन्।मण्डलं चतुरश्रं चिकीर्षन्विष्कम्भमष्टौ भागान्कृत्वा भागमेकोनत्रिंशधा[3] विभज्याष्टाविंशतिभागानुद्धरेद्भागस्य च षष्ठमष्टमभागोनम्।अपि वा पञ्चदश भागान्कृत्वा द्वावुद्धरेत्।सैषानित्या[4] चतुरश्रकरणी। प्रमाणं तृतीयेन वर्धयेत्तच्चतुर्थेनात्मचतुस्त्रिंशोनेन[5]। सविशेषः।

॥ २ ॥

अथाग्न्याधेयिके विहारे[6] गार्हपत्यादाहवनीयस्यायतनं।

---

१ निर्ह्रांस B U, cp. Z D M G. LV, p. 579.

२ ०भ्यायातये० B M.

३ ०विंशधा H M.

४ Thus U M; ०द्धरेद्देषा० H B and T.

५ Thus my copies.

६ Thus, not विहारो, my copies.

विज्ञायते ऽष्टासु प्रक्रमेषु ब्राह्मणो ऽग्निमादधीतैकादशसु राजन्यो द्वादशसु वैश्य इत्यायामवतीयेन त्रीणि चतुरश्राण्यनूचीनानि कारयेदपरस्योत्तरस्यां[1] श्रोण्यां गार्हपत्यस्तस्यैव दक्षिणे ऽंसे ऽन्वाहार्यपचनः पूर्वस्योत्तरे ऽंस आहवनीयो । ऽपि वा गार्हपत्याहवनीययोरन्तरालं पञ्चधा षोढा वा संभुज्य षष्ठं सप्तमं वा भागमागन्तुकमुपसमस्य[2] समं त्रेधं विभज्य पूर्वस्मादन्ताद्द्वयोर्भागयोर्लक्षणं[3] करोति । गार्हपत्याहवनीययोरन्तौ नियम्य लक्षणेन दक्षिणापायम्य लक्षणे शङ्कुं निहन्ति । तद्दक्षिणाग्नेरायतनं भवत्यपि वा प्रमाणं पञ्चमेन वर्धयित्वा तत्सर्वं पञ्चधा संभुज्यापरस्मादन्ताद्द्वयोर्भागयोर्लक्षणं[3] करोति । पृष्ठ्यान्तयोः पाशौ प्रतिमुच्य लक्षणेन दक्षिणापायम्य लक्षणे शङ्कुं निहन्ति । तद्दक्षिणाग्नेरायतनं भवति । विपर्यस्ते-तेनोत्करो व्याख्यातो । ऽपरेणाहवनीयं यजमानमात्री भवतीति दार्शपौर्णमासिकाया वेदेर्विज्ञायते । तस्यास्त्रिभागोनं पश्चात्तिरश्ची । तस्या एवार्धं पुरस्तात्तिरश्च्येवं[4] दीर्घचतुरश्रमेकतोऽणिमद्विहृत्य स्रक्तिषु शङ्कून्निहन्याद्यावती पार्श्वमानी

---

१ ०दपरस्योत्तरस्योत्तरस्यां B M.

२ ०गंतुमुपसमस्य H U.

३ Thus (and cp. Thibaut's remark) B; the other MSS. अन्त्यात् instead of अन्तात् ।

४ ०त्तिरश्ची यावद् M.

द्विरभ्यस्ता[1] तावतीꣳ[1] रज्जुमुभयतःपाशां कृत्वा मध्ये लक्षणं करोति। दक्षिणयोः पार्श्वयोः[2] पाशौ प्रतिमुच्य लक्षणेन दक्षिणापायस्य लक्षणे शङ्कुं निहन्यात्तस्मिन्पाशौ प्रतिमुच्य लक्षणेन दक्षिणं पार्श्वं परिलिखेदेतेनोत्तरं पार्श्वं व्याख्यातं। पूर्वं पार्श्वं तथा द्विरभ्यस्तया परिलिखेदेवमपरं। दशपदा पश्चात्तिरश्ची द्वादशपदा प्राच्यष्टापदा पुरस्तात्तिरश्चीति पाशुबन्धिकाया वेदेर्विज्ञायते। मानयोगस्तस्या व्याख्यातो। रथसंमितेत्येकेषां। विराट्संपन्नेत्येकेषाꣳ। शम्यामात्री चतुः-स्रक्तिर्भवतीत्युत्तरवेदेर्विज्ञायते[3]। समचतुरश्राविशेषाद्द्वितीया वेदिर्भवतीति पैतृक्या[4] वेदेर्विज्ञायते। महावेदेस्तृतीयेन समचतुरश्रकृतायास्तृतीयकरणी[5] भवतीति[6]। नवमस्तु भूमेर्भागो भवति[7]। यजमानमात्री चतुःस्रक्तिर्भवतीत्येकेषां। दिक्षु स्रक्तयो भवन्ति। वेदिद्वितीये यजेतेति सौत्रामणिकीं वेदिमभ्युपदिशन्ति। महावेदेस्तृतीयेन समचतुरश्रकृताया अष्टादशपदा पार्श्वमानी भवति। तस्यै दीर्घकरण्यामेकतोऽणिमत्करण्यां च याथाकामीति। ॥ ३ ॥

---

१ द्विस्तावतीं B.

२ ? Found in H M U; B. om. Thibaut omits the word.

३ चतुस्र° the MSS.

४ पैतृयज्ञिकाया B, and U originally.

५ °कृतायाः करणी तृतीयकरणी B U, and cp. Thibaut's remark on this passage.

६ भवति M U, भवती H.

७ भवतीति M.

प्राग्वꣳशः षोडशप्रक्रमायामो द्वादशव्यासो[1] ऽपि वा द्वादशप्रक्रमायामो दशव्यासस्तस्य मध्ये द्वादशिको विहारस्त्रिꣳशत्पदानि प्रक्रमा वा पश्चात्तिरश्ची भवति षट्त्रिꣳशत्प्राची चतुर्विꣳशतिः पुरस्तात्तिरश्चीति महावेदेर्विज्ञायते। मानयोगस्तस्या व्याख्यात। आहवनीयात्षट् प्रक्रमान्महावेदिस्तत एकस्मिन्सदस्तद्दशकमुदक् सप्तविꣳशत्यरत्नयो। ऽष्टादशेत्येकेषां। ततश्चतुर्थं हविर्धानं। तद्दशकं द्वादशकं वा। मानयोगस्तयोर्व्याख्यातो। यूपावटीयाच्छङ्कोरर्धप्रक्रममवशिष्योत्तरवेदिं विमिमीते। दशपदोत्तरवेदिर्भवतीति सोमे विज्ञायते। मानयोगस्तस्या व्याख्यातश्चात्वालः शम्यामात्रो ऽपरिमितो वाथोपरवाः प्रादेशमुखाः प्रादेशान्तराला। अरत्निमात्रꣳ समचतुरश्रं विहृत्य स्रक्तिषु शङ्कून्निहन्यादर्धप्रादेशेनार्धप्रादेशेनैकैकं मण्डलं[2] परिलिखेत्सदसः[3] पूर्वार्धाद्द्विप्रक्रममवशिष्य धिष्ण्यानां[4] द्विप्रादेशो विष्कम्भस्तथान्तराला। आग्नीध्रागारस्य[5] पार्श्वमानी पश्चारत्निरेतेन मार्जालीयो व्याख्यातस्तस्योदीचीं द्वारं कुर्वन्ति। रथाक्षान्तराला यूपावटा भवन्तीत्येकादशिन्यां

---

१ द्वादशपदव्यास॰ M, which omits the following words up to दशव्यास॰।

२ परिमंडलं M and U (sec. m.).

३ ॰त्सदः H.

४ Thus, not धिष्णिया॰, the MSS,

५ आग्नीध्रीया॰ T.

विज्ञायते । तस्या[1] दशानां च रथाक्षाणामेकादशानां च पदानामष्टाङ्गुलस्य च चतुर्विंशं भागमाददीत । स प्रक्रमः स्यात्तेन वेदिं विमिमीते[2] । ऽथाश्वमेधे[2] विंशत्याश्च रथाक्षाणामेकविंशत्याश्च पदानामष्टाङ्गुलस्य च चतुर्विंशं भागमाददीत । स प्रक्रमः स्यात्तेन वेदिं विमिमीते[3] । ऽथ[3] प्राच्येकादशिन्यां[4] यूपार्थं वेदेः पूर्वार्धात्पदार्धव्यासमपच्छिद्य[5] तत्पुरस्तात्प्राञ्चं[6] दध्यान्नोत्राष्टाङ्गुलं विद्यते । न व्यतिषङ्गो । यूपावटाः पदविष्कम्भास्त्रिपदपरिणाहानि यूपोपराणीति ।

॥ ४ ॥ प्रथमः ॥

अर्धाष्टमाः[7] पुरुषाः[7] प्रथमो ऽग्निर् । अर्धनवमा द्वितीयो । ऽर्धदशमास्तृतीय । एवमुत्तरोत्तरो[8] विधाभ्यास । ऐकादशविधात् । तदेतत्सप्तविधप्रभृत्येकशतविधान्तम् । अत ऊर्ध्वमेकशतविधानेव प्रत्याददीतानग्निकान्वा यज्ञक्रतूनाहरेदन्यत्राश्वमेधाद् । अश्वमेधमप्राप्तं चेदाहरेदत ऊर्ध्वं विधामभ्यस्येन्नेतरदाद्रियेतातीतं[9]

---

१ तस्यै U originally and a citation in the Mahāgnisarvasva.

२ °मीतायाश्वमेधे M, cp. XXVI. 23 : 304. 6.

३ °मीताथ again M.

४ प्राच्ये° M, प्राचै° the other MSS. ; °न्या U.

५ Thus M; पूर्वार्धात्पदार्थव्या° U, पदार्धव्या° B, पूर्वार्धसदार्धन्या° H.

६ °प्राच्यां M.

७ अर्धाष्टमपुरुषाः T.

८ °त्तरे M.

९ °भ्यस्येदन्यतरदाद्रि° M.

षेदाहरेदाहृत्य कृतान्तादेव प्रत्याददीत । कथमु खलु विधामभ्यस्येदन्यत्प्रकृतेस्तत्पञ्चदश भागान्कृत्वा विधायांविधायां द्वौद्वौ भागौ समस्येत्ताभिरर्धाष्टमाभिरग्निं चिनुयादूर्ध्वप्रमाणाभ्यामं जानोः पञ्चमस्य चतुर्विꣳशेनैके[1] समामनन्त्यथ हैक एकविधप्रभृतीनपक्षपुच्छाꣳश्चिन्वते । तन्नोपपद्यते पूर्वोत्तरविरोधादथ हैकेषां ब्राह्मणं[2] भवति श्येनचिदग्नीनां पूर्वा ततिरित्यथापरेषां[3] न ज्यायाꣳसं चित्वा कनीयाꣳसं चिन्वीतेत्यथास्माकं[4] । पक्षी भवति । न ह्यपक्षः पतितुमर्हत्यरत्निना पक्षौ द्राघीयाꣳसौ भवतस्तस्मात्पक्षप्रवयाꣳसि वयाꣳसि । व्याममात्रौ पक्षौ च पुच्छं च भवतीति । नापक्षपुच्छः श्येनो विद्यते । न चासप्तविधस्य पक्षपुच्छानि विद्यन्ते न च सप्तविधं चित्वैकविधप्रसङ्गस्तस्मात्सप्तविध एव प्रथमोऽग्निर्भेदान्वर्जयेदधरोत्तरयोः पार्श्वसंधानं भेदा इत्युपदिशन्ति । तदग्न्यन्तेषु न विद्यते[5] न स्रक्तिपार्श्वयोः । साहस्रं चिन्वीत प्रथमं चिन्वान इति[6] । पञ्चमायां वा चितौ

---

१ ०शेनैवैके T.

२ See XXIV. 5: 188. 14.

३ ०थापरं M.

४ ब्राह्मणं ins. U on the margin; the brāhmaṇa is found T. S. V. 2. 5. 1.

५ विद्यंते U.

६ See T. S. V. 6. 8. 2.

संख्यां[1] पूरयेद्विश्वतास्वेच्चिकीर्षेत्पञ्चचोडाभिर्नाकसद:[2] समान-
मंख्यं[3] प्रतीयात्। ॥ ५ ॥

पशुधर्मो[4] ह वा- अग्निर्यथा ह वै पशोर्दक्षिणेषामस्थ्नां
यद्दक्षिणं पार्श्वं तदुत्तरेषामुत्तरं यदुत्तरेषां दक्षिणं तद्दक्षिणे-
षामुत्तरं यदवाक्[5] चोर्ध्वं[5] च[5] तत्समानमेवमिष्टकानाꣳ
रूपाण्युपदध्याद्यां दक्षिणावृतो लेखास्ता दक्षिणत उपदध्या-
त्सव्यावृत उत्तरत। ऋजुलेखाः पश्चाच्च[6] पुरस्ताच्च भवन्ति।
व्यालिखिता मध्ये। ऽथ या विश्वयस्था[7] यथा ह वै पशोः
पृष्ठवꣳशो नैवैकस्मिन्पार्श्वे व्यतिरेकेण वर्तते नैवापरस्मिन्नेवं
तासामुपधानं प्रतीयाद्यथापि ब्राह्मणं[8] भवति प्रजापतिर्वा
अथर्वाग्निरेव दध्यङ्ङाथर्वणस्तस्येष्टका अस्थानीति। तस्माद्व-
हिस्तन्वं चेच्चिनुयात्तन्वोपप्लयमध्येरात्मोपप्लयमध्यात्संदध्यात्प्रास्व-
मेनं[9] चिनुत इति विज्ञायते। ऽश्मन्मयीभिरनिष्टकाभिर्न[10]

---

१ om. M.

२ ॰श्वता॰ये U, ॰श्वतांसे॰ B.—॰चोडानाकसद: M.

३ ॰ख्यं H U, ख्यां M, ॰ख्याः B.

४ ॰धर्मा B M U.

५ यदवांचं M; यदर्वाक् चो॰ B.

६ Thus H M U, पश्यात् B.

७ Thus with T; विषय॰ my copies.

८ T. S. V. 6. 6. 3.

९ Some of the MSS. write (as Lāṭy. I. 5, 7.) उपप्लय or प्लय, some (as Drāhy. II. 1. 10.) उपप्लव।

१० ॰यीभिरिष्टकाभि॰ M B.

संख्यां पूरयेदिष्टकचिद्वा[1] अन्यो ऽग्निः पशुचिदन्य इत्येतस्मा-द्ब्राह्मणात्पशुर्वा एष यदग्निर्योनिः खलु वा एषा पशोर्विक्रियते यत्प्राचीनमैष्टकाद्यजुः क्रियत[2] इति च[3] लोकबाधीनि[4] द्रव्याण्यवटेषूपदध्यान्मण्डलमृषभं विकर्णीमितीष्टकासु[5] लक्ष्माणि प्रतीयादिष्टकामन्त्रयोरिष्टकाव्यतिरेके लोकंपृणाः संपद्यन्ते परिमाणाभावादतीतानेव[6] वेष्टकागणानन्वोपदध्यात्पञ्च[6] लोकंपृणा। मन्त्रव्यतिरेके ऽश्माः शर्कराः संधिषूपदध्या-त्प्राचीरुपदधाति प्रतीचीरुपदधातीति गणेषु रीतिवादः। प्राचीमुपदधाति प्रतीचीमुपदधातीति कर्तुर्मुखवादः। पुरस्ता-दन्याः प्रतीचीरुपदधाति पश्चादन्याः प्राचीरित्यपवर्गश्चतुरश्र-स्वेवैतदुपपद्यते। ॥ ६ ॥

न खण्डामुपदध्यान्न भिन्नामुपदध्यान्न कृष्णामुपदध्यान्न जीर्णामुपदध्यान्न लक्ष्मणामुपदध्यान्न[7] स्वयमातृण्णां स्वयंचिता-वुपदध्यादूर्ध्वप्रमाणमिष्टकानां जानोः पञ्चमेन कारयेदर्धेन

---

१ See T. S. I. 5. 8. 2.

२ ०यत इति B U, but we have one single citation: T. S. V. 2. 10. 1.

३ om. H.

४ With व my copies: T. with ब।

५ विकर्णी is, according to the Mahāgnisarvasva, विशाखकर्णी स्त्री।

६ Thus B U, ०तीतानेवे० M, H is incompl. T reads as M, inserting, moreover, एव after ०गनान्।

७ Thus H, लक्ष्मासु० M U; लक्ष्माणमु० T.

नाकसदां पञ्चचोडानां च । यच्छोषपाकाभ्यां प्रतिच्छ्वेत[1] पुरीषेण तत्संपूरयेत्पुरीषस्यानियतपरिमाणत्वाद्व्यायाममात्री भवतीति गार्हपत्यचितेर्विज्ञायते । चतुरश्रेत्येकेषां । परिमण्डलेत्येकेषां । चतुरश्रꣳ सप्तधा विभज्य तिरश्चीं त्रेधा विभजे।दपरस्मिन्प्रस्तार उदीचीरुपदधाति । समचतुरश्रास्वेदुपदध्याद्व्यायामषष्ठेनेष्टकाः कारयेच्चतुर्थेन तृतीयेनेति । तासां नव प्रथमा द्वादश द्वितीया इति पूर्वस्मिन्प्रस्तार उपदधाति । पञ्च तृतीयाः षोडश प्रथमा इत्यपरस्मिन्।परिमण्डलायां यावत्संभवेत्तावत्समचतुरश्रं कृत्वा तन्नवधा विभजेत्प्रधीꣳस्त्रि।धा त्रिधेत्यपरं[2] प्रस्तारं[2] तथोपदध्याद्यथा प्रध्यनीकेषु स्रक्तयो भवन्ति । धिष्ण्या एकचितीकाश्चतुरश्राः परिमण्डला वा । तेषामाग्नीध्रीयं नवधा विभज्यैकस्याः स्थाने ऽश्मानमुपदध्या।दथ होतुर्धिष्ण्यं[3] नवधा त्रिभज्य पूर्वाꣳस्त्रिभागानेकैकं द्वेधा विभजे।दथेतरान्नवधानवधा विभज्य मध्यमपूर्वौ द्वौ[4] भागौ समस्ये।दथ मार्जालीयं त्रेधा विभज्य पूर्वापरौ भागौ पञ्चधा विभजे।दुख्यभस्मना सꣳसृज्येष्टकाः कारयेदिति । संवत्सरभृत[5] एवैतदुपपद्यते न रात्रिभृत[5] । एवमस्य मन्त्रवती चितिक्लृप्तिर्भ-

---

१ Thus U and T; ॰सेत् H M B.

२ ॰परस्मिन्प्रस्तारे M B.

३ धिष्णियं H M.

४ द्वौद्वौ M.

५ See X. 12 : 11. 13.

न्दक्षितं[1] त्रिषाहस्रस्य परस्ताच्चिन्वीत काममविवेकात्तस्य रूपꣳ श्येनाकृतिर्भवतीति ।[2] ॥ ७ ॥ द्वितीयः ॥

अथ वै भवति[3] श्येनचितं चिन्वीत सुवर्गकाम इत्या-कृतिद्वैविध्यं। चतुरश्रात्मा श्येनाकृतिश्च। त्रिज्ञायत उभयं[4] ब्राह्मणं[4]। पञ्च दक्षिणायाꣳ श्रोण्यामुपदधाति पञ्चोत्तरस्यां। बस्तो वय इति दक्षिणे ऽꣳस उपदधाति। वृष्णिर्वय इत्युत्तरे। व्याघ्रो वय इति दक्षिणे पक्ष उपदधाति। सिꣳहो वय इत्युत्तरे[5]। पुरुषो वय इति मध्य इति चाथापरं। वयसां वा एष प्रतिमया चीयते यदग्निरित्युत्पततां छाययेत्यर्थः। समचतुरश्राभिरग्निं चिनुते[6] दैव्यस्य च मानुषस्य च व्यावृत्त्या इति मैत्रायणीयब्राह्मणं[7] भवति। तस्येष्टकाः कारयेत्पुरुषस्य चतुर्थेन पञ्चमेन षष्ठेन दशमेनेत्यथाग्निं विमिमीते। यावान्पुरुष ऊर्ध्वबाहुस्तावदन्तराले वेणोश्छिद्रे[8] करोति मध्ये तृतीयं।

---

१ See XVII. 28 : 306. 8. and XXVI. 28 : 311. 5.

२ H adds प्रकृतित्वात् and thus also T, but see the comm.: इतिकरणः परिभाषासमाप्त्यर्थः।

३ See T. S. V. 4. 11. 1.

४ The first brāhmaṇa is found T. S. V. 3. 1. 5. (cp. Baudh. X. 38: 36. sqq.) the second T. S. V. 5. 3. 2.

५ U and Mahāgnisarv. ins. पक्षयोरेव वीर्यं दधाति।

६ Thus my copies; चिन्वीत T.

७ I have not been able to trace this passage in the agniciti-brāhmaṇa of our Maitrāyaṇī Saṃhitā.

८ Thus M; वेणोः छिद्रे H U, वेणोश्छिद्रे B and Thibaut.

यदमुत्र स्फ्येन्द्यया करोति तदिह वेणुना करोति । तस्मात्सा समचतुरश्रश्चत्वारः पुरुषाः । पक्षः समचतुरश्रः पुरुषः । स तु दक्षिणतोऽरत्निना द्राघीयानेतेनोत्तरः पक्षो व्याख्यातः । पुच्छः समचतुरश्रः पुरुषस्तमवस्तात्प्रादेशेन[1] वर्धयेदेवꣳ सारत्निप्रादेशः सप्तविधः संपद्यत । उपधाने पक्षाग्रादुत्तरतः पुरुषतृतीयवेलायां चतस्रः पञ्चम्यस्तासामभितो द्वे द्वे पादेष्टके । ततोऽष्टौ चतुर्थ्यः । पक्षशेषꣳ षड्भागीयाभिः प्रच्छादयेदेतेनोत्तरः पक्षो व्याख्यातः । पूर्वापरयोः पुच्छपार्श्वयोश्चतुर्भागीया उपदध्याद्दक्षिणोत्तरयोः पादेष्टकाः । शेषमग्निं पञ्चमभागीयाभिः प्रच्छादयेदेष द्विशतः प्रस्तारो । ऽपरस्मिन्प्रस्तारे पक्षाग्रादुत्तरतोऽर्धव्यायामवेलायां तिस्रस्तिस्रः षष्ठ्यो द्वे द्वे द्विपदे इति विपर्यासमुपदध्यात्तथोत्तरे[2] । दक्षिणस्याꣳ श्रोण्यां नव षष्ठ्यश्चतुरश्रकृतास्तथोत्तरस्यां । नवनव षष्ठ्यो द्वे द्वे द्विपदे इति दक्षिणादꣳसादोत्तरादꣳसाद्विपर्यासमुपदध्याच्छेषमग्निं पञ्चमभागीयाभिः प्रच्छादयेदेष द्विशतः प्रस्तारो व्यत्यासं चिनुयाद्यावतः प्रस्ताराꣳश्चिकीर्षेत् । ॥ ८ ॥

अथापरः । पुरुषस्य पञ्चम्यस्ता एवैकतोऽध्यर्धास्तासामर्ध्याः पाद्यास्तोपधाने पूर्वापरयोः पक्षपार्श्वयोरर्धेष्टका उदीचीरुपदध्यात्तथोत्तरे । दक्षिणोत्तरयोः पुच्छपार्श्वयोस्तिस्रस्तिस्रो[3] ऽध्यर्धा उदीचीः । पुच्छस्यावस्ताच्चतस्रोऽर्धेष्टका उदीचीस्ता-

---

१ अधस्तात् instead of अवस्तात् M.

२ ०दध्यादेवमुत्तरे B.

३ पुरुषपक्षयो० B.

षामभितो द्वे पादेष्टके। जघनेन पुच्छाप्ययोरेकैकामर्धेष्टकां[1] प्राचीं॰। शेषमग्निं पञ्चमभागीयाभिः प्रच्छादयेदेष द्विशतः प्रस्तारो। ऽपरस्मिन्प्रस्तार आत्मस्रक्तिषु चतस्रः[2] पादेष्टका उपदध्यात्तासामभितो द्वे द्वे अर्धेष्टके। पूर्वस्मिन्ननीके पञ्च। पक्षाप्ययोस्तिस्रस्तिस्रो ऽध्यर्धा उदीचीस्तासामन्तरालेष्वेकैकामर्धेष्टकां प्राचीं॰। शेषमग्निं पञ्चमभागीयाभिः प्रच्छादयेदेष द्विशतः प्रस्तारो। व्यत्यासं चिनुयाद्यावतः प्रस्तारांश्चिकीर्षेत्। ॥ ९ ॥[3]

अथ वक्रपक्षो व्यस्तपुच्छस्तस्येष्टकाः कारयेत्पुरुषस्य चतुर्थ्यस्तासामध्यर्धाः पाद्याश्च[4]। नित्यमक्ष्णयापच्छेदनमनादेशे। पादेष्टकाश्चतुर्भिः[5] परिगृह्णीयादर्धपदेन पदेनाध्यर्धपदेन पदसविशेषेणेति। ते द्वे यथा दीर्घसंश्लिष्टे स्यातां तथार्धेष्टकां कारयेदथाग्निं विमिमीत। आत्मा द्विपुरुषायामो दशपदव्यासस्तस्य दक्षिणादंसादुत्तरतो ऽध्यर्धप्रक्रमे लक्षणं करोत्येवमपरतस्तयोरुपरिष्टात्स्पन्द्यां नियम्यांसमपच्छिन्द्यादेतेनेतरांसां[6] स्रक्तीनामपच्छेदा व्याख्याताः। स आत्मा। शिरो

---

१ पुच्छाप्यया॰ U, पुच्छपार्श्वयो॰ M.

२ पादेषु M; T om.

३ Here ends probably the third adhyāya; no indication of it is found in my copies.

४ ॰श्चेति B U H.

५ ॰ष्टकांश्चतुर्भिः my copies.

६ Between नियम्य and ॰ऽसम् M ins. अनुस्पन्द्य।

ऽर्धषष्ठपदायाममर्धपुरुषव्यासं । तस्याꣳसौ प्रक्रमेणप्रक्रमेणापच्छिन्द्यात् । पुच्छस्य षट्पदा प्राची द्विपुरुषोदीची । तस्य पूर्वं स्रक्ती त्रिभिस्त्रिभिः प्रक्रमैरपच्छिन्द्यात् । सो द्वादशपदायामो दशपदव्यासस् । तस्य मध्यात्प्राञ्चि[1] षट् पदानि प्रक्रम्य शङ्कुं निहन्या । च्छ्रोण्योरेकैकमं । येनꣳ स्पन्द्यया परिचिनुया । दन्तस्पन्द्यमपच्छिद्य तत्पुरस्तात्प्राञ्चं दध्या । त्स निर्णाम । एतेनोत्तरस्य पक्षस्य निर्णामो व्याख्यातः । पक्षाग्रयोः प्रक्रमप्रमाणानि पञ्चपञ्च चतुरश्राण्यनूचीनानि कृत्वा सर्वाण्यवाञ्चमक्ष्णयापच्छिन्द्यादर्धान्युद्धरेदेवꣳ सारत्निप्रादेशः सप्तविधः संपद्यत । उपधाने शिरसो ऽप्यये चतुर्थी । मुपदध्याद्धꣳसमुखीं पुरस्तात्पादेष्टके अभितस् । तयोरवस्तादभितस्तिस्रस्तिस्रश्चतुरश्रपाद्याः । शेषे पादेष्टका । अपि वा शिरसो ऽग्रे हꣳसमुखीमुपदध्या । त्तस्य अवस्ताच्चतुर्थीमुपदध्यात्पादेष्टके अभितस् । तयोरवस्तादभितस्तिस्रस्तिस्रश्चतुरश्रपाद्याः । शेषे पादेष्टकाः । शिरसो ऽवस्तात्पञ्च पादेष्टका व्यतिषक्ता उपदध्या । त्तथा पुच्छस्य पुरस्ता । द्यदपच्छिन्नं तस्मिन्नर्धेष्टकाः पादेष्टकाश्चोपदध्या । च्छेषमग्निं चतुर्भागीयाभिः प्रच्छादये । त्पाद्याभिः सार्धाभिः संख्यां पूरयेदेष[2] द्विशतः[2] प्रस्तारो[2] । ऽपरस्मिन्प्रस्तारे हꣳसमुखीश्चतस्रश्चतसृभिः पादेष्टकाभिः संयोजयेद्यथा दीर्घचतुरश्रꣳ संपद्यते । तत्तिर्यक्

---

१ प्रांचं M.

२ These three words not in B; T omits them.

स्वयमातृण्णावकाश उपदध्याद्धंसमुख्यौ प्रतीच्यौ पुच्छाप्यये[१]ऽर्धपदेनात्मनि विशये । तयोरवस्तादभितस्तिस्रः पादेष्टकाः प्राङ्मुखीरुपदध्यात्पुच्छस्यावस्तात्पञ्चदश पादेष्टका व्यतिषक्ता उपदध्यात् । पादेष्टके अर्धेष्टकेति पक्षपत्त्राणां प्राचीर्व्यत्यासं चिनुयाद्विशये यदपच्छिन्नं तस्मिन्नर्धेष्टकाः पादेष्टकाश्चोपदध्यात्सर्वमग्निं चतुर्भागीयाभिः प्रच्छादयेत् । पाद्याभिः सार्धाभिः संख्यां पूरयेत् । ॥ १० ॥

अथापरः[२] । पुरुषस्य पञ्चमीभिः शतमशीतिः सप्तार्धं च सारत्निप्रादेशः सप्तविधः संपद्यते । तासां पञ्चाशद्द्वे चात्मन्यर्धचतुर्थ्यः[३] शिरसि । पञ्चदश पुच्छे । अष्टपञ्चाशत्सार्धा दक्षिणे पक्ष उपदध्यात्तथोत्तरे । अर्धव्यायामेन सक्थीनामपच्छेदः । संनतं पुच्छं । पक्षयोस्त्रिभिस्त्रिभिररत्निभिरपनामो । अध्यर्धाभिः[४] षट्षट् पत्त्राणि कुर्यादाकृतिः शिरसो नित्यायेष्टकानां विकाराः । पुरुषस्य पञ्चम्यस्ता एवैकतोऽध्यर्धास्ता एवैकतः सपादाः । पञ्चमभागीयायाः पाद्याः सार्धास्तथाध्यर्धायास्तयोश्चाष्टमभागौ[५] तथा श्लेषयेद्यथा तिस्रः स्रक्तयो भवन्ति । पञ्चमभागीयायाश्चाष्टम्यस्तानि दशात्मनि पञ्चमभागीयाः सार्धा उपदध्यात्तथा पुच्छे । पक्षयोश्चाध्यर्धाः सार्धाः । शिरसि याः संभवन्त्यपरस्मिन्प्रस्तारे पुर्वयोः

१ पुच्छस्याप्यये U.

२ ॰परं M.

३ ॰तुर्याः B.

४ Thus B, ध्यर्धाभिः M U, ॰ध्यर्धार्धाभिः T.

५ ॰स्तथाध्यर्ध्याया॰ M U.

पञ्चाण्ययोरेकैकामुभयीमुपदध्यादेकैकामपरयोर्द्वे शिरसः पार्श्वयोः। पुच्छस्यावस्तादध्यर्धाः प्राचीर्यथावकाशं। पार्श्वयोः पाद्याः साष्टमभागाः[1]। पक्षयोस्त्वाध्यर्धाः सावयवाः। शेषं यथायोगं यथासंख्यं यथाधर्मं[2] चोपदध्यात्। ॥ ११ ॥

कङ्कचितः[3] एतेनात्मा पुच्छं च व्याख्यातꣳ। शिरसि पञ्चोपदध्यात्तस्याकृतिर्व्याख्याता। सप्तपञ्चाशद्दक्षिणे पक्ष उपदध्यात्तथोत्तरे। व्यायामेन सप्रादेशेन पक्षयोरपनामः। पञ्चमभागीयाध्यर्धाभिः षट्षट् पत्त्राणि कुर्यादध्यर्धाविशिष्यते। तथा पुच्छस्यावस्तात्पादावरत्निमात्रावरत्न्यन्तरालौ प्रादेशव्यासौ भवतस्तयोरवस्तादभितो द्वौद्वावष्टमभागौ प्राग्भेदावुपदध्यादेवꣳ सारत्निप्रादेशः सप्तविधः संपद्यते[4]। ऽथेष्टकानां विकाराः। पञ्चमभागीयाः सावयवाः। पादेष्टकां[5] चतुर्भिः[5] परिगृह्णीयादर्धप्रादेशेनाध्यर्धप्रादेशेन प्रादेशेन प्रादेशसविशेषेणेत्यध्यर्धेष्टकां[5] चतुर्भिः[5] परिगृह्णीयादर्धव्यायामेन द्वाभ्यामरत्निभ्यामरत्निसविशेषेणेति। ताः षट्। तासां चतुरश्रपाद्याः साष्टमभागाः पादयोरुपधाय शेषं यथायोगं यथासंख्यं यथाधर्मं[2] चोपदध्यात्। ॥ १२ ॥

---

१ ०भागीयाः M.

२ यथाधर्म्यं my copies throughout.

३ See XVII. 28 : 307. 1.

४ शिरसो नित्या ins. M.

५ पादेष्टकाश्चतुर्भिः M.

अश्वजचित्[१] एतेनात्मा शिरः पुच्छं च व्याख्यातं पदावपोद्धृत्य । त्रिषष्टिर्दक्षिणे पक्ष उपदध्यात्तथोत्तरे । पुरुषेण पक्षयोरपनामो । ऽपरस्मादपनामात्प्राञ्चमरत्निं मित्वा तस्मिन्स्पन्द्यां नियम्यापरं पक्षपक्षापच्छेदमन्वायच्छेदेवं[२] पञ्च पञ्चम्यः सार्ध्या उद्धृता भवन्ति । पादेष्टकामपनामे[३] उपधाय तासां चतुरश्रपाद्याः साष्टमभागा अपोद्धृत्य शेषं[४] यथायोगं यथासंख्यं यथाधर्मं चोपदध्यात् । ॥ १३ ॥

प्रउगचितं चिन्वीतेति[५] । यावानग्निः सारत्निप्रादेशस्तावत्प्रउगं कृत्वा तस्यापरस्याः करण्या द्वादशेनेष्टकास्तदर्धव्यासाः कारयेत्तासामर्ध्याः पाद्याश्च । तासां द्वे अर्धेष्टके बाह्यसविशेषे[६] चुबुक उपदध्यादर्ध्याश्श्रान्तयोः । शेषमग्निं बृहतीभिः[७] प्रच्छादयेदर्धेष्टकाभिः संख्यां पूरयेदपरस्मिन्प्रस्तारे ऽपरस्मिन्ननीके सप्तचत्वारिंशत्पादेष्टका व्यतिषक्ता उपदध्याच्चुबुक एकाङ्गुलपाद्यां[८] । दीर्घे चेतरे चतस्रः स्वयमातृण्णावकाश उपदध्यादर्ध्यास्रान्तयोः । शेषमग्निं बृहतीभिः प्राचीभिः प्रच्छादयेदर्धेष्टकाभिः संख्यां पूरयेत् । ॥ १४ ॥

---

१ See XVII. 28 : 307. 4.

२ पक्षपक्षमपच्छे॰ M, पक्षयंनापच्छे॰ B.

३ पादेष्टकानामवनाम B.

४ Thus (not शेषा as T) my copies

५ See XVII. 28 : 307. 7.

६ Thus my copies ; बाह्यविशेषे T.

७ M ins. प्राचीभिः, rightly ?

८ Not given by T in the text.

उभयतःप्रउगं चिन्वीतेति[१] । यावानग्निः सारत्निप्रादेशस्तावदुभयतःप्रउगं कृत्वा । नवमेन तिर्यङ्मान्याः प्रउगचितोक्ता विकारास्तथोपधानमपरस्मिन्प्रस्तारे चुबुकयोर्द्वे पादेष्टके उपदध्यात्संध्यन्तयोश्च दीर्घपाद्ये । दीर्घे चेतरे च[२] चतस्रः स्वयमातृण्णावकाश उपदध्यादर्ध्यांशान्तयोः । शेषमग्निं बृहतीभिः प्राचीभिः[१] प्रच्छादयेदर्धेष्टकाभिः संख्यां पूरयेत् । ॥ १५ ॥

चतुर्थः ॥

रथचक्रचितं चिन्वीतेति विज्ञायते । द्वयानि तु[२] खलु रथचक्राणि भवन्ति साराणि च प्रधियुक्तानि चाविशेषात्ते मन्यामहे । ऽन्यतरस्याकृतिरित्यथाग्निं विमिमीते । यावानग्निः सारत्निप्रादेशस्तावतीं भूमिं परिमण्डलां कृत्वा तस्मिन्यावत्संभवेत्तावत्समचतुरश्रं[३] कृत्वा तस्य करण्या द्वादशेनेष्टकाः कारयेत्तसाङ् षट् प्रधावुपधाय शेषमष्टधा विभजेदपरं[४] प्रस्तारं तथोपदध्याद्यथा प्रध्यनीकेषु स्रक्त्यो भवन्त्यथापरः[५] । पुरुषार्धात्पञ्चदशेनेष्टकाः समचतुरश्राः कारयेन्मानार्थास्तासां द्वे शते पञ्चविंशतिश्च सारत्निप्रादेशः सप्तविधः संपद्यते । तास्वन्याश्चतुःषष्टिमावपेत्ताभिः समचतुरश्रं करोति । तस्य

---

१ See XVII. 28 : 307. 9.

२ Not in the text as given by T.

३ तावत् not in the text of T.

४ After विभजेत् U ins. (probably taken from the bhāṣya): अस्मिन्प्रस्तारे चतुरश्रस्रक्तीरवान्तरदेशात्प्रतिसंपादयेद॰ ।

५ After भवन्ति U ins. इति ।

षोडशेष्टका[1] पार्श्वमानी भवति । त्रयस्त्रिꣳशदतिशिष्यन्ते । ताभिरन्तान्सर्वशः परिचिनुयात्ताभिः षोडश मध्यमाश्चतुःषष्टिरराश्चतुःषष्टिर्वेदिर्नेमिः शेषा । नाभिमन्ततः परिलिखेन्नेमिमन्ततश्चान्तरतश्च[2] परिलिख्य नेमिनाभ्योरन्तरालं द्वात्रिꣳशद्धा विभज्य विपर्यासं भागानुद्धरेदेवमवाप उद्धृतो भवति । नेमिं चतुःषष्टिं कृत्वा व्यवलिख्य मध्ये परिकृषेत्ता अष्टाविꣳशतिशतं[3] भवन्त्यराꣳश्चतुर्धा चतुर्धा[4] नाभिमष्टधा विभजेदेष प्रथमः प्रस्तारो । ऽपरस्मिन्प्रस्तारे नाभिमन्ततश्चतुर्थवेलायां परिकृषेन्नेमिमन्तरतो । नेमिमन्तरतश्चतुःषष्टिं[5] कृत्वा व्यवलिखेदराणां पञ्चधा विभाग आ परिकर्षणयोर्नेम्यामन्तरालेषु द्वे द्वे नाभ्यामन्तरालेष्वेकैकां । यत्क्षेपं नाभेस्तदष्टधा विभजेत्स एष षोडशकरणः सारो रथचक्रचित्[6] । ॥ १६ ॥ पञ्चमः ॥

द्रोणचितं चिन्वीतेति विज्ञायते[7] । द्वयानि तु[8] खलु द्रोणानि भवन्ति[9] चतुरश्राणि च[10] परिमण्डलानि चावि-

---

१ ०ष्टकाः my copies.

२ ०मिमंततः पर्यस्य तस्य परिलिखेन्नेमि० M, B om. परिलिख्य, U has तच after परिलिख्य; cp. XVII. 29 : 307. 16.

३ Thus T and U; अष्टाविंशच्छतं B, अष्टाचत्वारिꣳशच्छतं M.

४ Thus U M; विभजेन् instead of the second चतुर्धा B T.

५ नेम्यंतरत० U, नेम्यंत० M, नेमिमंतत० B.

६ ०चक्रः B M.

७ See XVII. 29 : 308. 3.

८ Only in U B.

९ Only in U.

१० om. B .

शेषाच्चे मन्यामहे । ऽन्यतरस्याकृतिरित्यथाग्निं विमिमीते । चतुरश्र आत्मा भवति । तस्य त्रयः पुरुषास्त्रिभागोनाः पार्श्वमानी । पश्चात्सरुर्भवति । तस्यार्धपुरुषो दशाङ्गुलानि च[1] प्राची । त्रिभागोनः पुरुष उदीचीत्येवं[2] सारत्निप्रादेशः सप्तविधः संपद्यते । ऽथेष्टकानां विकाराः । पुरुषस्य षष्ठ्यस्ता एवैकतो ऽध्यर्धास्तासामर्धास्तिर्यग्भेदाः पुरुषस्य चतुर्थ्य इति । तासां स्वरुश्रोण्यन्तरालयोः षट् षष्ठीरुपधाय शेषमग्निं बृहतीभिः प्रच्छादयेदर्धेष्टकाभिः संख्यां पूरयेदपरस्मिन्प्रस्तारे दक्षिणे ऽंसे ऽध्यर्धामुदीचीमुपदध्यात्तथोत्तरे । पूर्वस्मिन्नीके षड्भागीया उपदध्याद्दक्षिणोत्तरयोश्चतुर्भागीयास्त्सरोः पुरस्तात्पार्श्वयोर्द्वे चतुर्भागीये उपदध्यात्तयोरवस्तादभितो द्वेद्वे अध्यर्धे विषूची । तयोरवस्तान्मध्यदेशे[3] द्वे[4] षष्ठ्यौ प्राच्यौ । शेषमग्निं बृहतीभिः प्राचीभिः[5] प्रच्छादयेदर्धेष्टकाभिः संख्यां पूरयेत् । ॥ १७ ॥[6]

अथापरः । पुरुषस्य षोडशीभिर्विंशशतं[7] सारत्निप्रादेशः सप्तविधः संपद्यते । तासामेकामपोद्धृत्य शेषाः परिमण्डलं करोति । तत्पूर्वेण रथचक्रचिता व्याख्यातं । षोडशीं पुरस्ता-

---

१ Only in U.

२ इति om. U.

३ मध्येदेशे B.

४ om. B.

५ om. U.

६ End of sixth adhyāya ?

७ ०विंशंशतं B. विंशतिशतं M.

द्विशय उपधाय तया सह मण्डलं[१] परिलिखेद्यदवस्तादपच्छिन्नं तत्पुरस्तादुपदध्यात्प्रधीनाꣳ सप्तधा विभागः । प्रधिमध्यमाः प्रक्रमव्यामा भवन्ति । चतुरश्राणामर्धाभिः संख्यां पूरयेद्-परस्मिन्प्रस्तारे प्रधिमध्यमामोष्ठ उपधाय यदवस्तात्तद्द्वेधा त्रिभजेत्स । एष नवकरणो द्रोणचित्परिमण्डलः । समूह्य-परिचाय्यौ[२] पूर्वेण रथचक्रचिता व्याख्यातौ । समूह्यस्य दिक्षु चात्वालान्खानयित्वा तेभ्यः पुरीषꣳ समूह्योपदध्यात्परिचाय्य इष्टकानां देशभेदस्तꣳ सर्वाभिः प्रदक्षिणं परिचिनुयात् ।

॥ १८ ॥ सप्तमः ॥

श्मशानचितं चिन्वीतेति विज्ञायते[३] । सर्वमग्निं चतुरश्रा-न्पञ्चदश भागान्कृत्वा तेषामाख्यातमुपधानं । त्रिभिर्भागैर्भा-गार्धव्यासं[४] दीर्घचतुरश्रं विहृत्य पूर्वस्याः करण्या मध्याच्छ्रोणी[५] प्रत्यालिख्यान्तावुद्धरेत्तस्य दशधा विभागस्तानि विꣳशतिः सर्वो ऽग्निः संपद्यते । ऽपरस्मिन्प्रस्तारे प्रउगमध्ये[६] ऽनूचीनं विभजे-त्तस्य षड्धा विभागस्ते द्वे पार्श्वयोरुपदध्याद्भागतृतीयायामास्च-तुर्थव्यासाः कारयेत्तासामर्धास्तिर्यग्भेदास्ता अन्तयोरुपधाय

---

१ परिमंडलं M.

२ See XVII. 29 : 309. 6, 8.

३ See XVII. 30 : 309. 1.

४ भागार्धं om. B.

५ Thus my copies (cp. the bhāṣya) ; श्रर्धाच्छ्रोणी Thibaut.

६ प्रधिमध्ये B.

शेषमग्निं बृहतीभिः प्राचीभिः प्रच्छादयेदर्धेष्टकाभिः संख्यां पूरयेदूर्ध्वप्रमाणमग्नेः पञ्चमेन वर्धयेत्तत्सर्वं त्रेधा विभज्य द्वयोर्भागयोश्चतुर्थेन वा नवमेन[1] वा चतुर्दशेन वेष्टकाः कारयेत्ताभिश्चतस्रो वा नव वा चतुर्दश[2] वा[2] चितीरुपधाय[2] शेषमवाञ्चमक्ष्णयापच्छिन्द्यादर्धमुद्धरेत्तस्य नित्यो विभागो । यथायोगमिष्टकानाꣳ ह्रासवृद्धौ । ॥ १९ ॥ अष्टमः ॥

कूर्मचितं चिन्वीत यः कामयेत ब्रह्मलोकमभिजयेयमिति विज्ञायते[3] । द्वयाः खलु कूर्मा भवन्ति वक्राङ्गाश्च परिमण्डलाङ्गाश्चाविशेषात्ते[4] मन्यामहे । ऽन्यतरस्याकृतिरित्यथाग्निं विमिमीते । चतुरश्र आत्मा भवति । तस्य दश प्रक्रमाः पार्श्वमानी भवति । तस्य द्वाभ्यांद्वाभ्यां प्रक्रमाभ्याꣳ स्रक्तीनामपच्छेदः । पूर्वस्मिन्ननीके प्रक्रमप्रमाणानि चत्वारि चतुरश्राणि कृत्वा तेषां ये अन्त्ये ते अक्ष्णयापच्छिन्द्यादेवं दक्षिणत एवं पश्चादेवमुत्तरतः । स आत्मा । शिरः पञ्चपदायाममर्धपुरुषव्यामं । तस्याꣳसौ प्रक्रमेणप्रक्रमेणापच्छिन्द्यात्स्रक्त्यपच्छेदे[5] पादानुन्नयेत्तस्य द्विपदाक्ष्णया तिरश्ची तद्द्विगुणायाममनूची । तस्य द्विपदाक्ष्णया पूर्वमꣳसमपच्छिन्द्यादेतेनेतरेषां पादाना-

---

१ पंचमेन M.

२ वधीरुपधाय M.

३ See XVII. 30 : 309. 6.

४ परिमंडलांगा॰ U.

५ प्रक्रमेण once M.

मपच्छेदा व्याख्याता । अपरयोः पादयोरपरावंसावपच्छिन्द्यादेवं[१] सारत्निप्रादेशः सप्तविधः संपद्यते । तस्येष्टकाः कारयेत्पुरुषस्य चतुर्थ्यस्तासामर्ध्याः[२] पाद्यास्त्वध्यर्धपाद्याश्चतुर्भिः[३] परिगृह्णीयात्प्रक्रमेण द्वाभ्यां पदाभ्यां पदसविशेषेणेति । ते द्वे[४] यथा दीर्घसंश्लिष्टे स्यातां तथैकां कारयेद्द्विपदाद्व्यणार्धेन समचतुरश्रामेकामुपधाने शिरसो ऽग्रे चतुरश्रामुपदध्याद्धंससमुख्याववस्तात्पञ्चपञ्च चतुरश्रा द्वेद्वे पादेष्टके इति पादेषूपदध्याद्यद्यदपच्छिन्नं तस्मिन्नर्धेष्टका[४] उपदध्याच्छेषमग्निं[५] चतुर्भागीयाभिः प्रच्छादयेदर्धेष्टकाभिः संख्यां पूरयेदपरस्मिन्प्रस्तारे शिरसो ऽग्रे हंससमुखीमुपदध्यात्पादेष्टके अभितस्तयोरवस्तादभितो द्वेद्वे अध्यर्धपाद्ये[६] विषूची । तयोरवस्तादभितश्छेदसंहिते द्वे पादेष्टके । द्वेद्वे द्विपदे तिस्रस्तिस्रो ऽर्धेष्टका इति पादेषूपदध्याद्यद्यदपच्छिन्नं तस्मिन्नर्धेष्टकाः पदेष्टकाश्चोपदध्याच्छेषमग्निं चतुर्भागीयाभिः प्रच्छादयेदर्धेष्टकाभिः संख्यां पूरयेत् ।

॥ २० ॥ नवमः ॥

---

१ ०रपरांशावप० M.

२ चतुर्थीस्ता० B, but cp, XXX. 10 : 403. 9.

३ ०ध्यर्धापाद्यां चतुर्भिः Thibaut, but cp. XXX : 10 : 403. 10.

४ om. T, but cp. l.c.

५ Thus M ; तस्मिन्नर्धेष्टकाश्चोप० B, and Thibaut ; तस्मिन्नर्धेष्टकाः पदेष्टकाश्चोप० U (rightly ? cp. XXX. 10 : 404. 16).

६ अध्यर्धा० T.

अथापरः । पुरुषस्य षोडशीभिर्विंशतिशतं[१] सारत्निप्रादेशः सप्तविधः संपद्यते । तासां पञ्च षोडशीरपोद्धृत्य शेषाः परिमण्डलं करोति । तदुत्तरेण द्रोणचिता व्याख्यातमथ ताः पञ्च षोडश्यस्ताभिरवान्तरदिक्षु पादानुन्नयेच्छिरः[२] पुरस्तात्तासां परिकर्षणं व्याख्यातं । प्रधीनां सप्तधा विभागः । प्रधिमध्यमाः[३] प्रक्रमव्यामा भवन्ति । यदतिरिक्तं संपद्यते तच्चतुरश्राणामध्यर्धाभिर्योयुज्येतापरस्मिन्प्रस्तारे पादानां शिरोवद्विभागः शिरसः पादवद्व्यत्यासं चिनुयाद्यावतः प्रस्तारांश्चिकीर्षेत्कूर्मस्यान्ते तनुपुरीषमुपदध्यान्मध्ये बहुलमेतदेव[४] द्रोणे विपरीतमथ हैक एकविधप्रभृतीन्प्रउगादीन्ब्रुवते । समचतुरश्रानेक आचार्यास्तस्य करण्या द्वादशेनेष्टकाः कारयेत्तासामर्धाः पाद्यास्तथाश्वमेधिकस्याग्नेः पुरुषाभ्यासो नारत्निप्रादेशानां । प्राकृतो[५] वा त्रिगुणस्त्रिंस्तावो ऽग्निर्भवतीत्येकविंशो ऽग्निर्भवतीत्युभयं ब्राह्मणमुभयं ब्राह्मणम्[६] । ॥ २१ ॥ दशमः ॥

॥ इति शुल्बसूत्रं समाप्तम् ॥

---

१ ०विंशशतं B U, विंशतंशतं M.

२ Thus my copies; before शिरः Thibaut reads पञ्चम्यां० but the locat. cannot be correct and पञ्चम्यां would be superfluous.

३ Thus my copies; प्रधिमध्याः Thibaut, but cp. XXX. 18 : 411. 2.

४ एव only in U and in one of Thibaut's MSS.

५ Thus H U, प्रकृतौ B, ना M.

६ See XXVI. 10 : 285. 4, where, however, only the first brāhmaṇa is found.

अथातः प्रवरान्व्याख्यास्यामः । सप्तानामृषीणामगस्त्याष्टमानां[1] पक्षा भवन्ति । त्रयः पक्षा भृगूणां पञ्चार्षेया वत्सा विदा आर्ष्टिषेणाश्चत्वार एवाङ्गिरसः कौमण्डा दीर्घतमा रौक्षायणा[2] गर्गाश्च । गर्गाणां त्र्यार्षेयो विकल्पो । विश्वामित्रपक्षे[3] पूरणा द्व्यार्षेयाः । शुनकवसिष्ठा[4] एकार्षेया । अतोऽन्ये त्रिप्रवरा भवन्त्येतेषु भृग्वङ्गिरसो भिन्नविवाहं[5] कुर्वते न चेत्समानार्षेया बहवः स्युरिति मतं बौधायनस्येति[6] । ॥ १ ॥

अथात[7] ऊर्ध्वानध्वर्युर्वृणीते[8] ऽमुतो ऽर्वाचो होतेत्येष एवोभयोः सर्वत्रोद्देशो । द्व्यार्षेयसंनिपाते ऽविवाहस्त्र्यार्षेयाणां । त्र्यार्षेयसंनिपाते ऽविवाहः पञ्चार्षेयाणामसमानप्रवरैर्विवाह[9] ।

१ ०णामागस्त्याष्ट० Be U.

२ रौक्ष्या० G M T.

३ ०वंशे Be U.

४ शुनकावसिष्ठा BU.

५ According to the Pravaramañjarī the reading ऽभिन्न० is also admissible.

६ Here ends the first k. according to Be U; according to the other MSS. it ends after ०त्रोद्देशः (line 9); but the Pravaramañjarī remarks इतिकरणमध्यायपरिसमाप्तिबोधनार्थम् ।

७ Thus all the MSS. and Āp. XXIV. 5. 8; r. अथेत and cp. Āp. II. 16. 9.

८ एवोर्ध्वान० Be U.

९ Thus T M; ०णांसमानप्र० Bu G; Be U and Pm om. the two words असमा० विवाहः; cp. Āśv. śrs. pariśiṣṭa (p. 891 of the Calcutta edition).

एक एव ऋषिर्यावत्प्रवरेष्वनुवर्तते। तावत्समानगोत्रत्वमन्यत्र[१]
भृग्वङ्गिरसां[२] गणादिति[२] पञ्चानां त्रिषु सामान्यादविवाह-
स्त्रिषु द्वयोः। भृग्वङ्गिरोगणेष्वेव त्रिषेष्वेको[३] ऽपि[४] वारये-
दिति[४]। ॥ २ ॥

भृगूणामेवादितो[५] व्याख्यास्यामो। मार्कण्डेया माण्डूका[६]. ५
माण्डव्याः काङ्क्षय[७] आलेखना दार्भायणाः[८] आर्कराचा[९]

---

१ Instead of अन्यत्र Be U ऋते।

२ ०ङ्गिरोगणा० Be U, ०ङ्गिरसां गणाच T M G, omitting the following passage; गणैरिति Bu, equally omitting the following passage.

३ एके instead of एको Be U.

४ This śloka is found only in Be U of the MSS.; it is not treated by the author of the Mañjarī, but we find it cited in the Gotrapravaranirṇaya of Raghunātha, in the Saṃskāraratnamālā p. 418, the Prayogaratna fol. 64. C. 1, the Nirṇayasindhu, III, fol. 30. a. 5. Instead of एव we find I sometimes cited with एवं (rightly ?). Instead of पिवारयेदिति Be U have विवाहयेदिति and the metric bhāṣya on the Pravarapariśiṣṭa of Kāty. (Verz. der Berl. HSS. I. p. 62, 25) has निवारयेत; Gopīnāthadīkṣita (Ratnamālā l.c.) remarks: त्रिषेष्वेको ऽपि प्रवरः समानश्चेत्तद्विवाहं वारयेदित्यर्थः।

५. भृगूनेवादितो Be U; एव om. Bu T Pm Pn.

६ Thus M G Bu, मांडका T; मांडूकेया Be U Pm Pn Rm.

७ Thus G T Pn: कासय Pm, कांसव M, कांस्य Bu; कांसेया Be U Rm.

८ दर्भा० M Bu.

९ Thus G Pn; आ (or अ)र्कराच्या the other sources.

दैवतायनाः[1] शौनकायना माण्डूकेयाः[2] पार्षिकाः[3] साङ्काः[4]
प्रान्तायनाः[4] पैलाः पैङ्गलायना दाभ्रेषयो[5] बाह्यकयो[6] वैश्वा-
नरयो वैह्वीनरयो[7] विरोहिता[8] वार्ह्य[9] गौष्ठायणा[10] ऐष्टेषयः[11]
काश्यकृत्स्ना वाग्भूतया[12] स्तभागा[13] ऐतिशायना जानायनाः[14]

---

१ Thus Bu U Rm Pn, देवंता० or दैवंता० the other sources.

२ Thus M G Rm; मंडूकेया Bu; T om.; माधूकेया the others.

३ Thus M G Bu Pn Pm; T om.; वार्षिकाः the others.

४ ? सांकप्रान्तायनाः Bu (grantha), सांकप्रान्ता० M G, सांकाप्रांता० Be U, शांकाः प्रजायनाः Pm, साकांप्राप्ता० Sk, साका. प्राप्ता० Rm, सांकाः प्राक्ता० Pn (cp. gaṇa *aśvādi*).

५ ? Thus M G T Pn, दाभ्रेषयः Bu, दाभ्रेषकयो U, दाभ्रेषकाकयो Be, दाभ्रेयकाः Sk, राभ्रेद्यकयो Pn.

६ वा० M Pn Be U.

७ Thus M T Rm Pn; वैह्वीनराः Bu, वैभीनरयो G, वैह्वीनरयो Be U, वैह्वित० Sk (cp. PW. s. v. विह्वीनर)।

८ Thus Be U Pm Pn; विलोहिता M G T Bu, वैरोहिता Sk Rm.

९ ? Thus M Pm, बर्ह्या G T, बर्भाः Bu, बाह्या the others.

१० ? Thus M G T Bu, गोष्टायणा Pm, गोष्ठायना Rm, कौकायना Be U.

११ Conjecturally. यष्टेषय M G T, यष्टेपयः Bu, ष्टै (or ष्ठै)केया Be U Pm, ष्ठैकयः Rm, टीकपाः Sk, ष्टैकयः Pn.

१२ ? Thus G T; वातृभू० M, वार्कभू० Bu, बाझतका Be U, वाङ्गूतका Rm Pm, बाङ्म्तका Sk, वाङ्तका Pn.

१३ चत० Be U, हत० Rm Sk Pn.

१४ Thus (and cp. gaṇa *aśvādi*) T Bu Pm Pn, जाया० M, जाम्ना० G, जातायनाः Be U Sk, ज्ञानायनाः Rm.

पाणिनिर्वाल्मीकि स्थौलपिण्डयः ग्रैखावता[१] जिह्वीतयः[२] सावर्णिवाकायना[३] बालायना मौक्तयो मण्डवित्सौविष्टयो[४] हस्त्याग्नयः[५] ग्रौद्धकयो[६] वैकर्णा[७] औपजिह्वय[८] औरग्रयः[९] काम्बलोदरयः[१०] काठोरहृदैहलिर्विरूपाचा[११] वृकाश्वा उच्चैर्मन्यवो दैवमत्या[१२] आर्कायणा[१३] मार्कायणाः काङ्कायना[१४]

१ ? Thus M G; ग्रैखामिताः Bu, ग्रौखावता T, सौषावता Be U, सौपातवाः Sk Pn, सैषातवा Pm, सैवातवा Rm.

२ Thus Be U Pm Pn Rm; जिह्वि० T Sk, जिकतयः G, जिकतीयः M, जिगीतयः Bu.

३ Thus Be U Pm Pn Rm Sk; बाकायना T, बार्कायणा G, बाकायणा M, ग्राकायनाः Bu; वाकायनि Mān. sū., वागायना Laugākṣi.

४ सौविष्टपयो M G T, सौविष्टकपयाः Bu.

५ ? Thus Be U Pm Sk; हस्त्यग्नयः G T, गस्त्यग्नयः M, अगस्त्यग्नयः Bu, हस्त्याग्रयो Pn, हस्ताग्रहः Rm, हस्ताग्नयः Sk.

६ Thus M G T Sk Rm Pn; सौ० Pm, सैद्यकयः Bu, रौद्रकायो Be U.

७ Thus Bu Rm; the others have वैकर्णा, वैकर्णेया, वैकर्णया or वैकरार्या (cp. Pān. IV. 1. 117).

८ Thus G only; द्रौ० M T; द्रो० Be U Pm, मौ० Bu; द्रोणकजि० Rm Sk, द्रोकजि० Pn.

९ Thus M G T Bu, औरसयः all the others.

१० कांबरोदरयः M G T, कांबनो० Bu, कांबोदयः Be U, कांबलोदरयः Sk Rm, कांवलोदयः Pm.

११ ? Thus M G T; काठहृत् Bu, कांबोदहृत् Be U Pn, वाकारहृत् Rm Sk, कथोरह Pm (cp. कौठार? gaṇa *śivādi*).—वैरूपाचा U, वैरूपाच्या Be.

१२ Thus M Bu T; दैवमर्त्या G, देवमत्या Pm, द्वमत्या the others.

१३ Thus (as Laugākṣi) M G T Bu, आर्यायणा the others.

१४ Thus M Bu Be U Sk Pn; काखायना G, कांबायना T.

वायवायनिनो[1] शांकरवाः[2] कारबवश्चान्द्रमसा[3] गाङ्गेया अनुपेया[4] याज्ञिका[5] जाबालिर्बाङ्कमिचायणा[6] आपिशलयो[7] वैष्टपुरेया लोहितायना[8] उद्गाहा नाडायनाः[9] शारदतायना[10] राजितवाहा[11] वत्सा वात्स्यायना[12] इत्येते वत्सास्तेषां पञ्चार्षेयः प्रवरो भवति । भार्गव च्यावनाप्नवानौर्व जामदग्न्येति होता । जमदग्निवदूर्ववदप्नवानवच्च्यवनवद्भृगुवदिति अध्वर्युः । ॥ ३ ॥

१ ? Thus M G Bu, वायवोश्वषनिनः T, वायव (or वा)वम्यायनाः Be U, यायवायनिनः Pn, वायनस्वायनिनः Rm, वापनयः वायनिनः Sk, वायकावावायाथिनः Pm (cp. वायव्यायन Mān. sū).

२ Thus (with Mān. sū.) Pm, शांकरवः M G T, शांकवः Bu, शांकराश्वाः Be U, शार्ङ्गरवाः Rm, शार्णरवाः Sk.

३ कारबव॰ G, कारबह्म॰ T, कारश्वबः Bu, कारबर्हः M, कारवचः Pm. Not found in any of the other MSS. or nibandhas ; cp. perhaps कालबव of Āp. XXIV. 9. 1, although there as Viśvāmitra.—॰मसा Be U T Sk Rm, ॰मसो M Bu G Pm Pn.

४ ? Thus M G T Bu, नौपेया Be U Pn, नौषेया Pm, नौखेया Rm, लौयेय Sk.

५ Thus M G T Bu Rm ; याद्रिया Be U, याज्ञिया the other nibandhas.

६ Instead of जाबालिः (cp. Āp. XXIV. 5. 14.) M G T Bu have पारिमण्डलिः, cp. पारिमंडलि of Laugākṣi.

७ Thus Be U Pm Pn Sk Rm ; आपिशालेयो or आविशालेयो M G T Bu.

८ रो॰ Be U, लौ॰ Pn (perhaps better).

९ See Pāṇ IV. 1. 99 ; नाळायनाः M G T Bu ; मालायनाः the others.

१० Thus all exc. T and M, which have शाठद्द॰ ।

११ Thus M G Bu T ; राद्दजितवाहा Be U Pm, राजतवाहा Pm Sk.

१२ Thus Be U Pm Rm Pn Sk ; वानावाद्या G, वानावाप्या M T, नवाप्याः Bu.

विदाः शैला अवटाः शैलाः[१] प्राचीनयोग्या[२]अभयजाताः[३] काण्डरथयो वैदभृताः[४] पुलस्त्य[५] आर्कायणा[६]मार्कायणा[६] नाद्रायणाः क्रौञ्चायना भुञ्जायना[७] जामलायना[८] इत्येते विदास्तेषां पञ्चार्षेयः प्रवरो भवति। भार्गव च्यावनाप्नवानौर्व वैदेति होता विदवदूर्ववदप्नवानवच्च्यवनवद्भृगुवदित्यध्वर्युः। ५ ॥ ४ ॥

आर्ष्टिषेणा नैरथयो[९] ग्राम्यायणाः[१०] काण्वयस्त्वान्द्रायणाः[११] प्रौढकलायनाः[१२] सिद्धाः सुमनायना गौराभिराभिरित्येत[१३]

---

१ Found only in M G T and Be U.

२ ०योगा M G T Bu.

३ Thus also (and cp. gaṇa *gargādi*) Laugākṣi and Mānava; अभयदानाः Be U and the nibandhas.

४ Thus (and cp gaṇa *gargādi*) corrected in acc. with the Mānava text; वैत० M G T Bu, वैन० Be U and the nibandhas.

५ Thus M G T Bu; पुलस्त्य Pm, पुलस्य the others.

६ Perhaps these two (cp. p. 418. 5), the last of which is missing in Bu, ought to be cancelled.

७ Thus M G T Bu; मुञ्जा० Be U; fails in all the nibandhas.

८ ? Thus Be U; जामला G, जालो M, अमला T, बोधाः भार्गवः Bu; मालामला Pm.

९ Thus the MSS. and Pm Pn; नैष्टथयो Rm Sk.

१० ग्राम्यायणयः Rm perhaps rightly, cp. gaṇa *tikādi* and ग्राम्यायणि of Laugākṣi.

११ ? काण्वय० M T, काण्वया० G, काण्वकः Bu; काम्यायना० Be U, कार्षायनाः Rm Pn, कारयायुनाः Pm, काषायनाः Sk.

१२ Thus M G T, पाण्डकायनाः Bu, पौटकलायनाः Be U Pn Pm Rm, पौठकलायनाः Sk.

१३ Thus M T Pm; गौराभिराभि० G, गाराभि० (omitting आभिः) Be U, गौरा Bu, गौराभिः Sk Rm, गौराभिःराभिः Pn.

आर्ष्टिषेणास्तेषां पञ्चार्षेयः प्रवरो भवति । भार्गव च्यावनाप्न-
वानार्ष्टिषेणानूपेति[१] होतानूपवदृष्टिषेणवदप्नवानवच्च्यवनवद्भृगु-
वदित्यध्वर्युः[२] वत्सा विदा[२] आर्ष्टिषेणा इत्येतेषामविवाह । एते
पञ्चावत्तिनः[२] । ॥ ५ ॥

यस्का मौनो[३] मूको[४] वाधूलो वर्षपुष्यो बालेयो[५]
राजिततायिनो[६] दुर्दिनो[७] भास्करो देवन्तायनो[८] बाष्कलेयो[९]
माध्यमेया वाग्रयः[१०] कौशाम्बेयाः कौटिल्याः[११] सत्यकस्त्रिचसेना[१२]

१ Thus the pravara in Be U and all the nibandhas (cp. Āp. XXIV. 5. 15); the four other MSS. are more or less confused.

२ The words after अध्वर्युः given only by Be U T Bu Pm, but in Be U : ०विवाहस्तेषां पंचार्षीश्न इति ।

३ Thus Be U and the nibandhas; मौना G, मूनो T M, यमुनः Bu.

४ मुको Be मूका G, मौको Rm.

५ ? Thus T Bu M, बाळायो G; मातावाकोयो Be U, मातलयो Pm, भागलेयो Rm Sk, नागलेयो Pn.

६ Thus all (०तापिनो Be U, रानित० Pm), the other nibandhas substitute a name from the Laugākṣi pravarasūtra (भागवित्तेयो) ।

७ दुर्दितो Be U.

८ ? (cp. p. 417. 1) Thus M G Be U Pn, देवंतायना T, दैवतायना Pm, दैवजायनो Sk.

९ ? Thus Be U, बाष्कलयो T G, बाकळेयः Bu, बाकलयो M, वाकलया Pm, वार्कलेयो Pn Rm Sk.

१० Thus M Bu पाग्रयः G T वासयः Be U and the nibandhas.

११ Thus Be U, कौठिल्याः M, काठिल्याः Bu, क्रौंठिल्याः T, कौण्डल्याः G; after this name Be U have सप्तकेयाः क्रौविल्याः, the last name (instead of कौटिल्याः) also Rm Sk Pn, कौविल्याः Pm.

१२ Instead of सत्यक० (thus Be U M T Pm) सम्यकि० G, ससकः Bu, सत्कयः Pm, सत्यकयाः Rm, सत्यकपयः Sk.

भागन्तयो वार्काश्वकय[१] श्रौक्या[२] श्रौग्रचितयो[३] भागुरित्यय इत्येते यस्कास्तेषां त्र्यार्षेयः प्रवरो भवति। भार्गव वैतहव्य सावेतसेति[४] होता। मवेतोवद्वीतहव्यवद्भृगुवदित्यध्वर्युः[५]। ॥ ६ ॥

मित्त्रयुवो[६] रौक्षायना:[७] ग्रायण्डिना:[८] सापिण्डना:[९] सुराम्भिना[१०] माल्या[११] वाल्या[१२] महावाल्यास्ताव्यायणा ५

---

१ Thus emended (cp. इकाश्वकि of the Laugākṣisūtra); वार्काश्व-क्रय M G T, वातार्काश्वकेय Be U.

२ ?? श्रोत्या M, श्रोक्या T, श्रोचा G, श्रोत्स्याः Bu; Be U and the nibandhas omit this name.

३ ? श्रोर्गचिवयो G, श्रोगंचितयो Be U, श्रोक्यितयाः T, श्रोकचितया M, श्रोर्गाः चितयाः Bu.

४ The MSS. exc. Bu (which has साचेतसेति) and Pm Sk, have all सावेदसेति।

५ Instead of सवेतोवत् MSS, exc. Bu (which has सचेतसवत्) and Be U (which have सवेदोवत्), all सवेदसवत्।

६ Thus Be U and the nibandhas; मित्त्रयूणा M G T, मित्तायणाः Bu.

७ Thus (and cp. Census p. 120) Be U (after ग्रायण्डिनाः, after मित्त्रायुवो they have रौक्षायणाः), रैक्षायनाः Rm, रौचायणाः Pm, रैक्ष्यायनाः Sk, रैाझ्रायणाः G, रौगंयायणाः M T, रौग्यायणाः Bu.

८ ? Thus T, ग्रायण्डीनाः M, ग्रण्डीनराः Bu, ग्रारंडिना Be U. All the other MSS. and the nibandhas om. this name. Be U ins. after it (cp. foregoing note) रौक्षायनाः।

९ ? Found only in Be U (सापिंडायनाः) G (सापिण्डीनाः), Sk and Rm (सापिंडिनाः), Pn (सापेंडिनाः) Pm (सापिंडिताः). The Census l.c. has *sāpindana*.

१० Thus T Bu, सुरांभीना G, सुरांभिनग्राना M, सुरभिनेया the others.

११ ? Thus Be U and all the nibandhas; बाल्या M G, बल्या T, बलाः Bu.

१२ Thus Be U, यबाल्या M, यबल्या G, याबल्या T, याबलाः Bu; all the nibandhas om. this name.

श्रौहच्चायणा[१] वाजायना[२] मादाघय:[३] कैतवायना इत्येते मित्रयुवंस्तेषां[४] त्र्यार्षेय: प्रवरो भवति । भार्गव वाध्र्यश्व दैवोदासेति होता । दिवोदासवद्वध्र्यश्ववद्भृगुवदित्यध्वर्यु: । ॥ ७ ॥

वैन्या: पार्था बाष्कलास्तेषां[५] त्र्यार्षेय: प्रवरो भवति । भार्गव वैन्य पार्थेति होता । पृथुवद्वेनवद्भृगुवदित्यध्वर्यु:[६] । ॥ ८ ॥

शुनका गार्त्समदा यज्ञपय:[७] सौगन्धय:[८] खार्दमायना[९] गाङ्गायना[१०] मत्स्यगन्धास्त्रौचा:[११] श्रोत्रियास्तैत्तिरीया:[१२]

---

१ ? Thus Be U ; उरच्च्यायणा M G, उच्चायणा Pn, उरच्चमायणा: Bu ; T and the other nibandhas om.

२ ? Thus Be U Pm ; वाञ्ज्ञायना M G T, बाजायना: Bu ; not in the nibandhas.

३ Thus (and cp. मदाघ) M G, मादापय: T, मदार्पय: Bu, माजायना: Be U, माजादाया Pm.

४ मित्रयव॰ M T, मित्रायणा॰ Bu.

५ Instead of बाष्कला॰, Bu पात्कला:, T पात्कल्का॰, Pm वान्कला॰ । After this name Be U add शाकला:, Bu adds श्वेता:, Sk, श्येना:, Rm and Pn श्यैता: (cp. Āśv. XII. 10 11). In M the *vainyāḥ pārthāḥ* are left out. The Census report has as fourth name *shveta*.

६ वैन॰ instead of वेन॰ MSS. exc Be U.

७ ? Thus all (perhaps better with the Laugākṣisūtra याज्ञयप:) the MSS. and Pm Pn, यज्ञपतय: G and Sk only.

८ Thus Be U Sk Pm ; सौभंकय: Bu, षपय: M T, सौपय: G.

९ कार्द॰ G only (कर्दमायना: Lau., Mān.).

१० गाच्चायना: Bu.

११ Before चौचा: Be U have गार्भायणाश् and after it चैत्रिया: ।

१२ Thus Be U Pm Sk ; ॰त्तित्तिर्या: M G T, ॰त्तित्तरीय: Bu.

पल्पूला[१] इत्येते शुनकास्तेषामेकार्षेयः प्रवरो भवति । शौनकेति होता । शुनकवदित्यध्वर्युर्गार्त्समदेति होता गृत्समदवदित्यध्वर्युर्वा[२] । ॥ ९ ॥ प्रथमः ॥

अङ्गिरसो व्याख्यास्याम । आयास्या आग्णीवेयाः[३] काचाच्चयो[४] मूढाः[५] सात्यकयस्तैदेहाः[६,७] कौमारवत्यास्तौण्डिर्दार्भिर्दैवकिः[८] सात्यमुग्निः[९] कौवाह्या[१०] बौध्या[११] नैकरिः[१२] स्वस्तैषकिः[१३]

---

१ ? Thus T G, पत्पूला M, आपत्पूलाः Bu, पित्पला Be, विप्पला U ;—प्रत्यूषाः Sk, प्रत्युषाः Pn, both probably after the Laugākṣi—(प्रह्लूषाः) and the Mānavasūtra (प्रत्युराः)।

२ After the first अध्वर्यु Bu ins., omitting वा at the end, गार्त्समदानामेकार्षेयः।

३ Conjecturally (cp. gaṇa *śubhrādi* on Pāṇ. IV. 1. 123); आनिचेयाः M T, अनिचेयाः Bu, ओष्णीवेधाः G, ओणिचेयाः Be U Pm, ओणिवेयाः Pn, ओणिवेधाः Sk Rm.

४ कोचा॰ Bu; all the nibandhas om. this name.

५ ? Thus M G T Bu, मूढखंरयाः Be U, मूढरयाः the nibandhas.

६ सात्य॰ M G T Bu, सत्य॰ Be U and the nibandhas.

७ तैदेहाः Bu, तैदेयाः T, तैन्देहाः G M; खेदेहाः Be U, खैदेहाः Sk, स्वैदेहाः Pm Pn Rm, r. perhaps तौदेयाः ?

८ Instead of तौण्डिर्दार्भिः (thus Be U) तौण्डिभिः M T, तौण्डिकिः G Bu; instead of देवकि, दैवकिः Rm Sk.

९ ॰मुग्नि T, ॰मुग्न M G, ॰मद्किः Bu; सत्य॰ Be U Pm.

१० Thus (or कोवा॰) Be U and the nibandhas; कोबाह्यो or कोबाह्या M G T Bu.

११ बौभ्या or बौभ्या Be U Pm Pn Rm, वैभ्याः Sk; बौध्या M G T Bu (cp. Pāṇ. IV. 1. 107).

१२ Thus (नैकरि॰) MSS. exc. Bu (करि॰), Rm (नौकरि॰), Sk (नौकरिः)।

१३ I have adopted the reading, however doubtful, of Be U, which is supported by Sk Rm Pn; the four other MSS. have (in connection with the foregoing name) नैकरिशैटैषीकिः (G), नैकरिशिकिः (M), नैकरिशिटैग्णिकः (T), कैरिशः ऐच्चकिः (Bu).

कौशालयः[१] क्षारुणिः[२] काठोरिः काशौवाजाः[३] पार्थिवा इत्येत आयास्या गौतमास्तेषां त्र्यार्षेयः प्रवरो भवत्याङ्गिरसायास्य गौतमेति होता। गौतमवदयास्यवदङ्गिरोवदित्यध्वर्युः[४]। ॥ १० ॥

शारद्वता[५] आभिजिता[६] रौहिण्याः चीरकरम्भाः सौमुचयः[७] सौयमुना[८] औपबिन्दवो[९] राह्वगणा[१०] राणयो[११] मार्षण्या[१२] इत्येते शारद्वता[१३] गौतमास्तेषां[१४] त्र्यार्षेयः प्रवरो भवत्याङ्गि-

---

१ किशा० Bu G Pm Pn.

२ क्षारुणिः M only; the nibandhas, however, all point to का० ।

३ काश्नि० M G T Rm Pn; after this name Be U add काद्रौयाः ।

४ Instead of गौतम० and अयास्य० (thus Be U) गो० and आ० the other MSS.

५ Corrected; शारद्वन्ता T, शरद्वन्ता M G Bu and the nibandhas; शरद्वन्तो Be U; cp. Pāṇ. IV. 1. 102.

६ Thus Rm only, अभि० all the MSS. and the other nibandhas.

७ ? Thus Be U and the nibandhas; सौमुरयः M G T, सौगुरयः Bu.

८ ? Thus Be U; सौधामुरा G T, सौयामुरा M, सौयामुरा Bu. Perhaps two names: सौधाः, मुराः ?

९ R. औपबिन्दवयः ? cp. gaṇa *bāhvādi*; औपविन्दवो Sk Rm Pn; क्रोपबिंदवो Be U Pm, रौपभिंदवो M G T Bu.

१० Thus Be U, रह्न० or रह्वो० the other MSS. and the nibandhas.

११ Thus (and cp. gaṇa *pailādi*) M G T, राणेयाः Bu, गणयो Be U and the nibandhas.

१२ ? मापण्या Be U Pm Pn, मार्षण्या M G, मर्षण्या T, माषणाः Bu, भाषण्याः Rm.

१३ शरद्वंतस् Be U Bu (omitting गौतमास्), शरद्वता G M, शरद्वंता T.

१४ गौतमास् om. Be U T.

रद्ध गौतम शारद्वतेति होता। शरद्वद्गोतमवदङ्गिरोवदित्यध्वर्युः[१]। ॥ ११ ॥

कौमण्डा मामन्थरेषणा[२] मासुराक्षाः काष्टरेषय[३]ऊर्जायना[४] वानजायना[५] वाग्नय[६] इत्येते कौमण्डा गौतमास्तेषां पञ्चार्षेयः प्रवरो भवत्याङ्गिरसौचथ्य[७] काक्षीवत गौतम कौमण्डेति होता। कुमण्डवद्गोतमवत्कक्षीवद्वदुचथ्यवदङ्गिरोवदित्यध्वर्युः[८] ॥ १२ ॥

दीर्घतमसां[९] पञ्चार्षेयः प्रवरो भवत्याङ्गिरसौचथ्य[७]काक्षीवत गौतम दीर्घतमसेति[१०] होता। दीर्घतमोवद्गोतमवत्कक्षीवद्वदुचथ्यवदङ्गिरोवदित्यध्वर्युः[११] ॥ १३ ॥

१ Thus Be U only, शरद्वतवद्गौतम॰ the other MSS.

२ Be U add मासरेपयः।

३ Thus M G Bu, कापरेषय T, काष्ठ॰ Be U Pm, कापरेखयः Sk, काष्ठरेखयः Rm.

४ Thus (and cp. Āp. XXIV. 7. 1) M G, जर्जया T, चोजायनाः Bu, चांजायना Be U Pm Rm Sk.

५ ? Thus MG, वाना T, Bu om.; याजायनाया Be U, वाजायन Pm, वांजायनाः Sk Rm.

६ Thus Be U P G Sk, पाश्य M Bu.

७ ॰तथ्य Be U and in the adhvaryu formula उतथ्यवत्।

८ Thus Be U only ॰त्कक्षीवतव॰ the other MSS.

९ Corrected (see, however, p. 415. 3); दीर्घतमस्य Be U, दीर्घतमानां the other MSS.

१० Thus Be U (r. दैर्घ॰ ?), दीर्घतमेति the other MSS.

११ Thus Be U, दीर्घतमव॰ the other MSS.

औशनसा दिश्या:[1] प्रशस्ता: सुरूपाचा महोदरा विगदका:[2] सुबुध्या[3] निहिता[4] गुहा[5] इत्येत औशनसा गौतमास्तेषां त्र्यार्षेयः प्रवरो भवत्याङ्गिरस गौतमौशनसेति होतो' शनसवद्गोतमवदङ्गिरोवदित्यध्वर्युः ' ॥ १४ ॥

कारेणुपालयो वास्तव्या:[6] श्वेतीया: पौष्जिष्ठय[7] औदज्ञायना[8] वान्धुक्या[9] आजगन्धय[10] इत्येते कारेणुपालयो गौतमास्तेषां त्र्यार्षेयः प्रवरो भवत्याङ्गिरस गौतम कारेणुपालेति होता ' करेणुपालवद्गोतमवदङ्गिरोवदित्यध्वर्युः[11] ' ॥ १५ ॥

वामदेवानां त्र्यार्षेयः प्रवरो भवत्याङ्गिरस गौतम वाम-

---

१ Thus Be U G and the nibandhas; दिष्टाः M Bu, दिष्टयः T.

२ ? Thus M G T, पिंगपूताः Bu, विकंकताः Be U and the nibandhas.

३ ? सुबुद्धा Be U Pm, सुबुभ्रिया G, सुबुधन्या M, सुबुद्धयः Bu, सुबुभ्रा T, सुबुद्धाः Sk, सुबुध्या Rm.

४ निहता Be U and the nibandhas exc. Rm.

५ Om. Be U Pm.

६ Be U add वामदेव्या ।

७ Thus T, पौष्णिष्ठा MG, पजिष्टाः Bu, पैंजिष्ठा Be U Rm, पौजिष्ठाः Sk Pm.

८ ? (cp. औदज्ञायनि gaṇa *tikādi*) औदुभ्रायना M G, औदुंजायना T, औदुभ्यायनाः Bu, औदुवंजायना Be U, औदज्ञा° the nibandhas.

९ ? Thus M G T, वन्धाभ्याः Bu, मधुचारा Be U and the nibandhas exc. Sk (साधु°) ।

१० ? आजगंधा Be U, राजगन्धयः M G T Bu, आजगन्धाः Rm, अंजगंधा Sk.

११ करेणुपालिव° Be U, कारेणुपालव° the other MSS.

देवेति होता। वामदेववद्गोतमवदङ्गिरोवदित्यध्वर्युर्गौतमानाꣳ सर्वेषामेवाविवाहः[१]। ॥ १६ ॥ द्वितीयः ॥

भरद्वाजा:[२] चाम्यायणा मामण्डा[३] देवाश्वा उदहव्याः प्राग्वꣳशयो वाहलया[४] बाह्योगा[५] वासिनायनास्तैदेहा[६] आश्चा[७] औचा[८] भूरयः पारिणद्धेयाः[९] शैखेयाः[१०] शौद्धकय[११] ऊरूढाः[१२] खारिग्रीवय[१३] औपग्नयो वयोचिभेदा आग्निवेश्या

---

१ The last three words in M T Be U only, the last two omitting एव and adding इति at the end.

२ भर० (here and infra 432, 1) U only (and Sk Pm), all the others भार०।

३ ? Thus M G, मामंथा T, मामण्डाः Bu; मंगदा Be, मंगडा U Pm, मेङ्गडा Rm, भेगयाः Sk.

४ ? वाहलगा M G T, वालकाः Bu, वाहलचाः Sk, वद्दालभा Pm, वाह्वन्ना Rm, देवहेला Be U.

५ ? Thus Be U and the nibandhas; वन्ध्योगा T G, वन्ध्योगा M, वख्यगाः Bu.

६ (cp. वासिनायनि P W) बाशिनायना० G, वाशिना० T M, वशिना० Bu; वासनायना० Be U, वसीनायना Pm, वासीतायना Rm, वशीतायनाः Sk.

७ ? ? Thus M G T Bu, आस्रा Be U, Sk Rm, अत्ताश्रा Pm.

८ ? Thus Be U Bu Sk Rm Pm, ओया M, औक्ष्या G, औधा T.

९ Thus Rm only, पारी० G, पारिणद्धेयाः Sk, परिणद्धेयाः Be U M, परिखेयाः T, परिनद्धेयाः Pm, वारिणेकेयाः Bu.

१० Thus M G T Bu, केशखेयाः Be U and the nibandhas.

११ Thus M G, शौद्धिकय T, शौकय Bu, शौद्दय Be U Sk, शौद्धय Rm Pm.

१२ Thus G T Be U Rm, ऊरुदाः M, औरूढाः Bu, उरूढाः Sk, उरुग Pm.

१३ खार० Be U Rm.

वेधाः[1] शठा[2] गौरिवायनाश्वेलका[3,4] स्तनकर्णा ऊरूचा[5] माण-
भिन्दव्याः[6] काक्षोदङ्कास्तौल्वलयो[7,8] वेलाः[9] ब्वाग्णादयो[10]
भारण्डेया भाद्रपथयः[11] भौरोभङ्गाः[12] शुङ्गा[13] दैवमतयः[14]

---

१ वेणाः Be U (the nibandhas om. this name).

२ Thus M Bu Pm, शग Be U, श्वला T, शां G शयः Sk, शवा Rm.

३ Thus (with न) Bu G Rm; भौरिवायनाः M, गोरिवायनाः Pm, मौरिवावनाः Sk, गौखालारिखायनाः Be U.

४ ? Thus Be U T, ०श्वेळका M G, खेलकाः Rm Sk, वेलकाः Pm, चोल्काः Bu.

५ ? Thus M G, औरूचाः Bu, उरूचा T, रुच Be U, रूचाः Sk Pm Rm.

६ Thus M T; माणभिन्दव्याः G, माणभन्दव्याः Bu, माणभिंद्याः Be U Rm, माणिभिंद्याः Sk (to be taken together with the foregoing name ?).

७ ? Thus M G, काणोदंका० T, कासोदकाः Bu, कद्दोदकाः Be U (which add : कांजोवकाः), कद्दोदकाः Rm, कद्दादकाः Sk.

८ ? Thus M T Bu; ०स्तौजलयो G, सोज्वलयो Be U, सोज्वलयो Pm, सौज्वलायाः Sk Rm.

९ ? Thus Bu Sk Rm, वेलाः Be U Pm, वेणाः M G T.

१० Thus emended, cp. gaṇa *bāhvādi* ; खावणाद्यो M G, ०द्दयो T, खावणाःदेयाः Bu, खावडादेवेया Be U, खाव्हडादयो Pm.

११ Thus M G T, माच० Bu, भद्ररथा Be U, भद्रायथः Pm, भद्रादयः Rm Sk.

१२ ? Thus M G T, सौरभंगाः Bu, सौरभराः Be U Sk Pm, सौरंभराः Rm.

१३ Thus Bu Pm Sk Rm, श्रृंगा Be U, सुभाङ्गा M G, सुभंगा T.

१४ Thus, and cp. gaṇa *taulvalyādi*, M G T, दैवमतय B. Be U and the nibandhas.

इषुमता[१] औदमेघयः[२] प्रवाहणेयाः कल्माषा राजस्तम्भिः[३] सुधूपक्दाराह्वयो[४,५] वलभिकय[६] उग्रांगता[७] शालाह्लयो देववेला[८] महावेला[९] निविश्यायना[१०] धन्यायनाः[११] शाक्तालयः शार्दूलयः कात्कला[१२] वाक्कला[१३] सैह्यकेलाः[१४] क्रौडायणाः[१५]

---

१ R. ऐषुमता ?

२ Thus, and cp. gaṇa *pailādi*, Be U Rm; चौद्यमे० Sk; बौदो-मेघयः M G, वैदादोद्मे० T, दोद्ःमेघयः Bu.

३ Thus M G Bu T Pm, ०स्तंबाः Be U, ०स्तवयः Rm Sk.

४ Thus M G T Bu, साध्युपक्षतयो Be U, संधोपक्षतयः Sk Rm, संयोश्रोपक्षत Pm.

५ Thus (and cp. वाराह्य P W) M G T, पराह्वया Bu, राह्वयो Be U, पराह्वरयो Pm Rm Sk.

६ Thus M G T, वलभीकयो Pm, वलभोकयो Rm Sk; उपलंभिकयाः Bu, वल्लभयो Be U.

७ ? ? Thus M G T, दन्दोह्नताः Bu, रुद्रांगयथाः Be U Sk, रुद्रांगपथाः Pm Rm.

८ Thus M G T Bu, वेद्वेल Be U, वेलाः Sk, वेद्चेला Rm, वेद्वेला-यना Pm.

९ Only in M G T Bu.

१० ? Thus M G, निपिंडायना T, रज्यायनाः Bu; श्वत्यायना Be U Pm Rm Sk.

११ Thus (and cp. धान्यायन gaṇa *aśvādi*) M G T Bu; Be U and the nibandhas omit this name.

१२ ? Thus G Bu, कार्कलाः T (cp. perhaps Pāṇ. IV. 2. 145), कात्ककला M, कालाचला Be U, काचला Rm Pm, काचलयः Sk.

१३ ? Thus M G, वात्कलाः Bu, फात्कलाः T, बा (or वा)ष्कलाः Be U and the nibandhas.

१४ ? Thus G; ०कलाः M, सैह्याः कैन्द्राः Bu, सह्यकेलाः T, सात्यकेताः Be U, सत्यकेयाः Sk, सैह्यकेयाः Rm, सैह्यकेभाः Pm.

१५ क्रौटा० T, क्रोडा० M G Bu, कौंडा० Be U, क्रौंदा० Pm, कौंदा० Sk, कोडा० Rm (क्रोष्टायन Kāty.).

कौण्डिल्या[१] ब्रह्मस्तम्बा राजस्तम्बा अग्निस्तम्बा वायुस्तम्बाः सूर्यस्तम्बाः[२] सोमस्तम्बा[२] यमस्तम्बा इन्द्रस्तम्बा विष्णुस्तम्बा यज्ञस्तम्बा[३] . आपस्तम्बा ये चान्ये स्तम्भशब्दाः[४] श्लिष्टा[५] आरुणसिन्धुः[६] कौमुद्गन्धिः[७] शग्निः[८] कौशिवायना[८] आत्रेयायणाः[९] भामंष्ठा[१०] धूमगन्धाः[११] कुकाः[१२] कौकाक्षयो नैतुन्दयो दार्भयः श्यामेया मत्स्यकाथाः[१३] कौकायनाः[१४] कारुपथयः

१ ? Thus M G Pm, क्रौडि॰ T, काण्डिल्याः Bu, कौडिल्या Be U कौण्डिन्याः Rm Sk.

२ Thus Be U and the nibandhas; सोम॰ सूर्य॰ M G; Bu om. सोम॰; in the following names the order is somewhat different in the MSS.

३ Only in M G T Bu.

४ स्तंभस्तंबशब्दा Be U (cp. Āp. XXIV. 7. 1).

५ Om. Be U and the nibandhas.

६ Thus M G T; आरुणाकिसिंधु Pm, रुभ (or रुम)कसिंधव Be U, आरुण्णाः (or आरुणाः) सिन्धवः Sk Rm.

७ गन्धयः Be U and the nibandhas.

८ Instead of these two names Be U and the nibandhas have one name : शिखायना।

९ Thus (and cp. gaṇa *aśvādi*) Be U Pm, मात्रेयायणा Rm Sk, आत्रेयणा M G T, आत्रणाः Bu.

१० ? Thus Be U; भामाष्ठाः the nibandhas; भामष्ठा M G T, यत-मासत Bu.

११ Om. Be U and the nibandhas.

१२ ? Thus M G T, कोकाः Bu, कुचाः Be U Pm Rm Sk.

१३ ? Thus Be U Pm Rm, ॰क्रापाः Sk, मत्स्यक्रोडाः Bu, ॰कायाः M G T.

१४ ? Thus (and cp. Āp. XXIV. 7. 1.) T, केकौ॰ M G, काच्छायणाः Bu, कावषायनाः Be U and the nibandhas.

कारीषायणाः[1] काम्बल्या[2] इत्येते भरद्वाजास्तेषां[3] त्र्यार्षेयः प्रवरो भवत्याङ्गिरस बार्हस्पत्य भारद्वाजेति होता। भरद्वाजवद्बृहस्पतिवदङ्गिरोवदित्यध्वर्युः। ॥ १७ ॥

रौक्षायणानां[4] पञ्चार्षेयः प्रवरो भवत्याङ्गिरस बार्हस्पत्य भारद्वाज वान्दन मातवचसेति होता। मतवचोवद्वन्दनवद्भरद्वाजवद्बृहस्पतिवदङ्गिरोवदित्यध्वर्युः। ॥ १८ ॥

गर्गाः सांभरायणाः सखीनयो[5] गन्धरायणा[6] बाष्कलकयो[7] भ्राष्टकाः[8] भ्राष्ट्रबिन्दवः[9] क्रौष्टुकयः[10] सौयामुनिर्भ्राजि-

१ कारी॰ Be U G Pm, कारि॰ the other MSS. and Sk Rm.

२ ? कांबल्या Be U, कावल्या G T Bu, कावाल्या M, कावल्या Pm Sk Rm.

३ भार॰ M G T Bu Be, भर॰ U Pm.

४ रौक्षा॰ (and cp. p. 415. 4) G Be U Sk Rm; रौख्या॰ M G Bu — In Be and U of the MSS. only and in Sk Rm Pn of the nibandhas (*not* in Pm), a list of nine names is given finishing: इति रौक्षाः, taken, as it seems, from the Kātyāyana pravarasūtra, cp. Verz. der Berl. HSS. vol. I, p. 56, l. 30 sqq. Theraukṣāyaṇas correspond with the ṛkṣas of Āp and Āśv. and the rukṣabharadvājas of the Mānavasūtra (cp. also Verz. l.c. p. 60, l. 23).

५ Thus Be U G Pn; सखीन (or त)यो the nibandhas; साखिनयो T M, सांखनाःयो Bu.— After this name Be U add स्यसांख्यायना।

६ माश्वरायणाः Sk Rm.

७ Thus Be U M G Pm Pn, बाष्क॰ T, बाष्कलका Bu, बाष्कलयो Sk Rm.

८ Thus (and cp. gaṇa *upakādi*) M G T Bu Pm; भाष्टका Be U, भाष्टकतो Sk Rm Pn.

९ भाष्ट॰ M T, भ्रष्ट॰ Bu.

१० क्रौष्टकयः Be U Pm, क्रोष्ट॰ Rm Sk, कौष्टुकयः G T, कौष्ट॰ M, कौष्टकाः Bu.

नाच्चेया[1,2] ह्रोचापचय: सत्यापचय: काणायना[3] औपमल्कटायना[4] जाणवत्पलाग्रगाखात्नत्तय:[5] संग्रहतुल्या[6] वैडुह्रा[7] निस्रोहता:[8] कारिरौति: कैवल्या[9] राजय:[10] पौलय इत्येते गर्गास्तेषां पञ्चार्षेयस्त्र्यार्षेयो वा प्रवरो भवत्याङ्गिरस बार्हस्पत्य भारद्वाज शैन्य गार्ग्येति होताङ्गिरस शैन्य गार्ग्येति वा । गर्गवच्छिनिवद्भरद्वाजवद्बृहस्पतिवदङ्गिरोवदित्यध्वर्युर्गर्गवच्छिनिवदङ्गिरोवदिति वा । भरद्वाजानाꣳ सर्वेषामेवाविवाहः[11] । ॥ १९ ॥ तृतीयः ॥

---

१ सोधा॰ G T, सोजा॰ Bu.

२ ? आजिनाच्चेया T, आज॰ M G, आजिना:चधा: Bu; भागीनाच्यो Be U, भागिनाचयो Pm, आजिनाचयो Pn Rm Sk.

३ Be U om. this and the following name. In the nibandhas none of the following gargas is found.

४ Thus (and cp. Kāty. Verz. d. Berl. HSS. p. 55, l. 40) T only; औपल्कटायना M G, औपउत्कटा: धना Bu; r. perhaps औपमर्कटायना, cp. उपमर्कट of the Mānava— and Laugākṣi·sūtra.

५ Thus M G T, ग्रोणव॰ Bu, जनवानव॰ Be U.—॰पचय: instead of ॰वन्तय: Be U.

६ Thus T G, ॰तुल्यो Be U, संग्रव॰ M, संभव॰ Bu.

७ ? वैळुह्रा M G, वैळुह्रका T, वैदुह्रा: Bu; वेणुभरि: Be U.

८ ? निखोह्रता: M G, निखोतसा: T, रिखोह्रता: Bu; खोग्रह (but cp. the last syllable of the foregoing name in these two MSS). Perhaps the first name ends on ॰रि: ।

९ Thus M G T Bu, क्रौचाल्यो Be U.

१० ? Thus M G T Bu, रां (or ग्रं)कुवत् Be U.

११ The four last words only in M T (here भा॰) but they are quoted in Pm Pn.

[1]विष्णुवृद्धाः शठमर्षणा[2] भद्रणा[3] मद्रणाः[4] शाम्बुरायणा[5] बादरायणा वात्सप्रायणाः[6] सात्यकिः सात्यकायना नैतुन्द्या स्तुत्या[7] भारुण्या[8] वैहोढा[9] दैवस्थानय[10] इत्येते विष्णुवृद्धास्तेषां

---

१ Be U begin no new adhyāya, but take adhy. 3 and 4 together as the third. Moreover, in these two MSS., the sequence of the Kaṇḍikās is somewhat different : here, after the gargāḥ, follow the kapayaḥ, the haritāḥ, kāṇvāḥ, rathītarāḥ, viṣṇu-vṛddhāḥ, mudgalāḥ, saṃkṛtayaḥ and finally *again* the kapayaḥ. Pm agrees on the whole, giving, however the kapayaḥ only once, at the end.

२ शटामरणा Be U Pm.

३ भद्रिणा MSS. and Pn, भद्रणा Sk, मंद्रणा Rm, भद्राण Pm.

४ मद्रिणाः M T, मद्रीणाः Bu, मन्त्रिणाः G, भद्रणा Sk Rm, मद्राणां Pm.

५ ? Thus M G, श्यांबु० T, शांब० Bu ; शालु (or लू)लायना Be U, not given in any of the nibandhas as belonging to the Baudh. pravara ; Pn Sk mention further on शांबरायणाः ।— After this name Be U Sk have वत्सरायणा ।

६ सात्स्य० Be U.

७ Thus Be U T and the nibandhas; सुन्द्या G Bu, सुन्त्या M.

८ Thus Be U Bu and the nibandhas ; भारण्या M, भारण्या G, भा-ण्या T.

९ Thus T and the nibandhas ; वैहोडा M G, वैहोची Be U.

१० Thus M G (and cp. gaṇa *pailādi*). दैवस्था० T, तैस्था० Bu, दैव० Be U and the nibandhas.

त्र्यार्षेयः प्रवरो भवत्याङ्गिरस पौरुकुत्स त्रासदस्येति[1] होता । त्रसदस्युवत्पुरुकुत्सवदङ्गिरोवदित्यध्वर्युः[2] । ॥ २० ॥

कण्वा औपमर्कटायना[3] बाष्कलाः[4] गैलाहलिनो[5] मौञ्जि-मौञ्जयो[6] मौञ्जगन्धा[7] वाजिवाजयो[8] वाजश्रवसा इत्येते कण्वास्तेषां त्र्यार्षेयः प्रवरो भवत्याङ्गिरसाजमीढ काण्वेति होता । कण्ववदजमीढवदङ्गिरोवदित्यध्वर्युः । ॥ २१ ॥

हरिताः कौत्साः[9] शाङ्ख्या[10]दार्भ्या[11] शैभङ्गो[12] भैमगवो[13]

---

१ Thus MSS. r. ०दस्यवेति ।

२ MSS. exc. Be U त्रसदस्यव० ।

३ Thus G Rm Sk, ०माकंरायन्ना Pm, ०पमाकांण्डायना Be U.

४ वात्कलाः M, वत्कलाः Bu, यत्कला T, cp. Census report, p. 121.

५ ? Thus M, शैलाहरितो T, शैलाहलयो G, हलनाः Bu; पौलदालिनो Be U, पौलहलिनो Sk, पौलाहलिनो Rm, पौलदालिनो Pm, पौलहलिनो Pn.

६ ? Thus M, मांजिमाजयो Be U, मांजिमांजयो Pm, मौजिमाजयो Pn, मौञ्जिभाजयो Rm Sk, मौञ्जीमैञ्जयो G, मौर्जीमौजयो T, माजायाः Bu.

७ Thus G Sk Pn, मौजि० Bu M, मांजि० T Be U, मौषि० Pm, मौनि० Rm.

८ ? Thus M G, वाजिः वाजयः Bu, वाजिवाजयो T, विजया Be U, विजिवाजयो the nibandhas.

९ Thus Bu, कोत्सा T, कौत्स्याः M G, कुत्सभैम्याः Be U.

१० Emended (cp. Āśv. XII. 12. 3), सांख्यो M G T Bu Pm, शंखः Rm Pn Sk, साखेया Be U.

११ Thus Be U, दर्भ्यः M G T, दर्भः Bu, दर्भयः Rm Pn Sk.

१२ Thus M G, शैवभंगो T, हैंगवः Bu; सौभगा Be U, सौभाग्याः Sk, सौभागा Rm Pm Pn.

१३ Thus Be U Pn, हैमगवो M G T; cp. Āśv. l. c.

मनायुर्लम्बोदरो[१,२]महोदरो नैमिश्रयो[३] मिश्रोदनाः[४] कौठपाः[५] कारौषयः[६] कौलयः पौलयः[७] पौण्डलो[८] माण्डूपो[९] मान्धातुर्मांद्रकारय[१०,११] इत्येते हरितास्तेषां त्र्यार्षेयः प्रवरो भवत्याङ्गिरसाम्बरीष यौवनाश्वेति होता । युवनाश्ववदम्बरीषवदङ्गिरोवदित्यध्वर्युः । ॥ २२ ॥ ५

---

१ ? मनायु॰ Be U, मह्नायु॰ Pm, मनायवो Pn, मनायवाः Sk Rm, गवममनायु॰ M G T.

२ ? Thus T, लाबोदरो G, लबोदरो M; बाह्नोदरो Be U, बाह्नोदराः Sk Rm, बह्नोदरा Pn.

३ Thus (and cp. gaṇa *taulvalyādi*) Bu and the nibandhas, नैमित्रेयो M G T, वैमित्रयो Be U.

४ Thus Pm, विमिश्रोदनाः Be U, चित्रोनः Bu, मिश्रोदराः M G T, मिश्रोदकाः Sk Rm.

५ ? Thus M, कौलपाः Be U and the nibandhas; क्रौष्टपाः T, काङ्कपाः Bu, कूपोदरः G.

६ कारौ॰ G Pn, कारि॰ M T Pm, करौ॰ U Bu Sk Rm, बारि॰ Be.

७ cp. p. 433. 3.

८ ? Thus M G, पौडलो Be U Pm, पौण्डुरः Bu, पैदियो T, पौटला Sk, पोडला Pn, पटोलयः Rm.

९ Thus G Be U, माधुयो Pm, मांडुको T, माण्डूपो M, मण्डूपः Bu.

१० ? Thus M G T, मन्धातुः Bu, माधातु Pm, मांधाह्व Be U. Why the genitive? मान्धातारो Pn points to मान्धाता, मंधातवो Sk Rm as from a nom. sing. मान्धातुः।

११ Thus G T, मद्रकारय M, मांद्कार Be U, मांडकारयः Sk Pm Rm.

मंक्षतयो लमकाः[१] पौत्यमण्डिः[२] शम्भुः[३] शैवगवः[४] परिभवस्तारकाद्या[५,६] हारिग्रीवा[७] वैतलेयाः[८] श्रौतायनाश्चारायणा[९] आग्रायणा[१०] आर्षयश्चान्द्रायणा[११,१२] आपन्नापयः[१३] प्रतिमाषा[१४] इत्येते मंक्षतयस्तेषां त्र्यार्षेयः प्रवरो भवत्याङ्गिरस मांक्षत्य गौरिवीतेति होता । गौरिवीतवत्संक्षतिवदङ्गिरोवदित्यध्वर्युः[१५] ॥ २३ ॥

---

१ ? लमनकाः Bu, लमगाः M G, लमवाः T, मलकाः Be U Pm.

२ Thus M G T, पौत्यकः Bu, पौल॰ Be U Pm.

३ शंभूः Bu (शम्भु Āśv. XII. 12. 5).

४ Thus (cp. Āśv. l. c.) Be U Pn, शैभवः M G T Bu Pm.

५ ॰भवा॰ Be U Pm.

६ Thus M G T Pm, ॰स्तारका Be U Bu.

७ ? Thus Be U Pm, हारिद्रा M G T, हारिन्द्रः Bu.

८ ? Thus M G T Bu ; शैषयः Be U, शैषयाः Pm.

९ श्रौता॰ Be U T, श्रोता॰ M G, श्रांचा॰ Bu, श्रौता॰ Pm.

१० Thus Be U ; आत्रायणा M G Bu (T om.), राया॰ Pm.

११ Thus M G T, आर्षभयः Bu ; Be U Pm om. ; आर्षि occurs also in the Mānavasūtra.

१२ In M G T Bu only.

१३ ? आपन्नापयः G, आपन्नपयः M, आपन्नपयः T, अवप्रपयः Bu ; अन्नापयः Be U, आम्नापयः Pm.

१४ Thus Be U Pm, ॰माष्या M G T Bu.

१५ Corrected (cp. the var. lect. on Āp. XXIV. 10. 8) ; गुरुवीत॰ Be U M Pm, गुर्वीत॰ G, गुरवीत॰ Bu, गुर्वित॰ T.

रथीतरा हास्तिदासिः[1] काण्वायना[2] नैतिरक्षयः[3] शैखा-
लयो[4] भैलिभिर्भिल्लीभायना:[5] मावहवा[6] भैक्ववाहा[7] हैमगवा[8]
इत्येते रथीतरास्तेषां त्र्यार्षेयः प्रवरो भवत्याङ्गिरस वैरूप
राथीतरेति होताङ्गिरस वैरूप पार्षदश्वेति[9] वा। रथीतर-
वद्विरूपवदङ्गिरोवदित्यध्वर्युः पृषदश्ववद्विरूपवदङ्गिरोवदिति[9] ५
वा॥ २४॥

मुद्गला हिरण्याक्षा ऋषभा[10] मिताक्षा[11] क्षम्या[12] क्षम्या-
यणा[12] दीर्घजङ्घाः प्रलम्बजङ्घास्तरणा[13] भिन्दवा[14] इत्येते

१ हास्तिदाश्वि T, हस्तिदासिः M G, हस्तिदासि Be U Pm Pn, हस्तिदाः Bu, हस्तिदाःसि Rm Sk.

२ ? Thus M G T Bu; Be U have two names: कांभायनाः काक्षना; काक्षायनाः the nibandhas.

३ ? Thus (and cp. Census report p. 121) Be U and the nibandhas; नैतिरक्षयः M T, नैतिरक्षाया G, नैक्षतिक्षयः Bu.

४ ? Thus Be U; सैलालयो Pm Pn, रेशलेयो M G T, वैशालेयाः Bu.

५ ? भैलिभिल्लीभायनाः Be U (भैलयोभिल्लीभायना Rm Sk Pn); लेभिभिल्लि-वायनाः M G, लेभिर्लिवाइना T, लोइल्लवाइनाः Bu.

६ ? Thus Be U and all the nibandhas; सावाहवाक्षा G, संवाहवाहा M, सावाहवाहवाह T, साहावाहाः Bu.

७ भैक्षावक्षा Be U.

८ हे॰ M G T Bu, हे॰ Be U and the nibandhas.

९ Thus, on the whole, M T (G is defective); instead of पार्षदश्वेति and पृषदश्ववत् Be U: पार्थेति (पार्षतेति Pm) and पार्थवत्; Bu पार्थिवेति and पार्थिवत्; cp. Āp. XXIV. 9. 5.

१० ? रूपभा U, रुपाक्षा Be.

११ मिना क्षा (or क्ष)यास्या Be U.

१२ तूपायणा Be U.

१३ प्रलम्ब in Be U only; ॰तारक्षा M G T, ॰ताक्षक्षा Bu.

१४ Thus M G, बिंदवः T, भंदका Be U.

मुद्गलास्तेषां त्र्यार्षेयः प्रवरो भवत्याङ्गिरस भार्म्यश्व मौद्गल्येति होता । मुद्गलवद्भृम्यश्ववदङ्गिरोवदित्यध्वर्युः[1] ॥ २५ ॥

कपयो [2]वैतलानामेतिशायनाना पतञ्जलानां तरक्षिनां ताण्डिनां भोजसिनाः[2] शाङ्करवाणां[3] करष्मिखण्डानां[4] [5] मौपीतकिश्छागलयः[5] पौष्यय[6] इत्येते कपयस्तेषां त्र्यार्षेयः प्रवरो भवत्याङ्गिरसामहय्यवौरुक्षयेति[7] होतोरुक्षयवदमहय्यवदङ्गिरोवदित्यध्वर्युः[7] । ॥ २६ ॥ चतुर्थः ॥

अथातोऽभ्याख्यास्यामो । ऽथयो भूरयश्छान्दिश्छान्दोगिः[8]

---

1 भर्म्यश्वव॰ MSS.

2 The following names are all given in the genitive plural in M G T *and* in Pm,[6] although this nibandha otherwise uses to agree with Be U. The last mentioned two MSS. and Bu have the nomin. plur.

3 Thus G T, शाकरवाः Bu, शांकरवाणानां M, काश्यखणां Pm ; Be U the first time (the Kapayaḥ are given twice in these MS). सारंगवायनाः ।

4 Thus M G T, करसिखंडाना॰ Pm, काशिखण्डाः Bu, सरसिखंड (or डि)ना Be U the first time, कासखरणारसिखंडा स्थामो॰ the second time.

5 ? Thus (cp. Pāṇ. IV. 1. 117) T only, ॰छागलयः M Bu, छागवैयो G, सागरस Be U (first time), संश्रयः (sec. time), सागसद् Pm.

6 Before पौष्यय (Be U : पौषय and पौष्या) G ins. मापश्चरावः ।

7 Thus (not च्यामहीय, चमहीयवत्) MSS. ; after अध्वर्युः Be U add (the first time) भरद्वाजानां सर्वेषामविवाह इति, cp. the end of k. 19.

8 भूरयश्छंदिश्छंदोगि Be U, भूययश्छान्दिश्छान्दोभिः M, भूयश्छान्दिश्छान्दोभिः G, भूयःयश्छादिः छन्दोभिः Bu, भूपयः छांदोगिः T ; छान्दोगि also the Laugākṣi-, and छन्दोगि the Mānavasūtra ; cp. Census rep. p. 120 *bhuri chāndi*.

पौष्टिका[१] माङ्गलयः[२] ग्रैवाम्छागलास्तृणबिन्दवो[३,४,५] भागन्तयो मालकुगो[६] व्याडलः[७] शाम्बव्यायनाः[८] कार्मर्यायणयो[९] दाक्षि-स्तैदेहा गाणिस्पतय[१०] मौद्दालकिद्रौणभावा[११] गौरिग्रीवयो गाविष्ठिराः शिशुपालाः कृष्णात्रेया गौरात्रेया[१२] अरुणात्रेया नीलात्रेयाः श्वेतात्रेयाः श्यामात्रेया महात्रेया आत्रेया[१३] हालेया[१४]

१ Thus Bu Pm, पौडिका Be U, पौष्पिका G Rm Pn, पौष्यका T M, पौपिका Sk.

२ ? Thus M G T Bu, मौङ्गलयः Be U Pn, माङ्गलयः Pm, मौद्गलयः Sk, मौद्गलयः Rm.

३ Thus M G Bu (T om.); ग्रैपा॰ Be U, सैपा॰ Pm, मौवा॰ Sk, मौपा॰ Rm, सौषा॰ Pn.

४ Thus (and cp. Pāṇ. IV. 1. 17) Sk Pm Pn, छागवः Bu, छगल॰ M G T Be U. Before this name Be U Pn have करागाम् and Sk Rm लगलाम्।

५ ॰बिन्दुर् G M T Bu.

६ ? Thus M G T, मळःकूजाः Bu; मालवयो Be U and the nibandhas.

७ With ळ instead of ड M G T Bu, with ल the others.

८ Thus T and (with सां॰ instead of शां॰) Rm Sk; शांबव्यानयः G, शांबर्यायनाः Bu, शांबव्यायनयः M; सावष्याः Be U.

९ Thus (and cp. Schol. on Pāṇ. IV. 1. 155) T only; कार्मर्यायनयो M, कार्मर्यानयो G, कर्मर्यांःयणः Bu; कामर्यानयो Be U, कामा (or म)र्या-(or र्य)नयो Sk Rm.

१० ? Thus M T, गाणपतय G, गणपतय Be U, गाष्णिः स्ततयः Bu.

११ Thus M G Bu and the nibandhas; द्रोणभावनः T, द्रौणिभवो Be U.

१२ This and the following names, up to महात्रेया are given by M G T Bu in the singular, the nibandhas also have the plural.

१३ In M G T Bu only.

१४ Thus (and cp. Kāty. śrs. X. 2. 21) M G Bu, हलात्रेयः T, गालेया Be U and the nibandhas

वाल्लेयाः[१] गौभ्रेया[२] वामरथीनां[३] वैतभावयः[४] गौद्रेयाः कौद्रेया गोपवनाः[५] कालपवय[६] आनीषायणा[७] आनङ्गिर्मानङ्गिर्दौरङ्गिः[८,९] सौरङ्गिः पुष्पयः[१०] ग्रैखयः[११] साकेतायना भारद्वाजायना[१२] इन्द्रातिथिरित्येते ऽचयस्तेषां त्र्यार्षेयः प्रवरो भवत्यात्रेयार्चनानस श्यावाश्वेति होता। श्यावाश्ववदर्चनानसवदत्रिवदित्यध्वर्युः[१३]। ॥ ८७ ॥

---

१ Thus G Bu Sk Rm Pn; इल्लेयाः T; M. om; बौलेयाः Be U, बौलेयाः Pm.

२ Thus (cp. Kāty. l.c.) T M G, गौचेयाः Bu, त्यौगेय Pm, सौगेया Be U, गौभ्रेया Pn.

३ Thus Pm only, वामरथीना G, वामरथिना M T, वामः रथीतर Bu, वामरथिनो Be U, वामरथ्या Pn.

४ ? Thus M G Bu, वैतभावः T, वैतभाव Be U, वैतभावा Pm, श्वेतभावाः Sk Rm, श्वैतभावाः Pn.

५ गोपवमानः M G T Bu.

६ ? कालावय M G T, काल्लाश्रयाः Bu, काल्लापचय Be U, काल्ला (or ल) पचय(or या) the nibandhas, कालयवयो Pn.

७ ? Thus M G T Bu; आनील्लायना Be U Pm, नील्लायना Pm.

८ मारङ्गि instead of आनङ्गि Bu G.

९ गौरङ्गि instead of दौ॰ G, गौरङ्गिः Bu M, दोरंगिः T.

१० ? पुष्पायनः Be U (? पौष्पायनाः), सौपुष्पयः Pn (cp Kāty. in Verz. d. Berl. HSS. p. 59. 2).

११ Thus M, ग्रैखयः G Bu, ग्राखयः T, सैव्ययः Pm; this name not found in Be U and the other nibandhas.

१२ Thus Be U Bu and the nibandhas; भारद्वाजायनय M G T.

१३ Thus MSS, we expect अर्चनानोवत् instead of ॰नानसवत्।

वाङ्कुतकानां[1] आर्षेयः प्रवरो भवत्याङ्गिरसेति वार्षनानसेति वाङ्कुतकेति[1] होता । वङ्कुतकवद्वार्षनानसवदङ्गिरोवदित्यध्वर्युः[1] ॥२८॥

गविष्ठिराणां आर्षेयः प्रवरो भवत्याङ्गिरसेति वार्षनानसेति गाविष्ठिरेति होता । गविष्ठिरवद्वार्षनानसवदङ्गिरोवदित्यध्वर्युः ॥२९॥

मुद्गलाः[2] शालिसंधय[3] और्णनाभयो[4] दाक्षिर्वैतवाचाः[5,6] गिरौषयः[7] शालिमतो औद्दिमतो[8] गौरीषितो[9] गौरिकयो[10]

— —

१ बङ्कु॰ and वाङ्कु॰ the MSS promiscue.

२ Bu, in reading मङ्गला, stands alone; nevertheless this might be a better reading (cp. Āp. XXIV. 8. 14: सुमङ्गल), as the mudgalas, it is true as a gotra of the Bharadvājas, have been treated already; whichever may be the right reading, this branch answers to the atithis of Āpastamba, the pūrvātithis of Vāikhanasa.

३ ? Thus G, व्यालसन्धिय् M T, व्यालिसंधयः Pn, व्यालसन्धाः Bu, लिसंधयो Be U, शालिसंधयः Sk Rm, व्यासिसंधि Pm.

४ Thus Pn Sk, अर्णवाबो Be U, आरणच्चवो Pm, चौर्णवाबो M T, चौर्णपाःबो Bu, चार्णवाबो G.

५ Conjecture; धाचा Be U, and the nibandhas, धवाक्षिकि॰ T, धवाक्षीकि॰ M G, धवाचिकिः Bu; दाचि is mentioned amongst the pūrvātithis in the Mānavasūtra.

६ Thus Be U and the nibandhas; वैतभावयः the other MSS.

७ Thus (also the Mānavas) Be U and the nibandhas; गौषेयः Bu, शेपयः M G, शेाषयः T.

८ Only in M G Bu.

९ ? गौरिवीतो Be U, गौरिताः Rm Pn Sk, गौरिमयो Pm, om. by T Bu.

१० गौरकायो Rm Pm Pn.

वाजवना[1] वायुपूटा[2] इत्येते मुद्गलास्तेषां त्र्यार्षेयः प्रवरो भवत्यात्रेयार्चनानसपौर्वातिथेति होता । पूर्वातिथिवदर्चनानसवदत्रिवदित्यध्वर्युः । ॥ ३० ॥ पञ्चमः ॥

[3]विश्वामित्रान्व्याख्यास्यामः । कुशिकाः पार्णजङ्घा वारक्या[4] औदरिर्माणिर्बृहदग्निरालविराघट्टिरापद्यपा[5-9] अन्तकाः[10]

१ Thus Be U Pm; वाबायना M G, वापायना T, वाजवनः Rm Pn Sk, वाकायनाः Bu.

२ Only in M G T Bu (the last: वायुचूडाः) ।

३ The arrangement of the text differs for the following adhyāyas in the MSS. Be U treat firstly of the Viśvāmitras, then of the Kaśyapas, then of the Vasiṣṭhas; in the other MSS. (M G T Bu) we have first the Kaśyapas, then the Vasiṣṭhas, then the Viśvāmitras. I have adopted the sequenee proffered by Be U for two reasons; the first is that the text of Baudhāyana seems to point to it, as treating in its paribhāṣā (p. 415, 4) of the Viśvāmitras *before* the Vasiṣṭhas; the second reason is, that Āpastamba Hiraṇyakeśin and Āśvalāyana observe the same order.

४ Thus Be U and the nibandhas; (amongst the Viśvāmitras a वारकि is mentioned by Hiraṇyakeśin), पारक्याः Bu, पारलुक्या M G T.

५ Thus M G T Bu (and cp. औदरि of Kāty.), औदलि Be U, औदलयो the nibandhas.

६ बृहदर्चि instead of ०दग्नि० M G T (Bu as Be U).

७ Thus (आलवि, read perhaps आलम्बि) Be U; ०रलवि० Pm; आलवयः, आलपयः or आलुवयः the nibandhas; ०राननर्चि G, आल्पचराः Bu; M T om. this name.

८ Thus (आघट्टिः) G T, घट्टितिः Bu, ०राघततिः M, ०राद्यश्चि० Be U Pm; आद्यश्वयः or आघश्वयः the nibandhas.

९ ? Thus M G, ०रापद्दया T, आपद्यवः Bu, आपयब्या Be U, आपद्य (or घ)याः the nibandhas.

१० Found in M G T only (perhaps dittogr. from the following name ?).

कामन्तका[१] बाभ्यकथस्विकिता[२] लामकायना.[३] शालङ्कायना:[४] शाङ्कायना[५] लौका[६] गौरा: सौगन्तयो[७] यमदूता अनभिम्लाता-मारकायणास्त्रौवला[८,९] जाबालयो[१०] यज्ञवल्का[११] विदण्डा[१२]

---

१ Thus Be U Bu and the nibandhas, कामन्नयो M G T.

२ ? Thus M G Bu, पाष्यय॰ T; बङ्कथा॰ Be U and the nibandhas.

३ Thus Be U, कामकायना Rm Sk, लामकोयनाः Pn, लामकरायनाः Pm; लाःकायनाः Bu, लमङ्कायनाः M G, लमगायनाः T.

४ Thus (cp. Āp. XXIV. 9. 1) the nibandhas only; सालंकायनाः Bu, सालंकवायनाः Be U, not found in M G T.

५ Thus Be U Pm; Pn om; काश्यायना Sk Rm; माङ्कायनाः Bu, सांके (or कां)नायना M G T.

६ ? Thus the nibandhas, लौक Be U, लोका M G T Bu.

७ ? सागन्तयो M G Bu, स्यांगतयो T, सौगंतायना Be U, सौगन्तव्याः the nibandhas.

८ Thus (and cp. gaṇa *śivādi*) Be U, अनभिम्लाता॰ M, अनभिम्लता अभिनिमुता॰ G, अभिनंमीता॰ T, अयनद्रिताः जनभिद्रिताः Bu; the nibandhas are still more corrupt.

९ Thus (तारकायणाः) Be U G and the nibandhas (also amongst the Viśvāmitras acc. to Hir.) ॰नारायणा॰ M—? ॰चैलका Be U and the nibandhas, चौळका॰ M G T, चौळकायनाः Bu.

१० Thus Be U and the nibandhas; जालालयो M G, जलालयः Bu, लयो T. Before this name M G T-ins. चौदुंबला, Bu वेमबलाः ।

११ Thus (cp. Āp. l.c.) M G T; याज्ञवल्क्या Be U and the nibandhas. After this name M G T have a few names more: पद्जालाः (वाद्जालाः), जह्वचलोकाः, ह्यालेयो याज्ञवल्क्या ।

१२ ? Thus Be U, विडंडा Pm, वितण्डा Sk Pn Rm, अन्दण्डा M G, अंबहंडा T.

भौवनयः[१] सौवभ्रवय[२] औपदहनय औदुम्बरिर्भारिष्टिकयः[३,४] श्यामेयास्तैचेयाः गालावता[५] मयूराः सौमत्यास्चितन्तवो[६] मनुतन्तवो[७] मान्तवो[८] ये चान्ये तन्तुशब्दा[९] बाभ्रव्याः[१०] कलापा[११] उत्सरय[१२] इत्येते कुशिकास्तेषां त्र्यार्षेयः प्रवरो भवति ।

---

१ Thus M T, भौवनः G, भुवलयः Be U and the nibandhas.

२ ? Thus M G, सौवभ्रवय T (Bu wholly corrupt), सौगुतय Be U, सौगुतयाः Sk, सौष्टतयः Rm, सौष्टतयः Pn.

३ Thus (cp. Pāṇ. IV. 1. 173) M G T Bu, उदुंपरि० Be U Pm, उदुंपरयो Sk Rm Pn.

४ ? Thus M G T, भाष्टयः Bu, भाष्टयोग्याः Be U, भाष्टग्याः Rm, भाष्टग्याः Sk Pn Pm.

५ Thus (and Hir. also mentions them amongst the Viśvāmitras) M G T Bu, तालोवता Be U, तालोवता Pm Pn, तालोवतरा Rm Sk.

६ Thus conjecturally; चितवयः Be U and the nibandhas; चिततवयः Bu, चितन्तयो M G, श्चितंतयो T, to which answers more or less चेतन्तयो which now follows in G only; Be U add सतंतायना (साततायना, स्याततायना, सयंततायना the nibandhas).

७ Conjecturally; cp. the plural मनवस्तन्तवः of the nibandhas; मनुतपाः Bu, मनुतयो T, मनुतपो M G; अभूततंतवो Be U.

८ Thus Be U, and the nibandhas; मान्तपो M G T.

९ Conjecturally; येचान्येन्दुशब्दा M, येचान्येन्तशब्दा G, यचान्येदुशब्दा T, येचान्येरन्द्रशब्दाः Bu, यचान्यलशब्दा Be U. All the nibandhas corrupt.

१० See Pāṇ IV. 1. 106 : बाभ्रव्यः कौशिकश्चेत् (Schol.).

११ Thus Rm, कालाया Be U Pn Sk, कालावा M G, बालावा T, ककालाः Bu.

१२ ? Thus Be U and the nibandhas, उन्मरष्टकय G, उन्मरष्टतय M, उन्मरश्रमय T, वागुमरयः Bu.

वैश्वामित्र देवरातौदलेति होतौदलवद्देवरातवद्विश्वामित्रवदित्यध्वर्युः। ॥ ३१ ॥

लोहिता दाण्डकयश्चाक्रवर्मायणा[1,2] झर्झायना[3] वाक्कायना[4] मादाघयः[5] कैतवायनयो[6] वाभ्रय[7] इत्येते लोहितास्तेषां त्र्यार्षेयः प्रवरो भवति। वैश्वामित्राष्टक लौहितेति होता। लोहितवदष्टकवद्विश्वामित्रवदित्यध्वर्युः। ॥ ३२ ॥

विश्वामित्रदेवश्रवसदेवतरसः श्रौमतकामकायनाः[8] कामकायनिनस्तेषां[9] त्र्यार्षेयः प्रवरो भवति वैश्वामित्र दैवश्रवस दैवतरसेति होता। देवतरसवद्देवश्रवसवद्विश्वामित्रवदित्यध्वर्युः।[10] ॥ ३३ ॥ १०

---

१ दंडकय॰ Be U M Pn, ताण्डकयः Bu, दंडाकया॰ T, कुडक्या॰ M.

२ Thus M; चाक्रवर्णायना G and the nibandhas, चार्कवर्मायणा T, चाक्रायणा Be U.

३ ? missing in Be U and the nibandhas, badly corrupted in the other copies. M. reads as given above and probably also Bu; झर्झान्तधायना G, रधरधायना T.

४ Thus Be U Pm; वाजायनाः Bu, इज्जायना M G T.

५ Only in M G T (the last : मादायघ्याः)।

६ (cp. gaṇa *tikādi*). Only in M (कैतवानायो) G (कैतवानयो) and T (केतवायनायो)।

७ Thus M G T, वंश्रयः Bu, वासय Be U.

८ Thus T; श्रौमति॰ the other MSS.; ॰कामकायनाः T M, कामकायः Bu, G om.; जामकायनाः Be U, ज्यामका॰ the nibandhas.

९ Thus M G T Bu and Pm; कामकायना॰ Be U and the other nibandhas.

१० Thus all.

रौक्षकाश्चौडूहला[१,२] रेणवाश्च[३] तेषां त्र्यार्षेयः प्रवरो भवति। वैश्वामित्र रौक्षक[४] रेणवेति[५] होता। रेणवद्रुक्षकवद्विश्वामित्रवदित्यध्वर्युः[६]। ॥ ३४ ॥

[७]कताः सैरिन्ध्राः करभा[८] वाजायनाः मांह्वितेयाः कौक्षत्याः ग्रैग्निरेया औदुम्बरायणाः पिङ्गग्रीवा नारायणा नाराथ्या[९] इत्येते कतास्तेषां त्र्यार्षेयः प्रवरो भवति। वैश्वामित्र कात्यात्कीलेति होतात्कीलवत्कतवद्विश्वामित्रवदित्यध्वर्युः। ॥ ३५ ॥

धनंजयाः कारीषय आश्वतास्तुलभ्याः[१०,११] मैन्धवायना

---

१ Thus G and the nibandhas (also the Census report, p. 120 : *raukṣak*), रौक्ष्यका० T M Be U, रौक्षाः का Bu.

२ Hopelessly corrupt : ०खोद्वहका Be U, ०खोद्वहला Rm Pm Pn, ०चौदोहळा M, ०चौडूहला G.

३ Thus G Be U, रैवण० T Bu M and the nibandhas.

४ Thus G, रौक्ष्यक० the other MSS.

५ रैवणेति MSS. exc. G Be U.

६ Thus (रेणुवत्) Be U only, रैणववत् or रैवणवत् the other MSS.; instead of रुक्षक० (thus my emendation) the MSS. have रौक्षकवत् or रौक्ष्यकवत् (उक्षियवत् M only).

७ The Katas and Dhanaṃjayas are missing in Be U, the nibandhas differ wholly from the other MSS.

८ कारभा Bu.

९ नारात्या M Bu (T corrupt).

१० आत्मा० M Bu.

११ ? तुलभ्याः M, ना-लभ्यः Bu, ०नाः तालव्याः T, ०सा (स्या)गव्यात्सलभ्याः G.

उद्दाचा महाचा इत्येते धनंजयास्तेषां त्र्यार्षेयः प्रवरो भवति। वैश्वामित्र माधुच्छन्दस धानंजयेति होता। धनंजयवन्मधुच्छन्दोवद्विश्वामित्रवदित्यध्वर्युः। ॥ ३६ ॥

अजानां[1] त्र्यार्षेयः प्रवरो भवति। वैश्वामित्र माधुच्छन्दमाजेति होताजवन्मधुच्छन्दोवद्विश्वामित्रवदित्यध्वर्युः। ॥ ३७ ॥

अघमर्षणाः[2] कुशिकास्तेषां[2] त्र्यार्षेयः प्रवरो भवति। वैश्वामित्राघमर्षण कौशिकेति होता। कुशिकवदघमर्षणवद्विश्वामित्रवदित्यध्वर्युः। ॥ ३८ ॥

इन्द्रकौशिकास्तेषां त्र्यार्षेयः प्रवरो भवति। वैश्वामित्रैन्द्र कौशिकेति होता। कुशिकवदिन्द्रवद्विश्वामित्रवदित्यध्वर्युः। ॥ ३९ ॥

पूरणा वारिधापयन्तास्तेषां[3] द्व्यार्षेयः प्रवरो भवति। वैश्वामित्र पौरणेति होता। पूरणवद्विश्वामित्रवदित्यध्वर्युः[4]। ॥ ४० ॥ षष्ठः ॥

कश्यपान्व्याख्यास्यामः[5]। कश्यपाश्कागरयो[6] मठरा ऐति-

---

१ Thus Be U only, याजानजानां T G, आजानजनां M, याजायनाः Bu.

२ Thus Be U, ०र्षणाः कौशि० T Bu, ०र्षणकौशि० M G.

३ Thus all the nibandhas; पूरणा पारिधापयंत्य० Be U, ०णाः पारिधापयन्तव० G, ०णाः पारिधावन्त० M, ०णाः परिधावन्त० T.

४ Only T adds विश्वामित्राणां सर्वेषां विवाहः (*sic*).

५ MSS. exc. Be U G, काश्य०।

६ Thus M G T Bu, ०पाइंगिरयो Be U, कश्याइंगिरयो Pm, ०पाश्याइंगिरयो the other nibandhas.

ग्रायना आभूत्या[१] वैग्निग्रा धूम्रा[२] धूम्रायणा धौम्या[३] धार्म्यायणा[४] औदव्रजिरायायणा[५] वैम्बकय:[६] प्रावाचार्या[७] ह्रद्रोगा:[८] काश्यातपा[९] आपाम्वानिका[१०] मौषीतकिम्छागसयो[११,१२] माष-

१ ? Thus Be U Pm, आमूत्या Pn, आग्नून्या Sk Rm, आङ्कत्या M G T, अह्वत्याः Bu.

२ Thus Be U and the nibandhas, धूमा M G Bu, धूद्रा T.

३ Thus (in accordance with Hir.: एवमविज्ञतो धौम्याभिषेणमाठराणाम्,) corrected; सौम्या Be U and the nibandhas, धौमा M Bu, धौमज्या T, यौम्यायौमा G.

४ Corrected; घार्म्यायणा Be, धर्म्यायणा Pm Pn, धार्यायणा U, धौर्म्यायणा M, धौम्यायसा T, धौम्यायणाः Bu, यौम्यायणा G. (cp. gaṇa *aśvādi*).

५ Corrected (cp. gaṇa *pailādi*), औधप्रजुरायायणा M G T, औधप्रकराः आग्रायणाः Bu, औदष्टचा षरायाॱ Be U, औटष्टचारेयाॱ Pm, सौवष्टचारायाॱ Rm, सवदृचारायाॱ Sk. (औडव्रजी Kāty., औदवची Mānavasūtra).

६ Thus corrected acc. to Pat. on Pāṇ. IV. 1. 97; वैवकयः Pn, चवकयः Rm, पैंबकयः M G T, वैमरुकयः Bu, पैधक Be U, पैदकयः Pm.

७ Thus M T, प्रवाच्च्याः Bu, प्रवाद्वा G, प्रचर्या Be U Pn, प्रार्चयो Rm, व्रचर्या Pm.

८ Thus Be U and the nibandhas; ह्रद्रोगयः G Bu, ह्रद्रोगयः M, ह्रद्रोगयः T.

९ ? (viz. काशी-आतापाः ?) काश्यातया M G, काश्यतया T, काश्यातयः Bu;—आतपा (without काशी) Be U and the nibandhas.

१० ? Thus M G, आपाबानिका T, अपांबानिः Bu (but cp. the following), याचमनिः का U, याचनिः का Be, पाश्वायनिका Rm Pn, पांत्र्यतिका Pm.

११ ? Thus M G, काठमौष्टिः Bu; T, om.; मेयानकिः Be U, मेषांतकयो Rm Pn, नेषानकिः Pm (मौषिकिटि Kāty., मौषिकिये Mān., मौषकरिति Laug.). After this name Be U add: साघसयो and M T छाग।

१२ ? Thus T, छागस्सयो M, छागन्धयो G, छाद्दसयः Bu; माघसयो Be U, सागसयो Rm Pn, सामासयो Pm.

मरावय:[१] सौधनय:[२] मायस्या[३] आसुरायणास्खागव्या:[४] सौनद्या[५] स्थौलकेग्रयो वार्षकय[६] औपव्या[७] लाक्ष्मणय:[८] क्रोष्टा[९] जीवतय: खार्द्दमायणा[१०] लोहितायना[११] मितकुम्भा[१२] पिङ्गाक्षय औडलयो[१३] मारायणा – – –[१४] वैकर्णेया:[१५] कौषीतकेया[१५]

१ Thus M G T, माघरावरय: Bu; माघसरावय: Be U Rm Pn.

२ ? Thus Be U; सौवच्चय: Pm, सैन्धवय: Rm, सौबभ्रवय: G, but these have been enumerated already amongst the Viśvāmitras, p. 445. 1, if our constitution of the text there is correct.

३ Thus Be U M G and the nibandhas; साधस्या T, सयस: Bu.

४ Thus Be U Pm Sk, ०काागल्या: Rm, ०स्खागव्या: M T Bu, ०स्खगव्या: G.

५ Thus M G T; सौनद्य: Pn, सौनभ्य: Bu, सोनय: Pn, सौनय: Rm Sk, सोमपा: Be U.

६ Thus Be U and the nibandhas; to this reading also points Bu (वार्ध्रकय:); वोढकय M G T.

७ Thus M G Pm Sk Pn; औपाव्या Rm, औपव्य। Be U, औपव्रा T, औम्नपर्या: Bu.

८ Thus in accordance with the texts of the Mān. and of Kāty.; लाचायणा: Be U and the nibandhas, लच्मणा the other MSS.

९ ? Thus M G T Bu; क्रोष्टवो Rm Pn, क्रोष्ट Be U, क्रौष्टा Pm, क्रोष्टका Sk.

१० Thus M Bu T, खार्द्द० G; खाद्रायणा Be U Pm, खाद्रायिणो Pn, साद्रायणा Rm, खाद्धायणा: Sk.

११ ? रोहि० Be U and the nibandhas.

१२ मित्र० M G.

१३ ? Thus Be U Sk औडुलय: Pm, औदुलयो Rm Pn, औग्वलयो T G (M only औ—यो), औज्यलयन: Bu.

१४ Utterly doubtful; यवच Be U, पचव Pm, पौलयो Rm Pn, पैलयो Sk, एव च M G; Bu is useless and T has a blank of three akṣaras.

१५ cp. Pāṇ IV. 1. 124 (काम्यपे)।

धूमलक्ष्मणयः[१] सुरा गौरिवायणा[२] विमत्स्या[३] आग्निशर्मायणा[४] औक्थ्यायना:[५] काम्बरोदरयो देवयाता वैदो[६]ऽम्बा वेलया[६] महाचक्रेयाः पैठीनसा[७] पानस्या[८] विषगणा दाचायणयो[९] भालन्दनाः शाङ्खमित्रेया[१०] हरित्याः[११] पाञ्चाला[१२] जारमाण्यो[१३] वार्षगाणिः[१४] सौविश्रवसो[१५] वैशंपायनाः खैरकिः कालशय[१६]

---

१ Thus M G T; ०लक्ष्मणः Bu, धूमलयायनय Be U, धूमलक्षाणयः Pm Pn Sk, धूमलक्षायणाः Rm.

२ Thus T only, गौरिवायना M G and all the nibandhas; गौरिवायायन Be U.

३ This and the next seven (?) names in M G T Bu only.

४ Also in the Kātyāyana Laugākṣi texts.

५ औक्थ्यायना M.

६ Thus M G only; T om. this and the following names up to भालन्दनाः, Bu: बोदरबाः लेलाः।

७ ०स्याः Be U and the nibandhas.

८ ? Thus Be U and the nibandhas; पानवा M G, पानसाः Bu.

९ Thus Sk only; दाचायणायो Be U, दाचयाणयो Pm, दाचमाणयो M G Bu Pn Rm.

१० Thus Be U Pn Rm Pm; शंख० Sk; सांख्यमित्रेयो M G T, सांख्याः मित्रेयाः Bu.

११ Thus Be U and the nibandhas; हरित्वाः M T Bu, हरिण्याः G.

१२ In M G T Bu only.

१३ Conjecturally (cp. gaṇa *gargādi*); जारमाच्यो T, जारमात्स्यो Be U Pm, जारमत्स्या Pn, जाः मात्स्याः Sk, जामात्स्याः Rm, जामराण्यो M, राजमाण्यो, वारकाणाः Bu.

१४ ? Thus M G T, रमाणि Be U Pm, रमाणयो Pn, रमणयः Sk Rm.

१५ Thus M G T, सौरि० Bu; सावित्र० Be U and the nibandhas.

१६ ? Thus M G T, जालशयः Bu; कामलाद Be U, Pn Sk Rm काशल्काय Pm.

औक्षायणिर्मार्जायना:[१,२] कांसायना[३] दैवो होता[४] प्रुचय: खरेभा आयस्थूणा भागुरय: पाथिकार्या[५] गौमायना[६] हिरण्यपापा[७] आग्निदेविस्तथासूर्या[८,९] मुसला[१०] आविश्रेष्ठा उत्तरतोगच्छमाना[११] मन्त्रिता[१२] वैकर्णय[१३] स्थूलबिन्दव[१४] इत्येते

---

१ ? Thus M G, औक्षायनि॰ T, औक्षायणि: Bu; उल्कायनि॰ Be U, उक्षायनि Pn, उल्कायनयो the other nibandhas.

२ ? Thus M G T, Bu; मार्जालायना: Be U. मार्जला॰ the nibandhas.

३ ? Thus M G T, कांसलायना Be U Pm, कासकायना Rm Pn Sk.

४ ? Thus Pm; दैवो होतु: M G T, दैवहोतु: Bu, देवोहोता Be U, देवा होतार: the other nibandhas.

५ Thus (and cp. gaṇa *kurvādi*) M G T, पथिकय Pm, पाथिकयो Be U, पाथिकया Rm Sk Pn.

६ Thus corrected (cp. gaṇa *aśvādi*); गोमायना Be U and the nibandhas (some गोमयना); गोमयाला G, गोमयता M, गोमया: T, होमयाना: Bu.

७ ? Thus M G Bu (T om. this and the following); हिरण्यवाया: Sk Rm Pm, हिरण्यवः Pn, हिरण्यपा Be U.

८ Conjecturally; अग्निदेवि॰ or ॰वी॰ the MSS. and Pm, आग्नयो देवयो the other nibandhas.

९ ? ॰थासूर्या M G Bu, ॰थासौर्वा Be U, ॰थासौया Pm; सौर्या (without तथा) the other nibandhas.

१० cp. gaṇa *gargādi*.

११ Doubtful. I have accepted the reading of M G; उत्तरतोगर्भमाना: Bu, उत्तरतोगंधेषूद्ला Be U, उत्तरतोगंधेसुप्रतद्ला Pm, उत्तरतोगंधेषव Pn, उदली Rm Sk.

१२ Thus (cp. gaṇa *kaṇvādi*) the nibandhas; आमंत्रिता Be U, मंत्रवंत: Bu, मन्त्रवत: G M.

१३ Thus Be U and the nibandhas; वैकर्णेया: the other MSS (cp. p. 450. 4).

१४ Thus Be U and the nibandhas; स्थूल॰ M G Bu.

निध्रवाः[1] कश्यपास्तेषां[2] त्र्यार्षेयः प्रवरो भवति । काश्यपावत्सार नैध्रुवेति होता । निध्रुववदवत्सारवत्कश्यपवदित्यध्वर्युः । ॥ ४१ ॥

रेभाणां[3] त्र्यार्षेयः प्रवरो भवति । काश्यपावत्सार रैभेति[3] होता । रेभवदवत्सारवत्कश्यपवदित्यध्वर्युः[3] । ॥ ४२ ॥

४ शण्डिलाः कौहडाः[4] पावकाः[5] पार्थका[6] कौदमेघाः सौदानवः मावचसः कारेयाः[7] कौकुण्डेया[8] ऐषिकयो[9] महोदकयः[10] कौश्रयो[11] कामग्रयो[12] मौञ्जायना[13] आणवत्साः[14]

---

१ Thus Be U, निध्रुव॰ the other MSS.

२ काश्य॰ all but Pm.

३ Thus Be U Pm only; with फ instead of भ the others.

४ कौहळाः M, कौहलाः Be U, कोहळाः (or लाः) the others.

५ Thus G M T Pn ; पाचकाः Pm, पायकाः Be U Pn, पापकाः Sk.

६ Thus M T Bu, पर्यका G, पार्थिका Be U, वार्थिका Pm, वापिका Pn Rm, तपिका Sk.

७ Thus Be U and the nibandhas; कारेयुः M G T; Bu om.

८ Thus T G Bu, कौण्डेयाः M, कौकंटकयः Pm, कौकंट्यः Be U Rm Pn Sk.

९ ? Thus M G, ऐषिकय T, दैषीकय Bu, तैत्तिमाद्दकयो Pm Pn, तैत्तिमाद्दयो Sk, तैत्तिमाद्दवयः Rm, तैत्तिमाद्दसकयो Be U.

१० Thus Be U M and the nibandhas; महोकयः T महोदयाः Bu, महोदका· G, but M G Bu ins. before this name one more : महोकयो or महाकायो ।

११ Thus M T, कौरेयो G, कौश्रेयः Bu; कौसयो or कौमयो Be U and the nibandhas.

१२ In M G T only.

१३ मौजा॰ Be U Sk Pm, माजयनाः Rm.

१४ ? Thus M G T. राण॰ Bu; आणवंश्याः Be U, आणवंशाः Pm, भाणवेश्याः Sk Pn, भागावंशः Rm.

खार्वमायना[1] गाङ्गायना वात्सभालयो[2] गोभिला[3] वैदायना[4] वात्स्यायना[5] वाद्यायनयो[6] बह्वदरयो[7] भागुरिः[8] गार्दभीमुखा[9] हिरण्यबाहवस्तैदेहा[10] गोमूत्रा वार्कखण्डा[11] जानन्तरिर्जालन्ध-रिर्धन्वन्तरित्येते[12,13] शाण्डिलास्तेषां त्र्यार्षेयः प्रवरो भवति। काश्यपावत्सार शाण्डिलेति होता काश्यपावत्सार देवलेति ५

---

१ ? खर्वमानया Be U, खार्वभायना Rm Pn, खार्वयानय Pm, खावंग्रायना Sk, खार्दमायना M G T, खाद० Bu.

२ ? वात्सतालयो Be U, ०भालयो the nibandhas, वत्सलभालयो M G, वात्सगालयो Bu, वत्सलाभालेयो T.

३ Thus (as Kāty.. Mān.) Be U and the nibandhas; गोवि (or वि)दा the others.

४ वेदा० Be U and the nibandhas; वेला० M G Bu, वैला० T (वेदायनाः Kāty., Mān, वैदानव Laug.).

५ Thus Be U and the nibandhas; वाध्यायना G, वाचानयाः Bu; T M om.

६ Found in M T G only (वा० G).

७ ? Thus Be U and the nibandhas; मद्योदकयो the other four MSS.

८ Plural Be U, singul. the other four and Pm

९ Emended hesitatingly in accordance with Mān. Laug. and Kāty (Verz. d. Berl. HSS. I. p. 58, l. 12 from bottom); खार्दभि-मुखा M T, खार्दमाभिमुखा G, खादाभिमुखाः Bu, खादंतोमुखा Be U and the nibandhas.

१० Instead of तैदेहा Be U and the nibandhas तेदेहा or नैदेहा।

११ ? Hesitatingly emended (cp. Gobh. gṛhs. III. 10. 8 and इकखण्ड of Laug.); वाक्यषण्डा M G T, वाच्यषण्डाः Bu, वाक्यमठा Be U and the nibandhas.

१२ ? Thus M G T; जानरि Bu, जानंधरि Pm, जानंधरयो Pn Rm Sk, जलंधरि Be U.

१३ Thus Be U Pm Pn, जाल्लन्तरि the other four.

वा काश्यपावत्सारासितेति वा शाण्डिलासित देवलेति वा शाण्डिलवद्वत्सारवत्कश्यपवदित्यध्वर्युर्देवलवद्वत्सारवत्कश्यपवदिति वासितवद्वत्सारवत्कश्यपवदिति वा देवलवद्वत्सारवत्कशाण्डिलवदिति वा ॥ ४३ ॥

सौकाचयो[1] दार्भायणा मैत्रवादिर्वैदेहाः[2,3] कालेयाः[4] कापुटिस्तथा कलयः[5] कांसपाचयश्च[6] भालकायनिर्नित्यरसौविरोदकिः[7,8] कौनामिः[9] सौतयः[10] सैतकिः[11] सांभरिरा-

---

१ Thus (cp. gaṇa *kārtakaujapādi*) M G T Bu, लौगाचयो Be U and the nibandhas.

२ ? Thus Be U and the nibandhas; मैत्रबाऊ० the other MSS.

३ ? Thus M G T, वैभवः Bu, वेहला Be U; all the nib. are corrupt. After the same M adds: वाद्दिष्टैः, G, वासिष्ठः T, वाद्दिचैष्टः ।

४ Thus (काळेयाः) G Rm Sk Pn; कालेयुः M T, काळयः Bu, कलेपि Be U.

५ Wholly doubtful; तथाकलयः Be U Pm, without तथा the other nibandhas; तथाचयश्च M G T, तयाचयः Bu.

६ ? Thus M G T, कांसपायः Bu, कासयः पाचश्च Be U, कसपाचश्च Pm; कंसपाचा Rm Sk, कासपाचा Pn.

७ ? Thus Be U and Pm; फाल्गुका० M G, फाल्लका० T, भालुकाः Bu.

८ Utterly doubtful. Be U read as given in the text; ०यनिः समस्ताविद्रोलकिः M T, ०दालकिः G; ०यनित्यरसंविरोधकि Pm, नित्याराताद्यः चोदकयः Sk, नित्यरात्ता च चोदकयः Pn. Probably the last name is चौदकिः (cp. gaṇa *bāhvādi*).

९ Thus (cp. gaṇa *bāhvādi*) M Pm, कौनामिकः G, कौनाभिः Be U, कौनामयः Sk Bm Pn.

१० Thus Be U Pn Rm, सौलय Pm, सौनमयः Sk, सैतयः M, सेतयः T; G om.

११ Partially emended with hesitation; सैतकिः सांभरिरानिष्टिष्टैषिकिः M T G (the last only ०ष्टैर्षिकिः), सौतकिष्टिरभोमिष्टिष्टैषिकः Be U, सौतिकिष्टिभेरोनिष्टिष्टैविकि Pm, सौतिकपौष्ठिमेरराः निष्ठयः ऐषिकयः Sk.

निष्ठिरेषिकिः[1] मौसुकिश्चैरन्द्रिः[2,3] पण्डुभिश्चोलपला[4] यौथकालकिर्लोकाचयो[4,5] यौथपालाजपाला[6] इत्येते लोकाचयो ऽर्वसिष्ठा नक्तं कश्यपास्तेषां त्र्यार्षेयः प्रवरो भवति। काश्यपावत्सार वासिष्ठेति होता काश्यपावत्साराऽसितेति वा[7]। वसिष्ठवद्वत्सारवत्कश्यपवदित्यध्वर्युरसितवद्वत्सारवत्कश्यपवदिति[7] वैतेषामेवाविवाहः। ॥ ४४ ॥ सप्तमः ॥

---

१ Partially emended with hesitation; सैतकिः सांभरिराणिष्ठिरैषिकिः M T G (the last only ॰ष्टिर्विकिः), सौत्किष्ठिरभोनिष्ठिरैषिकः Be, U सौतिकिष्ठिभेरोनिष्ठिरैषिकि Pm, सौतिकपौष्ठिमेराः निष्ठयः रेषिकयः Sk.

२ Thus Be U Pm, सौसुखियः Rm, सौसुसिकयः Sk, सौसुकिन॰ Pm, सौधरि॰ M, सौभरि॰ G T.

३ ? Thus Be U, चैरंभयः Sk Rm, चैरिप्रय॰ Pn, चैरिद्रः M, चैरिचः G, चैरिद्यः T, चरंडि Pm.

४ I have accepted the reading of G, which is, however, highly doubtful; पण्डुभियोलपलाययौथकालकिको M, and thus also T (only चोपलाय instead of चोलपंलाय); चौथ्यपायोथ्यकालकपिलौ Be U, चौपपायोकालकयो Sk, वोषपयः कालकयः Rm, चौथ्यपायोधकालकैकलौ Pm.

५ लोकाचयो M G T and with क here also Be U (लौकाचयो), लोगाचयो Pm.

६ Thus again G M, यौधापाया T, वाजपालयः Bu, वाचयाजया Be U Pm.

७ Instead of असित and असितवत् Be U: काश्यप and कश्यपवत्, rightly?

वसिष्ठानेकार्षेयान्व्याख्यास्यामो[१] । वैकर्णिवीराटकिः[२,३] साखला[४] गौरिश्रवसा[५] आश्वलायनाः कापिष्ठाः[६] शौचिवृचा वैयाघ्रपद्या[७] वाह्यकायनिर्वाटव्या[८,९] जातूकर्ण्य[१०] औडुलोमिः[११] कौभोजिः कौलायनाः सुन्दरहरिताः[१२] काण्ठेविद्धिः[१३] सौयव-

---

१ वासिष्ठा० MSS. exc. Be U.

२ ? Thus M T Bu, वैतरकि० Be U, वैतलकि० Pm, वैतालकवयो (cp. वैतालकि of the Viṣṇupurāṇa ?) G Rm Pn Sk.

३ Thus (cp. gaṇa *gahādi*) M T, वाटालकिः Bu, वाडारकिः Be U, वाहरकि Pm, रकयः G Rm Pn, करकवयः Sk.

४ ? Thus Be U Pn, साखल्याः Sk, सरवला Rm, साश्वला M G, साश्ववाः Bu, सावला T.

५ Thus the nibandhas, ०वस the MSS.

६ Thus the MSS. and Pm, कपिष्ठ(or ष्ट)लाः the other nibandhas.

७ Thus emended; व्याघ्रपदा Be U, ०पादो Pm, ०पादाः Pn Rm Sk, व्याघ्रपादयो M G T Bu.

८ बा० all (cp. gaṇa *tikādi*).

९ ? Thus M G T. Instead of this single name all the other sources present two: औपवना औपवगा Be U (and precisely so Laugākṣi), गायनैर्नापत्या Pm, गायनयो नवाव्याः Sk Rm, गायनयोनायाव्या Pn.

१० Thus Pn, ०तुकर्ण M T G Bu, ०तुकर्ण्ण Be U and the nibandhas.

११ Thus (cp. Pāṇ. IV. 1. 85, Vārtt. 8, Schol.) G T Bu (only ०मः), औलोमिः M ; the other MSS. and all the nibandhas corrupt.

१२ Thus Be U, सुंदरहरितः Pm, सुदरहरितः M G T Bu, सुंदाहारितः Pn, सुवाहरिताः Sk, सुवाहाहरीताः Rm.

१३ Thus (as also Mān., Kāty.) corrected ; कांडेरुद्धिः Be U Pm, काण्ठेविद्धिः T G M.

सायना[1] आलम्भायना लौमायन्याः[2] खस्त्याः कार्षिताः[3] पार्णकायनास्त्रौडकायनाः[4,5] पार्णवल्का[6] देवना[7] गौरव्याः[8] आविष्ठायना[9] वाहकयय[10] आविचितयो[11] ऽश्वयाजयाः[12] पूति॰ माषाः सप्तवेला[13] वासिष्ठा[14] इत्येते वसिष्ठास्तेषामेकार्षेयः प्रवरो भवति वासिष्ठेति होता वसिष्ठवदित्यध्वर्युः ॥४५॥ ५

---

१ Thus G, सौपवसायना Pm, सौपवत्सायनाः Rm Sk, सोयवत्सायना Pn, सौध॰ T, (॰इद्धि)सपवत्सायना Be U.

२ Hesitatingly emended (cp. gaṇa *kuñjādi*), लमन्याः Be U Pm Bu, लोमइन्याः M T G, लोमायत्याः Sk, Pn, लोमायनाः Rm.

३ ? Thus (or कर्षिताः) Be U and the nibandhas; पारिरचिताः G, कारिरिष्यचिताः M, कारीषयः चिताः T, कारषतयः Bu.

४ पर्ण॰ Be U Pm, पार्ष्णिका॰ the other nibandhas.

५ In M G T Bu only.

६ Thus the nibandhas; पारीणवल्को M G Bu, परिणवल्को T, पर्ण-वल्को Be U, पार्णवल्को Pm.

७, ८ ? Thus the nibandhas; देवरगौरव्याः Be U, देवाकोदिव्या M G, देवाकोदीप्याः T, देवतकालव्याः Bu.

९ Thus (as also Kāty.) M G T Bu; यविश्वावना Pm, अश्वविश्वा-यना Be U, विश्वायनाः Sk Pn. After this name M G T Bu have again मुद्गरित।

१० Only in Be U G and the nibandhas (वाहकाया G).

११ Thus M T G, आधि॰ Bu, अवकितयो the others.

१२ ? श्वयाजयाः Be U, श्वपादयः M G T, आश्वपादयः Bu, वश्वया (or पा)-जया the nibandhas.

१३ Thus M G T, सप्तवेळकः Bu, सप्तेवेलो Pm, सप्तवलो Pn, सत्यवेलाः Be U, समवेषाः Sk, समवेलाः Rm.

१४ Thus M G T Bu (the last वसि॰) and Pn, missing in the other nibandhas; प्रशिक्षा Be U, इतिखादा Pm.

कुण्डिना लोहायना[1] गुग्गुलिरौपवस्तिर्वैकर्णयो[2-4] ऽश्मरथा[5] बाह्वः[6] क्रौञ्चोक्याः[7] सामङ्गलिनः[8] कापटवः[9] पैठका[10] नवग्रामा[11] हिरण्याचायणाः[12] पैप्पलादयो भाक्षिर्माध्यंदिनाः[13,14] शाग्मिः सौपतिथिरित्येते[15] कुण्डिनास्तेषां त्र्यार्षेयः

---

१ लौहितायना G only.

२ Thus T, गुग्गुलुः Bu, गुग्गुला G, गुग्गुलयो Be U and the nibandhas exc. Pm, which, reading युगलि, points to the sing.

३ Thus hesitatingly emended after the Mānava text; श्रौपश्वथि० M G, ०रौपश्वथि० T, ०श्वत्य० Be U Rm, श्वय्य० Pm, श्वग्गा Pn.

४ Thus (and cp. Schol. on Pāṇ. IV. 1. 124 : वैकर्णेयः काश्यपयेत् । वैकर्णिरन्यः) Be U Pn, नैकर्णय Rm.; Sk Pm om. The names following after this name I am unable to restore; in Be U we read one only : श्राविख्ना (or ख)द्य (श्रविखलद्यो Pm), in M G : भिन्दव श्रावला (or ला)बदरौ, in T(८~) द्रुदभिंदव श्रावळबदरौ, in Bu : भिन्दवः बिल्वबदरः, in Rm : श्रौपवस्ता, in Pn ; श्रौयस्संस्ता ।

५ ०रथा Be U and the nibandhas, ०रथ the other MSS.

६ Thus M G T Bu and all the nibandhas, बाह्वयः Be U.

७ ? Thus Be U, कौञ्चोक्य Pm, क्रौंकोख्याः the other nibandhas; कौञ्चोकाः M G, कौक्योकाः T, कौचोढाः Bu.

८ ? Thus M G T Bu, सालिंगनाः Be U, सांगलिनः Pm, सांगतिनः the other nibandhas.

९ Thus Be U M and the nibandhas; कापटः Bu, कापंटवः G T.

१० Thus (cp. gaṇa *śivādi*) G Be U, पै० the nibandhas, पठसो T, पैठया M, पैठः Bu.

११ ०ग्राम्या M T G.

१२ Thus (r. है० ?) Be U and all the nibandhas, हिरण्याक्षिः M G, हिरण्याचाः T, ०चः Bu.

१३ ? Thus M G T Bu, भाज्यक्षि० Be U Pm.

१४ ०निः M G T, ०नः Bu, ०न Be U Pm, ०नाः the other nibandhas.

१५ ? Thus M G T, सौपथियः Bu, सौमपक्षि० Be U, सोपति० pm, सौमप(or य)श्वः the other nibandhas.

प्रवरो भवति । वासिष्ठ मैत्रावरुण कौण्डिन्येति होता । कुण्डिनवन्मित्रावरुणवद्वसिष्ठवदित्यध्वर्युः । ॥ ४६ ॥

उपमन्यव औपगवा[1] माण्डलेखयः[2] कापिञ्जला[3] जाला-गतास्तपोलोकास्त्रैवर्णाश्चैव[4,5] पार्णागारिः[6] सुराचराः[7] शैला-लयो[8] महाकर्णायना[9] वालशिखा[10] औद्गाहमानयो[11] बाला-यना[12] भागुरित्यायना[13] कुण्डोदरायणा[14] लाक्ष्मणेयाः[15]

---

१ Thus Be U T Bu (औगवाः) Pm, औदलयो G and the other nibandhas; in M the Upamanyus are omitted.

२ Thus Be U G and the nibandhas; ०रेखयः T, ०नेखयः Bu.

३ Thus (cp. gaṇa *śivādi*) MSS. and nibandhas (कपि० Be U).

४ ? Thus Be U and the nibandhas; जालायदा G, जालाजाः Bu, पाद्दा-T.

५ Thus Be U and the nibandhas exc. Pm (जयो०), अलोका० G (instead of तपोलोका०), तलहका० T, गृहपतिः लाकाः Bu.

६ ? पर्णागारिः T, पाद्मागारिः Bu, पर्णगानि G, यास्तगिरयः Be U, ०पाद्मागिरि Pm, पार्णगिरयः Rm Pn, पर्णगिरयः Sk.

७ Thus T G Bu; साराचरा Be U Pm, सारावा Pn, सादाचराः Sk Rm.

८ Thus Bu, मौलालयो Be U Rm Pn, मो० Pm, शौला० Sk, जाला-लयो T G.

९ Thus the MSS. and Pm, ०काखायना the other nibandhas.

१० वाल० Be U Pm, बाल० the other MSS. and nibandhas.

११ Thus (cp. gaṇa *pailādi*) T, औद्गाहमाना Pn, औद्गहनायनाः Sk, औदा० or औद्दा० the others.

१२ Thus T G Bu, वला० or बला० the others.

१३ Thus G T (with ०त्या०), Be U (with ०क्षा०), Pm (with ०स्था०) भागवित्तायना Sk Pn Rm.

१४ कुंडिनो० Be U.

१५ cp. gaṇa *śubhrādi* (लक्ष्मणश्यामयोर्वासिष्ठे)।

काचाग्नयो[१] वार्काश्वकय[२] आनूचरायणा[३] आलवबा:[४] कपिकेशा:[५] इत्येत उपमन्यवस्तेषां त्र्यार्षेयः प्रवरो भवति। वासिष्ठेन्द्रप्रमदाभरद्वस्वेति[६] होताभरद्वसुवदिन्द्रप्रमदवद्वसिष्ठवदित्यध्वर्युः। ॥ ४७ ॥

पराशराः। काण्डूशया[७] वाजयो[८] वाजन्तयो[९] वैमतायनाः[१०]।

गोपालिरेषां पञ्चम एते कृष्णाः पराशराः ॥

प्रारोहयो[११] वैकलयः[१२] स्राचयः[१३] कौमुदादयः[१४]।

हार्यश्विरेषां[१५] पञ्चम एते गौराः पराशराः ॥

---

१ ? ? Thus G; काचान्तकयः Bu, काचाग्धो T, कपभय Be U, कावाधयो Pm, वाह्यकेया (or ॰यो) the other nibandhas.

२ Thus G; वार्ध॰ T, वक्राः चक्रयः Bu, वार्काश्वय Be U.

३ ? Thus Be U, अन्टचरभः Bu, अन्टचरा G, अन्टकाभा T.

४ ? आरबवाः G, आरबचाः T, आरश्वभाः Bu, आलवचाः Be U Rm Pn.

५ कापि॰ T.

६ Thus Bu, ॰भरद्वसव्येति Be U T G.

७ Thus G Rm (also Laugākṣi); कंडुशया Be U Pn, कद्दंशयो M, कद्दशयो T, कद्ववंशयः Bu, कांडशया Sk, कदुशयो Pm.

८ Thus M G T Bu, वाजिमंतयो Be U and the nibandhas.

९ Thus (cp. gaṇa *arīhaṇādi*) Pm; वैमतायनिर् M T, वैमन्तायनिर् G, वैमनाथना Be U, भैमतायनाः Sk Rm.

१० गोवा॰ Be U and the nibandhas, cp. also Matsyapurāṇa 201. 33 sqq. To obtain a śloka we should read: कण्डूशया वाजन्तयो वाजयो वैमतायनाः।

११ प्ररो॰ Be U Pm.

१२ Thus the nibandhas; वैकलयाः Be U, वैतलेयः M G T Bu.

१३ स्रचयः Be U.

१४ Thus also the Mānava text; कौमुडा॰ Be U.

१५ Thus Pm and, in the plural, the other nibandhas; ॰श्वि॰ Be U, ॰श्री॰ M G T Bu.

खल्वायनयो:[१] गोपय:[२] कात्कय:[३] श्यातयातय:[४] ।
वारुणिरेषां पञ्चम एते ऽरुणाः पराशराः ॥
भालुक्या बादरिश्चैव[५] काङ्कायनाः[६] कौकुशालयः[७] ।
चैमितिरेषां[८] पञ्चम एते नीलाः पराशराः ॥
कृष्णाजिनाः कापिष्ठुभ्राः[९] श्यामायनयः[१०] श्वेतयूपयः[११] ।
पौष्करसादिरेषां[१२] पञ्चम एते श्वेताः पराशराः ॥

---

१ Thus (r. खाल्या° ?) T M G, खल्यायनः Bu, कल्पायनयो Be U Pm; खाङ्गायन the Mānava text.

२ Thus T Pn Rm, गोप्रायः Pm, गोपेयाः Sk, गोपवयः G M Bu, गोपनयः Be U.

३ ? Thus Bu; कात्कधः G, कल्कपः M, काङ्कयः T; Be U and the nibandhas omit this name; कार्कयः the Mānava text.

४ ? Thus M Bu, श्यामया° G, स्यातया° T; शातयो Be U, स्यात (or न) यो Sk Rm Pm, स्यातयो Pn.

५ वाजरि° Be U and the nibandhas.

६ Doubtful; thus Be U M G, काम्ह्रायना Pm, काङ्क्षायनाः Rm, काण्वयनाः T, काण्वायाः Bu.

७ Equally doubtful; thus reads G, कौकुशलयः Bu, केकोकुशालयः T, केकोककुशालयः M; क्रौंकुलयः Be U, क्रौकुलयः Pm क्रौकुलेय Rm, (Kāty : कोकुवाद्या, Laug.: कौकचाद्यः)।

८ Thus M G, सैमिति° T, चौमिति° Bu, कौमिति Be U, क्रैमथि° Pm, क्रौमतय Pn, क्रैमतयः Sk, कौमतयः Rm.

९ ? Thus M G, कार्पाः ष्ठुभ्राः Bu, कापिसत्रुः T; पपिसुखाः Be U, का- (or क)पिसुखाः the nibandhas.

१० ? Thus Bu; खाख्यापनयः Be U Pm, श्यामानतय M, शामाताया T, श्यामाः G, खाप्यायनयः Rm Sk.

११ श्वेतपूरयः Be U only.

१२ पौष्कल° M T.

वाश्मायनयो[1] वार्ष्णीया[2] श्यामेयाः[3] श्रौतिभिः[4] सह ।
पौडिरेषां पञ्चम एते श्यामाः पराशराः ॥

कृष्णा[5] गौरा अरुणा नीलाः श्वेताः श्यामा ये पराशरास्तेषां[5] त्र्यार्षेयः प्रवरो भवति ' वासिष्ठ शाक्त्य पाराशर्येति होता ' पराशरवच्छक्तिवद्वसिष्ठवदित्यध्वर्युः ' ॥ ४८ ॥ अष्टमः ॥

अगस्तीन्व्याख्यास्यामो ' ऽगस्तयो[6] विशालाद्या[6] स्कालायना[7] औपदहनयः[8] कल्माषदण्डिर्धावर्णिर्लावर्णिर्लव्याबुंदो[9-12]

---

१ Uncertain ; वाश्मानयो M G, पाश्मायनयो T, मा (भा)र्गायनयो Be U गार्ग्यायनवो Pm. गार्ग्यादयः the other nibandhas.

२ Thus M G T, तार्ष्णेयाः Rm, नार्षेयाः Sk, वार्षयः Be U Pm.

३ Thus (cp. note 15 on p. 460) Be U Pn, श्यातम्येयाः M G शतंमेया T.

४ ? श्रौतुभि Be U, श्रौबिभिः M, श्रौबिभिः G, पौथिभिः T श्रौतुन्दयः (or ०न्दवः) Pn Sk Rm (Pm om.).

५ Thus Be U and Bu (the last, however, omits, as do also M G T, ये); in M G T this enumeration (कृष्णाः..पराशराः) is given at the end of the adhyāya, after the kaṇḍikā and adhyāya number

६ Thus Be U and the nibandhas ; गस्त्यबोधिः शालाव्याः M G T, बधिशालाः टां Bu.

७ ? Thus Be U Pm Pn. (r. perhaps स्कान्दायना), स्काला० Rm, फाला० Sk, कालायना M G, कालयना T, किलायनाः Bu.

८ Thus Be U M G and the nibandhas ; श्रौपदनयः Bu, श्रौपनयाः T.

९ Thus MSS. and cp. the Laugākṣi text : कल्माषदण्डिना ।

१०–१२ धावर्णि० found in MG T Bu only ; for the following I have adopted the reading of G ; the last name only is uncertain ; ०लावर्णिलव्यादवधयो Be U, लावधयो (लापर्णा Pm) लव्यावरपङ्यो the nibandhas ; लावर्णिस्यात्बुदो M, लावर्णिशात्प्रदो T, लाध्याः थंबुदः Bu.

बैरिणयो[1] बुद्बुदोदरयः[2] ग्रैवपथयः[3] ग्राल्लावता[4] मौञ्जकयः[5] पाण्डुहृदा[6] हारिग्रीवयो[7] रौहिष्या[8] मौसलय[9] इत्येते ऽगस्त्य-स्तेषां त्र्यार्षेयः प्रवरो भवत्यागस्त्य दार्ढच्युतैध्मवाहेति होतैध्म-वाहवद्दृढच्युतिवदगस्तिवदित्यध्वर्युः ॥ ४९ ॥

सोमवाहानां[10] त्र्यार्षेयः प्रवरो भवत्यागस्त्य दार्ढच्युत

---

१ Thus (and cp. वैरिणि of Kāty.) G Pm, वैरणयो the other sources.

२ ? Thus M G, बुद्धोदरयः Bu, बुद्बुदोरदरयः T; बुधोदरयो Be U, बुधो० Pm, बुदो० Pn, मुखो० Rm, मुदो० Sk.

३ Thus (cp. ग्रैवपथा of Kāty.) all exc. Be U (नैकप०) and Sk (ग्रैवथयः)।

४ ? Thus M G T Bu; ग्राल्लातपा Be U Rm, ग्राल्यातपाः Pm, ग्राल्यातयाः Sk, ग्राल्याता Pn.

५ Thus M Bu; माञ्ज० G, माज० T, मेांजनकयः Be M, मौजिलताः Sk, Rm, चौपमेांजिकयः Pn, मेांजीकरा Pm.

६ ? Thus M G, ०ह्रदाः T, पन्याः हृदाः Bu, पांडोह्रता Be U, पाथोह्नता Pm, पाथोह्रता Pn, पादोह्नताः Rm.

७ Thus M G T, ०ग्रीवाः Bu Sk, ०ग्रीवा Be U Pm, ०ग्रीवी Rm Pn.

८ ? Thus M G Pn, रौहि—T, रोहिष्या Rm, रौहिक्याः Bu, रौहिष्या Be U Pm.

९ Thus (and cp. gaṇa *gargādi*) Be U M G, मौत्मलयः Bu.

१० Between k. 49 and 50 M G T Bu have one more: सांभवाहानां त्र्यार्षेयः प्रवरो भवत्यागस्त्य दा० सांभवेति होता सं (or सां)भवाहव० etc. Moreover in M G T the sequence is: *Sāṃbhavāha*, *Yajñavāha*, *Somavāha*. It is highly probable that these Sāṃbhavāhas, who are neither mentioned in Pm, have originated ditto

सौमवाहेति[१] होता । सोमवाहवद्दृढच्युतिवदगस्तिवदित्यध्वर्युः । ॥ ५० ॥

यज्ञवाहानां त्र्यार्षेयः प्रवरो भवत्यागस्त्य दार्ढच्युत याज्ञवाहेति[२] होता । यज्ञवाहवद्दृढच्युतिवदगस्तिवदित्यध्वर्युः । ॥ ५१ ॥ नवमः ॥

क्षत्रियाणां त्र्यार्षेयः प्रवरो भवति । मानवैड[३] पौरूरवसेति होता । पुरूरवोवदिडावन्मनुवदित्यध्वर्युः[४] । ॥ ५२ ॥

वैश्यानां त्र्यार्षेयः प्रवरो भवति । भालन्दन[५] वात्सप्र[६] माङ्क्लिलेति होता । मङ्क्लिलवद्वत्सप्रवद्भलन्दनवदित्यध्वर्युः[५,६] । ॥ ५३ ॥

नाराशंसान्व्याख्यास्याम[७] । आत्रेयवाध्र्यश्ववाधूलवसिष्ठकण्वशुनकसंकृतियस्कराजन्यवैश्या[८] इत्येते नाराशंसाः प्रकी-

---

graphically in the Somavāhas, as there must be 49 gotras, the last of which is that of the Yajñavāhas, cp. Pm. fol. 59. *a* : वत्सादीनां यज्ञवाहान्तानामेकोनपञ्चाशद्ध्याय० etc.

१ Thus Pn only, सोम० all the MSS.

२ Thus T Pn only, यज्ञ० the other MSS.

३ ०वैल Be U with ळ the others.

४ इला० Be U, इळा the others.

५ Thus Be U, फालन्दन and फलन्दनवत् M G T.

६ Thus Be U, वात्सप्रमद and वत्सप्रमदवत् M G T.

७ See Baudh. X. 11 : 10. 11 (T S. IV. 1. 8).

८ Instead of ०संकृतियस्क० Be U read ग्रांडस्क० and Pm वंधुल० ;

र्तितास्तंनूनपादितरेषां[१]। चत्रियवैश्यानां[२] पुरोहितप्रवरो[३] भवतीति विज्ञायते। मनुवदिति वा सर्वेषां गोत्राणां[४]। मानव्यो हि प्रजा इति विज्ञायते[४]। सगोत्रां गत्वा चान्द्रायणं चरेद्व्रते[५] परिनिष्ठिते ब्राह्मणीं न त्यजेन्मातृवद्भगिनीवद्गर्भो[६] न दुष्यति[७] कश्यप[७] इति विज्ञायते। ऽथ[८] संनिपाते[९] विवाह

१ Thus Be U Pm; ॰तास्तानूनापातीनन्येषां गोत्राणाम् M G T, probably after Baudh. X. 11, but an accus. would here be unaccountable.

२ Thus Be U Pm, उभयेषाम् M G T.

३ M G T ins. (probably after Āśv. XII. 15. 4) राज्ञो।

४..४ Om. M G T, found in Be U and Pm (fol. 57. *b*), cp. T S. V. 1. 5. 6.

५ उपदिशेत् (instead of चरेत्) M G T; कुर्यात् Pm (thus also Govindasvāmin on Baudh. dhś. II. 1. 38.

६ त्यजन्ते (instead of त्यजेत्) M G T.—मातृवद्भगिनीवत्। बिभृयादिति शेषः Govindasvāmin l.c.

७ Uncertain; thus read Be U Pm and Govindasvāmin l.c.; दुष्यत इति काश्यप M G T; perhaps, though, काश्यप in the better reading, cp. Schol. on Kāty. śrs. IV. 1. 2 and Pm fol. 59. *a* : स गर्भः सगोत्रायामुत्पन्नो ऽपि तदन्यगोत्रो ऽपि सन् काश्यपो भवतीति विज्ञायते।

८ This sentence (up to विज्ञायते p. 467. 2.) is not given by Be U, neither is it found in the quotation of the last kaṇḍikā given by Pm, but nevertheless in the discussion of this k., it is mentioned and commented upon by the author of the Pm; the text given above is that of Pm.

९ Thus Pm, सन्नि॰ the three MSS.

सादध्यायं[1] वर्जयेद्बौधायनस्य तत्प्रमाणꣳ हि कर्तव्यं । मानव्यो हि प्रजा इति च विज्ञायते ।

गोत्राणां तु सहस्राणि प्रयुतान्यर्बुदानि च ।
ऊनपञ्चाशदेवैषां प्रवरा ऋषिदर्शनात् ॥
विश्वामित्रो जमदग्निर्भरद्वाजोऽथ गौतमः ।
अत्रिर्वसिष्ठः कश्यप इत्येते सप्त ऋषयः ॥

तेषाꣳ[2] सप्तर्षीणामगस्त्याष्टमानां[2] यदपत्यं तद्गोत्रमित्युच्यते । स[3] भवत्ययाजनीयो यः प्रवरान्स्वान्पराꣳश्च[3] विजानाति[4] । मन्त्रो ब्राह्मणं वेद इत्याचक्षते । तस्मात्प्रवरज्ञाने यत्नो[5] महान्द्विजैः कार्यः । श्राद्धविवाह ऋत्विजो[6] देवा[7] स्तोत्रं[8] गोत्रमूलानि च[9] महाप्रवरे[10] संतिष्ठते[11] । नित्यं पर्वणि-

---

१ विवाहंतदध्यायैः Pm ; M reads : सान्निपात्याय वा वैवाह्याय वर्जये० ; the whole passage is obscure to me.

२ Thus Be U; instead of तेषां सप्तर्षीणां T and Pm : सप्तानां सप्तर्षीणां, M G om. these two words.

३ Thus M G T Pm. In Be U this passage runs : भवत्ययाजनीयो यः प्रवरान्स्वान्न ।

४ विजा० Be U Pm, जानाति M G T.

५ यत्नस्तु M G T ; read ०विज्ञाने, to obtain a śloka ?

६ Thus M T G, इज्यो Pm, श्राद्धविवाहादिष्टिविधयो Be U.

७ Thus Be U Pm, न दैवात् M G, दैवाच्च T.

८ स्तोत्र Be U.

९ Not found in Be U Pm.

१० Thus Be U Pm, महाप्रवरेष्याः M G T.

११ Thus all, r. ०ष्ठन्ते ? But the whole passage is not clear to me. After संतिष्ठते Be U ins. य इदं विजानाति ।

पर्वणि स्वाध्यायी[१] ब्रह्मलोके महीयते ब्रह्मलोके महीयत इति[२]। ॥ ५४ ॥ दशमः ॥

॥ इति प्रवरप्रश्नः ॥

---

१ ? Thus M G T, स्वाध्याय Pm, स्वाध्याये निविष्टो Be U.

२ Be U om. इति। After इति M G T ins. इत्याह भगवान्बोधायनः। but the repetition marks the end of the praśna.

INDEXES.

I. INDEX OF PROPER NAMES.

(*a*) Names of Sāmans.

(b) NAMES OF PEOPLES AND LOCALITIES.

(c) RITUALISTIC AUTHORITIES.

(d) PROPER NAMES OF MYTHICAL, LEGENDARY AND HISTORICAL PERSONS OUTSIDE THE PRAVARA-PRAŚNA.[1]

[1] The names of the serpents XVII. 18 have been omitted.

(e) PROPER NAMES IN THE PRAVARA-PRAŚNA.[1]

---

[1] Those names only have been given, which are more or less certain; some of them, being wholly doubtful, have been omitted. To each name have been added the names of the gotra and sub-gotra, designed, for convenience's sake by the unchanged proper names; strictly spoken, I ought to have written e.g. not 'a garga,' 'a bhṛgu' but 'a gargya,' 'a bhārgava.'

शठमर्षण 434. 1. a viṣṇuvṛddha bharadvāja.

शण्डिल 453. 5, a kaśyapa ; 455. 2, son of avatsāra.

शम्भु 437. 1, a saṃkṛti bharadvāja.

शरद्वन्त् 426. 1, son of gotama.

शाङ्करव 419. 1, a vatsa bhṛgu ; 439. 4, a kapi bharadvāja.

शाङ्कायन 444. 2, a kuśika viśvāmitra.

शाङ्कमित्रेय 451. 4, a nidhruva kaśyapa.

शाङ्ख्य 435. 7, a harita bharadvāja.

शाग्नि 459. 4, a kuṇḍina vasiṣṭha.

शाम्नव्यायन 440. 2, an atri.

शाम्नुरायण 434. 1, a viṣṇuvṛddha bharadvāja.

शारद्वत 425. 5, 7, a gotama.

शारद्वतायन 419. 3, a vatsa bhṛgu ; cp. Pāṇ. IV. 1. 102.

शार्कराक्ष 416. 6, id.

शार्दूलि 430. 4, a bharadvāja.

शालङ्कायन 444. 1, a kuśika viśvāmitra.

शालाक्षि 436. 3 a bharadvāja.

शालावत 445. 2, a kuśika viśvāmitra ; 464. 1, an agasti.

शालाहलि 430. 2, a bharadvāja.

शालिमत 442. 6, a mudgala atri.

शिनि 433. 6, 7, son of bharadvāja.

शिरीषि 442. 6, a mudgala atri.

शिशुपाल 440. 4, an atri.

शुङ्ग 429. 35, a bharadvāja.

शुषि 452. 1, a nidhruva kaśyapa.

शुनक 423. 7 ; 424. 1 ; 465. 12, a bhṛgu.

शुनकवसिष्ठ 415. 5.

शैल 420. 1, a vida bhṛgu.

शैलालि (?) 438. 1, a rathītara bharadvāja ; 460. 4, an upamanyu vasiṣṭha.

शैव (?) 440. 1, an atri.

शैवगव (?) 437. 1, a saṃkṛti bharadvāja.

शैवपथि 464. 1, an agasti.

शैशिरेय 447. 5, a kata viśvamitra.

शौचिवृक्ष 457. 2, a vasiṣṭha.

शौड्रेय 441. 1, an atri.

शौदकि (?) 428. 5, a bharadvāja.

II. INDEX OF WORDS.

This index of words, which, to a certain degree at least, replaces the commentary, for an edition of which no sufficient manuscript materials were available, comprises in the first place those words, that are new in Baudhāyana or known hitherto from later texts or from the grammarians only. It contains also those words, which, it is true, are known well enough, but for which the bhāṣyas give an explanation that I thought it worth while to mention. All the references in the aupānuvākya praśna (praśna XIV) to previous parts of the Sūtra are to be found also in this index. Many words have, moreover, been registered in order to facilitate the finding of the passages referred to in other praśnas. Wherever no source is indicated, the explanation of a word or of an expression is taken from the vivaraṇa of Bhavasvāmin, which is known to me only for praśnas I—XIV (incl.), the atirātra, the ekādaśinī, the sautrāmaṇī, the aptoryāma and the dvaidha and karmānta praśnas. For the prāyaścitta praśnas the vivaraṇa of Gopāla has been consulted. *Keś.* means the prayogasāra of Keśavasvāmin; *Sāy.* the bhāṣya of Sāyaṇa on praśna I and on the corresponding dvaidha and karmānta passages; *MS.* the mahāgnisarvasva, an excellent bhāṣya on the agnipraśna (X) and on the ekādaśinī-sūtra; *Veṅk.* designs the bhāṣya of Veṅkaṭeśvara (I.O. 776. *a*) extant only for the first 21 kaṇḍikās of the first karmānta-praśna.

अ ।

अꣳशुग्रहः II. 11 : 52. 4. खण्डग्रहः ।

अꣳशुग्रहण VI. 10 : 166. 12. सोभमानार्थम् ।

अꣳसीय VI. 22 : 182. 11 ; VI. 23 : 182. 21; VI. 27 : 190. 7 ; X 23 : 21. 11 ; X. 26 : 25. 10.

अकराल II 3 : 36. 13. उन्नतदन्तरहितः Veṅk.

अकाꣳस्यकवच (?) XII. 2 : 87. 6.

अकामनियत (?) XXI. 26 : 116. 3. (see the crit. note).

अकिल्लासिन् II. 3 : 36. 13.

अकुशल XXIV. 12 : 195. 8. (see the crit. note); XXV. 4 : 231. 13.

अक्ष्ण्या XXIII. 7 : 158. 9.

अत्यायमन XXII. 1 : 117. 19. नयनम् MS.

अत्याश्रावण XX. 28 : 62. 4.

अत्रिकिणिन् II. 3 : 36. 7. त्रयः किणास्त्रिकिणाः । त्रिकिणा येषां ते त्रिकिणिनः । यथा । ज्याघातकिणः मल्लयुधनिमित्त आस्फोटकिणः । द्यूतासननिमित्तो गुल्फकिणः । हस्तिदमननिमित्तो ग्रैवेयकिणः ।

अत्सरक XXV. 13 : 243. 5.

अथर्वशिरस् XXII. 7 : 126. 13 sqq.

अदितिदेवत XXIV. 11 : 194. 7. अदितिर्देवता एषां ते अदितिदेवताः । The eighteen carus here mentioned are : 1. अग्न्याधेये, see Baudh. II. 19 : 66. 9; 2. चातुर्मास्येषु, see Baudh. V. 17 : 153. 6; 3. प्रायणीयायाम्, see Baudh. VI. 10 : 167. 4; 4. उदयनीयायाम्, see Baudh. VIII. 21 : 262. 12; 5. अग्निदीक्षायाम्, see Baudh. X. 12 : 12. 7; 6. राजसूये रत्निनीषु (thus to be read ?), see Baudh. XII. 5 : 91. 16; 7. राजसूये प्रयुजेषु, see Baudh. XII. 19 : 116. 7, 8; 8. Baudh. XII. 19 : 115. 11; 9. एक इष्टिकल्पे, see Baudh. XIII. 8 : 125. 8; 10. एको व्रात्यस्तोमे, see Baudh. XVIII. 25 : 373. 16; 11. अश्वमेधे, see Baudh. XV. 37 : 243. 7 (cp. T.S. VII. 5. 14); 12. ib. (cp. T.S. V. 5. 20); 13. ib. (cp. T.S. VI. 6. 18); 14. ib. (cp. T.S. VI. 6. 19); 15, 16. द्वौ सौत्रामण्यां कौकिल्याम्, this kind of sautrāmaṇī is not found in our texts of Baudh.; cp. Āp. XIX. 5. 5 and XIX. 10. 10; 17. आदित्याविर्वंशा गवामयने, see T.Br. I. 2. 5. 2; 18. तत्रैव ग्रहचादित्य श्रो ग्रह्यत इति (sic). ? ?.

अधस्पदम् adv. VI. 28 : 191. 7; X. 2 : 2. 17; XV. 6 : 210. 4; XXI. 15 : 96. 12.

अधःसंवेशिन् III. 13 : 83. 16; XVIII. 24 : 371. 7; XXIV. 33 : 219. 17; XXV. 29 : 263. 2.

अधिकल्प्य adj. XI. 6 : 73. 5; XII. 7 : 95. 15.

अधिकरण adj. fem. °णी IX. 1 : 265. 5, 18; X. 1 : 1. 5, 16. स्थानामधिकरणीम् । उपरिष्टादुखाक्रियायोग्याम् MS.; subst. neutr. XX. 2 : 8. 4; XXV. 3 : 230. 11; XXVI. 32 : 316. 12; XXIV. 12 : 196. 8 : त्रीण्यधिकरणान्यग्न्याज्ययाजनस्थानानि भवन्ति Veṅk.; XXIV. 2 : 186. 2 : अधिकरणानि अधिक्रियन्ते उत्पाद्यन्ते यैस्तान्यधिकरणानि साधनद्रव्याणि Viv. and Veṅk.

अधिज्य XXII. 5 : 123. 17.

अधिदेवन XIV. 17 : 182. 11, 14; XXIV. 8 : 191. 7.

अन्तर्विराज (viz. अग्न्युपस्थानम्) XXIV. 33 : 219. 13 : नयं प्रजामित्याद्यो (T. Br. I. 2. 1. 25 sq., Baudh. III. 14 : 84. 16) विराजः । तेषां भेदाः । ते मध्ये वा बहिर्वैभियतो वा । स्वयमेव विशेषयति (in the following passage) । नित्यो मम नामेति (T.S. 1. 5. 10. 1, Baudh. III. 13: 83. 13). The antarvirājam upasthānam thus consists of the upasthāna with the विराजक्रम enclosed by the नित्यः । cp. अन्तर्बहिर्विराज, बहिर्विराज ।

अन्तरेषन् part. XX. 1 : 5. 11 ; XX. 5 : 15. 2, not explained by Bhávasvāmin or Sāyaṇa.

अन्तर्हित IX. 8 : 276. 18 : अन्तर्हिते परिश्रिते, cp. IX. 13 : 284. 11.

अन्तर्हिरण्य XI. 2 : 64. 9 ; XXV. 33 : 268. 12, 13.

अन्तःशर्करम् adv. X. 20 : 18. 13 ; X. 23 : 22. 7 ; XVII. 29 : 307. 15, etc.

अन्तःशालम् adv. VI. 30 : 194. 11; XIV. 9 : 167. 15 : अन्तःशालम् प्राग्वंशे ।

अन्तःशालीक XXVI. 28 : 312. 3.

अन्तश्रित XXIII. 7 : 158. 9 : पार्श्वश्रित (sic).

अन्तस्पन्द्य XXX. 10 : 404. 5 '(a square) enclosed by the cord' (Thibaut).

अन्तस्पाद VI. 26 : 187. 15, 188. 1 : प्रादेशान्तस्पादान् प्रादेशान्तरालान् ।

अन्तःसदसम् adv. VI. 29 : 193. 12.

अन्तःस्वाहाकार (or अन्तस्वा°, thus probably better) XX. 5 : 15. 5 ; XXIII. 15 : 173. 9.

अन्त्यज (var. अन्तज) II. 3 : 36. 8 : प्रत्यन्ते जाताः । शबरपुलिन्दादिषु ।— XXIV. 13 : 198. 1 : प्रत्यन्तजातः or शूद्रां गतवान् । तस्यां (शूद्रायां) प्रसूत इत्यन्ये ।

अन्नपतीया (viz. समित्) X. 16 : 15. 14, 17 ; XXII. 3 : 120. 9 : a piece of wood put on the fire with the mantra अन्नपतेऽन्नस्य नो देहि (T.S. IV. 2. 3. *a*).

अन्यतरतोऽतिरात्र XXVI. 12 : 289. 4.

अन्यतो-मद VIII. 13 : 252. 5 ; XXI. 23 : 111. 6 : एकतो-मदमुपरिष्टात् । अथोया मोद इवेति अस्य स्थाने मदा मोद इवेति ।

अन्यसाधारण XVII 27 : 306. 5.

अन्वाधेय adj. fem. XV. 1 : 205. 2 ; XV. 5 : 208. 18 ; XXVI. 10 : 285. 12, 14.

अन्वारम्भ II. 21 : 67. 18 : अन्वारभ्येते अनेन दर्शपूर्णमासावित्यन्वारम्भः । अन्वारम्भणीयेत्यर्थः ।—XIV. 20 : 187. 3 : उक्तो ऽन्वारम्भः । याग आरभ्यते

आ ।

आयातन nom. act. to आयातयति XX. 11 : 25. 7 : XXI. 19 : 105. 3; XXI. 24 : 112. 10; XXII. 8 : 128. 1; XXII. 10 : 132. 3; XXII. 15 : 138. 6 : स्थापनम् ।

आरण्यकेतुक XIX. 10 : 431. 1; 435. 4.

आर्तिज XXIV. 16 : 200. 11 : आर्तिः संभवति आर्तिप्रयुक्तानि व्याधिपीडितपुरुषकर्तव्यानि Veṅk.

आर्तेष्टि XIII. 1 : 119. 6 : आर्तेष्टयः प्रायश्चित्तार्थाः ।

आवभृथिक XXVI. 10 : 285. 12 : अवभृथार्थः ।

आवाजग्रः XXII. 5 : 124. 14 : प्राचीं सीतां नीत्वा पुनः प्रत्यानीय प्राचीं पुनस्तथैव आवाजग्रो वर्जेगत्यर्थस्य ।

आवापज XXIV. 3 : 187. 2 : आवापजानि भेदेन कृतानि Viv.; आवापजान्यावृत्तिजन्यानि आवर्तनीयाङ्गानि । कानि चिद्दिति शेषः Veṅk.

आविद् XII. 9 : 99. 13, name of the formulas T.S. I. 8. 12. *g*.

आवेद्य XII. 2 : 87. 4, seems to be the counterpart of स्वस्थक ।

आव्य XIV. 10 : 170. 1 : आव्यम् अवर्षे देशे रक्षणीयं व्याधिः, cp. T.S. III. 2. 9. 4 and II. 2. 6. 3.

आश्वन IV. 1 : 108. 4; XXIV. 8 : 191. 8.

आश्वनज XXVI. 23 : 304. 1 : an offering with the formula वनस्पते शतवल्शः (T.S. I. 3. 5. *h*) on the आश्वनम्, cp. IV. 1 : 108. 3.

आश्रय V. 13 : 147. 4; V. 14 : 149. 1; X. 7 : 7. 11; X. 10 : 9. 13; XX. 12 : 27. 1; XXI. 2 : 71. 4.

आश्रातिक XXVII. 9 : 333. 4 (cp. Taitt. Ār. I. 8. 7) : a kind of vermin.

आश्राप्रतिगरिन् XIV. 10 : 107. 7 : आश्राप्रतिगरी न स्यादिति । पूर्वव्याख्यानः तत्कृतप्रतिगरः आक् पूर्वस्य पश्यते अजन्तः तथाकाले करणम् (sic).

आशिरोऽवनयनम् XIV. 9 : 169. 3 (T.S. III. 7. 8. *i–m*), see Baudh. VIII. 10 : 247. 11.

आशिस् XXIV. 1 : 185. 17; as an example the Viv. cites : बर्हिषोऽहं देवयज्यया प्रजावान्भूयासम् (T.S. I. 6. 4. 1).

आशीर्पद VI. 25 : 185. 15.

आशीःसंयोजन XXV. 6 : 234. 5.

आश्लक XXVI. 11 : 288. 1.

आश्लपिष्ट XV. 30 : 235. 6; XXVI. 11 : 288. 1.

आश्वाषिक (?) XXI. 7 : 80. 3.

आश्विन XXVI. 10 : 285. 3, a measure of distance.

आसक्थ, see उत्तरासक्थ ।

ई ।

उ ।

उद्यत्स्तोम XVI. 28 : 274. 1 : XXIII. 12 : 168. 10; XXVI. 20 : 300. 11.

उन्नीयमानसूक्त XXV. 22 : 254. 2.

उपकाश XV. 18 : 223. 14, cp. Āp. XV. 18. 13.

उपघात XXVI. 32 : 316. 13 : ओत्तरस्मादुपघातात्। अथास्मा एतदविकच्छिद्र-मित्यादि (XVIII. 20 : 367. 5) एतस्मादेव। तावदपवाद:। उपहन्यते प्रहृत: क्रमो येन वैकृतेन स उपघात:।

उपचारत: XI. 4 : 69. 5 : आग्नेय उपचारत:। आदावुपचारणीय: स उपचारो विशिष्यते आग्नेयमेवाध्वर्युरित्यादि; XV. 28 : 232. 4; XVII. 14 : 295. 13 : स्वार्थीकस्तसिल् (cp. Pāṇ. V. 3. 7) विहारसमीपचारी भवति दक्षिणो भवतीति यावत् Ms.

उपदोह XXIV. 29 : 214. 5 : अग्निहोत्रार्थं स्थाल्यां दुग्ध्वा पुनरित्यत्र दुग्धम्।

उपधान in सुवर्णोपधान XVII. 39 : 317. 4.

उपधानरज्जु XXVI. 5 : 278. 10; XXVI. 10 : 285. 15 : उपधानरज्जुरारम्भे वितानस्य।

उपधि I. 8 : 11. 18 : उपधि: कोणस्तेन मध्यमद्वयपूर्वार्धे क्रमश: संबन्धितेन-मित्यर्थ: Sāy.

उपनिग्रहण XXI. 12 : 90. 13.

उपनिपात्यम् absol. XXI. 20 : 206. 1 : उपनिपात्योपनिपात्य।

उपनिनयन XXI. 6 : 78. 10; XX. 26 : 60. 5; XXI. 12 : 89. 17; XXII. 4 : 123. 5; XXII. 5 : 124. 3; XXII. 16 : 140. 3.

उपनिषद् XVII. 21 : 301. 2.

उपन्युप्तसंभार XVII. 17 : 297. 6.

उपपद्य XVII. 40 : 319. 15; XVII. 41 : 321. 5, equivalent to गोदान?

उपपातक XXVIII. 1 : 344. 13.

उपमोचन XXII. 5 : 123. 14.

उपयमन adj.; fem. °नी II. 17 : 62. 2; IV. 2 : 109. 11; X. 51 : 53. 2, 14 : उपयम्यते अग्निर्याभि: (स्रुग्भि:) व्यावहित इति। पुरीषं प्रथयनेऽभि-धारणार्थम्।

उपयमनीहार XXV. 2 : 229. 1.

उपयाम subst. masc. XI. 1 : 63. 7; XI. 3 : 67. 4, 8 : उपयामान-न्तकानाम् (?).

उपरिष्टात्स्वाहाकृति XXIV. 36 : 223. 3.

उपरिष्टाल्लक्ष XXVI. 4 : 276. 5.

उपर्यर्ध III. 10 : 79. 18; VII. 6 : 208. 3; VII. 7 : 211. 18; VII. 13 : 220. 9, 10; VIII. 2 : 235. 14; XXV. 17 : 247. 13.

बध्यमाना इत्यादि (T.S. III. 1. 4. *a*, *b*) see Baudh. IV. 5 : 115. 5.

उपाकरणीय XIV. 14 : 177. 9; XIV. 15 : 179. 9; XXIII. 6 : 157. 17 : the two ṛks are again T.S. III. 1. 4. *a*. *b*.

उपाकृत masc. VI. 24 : 185. 5.

उपाध्याय्यपूर्वय XIII. 20 : 131. 5, 9; XXVI. 5 : 278. 8 : पार्श्वयो-रन्तरयोर्वा रक्तानि वा नीलानि वा सूत्राणि वस्त्रस्य तद्वस्त्रम् ।

उपाधिगमनकाल XIII. 1 : 119. 6 : ०कालाः । उत्पत्तिसमीपकालाः ।

उपोत्तरेद्युः adv. XXVI. 21 : 301. 12.

उपोहन nom. act. to उप-ऊहति XX. 6 : 17. 6; XX. 7 : 17. 14; XX. 16 : 35. 10; XXV. 31 : 264. 15.

उपासन nom. act. to उपास्यति XIV. 15 : 179. 18 : उपासने बर्हिरुपास्यति पृथिव्याः संस्पर्शः पाहीति, see Baudh. IV. 6 : 117. 16;—XXIV. 14 : 198. 14 : उत्तरतो हिरण्यशल्कमुपास्यतीति, see Baudh. II. 16 : 61. 3.

उपासनवन्त् VIII. 12 : 251. 1 : उपासनवन्तः । उपास्यत इत्युपासनं पुरोडाश-शकला वक्ष्यमाणाः सामान्येनोच्यन्ते । ते तद्वन्तः ।

उब्ज् c. प्रति IX. 5 : 272. 13 : प्रत्युब्जति कगलम् । कगलं कर्करमपि (r. बर्क० ?) कटेन घटयति Viv.; वेणुकटेनाच्छादयति । कटादिना बागाशिरं छाद-यति Keś.

उभयतःप्रउग XVII. 28 : 307. 9; XXX. 15 : 408. 1.

उभयतःशुक्र VII. 13 : 220. 14, 17; VIII. 15 : 225. 5,7; XXI. 15 : 96. 6; XXV. 17 : 247. 11.

उभयतोऽतिरात्र XXVI. 12 : 289. 3, 4.

उभयतोऽभिपतन (?) XVIII. 40 : 391. 4, 7.

उभयतो-मद (-मोद) VIII. 13 : 252. 7; VIII. 15 : 255. 14; XVII. 4 : 285. 20; XXI. 23 : 112. 6.

उभयनीत XXIII. 16 : 174. 12 : सोमवामी विरक्तस्य (r. ऽतिरिक्तस्य ?); नीत is apparently part. from न्येति ।

उभयपृष्ठ XXV. 22 : 174. 12.

उभाकाऽऽख्यवच (?) XII. 2 : 87. 3, see crit. note.

उर्वस्थि in उर्वस्थिमात्र XXIV. 25 : 210. 2 (with उ०, not ऊ० as Āp. XVI. 13. 6), see crit. note.

उवल (or ऊ० ?) II. 5 : 39. 9; 40. 5, meaning ?

उलूकी IX. 18 : 293. 6.

उलपबल्बुज XXIII. 12 : 269. 1.

उल्मुकप्रथम IV. 6 : 117. 10 : उल्मुकवन्तमाग्नीध्रमभ्यतः कृत्वा

ऊ ।

ऋ ।

ऋद्धिपुनराधेय (thus to be read) III. 3 : 71. 11 : ऋद्ध्यर्थम् । ऋध्नोतीति वाक्यशेषात् ।

ऋषभ X. 5 : 6. 2; X. 6 : 6. 8 sqq. and often in praśna X; XXII. 2 : 119. 5; XXII. 7 : 127. 3; XXX. 6 : 399. 4, a kind of iṣṭakā : ऋषभेष्टकाः उक्तप्रकारा उपरि ऋषभाकारं कृत्वा ।

ऋषिनामधेय (?) XXIV. 38 : 224. 16.

ए ।

एकगव XXVI. 32 : 317. 10.

एकचर XIV. 3 : 156. 4 : एकचरं निकृष्टे ।

एकचरु XX. 8 : 18. 13.

एकचितीक XXII. 4 : 122. 4; XXX. 7 : 400. 11.

एकत्रिक XVIII. 34 : 384. 10, 12, name of an ekāha.

एकनाराशंस XXV. 22 : 254. 1.

एकयाजिन् XIV. 4 : 158. 2 : इति न्वेकाह्नयाजिनः (thus or इतीन्न्वा एकाह्नयाजिन is to be read, cp. XIV. 26 : 198. 11) । एतदेकाहसंभवे ।

एकचितीक XVIII. 1 : 343. 7.

एकवद्भूत XVI. 1 : 245. 8.

एकविंशतिगर्भ XXVI. 16 : 295. 10.

एकवेदस् adj. XVIII. 33 : 383. 6, cp. त्रिवेदस् ।

एकसर VI. 10 : 166. 15; X. 12 : 12. 1 : एकगुण ।

एकहक IX. 18 : 292. 15 : एकहकः एकचरः शृगालः ।

एकस्फ्य adj. IV. 2 : 110. 13; X. 51 : 58. 15 (एकस्फ्या लेखा) ।

एकादशिनी XVII. 11 : 292. 1; XXX. 4 : 395. 16.

एकापस्राव XV. 2 : 206. 4

एकाष्टका XIV. 13 : 176. 5, 7; XVI. 13 : 260. 6, 8 : माघकृष्णाष्टमी ।

एकाह्नयाजिन् XIV. 26 : 198. 11, see also एकयाजिन् ।

एतत्समृद्धि adj. XXIV. 38 : 224. 15.

एतदग्नि adj. XXIII. 7 : 159. 6.

एतदनुख्य adj. XXIV. 10 : 193. 16 : एतद्व्याख्यान, cp. अनुख्या ।

एतदनुदिष्ट VI. 18 : 165. 5 : आदौ यां प्रत्यनुदिष्टा एतदेवानुदिष्टमस्याः सा एतदनुदिष्टा । स एवानुदेशः । न भूयोऽनुदेष्टव्येत्यर्थः ।

एतदवभृथ adj. XIV. 27 : 199. 16.

एतन्नामधेय adj. XXIV. 27 : 212. 5.

एरकोपबर्हणे dvandva dual, II. 8 : 45 9; III. 10 : 79. 12, 14.

ऐ ।

ऐकादशिनपशु adj. XXIII. 11 : 167. 6.

ऐकाह्निक XXII. 3 : 120. 2 : ऐकाह्निकस्त्वेवाग्निः नाहीनसत्त्रेषु Ms.

ऐन्द्राग्नपशु adj. XXIII. 11 : 166. 10.

ओ ।

ओंकारान्त XXV. 9 : 237. 6.

ओदनसव XVIII. 8 : 349. 15.

ओष्ठ XXX. 18 : 411. 4, a certain kind of iṣṭakā in the droṇacit.

औ ।

औदुम्बर XII, 13. 104. 8; XII. 14 : 106. 7 : ताम्रं ताम्रेण प्रच्छन्नं वा ।

औद्ग्रहण VI. 4 : 160. 3; X. 13 : 12. 15; XXI. 8 : 84. 9; XXIV. 33 : 220. 7, the offering with the formula T.S. I. 2. 2. c.

औपमन्यवीय XXVI. 21 : 301. 7.

औपयजिक IV. 11 : 126. 14 : उपयड्प्रयाजनो ऽग्निः ।

औपशद XVIII. 45 : 400. 10 sqq., name of an ekāha.

औपसद्य VII. 12 : 219. 8, 21; VII. 18 : 230. 13; VII. 19 : 231. 17; VII. 20 : 233. 1; VIII. 4 : 238. 13; VIII. 8 : 245. 3; VIII. 9 : 246. 1; XXV. 13 : 243. 1.

औपासन XXI. 22 : 110. 15 sqq., XXIV. 8 : 191. 12, cp. Journ. of the German Or. Soc. LVIII, 508.

औरभ्राजिन XXVI. 32 : 319. 2.

और्म्य XII. 8 : 97. 8 : ऊर्मिभ्यो गृहीताः ।

औशनस XVIII. 47 : 403. 12; XVIII. 47 : 405. 3.

क ।

कङ्कचित् XVII. 28 : 307. 1; XXX. 12 : 406. 5.

कट् XXIII. 7 : 159. 12, replaces the vaṣaṭ at certain abhicāra offerings.

कठिन XVII. 31 : 310. 9 : कटिके (sic) समानापन्नानाम् ।

कण्डूकन XVI. 24 : 270. 6 ; XXVI. 18 : 298. 2, equivalent, apparently, to उपध्वस्ता of Āp. XXII. 15. 8.

कदध्वर्यु XVII. 45 : 326. 8.

कद्रु XXIV. 38 : 225. 2, cp. T.S. II. 1. 4. 2.

कनीयसामुक्थ्य XVIII. 26 : 374. 4.

कपाल XXIV. 13 : 198. 2 : यः कपालान्युपघ्नन्ति । यः कपालान्युपहत्य संपदं ददाति Veṅk. ; दारिद्र्यं विन्द्यात् Viv.

कमण्डलुगत XX. 4 : 11. 10.

कयाशुभीय XIV. 4 : 158. 2, cp. T.S. VII. 5. 5. 2.

करण I. 11 : 15. 7 ; VI. 23 : 182. 15 and often : करणं जपतीमां नराः कृणुतेति करणमन्त्रो ऽदृष्टार्थो जपतीति वचनात् ।

करणीय IX. 1 : 265. 3 ; X. 1 : 1. 2 : इदं करणीयाम् करणयोग्याम् ।

कर्करीका XVI. 20 : 266. 10 ; XVI. 21 : 267. 9 ; 268. 3 ; XXVI. 17 : 297. 1, 3

कर्कश subst. masc. II. 5 : 40. 3, meaning ?

कर्ण in प्राचीनकर्ण VI. 25 : 186. 6 ; VI. 27 : 189. 3, 11 : प्राक्पश्चिमविशाखाः ।

कर्माभ्यावर्तिन् XXIV. 6 : 189. 12, 13 : कर्म प्रत्याभिमुख्येनावर्तनशीलम् Viv., कर्माभिमुख्येनावर्तनशीलम् । कर्मभेदनिबन्धनावृत्तिमदिति यावत् Veṅk.

कल्प XI. 11 : 80. 5 : कल्पैः । कल्पशब्दवद्भिर्मन्त्रैः (T.S. I. 7. 9. d.).

कशिपु V. 11 : 143. 19., etc. : शयनस्योपरि विस्तारिका Keś.

कस् c. परि caus. XIV. 21 : 190. 4, see crit. note.

काकपिङ्गक IX. 18 : 293. 4 : मद्गुः ।

काणव II. 11 : 52. 12, see crit. note.

कानान्धयज्ञ XXIV. 11 : 194. 6 ; XXVI. 33 : 320. 1.

कार subst. masc. XXIII. 12 : 169. 1 : क्रियन्त इति काराः कर्तव्याः संस्काराः प्रक्षालनादयः ।

कारुविश XV. 3 : 206. 15 ; XVIII. 18 : 364. 10 ; कारुविशः are probably 'the manufacturers and the vaiśyas,' or 'the vaiśyas, who are manufacturers.'

काल II. 13 : 55. 15 ; IV. 1 : 108. 10, and often. This word, equivalent to स्थानम्, occurs at least 34 times in our text.

कालायसकृत् XV. 15 : 219. 6.

काल्य XX. 1 : 5. 2, 4, 8.

काष्ठागमन XXII. 14 : 137. 20.

किंकरावतान XVIII. 24 : 372. 3. If Whitney is right in render-

क्रतुकरण XXI. 17 : 100. 9; XXII. 11 : 134. 7; XXII. 13 : 136. 10; XXIV. 4 : 188. 5 : अग्निष्टोमस्य क्रतुकरणं यत्सदस्त्यग्निष्टोमस्य यमग्र इति (T.S. I. 3. 13. 2.) जुहोति। — XXVI. 22 : 302. 7, 11.

क्रतुयोग XXVI. 33 : 321 4.

क्रम् c. अभि-अव X. 28 : 26. 14 : दक्षिणमंसमभ्यवक्रामन्तम्। दक्षिणांसं दक्षिणपूर्वकोणादवतरन्तम्।

c. सम्-उत् IV. 7 : 120. 13; XV. 31 : 236. 11.

c. वि-परि (' to change places ') V. 13 : 147. 3 and elsewhere.

c. वि VIII. 16 : 257. 11 : विक्रम्य विगतौ पादौ कृत्वाग्रतः पृष्ठतश्च।

क्रीड् c. निस् caus. VIII. 1 : 234. 14 : निष्क्रीडयन्ति। पाषाणानुत्क्षिप्य नीचैः पततो गृहीत्वा क्रीडयन्त इवाभिषुण्वन्ति।

क्रूर XIV. 18 : 184. 3 : यद्वाचः क्रूरं तेन वषट्करोति। स्वाहाकारस्थाने वषट् पठे इत्यादीनि तिसृष्वेकैकमन्त्रासु (sic.) चतसृषूक्तक्रमेण जुहोति वा सर्वासु कण्डिलि वा।

क्रूरापहनन XX. 2 : 7. 7.

क्नदयु II. 5 : 39. 11, meaning ?

क्षयनेष्टका XXIX. 6 : 377. 10.

क्षा c. अव XIII. 7 : 124. 5; XIV. 28 : 200. 15, 16; XIV. 19 : 186. 10 : अवक्षाणानि उल्मुकानि।

क्षामकाण II. 14 : 56. 14; V. 10 : 142. 5, 9; XXI. 25 : 114. 7.

क्षिप् c. सम्-अव XXII. 14 : 137. 19, with obj. अश्वान्, ' to lay the whip upon.'

क्षिप्रसंस्कार XVII. 9 : 173. 17; XXIV. 9 : 192. 11.

क्षुद् c. परि V. 11 : 144. 11; XIII. 25 : 136. 2;—c. सम्-अव caus. समवक्षुदां चकार XVIII. 41 : 393. 1.

क्षुद्रपद VI. 22 : 182. 5, 6; XXX. 1 : 389. 3, name of a measure.

क्षुल्लकवैश्वदेव XXV. 21 : 253. 13 (cp. Pāṇ. VI. 2. 39).

ख।

खन् c. अति XXIV. 24 : 209. 11.

खनि XXII. 1 : 117. 10 : यस्मिन् लोके म्रदं गृह्णाति, cp. Āp. II. 2. 5.

खलेवाली XXVI. 32 : 317. 11; 318. 1.

खारी IX. 4 : 269. 14; 270 17; X. 7 : 7. 5; X. 8 : 8. 3 : खारीम् वेणविशेषकृतां विगोलिकां वा।

खारीविवध XVI. 30 : 276. 13.

ग ।

गोभाजश्स् II. 11 : 52. 5 : गोभाजश्र इति गां भजन्त इति गोभाजाः। प्रत्येकमिति बौधार्थे स्वार्थे वा। ग्रस अस्य यजमानस्य गोदातार इत्येके। Many other attempts to explain this expression follow.

गोव्यच्छ XII. 15 : 108. 16 : गोव्यच्छः।

गोसव XVIII. 7 : 349. 1.

ग्रह् X. 20 : 18. 11 and often : आत्मन्यग्निं गृह्णीते। आत्मीयमग्निमात्मन्येव शरीरे गृह्णीते धारयति। धारयामीत्यवधार्यं मन्त्रम् (viz. T.S. v. 7. 9. *a*, *b*) उच्चारयति।

c. अव XI. 7 : 76. 6 : सव्यानवगृह्य दक्षिणैरनुपरिवर्तयाध्वै। सव्यान्गृहीत्वा युक्तान्धारयित्वा दक्षिणैः पर्यावर्तते (sic) एकं चक्रमन्ततः (var. चक्रमणाः) कृत्वा अपरेण बहिः पर्यावर्तध्वम्। But to सव्यान् (and दक्षिणैः) we must rather supply अभीशून्, cp. Lāṭy. II. 8. 12, Drāhy. IV. 5. 12, 13.

c. वि-अव XXIII. 3 : 152. 8, 10 : विभज्य गृहीतानि।

c. नि VI. 18 : 177. 12 : विच्छिद्य मन्त्रेण ध्रुवाया गृह्णाति।

c. उप-नि VI. 25 : 186. 11 ; VI. 27 : 190. 3 : दार्वाघाटे कुशस्तम्बमुपनिगृह्य। तस्या मूलतः कुशमुष्टिं सह स्रुचया गृह्णाति। X. 5 : 5. 6 : उपनिगृह्णाति। विक्रयतीत्यर्थः Ms. ; II. 15 : 57. 20 : उपश्लेषयति।

c. अति-प्र XV. 8 : 213. 1 ; XV. 9 : 214. 4.

c. उप-प्र VII. 15 : 224. 6.

ग्रामणीसव XVIII. 4 : 346. 13.

ग्रामन्याय XXIV. 1 : 185. 14 : ग्रामन्यायम् स्मार्तन्यायमिति यावत् स्मार्तप्रमाणविनियोज्यं भूत आचामेदित्यादि Veṅk.

ग्रामयोनि XX. 1 : 3. 9 ; XXIII. 4 : 154. 15 ; XXIII. 19 : 181. 13.

ग्रामाग्नि XX. 17 : 37. 13 ; XXI. 3 : 74. 13 ; XXI. 5 : 77. 16 ; XXII. 2 : 119. 7 ; XXII. 16 : 139. 18 : लौकिकाग्निः Ms.

ग्राम्यवादिन् XIII. 21 : 132. 8 : अग्रे आस्य (sic) वचनंस्थायी (sic) भवति प्रधान इत्यर्थः।

ग्राम्यलोक XXI. 21 : 107. 9.

ग्रावोलायव्य dvandva neutr. VI. 30 : 195. 14 ; XXI. 24 : 113. 14 ; XXV. 12 : 241. 5, 6 ; XXV. 14 : 244. 6 ; XXV. 15 : 245. 11 ; XXVI. 13 : 290. 13 ; XXVI. 18 : 298. 8 ; XXVI. 19 : 299. 8 ; XXVI. 25 : 307. 2 ; XXVI. 27 : 310. 9.

ग्रीवाशः XX. 7 : 18. 4.

ग्लुमुष्टि IX. 13 : 283. 16 ; IX. 16 : 289. 2 ; X. 50 : 51. 15 : ग्लुमुष्टिः समया दर्भमुष्टिः Viv. ; मूलाग्रो दर्भमुष्टिः। मूलाग्रसमो मुष्टिर्वा। समग्रो मूलतः छिन्नः Keś. ; स्थूला दर्भमुष्टिः। उकारलोपश्छान्दसः Ms.

घ ।

च ।

छ।

ज ।

त।

तक्ष् c. अव XXIV. 35 : 221. 16.

तक्ष् c. सम्-आ XII. 5 : 91. 7. 15 ; 92. 10. ; XXIII. 9 : 163. 12.

तज्जातीय XVIII. 11 : 355. 16 ; XXIV. 35 : 222. 1 ; XXVIII. 6 : 354. 13, 15.

तत्प्रत्याच्छेद्य adj. XIV. 19 : 186. 4 : तत्प्रत्याच्छेद्यां पर्णमय्याꣳ स्रुचि। तन्मात्रप्रयोजनायाम् (तमात्र॰ or तमर्थ॰ my two copies of Viv.). The same expression occurs Pi. Sū. I. 8 : 13. 1 : तत्प्रत्याच्छेद्येन पर्णमयेन स्रुवेण (so I now read with the best MSS.). Perhaps we ought to divide : तत्प्रति ('expressly for this purpose') आच्छेद्येन ('to be manufactured'), but then in the aupānuvākya-passage we expect ॰च्छेदायाम् instead of ॰च्छेद्याम्।

तदभिचार see यदभिचार।

तदशन adj. XVIII. 44 : 397. 1.

तदवदान XVII. 39 : 318. 9, see crit. note.

तनुपुरीष X. 21 : 19. 14 ; X. 37 : 35.1 ; X. 46 : 45. 15 ; XIX. 4 : 421. 9 ; XXX. 21 : 414. 9 : मृदु पुरीषम्। यथा इष्टकासन्धिर्न दृश्यते। 'loose soil.'

तनू II. 18 : 62. 2 ; तन्वः the formulas designated by the following ; घोरास्तन्वः ib. : 64. 9 ; synonymous to तनूहवीꣳषि XX. 19 : 41. 12.

तनूहविस् II. 7 : 44. 13.

तन्नहर XXI. 1 : 70. 12 ; XXII. 12 : 135. 3.

तन्वन्त I. 9 : 13. 1 : तनुरन्तो यस्य स तन्वन्तः।

तन्त्रस्थान XXIV. 3 : 187. 2 : तन्त्रस्थानं भजन्ते। तन्त्रत्वं यौगपद्यं प्रतिपद्यन्ते Viv. ; तन्त्रपदं भजन्ते। तन्त्रत्वं गच्छन्तीति यावत् Venk.

॰तपन fem. ॰नी (सान्नाय्यतपन्यौ स्थाल्यौ) I. 3 : 4. 4, 8.

तपश्चितामयन XVII. 23 : 302. 8.

तयादेवत subst. neutr. III. 6 : 74. 14, 19 ; X. 21 : 19. 11. and often : the murmuring of the formula : तया देवतयाङ्गिरस्वद्ध्रुवः सीद।

तरी subst., plur. तर्यः XVII. 31 : 310. 7, 10 : सक्तुतण्डुलाः : the word seems to be a byform to स्तरी 'dryed out' (sterilis),

द ।

दक्षिणोत्तरिन् III. 28 : 100. 13; III. 31 : 106. 5 : दक्षिणं पादं सव्यस्योपरि कृत्वा । VI. 19 : 178. 8; VI. 21 : 180. 15 : सव्यं पाणिमुत्तानं कृत्वा तस्योपरि दक्षिणं प्राञ्चं न्यञ्चं च प्रागायतमञ्जलिं कुर्वन्ति Keś.

दण्डोपानहम् dvandva XXVI. 32 : 318. 11.

दधिग्रह XIV. 22 : 190. 11 : उक्तो दधिग्रहः (T.S. III. 5. 8) see Baudh. VII. 4 : 204. 9 sqq.

दधिघर्म XIV. 9 : 166. 11 : उक्तो दधिघर्मः (T.S. III. 2. 6. *b*) see Baudh. VIII. 3 : 237. 5.

दन्तधावन XVII. 39 : 317. 1 : 'a piece of wood used for cleaning the teeth' (?).

दर्भमिश्र XXVI. 32 : 319. 1 : शामुलकानामु ह दर्भमिश्राः कम्बला भवन्ति । शामुलकानामूर्णाभिरीषन्मिश्राः स्रोताः (r. प्रोताः) कम्बला भवन्ति । श्यामवर्णा दर्भकाणामूर्णाभिः कृताः कम्बला इत्यन्ये । शामुलशब्दार्थं एषो ऽजिनशब्दार्थः ।

दर्भण subst. VI. 25 : 186. 11; VI. 27 : 190. 3 : दर्भणम् सूचिम् ।

दर्भनाडी VI. 12 : 169. 3, 4; XII. 9 : 97. 12, 15 : दर्भमूलम् ।

दर्व XV. 19 : 224. 11.

दर्विहोमाकारम् adv. X. 53 : 55. 16 : सर्वान्दर्विहोमधर्मान्कृत्वा ।

दशपेय XII. 18 : 115. 4; XXVI. 3 : 274. 14; 275. 4.

दशमास्य XVI. 16 : 262. 12.

दशहविस् (sc. इष्टिः) XV. 17 : 221. 10; XXVIII. 1 : 343. 14.

दशात्मक XXVII. 10 : 335. 7 sqq.; XXIX. 13 : 388. 9.

दा c. उत्-प्र VI. 30 : 194. 12, absol. to उत्प्रयच्छन्ति ।

दाक्षायणयज्ञ XVII. 51 : 331. 7; XXI. 1 : 69. 11; XXIII. 17 : 177. 7; XXIV. 4 : 188. 1; XXVI. 22 : 303. 11, a kāmya darśapūrṇamāsa.

दारव्यतिक्रम XXVIII. 1 : 344. 12; XXVIII. 2 : 347. 13.

दारुणसंयुत IX. 6 : 273. 14 : दारुणसंयुतानि पिष्टानि संयुत्य । खरसंवर्तितानि पिष्टानि संयुत्य the Vivaraṇa; it is more probable that दारुणसं॰ is equivalent to सुसंयुतानि, cp. gaṇa kāṣṭhādi on Pāṇ. VIII. 1. 67.

दार्ढ्यवृक्ष XXII. 5 : 124. 10; XXII. 6 : 126. 6; XXII. 13 : 135. 11 : दार्ढ्येन युक्तो वृक्षस्तस्य विकारो दार्ढ्यवृक्षः खादिरादिः; we expect rather दार्ढवृक्ष or दार्ढवृक्ष्य ।

दार्वाचित XV. 14 : 218. 5; XV. 19 : 223. 18; XVIII. 40 : 391. 2, 6.

दाशतय XXIV. 13 : 198. 2, see Ṛ.S. IV. 18. 13; XXV. 4 : 232. 8, see Ṛ.S. X. 47. 6.

ध ।

114. 15; XV. 18 : 223. 10; XV. 36 : 241. 11; XVII. 2 : 284. 13; XVIII. 22 : 369. 8 : स्वे धामन् । स्वस्थाने ।

धाव् c. अभि caus. XV. 5 : 209. 6; XV. 6 : 210. 2; XV. 24 : 228.8.
c. अति-आ XVI. 3 : 248. 7.
c. सम्-प्र VI. 2 : 157. 16; VI. 3 : 159. 1 : संप्रधाव्य शोधयित्वा ।

धू c. उत् IX. 18 : 293. 16, see crit. note.

धूनन XX. 3 : 10. 7.

धेनुकरण XXV. 30 : 264. 6.

धौरेयभक्ष्या XX. 26 : 57. 11.

ध्रुवगोप II. 3 : 37. 2; XVII. 18 : 298. 4; XVII. 19 : 299. 2 : ध्रुवस्य रक्षिता ।

ध्रुववन्त् XVII. 2 : 284. 17 and elsewhere : ध्रुववद्भिश्चरित्वा । ध्रुववत्संसृष्टैश्चरित्वा ।

ध्रुवस्य चर्या XIV. 9 : 169. 3 : उग्रा ध्रुवस्य चर्या (T.S. III. 7. 8. *n–s*) see Baudh. VIII. 14 : 254. 18; VIII. 15 : 255. 16. sqq.

ध्वंस् c. प्र caus. med. (obj. हस्तौ) IV. 11 : 126. 18; 127. 1, 5; XIV. 13 : 176. 1.

ध्वाङ्क्षावमृष्ट XIV. 9 : 167. 8.

ध्वान XX. 15 : 32. 12.

न ।

नक्षत्रपथ X. 46 : 45. 8.

नक्षत्रप्रयोग V. 1 : 128. 2.

नक्षत्रसत्त्र XXVIII. 4 : 352. 7.

नक्षत्रेष्टि XXVIII. 3 : 348. 6.

नखकृत् XV. 13 : 218. 4; XV. 16 : 220. 6.

नखनिर्भिन्न XXVI. 6 : 279. 5.

नभ्यस्थ VI. 25 : 185. 13 : नभ्यस्थयोः । नभ्येन स्थितयोः । नभ्यम् अक्षो यस्मिन् फलके प्रोतः । मध्यमम् ।

नम् c. अव caus. IX. 3 : 267. 18 : अवनाम्य मुखानि । अन्यतो मुखानि कृत्वा ।

नलद XXIV. 14 : 199. 2 : नलदस्रजः अवकास्रज इत्यर्थः । नलदो मालेत्यन्ये । मृतानामेव तदुच्यते ।

नष्टारणीक III. 3 : 72. 1; XX. 19 : 42. 7; XXIV. 19 : 204. 4.

नाकसद् X. 45 : 43. 3; XXX. 5 : 398. 1; XXX. 7 : 400. 1.

नागदन्त XXII. 19 : 143. 16.

नानांश्मिन् XII. 15 : 109. 3, 9.

दक्षिणादानीपरकालम् Viv.; but नीत probably is part. not to नयति but to न्येति; cp. the foregoing word.

नीतमिश्र XIV. 29 : 202. 6; the word is explained by the Sūtrakāra himself, see the following passage.

नु c. प्र XIV. 10 : 170. 9 : प्रणौति । यदा होता प्रणवं करोति ।

नुद् c उप-आ XII. 18 : 114. 2 : वारयन्ति ।

नेदीयस् II. 19 : 66. 10 : प्लुते नेदीयसि वा । उदक एव प्लुतप्राये ।

नेष्टाविड XVII. 44 : 325. 7, here and equally in gṛhs. I. 3, corrupt; the mantra was originally : निष्ट आविड्ढं कृणामि, cp. Drāhy. XII. 1. 19 with the comm. of Dhanvin.

नैमार्जन XVIII. 2 : 344. 4.

नैष्ठायन XVII. 45 : 326. 8 sqq; XXV. 24 : 256. 18.

नैष्ठ्य XVIII. 49 : 407. 11, 13.

नौमण्ड XVIII. 46 : 402. 9. 'ship-board' (?)

न्यञ्चन XXX. 1 : 390. 1, 2, 11, 12.

न्यूङ्खन XXIII. 10 : 165. 3.

प ।

पक्षस् XI. 7 : 75. 8; XVIII. 10 : 554. 5; XVIII. 17 : 363. 3; XVIII. 24 : 372. 2; XXV. 34 : 270. 1 : रथस्य पक्षसी । रथचक्रे ।—XXVI. 16 : 296. 4; XXVI. 17 : 296. 7 'half.'

पक्षोपप्लव X. 24 : 22. 11, 13, 15 : पक्षोपप्लवे : पक्षान्ते; probably the correct reading is पक्षोपप्लुय, cp. उपप्लुय supra and प्लुय, संप्लुय in PW.

पचन IX. 3 : 268. 22; 269. 5, 7; X. 6 : 6. 5, 11, 15; XXII. 2 : 119. 5 : पचनं करीषादि Viv.; पच्यते ऽनेनेति पचनं करीषकाष्ठादि Ms.; 'fuel.'

पञ्चचितीक XXII. 4 : 122. 1, 3.

पञ्चचोड X. 45 : 43. 5; XXX. 5 : 398. 1; XXX. 7 : 400. 1 : a kind of iṣṭakā.

पञ्चतय XXIV. 1 : 185. 1 : पञ्चतयेन पञ्चावयवा अस्य वक्ष्यमाणस्य समुदायस्य पञ्चतयः Viv.; पञ्चावयवा यस्य स पञ्चतयस्तेन पञ्चतयेन पञ्चावयवयुक्तेन समुदायेन पञ्चभिः साधनैरिति यावत् Veṅk.

पञ्चदशसामिधेनीक XX. 18 : 39. 4; XX. 22 : 49. 3; XXIII. 1 : 147. 2; XXVI. 4 : 275. 11.

पञ्चबिल (viz. चरुः) XXIV. 27 : 213. 1, 3.

पञ्चवलि XXI. 7 : 81. 10.

पञ्चशारदीय XVIII. 11 : 354. 11; XXIV. 10 : 193. 13, name of an ekāha.

पञ्चहविस् (viz. इष्टिः) XXVI. 26 : 308. 6.

पञ्चावत्तिन् XX. 5 : 15. 13; XX. 7 : 17. 11; XX. 13 : 29. 8; XX. 29 : 65. 2, 3.

पञ्चिक XXVI. 22 : 303. 6.

पञ्चेध्मीय XII. 4 : 88. 17; XXII. 16 : 140. 16.

पट् c. उत् caus. XXVIII. 7 : 355. 12.

पड्वीश XV. 15 : 220. 5; XV. 38 : 244. 1.

पत् c. अभि caus. VI. 2 : 158. 11; XXI. 8 : 83. 5 : अथैनꣳ सव्ये पाणावभिपात्य । एनं यजमानमात्मनः सव्ये पाणावभिपात्य सव्यं पाणिं ग्राहयित्वा Viv.; आधारत्वेन ग्राहयित्वेत्यर्थः Keś.; cp. Śatap. Brāhm. V. 3. 3. 11 : अथैनं दक्षिणे बाह्वावभिपाद्य ।

पतंग XXVI. 11 : 288. 9 : इषत उ पतंगः । इषतः शुक्लपक्षयोः पतंग आसीनस्य न शुक्लत्वम् । उशब्दो निपातः । एक इत्यर्थः ।

पतन्तक XXVI. 3 : 275. 7 : a modification of the rājasūya.

पत्त्रनाडी X. 47 : 47. 11; XIX. 2 : 417. 12 : पक्षिपत्त्रबुध्नसुषिरेषु ।

पत्नीयजुस् XIV. 22 : 190. 10 : उक्तानि पत्नीयजूꣳषि (TS. III. 5. 6); see Baudh VI. 5 : 160. 19; VI. 3 : 159. 5 sqq.; I. 20 : 31. 10; VII. 3 : 203. 1; VII. 3 : 203. 10; VIII. 14 : 255. 5.

पत्नीशाल VI. 1 : 156. 13 etc., always as a neuter; once fem. : XXIX. 11 : 385. 8.

पत्नीसंयोजक adj. XX. 10 : 23. 9.

पद् c. सम् caus. XVII. 31 : 311. 1 : संपादयति । मृडूकरोति शय्यादीन्यपि प्रक्षिप्य ।

पदान्वया XIX. 1 : 415. 5. 7.

पदाशय VI. 13 : 170. 10; X. 2. 20 : पदस्थानम् ।

पद्धरण adj. VI. 10 : 166. 12; VI. 12 : 169. 9; VI. 13 : 170. 4 : स्थाली पद्धरणी । पदपांसुधारणी ।

पद्म XVIII. 43 : 395. 9; XXV. 33 : 320. 3 : a certain very high number, r. perhaps बद्व ?

पयःप्रोक्ष X. 27 : 26. 1. 8; XXII. 6 : 125. 8 : पयःप्रोक्षं चाज्यप्रोक्षं च । पयश्चाज्यं च प्रोक्षणार्थे ।

पयोदोह XXIV. 30 : 216. 3.

परक्षेत्र II. 3 : 36. 9 : जारजातः Viv.; परक्षेत्रे जारेणोत्पन्नः Veṅk.; probably the reading of Tr. पा॰ is preferable.

परिष्कन्दम् absol. XVIII. 24 : 372. 6.

परिष्यन्दम् absol. XIV. 26 : 198. 12 : see under निष्यन्दनवन्त् ।

परिष्वङ्गपरम IV. 1 : 108. 9 : पराकाष्ठापरिष्वङ्गः Viv.; एकहस्तः परिष्वङ्गः Keś.

परिस्वजिन् XVIII. 1 : 343. 3, 4.

परिहारस्थ XXIV. 38 : 225. 5 : परिहारस्थरित्यस्या अर्धसंवत्सरं (॰त्यस्यार्थं सं॰ another copy) स्थित्वापरस्मिन् प्रसूयते। अन्य आहुरेकस्मिन् पुमानेकस्मिन् स्त्रीवत्सो यस्याः सेति ।

परिहोम XX. 19 : 42. 1; XXI. 15 : 98. 8; XXI. 25 : 115. 4; XXII. 12 : 134. 12 : the offering on both sides (i.e. before and after).

परीक्ष्या XXI. 23 : 111. 13; XXV. 22 : 254. 5.

परीक्ष II. 14 : 56. 4; V. 1 : 129. 10 : परीक्षेन सर्वतो ऽग्निना ।

परोक्षोपस्थान XXIV. 30 : 216. 6.

पर्जन्य XXIV. 25 : 210. 14.

पर्णसेव V. 11 : 143. 19; V. 15 : 149. 7; 150. 12; XIV. 13 : 176. 9, 12 : पलाशदन्तः ।

पर्यवलोपम् absol. VI. 20 : 179. 1 : एकदेशमेकदेशं गृहीत्वा ।

पर्यवेतराग्नि adj. XVIII. 44 : 397. 7.

पर्याज्य XXI. 13 : 93. 7 : परिगतं याज्यं यागं वा प्रधानं यागसंबन्धम् । stands for परियाज्य, cp. the next word.

पर्याय subst. neuter XXI. 10 : 87. 3, stands for परियाय, cp. अपर्याय ।

पर्यारिन् XV. 7 : 211. 14 : 'going round' (according to the course of the sun, in opposition to अन्वारया).

पर्यारिन् XXIV. 38 : 225. 5, cp. TS. II. 1. 4. 7.

पर्युपस्तारम् absol. X. 53 : 55. 16.

पर्युपोषण XIV. 13 : 175. 12 : उक्तं पर्युपोषणम् (TS. III. 7. 8. *b*) see Baudh. IV. 11 : 126. 14.—XX. 31 : 87. 18.

पल्व XVIII. 43 : 395. 9; XXVI. 33 : 320. 3 : a certain very high number.

पल्व XX. 6 : 15. 17 : पलालवल्लितरुपर्युपरि वेष्टितः Viv.; पल्वं निरुप्तहविराश्रयं शूर्पम् Sāy.; also pi. sū. I. 14 : 20. 14.

पवमान VII. 8 : 212. 16; VIII. 2 : 236. 6; VIII. 11 : 248. 1; XV. 17 : 222. 4 : उदञ्चो ऽभि पवमानꣳ सर्पन्ति । उदङ्मुखाः पवमानमभि पवमानलक्षितं देशम् आस्तावं गच्छन्ति ।

पवित्र XXVI. 3 : 275. 1, name of an ekāha (in the rājasūya).

प्रजापतेरयन XVI. 16 : 262. 14 sqq.; XXVI. 17 : 296. 14.

प्रज्ञात X. 54 : 56. 19 and often : प्रज्ञातं निधाय। परिकर्मिणो ऽन्यो वा यथा जानन्ति तथा निदधातीति। गुप्तम् the Viv. elsewhere.

प्रज्य XXIV. 12 : 195. 7; XXV. 4 : 231. 13 : प्रज्यमात्मानं कुर्वीत। प्रज्यं प्रगतज्यं धनुः स्वकार्यंचमम्। तथा स्वप्रज्यमात्मानं कुर्वीत। कार्ययोग्यमिति प्रवीणादिशब्दवत् परित्यक्तरूढित्वद्योग्यत्वे वर्तते नियमद्रव्यादिभिर्योग्यम् Viv.; प्रज्यं सज्यं संनद्धमिति यावत्। तादृशमात्मानं कुर्वीत कार्यानुष्ठानसमर्थात्मा भवेदित्यर्थः Veṅk.

प्रज्योति ? XVIII. 40 : 391. 7.

प्रणवम् absol. to प्रणौति VII. 17 : 228. 12.

प्रणोद XVIII. 48 : 405. 9, name of an ekāha.

प्रतितारकम् adv. XXII. 8 : 129. 10.

प्रतिदुह् XVIII. 7 : 349. 1, 6 (neuter); the last passage presents the var. r. प्रतिधुषस्, cp. T.S. II. 5. 3. 3.

प्रतिनिर्ग्राह्य VII. 12 : 217. 8; 219. 7, 11, 20; 220. 2; XXI. 19 : 104. 9; XXV. 20 : 251. 11, 252. 1 : तस्य प्रतिरूपं तद्देवत्यं निष्कृष्य (var. निष्कृम्य) गृह्णातीति, see also the etymology given by Rudradatta on Āp. XII. 20. 19 : प्रति निरूढा गृह्यन्त इति।—XIV. 10 : 171. 5 उक्तं प्रतिनिर्ग्राह्याणां ग्रहणम् (TS. III. 2. 10. *a*—*f*), see Baudh. VII. 12 : 218. 9, etc., VII. 12 : 219. 8, 21.

प्रतिनोद XVIII. 48 : 405. 13, name of an ekāha.

प्रतिपत्क in भाज्यभागप्रति॰ VIII. 21 : 263. 6; XXIII. 14 : 173. 3, 4; XXV. 2 : 230. 3; XXV. 26 : 259. 1.

प्रतिपरिहरण XX. 30 : 65. 10.

प्रतिपद्य adv. XXVI. 11 : 287. 12.

प्रतिभक्षण XXI. 20 : 106. 11.

प्रतिलेपम् absol. X. 6 : 6. 3 : प्रतिश्लिष्यप्रतिश्लिष्य Ms.

प्रतिवसनीय V. 9 : 140. 10; VIII. 19 : 259. 13; VIII. 20 : 261. 15; XII. 4 : 89. 6 : प्रतिवसनीये वाससी स्नात्वा परिधानार्थम्। दीक्षाकालात्पूर्वेण धृते वाससी प्रतिवसनीये वाससी Keś.

प्रतिवेश adj. XXVI. 5 : 277. 9 : भूम्यनन्तराः। XXVI. 12 : 289. 12 : परस्परं संनिकृष्टाः; XXI. 3 : 74. 12; V. 10 : 142. 5 : प्रतिवेशरुं स्त्रीकुमारेभ्यः पचन्ति। चरोः प्रतिवेशं विशतीति वेशः मनुष्य स्त्री च प्रतिवेशः। प्रतिवेशः स्त्रीकुमारेभ्यो ऽपि भवति। यावानोदनस्तावन्तं पचतीत्यर्थः।—प्रतिवेशम् seems to be adverb XXIV. 32 : 218. 2 : समीपे।

प्रतिव्यूह XXVI 15 : 293. 5 : विभागः।

प्रतिषेवण XVII. 39 : 319. 1 : 'seam.'

प्रोक्षणतस् X. 10 : 10. 2, see crit. note.

प्रोक्षणीधान IV. 5 : 116. 3; XI. 3 : 63. 8.

प्रोद्क XVII. 31 : 310. 8 : बहूदकम्।

प्रौढ XXIV. 6 : 189. 17, 190. 4 : प्रौढः कर्मसाधनः करणसाधनो वा प्रकार-मुपमानं तेन बुध्यते संबन्धो ऽस्येति Viv.; प्रौढेण वा प्राचुर्येण वा Veṅk.

प्लु c. परि-ष्वा VI. 10 : 166. 7; X. 19 : 17. 11 : 'to come round.'
c. अनु-परि caus. I. 9 : 12. 15; XVII. 41 : 321. 9; 322. 10.

फ।

फाल्गुन XXIV. 1 : 185. 16, name of a plant.

फाल्गुनपात्र adj., fem. ०त्री, XVIII. 8 : 350. 4; XVIII. 9 : 352. 6, 'made from. . . . . (a kind of wood).'

ब।

बद्ध XIV. 30 : 203. 11 : बद्धवर्तीत कयेत्।

बन्ध् c. उप-नि VI. 25 : 185. 16; 186. 1; VI. 29 : 193. 2.

बभ्रुकर्ण XX. 25 : 55. 7, cp. T.S. II. 1. 8. 2.

बर्हिर्लवन XXIV. 7 : 190. 10 : लूयते ऽनेनेति लवनो बर्हिर्लवनार्थो मन्त्रः Veṅk.

बर्हिर्लाव II. 19 : 66. 1.; XX. 3 : 9. 16; 10. 3, nom. agentis to बर्हिर्लुनाति।

बल्कश XVII. 36 : 314. 9 : बल्कशस्य सुकिट्टस्य।

बहिराञ्जनम् IX. 11 : 281. 7, cp. अन्तराञ्जनम्।

बहिरुपसत्क XXV. 28 : 262. 3, 5 : दीक्षासंवत्सरादुपसदो यस्य स दीक्षाभ्यो बहिरुपसत्कः।

बहिर्विराज (sc. अग्न्युपस्थानम्) XXIV. 33 : 219. 13, 16, see under अन्तर्विराज।

बहिःशर्कर X. 25 : 24. 15 sqq. : बहिःशर्करात् बहिरग्रेः।

बहिस्पन्द्य XXX. 2 : 392. 5, 9 : '(a square) lying outside the cords.'

बहिःसदसम् adv. VII. 10 : 215. 19; VII. 11 : 216. 8, 15; 217. 3.

बहूलौषधि XXV. 5 : 232. 12.

बाणवन्त् X. 23 : 21. 20; 22. 5 : धनुर्बाणवत् धनुर्बाणसहितम्।

बाहु XXX. 1 : 389. 6 : designation of a measure.

बाह्यसविशेष XXX. 14 : 407. 10.

बृहत्पृष्ठ XXV. 254. 8.

भ।

म ।

य ।

र ।

रथवाहनवाह XII. 19 : 116. 5, 8 : रथवाहनशकटस्य दक्षिणधुरि नियुक्तः ।

रथविमोचनीय XI. 8 : 78. 6; XII. 14 : 107. 1.

रथाक्ष XVII. 11 : 292. 4, 6; XX. 25 : 56. 18; XXVI. 10 : 285. 7; XXVI. 23 : 304. 4, 7; XXX. 4 : 395. 16, a measure, cp. अक्ष ।

रथेषा XX. 25 : 56. 18, a measure, cp. ईषा ।

रप्सु XXV. 7 : 235. 8 : प्रति रप्सुं कटिप्रदेशं प्रति ।

रराटी VI. 25 : 186. 7 : रराटीम् । विदलीं तोरणस्थानीयां वन्दनमालाम् । दर्भमयीमित्यन्ये ।

रक्षस्येहि XXVIII. 1 : 344. 15.

राका XXIV. 20 : 205. 1; XXIV. 29 : 214. 16 : उत्तरा पौर्णमासी ।

राजस्टच plur. XV. 3 : 206. 15; XVIII. 18 : 364. 9; 365. 3, probably 'the king's wives.'

राजयज्ञ XXIV. 11 : 194. 5 : राजकर्तृयज्ञाः Veṅk.

राजहस्त XXVIII. 13 : 366. 12.

राजसूयगण XII. 10 : 100. 10, dual, the formulas T.S. I. 8. 13 *f* and *g*.

राजासन्दी VI. 10 : 166. 13; VIII. 19 : 259. 13.

राज्जुदाल XV. 14 : 218. 7; XXVI. 10 : 286. 8, 9 and elsewhere.

रात्रिकर्मिन् XV. 19 : 224. 6; XV. 22 : 225. 15; 226. 3.

रात्रिभृत् X. 12 : 11. 13; XXX. 7 : 400. 17.

रात्रिसत्त्र XIV. 22 : 192. 1 : द्वादशाहादारभ्य यावत्सहस्ररात्रम् ।

राम IX. 12 : 283. 12; X. 59 : 62. 9; XXV. 32 : 268. 2 : न रामामुपेयात् । रामा रमणायैव गृहीता न धर्माय । शूद्रामेतदेव ज्ञापयति ।

राशि XVIII. 48 : 406. 7, 8, name of an ekāha.

राशिष्ठत XVIII. 48 : 406. 8; XXIII. 18 : 180. 2; XXVI. 33 : 320. 7.

रास्नावत्परिग्रीविन् VII. 6 : 209. 12 : रास्नावत् मेखलयेव परिगता ग्रीवा या (var. ग्रीवायां परिगतग्रीवा या) सा परिग्रीवा । स यस्यास्ति तत्परिग्रीवि; cp. रास्नाव Śat. Br. IV. 1. 5. 19.

रिच् c. उप-अति XVIII. 15 : 360. 11.

रुप् X. 54 : 57. 3; रुपः designation of the offerings poured into the fire with the three formulas T.S. V. 7. 6. 3–4 (*d*).

रुह् c. वि-सम्-आ caus. XXVI. 12 : 289. 8, 10 : पृथक् समारोप्य ।

रूपीय XV. 1 : 204. 14.

रेतःसिच् X. 31 : 29. 12 : X. 39 : 38. 5; X. 46 : 46. 18.

ल ।

व ।

वक्रपक्ष XXX. 10 : 403. 9 : कुटिलौ पक्षौ यस्य ।

वक्राङ्ग XXX. 20 : 412 8 : कुटिलाङ्गानि यस्य ।

वच् c. अति caus. VI. 2 : 158. 10 ; VI. 18 : 177. 16 ; VI. 19 : 178. 3 ; VI. 21 : 180. 11 ; IX. 10 : 279. 13 ; XXI. 8 : 83. 4 : अध्वर्युर्यजमानमतिवाचयति is equivalent to यजमानो ऽनुयजति ; अतिवाचयति अतिरिक्तमितरेभ्यः ' to cause to recite extra (*ati*).'

वडब XXIV. 39 : 225. 9 (cp. T.S. II. 1. 8. 3, 4).

वण्डचिति XVII. 24 : 303. 9, 10 ; XVII. 25 : 304. 8, 10 ; XVII. 26 : 305. 4, 7, cp. सवण्ड ।

वत्सज्ञु I. 2 : 3. 4 : प्रथितवत्सजानुसदृशम् Viv. and Sāy.

वद् c. अधि med. I. 7 : 10. 5 (see crit. note) ; VII. 7 : 211. 1, 14 : अधिवदनम् अपिविच्छिद्योपरि मन्त्रवचनम् ।

वध्र XI. 1 : 63. 12 ; XXII. 13 : 135. 12 ; with वध्रैर्व्यूत cp. वर्ध्रव्युत Śat. Br. V. 4. 4. 1.

वनर्ष्टप (?) XVIII. 28 : 376. 15.

वनिष्ठुसव XVIII. 40 : 390. 16 ; 391. 1.

वप् c. वि-आ VIII. 16 : 257. 14 : पृथक्पृथक् ददाति ।
  c. अभि-नि XXIV. 3 : 186. 14.

वप् (shave) c. प्र VI. 2 : 157. 11, ' to begin shaving.'

वयस् VI. 14 : 172. 4 : मूल्यद्रव्याणि येस्त्वां गच्छन्ति सोमस्तानि वयांसि ।—XI. 1 : 63. 10 : वयसोवयसो वा । सप्तदश षाण्मासिकादारभ्य षण्मासवृद्धा अर्धषष्ठान् षाण्मासिकैकहायनत्र्यविदित्यवाट्पञ्चावित्रिवत्सतुर्यवाट्पष्ठवाडृषभानडुद्-चाषः वयांसि, cp. Āp. XVIII. 3. 9.

वर्मसंनहनीय XV. 24 : 228. 2 (viz. T.S. IV. 6. 6. *a–o*).

वल् c. अति caus. III. 6 : 75. 4, 8 ; VI. 11 : 168. 12, 15 ; VI. 19 : 178. 11 ; VI. 21 : 181. 1 : अतिवाल्य उपरि नीत्वा ।

वलभिद् XXIII. 19 : 183. 1, name of an ekāha.

वश IV. 2 : 110. 14 ; VI. 30 : 195. 5 : होतुर्वशं यन्ति । अनैर्गच्छन्ति ।

वषट्कारपथ XVI. 9 : 256. 3, 4 (thus also to be read l. 5).

वस् c. प्रति-सम् XXIV. 12 : 196. 7 : इष्टेन धनेनर्त्विजः प्रतिसंवसीत । इष्टेन विसृष्टेन त्यक्तेन दत्तेनेति यावत् । ऋत्विजः प्रतिसंवसीत वासयेत् । यथैव प्रवसाः सन्तो यथा तिष्ठन्ति तथा कुर्यादित्यर्थः Veṅk. ; इष्टेन धनेन यज्ञार्थेनर्त्विजः प्रतिसंवसीत सह वसेत । अथ इष्टेन धनेन नार्त्विज प्रातसर्वकालं (sic) तथा यावज्जीवनाद्वासयेदित्यर्थः Viv. (partly corrupt).

शुक्लपक्षे। तथैवापक्षीयमाणपक्षे प्रागमावास्यायाः Viv.; विपक्षे अपर्वकाले Veṅk.

विपथ XII. 16 : 110. 3 sqq.; XV. 37 : 242. 5; XV. 38 : 244. 2 : भिन्नमार्गशकटमित्यर्थः।

विपरीतनामधेय XXIV. 33 : 219. 17 : व्यस्तनामधेयत्वात् प्रयत्नवता भवितव्यमिति।

विबाध XVIII. 48 : 405. 11, name of an ekāha.

विभक्ति III. 2 : 70. 4; III. 3 : 70. 17, designation of the immediately following mantras;—X. 23 : 21. 21; X. 24 : 23. 6 and often in prasna X : विभक्तिमन्त्रत्वादिष्टका विभक्तिः। अग्न आयाहि वीतय इति प्रथमा विभक्त्यन्ताग्नि॰ Ms.

विमते ? XVIII. 24 : 372. 7.

विमथीकृ XI. 11 : 79. 10 : तत्समुत्क्रुश्य विमथीकुर्वते। तदुभये (viz. आजिसृतः and मारुताः) समुत्क्रुश्य वल्गन्तो नदन्तो विमथीकुर्वते असमञ्जसेनाच्छिन्दन्ति Viv.; असमंजसभीषणेन आच्छिन्दन्ति Keś.; cp. T.Br. I. 3. 8. 4 and Sāyaṇa on this passage in Taitt. S. (ed. Calc.) Vol. I, p. 1050, l. 2 from bottom; cp. also Āp. XVIII. 7. 8.

वियूष् IV. 8 : 122. 11 : पृथग्यूषम्।

विराजक्रम II. 18 : 64. 11; XXIV. 33 : 219. 14, the mantras beginning with नर्यं प्रजाम् T.Br. I. 2. 1. 25 sqq. : विराज उत्क्रान्ता य एतैर्मन्त्रैः प्रजापतिना क्रमेण परिगृहीतत्वात् cp. see T.Br. I. 1. 10. 1.—विराट्क्रम Āpastamba.

विलेख्य adj. XXIV. 10 : 193. 14 : विविधं लेखितव्यानि विना कपालैः Viv.; विखनीयानि भूम्यां लेखनेनैव संजातात्मलाभानि। ते तानि। सौचत्वान्निर्वाह्य-विलेख्यानि Veṅk.

विवाजिन V. 1 : 129. 10 : विगतवाजिनाम्।

विवृक्त IV. 6 : 119. 3 : विवृक्तमनु लक्षणे वा अनु Viv.; आवर्तलक्षिते प्रदेशे उपाकृतयोरन्यतरन्निक्षिप्तमादाय तस्मिन्देशे Keś.; note the reading of Tr. : विवृक्तमनु।

विशृ c. वि-प्र XXIV. 21 : 205. 5.

विश्रय V. 2 : 130. 15; V. 6 : 136. 9 : वेदिं च गार्हपत्यं चान्तरा विश्रयः—XXX. 6 : 398. 8; XXX. 10 : 405. 2, 5; XXX. 18 : 411. 1 : 'the middle.'

विशसन adj. (viz. मन्त्रः) XXIV. 7 : 190. 12 : विशस्यते हिंस्यते ऽनेन मन्त्रेणेति विशसनः Veṅk.

विशाखक XXIV. 25 : 209. 14, see crit. note.

विशालयूप XV. 14 : 218. 9: XV. 37 : 243. 3.

वृथाश्रम XXVI. 9 : 285. 1 : वृथाश्रममग्निहोत्रादि ।

वृद्धि VII. 5 : 206. 6; VIII. 1 : 234. 12 : वृद्धिलिङ्गो मन्त्रः (T.S. III. 1. 8. 2).

वृद्धिज XXV. 30 : 264. 3.

वृध् c. अति-प्र XX. 1 : 5. 8; XXVI. 2 : 272. 13.

वृश्र XXX. 2 : 391. 4, 5, 7.

वृषण dual. वृषणौ IV. 5 : 115. 8; XVIII. 36 : 385. 11; XXIII. 18 : 179. 11 : मन्त्रलिङ्गात् वृषणावित्युक्तम् । यूपशकलौ (cp. T.S. I. 3. 7. *i*) : 'the two blades of grass (or pieces of wood) used at the agnimanthana', cp. Āp. VII. 12. 12 and Kāty. VIII. 7. 5.

वृषारव I. 6 : 9. 12; XX. 7 : 17. 12; XXIV. 25 : 210. 15, also pi. sū. I. 6 : 10. 19 : पाषाणः Viv., Sāy.; Āpastamba I. 20. 2 uses अश्मा ।

वृष्णिवासस XVIII. 16 : 361. 5; XVIII. 19 : 365. 8.

वेला II. 8 : 46. 10 : भाविस्थानम् ।

वेष्ट् c. आ caus. XI. 8 : 77. 5 : आवेष्टयति भ्रमयति चक्रम्, equivalent to or corrupt for आचेष्टयति ।

c. प्रति-निस् caus. med. XXV. 2 : 228. 11.

वेष्टत् XVI. 24 : 270. 5; XVI. 25 : 270. 19; XXIII. 12 : 168. 3; XXIV. 38 : 225. 6.

वैस्तुध XXVI. 8 : 282. 6.

वैराज III. 14 : 84. 15. वैराजमुपस्थानम्, the upasthāna with the virājakrama formulas;—XXII. 3 : 119. 22, the वैराजौदीक्षाः here mentioned refer to T.S. V. 6. 7.

वैश्यसव XVIII. 3 : 345. 18.

वैश्वकर्मण XIV. 9 : 169. 2 : उक्तानि वैश्वकर्मणानि (T.S. III. 2. 8. *c–g*) see Baudh. VIII. 6 : 242. 1; XIV. 20 : 188. 10.

वैश्वानरमारुत X. 51 : 53. 1, cp. 4 and X. 52 : 55. 10, 11.

वैसर्जन XXI. 15 : 98. 4.

व्यतिचारम् absol. XXI. 2 : 72. 1; XXIII. 6 : 157. 6.

व्यतिषङ्गम् absol. XI. 3 : 67. 11.

व्यध् c. अव IX. 3 : 268. 14.

व्यभिमर्श XX. 8 : 20. 9, 11.

व्यस्तपुच्छ XXX. 10 : 403. 9 : विस्तीर्णं पुच्छं यस्य ।

व्युद्वसानीय XXVI. 12 : 289. 11.

व्रतति XXIV. 23 : 208. 2 : वल्लिपल्लवाः ।

185. 15 : समवशमयन्ते। येन प्रयोजनं तदग्निष्ठे निदधाति; XV. 31 : 237. 13 : समवशमयतात्; XVI. 29 : 276. 1 ; XVIII. 25 : 373. 8 : समवशान्तम्; cp. Śat. Br. VII. 3. 2. 1, 2.

शमरथ XVI. 13 : 260. 5; XVII. 43 : 324. 6. The same word occurs Kāṭhaka XXXII. 3 : 21. 16 Drāhy. V. 4. 11, Baudh. gṛhs. IV. 4 (अथ यदि बलवता शमरथः स्यात्), in the Bhāradvāja gṛhyasūtra II. 29, and cp. अशमरथंभावुक TBr. I. 3. 5. 4, see on this word Sāyaṇa in the Calc. ed. of the Taitt. S. vol. I. p. 1008. The meaning seems to be 'a quiet chariot,' the counterpart of अयरथ।

शम्या XXX. 1 : 389. 5, 7 ; XXX. 3 : 394. 8 ; XXX 4 : 395. 10, name of a measure.

शम्यान्यास XII. 17 : 112. 1 sqq. ; XVI. 29 : 276. 2 ; XVI. 30 : 276. 12.

शम्यापरिधि adj. XIV. 17 : 182. 2 sqq. ; XXIII. 7 : 159. 1 : शम्या एव परिधयः। शम्याः परिधयो; स्त्रिम्निति।

शम्याप्रव्याध XI. 7 : 76 4 ; XII. 12 : 103. 12 ; XII. 17 : 111. 14 : शम्याप्रक्षेपे।

शराव XXIV. 29 : 214. 5 : शरावप्रमाणं तण्डुलादि पुरुषपूर्तंवपलक्षणमेतत्।

शरीरवन्त् XVII. 28 : 306. 10 : शरीरवद्यजुः, cp. शरीरवद्गायत्रम् Jaim. śrs. 4 : 5. 17 ed. Gaastra, and its counterpart अशरीर in Jaim. up. brāhm. III. 30. 2, III. 38. 10.

शरीरसंस्पर्शिन् XXIV. 19 : 203. 12.

शल्कशिरश्चे XV. 30 : 235. 6 ; XXVI. 11 : 287. 13.

शवानस् XVIII. 36 : 385. 10; XXIII. 18 : 179. 11, 12.

शस्त्रभक्ति XXV. 21 : 252. 12–14.

शस्त्रिन् XVI. 21 : 267. 6; XXVI. 17 : 297. 3.

शामुलक XXVI. 32 : 318. 11.

शामुलाजिन XXVI. 32 : 318. 11 but शामूला॰ XVIII. 25 : 373. 8.

शालीन XVIII. 8 : 350. 7; XVIII. 16 : 361. 8; XVIII. 40. 391. 6.

शास् c. वि IV. 8 : 121. 4, 5; VI. 17 : 175. 18 : तामध्वर्युर्विशास्ति। विविधं शास्ति कुरुतोत्सृजतेति वा ; XI. 2 : 66. 6 : and often : यथाऽनुशि 'विशिष्य refers to VI. 34 init. ; XXVI. 13 : 291. 4 etc. : 'to give different directions about something.'

शास XXVI. 11 : 287. 11.

शिपिविष्ट II. 3 : 36. 14 : दुश्चर्मा Viv. ; केशरहितशिराः Venk

श्रिति XI. 1 : 63. 4; XI. 11 : 80. 1; XXII. 15 : 138. 6 : श्रितिम् निश्रेणीम् (var. ॰णिम्).

श्रु c. अति-आ caus. IV. 6 : 116. 13; XX. 28 : 62. 4.

श्रेणिमर्त VI. 26 : 187. 13, see crit. note.

श्रेष्ठिन् X. 56 : 58. 16; XII. 9 : 99. 15 : श्रेष्ठी प्रधानः।

श्लक्ष्णक XII. 2 : 87. 7.

श्लिष् c. सम्-आ caus. XIII. 26 : 136. 10, 11 : आग्नेयस्य च सौम्यस्य चैन्द्रे समाश्लेषयेदिति। व्यूह्याभिमृष्टेषु अवयवयोगात् षष्ठीति आग्नेयस्य अर्धं सौम्यस्य कतिपयांस्तण्डुलानैन्द्रे प्रक्षिपति।

c. अनु-उप I. 15 : 24. 1.

श्लोष (?) XV. 1 : 204. 12.

श्वभ्यश II. 5 : 39. 8; meaning?

श्वल्काश II. 5 : 40. 10, cp. perhaps श्वल्क् of the Dhātupāṭha.

श्वस् c. उप caus. (obj. दुन्दुभीन्) XV. 24 : 228. 5.

श्वावघ्रात XIV. 9 : 167. 8.

श्वेतक XIV. 29 : 202. 1 : श्वेतकानाम्। पलाशपुष्पमध्ये वक्राधनुर्वद्यच्छेदकं पलाशपत्रदण्डान्वा।

ष।

षडुद्याम X. 12 : 12. 1 : षडुद्यामा यस्य तत् षडुद्यामम्।

षडुपसत्क XXV. 27 : 259. 5, 12; 260. 8.

षोडशतय XII. 8 : 96. 10 (षोडशतय्य आपो)।

षोढा XXX. 3 : 393. 6 against षड्धा XXX. 19 : 411. 15.

स।

संयवन XX. 8 : 20. 6, nom. act. to संयौति : उदकपिष्टयोः संयोजनम् Sāy.

संयवनीय I. 8 : 12. 6 : पिष्टसंयवनीया आपः। मदन्तीरित्यर्थः।

संयान XIV. 1 : 153. 14 : प्रज्ञातमपाꣳ संयानस्य विधिः। अथ यद्यपर्याणा इत्यादि see VI. 9 : 165. 14.

संयोजन in यूप॰ and पशु॰ XX. 26 : 59. 14.

संवत्सरगर्भ XXVI. 20 : 300. 9 : यथैतदृतवो वै प्रजाकामा (T.S. VII. 2. 6) इत्येष संवत्सरगर्भं एकादशरात्रषड्रात्रसंवत्सरगर्भं इत्यन्ये।

संवत्सरतम XXVI. 26 : 308. 9 : XXVI. 27 : 311. 1.

संवत्सरभृत् X. 12 : 11. 13; XXX. 7 : 400. 16.

समिद्वार XVI. 7 : 253. 10; XXVI. 13 : 291. 1; XXVI. 18 : 298. 9; XXVI. 19 : 299. 9; XXVI. 25 : 307. 3; XXVI. 27 : 310. 10.

समूह्य XVII. 29 : 308. 6, 9; XXX. 18 : 411. 5, 6, a manner of building the 'agni.'

समृद्धि XXII. 1 : 117. 4, designation of the mantra ऋचा स्तोमꣳ समर्धय (T.S. III. 1. 10. *b*).

समोदक II. 13 : 56. 3 : समोदको युक्तोदकः समलवण इति ।

संप्रत्याहारम् absol. XXII. 5 : 124. 14.

संप्रसर्पण XIV. 8 : 166. 9 : उत्क्राꣳ संप्रसर्पणस्य (T.S. III. 2. 4. *c.* sqq.) see Baudh. VII. 10 : 215. 10 sqq.

संभरणी VII. 6 : 208. 8; VIII. 1 : 234. 15; VIII. 9 : 245. 14 : संभरण्याम् कलशे ।

संभरणीय VIII. 1 : 234. 14 : संभरणीये तृतीये वर्गे ।

संभार VI. 18 : 176. 18 : संभारान् अग्निर्यजुर्भिरित्यनुवाकम् Taitt. Ār. III. 8.

सम्राडासन्दी VI. 10 : 166. 15; IX. 5 : 270. 20 and passim in pr. IX.

सम्राड्दुह् VI. 34 : 198. 15.

सपक्षपुच्छ XXVI. 19 : 300. 1.

सर्पाणामयन XXVI. 24 : 306. 7.

सर्पिरासेचन II. 14 : 56. 7; V. 10 : 141. 21; XV. 3 : 207. 7; XV. 4 : 208. 2; XVIII. 8 : 350. 12.

सर्वतःप्रस्रवण XV. 1 : 204. 5.

सर्वतोमुख XXIII. 19 : 180. 5 sqq.; XXVI. 33 : 320. 10, name of an ekāha.

सर्वतोमुख adj. X. 35 : 33. 12; X. 38 : 36. 15; X. 40 : 39. 4, etc.

सर्वपृष्ठ (viz. इष्टिः) XIII. 29 : 138. 20; XXIV. 6 : 189. 14 : अत्र सर्वपृष्ठाशब्देन सर्वपृष्ठाख्यकाम्येष्टिद्रव्यं पुरोडाशो ऽभिधीयते (Baudh. XIII. 29, 30) । तत्रानेकदेवताकमेव द्रव्यं राथंतरेन्द्रादिदेवताभेदेनावर्तेत इति देवताभ्यावर्ति Veṅk.

सर्वभक्ष adj. VIII. 8 : 244. 15; VIII. 15 : 256. 13; XI. 12 : 81. 12; XI. 13 : 83. 15; XII. 16 : 110. 12; XVII. 5 : 287. 3, etc.

सर्वमेध XXIV. 11 : 194. 5.

सर्वसꣳस्था VIII. 21 : 263. 4; X. 11 : 11. 8 : सर्वसꣳस्थां पशोः कुर्वन्ति । पूर्णाकृत्यन्तं समापयन्ति ।

सर्वसुरभिपिष्ट XVII. 39 : 317. 2; XVII. 40 : 320. 16.

सर्वाभिप्रायिक XXIV. 11 : 194. 17 : सर्वाभिप्रायिकाणि सर्वाभिप्रायप्रयोजनानि सर्वफलानीत्यर्थः Viv.; सर्वकामफलानीति यावत् Veṅk.

सर्वायुष XV. 21 : 225. 12.

सवच्छ XXVI. 28 : 312. 2, cp वषट्चिति।

सवनीय XXIV. 22 : 206. 8; meaning?

सवनेष्टि XXI. 6 : 79. 14.

सवातौ (dual सवात्यौ, gen. dual सवात्योः; the nom. सवात्य given by the P.W. is false, cp. also T.Br. III. 1. 6. 2) V. 10 : 142. 7; XII. 5 : 92. 7 : एकेन वत्सेन मृतवत्सा जीववत्सा च ये दुह्येते ते सवात्यौ, and elsewhere : एकेनैव वत्सेन मृतवत्सा च स्वमाता च दुह्येते सवात्यौ।

· सविंश XV. 18 : 222. 14; XVIII. 34 : 384. 1.

सनिर्घोष subst. XXX. 2 : 392. 15; XXX. 10 : 403. 11; XXX. 12 : 406. 13, 15; XXX. 20 : 413. 4.

सव्योत्तरिन् VI. 21 : 181. 5 : सव्यहस्तमुपरि कृत्वा।

सशल्क XI. 3 : 66. 11 : सशल्काम्। सोपकरणां सतवालपविचोपयमादि; XVII. 33 : 312. 4 : सशल्काम्। सतवालश्येनपत्त्रशताल्पणादिसहिताम्।

ससावित्र XXII. 2 : 118. 11 : सह सावित्रैः। सावित्रहोममारभ्य।

सस्विष्टकृत्क XX. 19 : 42. 2; XXVI. 6 : 279. 11.

सहंस X. 16 : 15. 13; X. 17 : 16. 10 : with the stanza हंसः शुचिषत् T.S. IV. 2. 1. *n*.

सहकारिप्रत्यय II. 2 : 35. 16; XXIV. 18 : 203. 6. The Vivaraṇa of the first passage (35. 14–17) runs thus : आदितः कर्मारम्भकाले स्थालीदित्य शुच्यादयो धर्मा आ कर्मसमाप्तेः। सहकारिप्रत्यय इतरैर्ऋत्विग्भिः सह संवादं कृत्वात्मीयं पदार्थमा चतुर्थाच्चतुर्थेन सह क्रियमाणादारभ्य बह्वो व्यवस्थाप्य पाणिसंमर्शनकाले परिस्तरणं पात्रसादनकाले ब्रह्मण उपवेशनमेव-मान्वाहार्यदिकानि कर्माणि सर्वाणि प्रयोजयेत्; for आ चतुर्थात्कर्मणः cp. also Āp. I. 2. 11, for which passage perhaps Āp. IV. 1. 2 is to be compared. The Vivaraṇa of the second passage runs according to Veṅkateśvara : सह कुर्वन्तीति सहकारिणो होत्रादयस्तेषां प्रत्ययात् तत्प्रमाणानुसारादाश्वलायनादिसूत्रानुसारादिति यावद्भवन्ति। उपांशु-शुधर्मकर्माणि भवन्ति; acc. to Bhavasvāmin : सहकारिणो होत्रादयस्तेषां यथा तथा भवन्ति।

सहजानि XVIII. 46 : 402. 8.

सहयाजमान XX. 2 : 6. 9.–

सहदक्षिण XXIV. 13 : 198. 5.

स्वयम् in स्वयंमूर्त, स्वयंमथित, स्वयमवपन्न, स्वयंकृत, स्वयंदिन XII. 6 : 92. 12—15, according to the Viv. does not mean : 'by itself' but 'by himself' : यजमानेन आत्मनैव।

स्वयंपाप XIII. 13 : 127. 16; XXVI. 5 : 277. 10 : स्वयमकार्यकारी।

स्वरथ XI. 6 : 73. 12; XII. 16 : 110. 5; XIV. 17 : 183. 4; XV. 14 : 219. 1; XV. 24 : 227. 13; 218. 13.

स्वरश्मनम् dvandva IV. 4 : 113. 6, 7; XX. 26 : 59. 12; XX. 27 : 62. 1; XXI. 18 : 103. 3.

स्वरुग्रास dvandva plur. XI. 4 : 69. 1.

स्वर्वन्त IV. 4 : 113. 21 and passim through the whole text : स्वर्वन्तं यूपमुत्सृजति। स्वर्वन्तमिति यावत्कृत्वा यूपं विसृजति। एतस्मादेव गम्यते ऽञ्जनप्रभृत्येतस्मान्न मुञ्चतीति and elsewhere : स्वर्वन्तम्। स्वरोरवगूहनान्तम्।

स्वाच्छूष IX. 4 : 270. 9; X. 8 : 7. 16.

स्वित् particle XXIV. 33 : 220. 1.

स्विद् c. उत् VIII. 21 : 262. 8 : उत्स्विद्य सोदकं कृत्वा तापयित्वा।

स्विष्टकृच्चतुर्थ adj., fem. °र्थी XXIV. 33 : 219. 10; XXVIII. 5 : 353. 4.

स्विष्टवन्त् XIII. 43 : 150. 12, containing the word स्विष्ट।

ह।

हंसमुखप्रसेचन XX. 16 : 34. 4.

हंसमुखी XXX. 10 : 404. 10, 12; XXX. 20 : 413. 6, 10, a particular iṣṭakā.

हतमनस् XXVI. 5 : 277. 10 : निरुत्साहः।

हन् c. उत्-आ XXI. 22 : 110. 4.

c. अभि-वि XI. 10 : 79. 4; XVI. 20 : 266. 14; XVII. 39 : 318. 10; XVIII. 18 : 365. 5; the Viv. of the first passage, विमिताभ्यां मण्डपाभ्यामभिविघ्नन्ति। परस्पराभिमुखौ (viz. आजिह्वतः and मारुतान्) द्वाभ्यां परिश्रयन्ति।

हरिद्रुक XVIII. 46 : 402. 13.

हविरुक्ता XXII. 2 : 119. 7 : हविः शब्दोक्तम् Ms.

हविष्पथ XXV. 20 : 251. 1.

हविःपेषी I. 7 : 11. 1; XII. 1 : 85. 7.

हविःसंस्कारी XXIV. 25 : 210. 15, see crit. note.

हस्तेन I. 20 : 30. 15 : हस्तशब्दात्प्राचीमपाकरोति Sāy

CORRECTIONS AND ADDITIONS.

I. 18 : 27. 2 read द्वितीयमवदानानि।

I. 18 : 27. 6 and I. 20 : 30. 15 r. निम्रेण instead of जिम्रेण।

II. 3 : 36. 9 r. probably with Tr. ॰पारक्षेन॰ instead of ॰परक्षेन॰।

II. 5 : 39. 11 r. with Tr. इदाकुणि instead of ॰खुणि।

II. 6 : 42. 15 r. या ते। अग्न instead of या न अग्न।

II. 7 : 43. 12 r. प्रत्यागच्छन्ते instead of प्रत्यग॰।

II. 7 : 44. 3 r. सर्वं instead of सर्वे।

II. 7 : 44. 7 r. here and everywhere in Vol. I. नानाहृद्य instead of ॰हृदीय।

II. 7 : 45. 4 better perhaps with Tr. कामदुघा अवरुन्द्धे।

II. 10 : 49. 10 Tr. reads : इडन्ताम्माभुरन्योवपद्यतां।

II. 10 : 50. 13 r. इत्य'त्र instead of इत्य'थ।

II. 14 : 57. 5 r. त्रिष्टुग्भी instead of त्रिस्तुग्भी।

III. 1 : 69. 1 r. अश्नौदनम् instead of व्र॰।

III. 3 : 71. 10 r. संतिष्ठते पुनराधेयमिति न्वृद्धिपुन॰।

III. 3 : 71. 12 r. with Y and Tr. तृतीयमादधान instead of तृतीय आधान।

III. 3 : 71. 17 r. वियन्तु instead of वि॰।

III. 12 : 83. 4 r. विग्रस्य instead of विस्वस्य।

III. 24 : 96. 7 r. with Tr. ॰स्तम्बयजुषि ह्रियमाण instead of ॰यजुष्याह्रिय॰।

III. 27 : 99. 9–10. I now prefer to read this passage, with Tr. and C[1] in the following manner : स आहवनीयं प्रेक्षमाण आस्ते प्रणीता वोभयं। वान्तरेण' नैति वेति वा वीक्षते, cp. the Vienna Oriental Journal XXIII. 67.

III. 30 : 104. 6, 10 r. करणमसि instead of करणामसि।

III. 30 : 105. 1 r. प्राक्नाहृत instead of ॰हृत।

III. 30 : 105. 13 ; instead of इत्येतयैव Tr. reads इत्येत एवेन्वा जपा r. perhaps इत्येते न्वेव जपा।

IV. 1 : 107. 13 here and each time आहैषि is to be corrected into आहेषि (i.e. आह इषि)); the MSS. read either thus or आहेषि।

IV. 1 : 108. 12 r. कलावाद्यत्या वा द्धारयंत्योष्ठ।

IV. 4 : 112. 19 r. प्रोच्छ्यो॰ instead of प्रच्छ्यो॰।

IV. 5 : 115. 18, correct the interpunction : संदधाति । धर्मां मानुषानिमि नि॰।

IV. 6 : 118. 7; instead of उदकमण्डलुमुत्थाप्य Tr. reads उदकमण्डलुमुद्धाप्य, which perhaps is preferable. The Viv. : पाद्धयित्वा।

IV. 9 : 123. 7 r. वनिष्ठुमिति पाथाऽ instead of वनिष्ठुमितीडपाथाऽ।

V. 1 : 129. 5 r. पिष्टानि instead of इष्टानि।

V. 2 : 129. 18 r. ॰बिर्हि॰ instead of ॰बर्हि॰।

V. 2 : 130. 12 r. मारुतादंय instead of मारतादंय।

V. 5 : 133. 12 r. ॰मिध्म॰ instead of ॰मिध्य॰।

V. 12 : 145. 10 r. प्रदक्षिण॰ instead of प्रदक्षिण॰।

VI. 6 : 163. 4; instead of स यद्य द्धामेध्य॰ Tr. and some of the other MSS. read स यद्यद्धामेध्य॰, which reading is preferable. The same correction is to be made VII. 8 : 214. 1; VII. 13 : 220. 9; cp. XIV. 3 : 155. 11; XIV. 7 : 163. 5, 15; 164. 6; XIV. 27 : 199. 3; XIX. 4 : 421. 17 and my remark in the Vienna Oriental Journal XXIII, 68.

VI. 11 : 168. 5 r. वषट्कृत॰ instead of वष॰।

VI. 12 : 169. 16 r. निक्रामति instead of निष्क्रामति।

VII. 18 : 176. 18 r. चतुर्होता॰ instead of च तुर्होता॰।

VI. 20 : 178. 20 r. ॰धिश्रयेयु॰ instead of ॰धित्रयेयु॰।

VI. 20 : 179. 2 r. पूर्वं instead of पूर्वे।

VI. 21 : 181. 4 r. आपरा॰ instead of अपरा॰।

VI. 26 : 187. 11 r. प्राक्षो instead of प्रक्षो।

VI. 27 : 190. 11 r. ॰तस्योदीचीं instead of ॰तस्योदीं।

VI. 29 : 193. 14 r. उदकाऽस्नाताया instead of ॰स्नाताया।

VII. 8 : 212. 16. Tr. also instead of भुन्जानः reads भुवानः, which might be better, cp. XIV. 5 : 161. 2; XV. 29 : 233. 17.

VII. 12 : 218. note १ r. 'without *r*' instead of 'without *y*.'

VII. 14 : 223. 8 r. द्विर्जुहोति instead of द्विजु॰।

VIII. 17 : 258. 12 r. probably ॰थाशुसोमान्, instead of ॰थाशु सोमान्, cp. Index of words *in voce*.

VIII. 22 : 264. 4 r. धाव एव instead of धावे।

IX. 5 : 271. 18 r. निवपति instead of निपवति।

IX. 5 : 272. 17 r. परि॰ instead of पर॰।

IX. 11 : 280. 18 r. probably तथान्तराञ्जनं instead of तथैवाञ्जनं।

IX. 11 : 281. 2 r. probably नथैवान्तरात्मनं instead of नथैवात्मनं ।

IX. 20 : 298. 1 probably विप्रुषिते is preferable to विप्रोषिते, see Index of words *in voce* प्रुष् ।

X. 22 : 20. 8 r. तन्नः instead of तन्न ।

X. 32 : 30. 2–3 r. देवानामग्रेर्या॰ ।

XI. 5 : 70. 12 r. द्विरभिघार्य॰ instead of द्विरभिधार्य॰ ।

XII. 8 : 96. 10 r. षोडशतय्य instead of षोडशतयं ।

XII. 12 : 103 11 r. षट्त्रिं॰ instead of षटत्रिं॰ ।

XII. 13 : 104. 4 r. ॰न्वारभ्ये instead of ॰भ्य ।

XIII. 1 : 120. 6. As all the MSS. have इष्टीर्व्याख्याताः I now believe this to be the correct reading; the acc. on *-īs* occurs elsewhere also as nomin. : दर्भमयीः III. 1 : 69. 14; पराचीः X. 11 : 10. 7; ॰धारिणीः XV. 5 : 120. 2; तावतीः XXIV. 10 : 194. 4; ॰माचीः XXIV. 25 : 210. 4.

XIII. 1 : 120. 6. As the plurality of the MSS. reads इतीन्वा इमा (or इतीन्विमा) it is possible that we ought to read इतीन्वा इमा *i.e.* इति । इत् । नु । वै । इमाः ।; the same is to be observed XIV. 4 : 157. 15; 158. 2; XVII. 9 : 290. 5, cp. also XXI[illegible]. 4 : 154. 17; XXIV. 37 : 224. 8; XXIV. 39 : 226. 2; XXVIII. 9 : 360. 2; but X. 21 : 19. 15 all the MSS. have इतिन्वा, without इत् ।

XIV. 4 : 158. 2 r. एकाष्टयाजिनो instead of एकयाजिनो ।

XIV. 12 : 173. 9 r. रुद्रास्त्वा instead of रुदास्त्वा ।

XIV. 13 : 176. note 8, r. 'exc.' instead of 'etc.'

XIV. 15 : 180. 11 r. ॰नयैको instead of ॰नयैका ।

XIV. 18 : 184. 1. I propose to read सर्वाचो instead of सर्वाचो, this word belonging syntactically to राष्ट्रभृतो ।

XIV. 20 : 187. 4 r. ऽग्रवी॰ instead of ऽग्रनी॰ ।

XIV. 20 : 187. 15 r. ऽतिक्रामाणा॰ instead of ऽतिक्रमाणा॰ ।

XIV. 27 : 200. 1 r. एतद्वभृथ उवेवैष[1] भवति (instead of उ[1] वैवैष[1]), *i.e.* उ । एव । एष ।; we have here the same sandhi, which sporadically occurs in the Taitt. Saṃhitā and the Taitt. Brāhmaṇa, cp. Taitt. prātiśākhya IX. 16; to the examples cited by Whitney (स उवेक॰ IV. 3. 3. 2; यदन्युवेवा॰ II. 3. 7. 4; न वा उवेतन्म्रियसे IV. 6. 9. 4) may be added स उवेवेन्द्रः T.Br. I. 2. 2. 5. The same sandhi is found in Baudhāyana in the following passages : XVI. 20 : 266. 6, 11; XVI. 33 :

279. 1, 6; XVI. 34 . 279. 13; XVI. 35 : 281. 3; XVI. 36 : 281. 6; XVII. 23 : 303. 3; XVII. 60 : 340. 16. This sandhi is not uncommon in the Kāṇva-recension of the Śatapathabrāhmaṇa.

XV. 15 : 220. 5 r. पड्० instead of षड्० ।

XV. 22 : 226. 5 r. सुवर्णमयै० ।

XV. 30 : 236. 1 r. विश्रासते० instead of विश्रसते० ; *ib.* note २ ०हृत्तं instead of ०वत्तं ।

XVI. 6 : 256. 5 r. यद्वषट्कारपथो instead of ०पन्थो ।

XVII. 1 : 283. 3 r. एकधनान्दीच्चते ।

XVII. 18 : 298. 8 r. probably दशवीर्या० instead of दशवीर्यां० ।

XVII. 19 : 299 note ४ r. तद्दियु० instead of तद्दिपु० ।

XVII. 24 : 303. 8 r. सुष्टिनो ऽनुप्रकारं instead of सुष्ठिनो ऽनु प्रकारं ।

XVII. 40 : 320. 6 r. इमं instead of इमां ।

XVII. 42 : 323. 17 r. रधाम instead of राधाम ।

XVII. 45 : 326. 14 r. नाभिर्गोभिर्य० instead of नाभिर्गो० ।

XVII. 61 : 341. 1 r. पौर्णमास्यै instead of पौर्णयास्यै ।

XVIII. 12 : 356. 11 r. विश्वेषां ।

XVIII. 15 : 360. 1 r. ऽतिश्रेदुः instead of ऽतिसेदुः ।

XVIII. 20 : 366 note ६ r. स्रूरि० instead of स्वरि० ।

XVIII. 24 : 372. 3; on किंकरावताना cp. Index of words *in voce.*

XVIII. 25 : 372. 11 r. दीक्षितावकीर्णा instead of ०क्रीर्णा ।

XVIII. 29 : 378. 1 r. प्रजापतेरनुरूपत्वाय instead of ०त्याय ।

XVIII. 33 : 382. 14 r. तद्दथ instead of तद्दय ।

XVIII. 38 : 389. 2 r. तन्नो नामनी instead of न नो नामानि ।

XVIII. 46 : 402. 8 r. probably हिरण्मय्या instead of हिरण्यया ।

XVIII. 46 : 403. 2 r. जयन्त्या च instead of जयन्त्याश्च ।

XVIII. 48 : 406. 8 correct the interpunction : ०चच्चते चतुष्टोमे राशि० ।

XVIII. 50 : 408. 16 r. probably with L ०संचरी instead of ०संचारी, cp. Index of words *in voce.*

XVIII. 50 : 409. 18 r. ०वभ्रयेन instead of ०वभ्रतेन ।

XVIII. 52 : 413. 1 r. सर्वासामेव ।

XIX. 5 : 424. 6, the nomin. एकविंशतिर्दक्षिणा ददाति is found in the Brāhmaṇa also : T.Br. III. 12. 5. 7.

XIX. 9 : 430. 8 r. चेद्दीने instead of चेद्यद्दीने ।

XIX. 10 : 434. 4 r. लोकांश्नयैव instead of लोकं श्न० ।

XX. 6 : 16. 13 r. परिग्रयौ० instead of परिग्रयो०।

XX. 18 : 39. 9 r. ०न्वारम्भेष्ट्यामिति।

XXIII. 7 : 158. 9 r. सꣳस्थापयेद्देवाय।

XXVI. 10 : 286. 13 r. चतुरुत्तरीय।

प्रवरे ४१ : 450. 3 r जौवनयः।

प्रवरे ४२ : 453. 1 r. मिभुवाः।

प्रवरे ४८ : 462. 6 r. पौष्कर०।

प्रवरे ५४ : 466 note ७, r. "is the better reading."

BIBLIOGRAPHICAL APPENDIX.

Now that this edition of the Baudhāyana-śrautasūtra is complete, it may be of some use to students of Vaidic literature, to add, at the suggestion of Mr. J. van Manen, General Secretary to the Asiatic Society of Bengal, a complete bibliography of the texts belonging to the Black Yajurveda, of which our Sūtra forms a part, as far as these texts are extant, either in print or in manuscript.

It would be logic to commence with the *oldest* texts. But, as no conclusive investigations have yet been made regarding the chronological sequence of the majority of those texts, it will, for the present, be advisable to treat of them in alphabetic order.

1. The *Kaṭha* texts. Of this group two Saṃhitās are known, that of the Kapiṣṭhalakaṭhas and that of the Cārāyaṇīya- or Caraka-kaṭhas.

(*a*) The *Kapiṣṭhalakaṭhas.* We know only of their Saṃhitā, of which a large fragment is preserved at the Benares Government Library. This Saṃhitā is very nearly related to the Kāṭhaka as printed by L. von Schroeder (see under *b*). The two Saṃhitās, differ, first, in many minor points, and secondly in their division, the Kapiṣṭhalasaṃhitā being divided into Aṣṭakas, each Aṣṭaka containing eight Adhyāyas. It is a task for the future to examine the relation of this Saṃhitā to the Kāṭhaka.

(*b*) The *Caraka-* or *Cārāyaṇīya-kaṭhas.* Their Saṃhitā is the one which has been published by L. von Schroeder in three volumes: Kāṭhakam, die Saṃhitā der Kaṭha-çākhā (Leipsic, Brockhaus, 1900, 1909, 1910). To this text R. Simon composed a very useful Index Verborum (Leipsic, Brockhaus, 1912). But the Kāṭhaka must once have contained much more than is handed down to us; there must have existed a Brāhmaṇa and an Āraṇyaka. Of this Brāhmaṇa only some fragments are known at present Cp. my paper: "Brāhmaṇa- en Sūtra-aanwinsten" in Versl. en Meded. der Kon. Akad. v. Wet., Afd. Lett., Ve R., IVe deel, page 467 ff. Of the Āraṇyaka, von Schroeder himself has published many fragments in his paper: "Die Tübinger Kaṭha Hss." in Sitz. Ber. der Kais. Ak. der Wiss., Wien, Phil. hist. Kl., Band CXXXVII (1898). From the Sūtras of the Kaṭhas the Yajñasūtra (or Vaitānika- or Śrauta-sūtra) seems to have perished (perhaps somewhere in Kaśmīr copies still may be extant); only an extensive fragment of the Paribhāṣā sūtra and of the Śulba-sūtra are known to me; the Gṛhyasūtra, however, is preserved and is actually being printed at Lahore with extracts from three commentaries. This Gṛhyasūtra presupposes a special collection of Mantras, a kind of Mantrasaṃhitā, in which the Mantras were handed down with their accents, cp. the above-mentioned paper "Brāhmaṇa-en Sūtra-aanwinsten," page 465 ff.; as a whole this text seems to have perished.

2. The *Maitrāyaṇīyas or Mānavamaitrāyaṇīyas.* Their Saṃhitā has been published by L. von Schroeder in four parts: Maitrāyaṇī Saṃhitā, Brockhaus, Leipsic, 1881, 1883, 1885, 1886. But this śākhā must equally have possessed an Āraṇyaka, which has been lost. The Sūtra has partly been edited by F. Knauer: "Das Mānavaśrautasūtra," St. Petersburg, 1900, 1901, 1903, giving Books I—V. After the lamented death of Knauer the task undertaken by him has been taken up by Miss Dr. J. van Gelder, who published the Cayanapraśna ("Opbouw van het hoogaltaar naar de overlevering der Mānavas," printed by Kreysing, Leipsic, 1921). The Gṛhyasūtra of the Mānavas has equally been published by Knauer (St. Petersburg, 1897). Whether the Vārāhagṛhyasūtra (edited by R. Sama Sastry as No. XVIII of the Gaekwad's Oriental Series, Central Library, Baroda, 1921) presupposes *our* Maitrāyaṇīsaṃhitā (the Vārāhas constituting in this case a caraṇa), or another Saṃhitā slightly differing from the one published by von Schroeder (the Vārāhas constituting in this case a śākhā), is for the moment undecided. According to the introduction to this text the Śrautasūtra of these Vārāhas has also been found. It is to be hoped that it may also be made publici juris.

3. The *Taittirīyas.* Their Saṃhitā appeared in the Bibliotheca Indica under the title: The Saṃhitā of the Black Yajurveda with the commentary of Mādhavācārya (ed. Roër and Cowell, Calcutta, 1860-1899) in five volumes. Their Brāhmaṇa is contained in the same collection of edita (the Taittirīyabrāhmaṇa of the Black Yajurveda, Calcutta, 1859 etc.) in three volumes, as also their Āraṇyaka (Calcutta, 1872). Saṃhitā and Brāhmaṇa were also published at Poona and Mysore with the commentary of Bhaṭṭa Bhāskaramiśra. The best critical edition of the Saṃhitā is that of A. Weber (published as Volumes XI and XII of the Indische Studien, Brockhaus, Leipsic, 1871, 1872). Since 1914 we possess a translation with ample introduction by A. B. Keith: "The Veda of the Black Yajus school entitled Taittirīyasaṃhitā" (Cambridge Mass., 1914) in two volumes.

According to Mahādeva in his introduction to the Vaijay-

and (i.e. an edition of the text of Hiraṇyakeśi-śrautasūtra with commentary) the Taittirīyas are divided into six schools (caraṇas), that of (*a*) the Baudhāyanīyas, (*b*) the Bhāradvājins, (*c*) the Āpastambins, (*d*) the Hairaṇyakeśas, (*e*) the Vādhūlas and (*f*) the Vaikhānasas.

(*a*) Of *Baudhāyana* the Śrautasūtra is known, now printed; the Gṛhyasūtra lies before us in two editions both uncritical and calling for better work: (1) Baudhāyana-smārtasūtra (containing the Gṛhya-, the Pitṛmedha-, the Pravara- and the Dharma-sūtra). Madras, 1905, in Grantha, (2) Baudhāyana-gṛhyasūtra, Mysore, 1904 (no. 32 of the Government Oriental Library Series). The Pitṛmedha-sūtra of Baudhāyana has appeared separately in a work: The Pitṛmedhasūtras of Baudhāyana. Hiraṇyakeśin, Gautama, by W. Caland (Abh. f. d. Kunde des Morgenl. X. Band, Leipsic, Brockhaus, 1896), whilst under the title: "Bijdrage tot de Kennis van het hindoesche doodenritueel" Miss Dr. Raabe published the second and third praśna of this text (Leiden, Brill, 1911). From the Gṛhyasūtra selections were published and translated by Dr. P. Harting, Valkhoff, Amersfoort, 1922. The Dharmasūtra was published twice by A. Hultzsch: Abh. f. d. Kunde des Morgenl. VIII. Band, Leipsic, 1884 and ib. XVI. Band, Leipsic, 1922 (Brockhaus). It is contained also in the Government Oriental Library Series of Mysore with the commentary of Govinda-svāmin, Mysore, 1907. An excellent translation was given by G. Bühler in Sacred Books of the East, Volume XIV, Oxford, Clarendon Press, 1882. Of the minor texts which help us to understand Baudhāyana there may be mentioned here the Śrautapadārthanirvacanam, Benares, Samvat 1944, and Veṅkaṭeśa's Sanirṇayaprayogamālā in three parts, Bombay, Śāka 1808.

(*b*) *Bhāradvāja's* Śrautasūtra is extant in Europe (a large fragment only) in a Munich and a Berlin ms.; whether complete mss. are extant in India is unknown to me. The Bhāradvāja-gṛhyasūtra has been published by Miss Dr. H. Salomons: Het hindoesche huisritueel volgens de School van Bhāradvāja, Leiden, Brill, 1913.

(*c*) The *Āpastamba*-śrautasūtra is known from the excellent edition by R. Garbe in the Bibliotheca Indica, 1882-1902, with the commentary of Rudradatta for the first two volumes. The first seven books have been translated into German by me and are printed at Göttingen, Vandenhoeck and Ruprecht, 1921. The second volume, comprising the translation of Books VIII—XV, is in the press, to appear at Amsterdam; the last volume is nearly ready for printing.

M. Winternitz published in 1887 the Āpastambīya Gṛhyasūtra with extracts from the commentaries of Haradatta and Sudarśanārya (Vienna, Holder); it was translated by Oldenberg in Sacred Books of the East, Volume XXX. This Sūtra presupposes a collection of Mantras, the Mantrapāṭha, which was edited by M. Winternitz: The Mantrapāṭha or the Prayer Book of the Āpastambins, Oxford, Clarendon Press, 1897. The Dharmasūtra has been published by G. Bühler: "Aphorisms on the Sacred Law of the Hindus by Āpastamba," Benares, Government Central Book Depot, 1892, and translated by the same scholar in Volume II of the Sacred Books of the East (1879).

(*d*) As to the texts of *Hiraṇyakeśin*, the complete corpus of the ritus according to this school is accessible, partly in ms., partly in print. The Śrautasūtra is known from an excellent ms. at Munich, whilst the first ten praśnas are printed, together with the commentary of Mahādeva, called Vaijayantī, in the Ānandāśrama Series, no. 53, 1907. For the Pitṛmedhasūtra, cp. under Baudhāyana. The Gṛhyasūtra has been edited by J. Kirste with extracts from the commentary of Mātṛdatta, Vienna, 1889, Holder. It was translated by Oldenberg in Volume XXX of the Sacred Book of the East. For the Dharmasūtra, which differs but little from that of Āpastamba, Bühler's edition of the Āpastamba-dharmasūtra is to be compared. In the Saṃskāraratnamālā (Ānandāśrama Series, no. 39, 1899) the whole Gṛhya-ritual is incorporated.

(*e*) About the *Vādhūlas*, which according to Mahādeva now follow, two or three years ago nothing was known besides the name and a few quotations in the Vaijayantī. At present a very extensive portion of their Śrautasūtra is known to us as also a Vyākhyā, not only of the Śrauta-, but also of the non-extant Gṛhya-sūtra. See on these texts my two papers in "Acta Orientalia" edid. Societates Orientales Batava Danica Norwegica, Vol. I, page 3 and Vol. II, page 142. In Madras, where these texts were unearthed by the Paṇḍits, a copy of the Smṛti of the Vādhūlas has been discovered.

(*f*) The last place in the list of the Taittirīya-sūtrakāras is occupied by the *Vaikhānasas*. Their Śrautasūtra was at first known to Europeans from a bad copy at Munich, but we now possess a much better ms. from Madras, which, however, is probably not complete, as the description of the Rājasūya, the Aśvamedha, the Ekāhas Ahīnas and Sattras is wanting. A Vyākhyā of the first ten praśnas of the Śrautasūtra by Śrīnivāsadīkṣita is in my possession. The remarkable Gṛhyasūtra together with the Dharmasūtra of the

Vaikhānasīyas has been printed in India at Kumbhakoṇam in 1914. There exists an excellent commentary on this text, composed by Nṛsiṃhāgnicit. To this Gṛhyasūtra the Vaikhānasīyā-saṃhitā, of which the first four praśnas, with accents, are published likewise at Kumbhakoṇam in Grantha, stands in the same relation as the Gṛhyasūtra of Āpastamba to the Mantrapāṭha. A complete or nearly complete text of this remarkable Saṃhitā is preserved in the Government Oriental Library at Mysore.

BAUDHĀYANA ŚRAUTA SŪTRAM.

PROGRESS AND COLLATION STATEMENT FOR LIBRARIANS.

Vol. I.

Fasc. I. (New Series, No. 1067), 1904.
Title, dedication, index, preface, corrigenda, pp. xvi; text, pp. 1–96. [Title page dated 1904.]

Fasc. II. (New Series, No. 1072), 1904
Text, pp. 97–192.

Fasc. III. (New Series, No. 1113), 1905.
Text, pp. 193–298. One page of errata, unnumbered, verso blank.

Vol. II.

Fasc. I. (New Series, No. 1163), 1907.
Title, preface, pp. ii, vi, text, pp. 1–96.
[No heading to text; title page dated 1907.]

Fasc. II. (New Series, No. 1196), 1908.
Index, pp. ii; text, pp. 97–192.
[Index to be bound after preface and before text, p. 1.]

Fasc. III. (New Series, No. 1223), 1910.
Text, pp. 193–288.

Fasc. IV. (New Series, No. 1282), 1911.
Text, pp. 289–384.

Fasc. V. (New Series, No. 1322), 1912.
Text, pp. 385–435; corrigenda on p. 436.

Vol. III.

Fasc. I. (New Series, No. 1379), 1914.
Title, index, preface, pp. xii; text, pp. 1–84.
[Section-heading to text; title page dated 1913.]

Fasc. II. (New Series, No. 1415), 1917.
Text, pp. 85–180.

Fasc. III. (New Series, No. 1428), 1919.
Text, pp. 181–276.

Fasc. IV. (New Series, No. 1445), 1921.
Text, pp. 277–372.

Fasc. V. (New Series, No. 1453, mistakenly printed as 1553), 1923.
Text, pp. 373–468.
[End of text.]

Fasc. VI. (double number). (New Series, No. 1460), 1923.
Indexes, pp. 1–114; Corrections and Additions, pp. 115–120; Bibliographical Appendix, pp. 121-126; Progress and Collation Statement, pp. 127–128.
[End of the work.]

The publication is complete and constitutes work No. 163 issued in the Bibliotheca Indica.